W0099144

Die Chronik-Bibliothek des 20. Jahrhunderts

Ernst Christian Schütt

Chronik 1931
Tag für Tag in Wort und Bild

Chronik Verlag

Abbildungen auf dem Schutzumschlag
(oben links beginnend)
NSDAP-Führer Adolf Hitler (vorn, M.) und sein Privatsekretär Rudolf Heß (r. daneben) am 11. Oktober 1931 in Bad Harzburg
Offener Krieg zwischen Japan und China um die Mandschurei: Japanischer Maschinengewehrposten in Mukden
Ende der Monarchie in Spanien: Offizier mit der republikanischen Fahne am 14. April 1931
Das Empire State Building in New York
Ansturm besorgter Sparer auf ein Berliner Kreditinstitut nach dem Zusammenbruch der Darmstädter und Nationalbank
»Schienenzeppelin« von den deutschen Ingenieuren Franz Kruckenberg, Kurt Stedefeld und Willi Black
Österreichs Fußballnationalelf, das »Wunderteam«

© Chronik Verlag
im Bertelsmann Lexikon Verlag GmbH,
Gütersloh/München 1990, 2002

Redaktion: Bernd Uhlmannsiek (Text), Christine Wolf (Bild)
Fachautoren: Dr. Ingrid Loschek (Mode), Felix R. Paturi (Wissenschaft und Technik),
 Jochen Rentsch (Musik)
Anhang: Ludwig Hertel, Bernhard Pollmann, Karl Adolf Scherer
Herstellung: Barbara Reppold-Hinz
Satz: Systemsatz, Dortmund
Druck: MOHN Media · Mohndruck GmbH, Gütersloh

Leihgeber für Zeitungen und Zeitschriften: Institut für Zeitungsforschung, Dortmund

Das Werk einschließlich aller seiner Teile ist urheberrechtlich geschützt.
Jede Verwertung außerhalb der engen Grenzen des Urheberrechtsgesetzes ist
ohne Zustimmung des Verlags unzulässig und strafbar. Das gilt insbesondere für
Vervielfältigungen, Übersetzungen, Mikroverfilmungen und die Speicherung
und Verarbeitung in elektronischen Systemen.

ISBN 3-577-14031-3

Titelblatt der deutschen Illustrierten »Daheim« vom 29. Januar 1931 mit einem Foto von der Reichsgründungsfeier der Berliner Studenten vor dem Denkmal des 1888 gestorbenen Deutschen Kaisers Wilhelm I. am 27. Januar

Januar 1931

15. Januar, Donnerstag

NSDAP-Führer Adolf Hitler billigt die Gründung von Reichsbetriebszellenorganisationen seiner Partei. → S. 13

Die chinesische Nationalregierung in Nanking übernimmt die belgische Konzession in Tientsin und erzielt damit einen Erfolg bei ihrem Versuch, die Sonderrechte ausländischer Mächte in China aufzuheben.

Zehn der zwölf Maschinen der unter Leitung des italienischen Luftfahrtministers Italo Balbo stehenden Fliegerstaffel landen nach Überquerung des Südatlantik in Rio de Janeiro. → S. 21

An der Piscator-Bühne im Wallner-Theater, der Jungen Volksbühne Berlin, hat das Schauspiel »Tai Yang erwacht« von Friedrich Wolf in der Inszenierung von Erwin Piscator Premiere. (→ 30. 1./S. 27).

Mit einem Vergleich endet in Hamburg der Prozeß zwischen dem Schriftsteller Bruno Nelissen-Haken und dem Landesarbeitsamt Nordmark, das dem Autor wegen seines Arbeitslosenromans »Der Fall Bundhund« fristlos gekündigt hatte. Nelissen-Haken erhält vom Arbeitsamt eine Abfindung in Höhe von 350 Reichsmark.

16. Januar, Freitag

Die Bremische Bürgerschaft wählt den NSDAP-Abgeordneten Otto Heinrich Bernhard mit 59 gegen 47 bei zwölf ungültigen Stimmen zu ihrem Präsidenten.

Der britische Thronfolger Eduard Prinz von Wales tritt eine mehrmonatige Südamerikareise an, um auf diese Weise für die britische Wirtschaft zu werben.

Die deutsche Reichsregierung erläßt eine Verordnung über die Preisbindung bei Markenwaren. → S. 23

Die Seilschwebebahn zur Zugspitze wird kirchlich eingeweiht. → S. 21

17. Januar, Samstag

In Berlin endet die am 15. Januar begonnene Tagung des Zentralkomitees der KPD. Dabei erklärte der Vorsitzende Ernst Thälmann, man habe in Deutschland den Zustand einer »ausreifenden, wenn auch noch nicht ausgereiften faschistischen Diktatur«. → S. 17

Der Vorstand des Gesamtverbandes der Christlichen Gewerkschaften Deutschlands ruft seine Mitglieder auf, der nationalsozialistischen Agitation durch »scharfes Herausstellen der christlichnationalen Grundsätze und das Wollen unserer Bewegung entgegenzutreten«.

Der Generalrat des Französischen Fußballverbandes beschließt in Paris die Einführung des Berufsspielertums.

18. Januar, Sonntag

Die Reichsregierung veranstaltet eine Feier im Berliner Reichstagsgebäude anläßlich des 60. Jahrestages der Gründung des Deutschen Reiches 1871 in Versailles. → S. 17

NSDAP-Führer Adolf Hitler konferiert in Berlin mit dem 1930 zum Chef der Heeresleitung ernannten Kurt Freiherr von Hammerstein-Equord. Gegenüber Vertrauten äußert sich Hitler anschließend positiv über die Möglichkeit einer Verständigung mit der Reichswehrführung.

19. Januar, Montag

Die am 12. November eröffnete Londoner Indienkonferenz endet mit einem Appell des britischen Premierministers James Ramsey MacDonald an die indische Kongreßpartei zur Mitarbeit an der Reform Indiens. → S. 18

20. Januar, Dienstag

Bei der Vorlage eines Kommissionsberichts über die Auswirkungen des seit 1919 geltenden Alkoholverbots bekräftigt US-Präsident Herbert Hoover sein Festhalten an der Prohibition. → S. 18

In Bremerhaven geht der 1922 vom Stapel gelaufene Dampfer »General von Steuben« des Norddeutschen Lloyd auf seine erste Reise nach dem Umbau, der wegen eines Großbrandes im New Yorker Hafen im Februar 1930 nötig geworden war. Das Schiff hat nun 14 690 Bruttoregistertonnen (zuvor 13 325 BRT).

21. Januar, Mittwoch

Vor dem Völkerbundrat in Genf erneuert Reichsaußenminister Julius Curtius (DVP) die deutschen Klagen über die Minderheitenpolitik Polens. → S. 19

In Heidelberg kommt es bei einer nationalsozialistischen Kundgebung zu Auseinandersetzungen zwischen Studenten und der Polizei. → S. 13

In der UdSSR wird wegen der häufigen Störungen im Transportwesen die Todesstrafe für die »böswillige Desorganisation des Verkehrswesens« eingeführt.

In der »Welt am Abend« erscheint ein Essay des Schriftstellers Lion Feuchtwanger zum Thema »Wie kämpfen wir gegen ein Drittes Reich?« → S. 26

Der Geschäftsführer des Mercedes-Palastes in Berlin, Ernst Schmoller, wird Opfer eines Raubmordes. → S. 23

Durch ein 9:2 (1:2, 4:0, 4:0) über den BfB Königsberg im Berliner Sportpalast wird der Berliner SC zum zwölften Mal Deutscher Eishockeymeister.

22. Januar, Donnerstag

In der Masurenallee in Berlin wird das Haus des Rundfunks eröffnet. → S. 24

Zum Abschluß einer zweitägigen Tagung in Zürich lehnen die Sozialistische Arbeiter-Internationale (SAI) und der Internationale Gewerkschaftsbund (IGB) jeden Lohnabbau ab und fordern die Einführung der 40-Stunden-Woche als Mittel gegen die Wirtschaftskrise.

Die Vereinigten Staaten begrenzen die Zahl der Einwanderer. → S. 18

In Bayreuth betraut Winifred Wagner, Nachfolgerin ihres 1930 verstorbenen Ehemannes Siegfried Wagner in der Gesamtleitung, mit der künstlerischen Leitung der Festspiele vorübergehend Heinz Tietjen und mit der musikalischen Leitung Wilhelm Furtwängler (→ 19. 8./S. 146).

23. Januar, Freitag

49jährig stirbt in Den Haag die russische Tänzerin Anna Pawlowa. → S. 27

24. Januar, Samstag

Das seit dem 13. Dezember amtierende französische Kabinett Théodore Steeg muß zurücktreten (→ 27. 1./S. 20).

Zum Abschluß seiner am 19. Januar begonnenen 62. Tagung fordert der Völkerbundrat Polen zu einer Stellungnahme über Oberschlesien auf (→ 21. 1./S. 19).

Mit Ausnahme von Madrid und Huesca wird in Spanien der Ende 1930 verhängte Ausnahmezustand aufgehoben.

Italienischen Truppen gelingt die Besetzung der Oase Kufra in der südlichen Cyrenaika. → S. 20

25. Januar, Sonntag

Der im Mai 1930 festgenommene und seither ohne Gerichtsverhandlung in Poona einsitzende indische Freiheitskämpfer Mohandas Karamchand (Mahatma) Gandhi wird freigelassen. → S. 18

In seiner Heimatstadt Wien wird Karl Schäfer zum dritten Mal in Folge Eiskunstlauf-Europameister.

26. Januar, Montag

Ein Überfall von Kommunisten auf eine nationalsozialistische Versammlung in Geesthacht bei Hamburg fordert zwei Tote und sechs Schwerverletzte.

In Wien unterzeichnen Österreich und Ungarn einen Freundschafts- und Schiedsgerichtsvertrag. Beide Regierungen betonen vor der Presse ihren Wunsch nach enger Zusammenarbeit.

Das auf der Hamburger Werft Blohm & Voss gebaute Motorschiff »Monte Pascoal« (13 870 Bruttoregistertonnen) der Hamburg-Südamerika-Linie geht auf die Jungfernfahrt zu den La-Plata-Häfen.

Die erstmals vergebene Auszeichnung der Britischen Kunstakademie für den besten Film des Jahres 1930 fällt auf den US-amerikanischen Antikriegsfilm »Im Westen nichts Neues« von Lewis Milestone (→ 7. 1./S. 26).

27. Januar, Dienstag

Als Nachfolger des am 24. Januar zurückgetretenen Théodore Steeg wird Pierre Laval (parteilos) französischer Ministerpräsident. → S. 20

Auf einer Tagung der Landesleiter der rechtsgerichteten österreichischen Heimwehren in Wien verlassen Major Emil Fey (Wien) und Michael Vas (Burgenland) aus Kritik an Bundesführer Ernst Rüdiger Starhemberg die Organisation (→ 2. 5./S. 86).

In Berlin werden Heinrich Mann und Ricarda Huch zu Vorsitzenden der Sektion für Dichtkunst der Preußischen Akademie der Künste gewählt. → S. 27

Der 175. Geburtstag des Komponisten Wolfgang Amadeus Mozart wird in Salzburg festlich begangen. → S. 26

28. Januar, Mittwoch

Auf einer Vollversammlung der ostpreußischen Landwirtschaftskammer in Königsberg verlangen die Landwirte von der Reichsregierung eine generelle Senkung von Zinsen und Abgaben.

29. Januar, Donnerstag

Der Arbeitsausschuß des Verwaltungsrates der Deutschen Reichspost beschließt, Personen mit einer mindestens halbjährigen Arbeitslosigkeit die Zahlung der Rundfunkgebühren zu erlassen.

Die Filmoberprüfstelle in Berlin verbietet den von der Werbeabteilung der SPD hergestellten Film »Ins Dritte Reich«, weil dieser die öffentliche Ordnung und Sicherheit gefährde. Am 13. März wird der Film zur öffentlichen Vorführung freigegeben (→ 24. 5./S. 91).

30. Januar, Freitag

Die französische Deputiertenkammer spricht Ministerpräsident Pierre Laval nach Abgabe einer Regierungserklärung mit 312 gegen 258 Stimmen bei 30 Enthaltungen das Vertrauen aus (→ 27. 1./S. 20).

In Berlin wird der Regisseur und Theaterleiter Erwin Piscator wegen Steuerschulden verhaftet. → S. 27

Bei den Eiskunstlaufeuropameisterschaften in St. Moritz siegen Sonja Henie (Norwegen) und das Paar Olga Organista/ Szandor Szalay (Ungarn).

31. Januar, Samstag

In Berlin wird die sechste Grüne Woche eröffnet (bis 8. 2.). → S. 23

Der traditionelle Ball des Vereins Berliner Presse findet in den Festsälen am Zoo statt. → S. 26

Unter der Regie von Alfred Braun strahlt Radio Berlin William Shakespeares »Hamlet« in einer 90minütigen dramaturgischen Bearbeitung von Bertolt Brecht aus. Den Hamlet spricht Fritz Kortner.

Sieger der Abfahrt bei dem zum zweiten Mal ausgetragenen Lauberhorn-Skirennen in Wengen wird der Schweizer Fritz Steuri (Grindelwald).

Das Wetter im Monat Januar

Station	Mittlere Lufttemperatur (°C)	Niederschlag (mm)	Sonnenscheindauer (Std.)
Aachen	2,3 (1,8)	125 (72)	– (51)
Berlin	0,2 (–0,4)	73 (43)	– (56)
Bremen	1,9 (0,6)	84 (57)	– (47)
München	–1,2 (–2,1)	54 (55)	– (56)
Wien	0,6 (–0,9)	19 (40)	– (–)
Zürich	0,4 (–1,0)	98 (68)	47 (46)

( ) Langjähriger Mittelwert für diesen Monat – Wert nicht ermittelt

Titelseite der in München erscheinenden »Fliegenden Blätter« vom 22. Januar 1931 mit einem Ausblick auf die beginnende Faschingszeit

Januar 1931

NS-Führung bezieht das »Braune Haus«

1. Januar. Die Reichsleitung der Nationalsozialistischen Deutschen Arbeiterpartei (NSDAP) bezieht das umgebaute Barlowsche Palais in der Brienner Straße Nr. 45 in München als neues Hauptquartier.

Der Ankauf des »Braunen Hauses«, wie der neue Sitz der Parteiführung genannt wird, war durch eine Sondererhebung von Parteibeiträgen und finanzielle Hilfe aus Industriekreisen möglich geworden. Einen erheblichen Teil der Kaufsumme steuerte Fritz Thyssen bei, Vorstandsvorsitzender der Thyssen & Co. AG in Mülheim, der schon seit Oktober 1923 zu den Anhängern von NSDAP-Führer Adolf Hitler zählt. Weitere Förderer Hitlers in Industriekreisen sind Theodor Reismann-Grone, der Herausgeber der »Rheinisch-Westfälischen Zeitung«, und Emil Kirdorf, der Mitbegründer und Ehrenvorsitzende des Vorstands der Gelsenkirchener Bergwerks-AG.

Im Zusammenhang mit der sich verschlechternden Wirtschaftslage hat die 1919 als Deutsche Arbeiterpartei gegründete und nach dem Verbot 1923 im Februar 1925 durch Hitler neu formierte NSDAP an Bedeutung gewonnen. Durch ihre Mitwirkung an dem im September 1929 von der Deutschnationalen Volkspartei (DNVP) und dem Stahlhelm, Bund der Frontsoldaten eingebrachten Volksbegehren und dem im Dezember 1929 gescheiterten anschließenden Volksentscheid gegen den Youngplan etablierte sich die NSDAP als Teil der »Nationalen Opposition«. Der Erfolg bei den Reichstagswahlen vom 14. September 1930, wo die NSDAP die Zahl ihrer Sitze von zwölf auf 107 steigern konnte und damit nach der SPD (143 Sitze) zur zweitstärksten Fraktion des Reichstages wurde, hat die zuvor nicht selten belächelte NSDAP zu einem wichtigen Faktor des politischen Lebens werden lassen.

◁◁ NSDAP-Führer Adolf Hitler beim Verlassen des »Braunen Hauses« durch ein Spalier von SA-Männern

◁ SA-Posten vor dem Eingang zum »Braunen Haus«, dem Sitz der Reichsparteileitung der NSDAP

Ex-Hauptmann Ernst Röhm in seiner Uniform als neuer SA-Stabschef

Ernst Röhm neuer Stabschef der SA

5. Januar. Der frühere Reichswehr-Hauptmann Ernst Röhm wird von NSDAP-Führer Adolf Hitler zum Chef des Stabes der paramilitärischen Sturmabteilung (SA) berufen. Röhm gehört zu den frühesten Förderern Hitlers und ist einer der wenigen Duzfreunde des NSDAP-Chefs. Er war Teilnehmer am »Marsch auf die Feldherrnhalle« am 9. November 1923 in München, was zu seinem Ausschluß aus der Reichswehr führte. Bis April 1925 schon einmal SA-Chef, aber – wie Pfeffer – wegen Differenzen mit Hitler um die Eigenständigkeit der SA zurückgetreten, ging Röhm 1928 als Armeeausbilder nach Bolivien.

Neue Opfer politisch motivierter Morde

1. Januar. Bei Auseinandersetzungen mit Reichsbannerangehörigen in der Hufelandstraße im Berliner Norden erschießen zwei Nationalsozialisten den Reichsbannermann Willy Schneider und den Bankbeamten Herbert Graf.

Auf die Ergreifung der Täter, die sich ihrer Verhaftung zunächst durch die Flucht entziehen können, wird eine Belohnung von 1000 Reichsmark ausgesetzt. Im nachfolgenden Prozeß werden die beiden Todesschützen zu je sieben Jahren Zuchthaus verurteilt.

Die Morde lösen in der Öffentlichkeit große Erregung aus. Die Beisetzung wird zu einer Demonstration der sozialdemokratischen Arbeiterschaft von Berlin gegen die fortwährenden nationalsozialistischen Gewalttaten.

Die politischen Gegensätze werden in zunehmendem Maße gewaltsam ausgetragen. Daran beteiligt sind vor allem die Wehrverbände. Größte Organisation der Rechten ist der 1918 gegründete Stahlhelm, Bund der Frontsoldaten, der Anfang 1931 mit Jungstahlhelm und dem Studentenring Langemarck über 500 000 Mitglieder zählt. Wesentlich militanter sind jedoch die rund 70 000 Mitglieder der nationalsozialistischen Sturmabteilung (SA). Größter Wehrverband der Linken ist das 1924 gegründete, vorwiegend sozialdemokratisch orientierte Reichsbanner Schwarz-Rot-Gold, dem Anfang 1931 rund drei Millionen Mitglieder angehören. Der kommunistische Rote Frontkämpferbund, 1924 gegründet und ab 1929 illegal weitergeführt, zählte 1928 rund 100 000 Mitglieder.

Reichsbannerbundesführer Otto Hörsing

Franz Seldte, der Führer des Stahlhelm

Adolf Hitler, der Führer der NSDAP

SA – Hitlers Bürgerkriegstruppe

Die 1921 gegründete SA wurde 1923 wie die NSDAP verboten und 1925 als politische Parteitruppe wiedergegründet, ab November 1926 stand Franz Pfeffer von Salomon als Oberster SA-Führer (OSAF) an ihrer Spitze. Bis 1930 wuchs die SA auf eine Stärke von rund 70 000 Mann und schlug sich für die Partei in vielen Straßen- und Saalschlachten, blieb jedoch für Hitler unberechenbar: Viele SA-Leute nahmen die antikapitalistischen Elemente im NSDAP-Programm ernster als der an Unterstützung durch die Industrie interessierte Hitler (→ 1. 4./ S. 70). Nach dem Rücktritt Pfeffers am 29. August 1930 wurde Hitler am 2. September selbst OSAF.

Hitlers Partei will Einfluß im Betrieb

15. Januar. Adolf Hitler, Führer der Nationalsozialistischen Deutschen Arbeiterpartei (NSDAP), billigt die Gründung von NS-Reichsbetriebszellenorganisationen.

Die neue Organisation, ab dem 8. März 1931 offiziell als Nationalsozialistische Betriebszellen-Organisation (NSBO) bezeichnet, ist Ersatz für die am 9. August 1928 von der Parteiführung abgelehnte Gründung eigener Gewerkschaften. Keimzelle der NSBO sind die seit 1927 in mehreren Großbetrieben Berlins entstandenen nationalsozialistischen Betriebsgruppen.

Unter dem Motto »Hinein in die Betriebe« will die NSBO vor allem Mitglieder bei den unorganisierten Arbeitern sowie unter den Angestellten werben. Hier tritt die NSBO in Konkurrenz zu den freigewerkschaftlichen (Afa-Bund) und christlich-nationalen (Gedag) Verbänden und dem Gewerkschaftsring der Angestellten (Hirsch-Duncker), die gemeinsam rund 36% der 3,6 Millionen Angestellten (Stand: Volkszählung 1925) vertreten.

Studentenkrawall erregt Heidelberg

21. Januar. Auf dem Gelände der Heidelberger Universität kommt es bei einer von den Nationalsozialisten einberufenen Kundgebung von über 1000 Studenten zu schweren Auseinandersetzungen mit der Polizei. Anlaß ist die vom Badischen Kultusministerium verfügte Auflösung des Allgemeinen Studentenausschusses (Asta).

Der Heidelberger Asta war seit 1929 von Vertretern der nationalsozialistischen Studentenschaft geführt worden, die dieses Selbstverwaltungsorgan als Plattform für die politische Propaganda nutzten. Besondere Zielscheibe der Kritik der Nationalsozialisten ist der aus München gebürtige Mathematiker Emil Julius Gumbel, der sich 1923 an der Universität Heidelberg habilitiert hatte und dort mathematische Statistik lehrt.

Gumbel hatte sich vor allem durch seine Untersuchungen über die politischen Mordtaten von rechts einen Namen gemacht (»Vier Jahre politischer Mord«, 1923; »Verräter verfallen der Feme«, 1929).

Wirtschaftslage dämpft Hoffnungen für 1931

Der 83jährige Reichspräsident Paul von Hindenburg appelliert in einer Ansprache beim Neujahrsempfang an das Ausland, dem Deutschen Reich bei der Überwindung der Wirtschaftskrise Hilfe zu leisten:

»Mit steigender Spannung erwartet das deutsche Volk, daß die internationale Zusammenarbeit sich im kommenden Jahre als wirksam genug erweist, um das deutsche Volk vor weiteren schmerzlichen Enttäuschungen zu bewahren. Der Ausgleich der starken Interessengegensätze, die allenthalben das politische, wirtschaftliche und soziale Schicksal der Völker bedrohen, kann nicht von den einzelnen Ländern, kann nicht in Vereinzelung vollzogen werden. Zusammenarbeit aller, Zusammenfassung aller positiven Kräfte zur Überwindung der Krise, zur Beseitigung der Hindernisse für den Fortschritt der Menschheit ist die große Friedensaufgabe, an der Deutschland mitzuwirken entschlossen ist. Wenn wir uns im neuen Jahr den Weg hierzu bahnen, dann wird das Jahr ein fruchtbares und gesegnetes sein.«

Der 45jährige Reichskanzler Heinrich Brüning (Zentrum) warnt vor der Propaganda der Nationalsozialisten und ruft in seiner Neujahrserklärung das deutsche Volk zum geduldigen wirtschaftlichen und politischen Aufbau auf:

»1930 war ein schweres Jahr, ein Jahr, daß uns viel zu schaffen machte. Die Konjunktur von 1927/28 setzte ihren Abstieg von 1929 bis in das Tal einer tiefen Depression fort und machte Millionen deutscher Volksgenossen erwerbslos. Die Finanzverhältnisse des Reiches, der Länder und Gemeinden wurden kritisch, Depression und Krisis der Finanzen nährten das Mißtrauen in unserem Volke, ob das Leben und das Wachstum unserer Nation mit der gegebenen verfassungsmäßigen Ordnung der politischen Kräfte am besten gewährleistet sei. Es wurden Bewegungen groß, die über dieses Mißtrauen hinaus die gegenwärtige Ordnung unserer politischen Verhältnisse als des Ruins des Staates und der Nation Schuldige anklagten und sich anheischig machten, Volk, Staat und Kultur aus ihren Grundsätzen, ihrem Blute und ihrer Tatkraft erneuern zu können. Solche Bewegungen waren vorauszusehen... Leben und Kraft aber haben wir, das hat das Ringen des Volkes im ablaufenden Jahre bewiesen. Freilich muß die Kraft diszipliniert sein, soll sie aufbauen und nicht zerstören. Das gilt überall von ihr, aber wenn ich an der Schwelle zum neuen Jahre uns allen und mir politisch etwas ganz Tiefes und Großes wünschen darf, dann ist es dieses: Möge unser Volk in seiner Gesamtheit, also in allen Schichten, Berufen und Ständen und Lebensaltern zunehmen in der Fähigkeit und Geschicktheit, seine großen Anlagen und unerschöpflichen Kräfte richtig zu behandeln und einzusetzen – besonders im Politischen –, möge es also einsehen, daß alle praktische Politik Aufbau ist, daß aber alles Aufbauen nicht darin besteht, daß alles zugleich getan wird, sondern daß ein Stein sich auf den anderen fügt.«

In einer in englischer Sprache gehaltenen Rundfunkansprache an die USA versichert der am 29. Juli 1883 geborene Benito Mussolini, Duce und Ministerpräsident von Italien, den Bürgern der USA, daß das faschistische Italien den Frieden wolle:

»Ich habe als Soldat im Kriege gefochten und weiß, was der Krieg bedeutet. Die schreckliche Erinnerung an diese Jahre, als eine ganze Generation so vieler Länder in den Krieg zog, kann nicht vergessen werden. Ich selbst wurde ernstlich verwundet. In den Jahren, die seitdem verstrichen sind, habe ich das Panorama der politischen, wirtschaftlichen und moralischen Folgen des Krieges vor Augen, und zwar nicht nur der Folgen in Italien. Wie kann jemand annehmen, daß ich mit dieser doppelten Erfahrung anders als mit Schrecken an einen Krieg denken könnte...

Der Faschismus umfaßt acht Millionen Menschen, die gesamten wirksamen Kräfte der Nation. Kein Regime in Europa hat eine festere und breitere Grundlage als das unsere. Die Amerikaner mögen an unsere Freundschaft und an unseren Wunsch glauben, mit allen Völkern der Welt in Frieden leben zu wollen, in der Gewißheit, daß der Friede erhalten bleibt und daß bald eine neue Periode der Wohlfahrt eintreten wird.«

In der Neujahrsausgabe der Berliner »Vossischen Zeitung« ruft der 58jährige Édouard Marie Herriot, französischer Ministerpräsident 1924/25 und 1926, zu einer engen deutsch-französischen Zusammenarbeit auf:

»Das Jahr 1931 wird sehr bedeutsam, wenn nicht gar entscheidend sein. Die Enttäuschungen, die wir erlitten haben, vermindern weder unsere Kaltblütigkeit noch unsere Entschlossenheit. Ich sehe wohl ein, daß Deutschland unter einer schweren Wirtschaftskrise leidet und daß die französischen Demokraten sicherlich alle bereit wären, Ihnen zu helfen, wenn man ihnen die Mittel dafür angeben würde. Ich sehe auch ein, daß sehr wichtige politische Probleme zwischen uns bestehen. Aber mehr als jemals glaube ich, daß eine geduldige und loyale Zusammenarbeit ihre Prüfung möglich machen wird, während Prinzipienstreitigkeiten um vorgefaßte Formeln nur Konflikte herbeiführen können. Arbeiten wir also, wenn es nur möglich ist, weiter zusammen, deutsche Demokraten und französische Demokraten, deutsche Republikaner und französische Republikaner.

Der Weg wird schwer zu bahnen sein. Aber für dieses Problem, genau wie für alle anderen, gibt es keine andere Methode als die Mühe und die Aufrichtigkeit.«

Januar 1931

Wilde Streiks an der Ruhr gegen Massenkündigungen

1. Januar. Um nach gescheiterten Tarifverhandlungen Lohnsenkungen durchzusetzen, kündigt der Zechenverband sämtlichen Belegschaften im Ruhrgebiet zum 15. Januar. Daraufhin kommt es am 2. Januar als Folge der Agitation der kommunistischen Revolutionären Gewerkschaftsopposition (RGO) in Teilen des Ruhrreviers zu Arbeitsniederlegungen.

Der Massenkündigung war ein Streit zwischen dem Zechenverband und Reichsarbeitsminister Adam Stegerwald (Zentrum) vorangegangen: Nachdem die Zechenbesitzer zum 1. Dezember einer Senkung der Kohle- und Kokspreise zugestimmt hatten, um ihre wachsenden Haldenbestände abzubauen, verlangten sie als Gegenleistung von Stegerwald, im Falle eines Scheiterns der anstehenden Tarifgespräche auf dem Wege der Zwangsschlichtung Lohnkürzungen durchzusetzen.

Doch Stegerwald weigerte sich, einem Lohnabbau um 8% zuzustimmen, solange nicht der Zechenverband eine Reduzierung der Feierschichten verfügen würde. Daraufhin ließ der Zechenverband am 29. Dezember 1930 die Tarifverhandlungen scheitern und will nun unter Ausnutzung des tariflosen Zustandes mit den Bergarbeitern Einzelarbeitsverträge abschließen.

Die Empörung der Bergleute über das rücksichtslose Vorgehen des Zechenverbandes versuchen die Kommunisten auszunutzen. Unter Führung von Funktionären von KPD und RGO besetzen am Morgen des 2. Januar Erwerbslose die Tore vieler Schachtanlagen im linksrheinischen Revier und im Raum Recklinghausen. Obwohl die Bergarbeitergewerkschaften – der freigewerkschaftliche Alte Verband und der Gewerkverein Christlicher Gewerkschafter – die Streiks ablehnen, stehen rund 10% Belegschaft im Streik. In den folgenden drei Tagen weiten sich die Streiks auf das östliche und mittlere Ruhrgebiet aus und erfassen rund 75 000 Arbeiter. Zugleich mehren sich die Auseinandersetzungen zwischen Arbeitswilligen und Streikenden sowie der Polizei. Auf vielen Zechen gehen arbeitswillige Bergleute gegen Streikposten vor, wobei die Schlägereien mit Steinen und Flaschen zahlreiche Verletzte fordern. Es kommt zu regelrechten Feuergefechten zwischen der Polizei und Streikenden.

In Moers wird am 4. Januar ein Bergmann erschossen, als eine wegen der Verhaftung kommunistischer Funktionäre aufgebrachte Menge das Polizeirevier stürmen will. Am Abend des gleichen Tages besetzt die Polizei das Büro der KPD in Bochum und verhaftet 101 Funktionäre und erwerbslose Streikposten.

Die wachsenden Spannungen innerhalb der Arbeiterschaft, das Einschreiten der Polizei und die auf einigen Zechen verfügte fristlose Kündigung von Streikenden bewirken am 5. Januar ein Abflauen des Streiks. Am 8. Januar streiken noch 663 Bergleute. Endgültig beendet ist der Bergarbeiterstreik am 12. Januar, als der am — 10. Januar (S. 15) gefällte Schiedsspruch über eine Lohnsenkung von 6% bei Rücknahme aller Kündigungen von Reichsarbeitsminister Stegerwald für verbindlich erklärt wird.

Unmittelbare Folge des Streiks ist die Gründung eines kommunistischen Einheitsverbandes der Bergarbeiter Deutschlands am 11. Januar in Duisburg. 1268 Delegierte von 134 Schachtanlagen wählen auf der Gründungsveranstaltung den kommunistischen Funktionär Albert Funk zu ihrem Vorsitzenden. Der Einheitsverband soll nach dem Willen der KPD-Bezirksleitung Ruhr innerhalb kurzer Zeit zu einer Massenorganisation und zu einer tariffähigen Gewerkschaft ausgebaut werden. Das Vorbild ist der am 5. November 1930 nach einem Streik in Berlin gegründete Einheitsverband der Metallarbeiter Deutschlands. Innerhalb weniger Monate zählt der Rote Bergarbeiterverband über 20 000 Mitglieder und ist damit halb so stark wie der freigewerkschaftliche Alte Verband.

△ Versammlung von Bergarbeitern vor einer Kohlenzeche im Ruhrrevier; während des bis zum 12. Januar dauernden wilden Streiks kommt es immer wieder zu bewaffneten Auseinandersetzungen

◁ Kündigung der Zechenverwaltung der Harpener Bergbau-Aktien-Gesellschaft in Dortmund für den Betriebsrat der Zeche Recklinghausen II im Rahmen der Massenkündigungen

Lage im Steinkohlenbergbau

Jahr	Arbeiter	Lohn je Schicht (RM) unter Tage	über Tage
1924	601 456	5,94	4,98
1925	558 313	6,90	5,88
1926	513 376	7,44	6,38
1927	537 242	7,96	6,82
1928	516 071	8,47	7,30
1929	512 696	8,80	7,61
1930	461 993	8,89	7,67
1931	365 649	8,13	7,09

Mehr Arbeit statt Arbeitslosenhilfe

6. Januar. Auf der Landestagung der Deutschen Demokratischen Partei (DDP) Württembergs in Stuttgart regt Reichsfinanzminister Hermann Robert Dietrich (Deutsche Staatspartei) den Einsatz von Mitteln der Arbeitslosenunterstützung zur Schaffung neuer Arbeitsplätze an.
Dietrich erklärt zur Begründung, wenn vier Millionen Menschen in der Gefahr seien, zur Verzweiflung getrieben zu werden, müßten grundsätzliche Bedenken gegen eine »produktive« Arbeitslosenfürsorge zurücktreten. Nach Dietrichs Vorschlägen soll zunächst versuchsweise ein Monatsbetrag der Arbeitslosenhilfe für die Ankurbelung der Wirtschaft verwendet und durch die Gewährung von Zuschüssen aus den Mitteln der Reichsanstalt für Arbeitsvermittlung und Arbeitslosenversicherung Zusatzarbeitsplätze geschaffen werden. Es sei ein Widersinn, so der Minister, daß unter Einschluß der Wohlfahrtsleistungen der Gemeinden jährlich fast drei Milliarden Reichsmark an Unterstützungen ausgegeben würden. Dietrichs Vorschläge stoßen in seiner Partei auf Kritik, Haupteinwand ist der Vorwurf der Subventionspolitik.

Junge Arbeitslose wieder zur Schule

13. Januar. Ein Erlaß des Preußischen Handelsministeriums weist die Regierungspräsidenten der preußischen Provinzen und das Provinzialschulkollegium Berlin an, Klassen für die »Beschulung erwerbsloser Personen zwischen 14 und 18 Jahren« einzurichten.
Mit Ausnahme derjenigen Jungarbeitslosen, die bereits durch amtliche oder private Fürsorge schulisch betreut werden, sollen alle Jungarbeitslosen in Preußen zwischen 18 und 24 Wochenstunden beruflich-praktischen und staatsbürgerlichen Unterricht erhalten.
Von den insgesamt 1,24 Millionen Hauptunterstützungsempfängern der Arbeitslosenversicherung im Deutschen Reich Mitte 1931 sind 38 358 unter 18 Jahre. Zur Lehrstellenvermittlung bei Arbeitsämtern melden sich zwischen Juli 1930 und Juni 1931 405 542 Personen, denen aber nur 163 378 offene Lehr- und Anlernstellen gegenüberstehen.

Zwangsschlichtung entscheidet Tarifstreit

10. Januar. Die von Reichsarbeitsminister Adam Stegerwald eingesetzte dreiköpfige Schlichtungskommission fällt einstimmig einen Schiedsspruch zur Beendigung des Ruhrstreiks (→ 1. 1./S. 14), der am 12. Januar trotz des Widerspruchs der Tarifparteien für verbindlich erklärt wird.
Der Schiedsspruch sieht vor, daß der Tarifvertrag vom 4. September 1930 im Ruhrbergbau wieder in Kraft gesetzt wird, wobei die Löhne rückwirkend zum 1. Januar 1931 um 6% gesenkt werden. Diese Vereinbarung gilt bis zum 30. Juni 1931. Zugleich werden die zum 15. Januar 1931 vom Zechenverband verfügten Massenkündigungen zurückgenommen.
Rechtliche Grundlage ist die am 9. Januar 1931 erlassene Notverordnung über die Beilegung von Schlichtungsstreitigkeiten öffentlichen Interesses. Mit dieser bis zum 31. Juli 1931 befristeten Verordnung können der Vorsitzende und die vom Reichsarbeitsminister bestellten staatlichen Beisitzer auch gegen den Widerstand der Tarifparteien einen Schlichtungsspruch fällen.
Bis dahin mußte gemäß einem Urteil des Reichsarbeitgerichts von 1929 zumindest eine der beiden Parteien im Schlichtungsausschuß zustimmen, wobei der staatliche Schlichter den Ausschlag gab. Falls der Schiedsspruch nicht von beiden Seiten angenommen wird, kann er nach einer Verordnung vom 30. Oktober 1923 von staatlicher Seite für verbindlich erklärt werden, wobei die Verbindlichkeitserklärung durch den staatlichen Schlichter bzw. den Reichsarbeitsminister die Annahme des Schiedsspruchs ersetzt. Das Schlichtungsverfahren kann auch durch eine Vereinbarung der Tarifpartner beendet werden.
Die staatliche Schlichtung soll grundsätzlich hinter die autonome verbandliche Regelung zurücktreten und erst dann einsetzen, wenn die Tarifparteien keine Gesamtvereinbarung für ihre Branche herbeiführen können. Dabei kann die Schlichtungsbehörde auch von sich aus eingreifen, wenn dies im »öffentlichen Interesse« liegt.
Infolge der abnehmenden Bereitschaft der Tarifkontrahenten, selbständig untereinander Kompromisse auszuhandeln, wird der Staat in immer größerem Maße ausschlaggebender Faktor in Tarifkonflikten. Lange Zeit hatten die Gewerkschaften gehofft, daß bei schlechter Konjunkturlage sich das staatliche Schlichtungswesen als Schutzvorrichtung für die Arbeiterinteressen erweisen würde. Tatsächlich jedoch hat gerade die staatliche Schlichtung den Lohn- und Sozialabbau verschärft, zumal angesichts der wachsenden Arbeitslosigkeit der Streik als wirksamstes Kampfmittel der Arbeiter an Durchschlagskraft verliert. Gab es 1922 noch 4348 Streiks mit 1,7 Millionen Streikenden, sind es 1931 noch 458 Streiks mit 136 000 beteiligten Arbeitnehmern.

Schlichtungen seit 1925

Jahr	Schlichtungsverfahren total	erledigt durch Schiedssprüche	Abgelehnte Schiedssprüche total	davon für verbindlich erklärt	Schlichtung durch Verbindlichkeitserklärung
1925	13 418	62%	4629	15%	5,3%
1926	5 043	56%	1580	20%	6,2%
1927	8 436	58%	2723	20%	6,4%
1928	8 067	58%	2727	16%	5,4%
1929	7 109	55%	2501	11%	3,8%
1930	4 017	52%	1381	15%	5,1%
1931	6 898	56%	2296	28%	9,5%

Das Gemälde »Der Streik« von Franz Radziwill entsteht 1931 und nimmt Bezug auf den Ruhrarbeiterstreik im Januar; Radziwills Bild zeigt keinen Arbeiter, Hauptindiz für den Streik ist die verlassene Baustelle im Vordergrund

Arbeit und Soziales 1931:

Weiter steigende Arbeitslosigkeit und niedrigere Löhne

Für die abhängig Beschäftigten im Deutschen Reich bringt das Jahr 1931 weitere soziale Einbußen: Die Zahl der Arbeitslosen wächst bis Jahresende auf über fünf Millionen an (→ 31. 12./S. 202), Lohn- und Gehaltstarife werden durch Notverordnungen gesenkt, viele Unternehmen setzen Arbeitszeitverkürzungen ohne Lohnausgleich durch, und die Reallöhne sinken auf einen niedrigeren Stand als 1928.

Das Volkseinkommen pro Kopf der Bevölkerung fällt im Jahr 1931 nach amtlichen Angaben mit 889 Reichsmark (RM) noch hinter den Stand von 1925 zurück. Die Reichsregierung versucht durch eine traditionelle Deflationspolitik – vor allem Senkung der Staatsausgaben – die Krise zu überwinden.

Alternativvorschläge – Erhöhung der Staatsverschuldung zur Finanzierung zusätzlicher Arbeitsplätze – werden kaum beachtet: Reichsfinanzminister Hermann Robert Dietrich setzt sich mit seinen beschäftigungspolitischen Ideen dem Vorwurf der Subventionspolitik aus (→ 6. 1./S. 15); der Vorschlag von Wilhelm Lautenbach, Oberregierungsrat im Reichswirtschaftsministerium, zur Arbeitsbeschaffung Kredite in Milliardenhöhe aufzunehmen, wird vom Reichsbankpräsidium am 15. September verworfen, und bei den Gewerkschaften wird das im Dezember verfaßte Programm des Ökonomen Wladimir Woytinsky zur Arbeitsbeschaffung zunächst wenig beachtet.

Nachdem bereits am 1. Dezember 1930 die Gehälter und Pensionen der Beamten um 6% gekürzt worden waren, folgen im Verlauf des Jahres 1931 drei weitere sozialpolitisch bedeutsame Notverordnungen: Am → 5. Juni (S. 102) werden die Arbeitslosenunterstützung um rund 10% und die Löhne im öffentlichen Dienst um 5 bis 8% gekürzt; weitere Einschränkungen bringen die Notverordnungen vom → 6. Oktober (S. 172) sowie die vom → 8. Dezember (S. 204), mit der die Tariflöhne auf den Stand vom 10. Januar 1927 gesenkt werden.

Am 1. Oktober wird die Höchstdauer der Arbeitslosenunterstützung von 26 auf 20 bzw. 16 Wochen (für berufsübliche Arbeitslosigkeit) gekürzt, dafür aber die Leistungen aus der Krisenunterstützung verlängert. Der freiwillige Arbeitsdienst wird zum → 3. August (S. 141) als öffentliche Aufgabe anerkannt, nachdem die Arbeitsdienstpflicht am 12. Januar von den Tarifpartnern wegen zu hoher Kosten abgelehnt worden ist.

Während die Industrie einen noch weiteren Abbau von Löhnen, Gehältern und Sozialleistungen fordert, um ihre internationale Wettbewerbsfähigkeit zu erhöhen, reagieren SPD und Gewerkschaften mit der Forderung nach Arbeitszeitverkürzungen – und damit Umverteilung der vorhandenen Arbeit – auf die Arbeitslosigkeit.

Die traditionelle Gewerkschaftspolitik erweist sich gegenüber der Krise als hilflos: Durch Notverordnungen und Zwangsschlichtung wird die Tarifautonomie immer weiter ausgehöhlt (→ 10. 1./S. 15), die steigende Arbeitslosigkeit läßt Streiks zu einer stumpfen Waffe werden. Für die Gewerkschaften geht es bei Tarifverhandlungen in der Regel nicht mehr um die Höhe der Lohnzuwächse, sondern um die Begrenzung der Einbußen.

Die Folgen der Wirtschaftskrise für die Beschäftigung sind nicht nur in Deutschland unübersehbar. Mit Ausnahme von Frankreich, das erst zum Ende des Jahres steigende Erwerbslosenzahlen meldet, wächst im Ausland die Zahl der Arbeitslosen rapide an oder stabilisiert sich auf hohem Niveau. In Österreich klettert die Zahl der zur Vermittlung vorgesehenen Arbeitslosen zwischen Januar und Dezember 1931 von 374 926 auf 395 981, die Schweiz meldet für den gleichen Zeitraum eine Fast-Verdoppelung der Zahl der Stellungssuchenden von 27 316 auf 50 570, und in den USA wird für Ende Oktober die Zahl der Erwerbslosen auf 6,5 Millionen geschätzt. Im wichtigsten Industrieland sinkt damit der Beschäftigungsgrad der Gesamtwirtschaft (1923–1925 = 100) bis Dezember 1931 auf 67,9% ab.

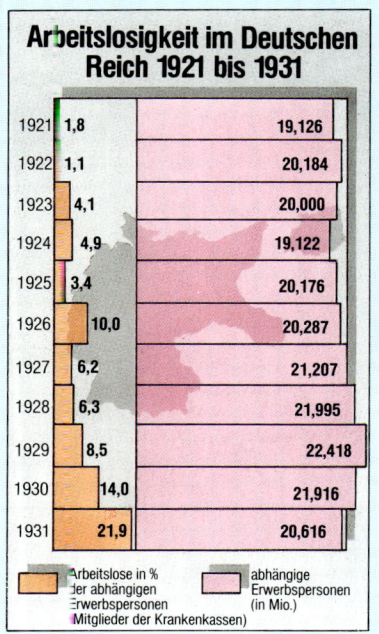

Schlange mit wartenden Menschen vor einem Pfandhaus in Berlin

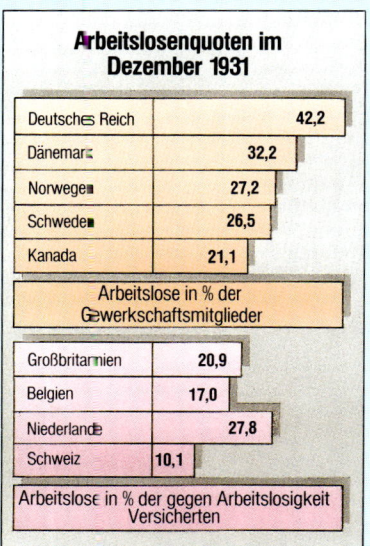

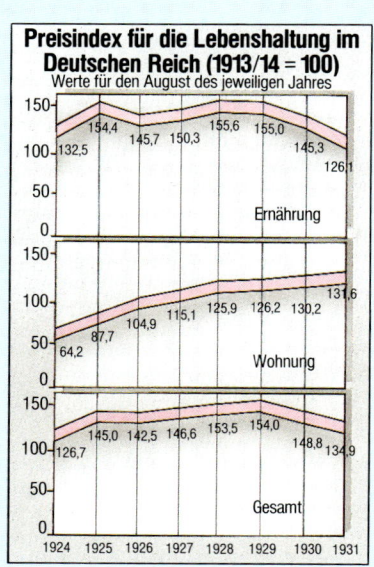

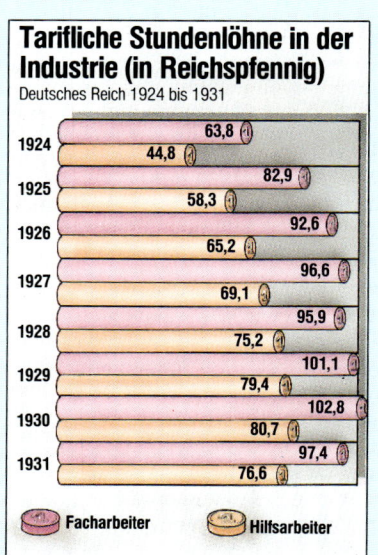

Januar 1931

KPD warnt vor »faschistischer Diktatur«

17. Januar. Am Ende einer dreitägigen Tagung bezichtigt das Zentralkomitee (ZK) der KPD die von Heinrich Brüning (Zentrum) geführte Reichsregierung der Vorbereitung einer faschistischen Diktatur.

Seit Sommer 1930 bemüht sich die KPD, die seit August 1930 um 49 000 auf 176 000 Mitglieder angewachsen ist, um eine verstärkte Auseinandersetzung mit dem Faschismus, wobei aber nicht nur die Nationalsozialisten, sondern auch SPD und Zentrum als faschistisch gelten.

Eine im August 1930 verfaßte Analyse kam zu dem Ergebnis: »Die Hauptstoßrichtung der Partei muß gerichtet sein gegen den Faschismus, sowohl den National- als auch den Sozialfaschismus, und insbesondere gegen das Zentrum, das den Faschisierungsprozeß des Staatsapparates im Augenblick führt.«

Politische Konsequenz dieser These war der am 2. Dezember 1930 – einen Tag, nachdem die Brüning-Regierung durch eine Notverordnung Gehaltskürzungen und Steuererhöhungen durchgesetzt hatte – im KPD-Zentralorgan »Die Rote Fahne«

Unter dem Titel »Volksrevolution über Deutschland« (Abb.) veröffentlicht die KPD Ernst Thälmanns Leitreferat für die ZK-Tagung (15. – 17. 1. 1931). Der am 16. April 1886 in Hamburg geborene Thälmann, von Beruf Hafen- und Transportarbeiter, trat 1903 der SPD bei und ging 1917 zur USPD und 1920 zur KPD. Er wurde 1919 Mitglied der Hamburger Bürgerschaft und 1924 Reichstagsabgeordneter. Seit 1924 gehört er der Parteiführung an, war 1925 KPD-Kandidat bei der Reichspräsidentenwahl und übernahm im gleichen Jahr als Führer der kominterntreuen linken Fraktion die Leitung der Partei.

erschienene Aufruf zur »Volksrevolution« und die Feststellung: »Wir haben eine faschistische Republik.« Auf Einspruch der Kommunistischen Internationale in Moskau revidiert das ZK diese These und erklärt die Regierung Brüning nun »zur Regierung der Durchführung der faschistischen Diktatur«, die sich sowohl »auf die sozialdemokratische Führerschaft« als auch auf die »nationalsozialistischen Terrorbanden« stütze.

Die neue Linie formuliert Ernst Thälmann: »Wir haben in Deutschland den Zustand einer ausreifenden, wenn auch noch nicht ausgereiften faschistischen Diktatur.«

Sozialfaschismus der Hauptgegner

Seit dem XII. Parteitag der KPD 1929 in Berlin-Wedding ist der Kampf gegen den »Sozialfaschismus« – gemeint ist die SPD – offizielle Linie der KPD-Politik. Der Sozialdemokratie wird vorgeworfen, sich durch eine zu enge Bindung an den bürgerlichen Staat und die kapitalistische Wirtschaft zum Handlanger der faschistischen Reaktion zu machen.

Die Sozialfaschismus-These wurde von der Kommunistischen Partei der Sowjetunion entwickelt. 1924 formulierte Josef W. Stalin: »Der Faschismus ist eine Kampforganisation der Bourgeoisie, die sich auf die aktive Unterstützung der Sozialdemokratie stützt. Die Sozialdemokratie ist objektiv der gemäßigte Flügel des Faschismus.« Diese programmatische Festlegung der KPD verhindert maßgeblich eine Zusammenarbeit der beiden Arbeiterparteien gegen den Nationalsozialismus.

Weimarer Republik feiert Gründung des Kaiserreichs

18. Januar. Mit einer Feier im Deutschen Reichstag begeht die Reichsregierung den 60. Jahrestag der Gründung des Deutschen Kaiserreiches in Versailles.

In seiner Festrede erklärt der 82jährige Rechtslehrer und langjährige DVP-Reichstagsabgeordnete Wilhelm Kahl, man habe Anlaß »zu einer Feierstunde tiefen Ernstes und heiliger Entschlüsse, zu einer Atempause auf dem steilen Rückweg zur Höhe, zur Besinnung auf den Werdegang deutscher Einheit und Freiheit«. Reichskanzler Heinrich Brüning ruft die Abgeordneten, die bis auf die Fraktionen von NSDAP und KPD erschienen sind, dazu auf, im Gedenken an die Reichsgründung auf dem Weg des Wiederaufstiegs fortzufahren.

Bei der politischen Linken stößt die Reichsgründungsfeier vielfach auf Kritik. Durch die Feier zum Jahrestag der Gründung der antidemokratischen Monarchie werde der 11. August als Staatsfeiertag zum Gedenken an die Verabschiedung der demokratischen Reichsverfassung 1919 in Weimar entwertet.

Anmarsch der Fahnenkompanie der Reichswehr mit den Traditionsbannern des alten Heeres zur Teilnahme an der Reichsgründungsfeier im Reichstag

Die Gründung des ersten Deutschen Kaiserreichs am 18. Januar 1871

Mit der Proklamation des preußischen Königs Wilhelm I. zum Kaiser des neugegründeten Deutschen Reiches am 18. Januar 1871 in Versailles ging ein langgehegter Traum vieler Deutscher in Erfüllung. Das Kaiserreich erschien ihnen als der legitime Erbe der fehlgeschlagenen demokratischen Einigungsbemühungen von 1848/49. Es hatte jedoch des Sieges Preußens über Österreich und mehrere Staaten des Deutschen Bundes 1866 und des von Preußen herbeigeführten Krieges gegen Frankreich 1870/71 bedurft, bis das stets von den Hohenzollern geführte und bis 1918 bestehende kleindeutsche Kaiserreich Wirklichkeit wurde.

Reichspräsident Paul von Hindenburg (M., hinter dem Reichsadler) in der großen Loge des Deutschen Reichstages während der Festrede des Reichstagsabgeordneten und Veteranen von 1870/71, Wilhelm Kahl

Januar 1931

Chicago: Dauerarbeitslose auf der Straße

Bettlerheer wächst

7. Januar. *In den Vereinigten Staaten wird die Zahl der Arbeitslosen auf vier bis fünf Millionen geschätzt. Zugleich wächst die Zahl der Dauerarbeitslosen, vor allem Ungelernte und Kranke über 40 Jahre, die als Bettler die Straßen der großen Städte bevölkern.*

Millionenhilfe für Farmer in den USA

6. Januar. Der US-Senat billigt die vom Repräsentantenhaus genehmigten Hilfen für die seit Sommer 1930 von einer Dürrekatastrophe heimgesuchten Farmer im Mittleren Westen und Süden der USA.
Das Notprogramm sieht finanzielle Hilfen in Höhe von 45 Millionen US-Dollar (rund 189 Millionen Reichsmark) für den Ankauf von Saatkorn, Vieh und Futter und 15 Millionen US-Dollar (rund 63 Millionen RM) in Form von Darlehen zum Ankauf von Lebensmitteln vor.
Die verzweifelte Lage vieler Landwirte in den USA, die auch wegen des seit 1929 zu verzeichnenden Preisverfalls bei wichtigen Erzeugnissen um ihre Existenz fürchten, illustriert ein aufsehenerregender Vorfall in der Stadt England im US-Bundesstaat Arkansas am 5. Januar: Dort rotteten sich rund 500 Farmer zusammen und drohten mit der Plünderung der Lebensmittelgeschäfte. Unter Vermittlung des Roten Kreuzes konnten sich die Kaufleute durch die Ausgabe von Lebensmittelpaketen freikaufen.

US-Parlament will weniger Neubürger

22. Januar. Der Einwanderungsausschuß des Repräsentantenhauses billigt in Washington eine Vorlage über die Begrenzung der Einwanderung. In den nächsten zwei Jahren sollen – vor allem wegen der Arbeitslosigkeit – nur noch 10% der zuletzt erlaubten Zahl zur Einwanderung in die USA zugelassen werden.
Nachdem zwischen 1905 und 1914 allein aus Europa rund 10,5 Millionen Menschen in die USA gekommen waren, wurde die Einwanderung 1921 durch das Quota-Gesetz auf jährlich 3% der 1910 in den USA wohnenden Fremdstämmigen aus dem jeweiligen Land beschränkt. In den folgenden Jahren wurden weitere Beschränkungen erlassen.

Einwanderung in die USA ab 1820

Jahr	Insgesamt	Europa	Deutschland
1820 – 1924	35 999 402	31 339 501	5 643 793
1925	294 314	148 366	46 068
1926	304 488	155 562	50 421
1927	335 175	168 368	48 513
1928	307 255	158 483	45 778
1929	279 678	158 598	46 751
1930	241 700	147 438	26 569
1931	97 139	61 909	10 401

Hoover hält an der Prohibition fest

20. Januar. US-Präsident Herbert Hoover legt den Bericht einer elfköpfigen Sachverständigen-Kommission über die Prohibition vor. Trotz des keineswegs einheitlichen Votums der Kommissionsmitglieder für die Aufrechterhaltung des seit 1919 geltenden Alkoholverbots bekräftigt der Präsident sein Festhalten an der Prohibition.
Durch den 18. Verfassungszusatz und den Volstead-Act vom 28. Oktober 1919 sind in den USA die Herstellung, der Verkauf, der Transport und der Import alkoholischer Getränke verboten. Allerdings müssen die US-Bürger seither nicht »trocken« bleiben: Eine Vielzahl miteinander konkurrierender Banden haben das illegale Alkoholgeschäft in der Hand (→ 24. 10./S. 180).
Die Experten waren in ihrer Meinung gespalten: Zwei Ausschußmitglieder forderten ein Ende der Prohibition, vier schlugen ein modifiziertes Verbot vor, zwei regten einen Volksentscheid über diese Frage an, und nur drei Experten bejahten die bestehende Regelung.

Erste Londoner Indien-Konferenz endet ohne Erfolg

19. Januar. Mit einer Erklärung des britischen Premierministers James Ramsey MacDonald über die Zukunft der Kolonie Indien endet die am 12. November begonnene Londoner Round-Table-Konferenz.
MacDonald appelliert eindringlich an die auf der Konferenz nicht vertretenen indischen Gruppierungen, vor allem an die für die Unabhängigkeit eintretende Kongreßpartei, an der Umgestaltung mitzuwirken. Allerdings gehen die von den Briten in Aussicht gestellten Reformen den indischen Nationalisten nicht weit genug, während die indischen Fürsten eine Schmälerung ihres Einflusses befürchten.

Rund zwei Fünftel der Gesamtfläche Indiens unterstehen der Herrschaft alteingesessener Dynastien, die zwar die Autorität der britischen Krone anerkennen, aber auf völliger Autonomie gegenüber dem übrigen Indien bestehen. Neben dem britischen Verwaltungsgebiet gibt es in Indien insgesamt 136 Fürstentümer verschiedener Größe. Diese Fürsten sehen ebenso wie die britische Besatzungsmacht ihre Herrschaft durch die wachsende Nationalbewegung gefährdet, die energisch ein selbständiges Indien fordert.
Die britische Regierung legt auf der Round-Table-Konferenz einen Verfassungsplan vor, der für Indien den Dominion-Status und die Übertragung weitgehender innenpolitischer Verantwortung an die Inder vorsieht. An die Stelle des britischen Vizekönigs soll ein britischer Generalgouverneur treten, ihm zur Seite steht ein Ministerrat, aus dem der Generalgouverneur einen leitenden Minister ernennt. Die Minister müssen das Vertrauen des Zwei-Kammer-Parlaments haben (Senat mit 100 bis 150 Mitgliedern und Unterhaus mit bis zu 250 Mitgliedern).
Für die Landesverteidigung, die Außenpolitik und das Budget des Bundesstaates soll allerdings der künftige Generalgouverneur zuständig sein, der u. a. auch die Rechte der religiösen Minderheiten wahren und bei Unruhen aufgrund von Sonderrechten eingreifen darf.

Gandhi in Freiheit

25. Januar. *Der britische Vizekönig von Indien, Edward Wood, Lord Irwin of Kirby Underdale, ordnet die Freilassung von Mohandas Karamchand (Mahatma) Gandhi und anderer indischer Freiheitskämpfer an. Gandhi (Abb.: Seine erste Mahlzeit in Freiheit), seit 1919 führendes Mitglied der Kongreßpartei, war im Mai 1930 wegen seines am 12. März aus Protest gegen die britische Salzsteuer begonnenen »Salzmarsches« verhaftet und seither ohne Urteil festgehalten worden. Nach seiner Ankunft in Bombay erneuert er seine Forderung nach dem Ende der britischen Repressalien.*

Januar 1931

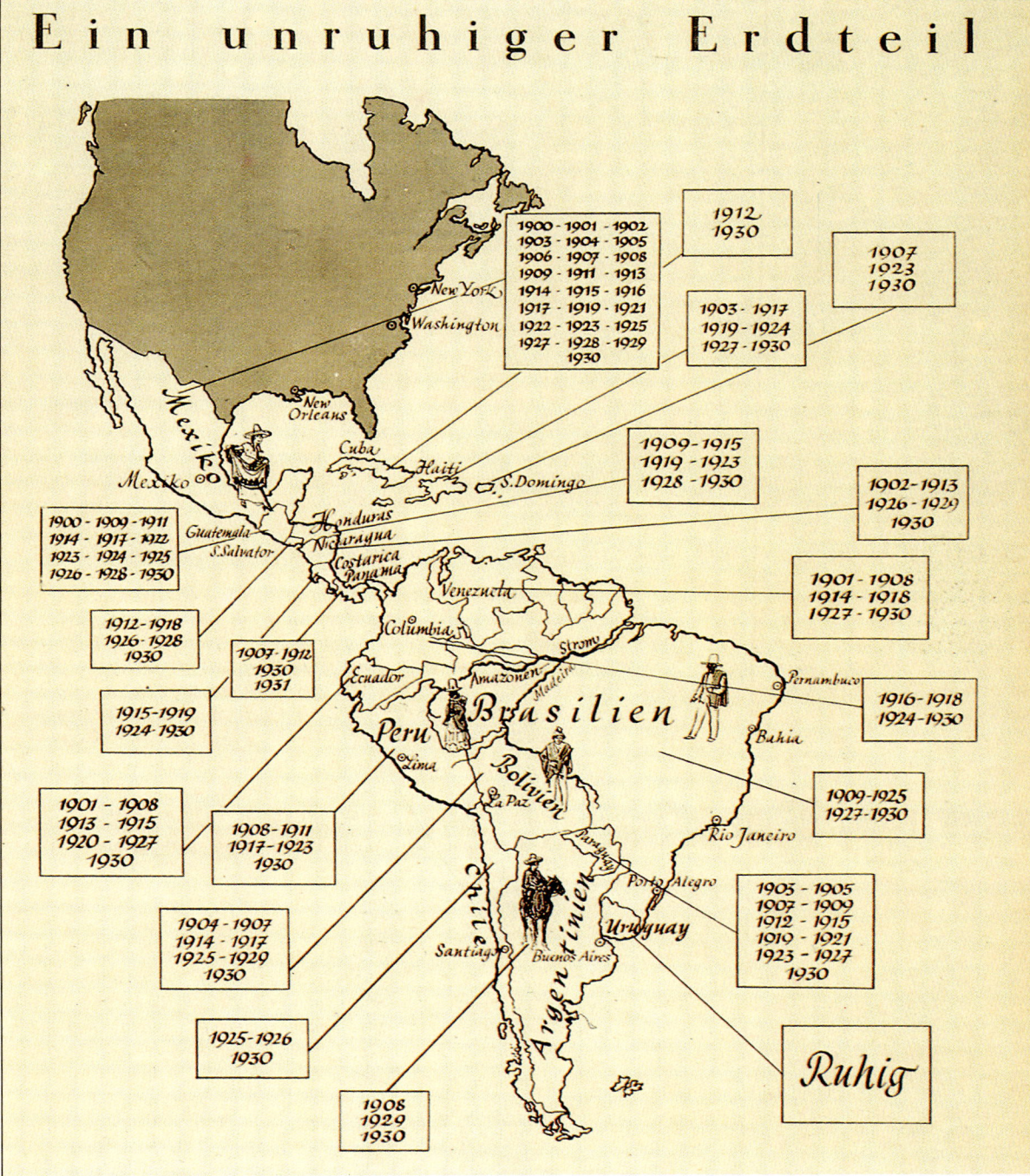

Bildliche Darstellung der zahlreichen Revolutionen in Lateinamerika seit der Jahrhundertwende in der Illustrierten »Die Woche«, Nr. 1/1931

Umsturz in Panama – Lateinamerika bleibt weiterhin politisch unruhig

2. Januar. In Panama City, der Hauptstadt der Republik Panama, vollzieht sich ein blutiger Machtwechsel: Unter Führung des Rechtsanwalts Harmodio Arias besetzen rund 100 Aufständische das Präsidentenpalais und das Hauptquartier der Staatspolizei, der einzigen bewaffneten Macht in dem politisch von der US-Firma United Fruit beherrschten Land. Das bisherige Staatsoberhaupt Florencio Harmodio Arosemana wird gefangengenommen und für abgesetzt erklärt. Der Umsturz kostet neun Menschen das Leben, über 20 Personen werden verletzt. Am 3. Januar proklamiert sich Arias zum neuen Präsidenten, erklärt sich jedoch bereit, das Amt an den Botschafter des Landes in Washington, Ricardo Alfaro, abzugeben. Alfaro wird am 16. Januar als Präsident Panamas vereidigt. Der Putsch in Panama ist bereits der vierte Umsturz seit 1900 in dem wegen des Kanals politisch wichtigen Land, das 1903 auf Druck der USA von Kolumbien unabhängig wurde. Dies ist jedoch im krisengeschüttelten Lateinamerika nichts Ungewöhnliches, wie eine Zusammenstellung der revolutionären Ereignisse in den Staaten dieser Region seit 1900 zeigt. Allein in Uruguay vollzieht sich der Übergang von einer Staatsführung zur anderen nach der Verfassung. Politisch unruhigstes Land Lateinamerikas ist Mexiko mit 25 Revolutionen und Putschen seit 1900.

Genf befaßt sich mit Oberschlesien

21. Januar. Vor der 62. Tagung des Völkerbundrates in Genf (19. – 24. 1.) bekräftigt Reichsaußenminister Julius Curtius die deutschen Vorwürfe gegen die polnische Minderheitenpolitik in Oberschlesien.

Curtius erklärt, daß unter Duldung der polnischen Behörden vor allem die rund 40 000 Mitglieder des 1921 gegründeten Polnischen Aufständischenverbandes vor »der körperlichen Bedrohung bis zu der Zerstörung von Eigentum und jeder Art von moralischem Zwange« nicht zurückschreckten, um »die Deutschen ihrer politischen Rechte in Polen zu berauben«. Darüber hinaus seien die deutschen Stimmberechtigten bei den Sejm-Wahlen im November 1930 z. T. an einer geheimen Stimmabgabe gehindert und mehrere deutsche Kandidaten vor der Wahl verhaftet worden.

Zankapfel seit Versailler Vertrag
Nachdem sich in einer Volksabstimmung (20. 3. 1921) 59,6% der Oberschlesier für einen Verbleib im Deutschen Reich ausgesprochen hatten, wurde die Region durch die alliierten Siegermächte des Weltkriegs geteilt, wodurch Deutschland etwa 950 000 Einwohner und rund 3200 km² Boden mit bedeutenden Vorkommen an Zink, Steinkohle und Bleierz verlor. In der Genfer Konvention über Oberschlesien vom 15. Mai 1922 vereinbarten das Deutsche Reich und Polen den Schutz der Minderheiten. Er sieht u. a. die Einrichtung von Minderheitenschulklassen auch oberhalb der Grundschule und die Zulassung nicht polnischer Lehrer vor.

Wegen dieser Vorfälle hatte sich die deutsche Reichsregierung bereits am 27. November 1930 in einer offiziellen Note an Polen gewandt. In der polnischen Antwort vom 6. Januar wurden gelegentliche Übergriffe zugegeben, aber als Reaktion auf eine antipolnische Propaganda in Deutschland erklärt.

Der Völkerbundrat fordert am 24. Januar Polen auf, zur Oberschlesienfrage bis zur nächsten Ratssitzung im März Stellung zu nehmen und unverzüglich die Tätigkeit des polnischen Aufständischenverbandes einzuschränken.

Januar 1931

Das neue französische Kabinett: Zu den wichtigsten Mitgliedern gehören André Maginot (sitzend), Pierre Étienne Flandin (vorn, 5. v. l.) und Pierre Laval (M., mit hellerem Anzug)

Kabinett Steeg stürzt über Ackerbauskandal – Laval wird neuer französischer Regierungschef

27. Januar. *Drei Tage nach dem Rücktritt des Kabinetts von Théodore Steeg bildet der parteilose Senator Pierre Laval eine neue französische Regierung. Der 47jährige Laval, seit 1927 Mitglied des Senats, ist erstmals Ministerpräsident. Von 1914 bis 1919 und 1924 bis 1927 war der frühere Sozialist, der sich zur politischen Rechten orientiert hat, Mitglied der Deputiertenkammer und seit 1925 wiederholt Minister.*

Das Kabinett Steeg war über die Getreidepreismanipulationen von Agrarminister Victor Boret gestolpert, der zugunsten der Landwirte eine Erhöhung der Weizenpreise angekündigt hatte. Laval stützt sich auf die alte Mitte-Rechts-Mehrheit von Ex-Regierungschef André Tardieu, nachdem die Radikalsozialisten (Linksliberale) eine Regierungsbeteiligung abgelehnt hatten. Neben Laval als Ministerpräsident und Innenminister gehören seinem Kabinett u. a. als Kriegsminister André Maginot, als Finanzminister Pierre Étienne Flandin und als Außenminister Aristide Briand an.

Frankreich trauert um Marschall Joffre

3. Januar. Kurz vor 9 Uhr stirbt in Paris der französische Marschall Joseph Jacques Césaire Joffre. Seit dem 1. Januar hatte der 78jährige Berufsoffizier im Koma gelegen. Der Tod des »Siegers der Marneschlacht« von 1914 löst im ganzen Land Trauer aus.

Der am 12. Januar 1852 in Rivesaltes geborene Joseph Jacques Césaire Joffre wehrte im September 1914 als Armeeführer den deutschen Angriff an der Marne ab, befehligte ab Dezember 1915 ein Jahr lang die französische Armee und wurde 1916 zum Marschall befördert.

Der Marschall erhält ein Staatsbegräbnis. Nach der Einbalsamierung im Hospital wird sein Leichnam in die Militärakademie überführt, wo er zwei Tage lang aufgebahrt bleibt. Am 6. Januar wird der Sarg in die Kathedrale Notre Dame überführt. Die Beisetzung findet dem Wunsch Joffres gemäß nicht im Invalidendom, sondern im Park seines Landgutes in Louveciennes statt.

Der Sarg des verstorbenen Marschalls von Frankreich, Joseph Jacques Césaire Joffre, flankiert von vier Offizieren in der Kapelle der Militärakademie

Erfolg für Italien im Wüstenkrieg

24. Januar. Durch einen Gewaltmarsch seiner Kolonialeinheiten, bei der die überwiegend aus Afrikanern gebildeten Saharaformationen rund 800 km in nur 24 Tagen zurücklegen, gelingt dem italienischen Marschall Pietro Badoglio die Eroberung der Oase Kufra in der südlichen Cyrenaika.

Bei seinem erfolgreichen Vordringen kann Badoglio bei geringen eigenen Verlusten zugleich die rund 400 Krieger zählende Hauptmacht des Eingeborenenführers Sef en Nasser zersprengen und auch deren Versuch vereiteln, sich über die Grenze nach Ägypten abzusetzen.

Seit dem Krieg gegen das Osmanische Reich (ab 1923 Republik Türkei) 1911/12 übt Italien gegen den Widerstand der Senussi die Souveränität über Tripolitanien und die Cyrenaika aus. Das Kolonialreich Italiens in Nordafrika mit der Hauptstadt Tripoli umfaßt 1 759 540 km² mit über 800 000 Menschen. Die Oase Kufra hatte 1870 als erster Weißer der Bremer Forschungsreisende Gerhard Rohlfs betreten.

Januar 1931

Mit der Seilbahn direkt auf die Zugspitze

16. Januar. Auf ihrer 2950 m hoch gelegenen Bergstation findet die kirchliche Einweihung der Seilschwebebahn zur Zugspitze statt. Die endgültige Vollendung der deutschen Zugspitzbahn ist ein weiterer wichtiger Schritt zur touristischen Erschließung der Alpenregion.

Die 2962 m hohe Zugspitze im Wettersteingebirge ist die höchste Erhebung des Deutschen Reiches. Nach Fertigstellung der Seilschwebebahn zwischen Schneefernerhaus und Bergstation können nun auch bergungewohnte Touristen den Ausblick genießen.

Am 8. Juli 1930 wurde nach zweijähriger Bauzeit die bayerische Zugspitzbahn zwischen Garmisch-Partenkirchen und dem Wettersteinmassiv eröffnet, nachdem bereits am 19. Dezember 1929 die Teilstrecke Garmisch – Eibsee in Betrieb genommen werden konnte.

Die Fahrt der Zugspitzbahn beginnt am Hauptbahnhof in Garmisch und führt als meterspurige Reibungs- und Zahnradbahn zum Schneefernerhaus in 2650 m Höhe.

Auf der ersten Trasse (Reibungsstrecke) der Zugspitzbahn werden die Personenwaggons durch Tallokomotiven bis zum Ort Grainau gezogen. Dort übernehmen Zahnradtriebwagen den Weitertransport. Die Zahnradbahnlinie ist mit Zahnstangen nach dem System Riggenbach ausgerüstet. Die Riggenbachzahnstange gleicht einer schmalen Eisenleiter, in deren Sprossen das Zahnrad der Lokomotive eingreift.

Die Bergstation der Seilschwebebahn auf die Zugspitze (zeitgen. Zigarettenbild); in den Kabinen ist der höchste Gipfel Deutschlands leicht zu erreichen

Die Zahnradstrecke mit einer Länge von rund 11 km überwindet eine Steigung von bis zu 25%, auf den oberen 4,5 km führen die Gleise durch einen Tunnel.

Bereits am 5. Juli 1926 war die österreichische Seilbahn auf die Zugspitze eingeweiht worden. An diesem Tag startete in Anwesenheit hoher Vertreter der österreichischen und deutschen Regierungen sowie Repräsentanten der Länder Bayern und Tirol im tirolischen Ehrwald die erste Kabinenbahn.

Diese Bergbahn galt bei ihrer Fertigstellung als technische Meisterleistung. Von der Unterstation Ehrwald führt die Seilschwebebahn über eine Strecke von 3500 m zu der auf bayerischem Gebiet liegenden, 2805 m hoch gelegenen Station Zugspitzkamm auf dem Sattel zwischen dem östlichen (2962 m) und dem westlichen Gipfel der Zugspitze. Innerhalb von 16 Minuten überwindet sie mit sechs Stützen einen Höhenunterschied von 1574 m. Die in Abständen von 20 Minuten eingesetzten Gondeln bieten bis zu 19 Fahrgästen Platz.

Auf die Gipfel per Bahn statt zu Fuß

Von den Einheimischen nicht selten mißtrauisch beäugt, von technisch Interessierten jedoch als Wunderwerke gefeiert, sind seit 1871 immer mehr Regionen des Hochgebirges durch Bahnen erschlossen worden.

Pionier des Gebirgsbahngedankens war der gebürtige Elsässer Nikolaus Riggenbach, dessen Vitznau-Rigi-Bahn am 21. Mai 1871 als erste Zahnradbahn der Welt im Schweizer Kanton Luzern in Betrieb ging. Sie führt von Vitznau hinauf auf Rigi-Kulm (1797 m).

Noch höher hinaus wollte der Schweizer Eisenbahnmagnat Adolf Guyer-Zeller, der 1896 mit dem Bau einer Bahn zum 4158 m hohen Jungfraugipfel begann. Am 21. Februar 1912 – Guyer-Zeller war 1899 verstorben – wurde mit dem Jungfraujoch-Tunnel die vorerst letzte Etappe der Jungfraubahn beendet. Die Bahn fährt die Reisenden auf eine Höhe von 3457 m.

Marschall Balbo führt Gruppenflug von Rom nach Rio

15. Januar. Um 20 Uhr mitteleuropäischer Zeit trifft das vom italienischen Marschall Italo Balbo geführte Geschwader von Bomben-Wasserflugzeugen des Typs Savoia Marchetti S 55 in Rio de Janeiro ein. Der Gruppenflug von Rom nach Rio hatte am 17. Dezember 1930 auf dem Flugplatz Orbetello nördlich von Rom begonnen. Über Zwischenstopps in Cartagena, Kénitra und Villa Cisneros erreichten die Flieger Bolama in Portugiesisch-Guinea, wo um 1.30 Uhr am 6. Januar der Start zur rund 3000 km langen Etappe nach Natal in Brasilien erfolgte, die in 17 Stunden absolviert wurde. Von den zwölf gestarteten Flugzeugen fielen zwei unterwegs durch Pannen aus.

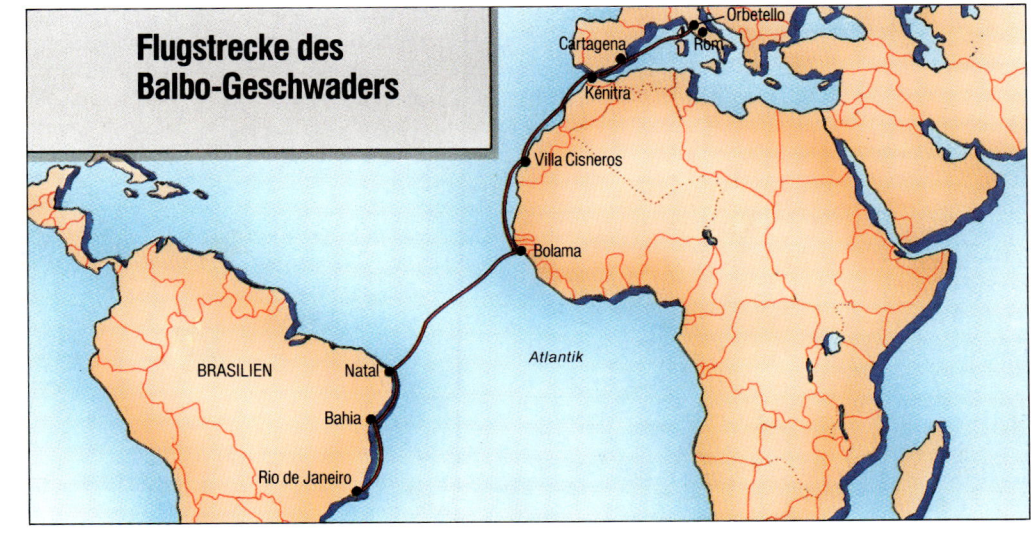

Flugroute des von dem italienischen Marschall Italo Balbo geführten Geschwaders von Bomben-Wasserflugzeugen vom Typ Savoia Marchetti S 55 von Rom über Zwischenstationen in Spanien nach Portugiesisch-Guinea und von dort über den Atlantik nach Natal, Bahia und Rio de Janeiro

Januar 1931

Pius XI. gegen Geburtenkontrolle und »moderne« Ehe

8. Januar. Der »L'Osservatore Romano« veröffentlicht die in der Weihnachtsbotschaft von Papst Pius XI. angekündigte Enzyklika über die christliche Ehe. Der Hirtenbrief beginnt mit den lateinischen Worten »Casti sonnubii« und kritisiert Geburtenkontrolle, Frauenemanzipation und die »moderne« Ehe.

Eheschließungen im Jahr 1931

Land	Insgesamt	auf 1000 Einwohner
Deutsches Reich	515 403	8,0
England und Wales	311 402	7,8
Irland	13 236	4,5
Frankreich	326 358	7,8
Italien	270 957	6,6
Niederlande	59 456	7,5
Norwegen	17 756	6,3
Polen	273 332	8,6
Schweiz	32 269	7,9
USA	1 060 554	8,5

Seit 1929 ist die Ehehäufigkeit im Deutschen Reich rückläufig. Kamen 1929 auf 1000 Einwohner noch 9,2 Eheschließungen, so sind es im Jahr 1931 nur 8,0 Ehen.

Die Enzyklika »über die christliche Ehe in Hinsicht auf die gegenwärtigen Verhältnisse, Bedrängnisse, Irrtümer und Verfehlungen in Familie und Gesellschaft« ist mit rund 16 000 Worten das umfangreichste Dokument, das in den letzten Jahren vom Vatikan veröffentlicht wurde. Die Enzyklika erinnert zunächst an den göttlichen Charakter der Ehe, der von den Menschen sowohl auf der Bühne und im Film als auch im täglichen Leben oft geleugnet werde. Im Dienste des Lasters seien – oft unter dem Deckmantel der Wissenschaft – die ehelichen Verpflichtungen in Vergessenheit geraten. Den besonderen Unmut des Papstes erregte dabei, so heißt es aus dem Vatikan ergänzend, das Buch des Niederländers Theodor Hendrik van de Velde über »Die vollkommene Ehe«, in Deutschland erschienen 1926.

Die Enzyklika geht dann auf die Segnungen der Ehe und deren Zwecke ein, die mit den Begriffen Nachkommenschaft, Treue und Sakrament zusammengefaßt werden und erläutert die daran geknüpften Verirrungen und Laster, wobei mit großer Offenheit die »modernen Theorien oder besser gesagt die modernen Abirrungen« erwähnt und verurteilt werden, die in direktem Gegensatz zu den christlichen Aufgaben der Ehe stünden.

Die Unauflöslichkeit der Ehe verteidigt der Papst u. a. mit dem Hinweis auf die »Ruhe des sicheren Besitzes, die an die Stelle der ängstlichen Besorgnis tritt, ob der Gatte vielleicht doch beim Hereinbrechen von Unglück oder im Alter gehen werde«. Der Papst wendet sich u. a. gegen die gesetzlich erlaubten Geburtenunterbindungen, gegen die »eugenische Indikation«, gegen die sog. Kameradschaftsehe und andere »Verirrungen«, die unter dem Begriff »Zeitmaterialismus« zusammengefaßt werden. Ein besonderer Appell ergeht an Ärzte, Seelsorger und Behörden, den Kampf gegen diese Verirrungen anzuführen.

Unter diesem Gesichtspunkt wird auch die dreifache Emanzipation der Frau verurteilt: Die physiologische,

Papst Pius XI. (Abb.) wurde am 31. Mai 1857 als Achille Ratti in Desio bei Mailand geboren. Er wurde 1879 in Rom zum Priester geweiht und 1921 zum Kardinal und Erzbischof von Mailand ernannt. Der 1922 zum Papst gewählte Pius XI. schloß am 11. Februar 1929 den Lateranvertrag mit Italien.

die sie von ihren ehelichen und mütterlichen Pflichten befreien soll; die wirtschaftliche, die ihr in Alltag und Beruf Freiräume schaffen will, und die soziale Emanzipation, die Frauen in die Politik hineinziehen will. Dazu heißt es u. a.: Die »unnatürliche Gleichstellung mit dem Mann wird sich zu ihrem eigenen Verderben auswirken, sie [die Frau] in ihre frühere Sklavenstellung zurückdrängen und sie wieder, wie im Heidentum, zum bloßen Werkzeug des Mannes machen«.

Auch alle Tendenzen, die geforderte christliche Liebe durch ein »Gefühl« oder »blinde und wankelmütige Sympathie« zu ersetzen, fallen unter das Verdikt des Papstes.

Im dritten Teil der Enzyklika werden schließlich die Mittel angeführt, mit denen das »neue Heidentum« bekämpft werden soll. Der Papst nennt hier die Rückkehr zum göttlichen Gesetz, die Bekämpfung der Leidenschaften, Gehorsam gegenüber der Kirche, die sorgfältige Auswahl des Gatten unter Anhörung des Rats der Eltern und die Sicherstellung der materiellen Basis der Ehe.

Ehe als Kameradschaft

Als Alternative sowohl zur bürgerlich-christlichen Ehe wie auch als Ergänzung der rein ökonomisch ausgerichteten Gesellschaftstheorie der sowjetischen Kommunisten forderte Alexandra M. Kollontai neue Lebensformen, um die Frau aus materieller und psychischer Abhängigkeit zu befreien. Ihre Idee des »geflügelten Eros« definiert Liebe und Sexualität als menschliche Produktivkraft, die zu Beziehungen zwischen den Geschlechtern führen soll, welche auf gegenseitiger Anerkennung beruhen und durch die persönliche Erfahrung der Kraft der Solidarität die Grundlage für eine sozialistische Gesellschaft bilden. In stark vergröberter und dem Anspruch der Kollontai nicht angemessener Weise wurden ihre Ideen als »Glas-Wasser-Theorie« von der Befriedigung der sexuellen Bedürfnisse »wie ein Glas Wasser« popularisiert.

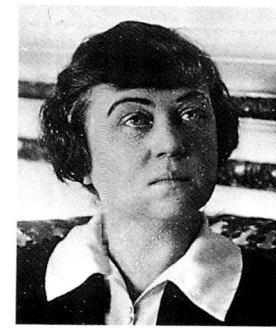

Alexandra M. Kollontai wurde am 31. März 1872 in St. Petersburg (ab 1924: Leningrad) geboren. Als überzeugte Sozialistin ging sie 1908 ins Ausland, kehrte im Frühjahr 1917 nach Rußland zurück, wurde Volkskommissarin und 1922 erste Diplomatin der UdSSR.

Die »vollkommene Ehe«

Mit seiner Trilogie »Die vollkommene Ehe« (deutsch 1926), »Die Abneigung in der Ehe« (1928) und »Die Fruchtbarkeit in der Ehe« (1929) wurde der Niederländer Theodor Hendrik van de Velde zum wichtigsten Sexualaufklärer der 20er Jahre. Seine auf langjähriger ärztlicher Erfahrung beruhenden Werke wollen den Weg zur »vollkommenen Ehe«, zur »Hoch-Ehe« weisen und fassen die medizinisch-psychologischen Erkenntnisse über die Geschlechtsphysiologie, die Bedeutung des Geschlechtsverkehrs und die Störungen des Zusammenlebens von Mann und Frau zusammen. Zwar bekennt sich der Autor zur Ehe als Form des Zusammenlebens, weist jedoch zu Beginn seines ersten Buches darauf hin, daß die christliche Ehe oft zu einer »richtigen Hölle« führen könne. Im März 1931 wird »Die vollkommene Ehe« vom Vatikan verboten.

Der niederländische Arzt Theodor Hendrik van de Velde, geboren am 12. Februar 1873 in Leeuwarden, war 1913 – 1918 Direktor der Frauenklinik in Haarlem, 1918/19 stellvertretender Direktor der Frauenklinik Zürich und ließ sich 1920 auf dem Gut Val Fontile bei Locarno nieder.

Januar 1931

Maschinelles Melken und Waschen der Kühe in den USA; in Deutschland ist die Maschinisierung der Viehhaltung vergleichsweise wenig entwickelt

Berliner Grüne Woche zeigt die schwierige Lage der Landwirtschaft

31. Januar. Vor 1500 Ehrengästen eröffnet Reichsernährungsminister Martin Schiele (Christliches Landvolk) in den Ausstellungshallen am Kaiserdamm in Berlin die Grüne Woche. Die sechste Agrarschau dieser Art dauert bis zum 8. Februar. Schiele kündigt einen Generalbebauungsplan für die Landwirtschaft an und erklärt u. a., es würden zuviel Roggen, Hafer und Hackfrüchte und zuwenig Gerste und Weizen angebaut. Die Ausstellung steht unter dem Motto »Produktionsumstellung und Absatzförderung«. Von den 20 Milliarden Reichsmark (RM), die im Deutschen Reich jährlich für Ernährung ausgegeben werden, fließen nach Angaben der Landwirtschaftsverbände nur neun Milliarden RM den deutschen Bauern zu.

Neues Streichholz gibt 600mal Feuer

2. Januar. Der Wiener Chemiker Ferdinand Ringer meldet ein Patent auf einen Feuerstift von der Größe eines normalen Streichholzes an, der bis zu 600mal entflammt werden kann. Er ist nicht explosiv und wiegt nicht viel mehr als ein Streichholz.

Der Wiener Chemiker Ferdinand Ringer, Erfinder des Zündstiftes, ist seit Jahren in der Fachwelt als Konsulent technischer Firmen und Mitarbeiter der Fachpresse bekannt.

Der Kopf des Zündstiftes, mit dem Ringer gegen den schwedischen »Zündholzkönig« Ivar Kreuger antreten will, besteht aus Chlorat und einer geheimen Zusatzmasse, die durch Stickstoff-Freisetzung während des Brennens das Ausgehen erleichtert. Die Entzündung erfolgt wie beim Streichholz durch Reiben an einer Phosphorreibfläche.

Für Markenwaren gilt Preisbindung

16. Januar. Die deutsche Reichsregierung erläßt eine Verordnung über die Preisbindung bei Markenwaren. Der Preisschutz gilt jedoch nur dann, wenn die Verbraucherpreise gegenüber dem Stand vom 1. Juli 1930 um mindestens 10% reduziert worden sind.
Diese Verordnung bedeutet neben der Anerkennung der Warenmarke auch das vorläufige Ende der staatlich verordneten Preissenkungen.
Als Markenwaren, die aufgrund von Vereinbarungen zwischen Hersteller und Händler preisgebunden sein können, gelten fortan Artikel, deren Verpackung beim Verkauf an den Endverbraucher mit »einem ihre Herkunft kennzeichnenden Merkmal (Firma, Wort- oder Bildzeichen u. ä.) versehen« sind.
Dies können sein: Lebensmittel (außer Frischmilch, Spirituosen und Sekt) und Gebrauchsartikel wie Kosmetika, bestimmte Arzneien, Haus- und Küchengeräte, Wasch- und Putzmittel, Farben, Bürobedarf, Textilien, Gummiwaren und niedrigpreisige Schallplatten.

Swissair nimmt Dienst auf

1. Januar. Auf Initiative der Schweizer Bundesbehörden werden die beiden führenden Fluggesellschaften des Landes, die 1922 eröffnete Ad Astra Aero Schweizerische Luftverkehrs-AG in Zürich und die 1925 gegründete Basler Luftverkehrs-Aktiengesellschaft (Balair) zur Swissair verschmolzen.

Die Swissair nimmt ihren Sitz in Zürich. Zehn Piloten, sieben Funker und acht Bordmechaniker bilden das Gründungspersonal. Die Fusion wurde vom Eidgenössischen Luftamt mit der Drohung erzwungen, bei Weigerung die Subventionen für die in Schwierigkeiten geratenen Firmen um 10% zu kürzen.

Fluggäste und Personal vor einer dreimotorigen Passagiermaschine Fokker F VII b der neugegründeten Swissair auf dem Flughafen in Zürich-Dübendorf

Varietédirektor in Berlin erschossen

21. Januar. In Berlin wird der Geschäftsführer des Mercedes-Palastes, Ernst Schmoller, beim Zählen der Tageseinnahme in seinen Arbeitsräumen ermordet. Der Täter erbeutet 875 Reichsmark.
Der Mercedes-Palast im Stadtteil Neukölln gilt als das größte Kino-Varieté Europas. Die 3000 Sitzplätze sind meist ausverkauft, so auch am Mordabend gegen 21.40 Uhr, als auf der Bühne zwei Trapezartisten ihre Künste vorführen, während auf der Großleinwand ein Film abläuft.
Die Leiche Schmollers wird bereits kurz nach der Tat entdeckt, jedoch diagnostiziert der Arzt zunächst Herzschlag. Erst der herbeigeholte Revierbeamte entdeckt die tödlichen Wunden aus zwei Revolverschüssen. Aus dem Tatablauf schließt die Polizei, daß Schmoller seinen Mörder gekannt haben muß und sucht den Täter unter den früheren Mitarbeitern des Theaters. Am 7. Februar gesteht der Artist Karl Urban die Schüsse auf Schmoller. Er wird wegen Totschlag zu acht Jahren Zuchthaus verurteilt.

Neue Heimat für den Berliner Rundfunk

22. Januar. In der Berliner Masurenallee wird das Haus des Rundfunks eingeweiht. Das kombinierte Sende- und Verwaltungsgebäude ist ein Werk des deutschen Architekten Hans Poelzig.

Der Neubau gegenüber dem Funkturm und dem weitläufigen Messegelände bietet den Funkschaffenden weitaus bessere technische Möglichkeiten als sein Vorgänger, das Vox-Haus in der Potsdamer Straße, wo seit 1923 die Berliner Funkstunde ausgestrahlt wurde. Mit seinen räumlichen und technischen Kapazitäten genügt es modernsten technischen Ansprüchen.

Der dunkelbraune Klinkerbau mit seiner 150 m langen Hauptfassade gliedert sich in vier- bis fünfgeschossige, dreieckig zusammenlaufende Außengebäude, die Büros, Technik und Wirtschaftseinrichtungen aufnehmen, und in einen Innenteil mit mehreren Studios, drei Saalbauten – von denen der größte allerdings noch nicht fertig ist – und vier abgeschlossenen Höfen.

Um die Akustik zu verbessern und die Studios dem jeweiligen Aufnahmezweck möglichst exakt anzupassen, sind die Wände teilweise mit Celotex verkleidet, einem besonders präparierten Stoff, der den Ton gleichsam aufsaugen soll.

Das Funkhaus an der Masurenallee wird benutzt von der Berliner Funk-Stunde, der Reichs-Rundfunk-Gesellschaft und der Deutschen Welle und beherbergt ferner auch das Reichsrundfunkmuseum.

Der Reichskommissar für das deutsche Rundfunkwesen, Hans Bredow (am Rednerpult), bei der Eröffnung des neuen Gebäudes für den Berliner Rundfunk

Neue Rundfunktechnik in Hamburg: Der große Sendesaal der NORAG

Funksaal im Rundfunkpalais der Norddeutschen Rundfunk AG

Blick vom Berliner Funkturm auf das von Hans Poelzig erbaute Gebäude des Berliner Rundfunks an der Masurenallee

---

Schon 1906 erste Rundfunksendung

Der Rundfunk hat sich aus einem technischen Experiment innerhalb weniger Jahre zu einem Massenmedium entwickelt.

▷ 24. 12. 1906: Von einer Funkstation in Massachusetts (USA) aus überträgt der Kanadier Reginald Aubrey Fessenden als erster drahtlos einen gesprochenen Text.

▷ 2. 11. 1920: In Philadelphia (USA) nimmt mit dem Sender KDKA die erste regelmäßig arbeitende Rundfunkstation der Welt ihren Betrieb auf.

▷ 1. 9. 1922: Als erste sowjetische Radiostation geht der Sender »Komintern« in Betrieb.

▷ 6. 11. 1922: Der erste französische Radiosender »Radiola« sendet erstmals.

▷ 14. 11. 1922: In London geht die British Broadcasting Company (BBC) auf Sendung.

▷ 26. 2. 1923: Der Sender Utilitas strahlt über den Flugplatzfunk Lausanne regelmäßig Musikprogramme aus.

▷ 29. 10. 1923: Im Sender Vox-Haus in Berlin wird mit der Radiostunde AG (1924 Funkstunde AG) der erste regelmäßige deutsche Programmdienst aufgenommen.

▷ 1. 10. 1924: In Wien strahlt die am Vortag gegründete Radio-Verkehrs-AG (RAVAG) die erste Sendung aus.

▷ 4. 12. 1924: In Berlin wird die erste Große Deutsche Funkausstellung eröffnet.

▷ 1925: Im Deutschen Reich wird die Reichs-Rundfunk-Gesellschaft gegründet.

▷ 3. 9. 1926: In Berlin wird der 138 m hohe Funkturm eingeweiht.

▷ 1. 7. 1930: In den USA gibt es 12 824 000 Rundfunkhörer.

▷ 31. 12. 1930: In der Schweiz gibt es 103 808 Radioabonnenten.

▷ 1. 1. 1931: In der UdSSR gibt es 2 764 000 Rundfunkhörer.

▷ 31. 3. 1931: Im Deutschen Reich sind inzwischen 3 731 681 Rundfunkteilnehmer angemeldet.

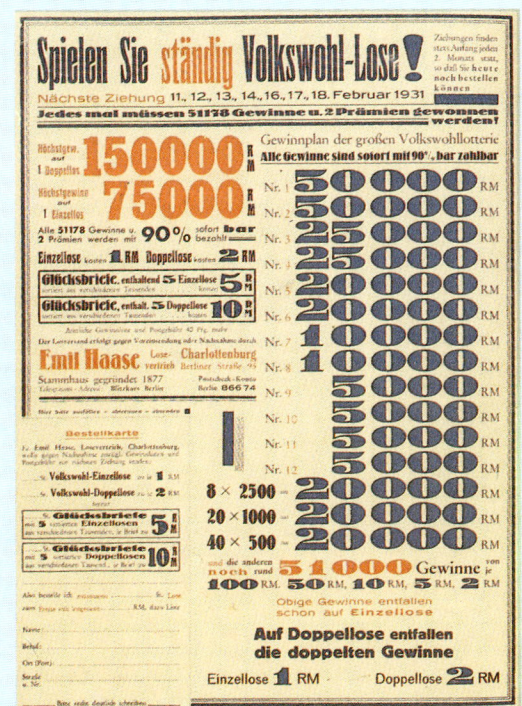
Gerade in der Krise lockt die Aussicht auf das mit ein bißchen Glück schnell verdiente »große Geld«

»Jeden Abend Tanzunterhaltung«, eine Zeichnung aus der deutschen Illustrierten »Die Woche«

Der Gewinn lockt: Arbeitslose in Chicago bei einem der oft Wochen dauernden Tanzwettbewerbe

Unterhaltung 1931:

Leichte Muse und Frohsinn im Zeichen der Wirtschaftskrise

Die Wirtschaftskrise läßt 1931 auch die Unterhaltungsbranche nicht unberührt: Die Schallplattenfirmen versuchen, durch eine Preissenkung um bis zu 20% den Nachfragerückgang zu stoppen; viele Amüsierbetriebe senken die Eintrittspreise. Dennoch gehen mehrere namhafte Plattenfirmen und etliche bekannte Tanzcafés und Tanzpaläste in den Konkurs. Von den abnehmenden Auftrittsmöglichkeiten für Musiker in Berlin profitieren jedoch die Fans der Jazz- und Unterhaltungsmusik in der »Provinz«, wo nun viele bekannte Orchester gastieren.

Im Jazz dominiert in den USA der Swing mit den großen Orchestern und ihren »swingenden« Instrumentalsolisten wie die Big-Bands von Duke Ellington, Jimmie Lunceford und Benny Moten. In Deutschland kennt man vor allem das britische Jazz-Orchester Jack Hylton, das seit 1929 jährlich in Berlin gastiert. Farbige sind hier allerdings unerwünscht: Nach einem fünfmonatigen Gastspiel der Sam-Wooding-Band aus den USA gilt im Deutschen Reich ein Auftrittsverbot für farbige Musiker.

Die Schlager des Jahres 1931 werden vielfach durch den Tonfilm populär gemacht, wie z. B. »Das gibt's nur einmal« von Werner Richard Heymann (Musik) und Robert Gilbert (Text) aus dem Film »Der Kongreß tanzt« (→ 20. 10./S. 182). Die herausragende Kabarett-Revue ist am 10. April »Alles Schwindel« von Marcellus Schiffer und Mischa Spoliansky mit Gustaf Gründgens und Margo Lion. Anders als die weltbekannten Pariser Revuen greifen Schiffer/Spoliansky ebenso wie Friedrich Hollaender und Hermann Haller in ihren schmissigen Couplets und anderen musikalischen und szenischen Darbietungsformen auch zeitkritische Themen auf. Am 7. Januar eröffnet Friedrich Hollaender in Berlin das »Tingel-Tangel-Theater« für seine Revuetten, Willy Schaeffers bietet ab Herbst in Berlin »Kabarett für alle«, und in Wien eröffnet am 7. November Stella Kadmon ihre Kleinkunstbühne »Der liebe Augustin«.

Komponist Max Roland (l.), Dichter Josef Brandt (4. v. l.) und die Comedian Harmonists: Roman Cykowski, Walther Joseph, Harry Frommermann-Frohmann, Erich Abraham Collin, Ari Leschnikow, Robert Biberti

Helmut Käutner in einer Aufführung des Münchener Studentenkabaretts »Die vier Nachrichter«

Januar 1931

»Das Dritte Reich ist das Ende der Kunst«

21. Januar. Die Berliner Zeitung »Welt am Abend« veröffentlicht einen Beitrag von Lion Feuchtwanger als Antwort auf die von dem Blatt veranstaltete Umfrage »Wie kämpfen wir gegen ein Drittes Reich?«

Der 46jährige deutsche Schriftsteller Lion Feuchtwanger, Teilnehmer der Revolution 1918/19 und bekannt u. a. durch seine historischen Romane wie »Die häßliche Herzogin Margarete Maultasch« (1923) und »Jud Süß« (1925)

Der deutsche Schriftsteller erklärt in seinem Kurzessay den Nationalsozialismus zur »Organisierten Barbarei Deutschlands« und analysiert das Wesen dieser Weltanschauung als »antilogisch und antigeistig«. Die Künstler und die Intellektuellen insgesamt hätten, so Feuchtwanger, vom Dritten Reich nur »Ausrottung« zu erwarten, wer irgend könne, bereite die Auswanderung vor.

Gericht bremst die kulturelle Wende

10. Januar. Das vom thüringischen Innenminister Wilhelm Frick (NSDAP) angeordnete Verbot einer Aufführung des Stückes »Frauen in Not § 218« der Berliner Piscator-Bühne in Gera wird vom Oberverwaltungsgerichtshof des Landes Thüringen aufgehoben. Diese Entscheidung bedeutet eine Schlappe für die von Frick seit Januar 1930 betriebene kulturelle Wende.

In seinem Verbot hatte Frick u. a. angeführt, daß eine Aufführung »bei dem gesunden deutschen Empfinden« des Publikums in Gera »erhebliche Störungen der öffentlichen Ruhe und Ordnung hervorrufen« werde. Das Gericht weist dies jedoch unter Hinweis auf die verfassungsmäßige Freiheit der Meinungsäußerung zurück.

Auch die bildende Kunst – durch Entfernung mißliebiger Bilder aus öffentlichen Sammlungen – und die Musik – am 12. Februar wird der mit einer nicht rein arischen Frau verheiratete Weimarer Generalmusikdirektor Ernst Praetorius entlassen – will Frick umgehend »säubern«.

Neue Formen der Kindererziehung

10. Januar. In der Aula der Berliner Universität spricht die italienische Pädagogin Maria Montessori über die von ihr entwickelten neuen Gedanken über die Erziehung von Kindern und Heranwachsenden.

Maria Montessori aus Italien, Ärztin und Pädagogin, Inhaberin eines Lehrstuhls für Anthropologie in Rom (ab 1904) und ab 1907 Leiterin verschiedener Bildungseinrichtungen, wurde am 31. August 1870 in Chiaravalle geboren.

Sie stellt ihre Ausführungen unter das Motto »Jede unnütze Hilfe, die dem Kinde gegeben wird, ist ein Hindernis für seine Entwicklung«. Frau Montessori plädiert eindringlich für ein neues Verhältnis zwischen Lehrer und Schüler: Die Pädagogen sollten erkennen, daß sie lediglich Gehilfen bei der Entwicklung des Kindes seien und nicht die Schöpfer der kindlichen Intelligenz.

Musikwelt begeht Mozart-Jubiläum

27. Januar. Ein von allen österreichischen Sendern übertragener Festakt aus dem Mozarteum in Salzburg ist der Höhepunkt der offiziellen Festlichkeiten zum 175. Geburtstag des österreichischen Komponisten Wolfgang Amadeus Mozart.

In Salzburg würdigt Altbundeskanzler und Nationalratspräsident Rudolf Ramek das Leben und Wirken des Komponisten.

Auch in Berlin wird das Mozart-Jubiläum begangen. Am 24. Januar wurde im neuen Haus des Rundfunks (→ 22. 1./S. 24) als erste Opernübertragung der Berliner Funkstunde »Die Zauberflöte« aufgeführt. Das Werk wurde von Cornelis Bronsgeest für die Zwecke der Rundfunkübertragung eingerichtet, am Dirigentenpult stand Bruno Walter, dessen Leistung von der Kritik besonders herausgehoben wurde.

Die Staatsoper am Platz der Republik in Berlin folgte am 25. Januar mit einer Festaufführung der komischen Oper »Die Hochzeit des Figaro« unter der musikalischen Leitung von Otto Klemperer.

Szene aus dem Spielfilm »Im Westen nichts Neues« mit Lew Ayres in der Rolle des Paul Bäumer

Auch in Wien Protest gegen Remarque-Film

7. Januar. *In mehreren Bezirken Wiens kommt es wie bereits am 3. und 4. Januar zu Protesten von Nationalsozialisten und Anhängern der rechtsgerichteten Heimwehren gegen Aufführungen des Antikriegsfilms »Im Westen nichts Neues« nach dem gleichnamigen Roman von Erich Maria Remarque (1929). Im Deutschen Reich war der vom US-amerikanischen Regisseur Lewis Milestone mit Lew Ayres in der Hauptrolle 1930 gedrehte Film nach massiven Demonstrationen der Nationalsozialisten am 11. Dezember 1930 verboten worden. Auch die österreichische Regierung beugt sich nach den wiederholten Kundgebungen der politischen Rechten dem »Druck der Straße« und untersagt am 9. Januar endgültig die Aufführung des Films für Wien sowie auch für ganz Österreich.*

Sportliche Ballgäste: Vordere Reihe v. l. Ernst Pistulla, Helmut Körnig, Cilly Feindt, Heinz Hax

Viel Prominenz auf dem Berliner Presseball

31. Januar. *In den Festsälen am Zoo findet der Ball des Vereins Berliner Presse statt. Unter den Gästen sind auch Vertreter der Reichsregierung, an ihrer Spitze Reichskanzler Heinrich Brüning, Reichsfinanzminister Hermann Robert Dietrich und Reichswehrminister Wilhelm Groener. Zu den Künstlern des Abends gehört auch ein Orchester aus arbeitslosen Musikern, Kurzgastspiele geben u. a. Viktor Hollaender, Paul Lincke, Hugo Hirsch und Will Meisel sowie die Jazzband Weintraubs Synocopators. Um angesichts der Not der Zeit mit gutem Beispiel voranzugehen, hatte die Reichsregierung vor Beginn der Ballsaison 1930/31 erklärt, an keiner Veranstaltung mit Ausnahme des Presseballs teilnehmen zu wollen, da dessen Einnahmen notleidenden Künstlern zugute kommen.*

Streit um den Sinn der Dichterakademie

27. Januar. Eine außerordentliche Hauptversammlung der Sektion für Dichtkunst in der Preußischen Akademie der Künste wählt Heinrich Mann zum Vorsitzenden und Ricarda Huch zur stellvertretenden Vorsitzenden. In einer Resolution stellt sich die Sektion »vorbehaltlos auf den Boden der Geistesfreiheit«. Der Streit um den Sinn der »Dichterakademie« ist damit jedoch nicht beendet. Am 10. Dezember 1930 hatte zunächst Hermann Hesse seinen Austritt aus der auf Initiative des früheren preußischen Kultusministers Carl Heinrich Becker gegründeten Organisation erklärt, ihm folgten im Januar die »völkischen« Schriftsteller Wilhelm Schäfer, Emil Strauß und Erwin Guido Kolbenheyer.

Am 25. Januar stellte Alfred Döblin in der »Vossischen Zeitung« den Status der Dichterakademie in Frage. Er plädierte dafür, nicht nur »Dichter« aufzunehmen, sondern allgemein Personen, die »an Sprache gebundene Leistungen auf geistigem« Gebiet erbracht haben.

Zugleich polemisierte Döblin gegen die ausgetretenen Akademiemitglieder und deren Anhänger und warf ihnen »Provinzialismus, Heimatkunst, Kunst der Scholle, des sehr platten Landes« und eine irrationale Ablehnung Berlins vor.

Star der Tanzkunst: Anna Pawlowa tot

23. Januar. *In Den Haag stirbt die russische Tänzerin Anna Pawlowa an einer Lungenentzündung. Sie galt als bedeutendste Vertreterin der russischen Tanzkunst und wurde weltberühmt durch den für sie im Jahr 1905 von Michail Fokin choreographierten »Sterbenden Schwan« (Musik von Camille Saint-Saëns).*

Die in ärmlichen Verhältnissen am 12. Februar 1881 in Petersburg (ab 1924: Leningrad) geborene Anna Pawlowa wurde als Zehnjährige in die Kaiserliche Ballettschule aufgenommen und debütierte 1899. Ab 1907 trat sie auch im westlichen Ausland auf und wurde zwei Jahre später zeitweise Mitglied der Balletttruppe von Sergei Diaghilew. Sie machte sich jedoch bald selbständig und zog mit eigenem Ensemble um die Welt, wobei sie rund 480 000 km zurücklegte und bei 3650 Vorstellungen stets aufs neue ihr Publikum begeisterte.

Gerühmt wurde von der Kritik neben ihrer eisernen Disziplin vor allem ihre brillante Technik, die lyrische Ausstrahlung ihrer Posen und die Faszination ihres tänzerischen Spiels.

◁ Anna Pawlowa, die bekannteste Vertreterin der russischen Schule des Balletts

Haftbefehl gegen Piscator wegen unbezahlter Steuern

30. Januar. Der Regisseur Erwin Piscator wird aufgrund eines von der Stadt Berlin erwirkten Haftbefehls wegen Steuerschulden festgenommen. Am 15. Januar hatte Piscator das Stück »Tai Yang erwacht« von Friedrich Wolf uraufgeführt.

Aus seiner Direktion im Theater am Nollendorfplatz 1927/28 war Piscator der Stadt noch 16 000 Reichsmark (RM) schuldig geblieben, vor allem aufgrund der sog. Lustbarkeitssteuer. Das Bezirksamt Schöneberg, das zwei Jahre mit Piscator über eine Bezahlung verhandelt hatte, verlangte 1000 RM Anzahlung oder den Offenbarungseid. Piscator kann nur 300 RM aufbringen und bleibt bis zum 5. Februar in Haft.

Seine vorerst letzte Regiearbeit in Berlin realisierte Piscator mit einer Gruppe junger Schauspieler im Wallner-Theater als Auftakt für seine Junge Volksbühne, dem sog. Piscator-Kollektiv. Anders als die Volksbühne am Bülowplatz soll seine Bühne mit Unterstützung kommunistischer Organisationen Forum für ein radikales, kämpferisches Theater werden. »Tai Yang erwacht« schildert am Beispiel einer jungen Arbeiterin die soziale und politische Revolution in China.

Angeregt durch Bertolt Brecht hat Wolf das Thema als Lehrstück gestaltet. Die Kritik ist zurückhaltend: Alfred Kerr (»Berliner Tageblatt«) urteilt: »Was an diesem Abend bewegt, ist nicht das Stück noch die Darstellung: sondern die Weltlage.« In der »Vossischen Zeitung« schreibt Arthur Eloesser: »Wenn man heute in sieben Bildern 77 Zeitungsartikel zusammenklebt, so nennt man das ein Stück oder wenigstens ein Zeitstück.«

Szene aus »Tai Yang erwacht« mit Constanze Menz in der Hauptrolle

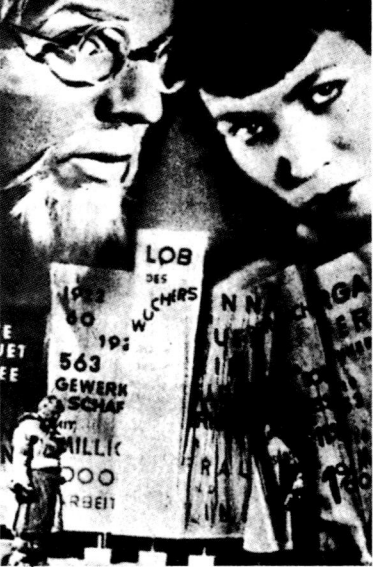

Bühnenbild von John Heartfield für Friedrich Wolfs »Tai Yang erwacht«

Februar 1931

Mo	Di	Mi	Do	Fr	Sa	So
						1
2	3	4	5	6	7	8
9	10	11	12	13	14	15
16	17	18	19	20	21	22
23	24	25	26	27	28	

1. Februar, Sonntag

Hein Müller (Köln) wird in Dortmund durch einen Punktsieg nach zwölf Runden über Hans Schönrath Deutscher Meister im Schwergewichtsboxen.

In Oberhof (Thüringen) wird das deutsche Team Hans Kilian/Sebastian Huber Weltmeister im Zweierbob.

2. Februar, Montag

Der außenpolitische Ausschuß des Deutschen Reichstages lehnt den Antrag der NSDAP-Fraktion, das Deutsche Reich solle aus dem Völkerbund austreten, ab.

Die im Berliner Zirkus Busch versammelte zehnte Tagung des Reichslandbundes fordert den Rücktritt der Reichsregierung für den Fall, daß diese nicht sofort die Forderungen der »Grünen Front« nach Wirtschaftshilfe erfülle.

Der Wiener Ingenieur Friedrich Schmiedel feuert als erster in der Welt eine Postrakete ab und befördert 102 Poststücke von Schöckl bei Graz nach Radegund.

3. Februar, Dienstag

Im Gebiet von Napier (Neuseeland) fordern ein über zweistündiges schweres Erdbeben und taifunartige Stürme mehrere hundert Tote. → S. 35

Vor Schulmädchen in Smyrna (Izmir) erklärt der türkische Staatspräsident Mustafa Kemal Pascha, es gebe keinen Grund, weshalb Frauen nicht Soldat werden sollten.

4. Februar, Mittwoch

Der Stahlhelm, Bund der Frontsoldaten, reicht beim preußischen Innenministerium einen Antrag für ein Volksbegehren zur vorzeitigen Auflösung des preußischen Landtags ein (→ 9. 8./S. 138).

Wegen der Rechtfertigung von Gewalttaten im Berliner NSDAP-Organ »Der Angriff« verbietet der Berliner Polizeipräsident bis zum 16. Februar das Erscheinen dieser Tageszeitung.

In Moskau endet die seit dem 30. Januar tagende I. Allunionskonferenz der Wirtschaftsleiter. KPdSU-Generalsekretär Josef W. Stalin fordert die beschleunigte Erfüllung des Fünfjahresplans. → S. 35

5. Februar, Donnerstag

Im Deutschen Reichstag bekräftigt der NSDAP-Abgeordnete Joseph Goebbels die scharfe Frontstellung seiner Partei gegen das Weimarer »System«. → S. 32

Die Abgeordnetenkammer des Großherzogtums Luxemburg stimmt der Errichtung eines 100 Kilowatt starken Rundfunksenders auf luxemburgischem Territorium und der Finanzierung durch ausländische Geldgeber zu. → S. 39

Die Vereinigten Stahlwerke in Essen zahlen für das Geschäftsjahr 1929/30 trotz eines um 33% zurückgegangenen Reingewinns von 35,65 Millionen Reichsmark eine Dividende von 4%.

Der am → 30. Januar (S. 27) wegen Steuerschulden in Berlin verhaftete Theaterleiter Erwin Piscator wird entlassen, nachdem er seine Vermögensverhältnisse offengelegt hat.

Der »Alchimist« Franz Tausend wird in München wegen Betrugs zu drei Jahren und acht Monaten Gefängnis verurteilt. → S. 38

In Daytona Beach (USA) stellt der britische Automobilrennfahrer Malcolm Campbell mit 395,489 km/h einen absoluten Geschwindigkeitsrekord für Automobile auf. → S. 38

6. Februar, Freitag

Im Deutschen Reichstag attackiert der SPD-Abgeordnete Carlo Mierendorff scharf die NSDAP und vor allem Joseph Goebbels, der mit seiner Fraktion den Plenarsaal verläßt. Mierendorff spricht Goebbels das Recht ab, im Namen der Frontkämpfergeneration zu sprechen.

Im Staatlichen Schauspielhaus Berlin inszeniert Bertolt Brecht sein Stück »Mann ist Mann«. Das Bühnenbild schuf Caspar Neher. → S. 42

In New York hat der Film »Lichter der Großstadt« (City Lights) von und mit Charlie Chaplin Premiere. → S. 42

7. Februar, Samstag

Der Deutsche Reichstag lehnt mit 293 gegen 221 Stimmen bei 13 Enthaltungen Mißtrauensanträge von NSDAP und KPD gegen die von Heinrich Brüning geführte Reichsregierung ab (→ 5. 2./S. 32).

Die »Vossische Zeitung« beginnt mit dem Abdruck der Lebenserinnerungen des 81jährigen Berliner Bankiers Carl Fürstenberg.

8. Februar, Sonntag

Spaniens König Alfons XIII. setzt für den 1. und 15. März Wahlen zur Cortes und zum Senat an.

In Gelsenkirchen veranstalten vier Bergarbeiterverbände des Ruhrgebiets eine Kundgebung gegen die Notlage der Reichsknappschaft, die aufgrund der geringer werdenden Zahl der aktiven Bergleute wachsende Defizite verzeichnet.

Bei einer Volksabstimmung in der Schweiz wird mit 293 845 gegen 124 804 Stimmen das Verbot der Annahme ausländischer Orden, Pensionen und Titel in die Bundesverfassung aufgenommen.

In Mürzzuschlag (Österreich) endet die am 5. Februar begonnene 2. Arbeiter-Winterolympiade mit mehr als 1000 Teilnehmern aus sieben Ländern (→ 19. 7./S. 13).

In Krynica (Polen) endet die am 1. Februar eröffnete Eishockey-Weltmeisterschaft mit dem erneuten Sieg Kanadas. Europameister wird die Vertretung aus Österreich. → S. 43

9. Februar, Montag

Der Deutsche Reichstag billigt nach dem Auszug der radikalen Parteien eine Reform der Geschäftsordnung des Parlaments (→ 10. 2./S. 32).

Anstelle von Marschall Philippe Pétain, der seit 1920 für die Landesverteidigung verantwortlich war, wird General Maxime Weygand zum Vizepräsidenten des Obersten Kriegsrates und Generalinspekteur der Armee ernannt. Seine Nachfolge als Generalstabschef übernimmt General Maurice Gamelin.

In Spanien wird die Pressefreiheit wieder eingeführt (→ 18. 2./S. 34).

Mit der Unterzeichnung eines dreijährigen Friedensabkommens durch Grubenbesitzer und Gewerkschaften wird der im Januar begonnene Arbeitskampf im Bergbau von Südwales beendet.

Der Frachter »Vogtland« der Hamburger Reederei Vogemann wechselt aus finanziellen Gründen die Reichsflagge gegen die Fahne von Panama. → S. 39

10. Februar, Dienstag

Im Deutschen Reichstag erklären 151 Abgeordnete der NSDAP, der DNVP und des Christlichen Landvolks ihr Fernbleiben von der weiteren Gesetzgebungsarbeit. Die NSDAP will zurückkehren, wenn es eine »besonders tückische Maßnahme der volksfeindlichen« Reichstagsmehrheit zu vereiteln gelte. → S. 32

Vor dem Reichstag begrüßt Reichsaußenminister Julius Curtius (DVP), daß sich der Völkerbundrat auf seiner Januarsession zur Einberufung einer Abrüstungskonferenz für den 2. Februar 1932 entschieden hat.

Der IV. Strafsenat des Reichsgerichtes in Leipzig bezweifelt in einem Urteil, daß die NSDAP wirklich zu dem von ihr öffentlich proklamierten sog. Legalitätskurs stehe. → S. 33

Die katholischen Bischöfe Bayerns warnen in einer Erklärung vor politischem Radikalismus, vor allem vor dem Nationalsozialismus.

Als neue Hauptstadt Britisch-Indiens wird Neu-Delhi eingeweiht. → S. 35

11. Februar, Mittwoch

Das britische Unterhaus lehnt einen Mißtrauensantrag der Konservativen gegen die Labour-Regierung von Premierminister James Ramsey MacDonald mit 310 gegen 235 Stimmen ab. Finanzminister Philip Snowden bezeichnet im Parlament die finanzielle Situation Großbritanniens als »besorgniserregend«.

In Oberhof (Thüringen) wird der von dem Reichswehr-Hauptmann Werner Zahn gesteuerte deutsche Viererbob Weltmeister.

12. Februar, Donnerstag

Im NSDAP-Zentralorgan »Völkischer Beobachter« begründet der ehemalige Reichstagsvizepräsident Franz Stöhr (NSDAP) den Auszug seiner Fraktion aus dem Reichstag am → 10. Februar (S. 32) mit der Notverordnungspolitik der Reichsregierung, die einen »qualifizierten Verfassungsbruch« darstelle.

Mit einer Ansprache von Papst Pius XI. wird Radio Vaticano eröffnet. → S. 39

In Reval wählt das Parlament Konstantin Päts (Landwirtepartei) wie schon 1923/24 zum Staatsältesten (Ministerpräsident und zugleich Staatsoberhaupt) von Estland.

In Paris fordert der Präsident der Bank für Internationalen Zahlungsausgleich (BIZ) in Basel, Gates W. MacGarrah, die Umwandlung der kurzfristigen internationalen Kredite in mittel- und langfristige Anleihen, um eine Finanzkrise zu vermeiden (→ 13. 7./S. 116).

13. Februar, Freitag

Im Namen der liberalen Gruppierungen im spanischen Parlament fordert Alvaro Figueroa y Torres, Graf von Romanones, von der Regierung baldige Wahlen zu einer verfassunggebenden Nationalversammlung (→ 18. 2./S. 34).

14. Februar, Samstag

Spaniens Ministerpräsident General Dámaso Berenguer y Fusté erklärt seinen Rücktritt (→ 18. 2./S. 34).

Die »Deutsche Tageszeitung« veröffentlicht eine Erklärung des Reichsverbandes der Deutschen Industrie zugunsten der Hilfe für die Landwirtschaft im Osten (→ 26. 3./S. 50).

Im »Völkischen Beobachter« bezeichnet der ostpreußische NSDAP-Gauleiter Erich Koch das »heutige demokratisch-kapitalistische System« als von Natur aus »bauernfeindlich«.

Vor dem ungarischen Parlament betont Ministerpräsident István Graf Bethlen von Bethlen den Wunsch seiner Regierung nach Revision des Friedensvertrages von 1919, der Ungarn militärische Beschränkungen auferlegt.

In der »Vossischen Zeitung« nimmt der Komponist Kurt Weill zum Einsatz der Musik im Tonfilm Stellung. → S. 42

15. Februar, Sonntag

Das »Zentralblatt der christlichen Gewerkschaften Deutschlands« wendet sich gegen die Tätigkeit der NSDAP und weist darauf hin, daß die Partei zahlreiche »großindustrielle und agrarische Förderer« habe (→ 11. 9./S. 157).

In der »Vossischen Zeitung« bezeichnet Heinrich Mann das Eintreten für die Geistesfreiheit und die beratende Mitarbeit bei Schulbüchern und neuen Gesetzen im Bereich von Literatur und Theater als Aufgabe der von ihm geführten Sektion für Dichtkunst in der Preußischen Akademie der Künste (→ 27. 1./S. 27).

Februar 1931

Die französische »L'Illustration« zeigt auf dem Titelblatt ihrer Ausgabe vom 21. Februar 1931 ranghohe französische Geistliche, wie sie der ersten Radioansprache von Papst Pius XI. am 12. Februar über den neuen Kurzwellensender des Vatikan lauschen

N° 4590 — 89° ANNÉE
— 21 FÉVRIER 1931 —

PRIX du NUMÉRO : 5 fr.
ÉTRANGER : Le prix de France majoré des frais de port.

L'ILLUSTRATION

LA T.S.F. AU VATICAN : LE SAINT-PÈRE DEVANT LE MICROPHONE
De gauche à droite, Mgr Pacelli et M. Marconi. — Voir la gravure de première page.

AVEC CE NUMÉRO "LA PETITE ILLUSTRATION" CONTENANT
« L'HOMME DE LA PALUD », par AUGUSTE DUPOUY
(NOUVELLE)

13, RUE SAINT-GEORGES, PARIS (9°)   Voir le tarif des abonnements au verso

Februar 1931

16. Februar, Montag

In der Berliner Metallindustrie tritt ein Abkommen in Kraft, das zur Vermeidung weiterer Entlassungen die 40-Stunden-Woche einführt (→ S. 16).

Die Kieler Howaldts-Werft AG setzt die Arbeitszeit von 48 auf 42 Stunden ohne Lohnausgleich herab, um zur Linderung der Arbeitslosigkeit die Zahl der Beschäftigten um 20% erhöhen zu können.

In Oberhof (Thüringen) enden die am 13. Februar begonnenen nordischen Ski-Europameisterschaften. Erfolgreichste Nation ist Norwegen (→ 22. 2./S. 43).

17. Februar, Dienstag

In einer großen Anfrage kritisiert die SPD-Fraktion im preußischen Landtag die milden Urteile für nationalsozialistische Gewalttäter. Demgegenüber würden Gewalttäter der extremen Linken von den deutschen Gerichten zumeist mit hohen Strafen belegt.

Das württembergische Kultusministerium verbietet jede parteipolitische Betätigung von Schülern. Anlaß ist die verstärkte Aktivität der NSDAP an den Schulen des Landes.

Um eine Entspannung der Lage in Indien herbeizuführen, treffen der Freiheitskämpfer Mohandas Karamchand (Mahatma) Gandhi und der britische Vizekönig Edward Wood Lord Irwin of Kirby Underdale, erstmals zu einem Gespräch zusammen (→ 4. 3./S. 52).

Die Dessauer Junkers-Werke führen in Berlin die Ju 52 vor, ein Frachtflugzeug für den Fernverkehr. → S. 38

Im Amsterdamer Rijksmuseum wird das 1656 entstandene Gemälde »Anatomie des Dr. Deymann« des niederländischen Malers Rembrandt (eigentl. Rembrandt Harmensz. van Rijn) durch Axthiebe eines offensichtlich Geisteskranken schwer beschädigt.

18. Februar, Mittwoch

Nach dem gescheiterten Versuch einer Regierungsbildung durch den Liberalen Sanchez Guerra konstituiert Admiral Juan Bautista Aznar-Cabañas in Spanien ein Kabinett aus Monarchisten. → S. 34

Die Sowjetbehörden in Wladiwostok entziehen den dort ansässigen japanischen Fischern die Konzession. Der am 2. Februar begonnene Fischereistreit entzündete sich an den Ausgleichszahlungen für die Fischereirechte in sowjetischen Gewässern. Strittig ist vor allem der Wechselkurs zwischen Yen und Rubel.

Das britische Oberhaus lehnt das am 21. Januar vom Unterhaus mit 256 gegen 238 Stimmen gebilligte Gesetz über die Verlängerung der obligatorischen Schulzeit vom 14. auf das 15. Lebensjahr ab.

In New York bezwingt der US-Amerikaner William T. Tilden in seinem ersten Spiel als Tennis-Profi den Tschechoslowaken Karel Kozeluh in drei Sätzen 6:4, 6:2, 6:4. → S. 43

19. Februar, Donnerstag

Mit der Eröffnung in den Hallen am Kaiserdamm beginnt in Berlin die Internationale Automobil-Ausstellung. Sie dauert bis zum 1. März. → S. 33

In Berlin hat der Film »Die Dreigroschenoper« von Georg Wilhelm Pabst nach dem gleichnamigen Stück von Bertolt Brecht Premiere. → S. 42

20. Februar, Freitag

Ernst Röhm, der Stabschef der SA (→ 5. 1./S. 12), verfügt eine an Truppeneinheiten orientierte Neugliederung der SA in die aufsteigenden Formationen Schar – Trupp – Sturm – Sturmbann – Standarte – Untergruppe und Gruppe.

Als Antwort auf eine SPD-Frauenkundgebung wie Toni Sender am Vortag hält die Hamburger NSDAP gleichfalls eine Massenveranstaltung mit Joseph Goebbels als Hauptredner ab.

Auf den Albanerkönig Zogu I. wird von oppositionellen Landsleuten in Wien ein Mordanschlag verübt. → S. 34

Der österreichische Nationalrat stimmt einer Resolution des Landbundes zu, in der die Regierung aufgefordert wird, in Verhandlungen mit den Signatarmächten des Friedensvertrages von 1919 die Wiedereinführung der allgemeinen Wehrpflicht durchzusetzen.

Die Verwaltung der Hütte Duisburg-Meiderich der Vereinigten Stahlwerke A. G. gibt die Schließung der Hütte bekannt, obwohl sich mit 4538 Beschäftigten der größte Teil der Belegschaft dem Arbeitgebervorschlag einer Lohnsenkung um 20% zugestimmt hatten. Der Deutsche Metallarbeiterverband hatte eine Klage gegen die tarifvertragswidrige Lohnkürzung angekündigt.

21. Februar, Samstag

Der Reichsverband der Deutschen Industrie lehnt eine gesetzliche Arbeitszeitverkürzung ab und verlangt eine Senkung der Lohnkosten als Mittel zur Beseitigung der Arbeitslosigkeit (→ S. 15).

Bei einem Grubenunglück im Eschweiler Revier kommen 31 Bergleute ums Leben. – S. 39

Der Arzt und Bühnendichter Friedrich Wolf wird in Stuttgart wegen Verstoßes gegen den Abtreibungsparagraphen 218 StGB verhaftet. → S. 42

22. Februar, Sonntag

Anläßlich des siebten Jahrestages der Gründung des republikanisch gesinnten Reichsbanners Schwarz-Rot-Gold in Berlin erklärt Bundesführer Otto Hörsing, man stehe »bereit, jedem Ruf der legalen Staatsgewalt zu folgen als Helfer der legalen Machtmittel des Staates«. Erstmals paradieren die paramilitärischen Schutzformationen (→ 1. 1./S. 12).

In Braunschweig endet in Anwesenheit von Parteiführer Adolf Hitler ein zweitägiger Gautag der norddeutschen NSDAP. Dabei wird ein Polizeiwachtmeister, der gegen randalierende Nationalsozialisten vorgeht, von Innenminister Anton Franzen (NSDAP) gemaßregelt.

Mit dem Sieg von David Zogg im Slalom gehen in Mürren (Schweiz) die am 19. Februar begonnenen ersten alpinen Ski-Europameisterschaften zu Ende. → S. 43

In Stockholm enden die zweitägigen Eisschnellauf-Weltmeisterschaften. In der Gesamtwertung der Läufe über 500 m, 1500 m, 5000 m und 10 000 m liegt der 37jährige Finne Clas Thunberg vorn und wird zum fünften Mal Weltmeister.

In Mailand besiegt Italien in einem Fußball-Länderspiel Österreich 2:1.

23. Februar, Montag

Der britische Außenminister Arthur Henderson trifft in Paris ein. Thema der Beratungen mit der französischen Regierung ist die Frage des Beitritts Frankreichs zum Londoner Abkommen zur Flottenbegrenzung vom 22. April 1930, dem bisher die USA, Japan und Großbritannien beigetreten sind (→ 11. 3./S. 52).

Die sizilianische Metropole Palermo wird durch sintflutartige Regenfälle überschwemmt. → S. 39

24. Februar, Dienstag

Im Deutschen Reichstag stellt Reichsernährungsminister Martin Schiele (Christliches Landvolk) das Agrarprogramm der Regierung vor. Vorgesehen ist u. a. die Reduzierung des Roggen- und Haferanbaus zugunsten von Weizen, Gerste, Grünfutter und Hülsenfrüchten.

In Davos erzielt der in Zürich lebende Norweger Sigmund Ruud mit 81 m einen neuen Skisprung-Weltrekord.

25. Februar, Mittwoch

In den größeren Städten des Deutschen Reiches veranstaltet die KPD einen Weltarbeitslosentag mit »Hungermärschen« von Arbeitslosen. Dabei kommt es vielfach zu blutigen Zusammenstößen mit den politischen Rechten und der Polizei (→ 11. 6./S. 102).

In der Schweiz wird die Schweizerische Arbeitsgemeinschaft für das Holz LIGNUM zur Förderung der holzverarbeitenden Industrie gegründet.

26. Februar, Donnerstag

Sir Horace Rumbold, der britische Botschafter in Berlin, warnt in einem Bericht an seine Regierung vor der Annahme, die Anhänger einer Gewaltpolitik würden im Deutschen Reich die Mehrheit gewinnen. Anlaß ist die Besorgnis des Kabinetts in London über den zunehmenden Einfluß der NSDAP.

Vertreter der gewerkschaftlichen Spitzenverbände äußern bei einem Empfang durch Reichspräsident Paul von Hindenburg den Wunsch nach Schutz der Arbeitnehmer durch den Staat. → S. 33

Der britische Außenminister Arthur Henderson trifft von Paris kommend in Rom ein. Thema ist der Beitritt Italiens zum Londoner Flottenbegrenzungsabkommen von 1930 (→ 11. 3./S. 52).

Der Finanzausschuß des österreichischen Nationalrats billigt das mit Italien geschlossene Schuldenabkommen über den Ausgleich verschiedener Zahlungsverpflichtungen aus der Kriegs- und Nachkriegszeit.

Der Direktor des Moskauer Marx-Engels-Institutes, der 60jährige David B. Rjazanov, wird seines Amtes enthoben und wegen »direkter Unterstützung der Menschewisten und Interventionisten sowie wegen Verrats« aus der KPdSU ausgeschlossen (→ 9. 3./S. 52).

Das Eidgenössische Post- und Eisenbahndepartement erteilt der Schweizerischen Rundspruchgesellschaft (SRG) die ausschließliche Konzession für Rundfunksendungen in der Schweiz. → S. 39

Eine Volkszählung in Britisch-Indien ergibt 352,8 Millionen Menschen. Die größte Stadt des Landes ist Kalkutta mit 1,16 Millionen Einwohnern.

27. Februar, Freitag

Die Söhne des 1911 verstorbenen US-amerikanischen Verlegers Joseph Pulitzer verkaufen in New York ihre drei Zeitungen. → S. 34

Die kanadische Regierung verbietet die Einfuhr sowjetischer Waren und erklärt dazu, man wolle den Kommunismus nicht wirtschaftlich stärken. Im Gegenzug erläßt die UdSSR ein Importverbot für Waren kanadischer Herkunft.

28. Februar, Samstag

Reichsarbeitsminister Adam Stegerwald (Zentrum) warnt vor einem gesetzlichen Eingriff in die Tarifverträge und lehnt eine Außerkraftsetzung des staatlichen Schlichtungswesens ab (→ 10. 1./S. 15).

Gegen eine Kaution von 10 000 Reichsmark wird der wegen Verstoßes gegen den § 218 StGB in Stuttgart verhaftete Arzt und Bühnendichter Friedrich Wolf auf freien Fuß gesetzt (→ 21. 2./S. 42).

Gegen das Veto von US-Präsident Herbert Hoover billigt der Senat mit 76 gegen 16 Stimmen ein Gesetz, das eine 50%ige Beleihung der Lebensversicherungspolicen der Kriegsteilnehmer beim US-Schatzamt zuläßt. Machten alle Betroffenen davon Gebrauch, würde die Regierung dafür 1,7 Milliarden US-Dollar (rund 7,1 Milliarden RM) benötigen.

Der Senat der Vereinigten Staaten billigt abschließend das Marinebudget mit einem Gesamtvolumen von 150 Millionen US-Dollar (rund 630 Millionen RM).

Das Wetter im Monat Februar

Station	Mittlere Lufttemperatur (°C)	Niederschlag (mm)	Sonnenscheindauer (Std.)
Aachen	1,1 (2,1)	52 (59)	– (74)
Berlin	–0,9 (0,4)	26 (40)	– (78)
Bremen	0,7 (0,9)	41 (48)	– (68)
München	–2,3 (–0,9)	51 (50)	– (72)
Wien	–0,3 (0,6)	58 (41)	– (–)
Zürich	–0,4 (0,2)	89 (61)	57 (79)

( ) Langjähriger Mittelwert für diesen Monat
– Wert nicht ermittelt

Februar 1931

Das Titelblatt der Februar-Ausgabe 1931 der Zeitschrift »Asia«, ein Werk des US-amerikanischen Gestalters Frank McIntosh

Februar 1931

Rechtsparteien kündigen Mitarbeit im Reichstag auf

10. Februar. Im Deutschen Reichstag in Berlin gibt vor Eintritt in die anstehende Debatte über die Außenpolitik der NSDAP-Abgeordnete und Parlamentsvizepräsident Franz Stöhr den Auszug seiner Fraktion bekannt. Den 107 Nationalsozialisten folgen 41 Abgeordnete der Deutschnationalen Volkspartei (DNVP) und drei Abgeordnete des Christlichen Landvolks.

Anlaß für den Boykott der Gesetzgebungsarbeit durch die »Nationale Opposition« ist die von Stöhr als verfassungswidrig bezeichnete Geschäftsordnungsänderung. Um die Möglichkeiten der extremen Rechten und Linken zur Fortsetzung ihrer Obstruktionspolitik einzuschränken, hatten am 3. Februar alle Fraktionen mit Ausnahme von NSDAP, DNVP und KPD einen Antrag eingebracht, wonach die von Regierung oder Parlament eingebrachten Finanzvorlagen künftig ohne erste Lesung gleich in den Haushalts- und den sachlich zuständigen Ausschuß gelangen sollen. Ferner sollen Finanzvorlagen einzelner Abgeordneter nur dann beraten werden, wenn sie Deckungsvorschläge enthalten.

Darüber hinaus sollen Anträge zur Vertrauensfrage nur noch in Form eines Mißtrauensantrags möglich sein. Damit wird verhindert, daß die Opposition weiterhin Vertrauensanträge lediglich zu dem Zweck einbringt, selbst demonstrativ dagegen stimmen zu können. Vorgesehen sind ferner die Einschränkung des Interpellationsrechts und die Verschärfung des Mittels der Wortentziehung gegenüber Abgeordneten, die die Ordnung verletzen.

Nachdem bei der Schlußabstimmung über die Geschäftsordnung am Abend des 9. Februar die Opposition das Parlament durch Auszug zunächst beschlußunfähig gemacht hatte, stellte bei der zweiten Abstimmung die Landvolkpartei durch ihr Verbleiben im Reichstag die Beschlußfähigkeit sicher. Als ein Geschäftsordnungsantrag der NSDAP gegen das vorgesehene Verfahren mit 266 gegen 173 Stimmen abgelehnt wurde, verließen NSDAP, DNVP, KPD und ein Teil des Landvolks unter Protest den Saal, woraufhin der Antrag auf Änderung der Geschäftsordnung mit 297 Ja-Stimmen bei sechs ungültigen Stimmen gebilligt wurde (→ 9. 10./S. 173).

Blick in das Plenum des Deutschen Reichstages mit den leeren Bänken der Parlamentarier der »Nationalen Opposition«

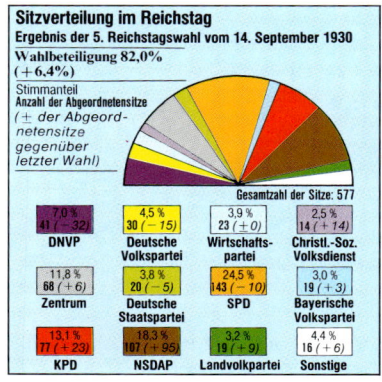

»Trotzige Opposition« und Drohungen der NSDAP-Fraktion

5. Februar. Zu Beginn der Etatberatungen im Reichstag bekräftigt der NSDAP-Abgeordnete Joseph Goebbels, daß seine Fraktion in grundsätzlicher und scharfer Opposition zum ganzen parlamentarischen System stehe. Die NSDAP-Volksvertreter sind bemüht, die Arbeit des Reichstags zu behindern. Es ist ihr Ziel, die demokratischen Institutionen außer Kraft zu setzen, die Regierung zu stürzen und Neuwahlen zu erzwingen.

Goebbels erklärt, die Partei habe »nicht die Absicht, unter diesem Regiment aus ihrer trotzigen Oppositionsstellung herauszugehen. Die nationalsozialistische Bewegung verharrt weiterhin diesem System gegenüber in Kampfstellung.«

Unverhüllt droht Goebbels nach der »legalen« Eroberung der Macht mit der Diktatur: »Aber was wir mit dieser Macht einmal, wenn wir sie besitzen, anfangen, das ist unsere Sache.« Goebbels erklärt, im Volk wachse der Wunsch nach Abrechnung mit der seit 1918 betriebenen Politik: »Wenn das Volk diese Abrechnung will, und das Volk macht uns einmal zum Vollstrecker dieses Willens, dann werden wir uns getreu dem Satz, daß des Volkes Wille oberstes Gesetz ist, diesem Willen nicht entziehen.«

Teil der nationalsozialistischen Obstruktionspolitik sind neben ständigen Beschimpfungen der Minister wiederholte Mißtrauensanträge gegen die Reichsregierung, die aber erfolglos bleiben. So werden am 7. Februar die von Nationalsozialisten und Kommunisten gestellten Mißtrauensanträge gegen das Gesamtkabinett von Heinrich Brüning mit 293 gegen 221 Stimmen bei 13 Enthaltungen abgelehnt.

Joseph Goebbels bei einer Rede

Die NSDAP in den Parlamenten

4. 5. 1924: Die NSDAP erhält bei der Reichstagswahl 6,5% der Stimmen und 32 Reichstagssitze.

7. 12. 1924: Die NSDAP erringt 3,0% und 14 Reichstagsmandate.

20. 5. 1928: Die NSDAP erhält 2,6% und zwölf Reichstagssitze.

8. 12. 1929: Die NSDAP wird mit sechs von 53 Mandaten drittstärkste Fraktion im Landtag von Thüringen; Wilhelm Frick wird am 23. Januar 1930 als erster Nationalsozialist Landesminister (Inneres).

14. 9. 1930: Die NSDAP wird bei Reichstagswahlen durch 18,3% der Stimmen mit 107 Sitzen zweitstärkste Fraktion. Im Braunschweiger Landtag hat die NSDAP 9 von 40 Sitzen, am 1. Oktober 1930 wird Anton Franzen (NSDAP) Innenminister.

Legalitätskurs der NSDAP angezweifelt

10. Februar. Der IV. Strafsenat des Leipziger Reichsgerichts stellt den von NSDAP-Führer Adolf Hitler am 26. September 1930 an gleicher Stelle abgelegten Legalitätseid in Frage. Gegenstand des Verfahrens war ein vom Preußischen Oberpräsidenten in Breslau verfügtes Verbot des NSDAP-Organs »Schlesischer Beobachter«. Dagegen hatte die Partei unter Hinweis auf die Erklärung Hitlers, er wolle seine politischen Ziele nur im Rahmen der Verfassung verfolgen, Einspruch erhoben. Das Reichsgericht billigt in seiner Entscheidung das Zeitungsverbot und erklärt u. a.: »Wie indessen gerichtsbekannt ist, strebt die NSDAP die Änderung der Reichsverfassung an, und es sind, wie das aus zahlreichen Artikeln der nationalsozialistischen Presse gefolgert werden kann, zum mindesten Teile der NSDAP der Ansicht, daß die von der Partei angestrebte Änderung der Verfassung nur durch einen Gewaltakt erfolgen kann ...«
Trotz des Hitler-Eids sei nicht auszuschließen, »daß solche revolutionären Bestrebungen innerhalb der Partei auch ohne Zustimmung des Parteiführers Hitler und selbst gegen seinen Willen stattfinden«. Juristische und politische Folgen hat diese Entscheidung jedoch nicht.

Gewerkschafter beim Reichspräsidenten

26. Februar. Im Beisein von Reichskanzler Heinrich Brüning und Reichsarbeitsminister Adam Stegerwald (beide Zentrum) empfängt Reichspräsident Paul von Hindenburg eine Delegation der deutschen Gewerkschaften.
Für den Allgemeinen Deutschen Gewerkschaftsbund (ADGB), den freigewerkschaftlichen Angestelltenbund (Afa-Bund), die Christlichen Gewerkschaften und den Freiheitlich-Nationalen Gewerkschaftsring fordert der ADGB-Vorsitzende Theodor Leipart zur Bekämpfung der Arbeitslosigkeit ein Ende der Lohnsenkungen, die Forcierung des Preisabbaus, die Einführung der 40-Stunden-Woche und ein Ende der Zwangsschlichtung (→ 10. 1./S. 15). Hindenburg sichert den Gewerkschaften eine sorgfältige Beachtung ihrer Erklärung zu.

Kleinautos sind der Renner auf der IAA

19. Februar. In den Hallen am Kaiserdamm in Berlin wird die Internationale Automobil-Ausstellung eröffnet. Bis zum 1. März zeigen 31 deutsche und 41 ausländische Hersteller aus acht Staaten neue Personen- und Lastkraftwagen.
Das Publikum hat zu Preisen zwischen zwei und vier Reichsmark (RM) Einlaß und interessiert sich vor allem für Kleinwagen mit einem Hubraum bis zu 1,5 l, wie den ab 1924 gebauten Opel »Laubfrosch«, deren Preise bis auf 1400 RM gesunken sind. Technisch anspruchsvoller sind die Mittelklassewagen von 1,5 bis 3 l bei Preisen bis 6500 RM wie der neu auf den Markt gekommene Opel-Sechszylinder 1,8 l (ab 3175 RM).
Wer sich vor allem für Motor und Fahrwerk interessiert, dem bietet die IAA viel Neues: Die Vierzylinder-Motoren sind durch niedrigere Kolbengeschwindigkeit, verbesserte Energieausnutzung und neue Zündanlagen laufruhiger und zugleich leistungsfähiger geworden.
Dem besseren Fahrkomfort dienen auch die neue Flüssigkeitskupplung, das Leichtschaltgetriebe, die Servobremse und die weiterentwickelte Schwingachse. Der Vorderradantrieb erfreut sich wachsender Beliebtheit, und Fahrgestelle mit Niederrahmen und tiefer liegendem Schwerpunkt verbessern die Straßenlage erheblich.

△ Blick auf den Verkaufsstand der deutschen NSU-Werke auf der Internationalen Automobil-Ausstellung in den Messehallen am Kaiserdamm in Berlin

◁ Sondernummer der Leipziger »Illustrirten Zeitung« vom 19. Februar zur Eröffnung der Automobilausstellung mit der künstlerischen Darstellung einer sportlichen jungen Frau am Steuer eines großvolumigen Personenwagens

▽ Reichspräsident Paul von Hindenburg (M.) bei der Besichtigung neuer Wagentypen auf der nach zweijähriger Pause wieder durchgeführten IAA in Berlin

Februar 1931

Blick auf die Plaza de Emilio Castelar im Herzen der über 800 000 Einwohner zählenden spanischen Hauptstadt Madrid

Spanische Monarchie gerät ins Wanken

18. Februar. In Madrid betraut König Alfons XIII. Admiral Juan Bautista Aznar-Cabañas mit der Bildung eines monarchistischen Minderheitskabinetts. Ihm gehört als Kriegsminister auch der am 14. Februar als Regierungschef zurückgetretene Dámaso Berenguer y Fusté an.

Die wachsenden politischen und sozialen Spannungen hatten am 28. Januar 1930 zum Rücktritt von Miguel Primo de Rivera y Orbaneja geführt, der ab 1923 mit Billigung des Königs diktatorisch regiert hatte.

Unter seinem Nachfolger Berenguer wurden die Parteien wieder aktiver. Im Pakt von San Sebastián schlossen Bürgerliche und Sozialisten ein Bündnis zum Sturz der Monarchie. Am 8. Februar setzte der König die Rede- und Versammlungsfreiheit wieder in Kraft und kündigte die Abhaltung von Parlamentswahlen im März an. Am 9. Februar folgte die Aufhebung der Pressezensur.

Zum Sturz Berenguers führte die am 13. Februar erhobene Forderung der Liberalen nach Einberufung einer verfassunggebenden Cortes. Nachdem der Versuch des rechten Liberalen Sanchez Guerra gescheitert war, ein Kabinett unter Einschluß von Liberalen und Linken zu bilden, wird Aznar Regierungschef. Er kündigt die Abhaltung von Gemeindewahlen anstelle der wieder abgesetzten Parlamentswahlen an (→ 13. 4./S. 64).

◁ *Der Liberale Sanchez Guerra (M.), der im Auftrag von König Alfons XIII. am 16. und 17. Februar vergeblich eine Regierungskoalition zu bilden versucht; sowohl auf der Linken die Republikaner und Sozialisten als auch auf der Rechten Liberale und Demokraten lehnen den Eintritt in eine gemeinsame Regierung ab*

▽ *Das am 18. Februar vereidigte Kabinett, darunter sitzend v. l. als Außenminister Alvaro de Figueroa y Torres, Graf von Romanones, Ministerpräsident Admiral Juan Bautista Aznar-Cabañas und als Kriegsminister der Ex-Premier General Dámaso Berenguer y Fusté*

In Wien Attentat auf König Zogu I.

20. Februar. Kurz nach 22 Uhr wird nach Verlassen einer Vorstellung in der Wiener Oper auf den König der Albaner, König Zogu I. (eigentl. Achmed Zogu) ein Revolverattentat verübt. Der Monarch bleibt unverletzt. Der König hatte gerade in seinem in der Operngasse geparkten Wagen Platz genommen, als sich zwei Herren im Smoking dem Fahrzeug nähern und aus nächster Nähe zu schießen beginnen.

Der neben Zogu I. im Wagen sitzende Hofmarschall Oberst Ekren Libohova erhebt sich und erwidert das Feuer. Er erhält eine Kugel in die Hüfte, der auf dem Trittbrett stehende Adjutant des Königs, Major Wilesh Topolai, wird bei dem heftigen Schußwechsel tödlich getroffen. Die beiden Attentäter werden von

Der 35jährige Zogu I. (eigentl. Achmed Zogu), seit 1928 König der Albaner, zuvor 1923 Ministerpräsident und ab 1925 Staatspräsident

der Polizei verhaftet. Es handelt sich um zwei frühere albanische Offiziere, Hauptmann Nok Bjelossi und Oberleutnant Azis Kami. Während Bjelossi zunächst leugnet, dem König aufgelauert zu haben, gesteht Kami die Verschwörung und gibt an, sie beide seien Anhänger von Fan Noli, dem von Zogu gestürzten früheren albanischen Staatspräsidenten (1924/25).

Erben von Pulitzer müssen verkaufen

27. Februar. In New York billigt der zuständige Nachlaßrichter das Verlangen der drei Söhne des Journalisten und Verlegers Joseph Pulitzer (1847–1911), die drei Zeitungen »Morning World«, »Evening World« und »Sunday World« für fünf Millionen US-Dollar (rund 21 Millionen Reichsmark) an den Scripps-Howard-Konzern zu verkaufen. Pulitzer hatte seine Erben testamentarisch zur ständigen Herausgabe der Zeitungen verpflichtet, die jedoch zuletzt nur Verluste einbrachten.

Februar 1931

UdSSR soll westliche Staaten in zehn Jahren einholen

4. Februar. Zum Abschluß der am 30. Januar eröffneten I. Allunionskonferenz der Wirtschaftsleiter in Moskau fordert der Generalsekretär der KPdSU, Josef W. Stalin, die forcierte Umsetzung des Fünfjahrplans.

Stalin verlangt die Erfüllung der wichtigsten Planziele des ersten Fünfjahrplans (1928/29 – 1932) in drei Jahren. Er spricht sich darüber hinaus gegen jede »Gleichmacherei« aus und rechtfertigt die soziale Differenzierung. Zur Rolle der Technik bei der Produktionssteigerung sagt Stalin: »Die Technik entscheidet in der Rekonstruktionsperiode alles.«

Die Lage der Sowjetwirtschaft

Mit hoher Geschwindigkeit, aber unter großen Opfern für die Bevölkerung, entwickelt sich die UdSSR zum Industrieland. 1930 trug die Industrie erstmals mehr zum Sozialprodukt bei als der Agrarsektor. 1931 gibt es 20,2 Millionen Arbeiter und Angestellte, viermal so viele wie 1920. Der Index der Industrieproduktion liegt 1931 bei 233 (1913 = 100). Der sozialistische Wettbewerb beschleunigt das Arbeitstempo, die Preise steigen weitaus schneller als die Löhne.

Vor den versammelten Wirtschaftsführern begründet Stalin seine Zuversicht, die Produktion im kommenden Wirtschaftsjahr erheblich steigern zu können, mit den großen Mengen an verfügbaren Rohstoffen, dem klaren Willen der KPdSU zur Umgestaltung der Wirtschaft und dem Vorhandensein ausgearbeiteter Wirtschaftspläne. Was in den vergangenen Jahren eine vollständige Planerfüllung noch behindert habe, nämlich das Weiterbestehen vieler kleiner Bauernwirtschaften, werde durch die beschleunigte Kollektivierung beseitigt (→ 30. 6./S. 105).

Scharf weist Stalin alle Überlegungen zurück, das Tempo der Industrialisierung zu drosseln, um die Wirtschaft nicht zu überfordern. Das alte Rußland sei in der Vergangenheit immer wieder »wegen seiner Rückständigkeit« militärisch besiegt worden. Stalin verweist auf die Bedrohung des ersten sozialistischen Staates durch den Kapitalismus und erklärt: »Wir sind hinter den fortgeschrittensten Ländern um fünfzig bis hundert Jahre zurückgeblieben. Wir müssen diesen Vorsprung in zehn Jahren einholen. Entweder bringen wir dies zustande, oder wir werden zermalmt.«

Der 51jährige Josef W. Stalin, seit 1922 Generalsekretär der KPdSU

Stalin – Führer der Sowjetunion

Josef W. Stalin, seit 1922 Generalsekretär der KPdSU, gelingt es in der Zeit des ersten Fünfjahrplans, als unumschränkter Diktator (seit 1927) die politische und ideologische Macht des Landes in seinen Händen zu konzentrieren. Neben Wladimir I. Lenin wird er zum Führer der Oktoberrevolution und Gründer der Partei erklärt, zum Gründer der Roten Armee und Sieger des Bürgerkriegs; Stalin gilt nicht nur als großer Marxist, sondern auch als Koryphäe in allen Wissenschaften, als großer Denker und Praktiker.

Seine wichtigsten innenpolitischen Gegner sind entweder wie Leo D. Trotzki des Landes verwiesen oder haben Stalins Führungsrolle akzeptieren müssen wie Nikolai I. Bucharin und Grigori J. Sinowjew.

In einer 1931 in Berlin erscheinenden Biographie schreibt der frühere Sowjetdiplomat Sergei Dmitrijewski über Stalins Position: »Das Gebäude von Stalins Diktatur kann sich nur halten und seine Pläne verwirklichen durch die vollständige Monopolisierung der politischen und ökonomischen Macht des Landes in seinen Händen. Die politische Macht ist schon lange in Stalins Hand.«

Heftiges Erdbeben verwüstet Napier

3. Februar. Im nördlichen Teil Neuseelands fordern ein über zweistündiges Erdbeben und taifunartige Stürme mehrere hundert Tote. Der Schwerpunkt der Naturkatastrophe liegt in der Hawkesbucht.

Allein in der Stadt Napier kommen über 700 Menschen ums Leben, die 30 km entfernte Stadt Hastings zählt über 100 Tote. Nach den schweren Erdstößen bietet Napier ein Bild der Verwüstung: Zahlreiche Großbauten sind dem Erdboden gleichgemacht worden, die Explosion eines großen Öltanks hat weite Teile der Stadt in Flammen aufgehen lassen, und Flutwellen von bis zu 6 m Höhe haben die tiefer gelegenen Teile von Napier überflutet.

Da auch das größte Hospital der Stadt ein Opfer der Naturgewalten geworden ist, bleiben viele Verletzte so lange unversorgt, bis die aus Wellington und Auckland zu Lande und zu Wasser herbeieilenden Rettungstrupps eintreffen.

Feierliche Einweihung der Hauptstadt Neu-Delhi, in der Bildmitte der britische Vizekönig Edward Wood Lord Irwin of Kirby Underdale mit seiner Frau

Neu-Delhi als neue Hauptstadt Britisch-Indiens feierlich eingeweiht

10. Februar. In Anwesenheit von Vizekönig Edward Wood Lord Irwin of Kirby Underdale und Vertretern sämtlicher Dominions des Britischen Empire beginnt in Neu-Delhi die Festwoche zur feierlichen Eröffnung der neuen Hauptstadt von Britisch-Indien.

Höhepunkte des Eröffnungstages sind ein Bankett für die indischen Fürsten, ein 700-Personen-Diner des Vizekönigs und die Enthüllung der vier von Kanada, Australien, Neuseeland und Südafrika gestifteten Prachtsäulen. Die am 26. Februar 1931 in Britisch-Indien durchgeführte Zählung ergibt eine Wohnbevölkerung von 352,8 Millionen Menschen (→ 19. 1./S. 18).

Februar 1931

Bildung 1931:
Sparhaushalte erzwingen Stellenabbau und Stundenkürzung

Stellenabbau, Lehrplankürzung, Schulschließung und Akademikerschwemme lauten einige der Schlagworte, die im Deutschen Reich die Lage im Bildungsbereich umreißen. Die rigiden Sparmaßnahmen in den öffentlichen Haushalten treffen Lehre und Erziehung in besonders starkem Maße, durch Schließung von Schulen, der Erhöhung des Stundensolls für Lehrer und durch Einschränkungen im Lehrplan soll der Personalabbau ausgeglichen werden. Die Bildungschancen für Akademiker werden zusehends schlechter.

Schüler und Lehrer im Jahr 1931

Schulart	Schüler insges.	Lehrer insges.	Schüler je Lehrer
Volksschulen	7 590 073	190 281	39,9
Mittelschulen	229 671	11 517	19,9
Höhere Schulen	786 691	44 902	17,5

In Berlin werden durch die Schuldeputation am 6. November 23 innerstädtische Volksschulen aufgelöst. Ursache sind Finanznöte und der Rückgang der Schülerzahlen, die auf die Hälfte des Stands von 1913 gesunken sind. Gegen solche Maßnahmen, die auch in anderen Regionen ergriffen werden, wehren sich die Eltern oft mit Schulstreiks.

Durch die preußische Sparnotverordnung vom 12. September, die Vorbild für ähnliche Maßnahmen in anderen Ländern des Reiches wird, sollen an den Volksschulen die Klassenfrequenzen auf bis zu 48 Schüler (im Reichsdurchschnitt bei 38,8) erhöht werden; an höheren Schulen wird die Unterrichtsverpflichtung für Lehrer (Stundensoll) erhöht, an den Berufsschulen der Unterricht um zwei auf sechs Wochenstunden reduziert und die Klassenstärke auf 45 Schüler heraufgesetzt.

Zur Schulwirklichkeit des Jahres 1931 zählt weiterhin die Anwendung der Prügelstrafe, zumal auch in Preußen die 1928 erlassenen Anordnungen des Kultusministers noch nicht überall befolgt werden. Seinerzeit war grundsätzlich festgelegt worden, daß Mädchen überhaupt nicht mehr geschlagen werden dürfen und Jungen erst ab dem 3. Schuljahr und daß Unaufmerksamkeit und mangelhafte Leistungen ebenfalls nicht mehr mit Prügel bestraft werden dürfen.

Im Bereich des Fremdsprachenunterrichts vollzieht sich 1931 ein Wandel: Im Juli beschließt der Sachverständigen-Ausschuß der Länder, dem Vorschlag des preußischen Kultusministeriums zu folgen und als Anfangssprache für alle mit einer modernen Fremdsprache in der Sexta beginnenden höheren Schulen das Französische einzuführen. Für die mit Latein als grundständiger Fremdsprache beginnenden Schulen soll das Französische als erste moderne Fremdsprache eingeführt werden. Das bisher dominierende Englisch wird dann ab einem späteren Zeitpunkt gelehrt.

Die Lehrerausbildung in Preußen wird im April durch die Einführung von Bezirksseminaren ergänzt, in denen die Studienreferendare des zweiten Ausbildungsjahres in Kleingruppen zusammengefaßt werden, um die Ausbildung zu vertiefen und zu systematisieren.

Der Drang zu den Hochschulen wird 1931 gestoppt: Gibt es im Sommersemester an den wissenschaftlichen Hochschulen im Deutschen Reich noch 134 767 Studierende, so sind es im Wintersemester 1931/32 nur noch 126 632 Hochschüler.

Seit 1926 war die Studentenzahl stetig angestiegen. Ursachen für den Studentenknick sind u. a. die zum Wintersemester erhöhten Studiengebühren, die Knappheit der zur Verfügung stehenden Stipendien, die geringeren Beschäftigungsmöglichkeiten für die rund 15% »Werkstudenten«, die sich ihren Lebensunterhalt selbst verdienen müssen, und die schlechten Berufsaussichten. Für 1934 rechnen Bildungsexperten mit über 130 000 stellungslosen Akademikern. Dieser Umstand begünstigt den Zulauf zu rechtsextremen Gruppierungen (→ 21. 1./ S. 13), auch an den Schulen wird eine immer stärkere Agitation der Nationalsozialisten verzeichnet.

Demonstration chirurgischer Techniken an einem Patienten während einer Vorlesung in der Universität Leipzig (Gemälde von Rudolf Lipus für die Leipziger »Illustrirte Zeitung«); im Gegensatz zu den allgemein zurückgehenden Studentenzahlen ist trotz der Sparmaßnahmen im Bildungsbereich und der ungewissen Beschäftigungsaussichten der Drang von Studienanfängern zum nach wie vor lukrativ erscheinenden Arztberuf auch 1931 ungebrochen: im Sommersemester 1931 zählen die deutschen Universitäten 21 541 Studenten der Allgemeinmedizin, im Wintersemester 1931/32 sind es 21 780

Februar 1931

Unterricht in einer deutschen Volksschule: Drei Schüler müssen in einer Bank für zwei sitzen

Weniger Lehrer beschäftigt

Die massiven Sparmaßnahmen in den öffentlichen Haushalten machen 1931 auch vor den Bildungsetats nicht halt, in denen die Personalkosten den größten Teil ausmachen. Zum 15. Mai wird allein in Preußen die Zahl der stellungslosen Lehrer mit 20 146 angegeben, von denen sich allerdings 12 406 Lehrer mit Aushilfen, Vertretungen oder als Wanderlehrer durchschlagen. Insgesamt gibt es in Preußen 108 778 Lehrerstellen. Dabei könnte auch Preußen Lehrer gebrauchen: Während im Landesdurchschnitt an den öffentlichen Volksschulen 40,6 Schüler auf einen Lehrer kommen, sind es in Oberschlesien 46,8 und in Ostpreußen 43,6.

Im Herbst häufen sich in allen Teilen des Reichs die Meldungen über Lehrerentlassungen: Die am 12. September in Preußen erlassene Sparnotverordnung sieht u. a. eine Erhöhung der Klassenfrequenzen und eine Reduzierung der Schulstunden vor. Ähnliche Sparverordnungen werden auch in anderen Ländern erlassen.

Im Oktober werden an den Berliner Volks- und Mittelschulen 650 Stellen eingespart und von den 1172 Junglehrern 500 entlassen; an den höheren Schulen werden alle Hilfslehrer arbeitslos und 200 angestellte Lehrkräfte zum Teil vorzeitig pensioniert und die übrigen in den zeitweiligen Ruhestand geschickt. Immerhin sind für die arbeitslosen preußischen Junglehrer die Einrichtung eines Unterstützungsfonds in Höhe von rund elf Millionen Reichsmark und die Gewährung von Fortbildungszuschüssen vorgesehen, während die für den Unterricht an höheren Schulen ausgebildeten Studienassessoren ohne Anstellung – in Preußen rund 800 – keine Unterstützung erhalten.

Der preußische Landtag ruft im Oktober die Lehrer zwischen 60 und 65 Jahren – 8400 an den Volks- und 700 an höheren Schulen – zum vorzeitigen Ruhestand auf, um Platz zu machen für arbeitslose Junglehrer. Durch die preußische Sparnotverordnung vom 23. Dezember wird die Lehrer-Altersgrenze von 65 auf 62 Jahre gesenkt.

Da die Mittel für die Heizung fehlen, behalten diese Volksschülerinnen in der Klasse die Mäntel an

Provisorisch auf Hockern und Holzkisten sitzende Berliner Volksschüler bei ihrem Zeichenunterricht

Lehrer in einer Volksschule; der Lehrerabbau führt zu großer Mehrarbeit für die verbliebenen Lehrer

Februar 1931

Junkers-Werke Dessau führen Ju 52 vor

Ju 52/1 M, der im Jahr 1931 aus der Junkers W 33 hervorgegangene Ganzmetall-Tiefdecker in einmotoriger Version mit einem BMW-VIIa-U-Motor

17. Februar. Auf dem Berliner Verkehrsflughafen Tempelhof führen die Junkers-Werke die zunächst als Großraumfrachtflugzeug konzipierte Ju 52 vor. Die einmotorige Maschine aus Dessau überzeugt beim Probeflug die Experten durch ihre guten Flugeigenschaften, besonders beachtet wird die Landung bei sehr niedriger Geschwindigkeit.

Der neue Flugzeugtyp wurde in Abstimmung mit der Deutschen Lufthansa A. G. und im Auftrag des Flugzeugkonstrukteurs und Industriellen Hugo Junkers von dem Luftfahrtingenieur Ernst Zindel konstruiert und ist zunächst als einmotorige Maschine gebaut worden. Die Ju 52 soll in erster Linie im Fernfrachtverkehr eingesetzt worden, der im Luftverkehr immer mehr an Bedeutung gewinnt.

Während die bisher im Passagier- und Frachtverkehr eingesetzte Junkers W 33 eine Spannweite von 14,75 m aufweist, kommt die Ju 52 auf 29 m. Der Laderaum ist so groß bemessen, daß beispielsweise mehrere Kleinautos darin transportiert werden können. Zum Be- und Entladen mit sperrigen Gütern sind große Ladeluken an den Seiten und am oberen Teil des Rumpfes angebracht.

Die Ju 52 kann über eine Entfernung von 2000 km bis zu 1500 kg Nutzlast befördern. Auf noch längeren Flugstrecken, beispielsweise von Berlin über 4000 km nach Teheran, könnte die Ju 52 immerhin bis zu 500 kg Fracht mit sich führen.

Die Ju 52 ist wellblechbeplankt und läßt sich daher besonders leicht bauen. Die Dessauer Junkers-Werke verfügen bereits über eine lange Tradition beim Bau von Ganzmetallflugzeugen. Die F 13, ein Tiefdecker aus dem Jahr 1919, war das erste freitragende Ganzmetallverkehrsflugzeug überhaupt und seinerzeit eine Sensation im Flugzeugbau.

Drei Jahre Haft für den »Goldmacher«

5. Februar. In dem am 19. Januar vor dem Münchener Schwurgericht eröffneten Prozeß gegen den angeblichen Goldmacher Franz Tausend ergeht das Urteil. Der 47jährige Spengler aus Krumbach im Allgäu erhält wegen Betrugs drei Jahre und acht Monate Gefängnis.

Die Anklage warf Tausend vor, durch die Behauptung, aus Blei Gold machen zu können, zum Schaden seiner Geldgeber rund eine Million Reichsmark ausgegeben und damit die Schlösser Tharandt bei Dresden und Paschbach-Eppan in Tirol erworben zu haben.

Besonderes Aufsehen erregte der Prozeß gegen den »Alchimisten« Tausend wegen der Zeugen, die erklären mußten, warum sie ab 1923 fünfstellige Beträge auf eine vage Hoffnung hin investiert hatten. Zu den Mitgliedern seiner Investorengruppe gehörten bekannte Industrielle und Wissenschaftler und Gewinnsüchtige aus »völkischen Kreisen«, darunter Oberleutnant Heinz Pernet, der Stiefsohn von General a. D. Erich Ludendorff.

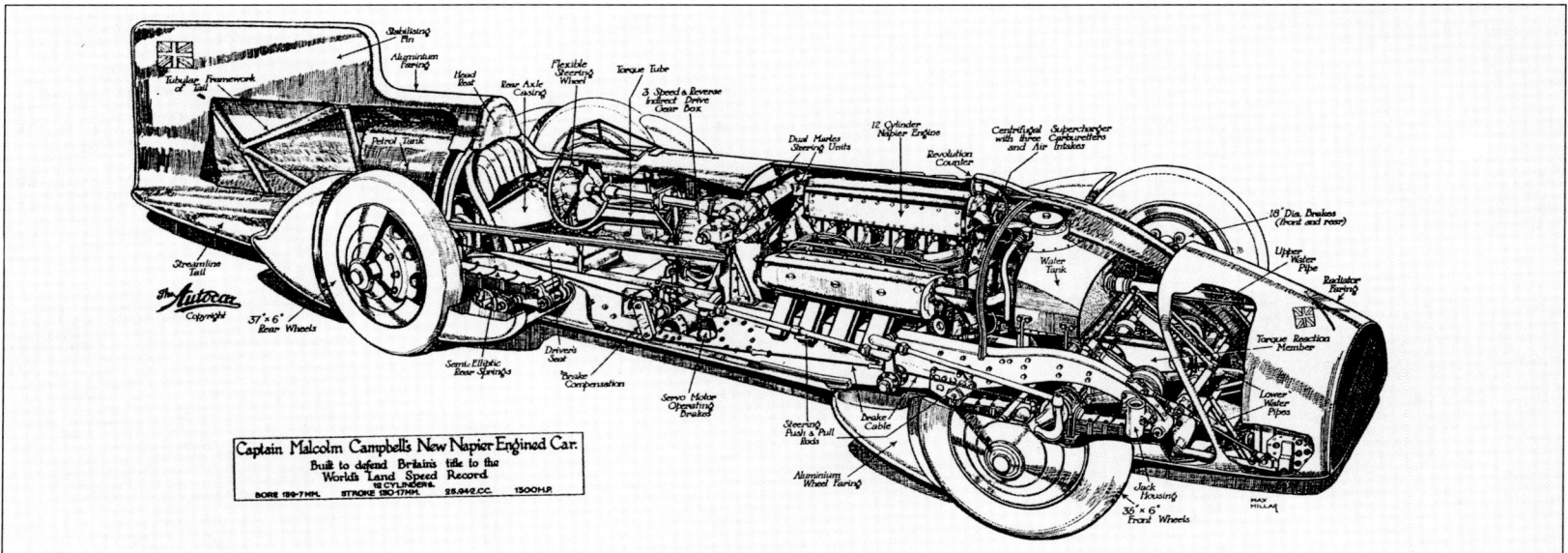

Aufrißzeichnung des »Blue Bird II.«, des fast 400 km/h schnellen Weltrekordwagens des britischen Automobilrennfahrers Malcolm Campbell mit einem Napier-Flugzeugmotor mit einer Leistung von 1400 PS

Malcolm Campbell fährt absoluten Geschwindigkeitsweltrekord mit seinem »Blue Bird II.«

5. Februar. *Am Strand von Daytona Beach (USA) stellt vor rund 10 000 Zuschauern der britische Automobilrennfahrer Captain Malcolm Campbell mit 245,736 Meilen in der Stunde (395,489 km/h) einen absoluten Geschwindigkeitsweltrekord für Landfahrzeuge auf. Gewertet wird dabei das Stundenmittel aus Hin- und Rückfahrt. Cambell verbessert damit – trotz schlechter Sicht und größerer Wasserstellen – den am 11. März 1929 von seinem Landsmann Major Henry O'Neal de Hane Segrave mit seinem Rennfahrzeug »The Golden Arrow« aufgestellten Rekord um 23,033 km/h.*

Der 1930 tödlich verunglückte Segrave ist seit Juni gleichen Jahres Inhaber des Weltrekords für Motorboote mit 158,904 km/h. Campbell, der bereits 1928 für wenige Monate mit 333,061 km/h Inhaber des Geschwindigkeitsweltrekords für Landfahrzeuge war, hat in seinen »Blue Bird II.« einen Zwölfzylinder-Flugzeugmotor mit 1400 PS Leistung eingebaut. Der erste »Blue Bird« wurde für den rekordsüchtigen Campbell 1926 angefertigt. Am 20. Februar trifft der schnellste Autofahrer der Welt, von Zehntausenden seiner sportbegeisterten Landsleute umjubelt, in London ein.

Februar 1931

Papst Pius XI. steht erstmals vor dem Mikrofon

Der italienische Rundfunkpionier Guglielmo Marchese Marconi (l.) im Senderaum von Radio Vaticano

Die Welt hört erstmals aus dem Radio die Stimme von Papst Pius XI.

12. Februar. *Um 16 Uhr wendet sich erstmals Papst Pius XI. über den Rundfunk an die Katholiken und alle Menschen auf der Welt. Das Oberhaupt der römisch-katholischen Kirche hält zur Eröffnung des Kurzwellensenders im Vatikan eine 15minütige Ansprache in lateinischer Sprache. Zum Leidwesen des Erbauers von Radio Vaticano, des italienischen Physikers und Funkpioniers Guglielmo Marchese Marconi, der unmittelbar vor der päpstlichen Ansprache die Hörer begrüßt und den Einsatz der Technik für die Verkündigung des Glaubens gewürdigt hat, ist der Wortlaut der Ansprache auf Welle 50,26 m aufgrund technischer Defekte nur schwer zu verstehen. Erst zum Schluß kommt die tragende Stimme von Pius XI. klarer aus dem Äther, als der Papst erstmals per Rundfunk den apostolischen Segen erteilt. Im Anschluß an die Einweihung wird Marconi im Rahmen einer feierlichen Zeremonie als Mitglied in die päpstliche Akademie eingeführt.*

Neuregelung des Schweizer Radios

26. Februar. Das Eidgenössische Post- und Eisenbahndepartement in Bern erteilt der zwei Tage zuvor konstituierten Schweizerischen Rundspruchgesellschaft (SRG) die ausschließliche Lizenz für Rundfunksendungen in der Schweiz. Die Schweizer Post (PTT) wird mit der Aufstellung und Betreibung der Sendeanlagen beauftragt.

Mitglieder der in Bern gegründeten SRG sind Radiogenossenschaften aus Lausanne, Zürich, St. Gallen, Genf, Bern, Basel und Lugano.

Für den Rundfunkbetrieb gelten u. a. folgende Grundsätze: »Der Radiorundspruch soll im Rahmen der Landesinteressen ideale Ziele verfolgen. Er soll im Geist der Unparteilichkeit betrieben werden. Es ist alles zu vermeiden, was die guten Sitten verletzen, die öffentliche Sicherheit, Ruhe und Ordnung im Land oder die guten Beziehungen zu anderen Staaten stören könnte.«

Der erste reguläre Rundfunksender der Schweiz entstand 1923 in Lausanne, die Zahl der Radiohörer betrug Ende 1930 insgesamt 103 808.

31 Bergleute Opfer von Schlagwetter

21. Februar. Eine Schlagwetterexplosion auf der Grube Reserve in Rothberg im Eschweiler Revier bei Aachen kostet 31 Bergleute das Leben. Die Opfer werden am 24. Februar beigesetzt.

In den frühen Morgenstunden erschüttert eine durch eine defekte Gasleitung verursachte Explosion die 600-Meter-Sohle der Grube Reserve. Gerade in dem Augenblick, als die 80 Mann der Nachtschicht abgelöst werden, zerstört die Explosion einen als Zugang zum Arbeitsstollen dienenden Blindschacht.

29 Bergleute, die am Gas erstickt oder von den herabstürzenden Erdmassen verschüttet worden sind, können nur noch tot geborgen werden, 14 weitere kommen mit zum Teil schweren Gasvergiftungen in die Krankenhäuser.

Im Gegensatz zu anderen Gruben des Eschweiler Bergwerksvereins galt die Grube Reserve als weitgehend sicher vor Schlagwettern. Das letzte Grubenunglück dieser Art am 15. Juni 1928 forderte hier einen Toten und mehrere Verletzte.

»Vogtland« fährt unter Billigflagge

9. Februar. Der Frachter »Vogtland« der Hamburger Reederei Vogemann holt auf hoher See die Reichskriegsflagge nieder und fährt künftig unter der Fahne der Republik Panama, um durch den Wegfall der deutschen Heuersätze und Sozialabgaben konkurrenzfähig zu bleiben.

Die seit 1886 in Hamburg bestehende Reederei, die mit »Vogtland« und »Vogesen« zwei Schiffe mit insgesamt 8398 Bruttoregistertonnen besitzt, erklärt die Ausflaggung als Akt der Notwehr: Unter der Panama-Flagge spart die Firma beträchtliche Kosten, nämlich 25% bei den Personalkosten, 10% an Versicherungsbeiträgen und 9% durch Reduzierung der 32köpfigen Besatzung um vier Mitglieder.

Für die Besatzung hat der Flaggenwechsel, gegen den keine rechtlichen Maßnahmen seitens der deutschen Behörden möglich sind, große Nachteile: Neben der Gehaltskürzung verlieren sie bei einer Weiterbeschäftigung auch den Anspruch auf den Arbeitgeberbeitrag zur Sozialversicherung.

Überschwemmte Straßen in der 390 000-Einwohner-Stadt Palermo

Palermo zeitweise das zweite Venedig

23. Februar. Nach 48stündigen Regenfällen bietet Palermo einen schrecklichen Anblick: In den Straßen steht das Wasser bis zu zwei Meter hoch, der Verkehr ist zusammengebrochen, und zwischen den Häusern schwimmen Gegenstände aus den überfluteten Wohnungen.

Luxemburg erhält Rundfunksender

5. Februar. Die Abgeordnetenkammer des Großherzogtums Luxemburg billigt das Rundfunkstatut, das die Errichtung einer vorwiegend mit ausländischem Kapital finanzierten Rundfunkanstalt auf luxemburgischem Boden ermöglicht.

Das Geld für die neue Gesellschaft mit der Bezeichnung Compagnie Luxembourgeoise de Télédiffusion (CLT) kommt vorwiegend aus Frankreich; der Verwaltungsrat muß laut Radiostatut in seiner Mehrheit aus Staatsbürgern des Großherzogtums bestehen.

Das Gesetz sieht vor, daß die neue Rundfunkstation einen Sender mit einer Leistung von 100 Kilowatt errichten darf, der damit zu den stärksten Sendeanlagen in Europa zählt und weit über die Grenzen des 2586 km² kleinen Staates hinausstrahlt. Mit der rechtlichen Konstruktion des Statuts sichert sich das Großherzogtum begrenzten Einfluß auf die Entwicklung des Senders, dessen Errichtung und Betrieb durch private luxemburgische Geldgeber kaum finanzierbar gewesen wären.

Februar 1931

Musik 1931:
Nur wenig neue Impulse

Ausgesprochen ruhig verläuft das Musikleben 1931 – ohne bemerkenswerte künstlerische Reibungen oder revolutionäre Umwälzungen. In der ernsten Musik fehlen nennenswerte Impulse; die leichte Muse bewegt sich auf der Ebene gefälliger Unterhaltungsmusik und zeichnet sich durch eingängige Melodien in neu geschaffenen Operetten – teils in Revue-Aufmachung – aus. Bewegung in die Musikszene kommt dagegen durch das immer deutlicher spürbare Vordringen des aus den USA importierten Swing in Big-Band-Besetzungen und durch hervorragende Jazz-Solisten, die mit groß aufgemachten »Performances« breite Publikumsbegeisterung hervorrufen.

Die von dem tschechischen Komponisten Alois Hába am 17. Mai in München uraufgeführte Oper »Die Mutter« erregt zwar durch die diesem Werk zugrunde liegenden Vierteltton-Ordnungen kurzfristig Beachtung, ist aber aus späterer Sicht nur ein interessantes Klangexperiment. Die neugeschaffenen und uraufgeführten Kompositionen im Musiktheater und Ballett erweisen sich als Relikte einer durchweg in Wohlklang getauchten Spätromantik, beispielsweise das Ballett »Facade« des Briten William Walton (26. April in London), die Operette »Die Blume von Hawaii« von Paul Abraham (→ 24. 7./S. 133) sowie die Operette »Schön ist die Welt« von Franz Léhar, die am 21. Dezember in Wien uraufgeführt wird.

Als bedeutendstes Opernereignis gilt die am → 12. November (S. 196) gleichzeitig in den Staatsopern Berlin und München uraufgeführte Oper »Das Herz« von Hans Pfitzner unter der Leitung von Wilhelm Furtwängler bzw. Hans Knappertsbusch. Aufrüttelndes geschieht dagegen im Konzertbereich: Einige Kompositionen von Paul Hindemith (»Bostoner Sinfonie« und »Das Unaufhörliche«; → 21. 11./S. 197) und Igor Strawinski (Violinkonzert) rufen wegen ihrer kühnen, teilweise äußerst aggressiven, aber auch klangspröden Schreibweise Unverständnis und auf breiter Front rigorose Ablehnung hervor.

Die herausragenden Festspiele finden in Salzburg (→ 25. 7./S. 133) und in Bayreuth (→ 19. 8./S. 146) statt. Bei den Bayreuther Richard-Wagner-Festspielen setzen zwei der größten, auffassungsmäßig aber völlig gegensätzliche Dirigenten, der Deutsche Wilhelm Furtwängler und der Italiener Arturo Toscanini, die künstlerischen Schwerpunkte. Während Furtwängler sich in seinen Wiedergaben ganz auf das gefühlsmäßige Erleben des Augenblicks konzentriert, also mitunter auch die Wünsche des Komponisten außer acht läßt, verficht Toscanini als Garant der »Werktreue« die Vorstellungen des Komponisten rigoros in seinen nicht selten als »technisiert« und seelenlos empfundenen Wiedergaben.
(Siehe auch Übersicht »Uraufführungen« im Anhang.)

Die Reichshauptstadt bietet trotz der Wirtschaftskrise auch 1931 ein reiches Kulturleben: Der Violinist Fritz Kreisler im Saal der Berliner Philharmonie

Paris – ein Zentrum russischer Kunst

Seit Juni 1930 besteht in Paris eine russische Oper mit eigenem Haus an den Champs-Élysées. Ein Kreis von rund 500 Exil-Russen – Sänger, Tänzer, Schauspieler, Bühnenbildner, Regisseure – hat es sich zum Ziel gesetzt, mit ihrer Arbeit an die Traditionen des russischen Musiktheaters aus der Zeit vor der Oktoberrevolution von 1917 anzuknüpfen, und wirkt damit zugleich befruchtend auf das französische Musikleben. Zu den international bekanntesten Akteuren in Paris zählt die Tänzerin und Choreographin Bronislava Nijinska.

Eine Szene aus dem Ballett »Petrouchka« (1911) von Igor Strawinski, 2. v. l. die Tänzerin Bronislava Nijinska

Februar 1931

Die bekanntesten Sänger der internationalen Opernszene, v. l. Beniamino Gigli, Fjodor I. Schaljapin, Richard Tauber

Die berühmtesten Opernsänger der Welt zum Fototermin in London vereint

Für die »Berliner Illustrierte« präsentieren sich in London die erfolgreichsten Sänger der Gegenwart vor der Kamera: Der 41jährige Italiener Beniamino Gigli, der 58jährige Exil-Russe Fjodor I. Schaljapin und der 40jährige Österreicher Richard Tauber. Gigli ist seit 1920 an der Metropolitan Opera in New York tätig und singt darüber hinaus an allen bedeutenden Opernhäusern der Welt. Der Tenor, der »ein Sänger des Volkes« sein möchte, trägt in seinen Konzerten auch Volkslieder und Schlager vor. Der Tenor Richard Tauber, von 1926 bis 1928 Mitglied der Wiener Staatsoper, ist einem breiten Publikum vor allem durch sein Mitwirken in den Operetten von Franz Lehár bekanntgeworden. Schaljapin war nach seiner Emigration 1920 aus Sowjetrußland von 1921 bis 1928 an der Metropolitan Opera in New York engagiert und siedelte dann nach Paris über. Er gilt als Inbegriff des russischen Bassisten.

Verdis »Macbeth« wird Regie-Ereignis

Zu den herausragenden Aufführungen an der Städtischen Oper Berlin zählt die Inszenierung der Oper »Macbeth« von Giuseppe Verdi (Uraufführung am 14. 3. 1847 in Florenz) durch Carl Ebert, der 1931 Intendanz und Generaldirektion dieses Hauses übernimmt. Das Bühnenbild hatte C. Neher geschaffen. Die Titelpartie singt Hans Reinmar, die weibliche Hauptrolle übernimmt Sigrid Onegin, die seit 1926 zum Ensemble gehört. Die 1889 als Kind deutscher Eltern in Stockholm geborene Altistin ehelichte 1913 den russischen Komponisten Eugen B. Onegin und nach dessen Tod 1920 den Mediziner und Schriftsteller Fritz Penzoldt.

Hans Reinmar und Sigrid Onegin in Verdis »Macbeth« in Berlin

Der erst 15jährige Violinist Yehudi Menuhin bei einem Konzert in London

Wilhelm Furtwängler dirigiert das a-Moll-Konzert Johann Sebastian Bachs

Februar 1931

Neuer Chaplin in New York gefeiert

6. Februar. Im George M. Cohan Theatre in New York hat der neue Film des britischen Schauspielers und Regisseurs Charlie Chaplin Premiere. In »Lichter der Großstadt – eine Komödien-Romanze als Pantomime« (City Lights – A Comedy Romance in Pantomime) begeistert der Komiker aufs neue sein Publikum. Chaplin spielt einen Tramp, der sich in eine blinde Blumenverkäuferin (Virginia Cherrill) verliebt, nach vielerlei tragikomischen Verwicklungen mit dem Geld eines Millionärs (Harry Myers) der Verkäuferin zur Heilung verhilft und schließlich das jetzt sehende Mädchen wiedertrifft und von ihr auch erkannt wird.

Brecht inszeniert »Mann ist Mann«

6. Februar. Im Staatlichen Schauspielhaus Berlin inszeniert Bertolt Brecht sein 1926 uraufgeführtes Stück »Mann ist Mann«.
Dabei verarbeitet Brecht die seit 1929 gemachten Erfahrungen mit seinen Lehrstücken. Er strebt eine »dramaturgische Regie« an: Die Akteure tragen Teilmasken und Riesenhände, ein Sprecher gibt Kommentare; um die Unterwerfung des Soldaten Galy Gay (Peter Lorre) im Ausbildungslager zu zeigen, gehen die übrigen Soldaten auf Stelzen. Trotz guter Besetzung (u. a. Helene Weigel, Theo Lingen, Wolfgang Heinz) ist die Kritik überwiegend negativ.

»Dreigroschenoper« von Pabst verfilmt

19. Februar. Im Atrium-Kino in Berlin wird der Film »Die Dreigroschenoper« nach dem Stück von Bertolt Brecht uraufgeführt.
Unter der Regie von Georg Wilhelm Pabst spielen in der Verfilmung des Bühnenerfolgs von 1928 u. a. Rudolf Forster (Mackie Messer), Carola Neher (Polly), Fritz Rasp (Peachum) und Lotte Lenya (Jenny). Die Kritik urteilt sehr zurückhaltend, Herbert Ihering schreibt: »Selbst eine begabtere, lebendigere Regie hätte versagen müssen, wenn sie diesen Stoff in die Form der großen Oper übertragen hätte. Das Theaterstück ... ist hundertmal mehr Tonfilm als dieser monumentale Schinken.«

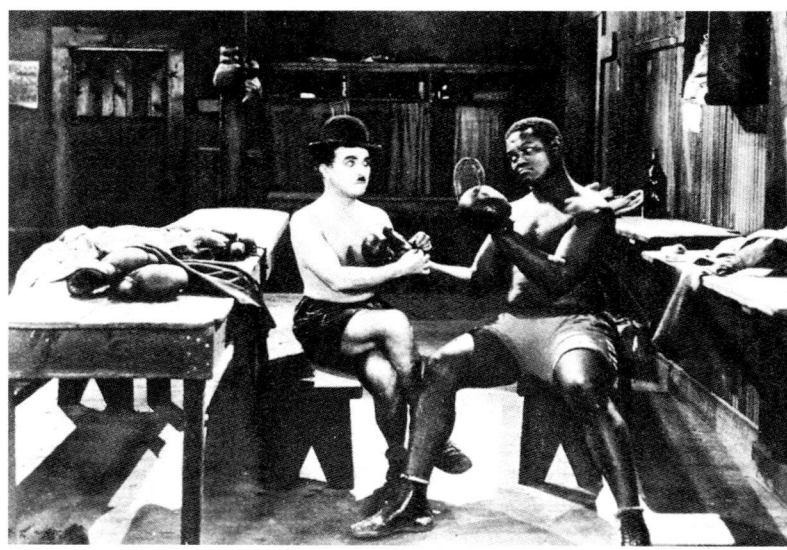
Charlie Chaplin (l.) versucht sich in »Lichter der Großstadt« als Boxer, um Geld für die blinde Blumenverkäuferin (Virginia Cherrill) zu verdienen

V. l.: Theo Lingen, Peter Lorre, Wolfgang Heinz, Alexander Granach, Elfriede Borodin und Paul Bildt in der Neuinszenierung von »Mann ist Mann«

Carola Neher als Polly Peachum und Rudolf Forster als Mackie Messer in der Filmfassung von Bertolt Brechts Bühnenerfolg »Die Dreigroschenoper«

Haft für Arzt und Bühnenautor Wolf

21. Februar. In Stuttgart werden der Naturheilarzt und Bühnendichter Friedrich Wolf und die Ärztin Else Kienle-Jacobowitz auf Anzeige eines Kollegen wegen Vergehens nach § 218 StGB verhaftet. Wolf wird am 27. Februar auf Kaution entlassen. Die beiden Verhafteten sollen im Laufe der letzten Jahre über 150 Abtreibungen vorgenommen haben, wobei Wolf den ratsuchenden Frauen die Notwendigkeit eines – gesetzlich generell verbotenen – Schwangerschaftsabbruches attestierte und der Eingriff von seiner Kollegin vorgenommen wurde. Wolfs letzte Premiere war »Tai Yang erwacht« in Berlin (→ 30. 1./S. 27).

Musik im Tonfilm noch ein Problem

14. Februar. Im Unterhaltungsblatt der in Berlin erscheinenden »Vossischen Zeitung« schreibt der Komponist Kurt Weill über seine Einstellung zu Musik im Film anhand der bei der Arbeit an der »Dreigroschenoper« gemachten Erfahrungen.
Nach Weills Worten liegen die Schwierigkeiten bei der musikalischen Untermalung von Filmen weniger in der Technik, die bereits sehr weit fortgeschritten ist, als vielmehr bei den zeitlichen, finanziellen und personellen Aspekten der Filmarbeit. Weill verlangt die gleichberechtigte Rolle der Musik neben Regie, Drehbuch und Kamera.

Juristenstreit um Brecht-Verfilmung

Der Premiere der verfilmten »Dreigroschenoper« ist ein Streit um eine Verletzung der Autorenrechte vorangegangen. Im November 1930 verlor Bertolt Brecht einen Prozeß gegen die Nero-Filmgesellschaft wegen Verletzung seiner vertraglich zugesicherten Mitwirkungsrechte am Drehbuch (geschrieben von Leo Lania, Béla Balazs und Ladislao Vajda). Am 23. Dezember 1930 schlossen Brecht und die Nero-Film einen Vergleich, der Brecht das Recht gibt, die »Dreigroschenoper« nach zwei Jahren erneut zu verfilmen.

Februar 1931

Mürren erlebt erste alpine Ski-Europameisterschaften

22. Februar. In Mürren im Berner Oberland enden die am 19. Februar eröffneten »Ersten europäischen Skimeisterschaften über Abfahrt und Slalom«. Bei den Wettbewerben dominieren Athleten aus der Schweiz und aus Großbritannien. Veranstalter dieser vom Internationalen Skiverband (FIS) anerkannten Europatitelkämpfe ist der britische Skiverband unter Führung von Sir Arnold Lunn. Die Briten, die regelmäßig auf Schweizer Pisten üben, gehören zu den Pionieren des alpinen Skisports. In den beiden Damenwettbewerben siegt dann auch die 17jährige Britin E. M. Mackinnon. Die Wettkämpfe der Herren stehen jedoch im Zeichen der Schweizer: Beim Abfahrtsrennen siegt Walter Prager (Davos) vor Otto Furrer (Zermatt) und Fritz Steuri (Grindelwald). Nachdem am Vortag heftiger Schneefall jedes Rennen unmöglich gemacht und bereits die Abschiedsbankette stattgefunden hatten, erlaubt gutes Wetter am Morgen doch noch die Austragung des Slaloms, den David Zogg (Arosa) vor Toni Seelos (Österreich) und Friedl Däuber (Deutsches Reich) gewinnt.

Bei den Nordischen Ski-Europameisterschaften im thüringischen Oberhof (13. – 16. 2.) dominieren die Norweger. Umjubelte Sieger sind im Skispringen der 19jährige Birger Ruud, im 17-km-Lauf und der Kombination Johan Gröttumsbraaten und im 50-km-Langlauf Ole Stenen.

△ *Birger Ruud, Sieger des Spezialsprunglaufs bei den Nordischen Ski-Europameisterschaften in Oberhof; der 19jährige entstammt einer sportlichen Familie: Sein vier Jahre älterer Bruder Sigmund springt am 24. Februar 1931 in Davos mit 81 m Weltrekord*

◁△ *David Zogg aus Arosa, Slalomsieger bei den ersten Titelkämpfen des Internationalen Skiverbands Fédération International de Ski (FIS; gegründet 1924 in Chamonix) in Mürren und Schweizer Abfahrtsmeister der Jahre 1929 und 1930*

◁ *Die britische Damenmannschaft; 4. v. l. E. M. Mackinnon, die 17jährige Wettbewerbssiegerin in Abfahrt und Slalom*

»Big Bill« Tilden eröffnet Tennis-Zirkus

18. Februar. Acht Tage nach seinem 38. Geburtstag bezwingt der US-amerikanische Tennisspieler William T. Tilden in seinem ersten Spiel als Professional den fünffachen amtierenden Profi-Weltmeister Karel Kozeluh aus der Tschechoslowakei im New Yorker Madison Square Garden 6:4, 6:2, 6:4.

Vor 12 000 Besuchern zeigt sich »Big Bill« Tilden seinem gerade erst aus Europa angereisten Gegner jederzeit überlegen. Der als überaus geschäftstüchtig geltende Tilden hatte das Spiel als »Match um die Hallenweltmeisterschaft der Professionals« deklariert.

Der dreimalige Wimbledon-Sieger im Einzel hatte Ende 1930 seinen Übertritt zum Berufsspielertum erklärt. Tilden tritt noch viermal gegen Kozeluh an. Die Matches werden organisiert durch die von Tilden gemeinsam mit seinem Doppelpartner Frank Hunter gegründete Tilden Tennis Tour Company, die auch eine Europatournee plant.

William »Big Bill« T. Tilden, hier 1930 bei seinem dritten Wimbledonsieg im Einzel nach 1920 und 1921; er beherrschte in den 20er Jahren die Tennisszene in den USA und gewann siebenmal – 1920 bis 1925 und 1929 – das Einzel der US-Tennismeisterschaften

Alle Eishockeytitel bisher an Kanada

8. Februar. Durch ein 2:0 (1:0, 0:0, 1:0) über die USA wird die Vertretung Kanadas bei den am 1. Februar in Krynica (Polen) eröffneten fünften Titelkämpfen wie schon 1920, 1924, 1928 und 1930 weltbeste Eishockeymannschaft. Den Titel eines Europameisters sichert sich Österreich durch ein 1:0 (0:0, 1:0, 0:0) über Schweden. Als Vertretung ihres Landes hatte die Canadian Amateur Hockey Association die Mannschaft der Universität Manitoba nominiert, die nach ihrer Ankunft in Europa am 8. Januar zahlreiche Testspiele absolvierte. Das Turnier in Krynica wurde in Abwesenheit einer deutschen Vertretung von zehn Teams beschickt, aus denen drei Gruppen gebildet wurden.

März 1931

Mo	Di	Mi	Do	Fr	Sa	So
						1
2	3	4	5	6	7	8
9	10	11	12	13	14	15
16	17	18	19	20	21	22
23	24	25	26	27	28	29
30	31					

1. März, Sonntag

Im Deutschen Reich tritt rückwirkend vom 4. März eine Änderung des Reichspressegesetzes von 1874 in Kraft. Personen, die durch Immunität vor der Strafverfolgung geschützt sind (wie z. B. Abgeordnete), dürfen nicht mehr verantwortliche Redakteure periodisch erscheinender Publikationen sein.

Der britische Außenminister Arthur Henderson beendet seinen am 26. Februar begonnenen Besuch in Rom. Es ist ihm gelungen, die italienische Regierung zu einer Zustimmung zur Flottenabrüstung zu bewegen (→ 11. 3./S. 52).

Als Nachfolger von Lauri Relander (seit 1925) tritt der am 19. Februar gewählte Pehr Evind Svinhufvud sein Amt als Staatspräsident der Republik Finnland an. Vorsitzender des Verteidigungsrates wird General Carl Gustaf Emil Freiherr von Mannerheim.

Die deutsche Zigarettenindustrie führt die Fünftagewoche mit 42,5 Arbeitsstunden ein. Den 28 000 Beschäftigten dieser Branche werden 45 Arbeitsstunden bei der Lohnzahlung angerechnet.

Im Berliner Varieté-Theater Scala tritt die ungarische Sängerin und Tänzerin Marika Rökk auf. → S. 58

Beim zehnten Wasa-Skilanglauf von Sälen nach Mora über 90 km gewinnt der Schwede Anders Ström. → S. 58

In Berlin enden die Eiskunstlauf-Weltmeisterschaften mit Siegen von Karl Schäfer (Österreich), Sonja Henie (Norwegen) und Emilie Rotter/Laszlo Szollas (Ungarn). → S. 58

Bei den Skispielen am Holmenkollen bei Oslo ist in der Kombinationswertung aus Langlauf und Sprunglauf zum siebten Mal der Norweger Johan Gröttumsbraaten erfolgreich.

2. März, Montag

Der zum linken Flügel der Labour Party zählende britische Unterrichtsminister Sir Charles Trevelyan tritt zurück. Anlaß ist die Ablehnung des Schulgesetzes, mit dem die Pflichtschulzeit bis zum 15. Lebensjahr verlängert werden sollte, am 18. Februar im Oberhaus.

Die Verwaltung der Gutehoffnungshütte gibt die Schließung von zwei Zechen in Oberhausen mit 2321 Arbeitern und 140 Angestellten zum 31. März bekannt.

3. März, Dienstag

Bei einer Kundgebung des Bürgertums gegen den Marxismus ist die NSDAP in Hamburg erstmals gleichberechtigter Mitveranstalter neben DNVP und DVP und einigen Mittelstandsverbänden.

Der US-Kongreß erhebt das 1814 während eines britischen Angriffs auf Baltimore von Francis Scott Key geschriebene Gedicht »The Star-Spangled Banner«, unterlegt mit der von John Stafford Smith um 1780 komponierten Melodie des Liedes »To Anacreon in Heaven« zur Nationalhymne der USA.

4. März, Mittwoch

Der britische Vizekönig Edward Wood Lord Irwin of Kirby Underdale und der indische Freiheitskämpfer Mohandas Karamchand (Mahatma) Gandhi einigen sich auf einen Kompromiß, der die Situation in Indien entspannen soll. → S. 52

Die britische Regierung zieht das von ihr eingebrachte Gewerkschaftsgesetz zurück, nachdem der zuständige Ausschuß des Unterhauses am 26. Februar einen Zusatzantrag der Liberalen angenommen hat, nach dem die Zulässigkeit von Streiks noch stärker eingeschränkt werden soll als durch das konservative Gesetz von 1927.

5. März, Donnerstag

Die SPD-Reichstagsfraktion beschließt, die Billigung des Wehretats und des Baues des Panzerschiffes B von der Haltung der Reichsregierung und des Reichstages zu ihren Finanzierungsvorschlägen abhängig zu machen. Die SPD fordert eine Zusatzsteuer auf hohe Vermögen und Einkommen (→ 20. 3./S. 52).

Im Deutschen Theater in Berlin wird das »deutsche Märchen« von Carl Zuckmayer »Der Hauptmann von Köpenick« uraufgeführt. → S. 57

6. März, Freitag

Der Reichstag lehnt einen Mißtrauensantrag der KPD gegen den u. a. wegen seiner restriktiven Kulturpolitik umstrittenen Reichsinnenminister Joseph Wirth (Zentrum) mit 271 gegen 66 Stimmen bei 38 Enthaltungen ab.

7. März, Samstag

Die katholischen Bischöfe der Kölner Kirchenprovinz warnen in einer öffentlichen Erklärung vor dem Nationalsozialismus. → S. 49

Die Liga der freien Wohlfahrtspflege richtet einen dringenden Aufruf an die deutsche Bevölkerung, durch Sach- und Geldspenden die Not der Arbeitslosen zu lindern und vor allem deren Kinder vor einer drohenden Unterernährung und Rachitis zu bewahren.

Ein Erdbeben auf dem Balkan zerstört über 2000 Häuser und fordert 65 Menschenleben. Stark betroffen ist das jugoslawisch-bulgarische Grenzgebiet bei Strumiza.

8. März, Sonntag

Die Volkszählung in Frankreich ergibt eine Wohnbevölkerung von 41 834 923 Menschen auf 550 986 km². Auf 1 km² leben damit 75,93 Menschen (im Deutschen Reich am 16. 6. 1925 auf 1 km² 133,14 Menschen).

In der Berliner Akademie der Künste wird eine Ausstellung über das Werk des Architekten Hans Poelzig mit einer Rede des Malers und Graphikers Max Liebermann eröffnet.

9. März, Montag

Der preußische Disziplinarhof für nichtrichterliche Beamte stellt in einer Entscheidung fest, das Ziel der NSDAP sei der »gewaltsame Umsturz der bestehenden Staatsform« (→ 10. 2./S. 33).

In Moskau endet der am 1. März eröffnete Menschewistenprozeß mit Haftstrafen gegen frühere Repräsentanten des rechten Flügels der Sozialdemokratischen Arbeiterpartei Rußlands. → S. 52

Eine Delegation hochrangiger Vertreter der deutschen Industrie verläßt nach der Besichtigung von Industrieanlagen in Leningrad und Moskau und Gesprächen mit dem Obersten Wirtschaftsrat die UdSSR (→ 14. 4./S. 71).

Der britische Filmschauspieler und Regisseur Charlie Chaplin trifft auf seiner Europareise in Berlin ein. → S. 54

10. März, Dienstag

Der Bundesausschuß des Allgemeinen Deutschen Gewerkschaftsbundes fordert erneut die Einführung der Fünftage- bzw. 40-Stunden-Woche als Mittel gegen die Arbeitslosigkeit (→ 26. 2./S. 33).

Die britische Labour Party schließt Sir Oswald Ernald Mosley aus. Der Unterhausabgeordnete hatte ein Programm für eine Partei mit rechtsextremem Charakter vorgelegt. → S. 52

11. März, Mittwoch

In London wird eine Übereinkunft zwischen Großbritannien, Frankreich und Italien über eine Begrenzung der Flottenrüstung veröffentlicht. → S. 52

12. März, Donnerstag

Das Bezirksgericht in Rybnik (Polen) verurteilt zwei polnische Staatsangehörige wegen der Überfälle auf sieben ostdeutsche Familien am 6. November 1930 in Hohenbirken (Oberschlesien) zu je vier Monaten Gefängnis.

Der Reichstag billigt ein neues Kraftfahrzeugsteuergesetz. Es sieht u. a. für Pkw mit Verbrennungsmotoren eine jährliche Steuer von 12 Reichsmark (RM) pro 100 cm³ Hubraum vor, bei Kraftomnibussen oder Lkw beträgt die Abgabe 30 RM je 200 kg Eigengewicht.

Der Bezirk III (Hamburg) des Norddeutschen Fußballverbandes legt als Neuerung im Regelwerk fest, daß ein Spieler nach zwei Feldverweisen automatisch für vier Wochen gesperrt wird.

13. März, Freitag

Die Fraktion der Deutschen Volkspartei (DVP) im Landtag von Thüringen erklärt die im Januar 1930 geschlossene Regierungskoalition mit der NSDAP für beendet (→ 1. 4./S. 70).

Im Hamburger Polizeipräsidium schießt der Polizeihauptwachtmeister Friedrich-Franz Pohl bei einer Vernehmung wegen seiner nationalsozialistischen Betätigung Regierungsrat Oswald Lassally mit der Dienstpistole nieder und verletzt ihn schwer (→ 15. 3./S. 49).

Die französische Deputiertenkammer spricht mit 340 gegen 215 Stimmen der Regierung von Pierre Laval das Vertrauen aus (→ 27. 1./S. 20). Anlaß war die Kritik der Sozialisten an Finanzminister Pierre Étienne Flandin wegen der Finanzhilfe für die in Konkurs gegangene private Fluglinie Aéro Postale.

Im Zuge einer liberalen Handhabung der Zollgesetze gestattet der US-Zoll die Einfuhr von fünf Werken der erotischen Weltliteratur, darunter sind die »Memoiren« von Giacomo Girolamo Casanova.

In der Nähe von Berlin gelingt dem deutschen Erfinder Karl Poggensee der erste erfolgreiche Abschuß einer Feststoffrakete in Europa (→ 15. 4./S. 75).

14. März, Samstag

Im Plenarsaal des Reichswirtschaftsrates in Berlin wird die Reichshandwerkswoche eröffnet. → S. 50

Auf seiner am 16. Januar begonnenen Südamerikareise eröffnet der britische Thronfolger Edward Prinz von Wales in Buenos Aires eine britische Industrieausstellung.

Im Berliner Rowohlt Verlag veröffentlicht das frühere NSDAP-Mitglied Weigand von Miltenberg die polemische Biographie »Adolf Hitler. Wilhelm III.«

15. März, Sonntag

In Hamburg wird der kommunistische Bürgerschaftsabgeordnete Ernst Henning von drei SA-Leuten ermordet. → S. 49

Ein Attentat auf den sowjetischen Handelsattaché in Tokio, Paul Anikieff, führt zu einer Verschlechterung der sowjetisch-japanischen Beziehungen.

In einem Referendum werden in der Schweiz eine Verringerung der Sitze im Nationalrat (mit 296 053 gegen 253 382 Stimmen) und eine Verlängerung der Amtsdauer des National- und Bundesrates von drei auf vier Jahre (297 938 gegen 256 919 Stimmen) gebilligt. → S. 52

Die Zahl der Arbeitslosen im Deutschen Reich erreicht mit 4,980 Millionen den Höchststand im Winter 1931/32. → S. 51

In Rom wird die Komische Oper »Die schalkhafte Witwe« (La vedova scaltra) des deutsch-italienischen Komponisten Ermanno Wolf-Ferrari nach einer Vorlage des Komödiendichters Carlo Goldoni uraufgeführt. → S. 56

In Paris unterliegt die deutsche Fußballnationalmannschaft der französischen Auswahl 0:1 (0:1). → S. 59

Die britische Illustrierte »Illustrated London News« zeigt auf der Titelseite ihrer Ausgabe vom 14. März 1931 ein Foto des indischen Unabhängigkeitskämpfers Mohandas Karamchand (Mahatma) Gandhi und berichtet über dessen Friedensvereinbarung mit dem britischen Vizekönig vom 4. März

THE ILLUSTRATED LONDON NEWS

The Copyright of all the Editorial Matter, both Engravings and Letterpress, is Strictly Reserved in Great Britain, the Colonies, Europe, and the United States of America.

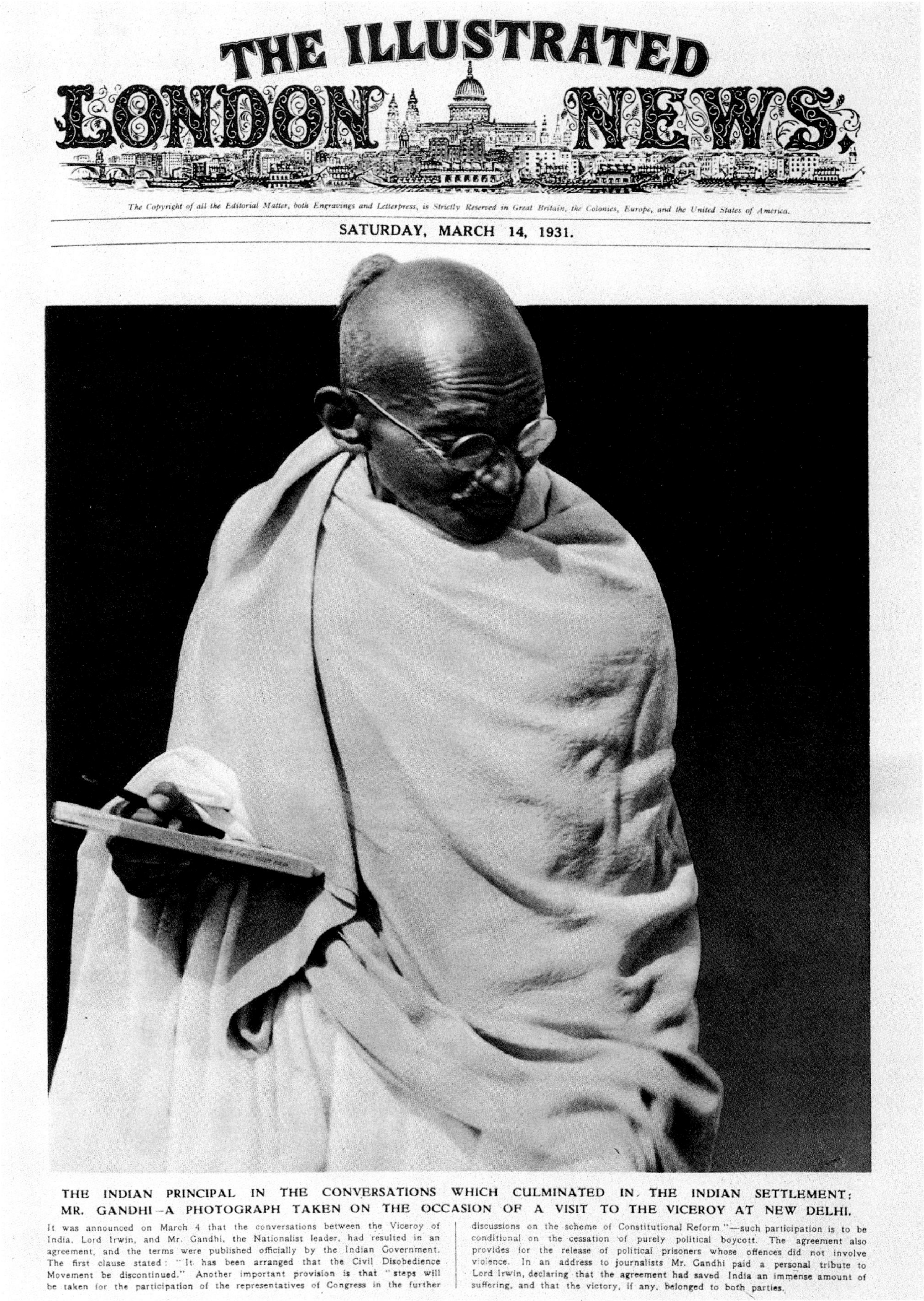

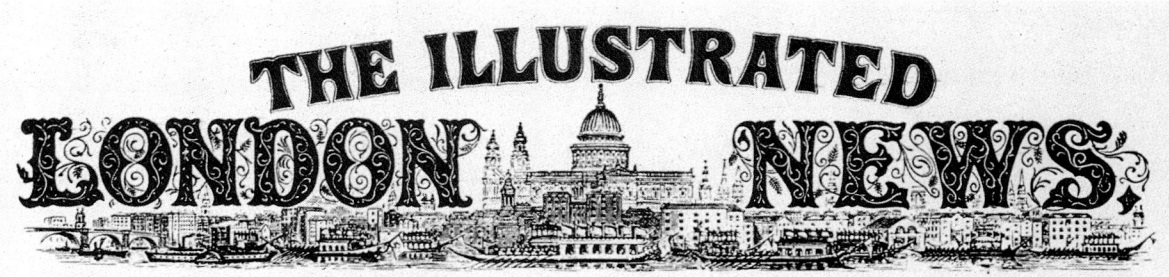

SATURDAY, MARCH 14, 1931.

THE INDIAN PRINCIPAL IN THE CONVERSATIONS WHICH CULMINATED IN THE INDIAN SETTLEMENT: MR. GANDHI—A PHOTOGRAPH TAKEN ON THE OCCASION OF A VISIT TO THE VICEROY AT NEW DELHI.

It was announced on March 4 that the conversations between the Viceroy of India, Lord Irwin, and Mr. Gandhi, the Nationalist leader, had resulted in an agreement, and the terms were published officially by the Indian Government. The first clause stated: "It has been arranged that the Civil Disobedience Movement be discontinued." Another important provision is that "steps will be taken for the participation of the representatives of Congress in the further discussions on the scheme of Constitutional Reform"—such participation is to be conditional on the cessation of purely political boycott. The agreement also provides for the release of political prisoners whose offences did not involve violence. In an address to journalists Mr. Gandhi paid a personal tribute to Lord Irwin, declaring that the agreement had saved India an immense amount of suffering, and that the victory, if any, belonged to both parties.

März 1931

16. März, Montag

Der Deutsche Reichstag billigt mit 231 gegen 106 Stimmen bei 31 Enthaltungen einen SPD-Antrag, der die Reichsregierung zur Einbringung eines Gesetzentwurfes zur wirksamen Bekämpfung von politischem Mord und dem Handel mit Waffen und Munition auffordert (→ 1. 1./S. 12; 15. 3./S. 49).

In Hamburg werden bis auf weiteres Zeitungen von NSDAP und KPD sowie Kundgebungen dieser Parteien verboten. Am gleichen Tag werden dort die Mörder des KPD-Abgeordneten Ernst Henning verhaftet (→ 15. 3./S. 49).

Beim erstmals in Mürren ausgetragenen Arlberg-Kandahar-Rennen mit 93 Herren und 27 Damen aus sieben Ländern siegt bei den Herren in Abfahrt und Kombination Otto Furrer. → S. 58

17. März, Dienstag

Der Deutsche Reichstag nimmt mit den Stimmen der Fraktionen von SPD und KPD eine Entschließung an, in der die Verankerung der 40-Stunden-Woche durch ein Reichsgesetz verlangt wird.

In Moskau endet der am 8. März begonnene VI. Sowjetkongreß. In dem neugewählten Zentralexekutivkomitee sind mit Nikolai I. Bucharin, Alexei I. Rykov, Michail P. Tomski und Nadeschda K. Krupskaja auch Vertreter der ehemaligen »rechten« Opposition vertreten.

18. März, Mittwoch

Der zu 18 Monaten Festungshaft verurteilte frühere Reichswehrleutnant und Hitler-Anhänger Richard Scheringer erklärt seinen Übertritt zur kommunistischen Bewegung. → S. 49

Die Berliner Film-Oberprüfstelle verbietet den Film »Das Lied vom Leben« des sowjetischen Regisseurs Alexis Granowsky. Der Film, der sich u. a. mit den Themen Schwangerschaft und Geburt auseinandersetzt, stellt nach Ansicht der Zensoren eine »Herabwürdigung der Ehe« dar (→ 24. 5./S. 91).

Nach der Verbindlichkeitserklärung eines Schiedsspruchs des bayerischen Arbeitsministeriums über eine bis zum 30. September 1931 befristete Lohnsenkung um 5,5% endet die am 11. März vom Verband der bayerischen Metallindustriellen verfügte Aussperrung von über 40 000 Arbeitnehmern (→ 10. 1./S. 15).

19. März, Donnerstag

Die Regierungen des Deutschen Reiches und Österreichs billigen Richtlinien für eine Zollunion zwischen den beiden Nachbarländern. → S. 48

In Wien endet die am Vortag eröffnete 6. mitteleuropäische Wirtschaftskonferenz mit Vertretern aus Österreich, dem Deutschen Reich, Jugoslawien, Rumänien, Ungarn und der Tschechoslowakei.

20. März, Freitag

Der Reichstag billigt bei weitgehender Stimmenthaltung der SPD-Abgeordneten den Weiterbau bzw. Bau der Panzerschiffe A und B. → S. 52

In Berlin stirbt 54jährig der SPD-Politiker Hermann Müller, Reichsaußenminister von Juni 1919 bis März 1920 und Reichskanzler von März bis Juni 1920 und von Juni 1928 bis März 1930. → S. 50

Im Berliner Theater am Schiffbauerdamm wird das Schauspiel »Italienische Nacht« des Österreichers Ödön von Horváth uraufgeführt. — S. 56

21. März, Samstag

Die deutsche Reichsregierung gibt den Inhalt des Plans einer Zollunion mit Österreich bekannt. → S. 48

Die US-Regierung veröffentlicht die Ergebnisse einer Befragung über die Höhe der Arbeitslosigkeit in 19 Großstädten. Hochgerechnet auf die Bevölkerung der USA ergibt sich eine Zahl von 6,05 Millionen Erwerbslosen.

Der »L'Osservatore Romano« veröffentlicht ein Dekret des Santo officio, der obersten richterlichen Behörde der römisch-katholischen Kirche, gegen jede geschlechtliche Aufklärung Heranwachsender (→ 8. 1./S. 22) und gegen die Eugenik (Erbgesundheitslehre).

Beim 83. Rennen der Universitätsachter von Oxford und Cambridge auf der Themse siegt zum 42. Mal das Boot von Cambridge. → S. 59

22. März, Sonntag

In Beuthen wird eine offizielle Feier der Regierungen des Reiches und Preußens zum 10. Jahrestag des Oberschlesienreferendums veranstaltet (→ 21. 1./S. 19).

Das KPD-Organ »Die Rote Fahne« erklärt zur Haltung gegenüber der »sozialfaschistischen« SPD, es gebe in der KPD »keinen Menschen mit solchen Illusionen, daß im Bunde mit dem Sozialfaschismus der Faschismus geschlagen werden könne« (→ 17. 1./S. 17).

Im Berliner Ullstein-Verlag erscheint als erstes Runkfunkprogrammheft in Europa das Wochenblatt »Sieben Tage, Funkblätter mit Programm« zum Preis von 20 Reichspfennig (→ 26. 3./S. 55).

23. März, Montag

Der Reichstag billigt die von der SPD als Vorbedingung für die Tolerierung des Panzerschiffbaus (→ 20. 3./S. 52) geforderten Steuererhöhungen. Vorgesehen ist die Anhebung der Tantiemensteuer von 10 auf 20% und die Erhöhung des Steuerzuschlages von 5 auf 10% bei Einkünften von mehr als 20 000 Reichsmark im Jahr.

24. März, Dienstag

In seiner Zeitschrift »Die Weltbühne« ruft der Publizist Carl von Ossietzky unter Hinweis auf die blutigen Ereignisse in Hamburg (→ 15. 3./S. 49) dazu auf, den Führern der NSDAP »diese elende, feige Phrase von der Legalität« (→ 10. 2./S. 33) aus »der wohlgepflegten Hand« zu schlagen (→ 23. 11./S. 188).

Die Dresdner Bank und Discontogesellschaft legt die Bilanz für das Geschäftsjahr 1930 vor. Bei einem um 14,66 Millionen auf 17,49 Millionen Reichsmark gesunkenen Reingewinn werden 6% statt 10% Dividende gezahlt.

25. März, Mittwoch

Der Deutsche Reichstag billigt mit 275 gegen 65 Stimmen bei 14 Enthaltungen der Wirtschaftspartei den Reichshaushalt 1931/32. Er sieht Ausgaben in Höhe von 6,815 Milliarden Reichsmark vor.

Der britische Botschafter in Berlin, Sir Horace Rumbold, interveniert wegen der geplanten deutsch-österreichischen Zollunion (→ 19. 3./S. 48).

Der preußische Landtag beschließt mit 213 gegen 40 Stimmen bei 153 Enthaltungen die Schließung der Krolloper in Berlin. → S. 55

Die Leitung der KPdSU und die Sowjetregierung verbieten die Mobilisierung von Produktionsarbeitern und technischem und Verwaltungspersonal in Industrie und Transportwesen zur Teilnahme an Kampagnen von Partei und Gewerkschaft.

Nach der Hinrichtung von drei der Tötung eines britischen Polizeioffiziers bezichtigten Hindus in Lahore werden bei Unruhen in der Stadt Cawnpore 89 Mohammedaner und 35 Hindus getötet.

Als erster Schweizer Rundfunk-Landessender geht die 25-Kilowatt-Sendeanlage in Sottens in Betrieb.

26. März, Donnerstag

Der Deutsche Reichstag billigt das mit der sog. Brotpreis-Klausel verbundene Zollermächtigungsgesetz und das Osthilfegesetz. → S. 50

Über Kurzwelle wird die erste eigens für deutsche Hörer gestaltete Rundfunksendung aus New York übertragen. → S. 55

Die Darmstädter- und Nationalbank (Danabank) veröffentlicht die Bilanz für 1930. Bei einem um 3,63 Millionen auf 8,17 Millionen gesunkenen Reingewinn werden 8% statt 12% Dividende gezahlt (→ 13. 7./S. 116).

27. März, Freitag

Die Deutsche Reichsbank gewährt der Reichsanstalt für Arbeitsvermittlung und Arbeitslosenversicherung einen Kredit von 83 Millionen Reichsmark.

Die Commerzbank veröffentlicht die Bilanz für 1930. Bei einem um 3,44 Millionen auf 7,42 Millionen Reichsmark gesunkenen Reingewinn werden 7% statt 11% Dividende gezahlt.

Mit einer Feierstunde in der Preußischen Akademie der Künste in Berlin begeht der Schriftsteller Heinrich Mann seinen 60. Geburtstag. → S. 55

In Großbritannien startet Alfred Hitchcocks Kriminalfilm »Sir John greift ein« (Murder) mit Herbert Marshall und Norah Baring in den Hauptrollen.

28. März, Samstag

Reichspräsident Paul von Hindenburg schränkt mit einer Notverordnung zur Bekämpfung politischer Ausschreitungen das Versammlungsrecht und die Pressefreiheit erheblich ein. → S. 49

Das Reichsfinanzministerium veröffentlicht das durch mehrere Gesetzesnovellen geänderte Biersteuergesetz. Es sieht nach dem Jahresausstoß der Brauereien gestaffelte Abgaben in Höhe von 9,50 bis 12 Reichsmark je Hektoliter vor.

Vor der Rekordzahl von 129 810 Besuchern in Glasgow schlägt die Fußball-Nationalmannschaft von Schottland das englische Team 2:0. → S. 58

29. März, Sonntag

Im Deutschen Reich tritt das am Vortag verabschiedete Gesetz gegen den Waffenmißbrauch in Kraft. Es bedroht Personen, die ohne ausdrückliche Genehmigung in der Öffentlichkeit Hieb- und Stoßwaffen bei sich führen, mit einer Gefängnisstrafe von bis zu einem Jahr.

In einem Fußball-Länderspiel trennen sich die Schweiz und Italien vor 20 000 Zuschauern in Bern 1:1 (0:0).

30. März, Montag

Das preußische Landesgesetz über die vorläufige Gemeindeverfassung für Berlin tritt in Kraft. Es stärkt die Position des Oberbürgermeisters und zielt durch die Einführung des Stadtgemeindeausschusses auf eine größere Effektivität der Verwaltung.

Der Hauptausschuß des Allindischen Nationalkongresses in Karatschi billigt mit 300 gegen zwei Stimmen den Gandhi-Irwin-Pakt vom → 4. März (S. 52).

31. März, Dienstag

Vor dem Reichsrat erläutert Reichsaußenminister Julius Curtius die wirtschaftliche Bedeutung einer Zollunion mit Österreich (→ 19. 3./S. 48).

Im Münchener »Völkischen Beobachter« ruft NSDAP-Führer Adolf Hitler alle Parteimitglieder dazu auf, die Notverordnung vom → 28. März (S. 49) streng zu beachten (→ 1. 4./S. 70).

Im ersten Vierteljahr 1931 verzeichnet Berlin 474 Selbstmorde gegenüber 421 im ersten Quartal 1930 (→ 20. 7./S. 126).

Die nicaraguanische Hauptstadt Managua (28 000 Einwohner) wird durch ein Erdbeben größtenteils zerstört. Die Zahl der Todesopfer geben die Behörden mit 2500 an.

Das Wetter im Monat März

Station	Mittlere Lufttemperatur (°C)	Niederschlag (mm)	Sonnenscheindauer (Std.)
Aachen	3,1 (5,5)	30 (49)	– (125)
Berlin	0,2 (3,9)	22 (31)	– (151)
Bremen	1,7 (4,0)	31 (42)	– (117)
München	–1,6 (3,3)	53 (46)	– (142)
Wien	1,5 (4,9)	35 (42)	– (–)
Zürich	1,5 (4,2)	129 (69)	167 (149)

( ) Langjähriger Mittelwert für diesen Monat – Wert nicht ermittelt

Titelseite der »Wochenschau«, der illustrierten Beilage der »Essener Allgemeinen Zeitung«, vom 15. März 1931 mit einem Bild des Flugzeugträgers »U.S.S. Lexington« der US-Marine

März 1931

Deutsches Reich und Österreich wollen eine Zollunion

19. März. Die Regierungen des Deutschen Reiches und der Republik Österreich billigen die von ihren Beauftragten ausgehandelten Richtlinien für eine Zollunion. Die geplante Kooperation stößt in den westlichen Hauptstädten jedoch auf Mißtrauen und Widerspruch.

Treibende Kraft der Zollunion sind Reichsaußenminister Julius Curtius und Österreichs Außenminister und Vizekanzler Johannes Schober. Bei einem Besuch von Curtius in Wien vom 3. bis 5. März hatten sich beide Seiten grundsätzlich auf die Schaffung eines gemeinsamen Zollgebiets geeinigt.

Ursprünglich war vorgesehen, den Vorvertrag im Mai auf einer Tagung des Paneuropäischen Studienkomitees bekanntzugeben und damit seinen Charakter als Beitrag zur wirtschaftlichen Neuordnung Mitteleuropas zu betonen. Doch aufgrund von Indiskretionen gelangte die Nachricht bereits am 17. März in die Wiener Presse.

Die europäischen Nachbarn vermuten hinter der Zollunion auch politische Motive: Den Anschluß Österreichs an das Deutsche Reich. Daran ist die Reichsregierung nicht ganz unschuldig. Curtius hat es versäumt, die Nachbarstaaten rechtzeitig zu konsultieren. Bereits am 21. März, als die Reichsregierung den Plan in seinen Grundzügen bekanntgibt, protestieren die Regierungen von Frankreich, der Tschechoslowakei und Italien offiziell in Wien. Am 25. März erhebt Großbritannien in Berlin Einspruch, am 28. März wendet sich Frankreichs Außenminister Aristide Briand vor der Deputiertenkammer gegen die »Rücksichtslosigkeit« des Vorgehens (→ 3. 9./S. 156).

Aristide Briand (M.) vor dem Paneuropa-Komitee

Julius Curtius (l.) und Johannes Schober (M.) am 3. März in Wien

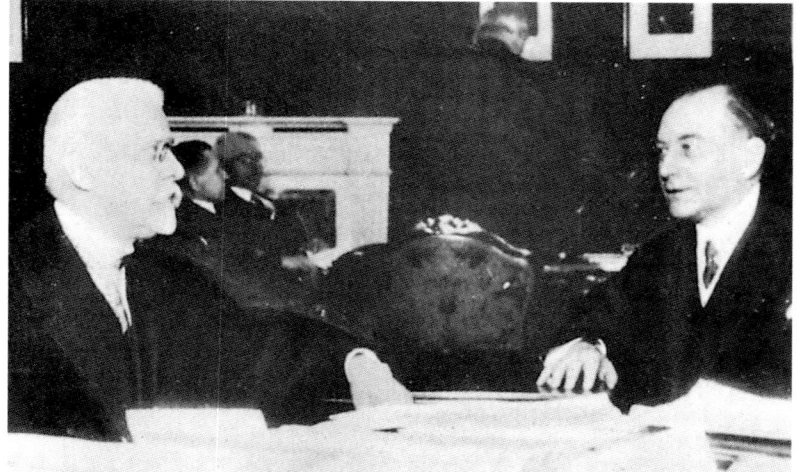
Die Außenminister Johannes Schober (l.) und Julius Curtius im Gespräch

Die Vereinbarungen zwischen Deutschland und Österreich über den Zollbund

21. März. In Berlin gibt die deutsche Reichsregierung den Inhalt des deutsch-österreichischen Zollunionsplans bekannt. Der genaue Wortlaut der zwölf Artikel umfassenden Richtlinien wird am 23. März veröffentlicht.

Die Zollunion soll »unter voller Aufrechterhaltung der Unabhängigkeit der beiden Staaten und unter voller Achtung der von ihnen dritten Staaten gegenüber übernommenen Verpflichtungen dazu dienen, den Anfang mit einer Neuordnung der europäischen Wirtschaftsverhältnisse auf dem Weg regionaler Vereinbarungen zu machen« (Art. I.).

Die folgenden Punkte betonen die Eigenständigkeit der beiden Vertragspartner, um Bedenken des Auslands wegen einer Gefährdung der Unabhängigkeit Österreichs zu entkräften. Im einzelnen ist u. a. die Festlegung eines gemeinsamen Zollgesetzes und Zolltarifs für die beiden Zollgebiete vorgesehen (Art. II). Für den beiderseitigen Warenverkehr sollen Ein- und Ausfuhrzölle entfallen (Art. III.). Beide Staaten behalten ihre Zollverwaltungen (Art. V.). Jedes der beiden Länder soll weiterhin über das Recht zum Abschluß von Handelsverträgen mit Drittstaaten verfügen (Art. IX.), wobei diese Verträge möglichst an den Inhalt und Zweck der Zollunion angeglichen werden sollen (Art. X.).

»Anschlußverbot« der Siegermächte

Die Friedensverträge von 1919 und das Genfer Protokoll über den Wiederaufbau Österreichs zwischen Österreich sowie Großbritannien, Frankreich, Italien und der Tschechoslowakei von 1922 enthalten ein »Anschlußverbot« Österreichs an das Deutsche Reich.

Der vor allem in Österreich 1918/19 propagierten Verbindung mit Deutschland stehen die Vereinbarungen entgegen, die den beiden Staaten von den Siegermächten aufgezwungen wurden. In Art. 80 des Friedensvertrages von Versailles verpflichtet sich das Deutsche Reich, die Unabhängigkeit Österreichs zu achten, wobei der Völkerbundrat einer Änderung des Status von Österreich zustimmen muß.

Die Republik Österreich ihrerseits mußte sich in Art. 88 des Friedensvertrages von St. Germain zur Erhaltung ihrer Eigenständigkeit verpflichten und darüber hinaus im Genfer Protokoll zusagen, mit keinem Staat wirtschaftliche Sonderabsprachen zu treffen.

Bischöfe gegen den Hitlerfaschismus

7. März. Die Bischöfe der Kölner Kirchenprovinz veröffentlichen eine Stellungnahme gegen den Nationalsozialismus. Eine ähnliche Warnung an die Gläubigen war von den bayerischen Bischöfen bereits am 10. Februar ergangen.

Karl Joseph Kardinal Schulte, Erzbischof von Köln und Apostolischer Administrator von Aachen, und die Bischöfe von Münster, Osnabrück, Trier und Limburg wollen mit ihrer öffentlichen Kundgebung »auf die mit der nationalsozialistischen Bewegung für katholisches Denken und Leben entstandene Gefahr aufmerksam machen«. Zwar äußern die Bischöfe Verständnis für alle Bestrebungen zum Wiederaufstieg Deutschlands und zur Herstellung des Gefühls der Zusammengehörigkeit, aber die Auffassungen des Nationalsozialismus seien mit der katholischen Lehre nicht in Einklang zu bringen.

Die Bischöfe weisen u. a. darauf hin, daß es für katholische Christen keine Rassenreligion und kein nationales Kirchengebilde gebe und kritisieren die Ablehnung des Staates durch die NSDAP und ihre Intoleranz gegenüber Andersdenkenden, die »einer christlichen Kulturnation« nicht würdig seien.

KPD-Vorsitzender Ernst Thälmann spricht in Hamburg zum Mord an Henning

Rechter Terror in Hamburg

15. März. Der Hamburger KPD-Funktionär Ernst Henning wird von Nationalsozialisten ermordet. Am 13. März wurde im Polizeihaus ein Beamter von einem nationalsozialistischen Polizisten angeschossen.

Am Abend des 14. März hatte Henning, seit 1928 Bürgerschaftsabgeordneter, in Kirchwerder über »Die Ausplünderung der Werktätigen in Stadt und Land« referiert. Kurz vor Mitternacht bestieg er gemeinsam mit seinem Genossen Louis Cahnbley den letzten Autobus nach Bergedorf östlich von Hamburg, Hennings Wohnort. Im Bus überfallen ihn drei Nationalsozialisten, die glauben, den KPD-Bürgerschaftsabgeordneten Etkar André vor sich zu haben. Sie geben mindestens zwölf Schüsse ab, die Henning sofort töten und Cahnbley verletzen. Opfer der Bluttat im Polizeipräsidium war Regierungsrat Oswald Lassally, der den Polizeiwachtmeister Friedrich-Franz Pohl wegen dessen Betätigung für die NSDAP vernehmen wollte. Plötzlich zog Pohl seine Dienstpistole und schoß den parteilosen jüdischen Beamten nieder.

Ex-Leutnant wird Anhänger der KPD

18. März. In einem Brief an die KPD-Reichstagsfraktion sagt sich der in der Festung Gollnow einsitzende frühere Reichswehrleutnant Richard Scheringer vom Nationalsozialismus los und erklärt seinen Eintritt in »die Front des wehrhaften Proletariats«.

Scheringer war einer der drei Offiziere, die im sog. Ulmer Reichswehrprozeß (23. 9. – 4. 10. 1930) vom Reichsgericht in Leipzig wegen aktiver Betätigung für die der Verfolgung »hochverräterischer« Ziele bezichtigte NSDAP zu 18 Monaten Festungshaft verurteilt worden war. Als Zeuge hatte NSDAP-Führer Adolf Hitler am 26. September unter Eid versichert, die Macht nur auf legalem Wege erlangen zu wollen (→ 10. 2./S. 33).

Seither hatte Scheringer aus seiner nationalsozialistischen Einstellung keinen Hehl gemacht und sich bei einem Urlaub in München mit Hitler getroffen. Um so überraschter reagiert die Öffentlichkeit auf den Kurswechsel, den Scheringer in seiner Erklärung u. a. damit begründet, daß sich die NSDAP vom »Sozialismus losgesagt«, das »Privateigentum heiliggesprochen« und den »Austritt aus dem Völkerbund verhindert« und damit ihren »reaktionären Charakter erwiesen« habe.

Notverordnung gegen die politisch motivierte Gewalt

28. März. Reichspräsident Paul von Hindenburg erläßt aufgrund des Artikels 48 der Reichsverfassung eine Notverordnung zur Bekämpfung politischer Ausschreitungen. Zusammen mit dem am gleichen Tag verkündeten Gesetz gegen den Waffenmißbrauch soll damit der innere Friede wiederhergestellt werden. Die Notverordnung ist das Ergebnis einer unter Vorsitz von Reichsinnenminister Joseph Wirth (Zentrum) abgehaltenen Konferenz der Innenminister der größeren Länder.

Künftig müssen öffentliche politische Versammlungen sowie Kundgebungen unter freiem Himmel – darunter fallen auch Propagandafahrten auf Lastwagen – 24 Stunden vorher bei der Ortspolizeibehörde angemeldet werden. Sie können u. a. dann verboten werden, wenn dabei vermutlich zum Ungehorsam gegen bestehende Gesetze aufgerufen wird oder Religionsgemeinschaften bzw. leitende Beamte des Staates beschimpft werden.

Wer unangemeldet eine Kundgebung durchführt oder öffentlich zu Gewalttaten aufreizt, wird mit Gefängnis nicht unter drei Monaten bestraft. Das Führen von Schußwaffen oder das Drohen mit ihrem Gebrauch wird mit Gefängnis nicht unter sechs Monaten bestraft.

Alle Vereinigungen, deren Mitglieder häufiger gegen diese Bestimmungen verstoßen, können aufgelöst werden. Ferner kann das Tragen von Parteiuniformen ganz oder teilweise verboten werden.

Politische Plakate oder Flugblätter müssen 24 Stunden vor der Veröffentlichung der Polizei vorgelegt werden und können, sofern ihr Inhalt die »öffentliche Sicherheit oder Ordnung« gefährdet, eingezogen werden. Druckschriften, in denen für solche Veranstaltungen geworben wird, können beschlagnahmt und ihr Erscheinen kann bis zu acht Wochen (bei Tageszeitungen) oder bis zu sechs Monaten verboten werden. Das gleiche gilt für Publikationen, deren Schriftleiter trotz eines entsprechenden Verbotes vom 1. März ein unter dem Schutz der Immunität stehender Abgeordneter ist.

Die Bedeutung des Artikels 48

Nach Artikel 48 der Reichsverfassung kann der Reichspräsident alle zur Wiederherstellung der bedrohten öffentlichen Sicherheit und Ordnung nötigen Maßnahmen treffen und dabei Grundrechte ganz oder teilweise außer Kraft setzen. Seit Bildung der ohne parlamentarische Mehrheit amtierenden Regierung von Heinrich Brüning am 30. März 1930 wird der Reichstag als Gesetzgeber immer mehr durch das präsidiale Notverordnungsrecht ersetzt.

Paul von Hindenburg, seit 1925 deutscher Reichspräsident

März 1931

Staat will Landwirten im Osten helfen

26. März. Der Deutsche Reichstag billigt das Gesetz über Hilfsmaßnahmen für die notleidenden Gebiete des Ostens mit 309 gegen 56 Stimmen der KPD. Anschließend vertagt sich das Parlament bis zum 13. Oktober.

Ziel des am 31. März verkündeten Osthilfegesetzes ist die »Linderung der Not, in welche die Gebiete des Ostens durch die neue Grenzziehung« 1919 geraten sind (§ 1). Gegenüber der bisher durch die Notverordnung vom 26. Juli 1930 gewährten Osthilfe wird der Geltungsbereich erheblich erweitert und umfaßt nun die preußischen Provinzen Ostpreußen, Grenzmark Posen-Westpreußen und Oberschlesien sowie Pommern, Brandenburg und Niederschlesien, ferner Mecklenburg-Schwerin und Mecklenburg-Strelitz und die östlich der Elbe gelegenen Teile der Provinz Sachsen und des Freistaates Sachsen. Leiter der Osthilfe bleibt Reichsminister Gottfried Treviranus (seit Oktober 1930).

Im Rahmen des Osthilfegesetzes stellt das Reich erhebliche Mittel für den Ausbau von Eisenbahnstrecken und anderer Verkehrswege zur Verfügung. Die in Form von Zuschüssen oder Krediten zu vergebenden Mittel für die Sicherung landwirtschaftlicher Betriebe betragen für das Rechnungsjahr 1931 rund zwei Milliarden Reichsmark. Es kommen nur Betriebe in Frage, bei denen nach dem Urteil neutraler Prüfer die Erträge nach der Regulierung der bestehenden Schulden auf längere Sicht eine gesunde Wirtschaftsführung ermöglichen. Kritiker weisen allerdings darauf hin, daß von der Osthilfe bisher vor allem Großagrarier profitiert haben (→ 29. 7./S. 122). Ergänzend zum eigentlichen Osthilfegesetz billigt der Reichstag ein Siedlungsförderungsgesetz und das Industriebankgesetz, das den Anteil der Industrie an der Aufbringung der Mittel zur Entschuldung regelt (Aufbringungsumlage).

Allerdings reicht dies den Bauernverbänden nicht aus. Sie fordern, wie z. B. die Landwirtschaftskammer Ostpreußen am 28. Januar, eine »generelle Lasten- und Zinssenkung«. Auf seiner Reise durch das östliche Grenzgebiet (4. – 11. 1.) war Reichskanzler Heinrich Brüning mehrfach mit demonstrativen »Nieder«-Rufen empfangen worden.

Der Zug mit dem Sarg von Hermann Müller auf dem Weg zum Reichstag

Trauergeleit für Ex-Reichskanzler

20. März. Im Alter von 54 Jahren stirbt in Berlin Hermann Müller, von 1919 bis 1927 einer der Vorsitzenden der SPD und von März bis Juni 1920 und von Juni 1928 bis März 1930 Reichskanzler. Am 26. März säumen Zehntausende den Weg des Leichenzuges vom »Vorwärts«-Gebäude zur Reichskanzlei und zum Platz der Republik, dem Ort der staatlichen Trauerfeier, und weiter zum Krematorium Gerichtsstraße.

Reichskanzler Heinrich Brüning (2. v. r.) zum Abschluß seiner von vielen Protesten begleiteten Ostreise (4. – 11. 1.) bei einer Veranstaltung in Gleiwitz

Deutsches Handwerk von der Krise schwer betroffen

14. März. Mit einer Feier im Plenarsaal des Reichswirtschaftsrates in Berlin wird die Reichshandwerkswoche eröffnet. Reichskanzler Heinrich Brüning würdigt die wirtschaftliche und sozialpolitische Rolle des Handwerks als Mittler zwischen Großkapital und Arbeiterschaft.

Im Deutschen Reich gibt es über 1,3 Millionen Handwerksbetriebe mit rund 3,6 Millionen Beschäftigten, die pro Jahr rund 20,5 Milliarden Reichsmark umsetzen.

Das Handwerk hat sich dem in den 20er Jahren einsetzenden Strukturwandel angepaßt: Das eingesetzte Kapital wurde bei fast gleicher Betriebsgröße erhöht, investiert wurde vor allem in moderne Maschinen und in eine zeitgerechte Ausstattung der Verkaufsräume.

Diese Modernisierung hat jedoch bei vielen Betrieben zu einer großen Konjunkturabhängigkeit geführt; die Folge ist eine starke Betriebsmittelknappheit, die bei zurückgehender Auftragslage eine starke Verschuldung zur Folge hat. Während das Handwerk in Klein- und Mittelstädten durch die schwierige Lage der Landwirtschaft in Mitleidenschaft gezogen wird, sehen sich die Handwerker der größeren Städte in ihrer Rolle als Zulieferer der Konkurrenz der Eigenbetriebe von Industrie und Großhandel gegenüber.

Der Vorstandstisch mit den Fahnen der Innungen bei der Eröffnung der Reichshandwerkswoche am 14. März in Berlin

Fast fünf Millionen ohne Arbeitsplatz

15. März. Die Zahl der Arbeitslosen im Deutschen Reich beläuft sich auf 4,980 Millionen. Damit ist der bisher höchste Stand im Winter 1930/31 erreicht.

Davon werden 2,526 Millionen (50,7%) durch die Arbeitslosenversicherung unterstützt, 949 000 (19,1%) erhalten Mittel aus der Krisenunterstützung, der Rest ist auf die Wohlfahrt angewiesen.

Während die Beiträge zur Arbeitslosenversicherung bis Oktober 1930 von 3% auf 6,5% kletterten, ist nach Gewerkschaftsangaben der monatliche Aufwand je Hauptunterstützungsempfänger gegenüber dem Leistungsstand von 1927 um 9,12 Reichsmark auf 82,35 RM zurückgegangen.

Struktur der Unterstützung

Stichtag	Von je 100 Arbeitslosen erhalten		
	Arbeitslosenversicherung	Krisenfürsorge	Wohlfahrt
1. 2. 1929	80,3	5,1	14,6
1. 2. 1930	69,4	7,8	22,8
1. 2. 1931	52,3	16,6	31,1

Die Arbeitslosenpflichtversicherung nach dem Gesetz vom 7. Juli 1927 gewährt Rechtsanspruch auf Unterstützung, deren Höhe in einem degressiven Verhältnis zum vorherigen Lohn steht und die Familienverhältnisse des Leistungsempfängers berücksichtigt.

So bekommt ein verheirateter Arbeitsloser mit zwei Kindern höchstens 26 Wochen lang 50% des zuletzt bezogenen Arbeitseinkommens, wenn er in der obersten, und 80%, wenn er in der untersten Lohnklasse war. Danach tritt nötigenfalls eine nach individueller Bedürftigkeit gestaffelte Krisenfürsorge aus dem Reichshaushalt ein. Allein zwischen Dezember 1930 und März 1931 sind 700 664 Personen aus der Hauptunterstützung und 116 765 Personen aus der Krisenhilfe nach Erlöschen des Unterstützungsanspruchs ausgesteuert worden (→ 31. 12./S. 202).

Immer stärker tragen die Kommunen die Kosten der Arbeitslosigkeit. Die Fürsorgezahlungen der Gemeinden, die 1929 rund 270 Millionen RM betrugen, erreichen 1931 nach Angaben des Deutschen Städtetages 1,04 Milliarden RM.

Mittagessen für bedürftige Personen aus einer »Gulaschkanone« der Reichswehr in Berlin-Neukölln; im Dienst der Nothilfe für die Arbeitslosen stellt auch die Reichswehr Personal und Fahrzeuge zur Verfügung

Frankfurter Erwerbslosenküche, wo warme Mahlzeiten für 10 Reichspfennig abgegeben werden; den nötigen Zuschuß von 13 Reichspfennig je Portion tragen der Benutzerverein und der Verband der Erwerbslosenküchen

Steigende Arbeitslosigkeit auch in der Schweiz: Erwerbslose vor den Anschlägen mit offenen Stellen

Schlange von wartenden Arbeitslosen vor der Zahlstelle eines Arbeitsamtes am Tag der Auszahlung

Arbeitslose bei der morgendlichen Durchsicht der wenigen Angebote der Arbeitsvermittlungsstellen

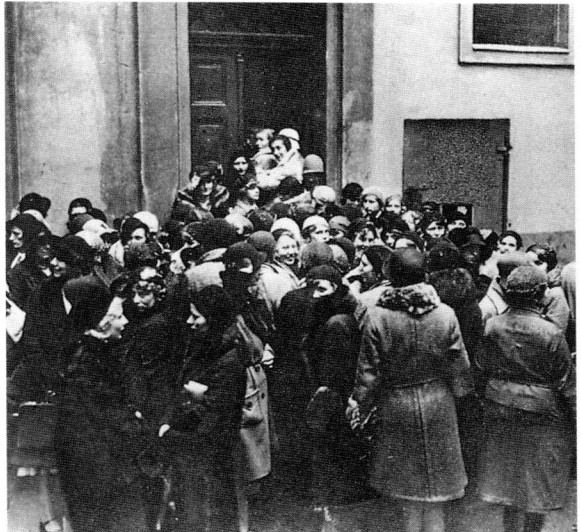
Schlange vor einer deutschen Firma: Um eine ausgeschriebene Stelle für eine einzige Stenotypistin bewerben sich Hunderte arbeitsuchender junger Mädchen

Wartende Arbeitssuchende in einem Arbeitsnachweis in der Berliner Innenstadt; das ständige Schlangestehen gehört zum Alltag der Arbeitslosen in Deutschland

März 1931

Ende des Wettrüstens zur See ist in Sicht

11. März. Die Regierungen von Großbritannien, Frankreich und Italien geben in London »Verständigungsgrundlagen« über die Begrenzung der Flottenrüstung bekannt. Maßgeblichen Anteil daran hat der britische Außenminister Arthur Henderson, der in Paris (23. – 25. 2.) und in Rom (26. 2. – 1. 3.) erfolgreich für ein Ja zum Londoner Flottenvertrag vom 22. April 1930 warb, dem bislang die USA, Japan und Großbritannien beigetreten sind.

Frankreich und Italien dürfen bis Ende 1936 unter gleichzeitiger Aussonderung entsprechender Kreuzertonnage je zwei Schlachtschiffe von bis zu 23 333 t mit Geschützen von bis zu 30,5 cm bauen. Darüber hinaus ist der Bau von Flugzeugträgern mit einer Gesamttonnage von bis zu 34 000 t erlaubt.

Der Neubau von Kreuzern mit Kanonen über 15,5 cm soll nach Ablauf des Bauprogramms 1930 eingestellt werden, bei Kreuzern mit einer geringeren Bewaffnung sind Ersatzbauten möglich, sofern die ausrangierten Schiffe mindestens 16 Jahre alt sind. Bei U-Booten sind die Erfüllung des Bauprogramms und der Ersatz veralteter Einheiten erlaubt.

Durch diese Einigung behält Großbritannien seine Vormachtstellung bei Überwasserschiffen, während Frankreich die größte U-Boot-Tonnage hat und gegenüber Italien bei der Gesamttonnage weiter vorn liegt. Die Regierung in Rom bleibt bei ihrer Forderung nach Parität und stellt sie nur bis 1936 zurück.

Die am 19. März in London beginnenden Verhandlungen über den endgültigen Vertragstext werden im April unterbrochen. Es gibt Streit über die Zulässigkeit von Ersatzbauten. Italien will zwischen 1933 und 1936 auch den Ersatz von Schiffen verbieten, was den französischen Tonnagevorsprung gegenüber Italien stark reduzieren würde.

Flottenstärken im Jahr 1931

	Großbritannien	USA	Japan	Frankreich	Italien
Schlachtschiffe	16	18	6	9	4
Schlachtkreuzer	4	–	4	–	–
Kreuzer	54	14	37	17	13
Flugzeugträger	8	3	5	1	1
Zerstörer	134	309	106	58	63
Torpedoboote	–	–	–	7	40
Unterseeboote	53	122	64	52	43

Ja zum Marineetat durch SPD-Votum

20. März. Der Deutsche Reichstag stimmt dem Bau von zwei Panzerschiffen zu. Die Tolerierung der Regierungspolitik durch die Mehrheit der SPD-Fraktion macht das positive Votum möglich (→ 19. 5./S. 85).

Der Reichstag billigt mit 180 gegen 71 Stimmen bei 108 Enthaltungen die dritte Rate für den Bau des Panzerschiffes A (Ersatz für »Preußen«) und mit 181 gegen 70 Stimmen bei 107 Enthaltungen die erste Rate für den Bau des Panzerschiffes B (Ersatz für »Lothringen«).

Nur neun Abgeordnete der SPD widersetzen sich der Tolerierungspolitik und stimmen mit der KPD gegen den Panzerschiffbau. Seit der Reichstagswahl von 1928, als die SPD mit der Losung »Kinderspeisung statt Panzerkreuzer« weitaus stärkste Partei geworden war, ist die SPD in dieser Frage zerstritten. Die Parteiführung toleriert den Panzerschiffbau, zunächst aus Koalitionstreue (bis zum Ende der Regierungsbeteiligung im März 1930), dann aus Angst vor dem Sturz der Regierung. Ein Nein der SPD hätte nach dem Auszug der »Nationalen Opposition« (→ 10. 2./S. 32) die Ablehnung des Etats bedeutet und – so Otto Wels am 20. März vor der SPD-Fraktion – den Nationalsozialisten »den Weg zur Macht« geebnet.

Stillhaltevertrag bringt Indien Ruhe

4. März. Der indische Freiheitskämpfer Mohandas Karamchand (Mahatma) Gandhi und der britische Vizekönig Edward Wood Lord Irwin of Kirby Underdale einigen sich auf einen Kompromiß, der die Lage in Indien beruhigen soll.

Lord Irwin und der am → 25. Januar (S. 18) freigelassene Gandhi vereinbaren die weitgehende Einstellung der von Gandhi initiierten Kampagne des bürgerlichen Ungehorsams, wobei Boykotte gegen nichtbritische Waren sowie gegen Alkohol und Rauschgifte erlaubt bleiben.

Ferner sollen u. a. die Ausnahmeverordnungen widerrufen und die meisten Gefangenen freigelassen werden. Obwohl Gandhis Vorgehen in der indischen Nationalbewegung umstritten ist, billigt eine Konferenz des Allindischen Kongresses am 30. März in Karatschi den Vertrag.

Mosley nicht mehr in der Labour Party

10. März. In London schließt die Parteiführung den 34jährigen Unterhausabgeordneten Sir Oswald Ernald Mosley aus der Labour Party aus. Gemeinsam mit seiner Frau, der gleichfalls für Labour im Unterhaus sitzenden Lady Cynthia Curzon-Mosley, hatte Mosley die rechtsextreme New Party gegründet.

Die Labour-Führung erklärt die Zugehörigkeit in der Mosley-Partei für unvereinbar mit der Labour-Mitgliedschaft. Mosley wurde erstmals 1918 für die Konservativen ins Unterhaus gewählt und trat 1926 zur Arbeiterpartei über.

Seine neue Partei fordert, so in dem am 28. Februar veröffentlichten Programmentwurf, u. a. eine grundsätzliche Reform des Parlaments und ein Ende der Freihandelspolitik, damit Großbritannien »nicht zu einer Nation dritten Grades entartet«.

Bundesrat nun auf vier Jahre gewählt

15. März. Mit knapper Mehrheit billigen die Schweizer Stimmbürger in zwei Referenden die Verlängerung der Amtszeit von Bundesrat und Nationalrat um ein auf vier Jahre und die Neuregelung der Nationalratswahl. Nun entfällt ein Abgeordneter auf 22 000 Wähler (statt 20 000).

Bundesrat Giuseppe Motta, der Vorsteher des Außendepartements

Gegner Stalins in Moskau verurteilt

9. März. In Moskau werden ehemalige Führer des rechten Flügels der Sozialdemokratischen Arbeiterpartei Rußlands (Menschewiki) wegen »Schädlingstätigkeit« verurteilt.

Von den 14 Angeklagten erhalten sechs – darunter der Agrarexperte Nikolai N. Suchanow – je zehn Jahre Freiheitsstrafe, die übrigen verurteilt das Gericht zu acht oder fünf Jahren Haft. Ihnen waren fortgesetzte Untergrundtätigkeit, die illegale Gründung eines »Unionsbüros« der Menschewiki in Moskau und konspirative Verbindungen zur Emigrantenführung der Menschewiki unter Rafael A. Abramowitsch vorgeworfen worden. Nach dem Vorbild früherer »Schauprozesse«, dem »Schachty-Prozeß« 1928 und dem Prozeß gegen die »Industriepartei« (1930), waren die Geständnisse zuvor erpreßt worden.

März 1931

Mittägliche Essenverteilung an einige der 7200 täglichen Gäste in der Frankfurter Erwerbslosenküche; zum Abgabepreis von nur 10 Reichspfennig pro Liter Essen wird hier ein einfaches, aber wohlschmeckendes und nahrhaftes Eintopfgericht abgegeben

Wählerische Käuferin an einem Stand auf dem Wochenmarkt in der über 150 000 Einwohner zählenden Stadt Wiesbaden; wer über die nötigen Geldmittel verfügt und genügend Zeit hat, kann angesichts der staatlich verfügten Preissenkungen gerade in der Wirtschaftskrise gut einkaufen

Blick in die Berliner Kochkunstausstellung; sie soll nach dem Willen der Veranstalter sowohl die Leistungen der deutschen Gastronomie darstellen, als auch eine Informationsschau sein, die vor allem einkommensschwache Bevölkerungsschichten auf neue energiesparende Möglichkeiten der Zubereitung von hochwertiger Nahrung hinweisen will

Essen und Trinken 1931:

Haute Cuisine und Massenspeisung

Die Wirtschaftskrise bedeutet für die Arbeitslosen und ihre Familien auch Einschränkungen im Speiseplan. Gutverdienenden Gourmets bietet die internationale und deutsche Küche hingegen auch im Jahr 1931 Hochgenüsse.

Während der Brotpreis zum Leidwesen der Bäcker das Jahr über stabil bleibt, wobei der Staat regulierend eingreift (→ 5. 5./S. 84), sinken mangels Kaufkraft die Preise für viele andere Lebensmittel bis Jahresende erheblich. Im Jahresverlauf fällt der Reichsindex der Ausgaben für Ernährung von 133,5 auf 119,9 (1913/14 = 100). Das kg Rindfleisch, für das im April in Berlin noch 1,97 Reichsmark (RM) verlangt werden, kostet im Dezember 1,53 RM. Das kg Butter, das im Januar in Berlin noch 3,24 RM kostet, ist im Dezember in den Läden schon für 2,65 RM zu haben.

Für Arbeitslose werden vielerorts Großküchen eingerichtet, die für Pfennigbeträge eine warme Mahlzeit anbieten. Im Oktober legt der Reichsverein für Volksernährung einen Plan für die Tagesernährung einer vierköpfigen Familie mit einem Höchstbudget von 2 RM vor. Für den Montag wird empfohlen: Frühstück 0,70 RM (Kaffee, Milch, Brot und Aufstrich), Mittagessen 0,65 RM (Geröstete Grießsuppe sowie Irisches Mischgericht mit Rüben, Hammelfleisch und Kartoffeln) und Abendbrot 0,46 RM (Bratkartoffeln, Rüben und Brot). Solche Hinweise sollen Erwerbslosen das Kochen mit wenig Geld erleichtern. Die Erfahrung hat gezeigt, daß viele Bedürftige nur ungern die Volksküche aufsuchen.

Die Kochkunstausstellung in Berlin (14. – 19. 3.) bietet den jungen deutschen Berufsköchen erstmals die Chance, ihre Künste einem internationalen Publikum vorzuführen. Zugleich sollen einem breiten Publikum die Möglichkeiten sparsamen Haushaltens gezeigt werden. Amateure erhalten täglich Gelegenheit, an einem der eigens aufgebauten 250 Gasherde mit einem möglichst schnell zubereiteten Gericht den »Goldenen Quirl« und 250 RM in bar vom »Blatt der Hausfrau« zu gewinnen.

53

März 1931

Charlie Chaplin in ganz Europa umjubelt

9. März. Auf seiner Europareise kommt der seit 1913 überwiegend in den USA lebende britische Schauspieler und Regisseur Charlie Chaplin nach Berlin. Tausende von Menschen bereiten ihm einen stürmischen Empfang.

Um 18.15 Uhr trifft Chaplin mit dem Holland-Expreß auf dem Bahnhof Friedrichstraße ein. Der Bahnsteig ist abgesperrt, nur Pressevertreter, Fotografen und die Vertreter der Filmwirtschaft dürfen hier warten. Dafür staut sich die vieltausendköpfige Menge auf den Vorortbahnsteigen.

Als Chaplin den Zug verläßt, bricht die begeisterte Menge in Hoch- und Hurrarufe aus, die sich noch steigern, als Chaplin mit einem Veilchenstrauß der Menge zuwinkt. Nur mit größter Mühe gelingt es der Polizei, Chaplin durch die tobende Menge zum bereitgestellten Auto zu geleiten. Die Schutzpolizei muß fast mit Gewalt vorgehen, um Chaplin vor dem Erdrücktwerden zu retten. Über alle Gänge und Treppen des Bahnhofs laufen die Menschen, um noch einen Blick auf ihr Idol zu erhaschen, bis nach einer Viertelstunde der Wagen des Filmstars den Bahnhofsvorplatz verlassen kann. Auch das Hotel Adlon, Chaplins Domizil in Berlin, wird von Tausenden belagert. Dort haben sich sämtliche Hotelgäste in der Halle versammelt und applaudieren bei Chaplins Eintreten. Um die nachdrängende Menge aufzuhalten, muß das Hotel vorübergehend geschlossen werden.

Chaplin kommt aus London, wo er der britischen Erstaufführung von »Lichter der Großstadt« (→ 6. 2./ S. 42) beiwohnte. In diesem Film, an dem Chaplin zwei Jahre lang gearbeitet hat, brilliert er – dem Erfolg des Sprechfilms zum Trotz – noch einmal in seinem alten Genre, dem Stummfilm.

Während seines Berlin-Besuchs ist Chaplin u. a. Gast der Reichsregierung und trifft zahlreiche deutsche Künstler und Intellektuelle. Es ist sein zweiter Aufenthalt in der Reichshauptstadt: 1922 war Chaplin schon einmal in Berlin, blieb damals allerdings fast unbeachtet. Weitere Stationen seiner Europareise sind u. a. Wien, Venedig, Paris und die französische Riviera.

Chaplin (mit dem Hut winkend), umringt von seinen Berliner Freunden nach der Ankunft auf dem Bahnhof

Charlie Chaplin (M.) bei einer Operettenaufführung im Metropol-Theater, r. Theaterdirektor Rotter

»Charlot« Chaplin in Paris; vom Balkon des Hotels Crillon begrüßt er die bei seinem Erscheinen jubelnde Menge

Die Filmschauspielerin Marlene Dietrich auf Besuch bei Charlie Chaplin im Berliner Nobelhotel Adlon

Jubel um Chaplin auch in seiner Heimat London: Ankunft des Filmstars auf dem Bahnhof Paddington

März 1931

Landtag beschließt das Aus für Kroloper

25. März. Der preußische Landtag billigt mit 213 gegen 40 Stimmen bei 153 Enthaltungen der Sozialdemokraten und einiger Deutschnationaler einen Antrag der Zentrumsfraktion zur Schließung der Kroloper. Bereits Ende Februar waren den festangestellten Mitarbeitern die Kündigungen zugegangen. Nach Auffassung der Verwaltung der preußischen Staatsbühnen ist eine Erhaltung der Kroloper aus finanziellen Gründen nicht möglich.

Die Krolloper in Berlin
In den Jahren 1843/44 entstand am Tiergarten eine Vergnügungsstätte. Ihr erster Besitzer war Josef Kroll aus Breslau. Am 1. Februar 1851 brannte das Gebäude ab, wurde aber am 8. Juni 1851 äußerlich fast unverändert wiedereröffnet. 1896 ging das Haus am späteren Platz der Republik an die Königliche Oper über.

Allerdings ist damit noch kein Ende des Streits erreicht, denn die Abstimmung über die im Falle einer Schließung nötige Abfindung an den Nutzer, die Berliner Volksbühne, scheitert an der Beschlußunfähigkeit des Hauses. Die Abfindungsverhandlungen kommen im April zum Abschluß, und am 4. Juli schließt die Krolloper ihre Türen.

Deutsche Rundfunksprecher auf der Freiheitsstatue in New York

Werbeanzeige für die neue Ullstein-Rundfunkzeitschrift »Sieben Tage«

Erste Rundfunksendung aus New York für die Hörer im Deutschen Reich

26. März. Um 17.30 Uhr meldet sich über Kurzwelle erstmals ein deutscher Reporter aus New York mit einer eigens für Deutschland produzierten Sendung. Sie wird über einen Sender in New York zunächst nach Pittsburgh und Shenectady und von dort zur Funkstation Beelitz bei Berlin übertragen, von wo aus sie per Kabel ins Berliner Funkhaus weitergeleitet wird. Am 22. März brachte der Berliner Ullstein-Verlag die erste Ausgabe von »Sieben Tage« heraus, der ersten Rundfunkprogrammzeitschrift Europas. Für 0,20 Reichsmark bietet »Sieben Tage« auf 26 Seiten die Programme deutscher und ausländischer Sender sowie viel Unterhaltung.

Ehrung für Heinrich Mann zu seinem 60. Geburtstag

27. März. Mit einer Feier in der Preußischen Akademie der Künste in Berlin begeht der in Lübeck geborene Schriftsteller Heinrich Mann seinen 60. Geburtstag.
Werk und Person würdigen u. a. der preußische Kultusminister Adolf Grimme und Thomas Mann, der seinem um vier Jahre älteren Bruder zugleich bescheinigt, daß trotz des Hanges zum Romanischen in seinem Werk, vor allem in »Professor Unrat« (1905), genug vom »heimatlichen gotischen Spuk« zu finden sei. Vor dem Schutzverband Deutscher Schriftsteller feiert Gottfried Benn am folgenden Abend Heinrich Mann als den »Meister, der uns alle schuf«. Er meint allerdings nur den frühen Mann und stellt dessen Werk unter Rückgriff auf Friedrich Nietzsche unter das Wort: »Nihilismus ist ein Glücksgefühl, und der Mensch hat in der Erkenntnis ein schönes Mittel zum Untergang.« Dagegen wendet sich Werner Hegemann in der Zeitschrift »Das Tagebuch« und wirft Benn vor, er habe es absichtlich und bewußt unterlassen, den Politiker und Aktivisten Mann zu feiern (→ 27. 1./S. 27), um die angesichts der Zeitumstände völlig nebensächliche Position als Dichter mit »wilhelminischem Schwulst« zu betonen.

V. l. sitzend: Der Maler Max Liebermann, der Schriftsteller und Vorsitzende der Sektion für Dichtkunst Heinrich Mann und die Schriftstellerin Ricarda Huch auf der Feier zum 60. Geburtstag Manns in der Preußischen Akademie der Künste am 27. März

März 1931

Max Beckmanns Gemälde »Gesellschaft Paris« von 1931 (Solomon R. Guggenheim Museum, New York)

Kunst 1931:

Vom Abstrakten zum Konkreten

Zu den herausragenden Ereignissen der internationalen Kunstszene zählt die Gründung der Gruppe Abstraction-Création in Paris. Die zeitgenössische deutsche Malerei und Plastik präsentiert sich auf einer großen Ausstellung in New York.

Die Gruppe Abstraction-Création, Art non figuratif entsteht im Mai auf Initiative von Auguste Herbin, Georges Vantongerloo und Étienne Béothy. Zu ihren Wegbereitern zählt der am 7. März im Alter von 47 Jahren gestorbene Niederländer Theo van Doesburg, der im April 1930 in Paris die kurzlebige Künstlergruppe Art concret gegründet hatte. In einem Manifest war als Ziel der sog. konkreten Malerei die »absolute Klarheit« verkündet worden: Ein Bild soll nur mit rein bildnerischen Mitteln gestaltet werden, d. h. mit Flächen und Farben, und die Konstruktion muß einfach und visuell kontrollierbar sein.

Die »konkrete« Malerei ist für ihre Verfechter ein höheres Stadium der Abstraktion, sie befaßt sich nicht mehr mit der Reduktion naturnaher Formen, sondern strukturiert als visuelle Gegebenheiten existierende Elemente.

Der Maler Otto Dix porträtiert sich 1931 in seinem »Selbstbildnis mit Staffelei und Palette« (Museen der Stadt Köln, Museum Ludwig). Der expressionistische Maler und Zeichner hat seit 1927 eine Professur in Dresden inne; er lebt aber überwiegend in Berlin und wird 1931 Mitglied der Preußischen Akademie der Künste. Dix' Bilder prangern vor allem Krieg und soziales Elend an.

Die Gruppe Abstraction-Création will durch die Herausgabe von Jahresalmanachen und eine rege Ausstellungstätigkeit den Gedanken der konkreten Malerei fördern. Ihre Bestrebungen richten sich sowohl gegen die allzu plakative Malweise der Konservativen als auch gegen die der realen Erfahrung entrückte Sichtweise des Surrealismus. Die Gruppe mit dem geographischen Schwerpunkt Paris steht Künstlern aus anderen Ländern zum Beitritt offen und wird innerhalb kurzer Zeit zum Zentrum der Avantgarde.

Auf der im April veranstalteten Ausstellung »German painting and sculpture« im New Yorker Museum of Modern Art zeigt der Museumsleiter Alfred H. Barr die international anerkannte deutsche Malerei der Gegenwart, darunter Arbeiten von Max Beckmann, Otto Dix, Erich Heckel, Paul Klee und Oskar Schlemmer. Gegen diese Künstler regt sich unter der Ägide des NSDAP-Innenministers von Thüringen, Wilhelm Frick (→ 10. 1./S. 26; 1. 4./S. 70), Widerstand: Ihre Bilder werden aus den öffentlichen Museen Thüringens entfernt.

Oper nach Goldoni von Wolf-Ferrari

15. März. In Rom wird die komische Oper in drei Akten »Die schalkhafte Witwe« (La vedova scaltra) uraufgeführt. Zur Musik des Deutsch-Italieners Ermanno Wolf-Ferrari schrieb Mario Ghisalberti den Text.

Es ist nach »Die neugierigen Frauen« (1903) und »Die vier Grobiane« (1906) bereits die dritte Adaption einer Vorlage des italienischen Komödiendichters Carlo Goldoni (1707–1793). Im Mittelpunkt der 1748 entstandenen Komödie steht die junge venezianische Witwe Rosaura, die von Angehörigen vier verschiedener Nationalitäten umschwärmt wird und sich zu guter Letzt für den Italiener entscheidet. Der 1876 als Sohn des deutschen Malers August Wolf und einer italienischen Mutter in Venedig geborene Wolf-Ferrari erwarb sich mit seinen ersten Erfolgen durch seine leichte, an der italienischen Opera buffa des 18. Jahrhunderts geschulte Tonsprache den Ruf als Wegbereiter eines neuen Opernideals. Bei der »Schalkhaften Witwe« würdigt die Kritik vor allem den Esprit der Partitur, die kunstvolle Stimmführung des Ensembles und die gelungene Untermalung des Geschehens auf der Bühne durch das Orchester.

Horváth warnt die bedrohte Republik

20. März. Im Berliner Theater am Schiffbauerdamm wird das Volksstück »Italienische Nacht« des österreichischen Schriftstellers Ödön von Horváth uraufgeführt. Es schildert am Beispiel der Störung eines republikanischen Volksfestes durch SA-Leute die Bedrohung der Republik durch den Faschismus.

Die Mitglieder eines Republikanischen Schutzverbandes einer süddeutschen Kleinstadt wollen sich ihre »Italienische Nacht« weder von ihren kampflustigen Junggenossen, die sie einfach aus dem Gasthof hinauswerfen, noch von der SA stören lassen, die dort zur gleichen Zeit einen »deutschen Tag« abhält. Die Alten bleiben passiv und werden nur durch ihre jungen Genossen vor Prügel bewahrt, so der Stadtrat (gespielt von Oskar Sima). Seine Frau (Elsa Wagner) hingegen stellt sich energisch einem faschistenfreundlichen Major entgegen.

März 1931

Berlin feiert Zuckmayers »Hauptmann von Köpenick«

5. März. Das Deutsche Theater Berlin zeigt als Uraufführung unter der Regie von Heinz Hilpert das Stück »Der Hauptmann von Köpenick« von Carl Zuckmayer mit Werner Krauss in der Rolle des Schusters Wilhelm Voigt.

Ein historisches Ereignis diente dem »deutschen Märchen« als Vorlage: Am 16. Oktober 1906 erschien der damals 57jährige arbeitslose Voigt in Hauptmannsuniform mit zwölf Soldaten eines Garderegiments im Rathaus Köpenick, verhaftete den Bürgermeister und nahm die Stadtkasse an sich.

Bei Zuckmayer ist Voigt eine herumgestoßene Kreatur: Er braucht Papiere, um arbeiten zu können, und Arbeit, um sich auf legalem Wege Papiere zu verschaffen. Parallel zur Biographie des mehrfach vorbestraften Schusters erzählt Zuckmayer die Geschichte einer Hauptmannsuniform, die durch vielerlei Hände geht, bis sie schließlich der Schuster Voigt in einem Trödelladen erwirbt.

In seinem Stück für 73 Personen entwirft Zuckmayer ein weitgefächertes Panorama des wilhelminischen Deutschland. Zwar erhält Voigt nicht den für ihn so wichtigen Paß, aber ihm bleibt der Ruhm, die Uniformgläubigkeit seiner Zeit ad absurdum geführt zu haben.

Bei der liberalen Presse finden das Stück und sein Autor eine positive Aufnahme: »Er gibt in einer Unzahl von kleinen saftigen und knappen Szenen ein Bild des bürgerlichen, militärischen kaiserlichen Deutschland, mit einem Witz, der fast immer aus der Anschauung kommt. Ungewöhnlich Werner Krauss als Wilhelm Voigt« (Herbert Ihering am 6. 3. im »Berliner Börsen-Courier«); »Die Besetzung der 73 Figuren: Ein Meisterwerk. Werner Krauss als Voigt packend vom ersten Blick in den Schneiderladen« (Bernhard Diebold am 8. 3. in der »Frankfurter Zeitung«); »Zuckmayer ist ein Bühnenwerk gelungen, das die Luft unserer Zeit aufgreift« (Monty Jacobs am 7. 3. in der »Vossischen Zeitung«).

Weniger positiv urteilt die Rechtspresse über das durchaus als Politikum aufgefaßte Stück: Die »Deutsche Allgemeine Zeitung« nennt es »peinlich« und »aufreizend«, der »Berliner Lokal-Anzeiger« aus dem Hugenberg-Konzern schreibt, das Zuckmayer-Stück sei eine »Rüpelei« und ein »Schmutzkübel«.

Werner Krauss (2. v. r.) als Schuster Wilhelm Voigt in Hauptmannsuniform verhaftet in der Uraufführung des »Hauptmanns von Köpenick« Bürgermeister Obermüller (gespielt von Max Gülstorff, r.) in dessen Amtsräumen

Szene mit Strafgefangenen bei der Sedanfeier im Zuchthaus Sonnenburg

Der Dramaturg und Schriftsteller Carl Zuckmayer (Abb.) wurde am 27. Dezember 1896 in Nackenheim/Rheinhessen geboren. Nach Besuch des Gymnasiums in Mainz war er von 1914 bis 1918 als Kriegsfreiwilliger an der Westfront und studierte dann in Frankfurt am Main und Heidelberg Geisteswissenschaften und Biologie. Er wurde bekannt durch seine Stücke »Der fröhliche Weinberg« (Uraufführung am 22. 12. 1925 in Berlin), »Schinderhannes« (13. 10. 1927 in Berlin) und »Katharina Knie« (21. 12. 1928 in Berlin). Sein »Hauptmann« wird nach der erfolgreichen Uraufführung auf zahlreichen Bühnen gespielt.

Werner Krauss mit Säbel und Uniform als »Hauptmann von Köpenick« unter Regie von Heinz Hilpert

März 1931

Schäfer und Henie wieder Weltmeister

1. März. Im Berliner Sportpalast enden die am 28. Februar eröffneten Eiskunstlauf-Weltmeisterschaften. In den Einzelkonkurrenzen siegen jeweils die Titelverteidiger: Karl Schäfer (Österreich) und Sonja Henie (Norwegen).
Für Schäfer ist es der zweite Erfolg. Sonja Henie, von den Berlinern liebevoll »Häseken« genannt, ist bereits zum fünften Mal in ununterbrochener Folge Weltmeisterin geworden. Beide siegten auch bei den Europameisterschaften am 24./25. Januar in Wien (Herren) bzw. am 29./30. Januar in St. Moritz (Damen und Paare).
Verschieden ist der Grad der Überlegenheit der beiden Weltmeister: Schäfer ist bei seiner Kür technisch und künstlerisch eine Klasse besser als die Konkurrenz und rangiert mit Platzziffer 8 und 366,18 Punkten weit vor dem US-Amerikaner Roger F. Turner (Platzziffer 26/337,1 Punkte) und dem Berliner Ernst Baier (Platzziffer 33/328,8 Punkte).
Der vom Schweden Bror Meyer trainierten Sonja Henie erwachsen in den Wienerinnen Hilde Holovsky, einer hervorragenden Kürläuferin, und Fritzi Burger, die ihren dritten Platz vor allem ihrer guten Pflicht verdankt, ernsthafte Rivalinnen.
Im Paarlaufen siegen trotz eines Sturzes Emilie Rotter/Laszlo Szollas vor den Europameistern Olga Organista/Szandor Szalay (alle Ungarn), die mit ihren Tanzeinlagen wenig Sympathien erringen.

V. l.: Der zweimalige Weltmeister Karl Schäfer, die fünfmalige Weltmeisterin Sonja Henie und der dreimalige Weltmeister Gillis Grafström (Schweden)

Abends in die Scala zu Marika Rökk

1. März. *Das Berliner Varieté-Theater Scala präsentiert seinen begeisterten Zuschauern im März ein »Elite-Programm mit den besten und talentiertesten weiblichen Stars aus allen Erdteilen«. Mit seinen anspruchsvollen Show-Darbietungen unter dem Motto »Und abends in die Scala« ist das Haus seit Jahren ein Inbegriff des Berliner Nachtlebens.*
Unter den Solisten im März-Programm der Scala ist auch Marika Rökk aus Ungarn, die als begabte Sängerin und als hervorragende Pirouetten-Spitzentänzerin gilt.

Die ungarische Schauspielerin Marika Rökk, ▷ bereits ein Star auf Europas Showbühnen

Anders Ström siegt im Jubiläumslauf

1. März. Bei dem zum zehnten Mal ausgetragenen Wasa-Lauf zwischen Sälen und Mora in der Landschaft Dalarna in Mittelschweden siegt Anders Ström (Mora) in 6:37,17 h mit dem geringen Vorsprung von 37 sec vor Hans Olsson (Loos).
117 Skilangläufer hatten sich bei –6 °C auf die 90 km lange Strecke gemacht. Der erstmals im Jahr 1922 ausgetragene Wasa-Lauf dient der Erinnerung an die historische Flucht von Gustav Erikson Wasa, des nachmaligen Schwedenkönigs Gustav I. Wasa (1523 – 1560), vor den Dänen im Jahr 1521.

Schweizer Sieg im Kandahar-Rennen

16. März. Otto Furrer (Zermatt) ist der Sieger in der Kombination beim Arlberg-Kandahar-Skirennen in Mürren im Berner Oberland. Nach seinem Abfahrtssieg am Vortag genügt Furrer ein zweiter Platz im Slalom zum Gesamtsieg und damit zum Gewinn des Kandahar-Bechers.
Das Reglement sieht vor, daß die 40 besten Herren und zehn besten Damen aus dem Abfahrtsrennen auch am Slalom teilnehmen dürfen. Sieger in dieser Konkurrenz wird der Brite Bill Bracken. Bei den Damen gewinnt Sale Barker (Großbritannien) Abfahrt und Slalom. Das erste Arlberg-Kandahar-Rennen fand am 4. März 1928 am Arlberg statt.

Fußballspiel lockt 129 810 Besucher an

28. März. Im Hampden Park in Glasgow schlägt die schottische Fußball-Nationalmannschaft England 2:0. Mit 129 810 zahlenden Zuschauern wird bei diesem Länderspiel ein absoluter Rekordbesuch verzeichnet. Die bisherige Höchstmarke wurde gleichfalls bei einem Spiel Schottland – England im Hampden Park in Glasgow im Jahr 1912 mit 127 307 Zuschauern erreicht. Ein inoffizieller Weltrekord wurde beim Cupfinale Bolton Wanderers–West Ham United (2:0) am 28. April 1923 bei der Einweihung des Wembley-Stadions in London aufgestellt: Die 127 000 Zuschauer fassende Anlage war vollständig überfüllt und die genaue Zuschauerzahl daher nicht feststellbar.

März 1931

Erstes Länderspiel gegen Frankreich 0:1

15. März. Im Stade Colombes in Paris unterliegt die deutsche Fußball-Nationalelf Frankreich 0:1 (0:1). Es ist das erste Länderspiel gegen diesen Gegner und steht wegen der jahrzehntelangen »Erbfeindschaft« zwischen beiden Ländern unter besonderen Vorzeichen.

Über 55 000 Zuschauer im ausverkauften Stadion, darunter 15 000 in 14 Sonderzügen angereiste deutsche Schlachtenbummler, erleben zunächst eine Panne beim Abspielen der Nationalhymnen: Da die Schallplatte mit der richtigen Hymne nicht gefunden wird, spielt man zur Begrüßung der Gäste »Ich bin ein Preuße, kennt ihr meine Farben«.

Die Aufstellung der favorisierten deutschen Elf erregt bei Fußballkennern Verwunderung: Als Mittelstürmer wird der wuchtige Stopper Heinrich Hergert (FK Pirmasens) eingesetzt, neben ihm spielt anstelle des technisch versierten Ludwig Lachner (TSV 1860 München) der als robuster geltende Sigmund Haringer (Bayern München).

Nach gutem Beginn unterläuft Außenläufer Reinhold Münzenberg (Alemannia Aachen) in der 13. Minute ein Eigentor. Zwar haben die Deutschen im Verlauf des Spiels noch einige Chancen, dennoch enttäuscht die Mannschaft mit Ausnahme von Torwart Willibald Kreß (Rot-Weiß Frankfurt) und Läufer Georg Knöpfle (FSV Frankfurt), während die Franzosen schnell und kompromißlos agieren.

Begrüßung der Mannschaftskapitäne und Austausch von Geschenken vor dem Anpfiff zum Länderspiel Frankreich – Deutschland im Stade Colombes

Gefährliche Szene im deutschen Strafraum: Torhüter Willibald Kreß und Verteidiger Ludwig Leinberger retten vor zwei einschußbereiten Franzosen

Cambridge-Achter zum 42. Mal siegreich

21. März. Mit einem Vorsprung von zweieinhalb Bootslängen vor der Konkurrenz aus Oxford durchfährt der Achter der Universität Cambridge nach 19:27 min die Ziellinie in dem zum 83. Mal ausgetragenen Ruderwettstreit auf der Themse zwischen Putney und Mortlake.

Es ist der 42. Sieg für Cambridge bei 40 Erfolgen des Oxford-Achters, 1877 gab es ein totes Rennen. Erstmals starteten die Boote um 14.30 Uhr statt wie gewohnt um 12 Uhr. Vor fast 500 000 Zuschauern geht zunächst der Oxford-Achter in Führung, der seit 1918 nur einmal gewonnen hatte. Nach 3000 m setzt sich Cambridge vom Gegner ab und verteidigt unter dem Jubel der Anhänger die Führung bis ins Ziel.

Die Entscheidung im 83. Rennen der Universitätsachter: Der Achter von Cambridge siegt mit 2 1/2 Bootslängen vor dem Boot der Universität Oxford

Die Länderspiele in der Statistik

Das mit 0:1 verlorene Spiel gegen Frankreich ist das 81. offizielle Länderspiel einer Auswahl des 1900 gegründeten Deutschen Fußball-Bundes. Die Gesamtbilanz ist mit 28 Siegen, 16 Unentschieden und 37 Niederlagen negativ. Ihr bislang bestes Jahr hatte die Nationalelf 1929 mit vier Siegen und einem Unentschieden, das schwärzeste Jahr war 1913: Vier Spiele, vier Niederlagen.

Frankreich ist der 15. Gegner der deutschen Nationalelf, die meisten Länderspiele – nämlich 16 – wurden gegen die Schweiz ausgetragen. Die Eidgenossen waren auch der erste Länderspielgegner überhaupt (3:5 am 5. 4. 1908 in Basel), gegen die Schweiz gelang der erste Länderspielsieg (1:0 am 4. 4. 1909 in Karlsruhe), und die Schweizer waren auch die ersten, die nach dem Weltkrieg (1914–1918) den Länderspielverkehr mit dem Deutschen Reich wieder aufnahmen und am 27. Juni 1920 in Zürich 4:1 gewannen.

Den höchsten Sieg verzeichnete eine DFB-Auswahl mit dem 16:0 über die Mannschaft von Rußland am 1. Juli 1912 bei den Olympischen Spielen in Stockholm. In diesem Spiel schoß Gottfried Fuchs (Karlsruher FV) zehn Tore. Die höchste Niederlage wurde am 16. März 1909 in Oxford mit 0:9 gegen den »Lehrmeister« England kassiert. Bisheriger Rekordnationalspieler ist Torhüter Heiner Stuhlfauth (1. FC Nürnberg) mit 21 Einsätzen zwischen 1920 und 1930, ihm folgen mit je 18 Länderspielen die Stürmer Ludwig Hofmann (Bayern München), Adolf Jäger (Altona 93) und Eugen Kipp (Sportfreunde Stuttgart/Kickers Stuttgart). Rekordtorschütze ist der seit 1927 schon 15mal in der Nationalelf eingesetzte Richard Hofmann (Meerane 07/Dresdner SC) mit 16 Toren, darunter je drei bei den Spielen gegen Schweden (3:0 am 23. 6. 1929 in Köln) und England (3:3 am 10. 5. 1930 in Berlin). Gottfried Fuchs und Otto Harder (Hamburger SV) erzielten 14 Länderspieltore.

April 1931

Mo	Di	Mi	Do	Fr	Sa	So
		1	2	3	4	5
6	7	8	9	10	11	12
13	14	15	16	17	18	19
20	21	22	23	24	25	26
27	28	29	30			

1. April, Mittwoch

Der thüringische Landtag nimmt die Mißtrauensanträge der SPD gegen die Regierungsmitglieder Wilhelm Frick und Willy Marschler (beide NSDAP) an. Beide treten daraufhin zurück. → S. 70

Hauptmann a. D. Walther Stennes wird auf Anweisung von NSDAP-Führer Adolf Hitler als Stellvertreter Ost des Obersten SA-Führers abgesetzt. Daraufhin besetzen revoltierende SA-Leute die Räume der Berliner NSDAP in der Hedemannstraße. → S. 70

Durch Inkrafttreten einer Verordnung des Reichsfinanzministeriums vom 28. Februar 1931 zur Finanzstatistik werden die Länder und Gemeinden im Deutschen Reich zu einer detaillierten Aufstellung ihrer Einnahmen und Ausgaben zu Beginn eines jeden Rechnungsjahres verpflichtet.

Die deutsche Reichsregierung hebt ihre seit 1871 bestehende Gesandtschaft in München aus Kostengründen auf.

Die Deutsche Lufthansa A. G. und die Avio Linea Italiane nehmen den regelmäßigen Personenflugverkehr über die Alpen zwischen München und Mailand bzw. Rom und Berlin auf. → S. 75

Der Senat der Freien Stadt Danzig kündigt das Hafenabkommen mit Polen vom 8. Oktober 1921, da nach Ausbau des polnischen Hafens Gdingen die weitere Benutzung des Danziger Hafens durch polnische Kriegsschiffe nicht nötig ist.

2. April, Donnerstag

Joseph Goebbels, Gauleiter der NSDAP von Berlin-Brandenburg und Reichspropagandaleiter der Partei, erhält von Adolf Hitler eine erneute Generalvollmacht zur Säuberung von Partei und SA (→ 1. 4./S. 70).

In Rom endet nach einwöchiger Dauer die von 27 europäischen und 21 außereuropäischen Ländern besuchte Weltgetreidekonferenz mit einer grundsätzlichen Einigung über die Verteilung der Getreideernte 1931/32 auf die europäischen Verbraucherländer.

3. April, Karfreitag

Die vom 3. bis zum 7. April im Deutschen Reich von den Jugendverbänden der KPD geplanten Ostertreffen werden aufgrund der Notverordnung des Reichspräsidenten vom 28. März (S. 49) verboten.

Die am 19. März in London aufgenommenen Gespräche über die Flottenbegrenzung in Frankreich und Italien (→ 11. 3./S. 52) werden aufgrund von Vorbehalten Italiens gegen die Zulässigkeit von Ersatzbauten unterbrochen. Der Fortführung der Gespräche am 14. April bleiben die Franzosen zunächst fern.

Anläßlich des 50jährigen Bestehens des Boston Symphony Orchestra dirigiert Serge Koussewitzky in Boston die Uraufführung der Konzertmusik für Streichorchester und Blechbläser op. 50 (»Bostoner Sinfonie«).

4. April, Samstag

Die im Januar von der deutschen Reichsregierung eingesetzte Gutachterkommission zur Arbeitslosenfrage schlägt Arbeitszeitverkürzung und Einschränkung von Doppelverdiensten zur Schaffung neuer Arbeitsplätze vor.

Unter Beteiligung der Tobis-Filmgesellschaft wird in Berlin ein Tonfilmstudio zur Ausbildung von Schauspielern, Regisseuren und Technikern eröffnet.

5. April, Ostersonntag

Wegen Teilnahme an verbotenen Osterkundgebungen werden in Berlin 187 KPD-Mitglieder verhaftet.

In den »Wiener Neuesten Nachrichten« würdigt der deutsche Industrielle Carl Duisberg die geplante deutsch-österreichische Zollunion (→ 19. 3./S. 48) als »befreiende Tat« auf dem Weg zur Schaffung eines »größeren mitteleuropäischen Wirtschaftsraums«.

Die Berliner »Vossische Zeitung« veröffentlicht die Aussagen von sieben Primanerinnen und Primanern über ihre Berufswünsche. → S. 71

6. April, Ostermontag

Die portugiesische Regierung verhängt den Kriegszustand über Madeira und die Azoren. Anlaß ist ein Putsch der Garnison von Funchal (→ 30. 4./S. 69).

7. April, Dienstag

Der frühere Stellvertreter Ost des Obersten SA-Führers, Walther Stennes (→ 1. 4./ S. 70), kündigt eine Beleidigungsklage gegen Adolf Hitler und Joseph Goebbels an. Goebbels läßt bei Stennes angeblich aus der Parteizentrale gestohlenes Mobiliar pfänden.

Die deutschen Länder einigen sich auf die gegenseitige Anerkennung der Reifezeugnisse von Gymnasien, Realgymnasien, Oberrealschulen, deutschen Oberschulen und Oberlyzeen. Voraussetzung für den Erwerb der mittleren Reife ist eine mindestens zehnjährige Schulzeit an einer entsprechenden Schule.

Bei den Oberbürgermeisterwahlen in Chicago siegt der Demokrat Anton J. Cermak über den der Kooperation mit Gangsterbanden beschuldigten Amtsinhaber William Hale Thompson. → S. 68

8. April, Mittwoch

Der Ältestenrat des Reichstages lehnt die Anträge der Fraktionen von KPD, NSDAP und DNVP auf Einberufung des Parlaments zur Debatte über die Notverordnung vom → 28. März (S. 49) ab.

Reichskanzler Heinrich Brüning und Außenminister Julius Curtius nehmen die Einladung für einen Besuch nach Großbritannien an. Er soll vom 5. bis 9. Juni stattfinden und der Erörterung der politischen und wirtschaftlichen Lage des Deutschen Reiches dienen.

Der Irak schließt nach dem Freundschaftsvertrag mit Transjordanien vom 26. März ein entsprechendes Abkommen mit Hedschas und Nadschd (ab 1932 Saudi-Arabien), das seit seiner Gründung 1926 von König Ibn Saud geführt wird.

9. April, Donnerstag

Das deutsche Luftschiff »Graf Zeppelin« startet mit 25 Passagieren an Bord unter Leitung von Hugo Eckener zu einer Fahrt nach Ägypten und Palästina. Am 13. April landet das Luftschiff wieder in Friedrichshafen am Bodensee.

10. April, Freitag

Wegen Beschimpfung der preußischen Regierung wird »Der Stahlhelm«, das Wochenblatt des Stahlhelm, Bund der Frontsoldaten, vom Berliner Polizeipräsidenten Albert Grzesinski (SPD) für drei Monate verboten. Das Reichsgericht verkürzt am 20. April die Verbotsdauer auf die Zeit bis zum 1. Mai.

Im Berliner Kurfürstendamm-Theater wird die Revue »Alles Schwindel« von Marcellus Schiffer mit der Musik von Mischa Spoliansky uraufgeführt. Die Hauptrollen spielen Margo Lion und Gustaf Gründgens, der auch Regie führt.

11. April, Samstag

Bei den Werken der I. G. Farbenindustrie AG werden Fälle von Betriebsspionage für die sowjetische Handelsvertretung in Berlin aufgedeckt. Der KPD-Funktionär Wilhelm Diestbach aus Höchst und mehrere Arbeiter werden verhaftet.

12. April, Sonntag

Bei den Gemeindewahlen in Spanien erzielen die republikanischen Parteien Erfolge in den Städten des Landes, in der Provinz behaupten sich hingegen die Monarchisten. → S. 64

Die deutschen Rennfahrer Rudolf Caracciola/Wilhelm Sebastian gewinnen das zum fünften Mal ausgetragene Auto-Langstreckenrennen Mille Miglia mit Start und Ziel in Brescia. → S. 76

In Wien schlägt die österreichische Fußball-Nationalelf vor 20 000 Besuchern die Elf der Tschechoslowakei 2:1 (2:1).

In ihrem 100. Länderspiel unterliegt die Schweizer Fußball-Nationalelf in Budapest gegen Ungarn 2:6 (2:2). → S. 77

13. April, Montag

Der deutsche Reichsinnenminister Joseph Wirth (Zentrum) wird im Vatikan von Papst Pius XI. in Privataudienz empfangen.

Die sowjetische Handelsvertretung in Berlin weist Vorwürfe einer Beteiligung an den wiederholten Fällen von kommunistischer Werksspionage in deutschen Großfirmen zurück.

Mit dem Vollzug der Massenkollektivierung in zehn von zwölf Bezirken der sowjetischen Wolgadeutschen Republik sind 90% der dort ansässigen Landwirte nicht mehr privatwirtschaftlich tätig (→ 30. 6./S. 105).

Die geplante Reise einer polnischen Industriedelegation nach Moskau wird kurzfristig abgesagt. Der Grund sind angeblich beleidigende Äußerungen über die wirtschaftliche Lage Polens in der sowjetischen Presse.

14. April, Dienstag

Neuer Oberbürgermeister von Berlin wird Heinrich Sahm, der frühere Danziger Oberbürgermeister (1919/20) und Senatspräsident (1920–1930). → S. 70

Das Schöffengericht Berlin-Mitte verurteilt den Berliner NSDAP-Gauleiter Joseph Goebbels wegen Beleidigung des Berliner Polizeivizepräsidenten Bernhard Weiß zu 1500 Reichsmark Geldstrafe (→ 29. 4./S. 70).

Vertreter der deutschen Industrie und des Obersten Volkswirtschaftsrates der UdSSR unterzeichnen in Berlin ein Abkommen über deutsche Warenlieferungen in die Sowjetunion. → S. 71

In Spanien verzichtet der seit seiner Volljährigkeit im Jahr 1902 regierende König Alfons XIII. auf die Ausübung seiner Souveränitätsrechte. Spanien wird zur Republik proklamiert; neuer Regierungschef ist der Liberalkonservative Niceto Alcalá Zamora y Torres. → S. 66

Die Zeitschrift »Die Weltbühne« veröffentlicht einen Artikel von Erik Reger (eigentl. Hermann Dannenberger) gegen die von den Arbeitgebern im Ruhrgebiet unterstützte »Arbeiterdichtung«. → S. 76

15. April, Mittwoch

Der spanische König Alfons XIII. verläßt von Cartagena mit dem Schiff sein Heimatland und begibt sich nach Marseille, ohne förmlich auf seine königlichen Rechte zu verzichten. → S. 67

In Kowno verweigert der litauische Diktator Antanas Smetona dem apostolischen Nuntius nach dessen Rückkehr aus Rom den Empfang. Das Verhältnis zwischen Litauen und dem Vatikan verschlechtert sich damit weiter. → S. 69

Vor der italienischen Abgeordnetenkammer in Rom gibt das Innenministerium Einzelheiten zum Fall des wegen antifaschistischer Propaganda verhafteten belgischen Lehrers Jean Moulin bekannt. → S. 69

Auf dem Ochsenmoor südlich vom Dümmersee bei Osnabrück führt der Ingenieur Reinhold Tiling erfolgreich seine Feststoffraketen vor. → S. 75

In Frankreich hat der Film »Die Million« (Le Million) von René Clair mit Annabella, René Levèfre und Vanda Gréville in den Hauptrollen Premiere.

April 1931

Die Titelseite der »Berliner Illustrirten Zeitung« vom 30. April zeigt die Verabschiedung der Hofdamen von der spanischen Königin Ena, die ebenso wie König Alfons XIII. nach der Ausrufung der Spanischen Republik am 14. April das Land verläßt

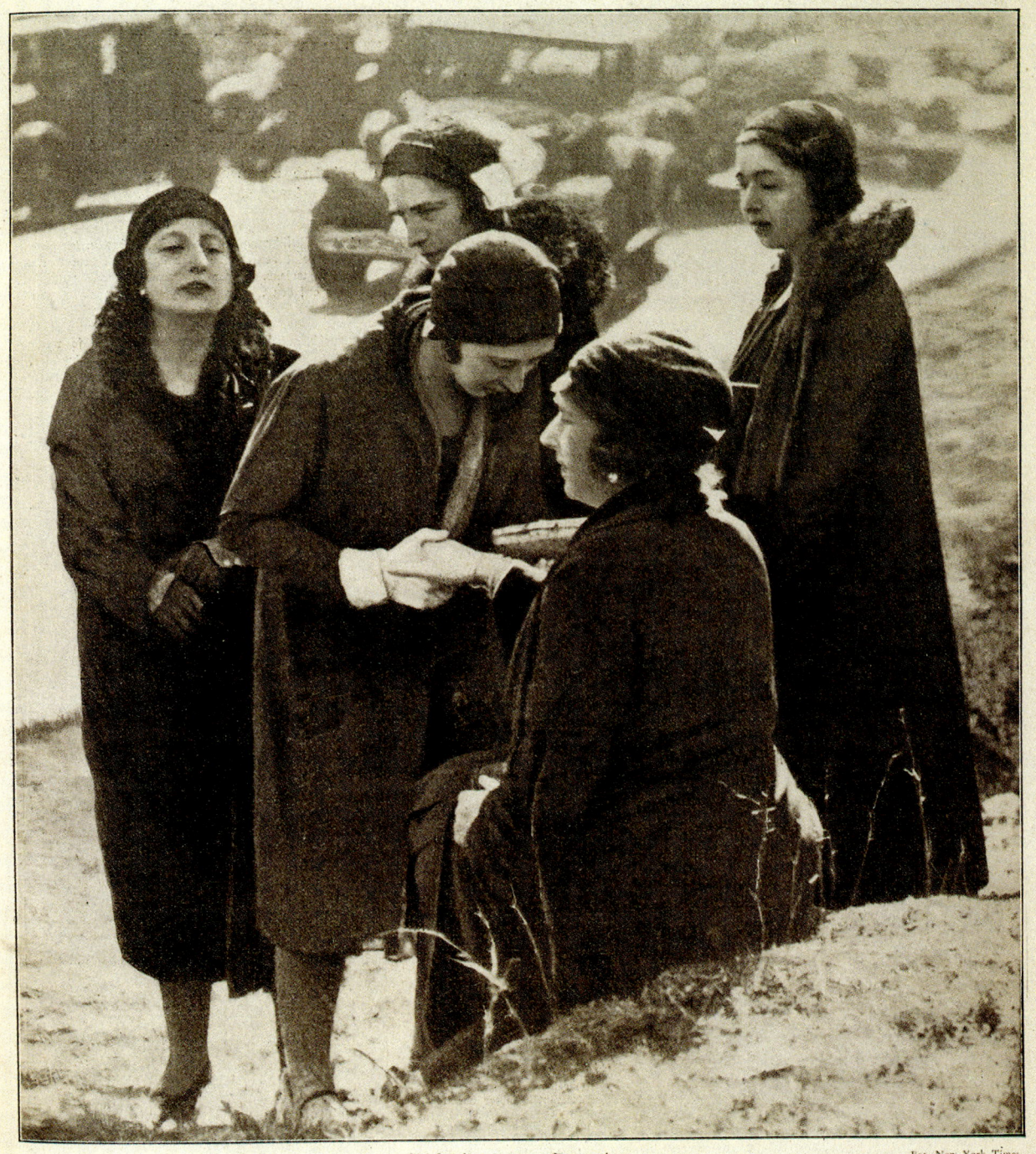

April 1931

16. April, Donnerstag

Im britischen Unterhaus wird ein Mißtrauensantrag der Konservativen gegen die von den Liberalen tolerierte Labour-Minderheitsregierung von Premierminister James Ramsey MacDonald mit 305 gegen 251 Stimmen abgelehnt.

Im Berliner Mozartsaal hat Eugen Thieles Aufklärungsfilm »Gefahren der Liebe« über das Schicksal einer an Syphilis erkrankten Frau Premiere. Die Hauptrollen spielen Albert Bassermann und Toni van Eyck.

17. April, Freitag

Nachdem die spanische Zentralregierung Katalonien den Status einer autonomen Provinz zugesichert hat, gibt die in Barcelona gebildete Regierung von Katalonien ihren Anspruch auf eine Katalanische Republik auf. → S. 66

In Paris wird offiziell eine Initiative von Außenminister Aristide Briand zur Gründung einer mitteleuropäischen Wirtschaftskooperation zwischen Agrar- und Industriestaaten bekanntgegeben. Die deutsche Presse wertet dies als Gegenprojekt zur geplanten deutschösterreichischen Zollunion (→ 19. 3./S. 48).

18. April, Samstag

Die im Januar von der deutschen Reichsregierung eingesetzte Gutachterkommission zur Arbeitslosenfrage regt die Einführung eines freiwilligen Arbeitsdienstes (»Freikorps der Arbeit«) an (→ 3. 8./S. 141).

Das Team von Arsenal London wird erstmals englischer Fußballmeister. → S. 77

19. April, Sonntag

Der Zentralvorstand der Deutschen Volkspartei (DVP) billigt »Kampfziele«, worin u. a. die Entfernung alles »Undeutschen« aus der Verfassung, Schaffung einer zweiten Kammer neben dem Reichstag und die Erhebung des Reichspräsidenten zum preußischen Staatsoberhaupt gefordert werden.

Im Münchener Residenztheater wird das Schauspiel »Rosse« des österreichischen Autors Richard Billinger uraufgeführt. Thema ist das Eindringen der Technik in die Welt des niederbayerischen Bauerntums.

Im Endspiel um den Bundespokal des Deutschen Fußball-Bundes siegt vor 30 000 Zuschauern in Dresden die Auswahl Süddeutschlands 4:3 (2:1, 3:3) n. V. über Mitteldeutschland und erringt damit zum siebten Mal den Titel.

Der französische Automobilrennfahrer Louis Chiron gewinnt mit einer Durchschnittsgeschwindigkeit von 87,062 km/h in 3:39:09,2 h den über 318 km führenden und zum dritten Mal ausgefahrenen Großen Preis von Monaco.

20. April, Montag

In Harburg bei Hamburg endet die Einschreibungsfrist für die 128 Grundstücke, auf denen Arbeitslose ihre eigenen Häuser bauen sollen. Die Stadt stellt die Grundstücke; das Baumaterial wird durch Darlehen der städtischen Sparkasse finanziert (→ 7. 9./S. 158).

Das britische Unterhaus stimmt einer Lockerung der Sonntagsruhe zu. Kino- und Theatervorstellungen sind dann sonntags erlaubt, wenn die Reingewinne wohltätigen Zwecken dienen. → S. 68

Das Arbeitsgericht Berlin weist die Klage des Dirigenten Otto Klemperer gegen den preußischen Staat auf Anstellung als amtierender Generalmusikdirektor an der Staatsoper Unter den Linden in Berlin ab. → S. 76

21. April, Dienstag

Das Bundesamt des Stahlhelm, Bund der Frontsoldaten, gibt bekannt, daß bei der am Tag zuvor beendeten Einschreibung in die Listen des Volksbegehren zur vorzeitigen Auflösung des preußischen Landtages die Mindestzahl von 20% der Wahlberechtigten weit überschritten worden sei (→ 9. 8./S. 138).

Im KPD-Zentralorgan »Die Rote Fahne« lehnt Parteichef Ernst Thälmann eine Beteiligung der KPD an dem Preußen-Volksbegehren ab (→ 9. 8./S. 138).

Eine Volkszählung in Italien ergibt auf 310 137 km² eine Wohnbevölkerung von 41 230 047. Auf 1 km² entfallen 132,94 Personen (Zum Vergleich: Deutsches Reich 1925 auf 1 km² 134,24 Personen). Rom hat 1,008 Millionen Einwohner.

22. April, Mittwoch

Ebenso wie mehrere andere Staaten erkennt das Deutsche Reich die neue republikanische Regierung in Spanien an (→ 14. 4./S. 66).

In Thüringen bildet Alfred Baum (Thüringer Landbund) eine Landesregierung ohne die NSDAP (→ 1. 4./S. 70).

Die Generalsynode der evangelischen Kirche der altpreußischen Union billigt mit 166 gegen 47 Stimmen in Berlin den mit dem preußischen Staat vereinbarten Kirchenvertrag. → S. 71

SA-Stabschef Ernst Röhm (→ 5. 1./S. 12) erstellt eine Denkschrift »Für Zwecke aktiver Information im Auslande« und versucht darin die Bedenken gegen die SA wegen ihrer paramilitärischen Ausrichtung zu zerstreuen.

Das Schwurgericht in Düsseldorf verurteilt Peter Kürten wegen Mordes in neun Fällen neunmal zum Tode. → S. 74

23. April, Donnerstag

In Berlin informiert Reichskanzler Heinrich Brüning den US-amerikanischen Botschafter Frederic Sackett über die deutschen Wünsche nach Umwandlung von rund zehn Milliarden Reichsmark kurzfristiger Auslandskredite in langfristige Anleihen.

24. April, Freitag

Der XI. Kongreß des Exekutiv-Komitees der Kommunistischen Internationale in Moskau endet mit Aufrufen, das Bewußtsein der Arbeiter zu revolutionieren und gegen die Sozialdemokratie zu kämpfen. → S. 69

Bei den Wahlen zur Großen Türkischen Nationalversammlung werden sämtliche Kandidaten der von Staatspräsident Mustafa Kemal Pascha (Beiname ab 1934: Atatürk) geführten Republikanischen Volkspartei gewählt (→ 4. 5./S. 86).

25. April, Samstag

Im Londoner Wembley-Stadion wird vor 90 000 Zuschauern die Elf von West Bromwich Albion durch ein 2:1 (1:0) über den FC Birmingham englischer Fußball-Pokalsieger. → S. 77

26. April, Sonntag

In Lippe-Detmold scheitert ein von der NSDAP initiierter Volksentscheid für die Auflösung des Landtags. Statt der erforderlichen 54 000 werden nur 35 713 Ja-Stimmen abgegeben.

Eine Volkszählung in England und Wales ergibt eine Wohnbevölkerung von 39 947 931 Menschen auf 151 028 km² (264,51 Einwohner auf 1 km²). In dem 77 170 km² großen Schottland wohnen 4 842 554 Personen 62,75 auf 1 km². London hat ohne Vororte 4,397 Millionen Einwohner.

In Amsterdam trennen sich die deutsche Auswahl und die niederländische Fußball-Nationalelf 1:1 (1:0).

27. April, Montag

In München protestiert die NSDAP-Reichstagsfraktion gegen angebliche »Gesetzesbrüche der parlamentarischen Mehrheit« zum Nachteil der NSDAP – gemeint sind u. a. die Geschäftsordnungsänderungen vom 9. Februar – und fordert Reichspräsident Paul von Hindenburg auf, die Verfassung gegen die Reichsregierung zu verteidigen oder aber zurückzutreten (→ 10. 2./S. 32).

Zum Abschluß des am 24. April eröffneten Parteitages der Reichspartei des deutschen Mittelstandes – Wirtschaftspartei in Hannover wird Hermann Drewitz mit 701 von 1006 Stimmen als Vorsitzender wiedergewählt. Gegen ihn waren zu Beginn des Jahres schwere Vorwürfe wegen angeblicher Unterschlagung erhoben worden.

Der britische Schatzkanzler Philip Snowden legt dem Unterhaus in London ein Notbudget vor, das ein Defizit von 37,4 Millionen Pfund (rund 761 Millionen RM) aufweist. → S. 68

Das am 24. April in Barcelona zusammengetretene Internationale Olympische Komitee vertagt die Vergabe der Olympischen Sommerspiele 1936. Die Entscheidung zwischen Berlin und Barcelona erfolgt schriftlich (→ 13. 5./S. 94).

28. April, Dienstag

Der frühere spanische Regierungschef General Dámaso Berenguer y Fusté (→ 18. 2./S. 34), der am 25. April einen Treueid auf die Republik abgelegt hatte, wird in Madrid wegen seiner Verantwortlichkeit für die Erschießung zweier an einem Militärputsch Ende 1930 beteiligten Offiziere verhaftet.

29. April, Mittwoch

Die deutsche Reichsregierung erhöht die Zölle einiger Agrarprodukte. Reichsernährungsminister Martin Schiele (Christliches Landvolk) soll ungerechtfertigte Preisanhebungen untersagen.

In Prag unterzeichnen die Tschechoslowakei und das Deutsche Reich zwei Luftfahrtabkommen. Sie ermöglichen die Aufnahme des Flugverkehrs nach Prag und das Überfliegen des jeweils anderen Staatsgebiets durch Zivilmaschinen.

Der NSDAP-Gauleiter von Berlin-Brandenburg, Joseph Goebbels, erhält wegen Beschimpfung der Reichsregierung 1000 Reichsmark Geldstrafe. → S. 70

Die Magdeburger Stadtverordnetenversammlung wählt mit 38 von 66 Stimmen den Berliner Stadtrat Ernst Reuter (SPD) zum Oberbürgermeister.

30. April, Donnerstag

Der frühere Stellvertreter Ost des Obersten SA-Führers, Walther Stennes, gründet die Nationalsozialistische Kampfbewegung Deutschlands (→ 1. 4./S. 70).

Der Landtag von Braunschweig schafft mit den Stimmen der rechten bürgerlichen Parteien und der NSDAP den 1. Mai als Feiertag im Land Braunschweig ab.

Die Fliegerin Elly Beinhorn kehrt von ihrem am 4. Januar begonnenen Afrikaflug nach Berlin zurück. → S. 75

Die portugiesische Regierung in Lissabon erklärt die Unruhen auf Madeira und den Azoren für beendet. → S. 69

Die sowjetische Regierung (Rat der Volkskommissare) erläßt eine Verfügung über die Zulassung ausländischer Firmen in der UdSSR. Diese bedarf künftig einer Erlaubnis des Volkskommissariats für den Außenhandel.

Der dem linken Flügel der chinesischen Nationalpartei Kuomintang nahestehende General Cheng Chai-tong erobert die Stadt Kanton. Dem Führer der Kuomintang, Marschall Chiang Kai-shek, droht ein Zweifrontenkrieg, da er sich in der Provinz Hopeh gegen die Kommunisten behaupten muß (→ 17. 5./S. 87).

Die Zahl der Arbeitslosen im Deutschen Reich beträgt 4,358 Millionen. 32,3% der Mitglieder des Allgemeinen Deutschen Gewerkschaftsbundes sind arbeitslos, 17,9% arbeiten kurz (→ 15. 3./S. 51).

Das Wetter im Monat April

Station	Mittlere Lufttemperatur (°C)	Niederschlag (mm)	Sonnenscheindauer (Std.)
Aachen	7,3 (8,8)	94 (63)	– (178)
Berlin	6,0 (8,3)	60 (41)	– (193)
Bremen	6,8 (8,2)	76 (50)	– (185)
München	5,8 (8,0)	96 (59)	– (173)
Wien	7,4 (9,6)	39 (54)	– (–)
Zürich	7,8 (8,0)	85 (88)	155 (173)

( ) Langjähriger Mittelwert für diesen Monat – Wert nicht ermittelt

April 1931

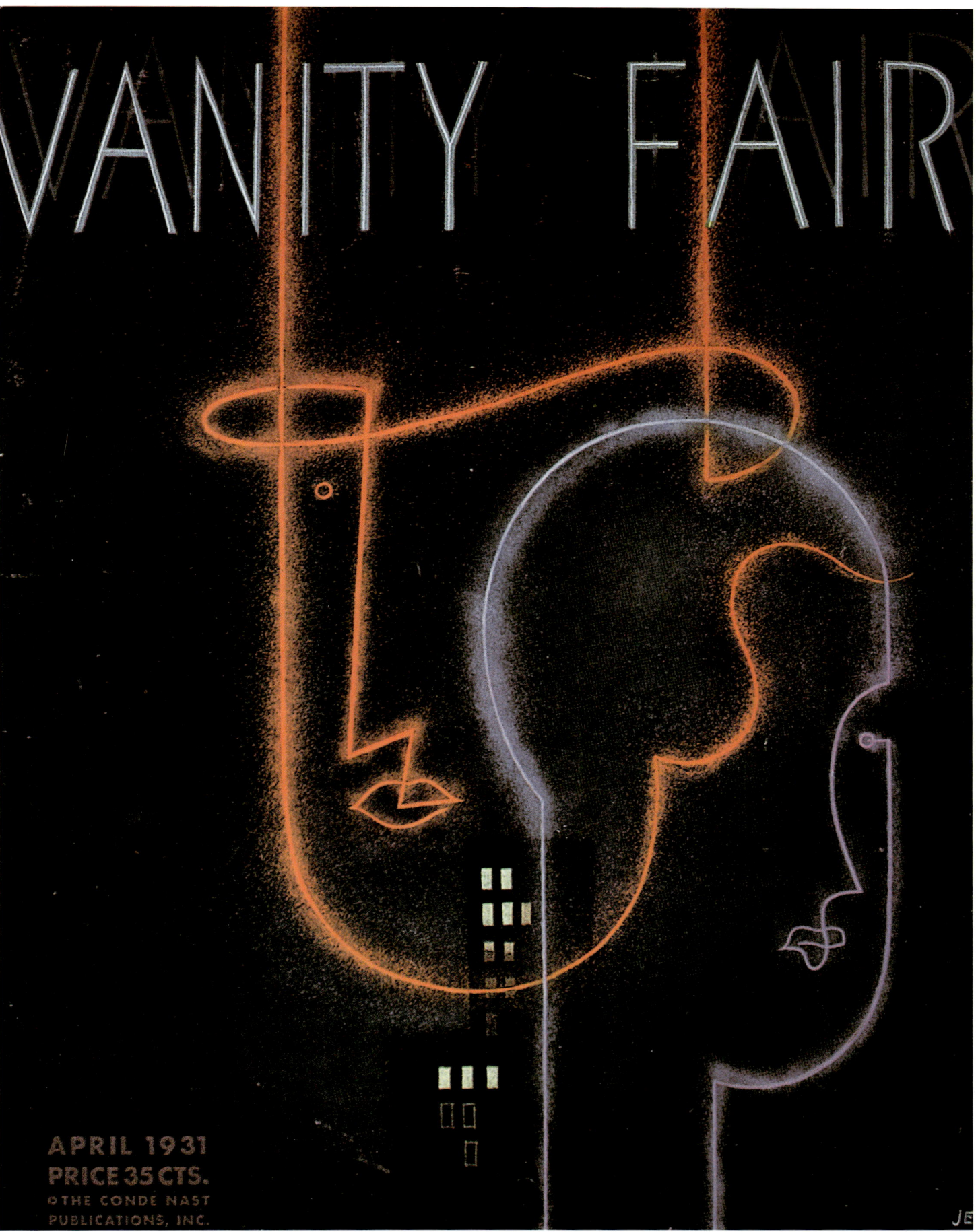

Umschlagseite der US-amerikanischen Zeitschrift »Vanity Fair« vom April 1931, gestaltet von Jean Carlu

April 1931

Votum gegen den König

12. April. Bei den Gemeindewahlen in Spanien siegen in den Städten die Republikaner und auf dem Lande die Monarchisten. Trotz des keineswegs eindeutigen Ergebnisses werten König Alfons XIII. und seine Berater dies als ein Volksvotum gegen die Monarchie. Alfons verzichtet am → 14. April (S. 66) auf die Ausübung der königlichen Rechte und verläßt am → 15. April (S. 67) Spanien.

Geschichte Spaniens seit 1873
11. 2. 1873: Spanien wird nach Abdankung von König Amadeus erstmals Republik
29.12.1874: Ein Militärputsch stürzt die Republik, der fünf Präsidenten keine Stabilität geben konnten. Als König regiert Alfons XII.
25. 11. 1885: Nach Alfons' Tod übernimmt seine Witwe María Cristina von Österreich die Regentschaft für den noch ungeborenen Alfons XIII.
17. 5. 1902: Der volljährig gewordene Alfons XIII. tritt die Herrschaft an
13. 9. 1923: General Miguel Primo de Rivera y Orbaneja errichtet eine Militärdiktatur (bis 28. 1. 1930)
14. 4. 1931: König Alfons XIII. verzichtet auf Ausübung seiner Rechte.

Die von der Regierung des Admirals Juan Bautista Aznar-Cabañas (→ 18. 2./S. 34) ausgeschriebenen Gemeindewahlen bringen trotz des hohen Wahlalters von 26 Jahren, das u. a. die der Monarchie besonders ablehnend gegenüberstehenden Studenten von der Stimmabgabe fernhält, bei hoher Wahlbeteiligung den Republikanern Siege in 41 der 50 Provinzhauptstädte, während sich auf dem Lande die Monarchisten behaupten können.

Obwohl 22 150 Sitze in den Gemeindeparlamenten den Monarchisten und nur 5875 den Republikanern zufallen, herrscht im Kronrat am 13. April tiefe Resignation. Aznar-Cabañas erklärt öffentlich, daß Spanien über Nacht republikanisch geworden sei. Auch die Mehrheit der Offiziere und breite Teile des Bürgertums geben die Monarchie verloren. Der Sturz der Monarchie ist ebenso das Ergebnis der wachsenden Stärke der republikanischen Bewegung wie Ausdruck der Schwäche des Königtums, das es nicht vermocht hatte, dem wirtschaftlich und sozial rückständigen Land Anschluß an das übrige Europa zu verschaffen. Den Anfang vom Ende bildete der Sturz des mit Zustimmung des Königs herrschenden Militärdiktators Miguel Primo de Rivera y Orbaneja am 28. Januar 1930. Am Ende seiner fast sechseinhalbjährigen Regierungszeit hatte er jegliche Unterstützung in Bürgertum und Heer verloren: Die Intellektuellen – darunter die Schriftsteller Ramón Pérez de Ayala, José Ortega y Gasset und Gregorio Marañon y Posadillo – verziehen ihm weder seine Zensurmaßnahmen noch seine reaktionäre Kulturpolitik; die Aristokratie grollte wegen der vorsichtigen Einschränkung ihrer Privilegien; die Bank- und Geschäftswelt war mit Primo de Rivera wegen seiner sozialen Reformen unzufrieden; das Militär rebellierte wegen einer Heeresreform, die den Abbau von 10% der Offiziersstellen und eine Reduzierung des stehenden Heeres um ein Viertel auf 150 000 Mann durchsetzte, und die Katalanen waren verbittert wegen der Weigerung, ihnen einen Sonderstatus zu gewähren.

Als besonders gefährlich für den Bestand der Monarchie erwiesen sich die republikanischen Umtriebe im Militär. Es bildete sich eine Republikanische Militärvereinigung, die besonders in der Artillerie und in der Luftwaffe Anhänger findet. Im Dezember 1930 unternahm der bekannte Ozeanflieger Ramos Franco auf dem Madrider Flugplatz Cuatro Vientos einen Putschversuch.

Trotz der Versuche Primo de Riveras zur Agrarreform gibt es 1931 in Spanien rund zwei Millionen Landarbeiter ohne Landbesitz, dagegen verfügen 50 000 Großgrundbesitzer über die Hälfte des spanischen Bodens. Rund 1,5 Millionen Kleinbauern besitzen weniger als 1 ha Land. Über eine starke Position verfügt die katholische Kirche mit ihren rund 80 000 Geistlichen, Mönchen und Nonnen: Sie hat nicht nur das Schulwesen in der Hand, sondern besitzt auch über 11 000 Güter und stellt mit ihren Industrie- und Bankbeteiligungen einen beachtlichen Wirtschaftsfaktor dar. Von den rund elf Millionen Erwerbstätigen gelten etwa acht Millionen als arm. Ihnen gegenüber stehen eine etwa eine Million Menschen zählende Oberschicht und etwa zwei Millionen wohlhabende Bauern, kleine Kaufleute und Gewerbetreibende.

Ein Offizier mit der Fahne des republikanischen Spanien und begeisterte Menschen in Madrid am 14. April, dem Tag der Proklamation der Republik

April 1931

Straßenszene in Madrid in der gespannten Atmosphäre des Gemeindewahlkampfs: Ein Offizier der Sicherheitsgarde ist von Steinwürfen getroffen worden, der Täter steht rechts an der Ecke

Der spätere Regierungschef Niceto Alcalá Zamora y Torres bei der Stimmabgabe am 12. April (Bild: Alfons XIII.)

Jubelnde Volksmenge auf einer Straße in der spanischen Hauptstadt Madrid nach der Proklamation der Republik

Spanien erlebt eine Wahl wie nie zuvor

Der Wahlkampf um die Gemeindeparlamente nimmt für Spanien unbekannte Ausmaße an. In Madrid sind sämtliche Autotaxameter mit Wahlaufrufen beklebt. Nachdem die Monarchisten am Wahltag über der spanischen Hauptstadt Wahlflugblätter abgeworfen haben, chartern die Republikaner Flugzeuge und werfen gleichfalls Aufrufe ab. Obwohl die Wahllokale von 8 bis 16 Uhr geöffnet haben, sind bereits gegen 11 Uhr die meisten Stimmen abgegeben. In den Städten mit republikanischer Mehrheit lösen die Ergebnisse einen Freudentaumel aus.

Balkon des Rathauses von Barcelona mit republikanischer Fahne und Büste mit Jakobinermütze

Ein Propagandalastwagen der Republikaner auf der Fahrt durch die Straßen der Hauptstadt Madrid

Volksmenge vor dem Innenministerium an der Puerta del Sol bei der Ausrufung der Republik (14. 4.)

April 1931

Das Kabinett, 3. v. l. Francisco Largo Caballero, 6. v. l. Niceto Alcalá Zamora y Torres, 2. v. r. Manuel Azaña y Díaz

Spanien wird zur Republik proklamiert

14. April. Gegen 18 Uhr erklärt Spaniens König Alfons XIII. im Madrider Schloß den Verzicht auf die Regierungsgewalt und legt sie zunächst in die Hände von Ministerpräsident Juan Bautista Aznar-Cabañas, der gegen 19 Uhr die bereits illegal gebildete provisorische Regierung von Niceto Alcalá Zamora y Torres mit der Macht betraut. Spanien ist damit de facto Republik.

Um 18.30 Uhr wird offiziell die republikanische Flagge auf dem Innenministerium gehißt, um 20.30 Uhr erscheint das republikanische Kabinett auf dem großen Balkon des Ministeriums, und um 21.30 Uhr hält Alcalá Zamora eine Ansprache an die wartende Menschenmenge.

Um 1 Uhr nachts wendet sich Alcalá Zamora, der neben dem Amt des Ministerpräsidenten vorläufig auch das des Staatspräsidenten bekleidet, im Rundfunk an die Bevölkerung und ruft sie auf, Ruhe zu bewahren und sich der großen Stunde würdig zu erweisen. Die Regierung erläßt eine Amnestie, die alle politischen Vergehen sowie Verstöße gegen das Pressegesetz umfaßt.

Wie bei der Proklamation der Republik in Madrid wird auch in Barcelona und anderen Provinzhauptstädten mit republikanischer Mehrheit die republikanische Fahne gehißt. Die überschwenglichen Jubelfeiern verlaufen im Gegensatz zu den Auseinandersetzungen der vorangegangenen Tage weitgehend ruhig.

Grundlage der Regierungsbildung ist die im Pakt von San Sebastián vom August 1930 erreichte Verständigung zwischen Republikanern verschiedener Richtungen und den Sozialisten. Neben der Republikanischen Rechten, der Ministerpräsident Alcalá Zamora und Innenminister Miguel Maura angehören, sind im neuen Kabinett auch die gemäßigt-rechte Radikale Republikanische Partei durch Außenminister Alejandro Lerroux y García und Verkehrsminister Diego Martínez Barrio, die Sozialisten durch Arbeitsminister Francisco Largo Caballero und Finanzminister Indalecio Prieto und die linksliberale Republikanische Aktion durch Kriegsminister Manuel Azaña y Díaz vertreten. Repräsentant der Galizischen Autonomisten ist deren Gründer Santiago Casares Quiroga als Marineminister; der Minister für öffentliche Arbeiten, Alvaro de Albornoz, gehört der Radikal-Sozialistischen Republikanischen Partei an, einer Mittelstandspartei der linken Mitte.

Der neue Regierungschef

Der am 6. Juli 1877 in Priego de Córdoba geborene Niceto Alcalá Zamora y Torres (in der Abb. r. im Jahr 1930 als Häftling der damaligen monarchistischen Regierung) ist Rechtsanwalt von Beruf, war Deputierter eines Distrikts von Córdoba sowie Minister für öffentliche Arbeiten und Kriegsminister im letzten Kabinett vor dem Machtantritt von Militärdiktator Miguel Primo de Rivera y Orbaneja 1923. Mit Miguel Maura gründete er 1930 die Liberal-Republikanische Rechte als eine nicht konfessionell orientierte konservative Partei, die unter Respektierung des Katholizismus einen demokratischen Staat fordert.

Katalanen wollen Eigenständigkeit

17. April. Eine dreiköpfige Ministerdelegation aus Madrid erreicht in Verhandlungen mit der katalanischen Regionalregierung in Barcelona den Verzicht der Katalanen auf eine eigene Republik und ihren Verbleib im spanischen Staatsverband. Am Morgen des → 14. April (S. 66) war in Barcelona noch vor dem Umsturz in Madrid der Sturz der Monarchie verkündet worden. Mit Unterstützung des Heeres wurde eine Katalanische Republik gebildet, an ihre Spitze trat Francisco Macía y Llusá, der im März 1931 die kleinbürgerliche Republikanische Linke Kataloniens gegründet hatte. Der Sturz der Monarchie, so glaubten die katalanischen Separatisten, sei die lang erwartete Gelegenheit zur Gründung eines eigenen Staates Katalonien.

Francisco Macía y Llusá (M., am Pult), Regierungschef in Barcelona

Doch der Madrider Regierung, in der mit Unterrichtsminister Marcelino Domingo (Radikal-Sozialistische Republikanische Partei) ein Katalane vertreten ist, gelingt es, auf der Basis des Vertrages von Republikanern, Sozialisten und Katalanen von San Sebastián 1930 eine Einigung herbeizuführen: Die eigenständige Verwaltung Kataloniens wird von Madrid anerkannt, die Region erhält den Status einer autonomen Provinz, die provisorische Regierung bleibt unter der Bezeichnung Generalitat zunächst im Amt. Über den künftigen Status Kataloniens soll das spanische Parlament aufgrund von Vorschlägen der katalanischen Gemeinden entscheiden.

April 1931

Mittelreihe v. l. Infant Jaime, Viktoria Eugenia, König Alfons, Infant Juan Carlos

Der spanische Infant Jaime (M.), der zweite Sohn von Alfons XIII., bei der Ankunft im Pariser Exil

Alfons XIII. (r.) trifft am 21. April zu einem kurzen Urlaub in Dover ein, l. Spaniens Ex-Botschafter

Alfons XIII. und die königliche Familie im französischen Exil

15. April. In den frühen Morgenstunden besteigt Alfons XIII. in Cartagena den Kreuzer »Principe Alfonso«. Der König verläßt Spanien, ohne förmlich seinen Thronrechten zu entsagen.

In Verhandlungen mit den republikanischen Führern hatte Alfons XIII. durchgesetzt, daß er Spanien mit allen Ehren verlassen darf, daß er über sein Privateigentum frei verfügen kann und daß seine Abreise unter militärischen Ehrenbezeigungen erfolgt.

Bei der Abreise übergibt er der Presse ein Manifest an seine Nation, das die spanischen Zeitungen jedoch nicht abdrucken. Darin betont der König nochmals, daß er auf keines seiner königlichen Rechte verzichte, weil diese »ein von der Geschichte angehäuftes Gut sind und weil ich eines Tages frei Rechenschaft über die Verwaltung dieses Schatzes zu legen habe«. Alfons erklärt, er sei nur gegangen, um Spanien einen blutigen Bürgerkrieg zu ersparen, und fügt hinzu, er habe zum jetzigen Zeitpunkt die »mir durch die Liebe zu meinem Vaterland diktierte Pflicht« zu erfüllen.

Nach der Ankunft in Marseille am Morgen des 16. April begibt sich der gestürzte Monarch mit dem Schnellzug nach Paris, wo am Vormittag bereits die Königin eingetroffen ist. Die königlichen Hoheiten logieren zunächst in einer Suite im Hotel Maurice in der Rue de Rivoli gegenüber den Tuilerien.

Daten zur Geschichte der Spanischen Monarchie seit Gründung des Vereinigten Königreichs 1516

Spanien wurde seit über 400 Jahren von Habsburgern (1516 – 1700) und Bourbonen (1700 – 1808, 1813 – 1868, 1874 – 1931) regiert.

13. 3. 1516: Nach dem Tod Ferdinands II., des Katholischen, König von Aragonien, Regent in Kastilien, wird sein Enkel Karl I. (1500 – 1558) König von Spanien. Der Habsburger wird am 28. Juni 1519 als Karl V. deutscher König.

26. 7. 1581: Sieben Provinzen der Niederlande sagen sich offiziell vom spanischen König los.

1588: Nach der Annexion Portugals (1580 – 1640) scheitert der Versuch von König Philipp II. (1527 – 1598) zur Invasion Englands mit dem Untergang der Armada.

11. 4. 1713: Der Friede von Utrecht beendet den Spanischen Erbfolgekrieg; der erste Bourbone auf dem Thron, Philipp V. (1683 – 1746), behält Spanien und die Kolonien, verliert aber u. a. Mailand, Neapel, Sardinien und Gibraltar.

2. 5. 1808: Der Einmarsch französischer Truppen zwingt Ferdinand VII. (1784 – 1833) zur Abdankung, am 6. Juni 1808 wird Joseph Bonaparte zum König erklärt.

11. 12. 1813: Nach Vertreibung der Franzosen durch Briten und spanische Guerilleros kehrt Ferdinand VII. zurück. Er suspendiert die liberale Verfassung von 1812.

9. 7. 1816: Als erste überseeische spanische Kolonie erklärt Argentinien seine Unabhängigkeit.

29. 9. 1833: Nach dem Tod Ferdinand VII. beginnt eine Reihe von Bürgerkriegen (Karlistenkriege).

11. 2. 1873: Nach Abdankung König Amadeus' aus dem Haus Savoyen nach dreijähriger Herrschaft wird Spanien erstmals Republik.

29. 12. 1874: Ein Militärputsch restauriert die Monarchie unter dem Bourbonen Alfons XII.

14. 4. 1931: Alfons XIII. geht ins Exil.

Entfernung einer Bronzebüste von Miguel Primo de Rivera y Orbaneja am Madrider Nordbahnhof

Reste einer von ihrem Sockel gestürzten und dabei zertrümmerten Reiterstatue des Königs Philipp III. von Spanien (1598 – 1623)

Britische Regierung legt Notbudget vor

27. April. Vor dem britischen Unterhaus legt der von einer Krankheit kaum genesene Schatzkanzler Philip Snowden den Haushalt für 1931/32 vor. Das abgelaufene Etatjahr schließt mit einem buchmäßigen Defizit von 23,3 Millionen Pfund (rund 474 Millionen Reichsmark). Ursache des Haushaltsdefizits sind die rapide gesunkenen Steuereinnahmen aufgrund der Wirtschaftskrise und die enorm gestiegenen Kosten für die Arbeitslosenfürsorge. Aufgrund des Ansteigens der Arbeitslosenquote von April 1929 bis April 1931 von 9,9% auf 20,9% sind die Ausgaben des Arbeitsministeriums gegenüber 1929/30 von 37,2 Millionen Pfund (rund 757 Millionen RM) auf 45,4 Millionen Pfund (rund 924 Millionen RM) im Haushaltsjahr 1930/31 gestiegen. Damit sind jedoch die Kosten der Arbeitslosigkeit noch nicht gedeckt, denn 36,4 Millionen Pfund (rund 741 Millionen RM) wurden durch eine Erhöhung der Schuldenaufnahme des Arbeitslosenfonds aufgebracht.

Trotz der Krise hat die Regierung noch 43,5 Millionen Pfund (rund 86 Millionen RM) der Staatsschulden zurückgezahlt.

Zur Vorlage seines neuen Etats sagt Snowden, er betrachte den Haushalt »wie ein Kriegsbudget, das mit einer vorübergehenden Notlage zu tun hat und vorübergehende Maßnahmen rechtfertigt«. Bei Ausgaben von 803,4 Millionen Pfund (rund 1,636 Milliarden RM) entsteht ein Defizit von 37,4 Millionen Pfund (rund 761 Millionen RM). Zur Deckung dieser Ausgaben wird die Benzinsteuer von vier auf sechs Pence je Gallone (4,5 l) erhöht, was Mehreinnahmen von 7,5 Millionen Pfund (rund 152 Millionen RM) einbringen soll. Außerdem werden die Fälligkeitstermine der Einkommensteuer vorverlegt, was weitere 10 Millionen Pfund (rund 204 Millionen RM) erbringen soll. Ferner soll der in New York lagernde Devisenausgleichsfond in Höhe von 33 Millionen Pfund (rund 672 Millionen RM), der zur Stützung des Pfundes bei der Beschaffung der für die Kriegsschuldenzahlungen nötigen Devisen dient, um 20 Millionen Pfund (rund 408 Millionen RM) reduziert werden. Als neue Abgabe sind Steuern auf brachliegende Äcker vorgesehen.

Der gesundheitlich angegriffene britische Schatzkanzler Philip Snowden bei seiner 68minütigen Etatrede (Zeichnung der »Illustrated London News«)

Anton J. Cermak, Sieger der Wahl zum Stadtoberhaupt von Chicago

Gangsterfreund in Chicago abgesetzt

7. April. Mit einem Vorsprung von 163 000 Stimmen löst der als Sohn tschechischer Einwanderer in die USA gekommene Demokrat Anton J. Cermak den republikanischen Amtsinhaber William Hale Thompson als Oberbürgermeister von Chicago ab. In den letzten zehn Jahren hatte sich die Drei-Millionen-Metropole unter dem mit Gangstern paktierenden Thompson den Ruf der korruptesten Stadt der Welt erworben.

Unterhaus beschließt Lockerung der strikten Sonntagsruhe

20. April. Mit einer Mehrheit von 48 Stimmen erlaubt das britische Unterhaus unter bestimmten Voraussetzungen die Öffnung von Kinos und Konzertsälen an Sonntagen.

Das von Innenminister John Robert Clynes eingebrachte Gesetz gibt den Kommunalverwaltungen das Recht, Kinovorführungen und Konzerte an Sonntagen zuzulassen, falls die Reingewinne dieses Tages wohltätigen Zwecken zugeführt werden. Die bislang gleichfalls an Sonntagen verbotenen Sportveranstaltungen sind von diesem Gesetz nicht erfaßt.

Der »Heilige Sonntag« war in Großbritannien durch ein Gesetz aus dem Jahr 1780 eingeführt worden. Allerdings wurden in den Großstädten schon seit etwa 1910 stillschweigend Ausnahmen zugelassen.

Im vollbesetzten Unterhaus war der in der Öffentlichkeit lebhaft diskutierte Gesetzentwurf heftig umstritten. Die Fronten für und gegen eine Beendigung der strikten Sonntagsruhe gingen quer durch die Fraktionen, zumal die Parteiführer ihren Abgeordneten die Entscheidung bei der Abstimmung über diese Vorlage freigegeben hatten.

Gegen die Milderung der Sonntagsruhe wurden vor allem moralische und religiöse Motive vorgebracht, während die Befürworter, darunter der Konservative Arthur Neville Chamberlain, auf die schon länger bestehende Praxis verwiesen, der jetzt durch das Votum des Unterhauses nur noch eine Rechtsgrundlage gegeben werden müsse.

Weiterhin am Sonnabend: Das englische Cup-Finale

Für Sonntagsheiligung: 1,5 Mio. Unterschriften

April 1931

Portugal wird von Unruhen erschüttert

30. April. Die Regierung in Lissabon erklärt offiziell den Aufstand auf Madeira und auf den Azoren für beendet. Die Unruhen hatten sich zu einer ernsten Bedrohung für die Stabilität Portugals entwickelt.

Die Auseinandersetzungen hatten zu Jahresbeginn von Madeira ihren Ausgang genommen: Nachdem bereits das Eintreffen von 300 dorthin aus Lissabon deportierten politischen Gefangenen, darunter zahlreiche Offiziere, für Unruhe gesorgt hatte, führte die Erhöhung des Brotpreises am 6. Februar zum Streik. Die Regierung hatte für die Versorgung der Inselbevölkerung mit Getreide einigen Lieferanten ein Monopol eingeräumt, was diese zu Preisanhebungen ausnutzten.

Um die Lage zu beruhigen, wurde ein Militärgouverneur mit einer mehrere hundert Mann starken Ordnungstruppe nach Madeira entsandt. Doch die Soldaten verbündeten sich mit den Aufständischen; am 5. April wurde der Gouverneur verhaftet. Eine revolutionäre Militärjunta unter Führung deportierter Offiziere übernahm die Macht in der Inselmetropole Funchal und appellierte an den Völkerbund, Madeira als konstitutionelle Republik Atlantida anzuerkennen. Daraufhin ver-

Aufstellung von Feldgeschützen zur Verteidigung gegen eine Invasion von Truppen der regulären portugiesischen Armee durch die von deportierten Offizieren geführten Putschisten in der Madeira-Metropole Funchal

hängte die Regierung von Domingos de Costa Oliveira am 6. April den Kriegszustand über Madeira und die Azoren, wo gleichfalls die Soldaten gegen die Regierung revoltierten. Mit einer Blockade sollten die Aufständischen auf Madeira ausgehungert werden. Darüber hinaus wurden Kriegsschiffe ausgesandt, die mit der Drohung von Waffengewalt die Aufrührer auf den Inseln zum Aufgeben nötigten.

Das in den ersten Jahren des Jahrhunderts als unruhigstes Land Europas geltende Portugal hat seit Übernahme der Macht durch General António Oscar de Fragoso Carmona im Juli 1926 an Stabilität gewonnen. Entscheidenden Anteil am wirtschaftlichen Aufschwung Portugals hat die rigide Sparpolitik des 1928 mit weitgehenden Vollmachten zum Finanzminister berufenen António de Oliveira Salazar.

Staat und Kirche in Litauen entzweit

15. April. Der litauische Diktator Antanas Smetona verweigert dem aus Rom nach Kowno zurückgekehrten päpstlichen Nuntius den traditionellen Empfang. Damit spitzen sich die seit längerem gespannten Beziehungen zwischen Litauen und dem Vatikan erneut zu.

Mit Hilfe des nach heftigem Widerstand der litauischen Regierung zustande gekommenen Konkordats vom 10. Dezember 1927 versucht die katholische Geistlichkeit, ihren Einfluß zu erweitern. Auf ihrer Seite stehen die Christlichen Demokraten, die ebenso wie die Kirche eine Annäherung an Polen befürworten, was Smetona und die ihn stützende Nationalistenpartei Tautininkai, u. a. wegen des Dauerstreits um den Grenzverlauf bei Wilna, ablehnen.

Am 11. Januar 1931 waren vier Pfarrer sowie neun katholische Studenten der Universität unter dem Vorwurf der hetzerischen Propaganda gegen die Regierung verhaftet worden. Die Spannungen zwischen Staat und katholischer Kirche waren auch durch einen Brief von Papst Pius XI. an die litauischen Geistlichen verschärft worden, der sie ermuntert hatte, sich nicht einschüchtern zu lassen.

Komintern gegen Brüning und die SPD

24. April. In Moskau endet nach mehrwöchiger Dauer das XI. Plenum des Exekutiv-Komitees der Kommunistischen Internationale (EKKI). In mehreren Resolutionen wird die Agitierung der Arbeiterschaft und die Vorbereitung zum Sturz des kapitalistischen Systems gefordert, dessen Voraussetzung in zahlreichen kapitalistischen Ländern gegeben sei.

Neben der Kampfansage an die Sozialdemokratie als einer »sozialen Hauptstütze der Diktatur der Bourgeoisie« fordert die Konferenz von den Kommunisten im Deutschen Reich den Kampf gegen die »Brüning-Diktatur« als der »Regierung der Durchführung der faschistischen Diktatur« (→ 17. 1./S. 17). Darüber hinaus werden die Stärkung und Entwicklung der revolutionären Gewerkschaften verlangt (→ 1. 1./S. 14). Nach offiziellen Angaben haben die Parteien der Komintern 2,5 Millionen zahlende Mitglieder.

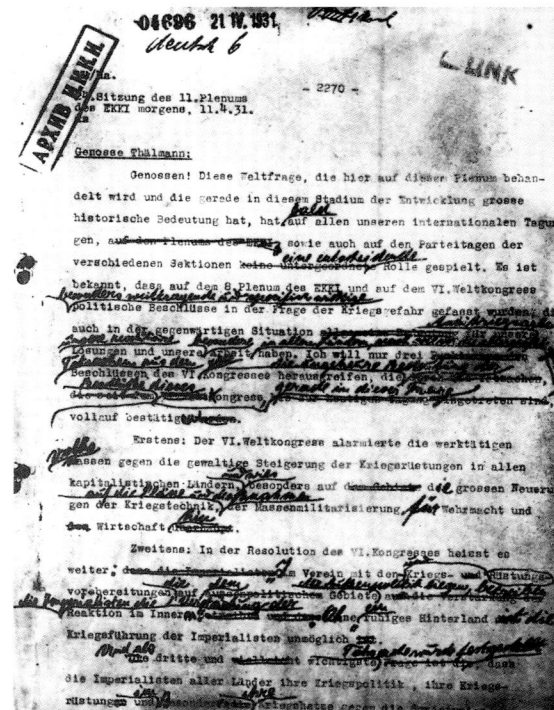

Korrigiertes stenographisches Protokoll mit dem Beginn der Rede des KPD-Vorsitzenden Ernst Thälmann auf der Morgensitzung des XI. Plenums des Exekutivkomitees der Kommunistischen Internationale am 11. April; Thälmanns Referat befaßt sich u. a. mit den angeblichen Kriegsvorbereitungen in den kapitalistischen Staaten gegen die Sowjetunion und der »kraftvollen Mobilisierung der werktätigen Massen« gegen diese Aggression, ein immer wiederkehrendes Thema in der Propagandaarbeit der KPD

Belgischer Lehrer in Italien verhaftet

15. April. Vor der italienischen Abgeordnetenkammer in Rom gibt die Regierung erstmals Einzelheiten zur Verhaftung des belgischen Gymnasiallehrers Jean Moulin bekannt, die in Brüssel zu erregten Demonstrationen vor der italienischen Botschaft geführt hatte.

Aus der Erklärung des Innenministeriums geht hervor, daß sich Moulin nach Erkenntnissen der Polizei mehrfach von seiner Reisegruppe getrennt und Kontakt mit Oppositionellen aufgenommen hatte. Außerdem seien bei Moulin ein Koffer mit doppeltem Boden, offenbar zum Einschmuggeln von Propagandamaterial, sowie Notizen über die Lage von Polizeikasernen, über die Wohnung von Ministerpräsident Benito Mussolini in Rom und über politische Zwischenfälle in Rom und Legnano bei Mailand gefunden worden. Am 2. September wird Moulin zu zwei Jahren Haft verurteilt.

April 1931

Berliner SA-Führer Stennes gegen Hitler

1. April. Nach Auseinandersetzungen mit NSDAP-Führer Adolf Hitler über die von Hitler offiziell vertretene sog. Legalitätspolitik wird Hauptmann a. D. Walther Stennes als Stellvertreter Ost des Obersten SA-Führers durch den Stabschef der SA, Ernst Röhm (→ 5. 1./S. 12), abgesetzt. In der norddeutschen SA führt die Absetzung zu Widerspruch.

Die NSDAP-Führung gibt offiziell bekannt, daß Stennes in der augenblicklichen Lage auf seinem exponierten Posten nicht länger tragbar gewesen sei. Sein Nachfolger wird Oberleutnant a. D. Paul Schulz, der wegen Beteiligung an den Fememorden der »Schwarzen Reichswehr« 1927 zum Tode verurteilt, 1929 aber gegen Kaution freigelassen und 1930 begnadigt worden war.

Auf die Nachricht von der Stennes-Absetzung hin wird das Parteigebäude der Berliner NSDAP in der Hedemannstraße bis zum 3. April von mehreren hundert SA-Männern besetzt, um Stennes' Nachfolger am Betreten zu hindern. Die SS-Wachen werden mit Gewalt vertrieben.

Stennes veröffentlicht am 2. April im Berliner NSDAP-Blatt »Der Angriff« eine Erklärung, in der er den »Treubruch Hitlers« brandmarkt und die SA-Verbände in Mecklenburg, Pommern, Brandenburg-Ostmark, Schlesien und Berlin zur Rebellion aufruft. Stennes erklärt: »Die politische Leitung der NSDAP in München hat sich von den Idealen abgewandt, für die Tausende der besten SA-Leute ihr Leben eingesetzt haben. Die revolutionäre Schwungkraft der SA ist durch die politische Leitung der NSDAP mit bürgerlich-liberalistischen Tendenzen durchsetzt worden.«

Am 2. April erneuert Hitler die bereits am 30. Juni 1930 dem NSDAP-Gauleiter von Berlin-Brandenburg, Joseph Goebbels, erteilte Generalvollmacht zur notwendigen Säuberung der Partei und der SA von »linken« Elementen. Allerdings zählte Goebbels bisher zu den Vertrauten von Stennes, der noch am 2. April aus der NSDAP ausgeschlossen wird. Goebbels wird von Stennes wegen seiner »Doppelrolle« heftig attackiert und gilt in seiner Stellung fortan als geschwächt.

Am 3. April erklärt Hitler im »Völkischen Beobachter«, in der SA sei ein Komplott geschmiedet worden, das »zu einer schweren, ja vielleicht endgültigen Niederlage« für die NSDAP hätte führen können. Zu den Meinungsverschiedenheiten über die Legalitätspolitik erklärt Hitler, wer heute einen offenen Bürgerkrieg wolle, der versündige sich an den »jungen Kämpfern« der SA.

Die rebellischen SA-Führer werden abgesetzt und mehrere hundert Berliner Parteimitglieder ausgeschlossen. Die streitenden Parteien überziehen sich gegenseitig mit Beleidigungen. Da es ihm nicht gelingt, die Hitler-Gruppe zu stürzen, gründet Stennes am 30. April die Nationalsozialistische Kampfbewegung Deutschlands, die aber nicht zu einer Sammlungsbewegung enttäuschter Hitler-Anhänger wird.

Joseph Goebbels auf dem Weg ins Gerichtsgebäude in Berlin-Moabit

Goebbels ständig auf der Anklagebank

29. April. Der Berliner NSDAP-Gauleiter Joseph Goebbels wird von der zweiten Strafkammer des Landgerichts Berlin III wegen Beschimpfung der Reichsregierung zu 1000 Reichsmark Geldstrafe verurteilt. Es ist nicht das erste Urteil gegen Goebbels, der laufend wegen Beleidigungen vor Gericht zitiert wird.

Im Berliner NSDAP-Organ »Der Angriff« hatte Goebbels am 29. Dezember 1929 die Mitglieder der damaligen Reichsregierung als »Verräter am Volk, Büttel der Weltfinanz und Überläufer nach Frankreich« be-

Der 51jährige Bernhard Weiß, als Stellvertreter von Albert Grzesinski Vizepräsident der Berliner Polizei

zeichnet. Der Staatsanwalt hatte sechs Monate Haft gefordert, das Gericht erkennt auf Geldstrafe, weil Goebbels zum damaligen Zeitpunkt noch nicht vorbestraft war.

Am 14. April war Goebbels vom Schöffengericht Berlin-Mitte wegen Aufreizung zum Ungehorsam – Verstoß gegen ein 1929 verhängtes Uniformverbot – zu 200 RM Geldstrafe und wegen Beleidigung des von Goebbels stets als »Isidor« bezeichneten Berliner Polizeivizepräsidenten Bernhard Weiß zu 1500 RM Geldstrafe verurteilt worden.

Streit in der NSDAP um die »Legalitätspolitik«

Der Stennes-Putsch ist das Ergebnis lange schwelender Machtkämpfe in der NSDAP um persönlichen Einfluß und den Weg zur angestrebten Machtübernahme. SA-Führer Walther Stennes hatte mehrfach Adolf Hitlers Führungsanspruch und die »Bonzokratie« in der Partei kritisiert und sich für eine rasche Revolution und damit gewaltsames Vorgehen ausgesprochen. Hinter ihm steht die Berliner SA, die seit 1929 viel Zulauf von Arbeitslosen erhalten hat, die auf eine Durchsetzung der Forderungen nach »Abschaffung der Zinsknechtschaft« hoffen. Hitler hat jedoch andere Pläne: Nachdem die NSDAP nicht zuletzt dank der SA zum innenpolitischen Machtfaktor geworden ist, versucht er sich durch vertrauliche Kontakte sowohl mit Reichskanzler Heinrich Brüning als auch mit Großindustrie und Reichswehr den Weg zur Regierungsbeteiligung zu bahnen. Um eventuelle Bündnispartner nicht zu schrecken, besteht er offiziell auf strikter Legalität (→ 10. 2./S. 33).

Stadtoberhaupt in Berlin neu gewählt

14. April. Mit 110 der abgegebenen 209 gültigen Stimmen wählt die Berliner Stadtverordnetenversammlung den von Bürgerlichen und SPD unterstützten Heinrich Sahm zum Oberbürgermeister.

Zu Bürgermeistern werden Fritz Elsas (Deutsche Staatspartei) und der frühere Stadtsyndikus Friedrich Lange (SPD) gewählt. Der als gemäßigt rechts geltende Sahm, früherer Oberbürgermeister (1919/20) und Senatspräsident (1920–1930) von Danzig, ist Nachfolger des 1929 wegen Korruptionsvorwürfen zurückgetretenen Gustav Böß. In der Zwischenzeit hatte Arthur Scholtz (DVP) die Amtsgeschäfte geführt.

Frick nicht mehr Minister

1. April. Der Landtag von Thüringen billigt mit 29 gegen 22 Stimmen die Mißtrauensanträge der SPD gegen die NSDAP-Regierungsmitglieder Wilhelm Frick und Willy Marschler. Für die Amtsentfernung votieren auch die Deutsche Volkspartei, die Staatspartei und die KPD.

Die von Landbund, der DVP und der Wirtschaftspartei gestellten Regierungsmitglieder bleiben im Amt. Am 13. März hatte die DVP die Koalition mit der NSDAP aufgekündigt. Vor allem die rigoros rechtsradikale Politik von Frick hatte den Koalitionsbruch herbeigeführt (→ 10. 1./S. 26).

Der am 12. März 1877 geborene Jurist Wilhelm Frick ist seit 1924 Mitglied der NSDAP-Reichstagsfraktion und seit 1928 deren Vorsitzender, war seit dem 13. Januar 1930 thüringischer Minister für Inneres und Volksbildung und damit der erste NSDAP-Landesminister.

Willy Marschler (NSDAP), geboren am 12. August 1893, gehörte seit dem 13. Januar 1930 als Staatsrat für Weimar der thüringischen Regierung an. Im Jahr 1924 wurde Marschler als Abgeordneter der Nationalsozialisten Mitglied des Landtags von Thüringen.

April 1931

Ausweitung des Exports in die UdSSR

14. April. Eine Delegation des Obersten Volkswirtschaftsrates der UdSSR und Vertreter der deutschen Industrie unterzeichnen in Berlin ein Rechnungsabkommen über deutsche Lieferungen in die UdSSR. Im Zuge ihres ersten Fünfjahrplans (1928–1932) kauft die UdSSR im Ausland, vor allem im Deutschen Reich, Investitionsgüter im Wert von mehreren Milliarden Reichsmark. Dies sichert bei den beteiligten Firmen Arbeitsplätze. Von Februar bis März besuchte eine Delegation deutscher Industrieller die UdSSR. Die Teilnehmer zeigten sich beeindruckt von den wirtschaftlichen Möglichkeiten und plädierten für eine Erfüllung der sowjetischen Kreditwünsche. Zugleich begann ein intensives Werben um die »Russenaufträge«.

Das Abkommen sieht vor, daß die UdSSR an deutsche Firmen zwischen dem 15. April und dem 31. August 1931 über den Rahmen des bisherigen Geschäftsumfangs hinausgehende Lieferaufträge im Gesamtwert von rund 300 Millionen Reichsmark (RM) erteilt.

Allerdings haben die Sowjets dafür überaus günstige Kreditbedingungen ausgehandelt. Die Zahlungsfristen werden je nach Größe und Eigenart der Projekte gestaffelt und liegen in der obersten Staffel im Durchschnitt bei 28,8 Monaten. 20% aller Aufträge werden bei der Bestellung durch Wechsel gedeckt, die im frühesten Fall 13 Monate und im längsten Fall 27 Monate nach Ablieferung fällig werden.

Der deutschen Industrie ist diese langfristige Kreditgewährung durch die Zusagen der Deutschen Golddiskontbank und eines Bankenkonsortiums sowie durch die 70% Ausfallbürgschaft des Reiches und der Länder ermöglicht worden. Handelt es sich z. B. um ein Zahlungsvolumen von 100 000 RM, so kann die betreffende deutsche Firma Wechsel über 70 000 RM bei der Golddiskontbank einreichen und erhält die Summe vorgeschossen, während der Wechsel über die restlichen 30 000 RM bis zur Fälligkeit aufbewahrt werden muß. 1931 fließen 7,9% des deutschen Exports in die Sowjetunion; 1930 waren es nur 3,6%. Insgesamt bestellen die Sowjets 1931 im Deutschen Reich Waren im Wert von 919,3 Millionen RM. Aufträge über 763 Millionen RM werden noch 1931 abgewickelt.

»Der rote Handel lockt«
In seinem aufsehenerregenden Buch »Der rote Handel lockt« (Originaltitel »Fighting the red trade amace«), das 1931 beim Verlag Ernst Rowohlt in Berlin herauskommt, und in dem Nachfolgewerk »Der rote Handel droht« (Abb.; Titelseite) analysiert der US-amerikanische Journalist Hubert Renfro Knickerbocker die Chancen und Gefahren einer wirtschaftlichen Kooperation mit der Sowjetunion. Knickerbocker befaßt sich auch mit der aktuellen Politik und führt ausführliche Interviews mit NSDAP-Führer Adolf Hitler.

Alternative für das Studium: Lehrlinge am Kaiser-Wilhelm-Institut

Abiturienten trotz Krise optimistisch

5. April. Die Berliner »Vossische Zeitung« veröffentlicht die Antworten von sieben der über 50 000 deutschen Primanerinnen und Primaner, die Ostern 1931 die Schule verlassen, auf die Frage nach ihren Berufsplänen. Trotz der düsteren Zukunftsaussichten (→ S. 16) beweisen die Antworten nach Ansicht des Blattes, daß die Befragten »Jugend, Ehrgeiz, Idealismus und Gleichmut genug haben, um trotz aller Pessimisterei ringsum unbekümmert zu starten«.

Der Abiturient Eugen Gerstenmaier von der Eberhard-Ludwigs-Schule in Stuttgart begründet die Neigung zum Pfarrerberuf mit der Bedrohung der geistig-seelischen Werte durch den technisch-wissenschaftlichen Fortschritt. Der Pfarrer sei berufen, »Helfer nicht der Weltflüchtigen, sondern derer zu sein, die im Kampfe des Tages stehen«.

Lisa Barth von der Kölner Merlo-Merissen-Schule will Dolmetscherin werden, da dieser Beruf der »modernen, berufstätigen Frau ein geeignetes Betätigungsfeld bietet«. Andere Berufswünsche sind Arzt und Studienrat. Die Antwort von Heinz Lüschen (Karl-Marx-Schule in Berlin-Neukölln) macht die Lage von Abiturienten aus Arbeiter- und Angestelltenfamilien deutlich, die aus finanziellen Gründen schnell eine Stelle finden müssen. Weder eine Bewerbung als Eisenbahnanwärter – 500 Bewerber auf zehn offene Stellen – noch die Suche nach einer kaufmännischen Lehrstelle bei Monatsgehältern von 27 bis 35 Reichsmark war erfolgreich.

Kirche billigt Staatsvertrag mit Preußen

22. April. In öffentlicher Schlußsitzung nimmt die Generalsynode der evangelischen Kirche der altpreußischen Union in Berlin mit 166 gegen 47 Stimmen den Kirchenvertrag mit Preußen an. Mit der Billigung durch die wichtigste der acht protestantischen Landeskirchen in Preußen steht der Unterzeichnung des Vertrags nichts mehr im Weg. Sie erfolgt am 11. Mai in Berlin.

Damit ist die von den evangelischen Landeskirchen in Preußen angestrebte offizielle Vereinbarung mit dem Staat vollzogen, nachdem Preußen zuerst der römisch-katholischen Kirche – durch den Vertrag vom 14. Juni 1929 – ihre rechtliche Stellung garantiert hatte.

Der Vertrag besteht aus 13 Artikeln und einem Schlußprotokoll. Der Staat garantiert die Freiheit der Glaubensausübung und gewährt den Kirchen eine jährliche Dotation von 4,95 Millionen Reichsmark. Zu innerkirchlichen Auseinandersetzungen führten die politischen Einspruchsrechte, die sich Preußen in dem Kirchenvertrag bei der Verwendung der staatlichen Zuschüsse und der Ernennung höherer kirchlicher Verwaltungsposten gesichert hat.

Friedrich Winckler (1856), Präses der Preußischen Generalsynode*

Preußens Kultusminister Adolf Grimme (31. Dezember 1889)*

April 1931

Mode 1931:
Wirtschaftskrise zwingt auch die Haute Couture zum Sparen

Die Weltwirtschaftskrise wirkt sich spürbar auch auf die Mode aus. Von »größter Einfachheit« und »Unaufdringlichkeit«, selbst bei Kleidern für den Kurort oder für den Rennplatz, ist die Rede. Auch die Haute Couture muß sparen, was weniger an den Schnitten als vielmehr an den Materialien sichtbar wird. So zeigt Gabrielle Chanel eine Kollektion aus 35 baumwollenen Abendkleidern. Kunstseide und Jersey, Chanell-Jersey genannt, werden am häufigsten verarbeitet. Selbst die elitäre Pariser Modezeitschrift »Vogue« bietet Schnittmuster an. Demgegenüber gaukeln die 1931 produzierten Hollywood-Filme höchsten Luxus vor, der aber nur wenigen vorbehalten bleibt.

Die neuesten Kreationen werden auf »Rennbahn-Modeschauen« von Mannequins vorgestellt. Dafür sind viele Modelle mit großen Initialen des betreffenden Modeschöpfers versehen. Am meisten beachtet werden Modelle mit Anklängen an die Mode von 1900. Das Haus Worth in Paris bringt im Frühjahr zweierlei Kollektionen heraus, »eine für die junge und eine für die ältere Dame«. Beide Altersgruppen trugen bisher die gleichen Modelle, »was nicht immer vorteilhaft war«.

Strenge und Biederkeit lassen sich in der Mode für jedermann nicht mehr verleugnen. Für den Tag sind Kostüme und Jackenkleider am meisten gefragt, denn »in der heutigen Zeit ist die Dame ohne Jacke nicht vollständig bekleidet. Das Sommerkleid mit kurzem Ärmel verschwindet mehr und mehr aus dem Stadtbild und wird nur dort getragen, wo es wirklich am Platze ist: Beim Sport, draußen im Grünen, beim Wochenende und am Strand, ansonsten wird es durch ein Bolero oder eine vorne gebundene Blusenjacke ergänzt.« Das Bolero ist kragenlos, während alle anderen Jackenformen ein betont breites Revers, meist mit hellem Pikee oder Organdy belegt, aufweisen. Mäntel sind in einer strengen Herrenfasson gehalten, allenfalls mit einem Pelzkragen zur Auflockerung.

Bei den Hüten sind die extravaganten, strengen Toquebaretts aus der Mode gekommen zugunsten weicher Glockenformen. Bei solchen Hüten wird die Krempe auf einer Seite aufgeschlagen und mit einem Pfeil, einer Feder oder einer Rosette befestigt. Dadurch ergibt sich eine flotte asymmetrische Form mit einer einseitig längeren Krempe. Im Sommer sieht man wieder viele breitkrempige Hüte. Bei den Schuhen wird der weit ausgeschnittene Pumps in sehr ansprechenden Kombinationen von Kalbs-, Antilopen- und Reptilleder favorisiert.

Kleine familiäre Feste werden spektakulären öffentlichen Auftritten vorgezogen, weshalb das große Abendkleid hinter das »häusliche Gesellschaftskleid« zurücktritt. Dieses ist betont einfach, hat meist lange Ärmel und ein mäßiges Dekolleté, das mit schalähnlichen Drapierungen oder einem breiten, mit Pikee besetzten Revers aufgelockert ist. Selbstgemachte Handarbeiten wie Spitzenaufputz und Stickereien sollen die hausfraulichen Fähigkeiten der modebewußten Dame unterstreichen. Weite Hosenkleider sprechen für den Hang zum Praktischen und Gemütlichen. Nur das große, bodenlange Abendkleid weist ein tiefes und breites Rückendekolleté auf.

Vorschläge für bequeme Arbeitskleidung für Haus und Garten sowie Anleitungen für Selbstgestricktes nehmen in den Frauenzeitschriften deutlich zu. Die Hose ist nicht mehr nur bei der emanzipierten Frau (»Garçonne«) anzutreffen: Overalls und Trägerhosen mit sehr weiten Beinen werden sowohl für die Hausfrau als auch als bequeme sommerliche Freizeitkleidung vorgeschlagen.

Die US-Amerikaner entdecken den »Amphibian Chic« und meinen damit die Eleganz an Wasser und Strand. Strandkleidung besteht auch in Europa aus dünnen Strandpyjamas sowie Jacken und Mäntel aus Frottee als Ergänzung zu den Badeanzügen. Diese – neuerdings mit tiefen Rückendekolletés – »wiesen zwischen der Sonne und dem Rücken nichts als die schmalen Trägerstreifen auf«. Andererseits jedoch reicht der Beinansatz des Badekostüms bis an den Oberschenkel. Die Badeanzüge sind aus Wolle oder Jersey, mit flotten graphischen Mustern in bevorzugtem Zitronengelb. Das ganze wird durch einfallsreichen Modeschmuck wie einer Halskette aus rosa Kunststeinen und rosa Kügelchen aus rauhem Gummi sowie einem Gürtel aus Gummi ergänzt.

Auch die Tenniskleidung reagiert spontan auf die fraulichere Modesilhouette, gleicht sich den körperbetonten Tageskleidern an, erhält »abendähnliche« Ausschnitte und wird wadenlang. Weitaus sportlicher dagegen wirken Tennisshorts und Polohemd.

Auch der Herr ist auf einen figurbetonten Schnitt seiner Kleidung bedacht. Jackett und Mantel sind auf Taille gearbeitet, eng um die Hüften gehalten und unterstreichen durch Polsterung der Achseln die breiten männlichen Schultern. Die Revers fallen sehr breit und kurz aus, um zusätzlich die Schultern zu betonen. Neben weißen werden senkrecht oder horizontal gestreifte Oberhemden modern; auch leicht getönte Hemden empfindet man als schick. Krawatten sind gepunktet oder gestreift. Die Herrenmode verspricht »weltmännische Lässigkeit«.

Neue Freizeitmode: Pyjamakleidung für Eleganz auch am Badestrand (Zeichnung der »Illustrated London News«)

April 1931

V. l.: Crêpe-de-chine-Kleid mit Jacke; Abendensemble mit Bolerojäckchen; Ensemble mit Jacke aus Crêpe Satin

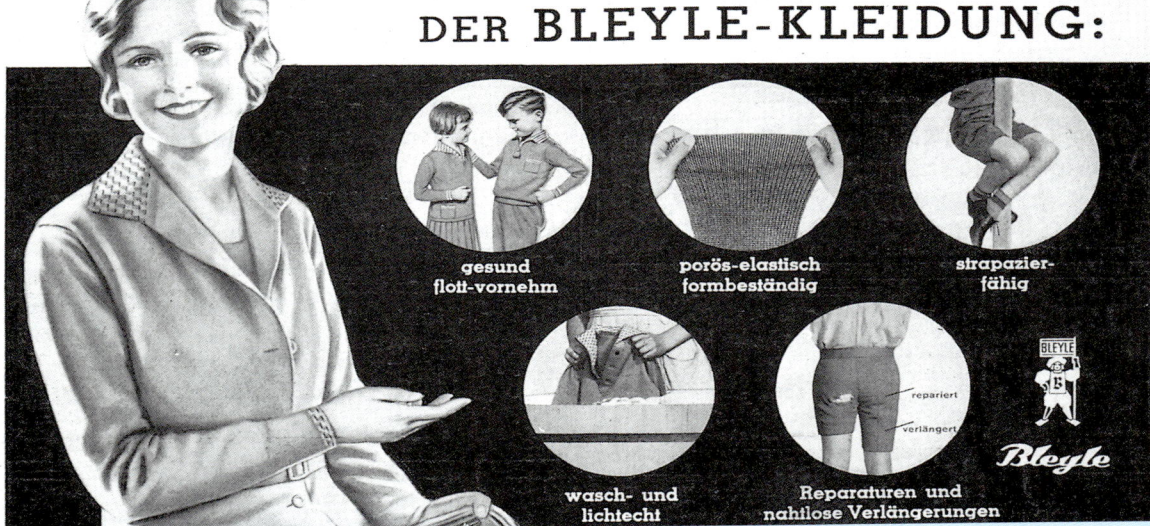

Werbeanzeige mit einem Hinweis auf die Vorzüge der strapazierfähigen und pflegeleichten Bleyle-Kleidung

Neuer Beliebtheit erfreuen sich 1931 Postillion- oder Jagdhüte

Schwarzer Strohhut mit weiß abgesetztem schwarzen Lacklederband

Breitrandiger blauer Strohhut

V. l.: Pyjama aus Rohleinen; Dreiteiliger Hauspyjama aus Crêpe de chine; Pyjama mit Brokattaille und Hosenrock

Ein haselnußfarbiger Strohhut

April 1931

Todesurteil für »Werwolf von Düsseldorf«

22. April. Das Düsseldorfer Schwurgericht verurteilt den Fuhrmann Peter Kürten wegen Mordes in neun Fällen neunmal zum Tode sowie wegen vollendeter Notzucht in zwei Fällen und acht Mordversuchen zu 15 Jahren Zuchthaus.
Wegen des Andrangs von Journalisten wurde für die Verhandlung die Turnhalle der Düsseldorfer Polizei hergerichtet. Über 150 Zeugen wurden im Verlauf des am 13. April eröffneten Sensationsprozesses vorgeladen. Der 47jährige Kürten hat u. a. wegen Brandstiftung, Diebstählen und Raubes bereits 20 Jahre in Haftanstalten verbracht.
Die ihm zur Last gelegten Mordtaten liegen zwei Jahre zurück: Zwischen Februar und November 1929 waren in Düsseldorf zwei Männer und 16 Frauen tätlich angegriffen und neun von ihnen getötet worden, darunter vier Kinder zwischen fünf und 14 Jahren. Die Düsseldorfer Mordkommission unter Mithilfe des Berliner Kommissars Ernst Gennat bearbeitete über 10 000 Spuren.
Die Ergreifung Kürtens erfolgte am 24. Mai 1930 durch Hinweise eines kurz zuvor von ihm überfallenen Mädchens und Kürtens Frau, der er die Morde gestanden hatte.
Vor Gericht verwies der geständige Kürten zur Erklärung seiner Taten auf seine sadistische Veranlagung. Die Gutachter bescheinigten ihm eine sexuelle Perversion auf psychopathologischer Grundlage, aber keine allgemeine krankhafte Störung nach § 51 Strafgesetzbuch. Am 2. Juli wird Kürten hingerichtet.

△ *Kontrolle der Besucher des Kürten-Prozesses auf ihre gültigen Einlaßkarten; der Düsseldorfer Prozeß, der wegen des großen Interesses der deutschen Öffentlichkeit und der vielen Journalisten in die Turnhalle der Schutzpolizei verlegt worden ist, findet unter den schärfsten Sicherheitsbedingungen statt*

◁ *Der 47jährige, mehrfach vorbestrafte Massenmörder Peter Kürten (M.) während seines Prozesses vom 13. bis zum 22. April in Düsseldorf; die Presse nennt ihn den »Werwolf von Düsseldorf« und den »deutschen Jack the Ripper«. Eine allgemeine Unzurechnungsfähigkeit, die ihn vor der Hinrichtung bewahren würde, wird von den vom Schwurgericht hinzugezogenen Gutachtern eindeutig verneint.*

Peter Kürten auf der Anklagebank

Die in Berlin erscheinende »Vossische Zeitung« veröffentlicht am 14. April in teilweise wörtlicher Wiedergabe die Aussagen Peter Kürtens zu seiner Person und den ihm zur Last gelegten Straftaten am ersten Verhandlungstag vor dem Schwurgericht (Auszug):

»Der Angeklagte Kürten sitzt in einer Art Kiste, den Verschlägen im Gottesdienstsaal von Zuchthäusern ähnlich, aus der nur Kopf und Schultern hervorragen. Seine Ausdrucksweise, als er mit leiser dunkelgetönter Stimme auszusagen beginnt, ist nicht unbeholfen und manchmal sogar recht gewählt ... Kürten schildert nun den dritten Mord, die Tötung des Kindes Rosa Ohliger. Wegen dieser Ermordung ist ein Schwachsinniger namens [Johann] Staußberg herangezogen worden. In ihm wollten die Zeugen den Mann erkannt haben, der das Petroleum zur Verbrennung der Kinderleiche gekauft hatte. Kürten: ›Der Fall Rosa Ohliger war am 8. Februar 1929. Ich hatte an diesem Tag eine Schere eingesteckt, und nachmittags bin ich aus meiner Wohnung gegangen. Etwa 10 Minuten von der Wohnung entfernt, traf ich ein kleines, weinendes Mädchen. Ich nahm das Mädchen an der Hand und ging mit ihm auf den Bauplatz. Zuerst hatte ich nicht die Absicht, das Kind zu töten. Auf dem Bauplatz aber ist es dann über mich gekommen. Ich erwürgte das Kind und erstach es.‹ An dem Flammenschein bei der Verbrennung der Leiche empfand er besonderes Vergnügen ... Am 11. August 1929 kam es zur Ermordung der Maria Hahn. Angeklagter Kürten: ›Ich bin planlos herumgegangen. Die Maria Hahn sprach mich an. Wir unterhielten uns und wir verabredeten uns für den darauf folgenden Sonntag. Wir haben uns auch getroffen und haben einen Ausflug gemacht nach der Gegend von Papendelle. Es kam zu einem von mir provozierten Krach, und da habe ich die Maria Hahn getötet. Ich habe die Leiche dann zunächst unter Laub verborgen. In der nächsten Nacht bin ich wieder zum Tatort gegangen und habe die Leiche beerdigt.‹«

    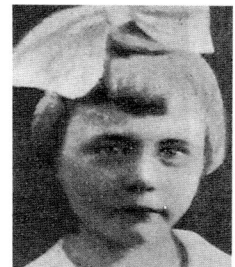

Einige Opfer der Mordserie, v. l. Rosa Ohliger, Ida Reuter, Maria Lappe, Rudolf Scheer, Gertrud Albermann; mit Ausnahme Lappes gilt jeweils Kürten als Mörder

Opfer der Düsseldorfer Mordserie von Februar bis November 1929

Von den 18 Überfällen, die Kürten zwischen Februar und November 1929 in Düsseldorf verübt hatte, endeten neun tödlich.
Nach den Ermittlungen der Polizei hatte sich Kürten an über 100 Frauen herangemacht, darunter Ehefrauen und Prostituierte. Kürten ist jedoch kein reiner Sexualstraftäter. Unter den Ermordeten war auch ein 54jähriger Invalide, der Kürten nach seinen Aussagen lediglich betrunken über den Weg gelaufen war.
Die jüngsten Opfer waren zwei fünfjährige Mädchen, die älteste Tote eine 34jährige Prostituierte. Kürten lockte seine Opfer zumeist in den Wald oder andere unbeleuchtete Orte. Zu seinen Tatwaffen zählten Schlingen, Messer und ein Hammer.

April 1931

Mit der Lufthansa schnell nach Rom

1. April. In Betriebsgemeinschaft mit der italienischen Avio Linea Italiane nimmt die Lufthansa A. G. den Flugverkehr nach Mailand und Rom auf. Angesichts der technischen Probleme, die eine Alpenüberquerung trotz neuer Möglichkeiten des »Blindfliegens« immer noch aufwirft, ist in dem zunächst auf die Sommermonate befristeten Flugplan folgendes vorgesehen: In Nord-Süd-Richtung startet das Flugzeug im Anschluß an den Berliner Schlafwagen in München und erreicht per Zwischenstop in Mailand rund sechs Stunden Rom. In umgekehrter Richtung wird im Sommer Berlin von Rom aus direkt angeflogen.

Feststoffraketen starten mit Erfolg

15. April. Vor 200 geladenen Gästen führt der Ingenieur Reinhold Tiling auf dem Ochsenmoor südlich vom Dümmersee bei Osnabrück erfolgreich seine Raketenmodelle vor. Am 13. März hatte in der Nähe von Berlin eine von dem Erfinder Karl Poggensee gestartete Feststoffrakete 450 m Höhe erreicht.
Der Rückgriff der Raketentechniker auf die scheinbar überholte Form der mit Schwarzpulver gefüllten Feststoffrakete ist Folge der großen Probleme, die sich dem Bau von größeren Raketen mit Antrieb über Flüssigbrennstoff entgegenstellen. Zwar ist auch Tiling von den Vorzügen der Flüssigbrennstoffrakete überzeugt, glaubt jedoch, daß solche Flugkörper derzeit nicht zu bauen seien. Am Dümmersee führt er mehrere mit Pulver gefüllte Flugapparate vor, von denen einer in 150 m Höhe explodiert, während andere 500 bis 750 m Höhe erreichen.
Die maximale Brennzeit der Apparate beträgt 11,2 sec; bei einer Startbeschleunigung von 40 m/sec erreichen die Flugkörper Geschwindigkeiten von bis zu 1100 km/h. Besonders beeindruckt sind die Zuschauer von dem Modell eines bemannten Raketenflugzeugs mit einer Länge von 1,5 m und einer Spannweite von 2 m. Es enthält eine Rakete von 5 cm Durchmesser und 60 cm Länge, die das Projektil innerhalb weniger Sekunden auf fast 2000 m Höhe bringt. Dann entfalten sich die Tragflächen und die Rakete gleitet zu Boden.

Die »Berliner Illustrirte Zeitung« zeigt die wagemutige Fliegerin Elly Beinhorn und Bilder ihrer abenteuerlichen Notlandung bei Timbuktu (Nordafrika)

Elly Beinhorn nach ihrem abenteuerlichem Afrikaflug wieder in Berlin

30. April. Um 17.10 Uhr landet die 23jährige deutsche Sportfliegerin Elly Beinhorn unter den Klängen des Deutschlandliedes und den Hochrufen einer vieltausendköpfigen Menge auf dem Tempelhofer Feld in Berlin. Die aus Hannover gebürtige Pilotin hat einen aufregenden Afrika-Flug hinter sich. Am 4. Januar war sie mit ihrem 40-PS-Klemm-Leichtflugzeug auf dem Flughafen Berlin-Staaken gestartet. Sie wollte über Südfrankreich und Spanien zunächst nach Casablanca und dann weiter nach Portugiesisch-Guinea, mußte jedoch rund 50 km von Timbuktu entfernt notlanden. Nachdem sie Verbindung zur Außenwelt hatte aufnehmen können, stiftete ihr die Berliner Zeitung »B. Z. am Mittag« eine Klemm D-1900 als Ersatzflugzeug.

Das siegreiche Team von West Bromwich Albion mit dem begehrten »Pott«

West Bromwich holt Cup

25. April. Vor 90 000 Zuschauern im Londoner Wembley-Stadion schlägt die Elf von West Bromwich Albion im 56. Finale des englischen Fußball-Vereinspokals den leicht favorisierten FC Birmingham 2:1 (1:0).
Tausende von Zuschauern hatten bereits ab 7 Uhr vor den Toren von Englands größter Fußball-Arena auf Einlaß gewartet. In Anwesenheit von Repräsentanten des Königshauses und Mitgliedern der britischen Regierung entwickelt sich auf dem völlig durchweichten Rasen nicht das erwartet schnelle Spiel.

Die 1:0-Führung von West Bromwich kann Birmingham kurz nach dem Wiederanpfiff ausgleichen, doch kurz darauf erzielt West-Bromwich-Mittelstürmer Walter G. Richardson mit seinem zweiten Tor den Siegtreffer.
Für West Bromwich ist es nach 1888 und 1892 der dritte Pokalerfolg im siebten Endspiel (zuletzt 1912). Der langjährige Erstligist spielt jetzt in der 2. Division (Meister 1920), Gegner FC Birmingham – zum ersten Mal in einem Endspiel – belegt lediglich den 19. Platz unter 22 Erstligaklubs.

Spieler von West Bromwich Albion, gefeiert von den begeisterten Fans

Frankreich in Paris – ist negativ: 24 Siegen stehen 58 Niederlagen und 18 Unentschieden gegenüber. Die höchsten Niederlagen gab es mit jeweils 0:9 gegen England 1909 und gegen Ungarn 1911.
9:0 ist auch das Ergebnis ihres bislang höchsten Länderspielsieges überhaupt: Bei den Olympischen Spielen in Paris am 22. April 1924 gegen die Elf aus Litauen. Bei dieser Olympiade erzielte der Schweizer Fußball seinen bisher größten Erfolg: Die »Rotjacken« zogen ins Finale ein und gewannen die Silbermedaille (0:3 gegen Uruguay), Max Abegglen war der Torschützenkönig des Turniers. Der 29jährige Stürmer von Grasshopper Zürich zählt nach wie vor zu den Stützen der Schweizer Nationalelf.

Arsenal englischer Fußballmeister

18. April. Am drittletzten Spieltag sichert sich Arsenal London mit 62:18 Punkten vorzeitig die erste englische Fußballmeisterschaft.
Die Mannschaft um die Stürmerstars David Jack und Alex James sowie Verteidiger Edward Hapgood wurde seit 1926 vom Teammanager Herbert Chapman geformt, der mit Huddersfield Town zuvor dreimal Meister geworden war. Aus der im Jahr 1925 geänderten Abseitsregel, wonach ein Angreifer nur noch zwei statt drei Spieler vor sich haben muß, um nicht abseits zu sein, zog Chapman seine Konsequenzen: Der bisher offensive Mittelläufer bewachte nun den gegnerischen Mittelstürmer, die Verteidiger decken

Tennis in allerhöchsten Kreisen populär

9. April. Der 72jährige schwedische König Gustav V. bestreitet an der Seite des französischen Spitzenspielers Henri Cochet im südfranzösischen Croix Catelan Privatspiele gegen französisches Doppel und erhält viel Beifall von den zahlreichen Schaulustigen.
Der Schwedenkönig, in Kreisen des »weißen Sports« als »Mister G.« bekannt, gilt als hervorragender Tennisspieler. Er ist der prominenteste aktive Tennisfan, aber nicht der einzige Anhänger dieses Sports im europäischen Adel.
Bei großen internationalen Tennisereignissen in den Großstädten Europas erhalten die Stars zumeist auch Einladungen zu Empfängen und Dinnerparties. Dort geben sich

Meisterschaften von England im Londoner Vorort Wimbledon, ist die Anwesenheit von Mitgliedern des Königshauses bei den Endspielen im 1922 erbauten Center Court an der Church Road schon Tradition.

April 1931

Das in drei Teile zerrissene Wrack des britischen Motorschiffes »Malabar« 26 Stunden nach der Strandung, l. einige der vielen Schaulustigen

Schiffsunglück an australischer Küste lockt über 150 000 Schaulustige an

2. April. Gegen 7 Uhr läuft das britische Motorschiff »Malabar« (4852 t) kurz vor Miranda Point am Nordende der Long Bay unweit von Sydney (Australien) auf ein Riff. Die »Malabar« kam aus Melbourne und hatte Singapur als Zielhafen. Nachdem die Passagiere das Schiff verlassen haben und eine Bergung als aussichtslos erscheint, geht auch die Mannschaft fünf Stunden nach der Havarie von Bord. Bis zum Morgen des folgenden Tages bricht das Schiff durch die Gewalt der auflaufenden Wellen in drei Teile auseinander. Von der Nachricht angelockt, versammelt sich eine mindestens 150 000 Menschen zählende Volksmenge am Ufer, um das sterbende Schiff zu sehen. Sandwich-Verkäufer und Imbiß-Buden sorgen für Beköstigung, zahlreiche Musiker liefern einen unterhaltsamen Rahmen für das ungewöhnliche Schauspiel.

Kein Prozeßerfolg für Otto Klemperer

20. April. Vor dem Arbeitsgericht Berlin wird die Klage des Dirigenten Otto Klemperer gegen den preußischen Staat kostenpflichtig abgewiesen. Bei dem Prozeß mit einem Streitwert von 45 000 Reichsmark ging es um eine Beschäftigung Klemperers an der Deutschen Staatsoper Unter den Linden. Klemperer leitet seit 1927 die Krolloper, die nach dem Willen des preußischen Landtages geschlossen werden soll (→ 25. 3./S. 55). Aufgrund einer Klausel in Klemperers Arbeitsvertrag, die ihm die »Stellung eines amtierenden Generalmusikdirektors im vollem Umfang« garantiert, verlangt Klemperer bei einem in Aussicht gestellten Wechsel an die noch verbliebene »Lindenoper« die damit verbundenen Rechte. Allerdings ist an diesem Opernhaus zumindest noch bis 1932 der seit 1923 mit großem Erfolg wirkende österreichische Dirigent Erich Kleiber als amtierender Generalmusikdirektor tätig. Der Preußische Generalintendant Heinz Tietjen war nicht bereit, Klemperers Ansprüche anzuerkennen oder ihm Zusagen für eine solche Tätigkeit im Jahr 1932 zu machen.

Polemik gegen die »Arbeiterdichter«

14. April. In der Zeitschrift »Die Weltbühne« veröffentlicht der Schriftsteller Erik Reger (eigentl.

Großer Sieg für Caracciola

12. April. In einer Gesamtzeit von 16:10,10 h bei einem Stundendurchschnitt von 101,147 km/h gewinnen die Deutschen Rudolf Caracciola/ Rennen Mille Miglia. Am Ziel der über 1630 km führenden »Tausend Meilen« mit Start und Ziel in Brescia über Bologna, Florenz, Rom, An-

Eine Mischung aus Dietrich und Garbo

30. April. »Eine Kreuzung zwischen Greta Garbo und Marlene Dietrich?« Mit dieser Frage stellt die »Leipziger

Mai 1931

Mo	Di	Mi	Do	Fr	Sa	So
				1	2	3
4	5	6	7	8	9	10
11	12	13	14	15	16	17
18	19	20	21	22	23	24
25	26	27	28	29	30	31

1. Mai, Freitag

Im Deutschen Reich finden die Maifeiern der Arbeiterparteien statt. In Spanien ist der 1. Mai erstmals Feiertag. → S. 85

Das New Yorker Empire State Building, mit einer Höhe von 381 m und 102 Stockwerken das höchste Gebäude der Welt, wird eingeweiht. → S. 82

Die Deutsche Lufthansa A. G. nimmt den regelmäßigen Flugbetrieb zwischen München und Venedig auf (→ 1. 4./S. 75).

2. Mai, Samstag

Ernst Rüdiger Fürst Starhemberg wird als Bundesführer der Heimwehr in Österreich von Walter Pfrimer abgelöst, dem Landeskommandanten der Heimwehr für die Steiermark. → S. 86

Im Beisein von Staatspräsident Ignacy Mościcki wird in Kattowitz der 10. Jahrestag des Beginns des dritten polnischen Aufstands in Oberschlesien begangen. Der Kampf gegen die Deutschen endete nach drei Wochen mit der Niederlage der Freischärler (→ 21. 1./S. 19).

Der Vorstand der I. G. Farbenindustrie A. G. in Frankfurt am Main teilt mit, daß trotz des gesunkenen Reingewinns von 95,16 Millionen Reichsmark (zuvor 110,11 Millionen RM) für das Geschäftsjahr 1930 wie in den drei Jahren zuvor eine Dividende von 12% gezahlt wird.

3. Mai, Sonntag

Bei den Landtagswahlen in Schaumburg-Lippe (33 861 Stimmberechtigte) bleibt die SPD mit 44,6% der Stimmen und sieben (vorher acht) Mandaten stärkste Partei vor der NSDAP mit 27,0% der Stimmen und vier der 15 Mandate (→ 15. 11./S. 189).

In der ersten Runde des Davispokals unterliegt das ohne den vom Deutschen Tennis-Bund gesperrten Spitzenspieler Daniel Prenn antretende deutsche Team gegen Südafrika in Düsseldorf 0:5.

Vor 40 000 Zuschauern spielen die Fußballteams von Ungarn und Österreich in Wien 0:0. Von den 67 Ländertreffen hat Ungarn 30 gewonnen, Österreich konnte 22 Begegnungen für sich entscheiden. Das Torverhältnis lautet 144:133 zugunsten Ungarns (→ 24. 5./S. 95).

4. Mai, Montag

In einem geheimgehaltenen Gespräch in Berlin mit Repräsentanten der evangelischen Landeskirchen versichert der NSDAP-Reichstagsabgeordnete Franz

Die Große Türkische Nationalversammlung in Ankara wählt Mustafa Kemal Pascha (seit 1923 im Amt) erneut für vier Jahre zum Staatspräsidenten. → S. 86

Das US-Schatzamt beziffert das Haushaltsdefizit der USA im Rechnungsjahr 1930/31 auf 903 Millionen US-Dollar (etwa 3,8 Milliarden Reichsmark).

Die chinesische Zentralregierung in Nanking setzt ein 1929 erlassenes Dekret über die Aufhebung der fremden Gerichtsbarkeit in China vorzeitig in Kraft und begründet dies mit der Unnachgiebigkeit einzelner Staaten, vor allem Großbritanniens, bei den Verhandlungen über ein Ende der von diesen Staaten seit dem 19. Jahrhundert in China ausgeübten Exterritorialität.

5. Mai, Dienstag

Die deutsche Reichsregierung senkt die Einfuhrzölle für Weizen und Spelz, um damit einer Anhebung der Brotpreise entgegenzuwirken. → S. 84

Vor dem preußischen Landtag wendet sich Ministerpräsident Otto Braun (SPD) gegen das Stahlhelm-Volksbegehren zur Landtagsauflösung und erklärt, vor allem in den Ostgebieten sei beim Sammeln der für den Erfolg des Volksbegehrens nötigen Unterschriften erheblicher wirtschaftlicher Druck ausgeübt worden (→ 31. 5./S. 84).

Zum Beginn seiner bis zum 16. Mai dauernden Frankreichreise spricht der deutsche Schriftsteller Thomas Mann im Straßburger Konservatorium über »Die geistige Situation der Zeit«.

6. Mai, Mittwoch

Der Ältestenrat des Reichstags lehnt die von der KPD wegen der Brotpreisfrage (→ 5. 5./S. 84) verlangte Einberufung des Parlaments ab.

Der Preußische Disziplinarhof erklärt die Betätigung eines Beamten in der NSDAP zu einem Dienstvergehen, da diese Partei unter ihrem Führer Adolf Hitler »den Umsturz der bestehenden Staatsordnung auf dem Wege der Gewalt« beabsichtige (→ 10. 2./S. 33; S. 70).

In Wien unterstreicht Außenminister Johannes Schober das Festhalten seiner Regierung an der geplanten Zollunion mit dem Deutschen Reich (→ 19. 3./S. 48) und erklärt, Österreich habe am meisten unter der Folgenlastigkeit Europas nach dem Weltkrieg 1914 bis 1918 gelitten.

Die UdSSR und Litauen erneuern ihren Nichtangriffspakt vom 28. September 1926, in dem die UdSSR u. a. die polnische Okkupation Wilnas 1919/20 für unrechtmäßig erklärt.

In einer Rede vor ausländischen Bankiers in Washington nennt US-Finanzminister Andrew W. Mellon eine Herabsetzung der internationalen Kriegsschulden ab (→ 20. 6./S. 100).

7. Mai, Donnerstag

Wegen Beschimpfung der Republik verbietet der Berliner Polizeipräsident Albert Grzesinski (SPD) für 14 Tage das Erscheinen des KPD-Zentralorgans »Die Rote Fahne«.

In Washington informiert der US-Botschafter in Berlin, Frederic M. Sackett, US-Präsident Herbert Hoover über die deutschen Wünsche nach Senkung der Reparationen (→ 20. 6./S. 100).

8. Mai, Freitag

Vor dem Landgericht in Berlin-Moabit bekräftigt NSDAP-Führer Adolf Hitler seine Legalitätspolitik und weist den Vorwurf, der SA Gewaltakte befohlen zu haben, entschieden zurück. Charlottenburger SA-Mitglieder sind des versuchten Totschlags angeklagt. → S. 84

In Fresno unterbietet die Staffel der Universität Stanford (USA) den 1928 von der USA-Nationalstaffel gelaufenen Weltrekord über 4 × 440 Yards in 3:12,6 min um 0,8 sec.

9. Mai, Samstag

In Berlin wird die Deutsche Bauausstellung 1931 eröffnet. Sie dauert bis zum 2. August. → S. 89

Die französische Deputiertenkammer lehnt den Plan einer deutsch-österreichischen Zollunion (→ 19. 3./S. 48) einstimmig ab.

Per Dekret der spanischen Regierung wird vorläufig die Frage der Autonomie Kataloniens geregelt. Die oberste Verwaltungsbehörde der Region, die Generalitat in Barcelona, bleibt in ihren Befugnissen auf die innere Verwaltung Kataloniens beschränkt (→ 17. 4./S. 66).

Die Internationale Handelskammer wählt in Washington zum Abschluß ihrer am 4. Mai eröffneten VI. Konferenz den Deutschen Franz von Mendelssohn zu ihrem Präsidenten. Außerdem billigt sie eine Resolution, in der auf deutsches Drängen hin eine Prüfung der Reparationsfrage (→ 20. 6./S. 100) für sinnvoll erklärt wird.

10. Mai, Sonntag

Zwischen Hannover und Lehrte wird erstmals der »Schienenzeppelin« des Ingenieurs Fritz Kruckenberg auf einer Reichsbahnstrecke erprobt. Das Fahrzeug erreicht ein Tempo von 205 km/h (→ 21. 6./S. 107).

Im deutschen Fußball beginnt die Meisterschaftsendrunde (→ 14. 6./S. 111).

11. Mai, Montag

In Berlin wird der Vertrag zwischen Preußen und den evangelischen Landeskirchen unterzeichnet (→ 22. 4./S. 71).

Otto Freiherr von Ritter zu Groenesteyn, der Gesandte Bayerns beim Heiligen

tär Eugenio Pacelli dem Mitglied des Reichstags eine Audienz verweigert hatte, wurde Göring von einem unteren Beamten empfangen.

Die österreichische Regierung billigt ein Hilfsprogramm für die vom Konkurs bedrohte österreichische Creditanstalt, an der sich auch die Österreichische Nationalbank und als Großaktionär das Bankhaus Rothschild beteiligen. → S. 86

In Berlin wird der Kriminalfilm »M – Mörder unter uns« von Fritz Lang mit Peter Lorre in der Hauptrolle des Kindermörders uraufgeführt. → S. 94

Der Aufsichtsrat der Berliner Städtischen Oper wählt Carl Ebert zum Intendanten. Er war ab 1927 Intendant des Hessischen Landestheaters in Darmstadt.

12. Mai, Dienstag

Das Schöffengericht Berlin-Charlottenburg verurteilt den NSDAP-Gauleiter von Berlin-Brandenburg, Joseph Goebbels, wegen Beleidigung eines jüdischen Hochschullehrers zu einer Geldstrafe von 5000 Reichsmark.

In mehreren Städten Spaniens kommt es wie am Vortag in Madrid zu kirchenfeindlichen Ausschreitungen. → S. 88

13. Mai, Mittwoch

Die französische Nationalversammlung in Versailles wählt Paul Doumer als Nachfolger des seit 1924 amtierenden Gaston Doumergue zum Präsidenten der Republik. → S. 87

Ein Gericht in Istanbul spricht den türkischen Dichter Nazim Hikmet vom Vorwurf der verbotenen kommunistischen Propaganda frei. → S. 86

Das Internationale Olympische Komitee (IOC) vergibt die Olympischen Sommerspiele 1936 nach Berlin. → S. 94

14. Mai, Christi Himmelfahrt

Die Bank von England reduziert wegen Anstiegs des britischen Zinsniveaus den Diskontsatz um 0,5% auf 2,5%, den niedrigsten Stand seit 1911. Der Diskontsatz der Deutschen Reichsbank liegt seit September 1930 bei 5%.

Der italienische Dirigent Arturo Toscanini wird in Bologna wegen seiner Weigerung, vor einem Konzert die faschistische Hymne spielen zu lassen, von Faschisten öffentlich geohrfeigt. → S. 91

15. Mai, Freitag

Der Internationale Gerichtshof in Den Haag erklärt die Maßnahme der polnischen Verwaltung Oberschlesiens, deutschstämmige Kinder wegen mangelnder Sprachkenntnisse vom Besuch der Schulen für die deutsche Minderheit fernzuhalten, für unrechtmäßig (→ 21. 1./S. 19).

Mit der Lufthansa schnell nach Rom

1. April. In Betriebsgemeinschaft mit der italienischen Avio Linea Italiane nimmt die Lufthansa A. G. den Flugverkehr nach Mailand und Rom auf. Angesichts der technischen Probleme, die eine Alpenüberquerung trotz neuer Möglichkeiten des »Blindfliegens« immer noch aufwirft, ist in dem zunächst auf die Sommermonate befristeten Flugplan folgendes vorgesehen: In Nord-Süd-Richtung startet das Flugzeug im Anschluß an den Berliner Schlafwagen in München und erreicht per Zwischenstop in Mailand nach rund sechs Stunden Rom. In umgekehrter Richtung wird im Sommer Berlin von Rom aus direkt angeflogen.

Feststoffraketen starten mit Erfolg

15. April. Vor 200 geladenen Gästen führt der Ingenieur Reinhold Tiling auf dem Ochsenmoor südlich vom Dümmersee bei Osnabrück erfolgreich seine Raketenmodelle vor. Am 13. März hatte in der Nähe von Berlin eine von dem Erfinder Karl Poggensee gestartete Feststoffrakete 450 m Höhe erreicht.
Der Rückgriff der Raketentechniker auf die scheinbar überholte Form der mit Schwarzpulver gefüllten Feststoffrakete ist Folge der großen Probleme, die sich dem Bau von größeren Raketen mit Antrieb über Flüssigbrennstoff entgegenstellen. Zwar ist auch Tiling von den Vorzügen der Flüssigbrennstoffrakete überzeugt, glaubt jedoch, daß solche Flugkörper derzeit nicht zu bauen seien. Am Dümmersee führt er mehrere mit Pulver gefüllte Flugapparate vor, von denen einer in 150 m Höhe explodiert, während andere 500 bis 750 m Höhe erreichen.
Die maximale Brennzeit der Apparate beträgt 11,2 sec; bei einer Startbeschleunigung von 40 m/sec erreichen die Flugkörper Geschwindigkeiten von bis zu 1100 km/h. Besonders beeindruckt sind die Zuschauer von dem Modell eines bemannten Raketenflugzeugs mit einer Länge von 1,5 m und einer Spannweite von 2 m. Es enthält eine Rakete von 5 cm Durchmesser und 60 cm Länge, die das Projektil innerhalb weniger Sekunden auf fast 2000 m Höhe bringt. Dann entfalten sich die Tragflächen und die Rakete gleitet zu Boden.

Die »Berliner Illustrirte Zeitung« zeigt die wagemutige Fliegerin Elly Beinhorn und Bilder ihrer abenteuerlichen Notlandung bei Timbuktu (Nordafrika)

Elly Beinhorn nach ihrem abenteuerlichem Afrikaflug wieder in Berlin

30. April. Um 17.10 Uhr landet die 23jährige deutsche Sportfliegerin Elly Beinhorn unter den Klängen des Deutschlandliedes und den Hochrufen einer vieltausendköpfigen Menge auf dem Tempelhofer Feld in Berlin. Die aus Hannover gebürtige Pilotin hat einen aufregenden Afrika-Flug hinter sich. Am 4. Januar war sie mit ihrem 40-PS-Klemm-Leichtflugzeug auf dem Flughafen Berlin-Staaken gestartet. Sie wollte über Südfrankreich und Spanien zunächst nach Casablanca und dann weiter nach Portugiesisch-Guinea, mußte jedoch rund 50 km von Timbuktu entfernt notlanden. Nachdem sie Verbindung zur Außenwelt hatte aufnehmen können, stiftete ihr die Berliner Zeitung »B. Z. am Mittag« eine Klemm D-1900 als Ersatzflugzeug.

April 1931

Das in drei Teile zerrissene Wrack des britischen Motorschiffes »Malabar« 26 Stunden nach der Strandung, l. einige der vielen Schaulustigen

Schiffsunglück an australischer Küste lockt über 150 000 Schaulustige an

2. April. *Gegen 7 Uhr läuft das britische Motorschiff »Malabar« (4852 t) kurz vor Miranda Point am Nordende der Long Bay unweit von Sydney (Australien) auf ein Riff. Die »Malabar« kam aus Melbourne und hatte Singapur als Zielhafen. Nachdem die Passagiere das Schiff verlassen haben und eine Bergung als aussichtslos erscheint, geht auch die Mannschaft fünf Stunden nach der Havarie von Bord. Bis zum Morgen des folgenden Tages bricht das Schiff durch die Gewalt der auflaufenden Wellen in drei Teile auseinander. Von der Nachricht angelockt, versammelt sich eine mindestens 150 000 Menschen zählende Volksmenge am Ufer, um das sterbende Schiff zu sehen. Sandwich-Verkäufer und Imbiß-Buden sorgen für Beköstigung, zahlreiche Musiker liefern einen unterhaltsamen Rahmen für das ungewöhnliche Schauspiel.*

Kein Prozeßerfolg für Otto Klemperer

20. April. Vor dem Arbeitsgericht Berlin wird die Klage des Dirigenten Otto Klemperer gegen den preußischen Staat kostenpflichtig abgewiesen. Bei dem Prozeß mit einem Streitwert von 45 000 Reichsmark ging es um eine Beschäftigung Klemperers an der Deutschen Staatsoper Unter den Linden. Klemperer leitet seit 1927 die Krolloper, die nach dem Willen des preußischen Landtages geschlossen werden soll (→ 25. 3./S. 55). Aufgrund einer Klausel in Klemperers Arbeitsvertrag, die ihm die »Stellung eines amtierenden Generalmusikdirektors im vollem Umfang« garantiert, verlangt Klemperer bei einem in Aussicht gestellten Wechsel an die noch verbliebene »Lindenoper« die damit verbundenen Rechte. Allerdings ist an diesem Opernhaus zumindest noch bis 1932 der dort seit 1923 mit großem Erfolg wirkende österreichische Dirigent Erich Kleiber als amtierender Generalmusikdirektor tätig. Der Preußische Generalintendant Heinz Tietjen war nicht bereit, Klemperers Ansprüche anzuerkennen oder ihm Zusagen für eine solche Tätigkeit im Jahr 1932 zu machen.

Polemik gegen die »Arbeiterdichter«

14. April. In der Zeitschrift »Die Weltbühne« veröffentlicht der Schriftsteller Erik Reger (eigentl. Hermann Dannenberger) eine Polemik gegen von Unternehmern geförderte »Arbeiterdichtung«.
Der 37jährige Reger, Sohn eines Grubenaufsehers und von 1919 bis 1927 im Pressebüro der Essener Krupp-Werke, veröffentlicht 1931 beim Rowohlt Verlag in Berlin seinen Industrieroman »Union der festen Hand«. Er hat sich schon mehrfach mit Arbeitsschriftstellern wie Otto Wohlgemuth, Christoph Wieprecht und Heinrich Lersch auseinandergesetzt und nennt sie »kostümierte Ehrenpagen am Gespann der Herren von Kohle und Eisen«. Die von ihren Arbeitgebern vielfach als Beweis für den Erfolg ihrer Kulturarbeit geförderten Freizeitautoren, die in Prosa und Lyrik die Arbeitswelt erfassen wollen, sind für Reger die »Barden der Rauchfahnen« und »die Rhapsoden der Schwefelgase«.

Großer Sieg für Caracciola

12. April. In einer Gesamtzeit von 16:10,10 h bei einem Stundendurchschnitt von 101,147 km/h gewinnen die Deutschen Rudolf Caracciola/Wilhelm Sebastian auf einem Mercedes-Rennwagen das zum fünften Mal ausgetragene Langstreckenrennen Mille Miglia. Am Ziel der über 1630 km führenden »Tausend Meilen« mit Start und Ziel in Brescia über Bologna, Florenz, Rom, Ancona, Bologna, Treviso, Feltre, Vicenza und Verona hat Caracciola einen Vorsprung von über elf Minuten herausgefahren.
Dabei stand das Rennen für das Mercedes-Team unter keinem guten Stern: Nachdem Caracciola als erster der über 150 Fahrer die erste Kontrolle in Bologna nach 208 km passiert hatte, verlor er durch einen Auspuffdefekt wertvolle Zeit und mußte bis zum Wendepunkt Rom (605 km) den Vorjahressieger Tazio Nuvolari (Alfa Romeo) passieren lassen. Ein Defekt am Gashebel warf den Deutschen noch weiter zurück. Es gelang ihm jedoch, begünstigt durch die Ausfälle mehrerer Konkurrenten, sich auf der Schlußstrecke mit ihren langen Geraden an die Spitze zu setzen. Kurz vor 8 Uhr erreichen Caracciola/Sebastian in neuer Rekordzeit das Ziel in Brescia.

Rudolf Caracciola, der Sieger der 1000 Meilen, beim Autogrammgeben

Eine Mischung aus Dietrich und Garbo

30. April. »Eine Kreuzung zwischen Greta Garbo und Marlene Dietrich?« Mit dieser Frage stellt die »Leipziger Illustrirte Zeitung« ihren Lesern eine neue Schauspielhoffnung vor: Die 24jährige Schwedin Zarah Leander, in Skandinavien als Bühnenschauspielerin bereits bekannt als Ensemblemitglied des Wasa-Theaters in Stockholm.
Dort entdeckte sie auch der österreichische Theaterleiter Max Reinhardt, der ihr Tonfilm- und Bühnenengagements in Deutschland und Österreich in Aussicht stellt.

Die Schauspielerin Zarah Leander, im südschwedischen Karlstad am 15. März 1907 als Tochter eines Pastors geboren, heiratete mit 16 Jahren den Schauspieler Nils Leander und begann ihre Bühnenkarriere.

April 1931

Das siegreiche Team von West Bromwich Albion mit dem begehrten »Pott«

West Bromwich holt Cup

25. April. Vor 90 000 Zuschauern im Londoner Wembley-Stadion schlägt die Elf von West Bromwich Albion im 56. Finale des englischen Fußball-Vereinspokals den leicht favorisierten FC Birmingham 2:1 (1:0).
Tausende von Zuschauern hatten bereits ab 7 Uhr vor den Toren von Englands größter Fußball-Arena auf Einlaß gewartet. In Anwesenheit von Repräsentanten des Königshauses und Mitgliedern der britischen Regierung entwickelt sich auf dem völlig durchweichten Rasen nicht das erwartet schnelle Spiel.
Die 1:0-Führung von West Bromwich kann Birmingham kurz nach dem Wiederanpfiff ausgleichen, doch kurz darauf erzielt West-Bromwich-Mittelstürmer Walter G. Richardson mit seinem zweiten Tor den Siegtreffer.
Für West Bromwich ist es nach 1888 und 1892 der dritte Pokalerfolg im siebten Endspiel (zuletzt 1912). Der langjährige Erstligist spielt jetzt in der 2. Division (Meister 1920), Gegner FC Birmingham – zum ersten Mal in einem Endspiel – belegt lediglich den 19. Platz unter 22 Erstligaklubs.

Spieler von West Bromwich Albion, gefeiert von den begeisterten Fans

Schweizer Debakel im 100. Länderspiel

12. April. Die Schweizer Fußball-Nationalmannschaft unterliegt in Budapest gegen Ungarn trotz einer guten Leistung im ersten Durchgang 2:6 (2:2). Es ist das 100. offizielle Länderspiel des am 7. April 1895 in Olten gegründeten Schweizerischen Fußballverbandes.
Die hohe Niederlage kommt um so unerwarteter, als die Eidgenossen noch am 29. März dem Favoriten Italien in Bern ein 1:1 (0:0) abgerungen hatten. Die Gesamtbilanz der Länderspiele – zum Auftakt gab es am 12. Februar 1905 ein 0:1 (0:0) gegen Frankreich in Paris – ist negativ: 24 Siegen stehen 58 Niederlagen und 18 Unentschieden gegenüber. Die höchsten Niederlagen gab es mit jeweils 0:9 gegen England 1909 und gegen Ungarn 1911.
9:0 ist auch das Ergebnis ihres bislang höchsten Länderspielsieges überhaupt: Bei den Olympischen Spielen in Paris am 22. April 1924 gegen die Elf aus Litauen. Bei dieser Olympiade erzielte der Schweizer Fußball seinen bisher größten Erfolg: Die »Rotjacken« zogen ins Finale ein und gewannen die Silbermedaille (0:3 gegen Uruguay), Max Abegglen war der Torschützenkönig des Turniers. Der 29jährige Stürmer von Grasshopper Zürich zählt nach wie vor zu den Stützen der Schweizer Nationalelf.

Arsenal englischer Fußballmeister

18. April. Am drittletzten Spieltag sichert sich Arsenal London mit 62:18 Punkten vorzeitig die erste englische Fußballmeisterschaft.
Die Mannschaft um die Stürmerstars David Jack und Alex James sowie Verteidiger Edward Hapgood wurde seit 1926 vom Teammanager Herbert Chapman geformt, der mit Huddersfield Town zuvor dreimal Meister geworden war. Aus der im Jahr 1925 geänderten Abseitsregel, wonach ein Angreifer nur noch zwei statt drei Spieler vor sich haben muß, um nicht abseits zu sein, zog Chapman seine Konsequenzen: Der bisher offensive Mittelläufer bewachte nun den gegnerischen Mittelstürmer, die Verteidiger decken außen und die Außenläufer sollen gemeinsam mit den Halbstürmern das Spiel organisieren.

Tennis in allerhöchsten Kreisen populär

9. April. Der 72jährige schwedische König Gustav V. bestreitet an der Seite des französischen Spitzenspielers Henri Cochet im südfranzösischen Croix Catelan Privatspiele gegen französische Doppel und erhält viel Beifall von den zahlreichen Schaulustigen.
Der Schwedenkönig, in Kreisen des »weißen Sports« als »Mister G.« bekannt, gilt als hervorragender Tennisspieler. Er ist der prominenteste aktive Tennisfan, aber nicht der einzige Anhänger dieses Sports im europäischen Adel.
Bei großen internationalen Tennisereignissen in den Großstädten Europas erhalten die Stars zumeist auch Einladungen zu Empfängen und Dinnerparties. Dort geben sich auch viele Künstler ein Stelldichein. Bei den inoffiziellen Tennisweltmeisterschaften, den internationalen Meisterschaften von England im Londoner Vorort Wimbledon, ist die Anwesenheit von Mitgliedern des Königshauses bei den Endspielen im 1922 erbauten Center Court an der Church Road schon Tradition.

Tennis-Bankett in Berlin: 1. Reihe 2. v. l. Jean Borotra, 4. v. l. Schauspieler Ernst Deutsch, 2. Reihe 1. v. l. Jacques »Toto« Brugnon, 4. v. l. Daniel Prenn

Mai 1931

Mo	Di	Mi	Do	Fr	Sa	So
				1	2	3
4	5	6	7	8	9	10
11	12	13	14	15	16	17
18	19	20	21	22	23	24
25	26	27	28	29	30	31

1. Mai, Freitag
Im Deutschen Reich finden die Maifeiern der Arbeiterparteien statt. In Spanien ist der 1. Mai erstmals Feiertag. → S. 85

Das New Yorker Empire State Building, mit einer Höhe von 381 m und 102 Stockwerken das höchste Gebäude der Welt, wird eingeweiht. → S. 82

Die Deutsche Lufthansa A. G. nimmt den regelmäßigen Flugbetrieb zwischen München und Venedig auf (→ 1. 4./S. 75).

2. Mai, Samstag
Ernst Rüdiger Fürst Starhemberg wird als Bundesführer der Heimwehr in Österreich von Walter Pfrimer abgelöst, dem Landeskommandanten der Heimwehr für die Steiermark. → S. 86

Im Beisein von Staatspräsident Ignacy Mościcki wird in Kattowitz der 10. Jahrestag des Beginns des dritten polnischen Aufstands in Oberschlesien begangen. Der Kampf gegen die Deutschen endete nach drei Wochen mit der Niederlage der Freischärler (→ 21. 1./S. 19).

Der Vorstand der I. G. Farbenindustrie A. G. in Frankfurt am Main teilt mit, daß trotz des gesunkenen Reingewinns von 95,16 Millionen Reichsmark (zuvor 110,11 Millionen RM) für das Geschäftsjahr 1930 wie in den drei Jahren zuvor eine Dividende von 12% gezahlt wird.

3. Mai, Sonntag
Bei den Landtagswahlen in Schaumburg-Lippe (33 861 Stimmberechtigte) bleibt die SPD mit 44,6% der Stimmen und sieben (vorher acht) Mandaten stärkste Partei vor der NSDAP mit 27,0% der Stimmen und vier der 15 Mandate (→ 15. 11./S. 189).

In der ersten Runde des Davispokals unterliegt das ohne den vom Deutschen Tennis-Bund gesperrten Spitzenspieler Daniel Prenn antretende deutsche Team gegen Südafrika in Düsseldorf 0:5.

Vor 40 000 Zuschauern spielen die Fußballteams von Ungarn und Österreich in Wien 0:0. Von den 67 Ländertreffen hat Ungarn 30 gewonnen, Österreich konnte 22 Begegnungen für sich entscheiden. Das Torverhältnis lautet 144:133 zugunsten Ungarns (→ 24. 5./S. 95).

4. Mai, Montag
In einem geheimgehaltenen Gespräch in Berlin mit Repräsentanten der evangelischen Landeskirchen versichert der NSDAP-Reichstagsabgeordnete Franz Stöhr, daß seine Partei alle konfessionellen Unterschiede zurückstelle, was nicht ausschließe, daß die Führung protestantisch sei.

Die Große Türkische Nationalversammlung in Ankara wählt Mustafa Kemal Pascha (seit 1923 im Amt) erneut für vier Jahre zum Staatspräsidenten. → S. 86

Das US-Schatzamt beziffert das Haushaltsdefizit der USA im Rechnungsjahr 1930/31 auf 903 Millionen US-Dollar (etwa 3,8 Milliarden Reichsmark).

Die chinesische Zentralregierung in Nanking setzt ein 1929 erlassenes Dekret über die Aufhebung der fremden Gerichtsbarkeit in China vorzeitig in Kraft und begründet dies mit der Unnachgiebigkeit einzelner Staaten, vor allem Großbritanniens, bei den Verhandlungen über ein Ende der von diesen Staaten seit dem 19. Jahrhundert in China ausgeübten Exterritorialität.

5. Mai, Dienstag
Die deutsche Reichsregierung senkt die Einfuhrzölle für Weizen und Spelz, um damit einer Anhebung der Brotpreise entgegenzuwirken. → S. 84

Vor dem preußischen Landtag wendet sich Ministerpräsident Otto Braun (SPD) gegen das Stahlhelm-Volksbegehren zur Landtagsauflösung und erklärt, vor allem in den Ostgebieten sei beim Sammeln der für den Erfolg des Volksbegehrens nötigen Unterschriften erheblicher wirtschaftlicher Druck ausgeübt worden (→ 31. 5./S. 84).

Zum Beginn seiner bis zum 16. Mai dauernden Frankreichreise spricht der deutsche Schriftsteller Thomas Mann im Straßburger Konservatorium über »Die geistige Situation der Zeit«.

6. Mai, Mittwoch
Der Ältestenrat des Reichstags lehnt die von der KPD wegen der Brotpreisfrage (→ 5. 5./S. 84) verlangte Einberufung des Parlaments ab.

Der Preußische Disziplinarhof erklärt die Betätigung eines Beamten in der NSDAP zu einem Dienstvergehen, da diese Partei unter ihrem Führer Adolf Hitler »den Umsturz der bestehenden Staatsordnung auf dem Wege der Gewalt« beabsichtige (→ 10. 2./S. 33; S. 70).

In Wien bekräftigt Außenminister Johannes Schober das Festhalten seiner Regierung an der geplanten Zollunion mit dem Deutschen Reich (→ 19. 3./S. 48) und erklärt, Österreich habe am meisten unter der Zersplitterung Europas nach dem Weltkrieg 1914 bis 1918 gelitten.

Die UdSSR und Litauen erneuern ihren Nichtangriffspakt vom 28. September 1926, in dem die UdSSR u. a. die polnische Okkupation Wilnas 1919/20 für unrechtmäßig erklärt.

In einer Rede vor ausländischen Bankiers in Washington lehnt US-Finanzminister Andrew W. Mellon eine Herabsetzung der internationalen Kriegsschulden ab (→ 20. 6./S. 100).

Im Bois de Vincennes in Paris wird die Internationale Kolonialausstellung eröffnet. Sie schließt am 15. November wieder ihre Pforten. → S. 89

7. Mai, Donnerstag
Wegen Beschimpfung der Republik verbietet der Berliner Polizeipräsident Albert Grzesinski (SPD) für 14 Tage das Erscheinen des KPD-Zentralorgans »Die Rote Fahne«.

In Washington informiert der US-Botschafter in Berlin, Frederic M. Sackett, US-Präsident Herbert Hoover über die deutschen Wünsche nach Senkung der Reparationen (→ 20. 6./S. 100).

8. Mai, Freitag
Vor dem Landgericht in Berlin-Moabit bekräftigt NSDAP-Führer Adolf Hitler seine Legalitätspolitik und weist den Vorwurf, der SA Gewaltakte befohlen zu haben, entschieden zurück. Charlottenburger SA-Mitglieder sind des versuchten Totschlags angeklagt. → S. 84

In Fresno unterbietet die Staffel der Universität Stanford (USA) den 1928 von der USA-Nationalstaffel gelaufenen Weltrekord über 4×440 Yards in 3:12,6 min um 0,8 sec.

9. Mai, Samstag
In Berlin wird die Deutsche Bauausstellung 1931 eröffnet. Sie dauert bis zum 2. August. → S. 89

Die französische Deputiertenkammer lehnt den Plan einer deutsch-österreichischen Zollunion (→ 19. 3./S. 48) einstimmig ab.

Per Dekret der spanischen Regierung wird vorläufig die Frage der Autonomie Kataloniens geregelt. Die oberste Verwaltungsbehörde der Region, die Generalitat in Barcelona, bleibt in ihren Befugnissen auf die innere Verwaltung Kataloniens beschränkt (→ 17. 4./S. 66).

Die Internationale Handelskammer wählt in Washington zum Abschluß ihrer am 4. Mai eröffneten VI. Konferenz den Deutschen Franz von Mendelssohn zu ihrem Präsidenten. Außerdem billigt sie eine Resolution, in der auf deutsches Drängen hin eine Prüfung der Reparationenfrage (→ 20. 6./S. 100) für sinnvoll erklärt wird.

10. Mai, Sonntag
Zwischen Hannover und Lehrte wird erstmals der »Schienenzeppelin« des Ingenieurs Fritz Kruckenberg auf einer Reichsbahnstrecke erprobt. Das Fahrzeug erreicht ein Tempo von 205 km/h (→ 21. 6./S. 107).

Im deutschen Fußball beginnt die Meisterschaftsendrunde (→ 14. 6./S. 111).

11. Mai, Montag
In Berlin wird der Vertrag zwischen Preußen und den evangelischen Landeskirchen unterzeichnet (→ 22. 4./S. 71).

Otto Freiherr von Ritter zu Groenesteyn, der Gesandte Bayerns beim Heiligen Stuhl, informiert Ministerpräsident Heinrich Held über das Auftreten des NSDAP-Vertreters Hermann Göring im Vatikan. Nachdem Kardinalstaatssekretär Eugenio Pacelli dem Mitglied des Reichstags eine Audienz verweigert hatte, wurde Göring von einem unteren Beamten empfangen.

Die österreichische Regierung billigt ein Hilfsprogramm für die vom Konkurs bedrohte österreichische Creditanstalt, an der sich auch die Österreichische Nationalbank und als Großaktionär das Bankhaus Rothschild beteiligen. → S. 86

In Berlin wird der Kriminalfilm »M – Mörder unter uns« von Fritz Lang mit Peter Lorre in der Hauptrolle des Kindermörders uraufgeführt. → S. 94

Der Aufsichtsrat der Berliner Städtischen Oper wählt Carl Ebert zum Intendanten. Er war ab 1927 Intendant des Hessischen Landestheaters in Darmstadt.

12. Mai, Dienstag
Das Schöffengericht Berlin-Charlottenburg verurteilt den NSDAP-Gauleiter von Berlin-Brandenburg, Joseph Goebbels, wegen Beleidigung eines jüdischen Hochschullehrers zu einer Geldstrafe von 5000 Reichsmark.

In mehreren Städten Spaniens kommt es wie am Vortag in Madrid zu kirchenfeindlichen Ausschreitungen. → S. 88

13. Mai, Mittwoch
Die französische Nationalversammlung in Versailles wählt Paul Doumer als Nachfolger des seit 1924 amtierenden Gaston Doumergue zum Präsidenten der Republik. → S. 87

Ein Gericht in Istanbul spricht den türkischen Dichter Nazim Hikmet vom Vorwurf der verbotenen kommunistischen Propaganda frei. → S. 86

Das Internationale Olympische Komitee (IOC) vergibt die Olympischen Sommerspiele 1936 nach Berlin. → S. 94

14. Mai, Christi Himmelfahrt
Die Bank von England reduziert wegen Anstiegs des britischen Zinsniveaus den Diskontsatz um 0,5% auf 2,5%, den niedrigsten Stand seit 1911. Der Diskontsatz der Deutschen Reichsbank liegt seit September 1930 bei 5%.

Der italienische Dirigent Arturo Toscanini wird in Bologna wegen seiner Weigerung, vor einem Konzert die faschistische Hymne spielen zu lassen, von Faschisten öffentlich geohrfeigt. → S. 91

15. Mai, Freitag
Der Internationale Gerichtshof in Den Haag erklärt die Maßnahme der polnischen Verwaltung Oberschlesiens, deutschstämmige Kinder wegen mangelnder Sprachkenntnisse vom Besuch der Schulen für die deutsche Minderheit fernzuhalten, für unrechtmäßig (→ 21. 1./S. 19).

Papst Pius XI. warnt in der Enzyklika »Quadragesimo anno« vor dem Sozialismus und bekräftigt die Vorstellungen der katholischen Soziallehre. → S. 87

Die französische Zeitschrift »L'Illustration« berichtet in einer Sonderausgabe vom 23. Mai 1931 über die vom 6. Mai bis zum 15. November in Paris stattfindende Internationale Kolonialausstellung

Mai 1931

16. Mai, Samstag

Auf einer Kundgebung in Oldenburg im Rahmen des dortigen Landtagswahlkampfes stellt KPD-Führer Ernst Thälmann ein Bauernhilfsprogramm seiner Partei vor. → S. 85

In Bremen endet das am 11. Mai eröffnete Deutsche Tonkünstlerfest, in dessen Verlauf mehrere Orchester- und Chorwerke sowie zwei Opern aufgeführt worden waren.

Die österreichische Fußballnationalelf besiegt in Wien die Vertretung Schottlands 5:0 (→ 24. 5./S. 95).

17. Mai, Sonntag

Bei den Landtagswahlen in Oldenburg wird die NSDAP mit 37,2% der Stimmen und 19 (zuvor drei) von 48 Mandaten stärkste Partei vor der SPD mit 20,9% und elf (vorher 15) Sitzen. Erstmals stellt damit die NSDAP in einem deutschen Länderparlament die stärkste Fraktion (→ 15. 11./S. 189).

In Nanking endet nach zwölftägiger Dauer ein von Marschall Chiang Kaishek einberufener chinesischer Nationalkongreß, in dessen Verlauf u. a. eine provisorische Verfassung gebilligt wurde. → S. 87

Vor 20 000 Zuschauern auf dem Victoria-Sportplatz in Hamburg wird der SC Lorbeer 06 Hamburg durch ein 4:2 über Leipzig-Pegau wie 1929 Deutscher Bundesmeister der Arbeiterfußballvereine.

18. Mai, Montag

Zum Beginn der 63. Tagung des Völkerbundrates (bis 23. 5.) in Genf reicht der deutsche Außenminister Julius Curtius eine erneute Beschwerde wegen des fortdauernden Kriegszustandes in dem von Litauen annektierten Memelgebiet ein.

Das Parlament des Irak ratifiziert das im März 1931 von der Regierung mit der Irak Petroleum Company abgeschlossene Förderabkommen. Es erlaubt der Gesellschaft bis 1995 Ölbohrungen in der Region östlich des Tigris und verpflichtet sie zum Bau einer Ölleitung von Kirkuk bis nach Haifa und Tripoli (Libanon).

19. Mai, Dienstag

Reichspräsident Paul von Hindenburg nimmt in Kiel am Stapellauf des Panzerschiffes A teil. Es erhält den Namen »Deutschland«. → S. 85

Der Genfer Völkerbundrat billigt einstimmig den britischen Antrag, die Frage der Rechtmäßigkeit des deutschösterreichischen Zollunionsplans dem Internationalen Gerichtshof in Den Haag vorzulegen (→ 3. 9./S. 156).

In Basel hält die Bank für Internationalen Zahlungsausgleich (BIZ) ihre erste Generalversammlung ab. Auf der Tagesordnung der von 24 Notenbanken beschickten Tagung steht die Frage der Umwandlung der international gewährten kurzfristigen in mittelfristige Kredite (→ 12. 7./S. 116).

Die Leiche des im November 1930 in Grönland verstorbenen deutschen Geophysikers und Meteorologen Alfred Wegener wird gefunden. → S. 90

20. Mai, Mittwoch

Der Oberste Volkswirtschaftsrat der UdSSR bildet eine Sonderkommission für Industrialisierung und Elektrifizierung zur Erarbeitung von Vorgaben für den zweiten Fünfjahrplan (1933–1937).

21. Mai, Donnerstag

Aufgrund von Widerständen in der belgischen Abgeordnetenkammer gegen die Militärkredite tritt das von Henri Jaspar seit 1926 geführte Kabinett zurück. Sein Nachfolger wird am 5. Juni der gleichfalls der Katholischen Partei angehörende Jules Renkin.

In Genf endet mit der Unterzeichnung einer Konvention über die Gründung einer Europäischen Agrarbank die am 15. Mai eröffnete 3. Tagung des Europaausschusses des Völkerbundes.

In Berlin beginnt ein bis zum 24. Mai dauernder Kongreß des Fußball-Weltverbandes FIFA mit 62 Delegierten aus 30 Ländern.

22. Mai, Freitag

Die liberale Presse protestiert gegen den vom Gleiwitzer Landgericht mit fragwürdigen Argumenten begründeten Freispruch eines lokalen NSDAP-Funktionärs von der Anklage der Beleidigung demokratischer Politiker. → S. 85

23. Mai, Samstag

Auf der Golzheimer Heide bei Düsseldorf wird ein Nationaldenkmal für die 142 deutschen Opfer des »Ruhrkampfes« 1923 eingeweiht. → S. 85

Gegenüber der Reichsregierung protestieren der Allgemeine Deutsche Gewerkschaftsbund (ADGB), der christliche Deutsche Gewerkschaftsbund und der Verband der Deutschen Gewerkvereine gegen die von den Arbeitgebern vorgeschlagene Einschränkung der Sozialversicherungsleistungen.

Der deutsche Physiker Albert Einstein erhält die Ehrendoktorwürde der Universität Oxford.

24. Mai, Pfingstsonntag

Die »Vossische Zeitung« veröffentlicht Artikel des SPD-Politikers Wolfgang Heine und des Leiters der Filmoberprüfstelle, Ministerialrat Ernst Seeger, zum Thema Filmzensur. → S. 91

Im Berliner Grunewaldstadion verliert die deutsche Fußballnationalelf gegen Österreich 0:6 (0:3). → S. 95

In Genf unterliegt die Schweizer Fußball-Nationalelf gegen Schottland 2:3.

Der Dortmunder Radrennfahrer Erich Metze gewinnt die mit internationaler Beteiligung ausgetragene Deutschlandrundfahrt vor Oskar Thierbach und Nicolas Frantz (Luxemburg). → S. 94

25. Mai, Pfingstmontag

Am Annaberg in Oberschlesien findet eine von rund 150 000 Menschen besuchte Feier zum Gedenken an die Erstürmung des Berges durch den deutschen Selbstschutz im Verlauf des dritten polnischen Oberschlesienaufstandes statt (→ 21. 1./S. 19).

Bei den Wahlen zum Vorparlament für Katalonien erringt die Republikanische Linke Kataloniens unter Führung von Francisco Maciá y Llusá 22 der 39 Sitze (→ 17. 4./S. 66).

Die Gesellschaft gegen die Prohibition veröffentlicht in New York eine Erhebung über den Jahresumsatz der illegalen Alkoholhändler, der mit 2,848 Milliarden US-Dollar (knapp zwölf Milliarden Reichsmark) fast ebenso hoch ist wie der Umsatz der US-amerikanischen Öl- und Stahlindustrie (→ 20. 1./S. 18).

26. Mai, Dienstag

In einem Telegramm an die Leitung der Mailänder Scala lehnt der russische Dirigent Sergei A. Kussewizki jedes Auftreten dort ab, solange sich die italienische Regierung nicht bei Arturo Toscanini wegen der Vorfälle in Bologna entschuldigt hat (→ 14. 5./S. 91).

In Wien beginnt die 3. Europäische Lehrfilmkonferenz über den Einsatz von Filmen im Unterricht (bis 1. 6.).

27. Mai, Mittwoch

In Polen löst Oberst Alexander Prystor den seit Dezember 1930 amtierenden Valerius Sławek als Regierungschef ab. Sławek war am Vortag u. a. wegen seiner umstrittenen Besoldungskürzungen für Beamte und Offiziere zurückgetreten.

Der französische Außenminister Aristide Briand nimmt seine am → 13. Mai (S. 87) ausgesprochene Demission zurück.

Der Schweizer Physiker Auguste Piccard und sein Assistent Manfred Kipfer steigen in Augsburg mit einem Ballon auf die Rekordhöhe von 15 781 m und landen unweit des Gurgler Ferner in den Ötztaler Alpen. → S. 91

28. Mai, Donnerstag

Die SPD-Reichstagsfraktion verlangt sofortige Maßnahmen zur Verbesserung der Lage der Erwerbslosen und warnt vor einer Kürzung der Arbeitslosenhilfe und Sozialrenten (→ S. 16). Die SPD fordert eine Zollsenkung für Brotgetreide und Futtermittel und einen Solidarbeitrag der Besserverdienenden.

Bei Auseinandersetzungen zwischen Kommunisten und Nationalsozialisten in Hagen werden drei Menschen getötet und mehrere verletzt.

Der österreichische Nationalrat ermächtigt die Regierung, die Haftung für die Schulden der Österreichischen Creditanstalt zu übernehmen (→ 11. 5./S. 86).

In Kanton bildet sich eine Gegenregierung zur Nanking-Regierung, nachdem Marschall Chiang Kai-shek der ultimativen Forderung nach Rücktritt von seinen Staats- und Parteiämtern nicht gefolgt ist (→ 17. 5./S. 87).

29. Mai, Freitag

In Berlin fordern Kämpfe zwischen Kommunisten und Angehörigen des Stahlhelm, Bund der Frontsoldaten, zwei Tote und sechs Schwerverletzte.

Der Aufsichtsrat der Rudolf Karstadt A. G. veröffentlicht in Hamburg den Geschäftsbericht für 1930. Er weist einen Verlust von 23,19 Millionen Reichsmark auf, womit sich der Reservefonds auf 240 000 RM verringert.

30. Mai, Samstag

Zu heftigen Protesten der britischen Katholiken führt eine Rundfunkansprache von George Bernard Shaw am 500. Todestag von Jeanne d'Arc. Shaw nennt die Jungfrau von Orleans die erste Protestantin, die ohne Vermittlung der Kirche mit Gott gesprochen habe.

Der 21jährige Bernd Rosemeyer, dem 1930 der Führerschein entzogen worden war, bestreitet in Oldenburg sein erstes Grasbahn-Motorradrennen und gewinnt.

31. Mai, Sonntag

In Breslau endet der 12. Frontsoldatentag des Stahlhelm mit einer Skagerrak-Feier und Massenaufmärschen. → S. 84

Mit einer Kundgebung von rund 150 000 Menschen in Leipzig beginnt der SPD-Parteitag. Er endet am → 5. Juni (S. 102).

Wegen der am Vortag verfügten Auflösung der Laienbewegung Katholische Aktion protestiert Papst Pius XI. bei der italienischen Regierung (→ 9. 6./S. 107).

Auf Bitten der Regierung Österreichs bringt der Präsident der Bank für Internationalen Zahlungsausgleich (BIZ), der US-Amerikaner Charles W. MacGarrah, eine Anleihe von 100 Millionen Schilling (rund 69 Millionen Reichsmark) von zehn Ländern zusammen (→ 11. 5./S. 86).

Bei dem am 10. Mai gestarteten Giro d'Italia über zwölf Etappen und 3010 km siegt der Italiener Francesco Camusso in 102:40:46 h vor seinen Landsleuten Luigi Giacoble (2:53 min zurück) und Luigi Marchisio (6:15 min zurück).

In Florenz enden die am 29. Mai eröffneten Internationalen Frauenspiele. In der inoffiziellen Nationenwertung der Leichtathletinnen aus zwölf Ländern liegt Großbritannien mit 77 Punkten vor dem Deutschen Reich mit 71 Punkten.

Das Wetter im Monat Mai

Station	Mittlere Lufttemperatur (°C)	Niederschlag (mm)	Sonnenscheindauer (Std.)
Aachen	15,0 (12,8)	70 (67)	– (205)
Berlin	16,8 (13,7)	66 (46)	– (239)
Bremen	15,7 (12,8)	33 (56)	– (231)
München	14,9 (12,5)	49 (103)	– (217)
Wien	17,9 (14,6)	11 (71)	– (–)
Zürich	15,5 (12,5)	120 (107)	218 (218)

( ) Langjähriger Mittelwert für diesen Monat
– Wert nicht ermittelt

Mai 1931

Titelseite des ersten Mai-Heftes (Nr. 10/1931) der in Berlin erscheinenden Modezeitschrift »Der Bazar«

Mai 1931

Das Häusermeer von New York City aus der Vogelperspektive; das Luftschiff der US-Navy scheint an der Spitze des Empire State Building verankert zu sein

Empire State Building – das höchste Gebäude der Welt

1. Mai. An der Fifth Avenue in New York eröffnet um 11.30 Uhr US-Präsident Herbert Hoover das Empire State Building, mit 381 m das bisher höchste Gebäude der Welt. Das neue Wahrzeichen Manhattans schuf der Architekt William F. Lamb.

Der 102 Stockwerke zählende Gigant ist nach 13 Monaten vollendet worden, sieben Monate früher als geplant. Die Baukosten von 40 Millionen US-Dollar (168 Millionen Reichsmark) unterschreiten die vorgesehene Marge um 20%.

Rund zehn Millionen Ziegelsteine wurden vermauert, der Bau wiegt 365 000 t, allein das Stahlgerippe macht 60 000 t aus. Das Empire State Building umfaßt ein Volumen von zwölf Millionen m³ und steht auf einer Grundfläche von 650 000 m². Hinauf zum obersten Stockwerk führen 1860 Stufen, schneller geht es mit einem der 72 Aufzüge, die mit bis zu 450 m/min 16 000 Angestellte in ihre Büros und die Besucher zu den Aussichtsräumen im 86. und 102. Stock befördern.

Blick auf die Skyline von New York mit dem Central Park im Vordergrund; ganz rechts ist das Empire State Building zu sehen, in der Bildmitte nach hinten versetzt steht das Chrysler Building mit der charakteristischen Turmspitze

Mai 1931

Das 319 m hohe Chrysler Building

Chanin Building in New York City

Hochhäuser in Manhattan

Manhattan, mit einer Fläche von 57 km² der kleinste der fünf New Yorker Bezirke, ist das Finanzzentrum der USA. Hohe Grundstückspreise und der Wunsch nach Repräsentation haben seit der Jahrhundertwende immer höhere Büro- und Verwaltungsbauten hervorgebracht. Während die ersten Architekten der »Wolkenkratzer« in Chicago, wie z. B. Louis Henry Sullivan, einen schlichten Baustil bevorzugten, entstehen in Manhattan »Kathedralen des Kommerzes«.

Das Empire State Building manifestiert sowohl in seinen Ausmaßen als auch in seiner prunkvollen Innenausstattung den Anspruch, ein Achtes Weltwunder zu sein. Dabei hatte Architekt William F. Lamb die einschränkenden Bauverordnungen, wonach kein Gebäude an der Fifth Avenue in der Baufluchtlinie höher als 38 m sein darf, geschickt umgangen: Der eigentliche Wolkenkratzer erhebt sich auf der fünfgeschossigen Basis, die das ganze Grundstück einnimmt.

Zu den ersten Hochhäusern des 20. Jahrhunderts in Manhattan zählte der nach dem Vorbild des Campanile in Venedig erstellte 213 m hohe Metropolitan Life Tower an der Madison Avenue.

Ihm folgte das 1913 eröffnete und nach dem Vorbild einer gotischen Kirche konzipierte Woolworth Building am Broadway mit 242 m Höhe und 60 Stockwerken.

Verbesserungen in der Bautechnik und der Einbau von Fahrstühlen bildeten die Grundlage für immer höhere Bauten wie das 1930 fertiggestellte Chrysler Building an der Lexington Avenue mit seiner charakteristischen Turmspitze aus Chromstahlbögen mit dreieckigen Fenstern. Es ist mit seinen 77 Stockwerken und einer Gesamthöhe von 319 m auch höher als der Eiffelturm in Paris (300 m).

Bescheidener sind die Verhältnisse in Berlin: Größtes Gebäude ist das zehngeschossige Europahaus mit einer Höhe bis zum Dach von 50 m und einer bebauten Fläche von 8840 m².

Das Empire State Building an der Ecke Fifth Avenue und 34. Straße, an der Spitze ein 30 m hoher Landeturm mit rotierender Kuppel für Luftschiffe

Mai 1931

Reichsregierung will Brotpreis senken

5. Mai. Die deutsche Reichsregierung erläßt eine Verordnung zur Senkung der Einfuhrzölle für Weizen und Spelz. Anlaß sind die von den Berliner Bäckern durchgesetzten Brotpreiserhöhungen, von denen eine Signalwirkung für das übrige Reichsgebiet befürchtet wird.

Die Verordnung sieht vor, daß der Zoll für Weizen und Spelz zur Herstellung von Mehl oder Schrot bis zum 15. Juni 1931 auf 20 Reichsmark (RM) je Doppelzentner gesenkt wird. Die Mühlen werden angewiesen, den Vorteil dieser Zollvergütung von 50 RM je Tonne ausländischen Weizens durch eine entsprechende Senkung des Mehlpreises an die Verbraucher weiterzugeben.

Mit Wirkung vom 20. April hatten die Berliner Bäckereien den Preis für ein 1250-g-Brot um zwei Reichspfennig auf 0,48 RM erhöht. Die Preisanhebung wurde damit begründet, daß die vom Reichsernährungsministerium als Folge einer Heraufsetzung der Ausmahlungsquote von 60% auf 70% in Aussicht gestellte Kostensenkung nicht in dem versprochenen Umfang eingetreten sei. Im November 1930 war auf Drängen der Reichsregierung der Brotpreis von 0,50 auf 0,46 RM gesenkt worden.

Am 4. Mai wurde eine weitere Anhebung um 2 Pfennig bekanntgegeben, wodurch der Brotpreis wieder die Höhe von November 1930 erreicht hatte. Nun wird die Reichsregierung aktiv und kündigt Gespräche mit den Bäckermeistern an, in denen auch über eine Aufhebung des Nachtbackverbots und eine Lohnsenkung im Bäckereigewerbe verhandelt werden soll.

Am 9. Mai wird unter Vorsitz von Reichsernährungsminister Martin Schiele (Christliches Landvolk) eine Einigung zwischen Mühlen- und Bäckereibesitzern herbeigeführt, wonach die Mühlen aus den Beständen der Getreide-Handels-Gesellschaft Roggen geliefert bekommen, mit der Verpflichtung, das bis zu 70% ausgemahlene Roggenmehl zum Preis von 27 RM ab Mühle oder 28 RM bei Anlieferung abzugeben. Die dem Zweckverband der Berliner Bäcker angeschlossenen Unternehmen verpflichten sich, ab dem 18. Mai das Brot zu 0,47 RM anzubieten. Diese Preissenkung ist allerdings nicht von langer Dauer: Ab Mitte Juni steigt in vielen Bäckereien der Preis wieder auf bis zu 0,50 RM.

Adolf Hitler, seit 1921 Führer der deutschen Nationalsozialisten

Hitler bekräftigt Legalitätspolitik

8. Mai. Vor dem Landgericht III in Berlin-Moabit, wo Mitglieder des SA-Sturmtrupps 33 aus Charlottenburg des versuchten Totschlags angeklagt sind, bekräftigt NSDAP-Führer Adolf Hitler seinen sog. Legalitätskurs (→ 10. 2./S. 33).

Hitler erklärt ebenso wie der gleichfalls als Zeuge geladene frühere oberste SA-Führer Ost, Walther Stennes (→ 1. 4./S. 70), niemals die Anwendung von Gewalt gegen politische Gegner befohlen zu haben. Auch der Begriff »Rollkommando« ist ihnen angeblich unbekannt; wenn die SA Gewalt anwende, dann immer nur in Notwehr.

Zu den Zielen seiner Politik sagt Hitler u. a.: »Ich habe schon erklärt, daß die Nationalsozialisten grundsätzlich legal sind. Das ist kein Herzenswunsch von mir, sondern eine Realität. Ich halte die gegenwärtige Verfassung für schlecht. Aber ich sehe, daß der Versuch, gegen diese Verfassung zur Macht zu kommen, unnützes Blutvergießen bedeuten würde.« Hitler führt aus, das Elend des deutschen Volkes liege in »einer bestimmten Geistesverfassung«.

Bei der Verhandlung kommen auch vertrauliche Kontakte zwischen der NSDAP und der Reichsregierung sowie der Reichswehr zur Sprache, zu denen Hitler sich nicht äußern will. Jede Verantwortung für eine vom Berliner Gauleiter Joseph Goebbels verfaßte Schrift, in der u. a. dazu aufgefordert wird, das »Parlament zum Teufel zu jagen«, lehnt er ab.

Stahlhelm macht gegen Republik mobil

31. Mai. Mit einer Skagerrak-Feier und Aufmärschen der über 100 000 in 65 Sonderzügen angereisten Mitglieder endet in Breslau der zweitägige 12. Frontsoldatentag des Stahlhelm, Bund der Frontsoldaten.

An der Skagerrak-Feier zur Erinnerung an die deutsch-britische Seeschlacht 1916 nehmen u. a. auch der frühere Kronprinz von Preußen, August Wilhelm, und Ex-König August von Sachsen teil. Am Tag zuvor hatte Bundesführer Franz Seldte unter Hinweis auf das am 4. Februar eingereichte Volksbegehren zur vorzeitigen Auflösung des preußischen Landtags für den Stahlhelm in Anspruch genommen, seit Jahren große politische Bewegungen eingeleitet zu haben. Seldtes Ausführungen über die Nichtanerkennung der im Versailler Friedensvertrag 1919 festgelegten deutschen Ostgrenzen lösen vor allem in Polen und Frankreich Befremden aus.

Das Preußen-Volksbegehren ist bis zum 21. April von 5,9 der 26,3 Millionen Wahlberechtigten unterzeichnet worden und hat damit die zur Abhaltung eines Volksentscheids nötige Mindestzahl von 20% der Stimmberechtigten erreicht. Es wird von den Deutschnationalen, der NSDAP und auch von der Deutschen Volkspartei (DVP) unterstützt. Preußens Ministerpräsident Otto Braun (SPD) forderte am 5. Mai im Landtag die liberale DVP auf, ihre Zustimmung zum Pakt mit der äußersten Rechten noch einmal zu überdenken (→ 9. 8./S. 138).

Kundgebung des Stahlhelm, Bund der Frontsoldaten, im Berliner Konzerthaus Clou zur Sammlung von Unterschriften für das Preußen-Volksbegehren

Schimpffreiheit für NS-Funktionär

22. Mai. Mit Empörung kommentiert die liberale Presse ein Urteil des Landgerichtes Gleiwitz: Der örtliche NSDAP-Führer Max Fillusch wird in letzter Instanz vom Vorwurf der Beschimpfung demokratischer Politiker freigesprochen.

Die schweren Beleidigungen, wegen denen Fillusch vor Gericht erscheinen mußte, liegen drei Jahre zurück. Der Nationalsozialist hatte u. a. dem späteren Berliner Polizeipräsidenten Albert Grzesinski als »Bonzen« und den 1922 ermordeten früheren Reichsaußenminister Walther Rathenau als »Verräter« beschimpft. Dazu erklärt das Gericht, der aus dem Japanischen kommende Ausdruck »Bonze« sei als Bezeichnung für einen Gewerkschaftsführer durchaus üblich, Fillusch habe Grzesinski nicht als Politiker, sondern als Gewerkschafter gemeint. Daß Rathenau ein »Verräter« sei, habe der Angeklagte dem Buch »30 November-Köpfe« des NS-Propagandisten Alfred Rosenberg entnommen, wobei nicht geklärt werden könne, ob er diese Behauptung wider besseres Wissen aufgestellt habe.

KPD fordert Hilfen für Kleinbauern

16. Mai. Auf einer Kundgebung in Oldenburg legt der KPD-Vorsitzende Ernst Thälmann ein Bauernhilfsprogramm seiner Partei vor. Die KPD verspricht sich davon mehr Zuspruch für ihre Ziele bei Kleinbauern, Winzern und Fischern.

Einleitend wird in dem Programm festgestellt, daß sich die Schulden der Kleinbetriebe der Ernährungswirtschaft auf rund fünf Milliarden Reichsmark belaufen. Die KPD verlangt die Aufhebung dieser Schuldenlast sowie die Streichung der Steuern für Kleinbauern und Steuersenkung für Höfe mittlerer Größe. Weitere Forderungen sind u. a. die Aufhebung der indirekten Steuern auf landwirtschaftliche Produkte, die Aufhebung der Pachtzahlungen an die rund 18 000 Großgrundbesitzer, die Verwendung der Osthilfe-Mittel ausschließlich zugunsten von Kleinbauern (→ 26. 3./S. 50) sowie die Einbeziehung der Beschäftigten der Land- und Forstwirtschaft in die Arbeitslosenversicherung und in die Alters- und Krankenfürsorge.

Der KPD-Vorsitzende Ernst Thälmann (auf dem Podium) spricht als Hauptredner bei der Großkundgebung der Berliner KPD zum 1. Mai im Lustgarten

Der vorzeitige Stapellauf des auf den Namen »Deutschland« getauften Panzerschiffes A der Reichsmarine auf der Deutschen Werft in Kiel am 19. Mai

Einweihung des Nationaldenkmals auf der Golzheimer Heide; auf dem Sockel über dem unterirdischen Gruftraum erhebt sich ein 27 m hohes Stahlkreuz

SPD und KPD auch am 1. Mai getrennt

1. Mai. Weitgehend friedlich verlaufen im Deutschen Reich die Feiern zum 1. Mai. In Berlin, wo es 1929 wegen eines verbotenen Maiumzuges der KPD zu Schießereien gekommen war, folgen nach Aussetzung des Demonstrationsverbots je rund 70 000 Menschen den Aufrufen von SPD und KPD, um 10 Uhr bzw. 16 Uhr im Lustgarten zu erscheinen.

Anders als im Deutschen Reich gilt in Spanien der 1. Mai seit Ausrufung der Republik (→ 14. 4./S. 66) als Feiertag. Paris, wo alle Versammlungen verboten sind, meldet 1440 Festnahmen. In Moskau beteiligen sich rund 1,5 Millionen Menschen, darunter 50 000 Soldaten, an der Maiparade.

Panzerschiff läuft in Kiel vom Stapel

19. Mai. Vor 56 000 Schaulustigen läuft in Anwesenheit von Reichspräsident Paul von Hindenburg und Reichskanzler Heinrich Brüning in Kiel das Panzerschiff »Deutschland« vom Stapel, um dessen Bau es erbitterte politische Diskussionen gegeben hatte (→ 20. 3./S. 52).

Die »Deutschland« hat eine offizielle Wasserverdrängung von 10 000 t und ist u. a. mit sechs 28-cm-Geschützen bewaffnet. Bei der Feier kommt es zu einer Panne: Noch bevor Brüning zu seinem Taufspruch gekommen ist, bricht einer der das Schiff haltenden Stopper, und die »Deutschland« gleitet ins Wasser.

Denkmal für Opfer des Ruhrkampfes

23. Mai. In Anwesenheit von Vertretern der Reichsregierung, des Reichstags und der Länderregierungen wird auf der Golzheimer Heide bei Düsseldorf ein Nationaldenkmal für 142 deutsche Opfer des »Ruhrkampfes« gegen die alliierte Besetzung im Jahr 1923 eingeweiht.

Die Festrede hält der Duisburger Oberbürgermeister Karl Jarres, der vor allem die Rolle Albert Leo Schlageters würdigt, der als Freikorpskämpfer an Sabotageakten beteiligt war und 28jährig am 26. Mai 1923 von den Franzosen in der Golzheimer Heide erschossen wurde. Seither gilt er vor allem bei der NSDAP, deren Mitglied er war, als Märtyrer.

Regierung rettet Wiener Creditanstalt

11. Mai. Die Regierung in Wien beschließt ein Stützungsprogramm für die vom Konkurs bedrohte Creditanstalt. Es wird am folgenden Tag bekanntgegeben. Die Nachricht löst eine internationale Finanzkrise aus. Auf Wunsch der Regierung hatte die Creditanstalt im Oktober 1929 die Bodenkreditanstalt übernehmen müssen, die zahlreiche Großkredite an österreichische Industriekonzerne vergeben hatte, und sich damit Schulden in Höhe von rund 140 Millionen Schilling (rund 97 Millionen Reichsmark) aufgebürdet.

Wegen der bei einem Zusammenbruch der Creditanstalt befürchteten Konkurswelle beschließt die Regierung zu handeln, als Finanzminister Otto Juch am 8. Mai von der Leitung der Bank über Verluste in Höhe von 140 Millionen Schilling im Geschäftsjahr 1930 in Kenntnis gesetzt wird. Ihnen gegenüber stehen das Aktienkapital von 125 Millionen Schilling (rund 86 Millionen RM) und Reserven von 40 Millionen Schilling (rund 28 Millionen RM).

Nach dreitägigen geheimen Verhandlungen wird ein Sanierungskonzept vorgelegt, das u. a. folgendes vorsieht: Zur Deckung der Verluste werden die offenen Reserven von 40 Millionen Schilling herangezogen, der Staat stellt 100 Millionen Schilling (rund 69 Millionen RM) zur Verfügung und die Nationalbank und als Großaktionär das Bankhaus Rothschild je 30 Millionen Schilling (rund 21 Millionen RM), davon Rothschild 7,5 Millionen (rund 5,2 Millionen RM) in Form von Aktien.

Um das Geld aufzubringen, bemüht sich Österreich um eine internationale Anleihe in Höhe von 150 Millionen Schilling (rund 104 Millionen RM). Bis zum 31. Mai bringt die Bank für Internationalen Zahlungsausgleich in Basel 100 Millionen Schilling zusammen.

Die »Neue Freie Presse« am 12. Mai mit der Meldung über die Creditanstalt

Führungswechsel bei der Heimwehr

2. Mai. Nach dem Rücktritt von Ernst Rüdiger Fürst Starhemberg als Bundesführer der österreichischen Heimwehr wird der steirische Landeskommandant Walter Pfrimer neuer Leiter dieser rechtsgerichteten, paramilitärischen Organisation. Starhemberg war seit September 1930 Bundesführer.

Der 50jährige Rechtsanwalt Walter Pfrimer, ein Exponent des putschistischen Flügels, übernimmt nach der Führung der steirischen Heimwehr auch die Leitung der Bundesorganisation.

Damit verbunden ist ein politischer Wandel: Starhemberg war Vertreter des monarchistischen Flügels, Pfrimer bekennt sich ebenso wie der frühere Bundesführer Richard Steidle zu einer scharf antiparlamentarischen und großdeutschen Ausrichtung (→ 13. 9./S. 136).

Kemal Pascha weiter Führer der Türkei

4. Mai. Die in Ankara zusammengetretene Große Türkische Nationalversammlung wählt den seit 1923 als Präsident amtierenden Mustafa Kemal Pascha für weitere vier Jahre zum Staatsoberhaupt der Türkei.

Bei den Wahlen am 24. April waren alle Kandidaten der von Mustafa Kemal 1923 gegründeten Republikanischen Volkspartei ins Parlament gewählt worden. Die Partei, die nach dem Willen ihres Gründers als Ziel vor allem die Umgestaltung der sozial und wirtschaftlich rückständigen Türkei in ein Land nach westlichem Vorbild haben soll, gibt sich auf ihrem III. Parteikongreß am 17. Mai ein neues Statut.

Die Satzung von 1927 wird um sechs Grundsätze des sog. Kemalismus erweitert, die symbolisch als sechs Pfeile auf rotem Grund dargestellt werden: Nationalismus, Republikanismus, Populismus, Laizismus, Etatismus und Reformismus.

Während das darin enthaltene Bekenntnis zur türkischen Nation, zur Staatsform der Republik, zur Durchsetzung des Volkswillens und zur Reformpolitik weitgehend unumstritten sind, lösen die Prinzipien des Dirigismus und Laizismus heftige Auseinandersetzungen aus.

Nach dem Willen Mustafa Kemals soll der Staat in Bereichen als Unternehmer auftreten, die den privatwirtschaftlichen Sektor nicht berühren. Privatfirmen können bei Bedarf auf Staatsgelder hoffen. Das Prinzip des Laizismus soll durch eine strenge Trennung von Kirche und Staat allen reformfeindlichen und reaktionären religiösen Kräften den Boden entziehen.

Der türkische Staatspräsident und Reformer Mustafa Kemal Pascha bei der eigenhändigen Demonstration westlicher Schriftzeichen in der Stadt Sivas

Istanbuler Gericht spricht Hikmet frei

13. Mai. Ein Gericht in Istanbul spricht unter dem Jubel des mit zahlreichen Studenten und jungen Lehrern besetzten Gerichtssaales den Dichter Nazim Hikmet vom Vorwurf der kommunistischen Betätigung frei.

Hikmet hatte vor Gericht offen über seinen mehrjährigen Aufenthalt in Moskau und über seine kommunistische Gesinnung Auskunft gegeben, aber kategorisch verneint, in der Türkei verbotene Propaganda betrieben zu haben. Die mutige Verteidigungsrede macht auf die Zuhörer einen derartigen Eindruck, daß der Staatsanwalt auf Freispruch plädiert.

Der Schriftsteller, der als radikaler Erneuerer der türkischen Lyrik und als einer der Sprecher der Jugend gilt, wurde 1902 in Saloniki in großbürgerlichen Verhältnissen geboren. Sein Vater war u. a. Pressechef der türkischen Regierung und Generalkonsul in Hamburg.

Doumer neuer französischer Präsident

13. Mai. Im zweiten Wahlgang wählt die in Versailles zusammengetretene französische Nationalversammlung den von den Rechtsparteien unterstützten Senatspräsidenten Paul Doumer mit 504 Stimmen zum 13. Präsidenten der Dritten Republik. Auf seinen Gegenkandidaten, Senator Alexandre Marraud, der von den Linksparteien nach dem Verzicht von Außenminister Aristide Briand aufgestellt worden war, entfallen 334 Stimmen.

Im ersten Wahlgang hatte Doumer 442 der 897 abgegebenen gültigen Stimmen erhalten, 401 entfielen auf Briand, 15 auf Senator Jean Hennessy und 39 auf andere Kandidaten. Daraufhin erklärt Briand, der zuvor als Favorit gegolten hatte, daß er zum zweiten Wahlgang nicht mehr antreten wolle, und reicht seinen Abschied als Außenminister ein. Nach seiner Rückkehr von der 63. Tagung des Völkerbundrates in Genf (18.–23.5.) erklärt er am 27. Mai jedoch sein Verbleiben im Amt.

Der 74jährige Doumer, der 1906 bei der Präsidentenwahl Armand Fallières unterlag, war u. a. Generalgouverneur von Indochina (1896–1902) und 1895/96, 1921/22 und 1925/26 Finanzminister. Sein neues Amt tritt er am 13. Juni an.

Offizielles Foto des neugewählten Staatspräsidenten Paul Doumer

Bisherige Präsidenten: V. l. Adolphe Thiers (1871–1873), M. E. Patrice Maurice Comte de Mac-Mahon (1873–1879), Jules Grévy (1879–1887), Sadi Carnot (1887–1894), Jean Paul Casimir-Périer (1894/1895), Félix Faure (1895–1899)

Frankreichs Präsidenten seit 1899: V. l. Émile Loubet (1899–1906), Armand Fallières (1906–1913), Raymond Poincaré (1913–1920), Paul Deschanel (1920), Alexandre Millerand (1920–1924) und Gaston Doumergue (1924–1931)

Ein Katholik kann kein Sozialist sein

15. Mai. Zum 40. Jahrestag der Enzyklika »Rerum novarum« von Leo XIII., der ersten sog. Sozialenzyklika, gibt Papst Pius XI. ein Lehrschreiben über Gesellschaftsordnung und Arbeiterfrage heraus. Es beginnt mit den Worten »Quadragesimo anno« und bekennt sich nach einer Erörterung des Verhältnisses von Kapital und Arbeit zur »Entproletarisierung der Proletarier«.

Nach einer Würdigung der Enzyklika von 1891 in ihrer Bedeutung für die katholische Soziallehre wird die gegenwärtige Wirtschaftsverfassung analysiert. Weder Kapital noch Arbeit könnten den Gesamtertrag ihres Zusammenwirkens für sich allein verlangen. Der Papst kritisiert die Zusammenballung wirtschaftlicher Macht in den Händen weniger. Besonders nötig sei die Durchsetzung »gerechter und angemessener Löhne«. Das einträchtige Zusammenwirken der Stände unter Beachtung der Menschenwürde des Arbeiters müsse den Klassenkampf ersetzen.

Im Schlußteil widmet sich der Papst u. a. der Entwicklung des Sozialismus. Während Kommunismus und Kirche grundsätzlich unvereinbar seien, habe sich der Sozialismus teilweise der katholischen Soziallehre angenähert. Allerdings seien die Auffassungen von der idealen Gesellschaftsordnung grundverschieden, daher könne man »nicht gleichzeitig ein guter Katholik und ein wirklicher Sozialist sein«.

Politische Situation Chinas bleibt weiterhin gespannt

17. Mai. In Nanking endet der am 5. Mai eröffnete chinesische Nationalkonvent. Rund 500 Delegierte, vor allem Parteigänger von Marschall Chiang Kai-shek, billigten am 12. Mai den Entwurf einer vorläufigen Verfassung der Republik China.

Es gelang Chiang Kai-shek nicht, sich aufgrund des Verfassungsentwurfs förmlich zum »Präsidenten« wählen zu lassen. Er bleibt aber als Vorsitzender des Zentralvollzugsausschusses der Nationalpartei Kuomintang und des Staatsrates weiterhin Inhaber der höchsten Zivil- und Militärgewalt.

Bei der Bekämpfung seiner politischen Gegner braucht er jedoch die Hilfe des Oberbefehlshabers in der Mandschurei, des »jungen Marschalls« Tschang Hsüeh-liang. In Mittelchina kämpfen nach wie vor kommunistische Rebellen gegen die Zentralregierung in Nanking.

Eine ernste Bedrohung für Chiang Kai-shek stellt eine Revolte bisheriger Parteigänger im Süden dar. Mehrere politische Gruppierungen, die Chiang Kai-shek vorwerfen, China als persönliches Eigentum zu behandeln und den Nationalkonvent nur einberufen zu haben, um seine persönliche Diktatur zu legalisieren, bilden am 28. Mai in Kanton eine Gegenregierung, nachdem Chiang Kai-shek die am 25. Mai ergangene ultimative Aufforderung zum Rücktritt unbeantwortet gelassen hat.

Chiang Kai-shek (r.) und der Gouverneur der Mandschurei, Tschang Hsüeh-liang, mit ihren Ehefrauen und der Schwägerin Chiang Kai-sheks (M.)

Mai 1931

Blick auf das brennende Kloster der Karmeliterinnen in Madrid

Die Oberin des Karmeliterinnenklosters wird in Sicherheit gebracht

Die in Brand gesteckte Jesuitenkirche in der Gran Via in Madrid

Zahlreiche Klöster und Kirchen in Spanien von der Bevölkerung gestürmt und in Brand gesteckt

12. Mai. *Die kirchenfeindlichen Ausschreitungen des Vortages in Madrid greifen auf die spanische Provinz über. Gestürmt werden u. a. ein Jesuitenkloster in Sevilla, ein Dominikanerkloster in Cadiz, ein Kloster in Alicante und der Bischofspalast in Saragossa. In Málaga werden der Palast des Bischofs und ein Kloster in Brand gesteckt.*

In Madrid wurde die Ruhe durch die Verhängung des Ausnahmezustandes wiederhergestellt, nachdem die Jesuitenkirche in der Gran Via und vier weitere Gebäude der Societas Jesu in Flammen aufgegangen waren.

Mit den Gewalttaten macht sich der langaufgestaute Haß gegen den politischen und wirtschaftlichen Einfluß der katholischen Kirche Luft. Ziel der Kritik ist vor allem Kardinal Pedro Segura y Sáenz, der Erzbischof von Toledo, dessen Jahreseinkommen 600 000 Peseten (rund 264 000 Reichsmark) beträgt und der zu den erbittertsten Feinden der Republik (→ 14. 4./S. 66) gehört. Die Brandstiftungen stoßen auch in Spanien selbst vielfach auf Kritik. Eine von vielen Intellektuellen, darunter dem Philosophen José Ortega y Gasset, unterzeichnete Erklärung wendet sich gegen die »ekelhaften Brandszenen« und weist darauf hin, daß das »Einäschern von Klöstern und Kirchen keinen wirklichen republikanischen Eifer beweist«.

Verkehr 1931:

Bahnen befördern weniger Personen

Mit Ausnahme der Luftfahrt und des privaten Kraftfahrzeugverkehrs ist das Verkehrsvolumen im Deutschen Reich 1931 angesichts der Wirtschaftskrise rückläufig.

Am 1. Juli werden im Deutschen Reich 522 943 Personenkraftwagen gezählt, 21 689 Fahrzeuge mehr als 1930. Die Zahl der Lastkraftwagen beträgt 161 072 (1930: 157 432). Die autoreichste Stadt ist Berlin mit 54 834 Pkw, hier kommen 37 Einwohner auf ein Kraftfahrzeug. Die steigende Motorisierung führt hier wie in den anderen deutschen Großstädten zu Überlegungen, wie dem Verkehrslärm beizukommen sei und wie geeignete Parkräume geschaffen werden könnten. Der öffentliche Personennahverkehr meldet vielerorts Einschränkungen wegen des nachlassenden Verkehrsaufkommens.

Die deutschen Eisenbahnen verzeichnen zurückgehende Betriebseinnahmen, einen Abbau des Perso-

Verkehrslärmmessung mit Mikrofon, Verstärker und Meßgerät

Lösung von Parkproblemen: Boxen für das Abstellen von Autos und Motorrädern in der neuerbauten städtischen Siedlung in München-Moosach

nals, die Außerdienststellung nicht mehr gebrauchter Lokomotiven und Fahrzeuge und rückläufige Betriebsleistungen. 1931 befördern die deutschen Eisenbahnen 1,636 Milliarden Fahrgäste (1930: 1,899 Milliarden) und 357,1 Millionen t Güter (438,2 Millionen).

Zwischen 1924 und 1930 hat die Reichsbahn rund 1,65 Milliarden Reichsmark in den Ausbau ihrer Beförderungskapazität investiert. Die großen Städte des Reiches sind durch Fernschnellzüge (FD-Züge) miteinander verbunden. Sie fahren mit einer Höchstgeschwindigkeit von 110 km/h und machen dank neuausgestatteter Personenwagen, darunter auch Salonwagen, komfortables Reisen möglich.

Zu den internationalen Luxuszügen, die wie der »Rheingold« das Deutsche Reich durchfahren, tritt ab Januar 1931 in den Wintermonaten der Riviera-Neapel-Expreß. Er schafft eine schnelle Zugverbindung zwischen Berlin bzw. Amsterdam und dem Mittelmeer. Der Schnellzug fährt von Berlin in 29 Stunden über Mailand nach Cannes und in 31 Stunden nach Neapel. Besonders betroffen von der Krise ist der Seeverkehr: Die Zahl der deutschen Seeschiffe geht 1931 gegenüber dem Vorjahr um 26 auf 3913 zurück (→ 9. 2./S. 39), die deutschen Seehäfen verzeichnen insgesamt 147 703 ein- und ausgehende Schiffe, 11 408 weniger als 1930.

Mai 1931

Welt der Kolonien in Paris

6. Mai. Im Pariser Bois de Vincennes wird eine große internationale Kolonialausstellung eröffnet. Bis zum 15. November können hier Zeugnisse der Kultur in den von europäischen Kolonialmächten verwalteten Gebieten bewundert werden.

Im Anschluß an die großen Ausstellungspaläste an der Porte Dorée, in denen die Besucher Informationen über die Bedeutung der Kolonien für ihre jeweiligen Mutterländer finden, kann der Gast auf der mehrere Kilometer langen Prunkstraße gleichsam durch vier Erdteile wandern. Frankreich, das für die Kolonialschau 300 Millionen Franc (rund 49 Millionen Reichsmark) investiert hat, zeigt u. a. Nachbauten der Tempel von Ankor Wat (Kambodscha) und des Königspalastes in Timbuktu (Französisch-Westafrika). Auch Belgien, die Niederlande und Italien haben große Anstrengungen unternommen, um ihre Kolonialpolitik in einem positiven Licht darzustellen.

Die USA, früher eine britische Kolonie, haben die Rekonstruktion eines Pflanzerhauses aus dem 18. Jahrhundert beigesteuert. Auch Spanien, Portugal und Dänemark zeigen, was sie in ihren Kolonien für kulturell bedeutend halten.

Nur Großbritannien ist nicht vertreten: Das größte Kolonialreich der Erde hat mit Rücksicht auf die prekäre Finanzlage des Landes auf eine Teilnahme in Paris verzichtet.

Plakat für die Internationale Kolonialausstellung in Paris 1931

Berlin zeigt neues Bauen

9. Mai. Im Berliner Westend wird die Deutsche Bauausstellung Berlin 1931 eröffnet. In den Hallen beim Reichskanzlerplatz und auf dem anschließenden Freigelände präsentiert sich bis zum 2. August das Neueste im Bereich Städte- und Landschaftsbau sowie Wohnungswesen und Werkstoffe.

Die Hallen I (beim Bahnhof Witzleben) und II sind Städtebau und Wohnungswesen gewidmet: Neben einer Darstellung der Bauvorhaben europäischer Metropolen haben zahlreiche namhafte Architekten Musterbauten für verschiedene Wohntypen – vom Mietshaus bis zur Villa – geschaffen.

Die Hallen rund um den Funkturm sind Einzelthemen gewidmet. Der zweckmäßige Einsatz neuer und alter Werkstoffe wird hier ebenso demonstriert wie die Arbeit von Malern und Bildhauern in der Gegenwartsarchitektur. Besonderen Anklang findet die von Walter Gropius gestaltete Leistungsschau der Baugewerkschaften, die unter Einsatz von Stahl, Beton und Zement rationellen Wohnungsbau vorführt.

Das Gelände der Bauausstellung 1931, gesehen vom Funkturm aus

Das Freigelände ist vor allem dem Garten- und Landwirtschaftsbau gewidmet. Muster von großen und kleinen Bauerngehöften in ungewohnten Formen und Anordnungen verdeutlichen die Möglichkeiten moderner Architektur auf dem Lande, wobei allerdings die geltenden Baubestimmungen einer Realisierung oftmals im Weg stehen.

Blick auf die am 22. Mai 1931 eröffnete Usedom-Brücke bei Zecherin

Der Flughafen München-Oberwiesenfeld, eingeweiht am 3. Mai

Fluglinien umspannen den gesamten Erdball

Trotz Wirtschaftskrise melden die internationalen Fluggesellschaften 1931 noch Zuwächse im Beförderungsaufkommen. Die deutschen Luftfahrtgesellschaften zählen 98 167 Fluggäste (1930 waren es 93 677), davon allein die Deutsche Lufthansa A. G. 82 998. Wichtigster deutscher Verkehrsflughafen ist Berlin-Tempelhof mit 30 353 abgefertigten Fluggästen (27 078). Die am → 1. April (S. 75) eröffnete Strecke München – Rom wird 1931 von 913 Fluggästen benutzt.

Bis auf die Strecke Australien – Hawaii ist das Welt-Linienflugnetz geschlossen. Führend im Südamerika-Dienst ist die französische Aéropostale, die von Paris über Dakar und Buenos Aires nach Trinidad fliegt, während auf der Asien-Strecke die Gesellschaft Aéro orient Paris über mehrere Zwischenstopps mit Saigon verbindet.

Mai 1931

Leichnam von Alfred Wegener in Grönland gefunden

19. Mai. Eine deutsche Schlitten-Expedition findet in Grönland die Leiche des Polarforschers Alfred Wegener. Der deutsche Geophysiker war Anfang November 1930 zuletzt lebend gesehen worden.

Wegener war Leiter einer Expedition zur Erforschung des grönländischen Inlandeises, die im April 1930 aufgebrochen war und sich von der Westseite Grönlands unter Mühen auf das Inlandeis vorgekämpft und dort mehrere Proviantdepots und Winterlager errichtet hatte.

Der nach Wegeners Verschwinden ausgesandte Hilfstrupp fand bei seiner Ankunft in der rund 400 km vom Standquartier Kamajuruk in Westgrönland entfernten Station »Eismitte« die drei dort überwinternden Polarforscher wohlbehalten vor. Von Wegener, der im Oktober dort

Das Grab Alfred Wegeners, der von seinem verschollenen Führer Rasmus Villumsen im Firneis beigesetzt worden ist

Der gegen Schneeverwehungen geschützte Eingang zum 2 m tiefen Unterstand der Winterstation »Eismitte«

Alfred Wegener wurde am 1. November 1880 in Berlin geboren und war u. a. Abteilungsvorsteher der Deutschen Seewetterwarte in Hamburg und Hochschullehrer in Graz. Er starb vermutlich an Herzschlag.

Proviant und andere Hilfsmittel abgeliefert hatte, fehlte zunächst jede Spur. Er hatte am 1. November mit dem Grönländer Rasmus Villumsen »Eismitte« verlassen. Jetzt werden Wegeners Skier und seine Leiche gefunden, die von seinem Begleiter in Decken eingenäht und mit Pelzen zugedeckt beigesetzt worden war.

Teilnehmer der deutschen Grönland-Expedition in Winterkleidung

Improvisierte Weihnachtsfeier in der Grönland-Station »Eismitte«

Wissenschaftliche Arbeit in 15 m Tiefe im grönländischen Inlandeis

Polarforscher und Theoretiker der Kontinentalverschiebung

Einen großen Teil seiner wissenschaftlichen Tätigkeit widmete der Geophysiker und Meteorologe Alfred Wegener der Erforschung Grönlands und der Entstehung der Kontinente. Darüber hinaus befaßte er sich u. a. mit der Thermodynamik der Atmosphäre und der Entwicklung leistungsfähiger geophysikalischer Instrumente.

Wegener war Teilnehmer der dänischen Grönland-Expedition von 1906 bis 1908 und führte dabei wissenschaftliche Arbeiten aus. In dieser Zeit lernte er die Struktur dieses Polarlandes kennen, dessen schildförmiger Eispanzer das Binnenland unter sich begräbt und mit einer Fläche gleich der von Dänemark, Frankreich, Spanien, Portugal, Schweiz, Österreich, Ungarn und dem Deutschen Reich zusammengenommen die größte Eismasse außerhalb des Südpolarkontinents bildet.

Auf einer zweiten Reise 1912/13 überwinterte er in der Randzone des Inlandeises und durchquerte zu Fuß die Eiswüste an ihrer breitesten Stelle bis zur Westküste. Im Jahr 1912 veröffentlichte er die Theorie der Kontinentalverschiebung, der 1915 eine Arbeit über »Die Entstehung der Kontinente und Ozeane« folgte.

Bei seiner Kontinentalverschiebungstheorie nimmt Wegener an, daß die einzelnen Erdteile durch Spaltung eines einzigen Mutterkontinentes entstanden sind und als leichtere Massen (Sial) wie Eisschollen auf dem zähflüssigen Untergrund (Sima) horizontal verschoben wurden. Die Theorie geht von einem Urozean und einem zusammenhängenen Urkontinent (Pangäa) aus, der zunächst in einen Nordkontinent (Laurasia) und einen Südkontinent (Gondwanaland) an tektonischen Gräben aufgespalten wurde. Diese beiden Kontinente spalteten sich wiederum in einzelne Blöcke. In den Trennungszonen entstanden Atlantik und Indischer Ozean.

Die Beweisführung für diese erdgeschichtliche Theorie untermauerte Wegener mit zahlreichen Befunden aus den verschiedenen Gebieten der Naturwissenschaften.

Arturo Toscanini unter Hausarrest

14. Mai. In Bologna wird der italienische Dirigent Arturo Toscanini wegen seiner Weigerung, die Faschistenhymne spielen zu lassen, geschlagen und anschließend in Mailand unter Hausarrest gestellt. Toscanini sollte das Eröffnungskonzert im neuen Theater von Bologna dirigieren. Kurz vor Veranstaltungsbeginn wird er offiziell aufgefordert, zunächst den Königsmarsch und die faschistische Hymne »Giovinezza« spielen zu lassen. Toscanini weigert sich und wird von einigen empörten Faschisten geohrfeigt, worauf Toscanini in sein Hotel zurückkehrt und nach dringlicher Aufforderung der Behörden die Stadt verläßt, in der mittlerweile Anti-Toscanini-Demonstrationen organisiert werden. Ab dem 16. Mai wird Toscaninis Mailänder Haus von der Polizei bewacht. Allerdings kann er Besuch empfangen; auch sein Paß wird ihm nicht entzogen; und die Teilnahme an den Bayreuther Festspielen (→ 19. 8./S. 146) ist nicht gefährdet.

Zensur von Filmen im Meinungsstreit

24. Mai. Die »Vossische Zeitung« veröffentlicht Stellungnahmen des Leiters der Filmoberprüfstelle in Berlin, Ernst Seeger, und des früheren preußischen Justiz- und Innenministers Wolfgang Heine (SPD) pro und contra Filmzensur.
Zu den bekanntesten Filmen, deren öffentliche Aufführung im Deutschen Reich untersagt worden ist, zählt der US-Antikriegsfilm »Im Westen nichts Neues« (→ 7. 1./S. 26); im Jahr 1931 wurden bisher u. a. zeitweise der SPD-Film »Das Dritte Reich« und der Aufklärungsfilm »Der Weg ins Leben« verboten.
Die Filmzensur beruht auf Artikel 118 der Reichsverfassung und dem Reichslichtspielgesetz von 1920. Heine fordert ein Ende der Filmzensur, die als Ausdruck eines die Freiheit fürchtenden Philistertums die Grundlagen der Demokratie untergrabe, und weist auf die Willkür der Verbote hin. Seeger plädiert dagegen für die Beibehaltung des nach seinen Worten rechtsstaatlichen Verfahrens, das schädliche Filme nach dem Gesichtspunkt der Wirkung auf die Zuschauer aussondere.

Vorbereitung zum Aufstieg auf dem Gelände der Augsburger Ballonfabrik Riedinger

Der 47jährige Schweizer Physiker Auguste Piccard (r.) und sein 27jähriger Begleiter Manfred Kipfer in ihrer Aluminiumgondel

Piccard steigt mit Ballon 15 781 m hoch

27. Mai. Um 3.57 Uhr starten der Schweizer Physiker Auguste Piccard und sein Assistent Manfred Kipfer vom Gelände der Augsburger Ballonfirma Riedinger mit ihrem 16 000 m³ großen Freiballon in die Stratosphäre. Sie erreichen die Weltrekordhöhe für bemannte Ballone von 15 781 m.
Der Flug führt sie von Augsburg zunächst in südwestliche Richtung. Der Ballon wird gegen 8 Uhr über Kaufbeuren gesichtet, verschwindet dann über den Wolken und taucht am Nachmittag wieder über Garmisch-Partenkirchen auf. Gegen 22 Uhr landet der Ballon 2700 m hoch in den Ötztaler Alpen in Österreich unweit des Großen Gurgler Ferner.
Piccard und Kipfer verbringen die Nacht in der Gondel und werden am nächsten Morgen von einer Rettungsmannschaft gefunden. Von Obergurgel aus informieren sie zunächst die Angehörigen und dann die internationale Presse vom glücklichen Ende des aufsehenerregenden Fluges.
Während des Aufstiegs in die Stratosphäre gelingen dem seit 1922 in Brüssel lehrenden Piccard ausgedehnte Untersuchungen über den Temperaturverlauf, die Strahlung und die Luftströmung in den bislang unerreichten Höhen. Piccards Luftgefährt ist ein speziell konstruierter Stratosphärenballon mit einer angehängten luftdichten Aluminiumgondel.

Bergung der Aluminiumgondel des Stratosphärenballons von Piccard auf einem Gletscher in 2700 m Höhe in der Nähe des Großen Gurgler Ferner

Der Stratosphärenballon vor dem Start, bisher erst halb gefüllt

Mai 1931

Werbung für »Porto & Sherry Sandeman« von Georges Massiot

Werbeanzeige für Frontscheiben der französischen Marke Triplex

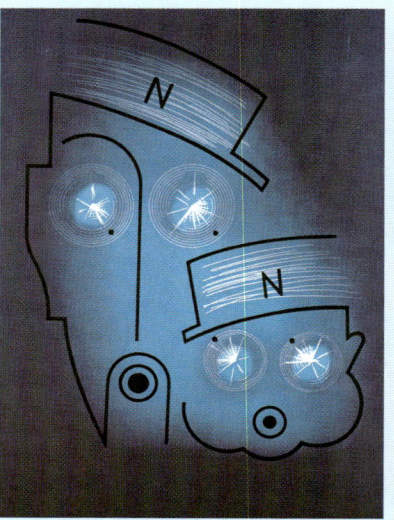
Umschlag der Werbebroschüre einer französischen Weinfirma

Illustration auf dem Umschlag des Notenheftes »Body and Soul«

Werbung 1931:
Absatzsteigerung trotz abnehmender Kaufkraft ist das Ziel

Die Werbungtreibenden in den westlichen Industriestaaten werden 1931 vor besondere Aufgaben gestellt: Angesichts der fortdauernden Wirtschaftskrise und den hohen Arbeitslosenzahlen soll die Werbung den Absatz stabilisieren. Allerdings ist es bei den werbenden Firmen umstritten, ob in Zeiten der wirtschaftlichen Depression die Werbeausgaben eingefroren oder erheblich gesteigert werden sollen in der Hoffnung, auf diese Weise einen Nachfrageschub auszulösen und damit zur wirtschaftlichen Belebung beizutragen.

Mehr denn je ist es das Ziel, die Bindung des Käufers an die Markenware zu stärken. Im Deutschen Reich ist durch eine Verordnung der Reichsregierung vom → 16. Januar (S. 23) die Preisbindung für Markenwaren bei gleichzeitiger Preisreduzierung erlaubt worden. Die alteingeführten Markenwaren werden in der Anzeigenwerbung als Beispiel besonderer Leistung herausgestellt. Spürbar ist das Bemühen, aus den Traditionen der stets ein wenig marktschreierisch wirkenden »Reklame« herauszutreten und Anschluß an die neuesten Trends in der bildenden Kunst zu finden.

Namhafte Graphiker bemühen sich um eine Gestaltung der Anzeigen nach ästhetischen Gesichtspunkten. Zu ihnen gehört Georges Massiot, der für »Porto & Sherry Sandeman« ein über Jahre hinweg verwendetes Motiv schafft.

Weiter an Bedeutung gewinnt die Außenwerbung, wobei neben der Giebelwerbung an Hauswänden und Litfaßsäulen die weithin sichtbaren Reklameaufschriften an Verkehrsmitteln, Straßenlaternen und Haltestellen das Bild vieler Großstadtstraßen prägen. In Wien werden von der Zahnpastafirma Odol sogar an den Winterverschalungen von Denkmälern Reklametafeln angebracht, die fünf Meter breit und einen halben Meter hoch sind und sich – so die Firma in einer Selbstdarstellung – »harmonisch in die Umgebung einfügen« und so »zu einem Kulturbegriff« werden sollen. Auch neueste technische Errungenschaften werden zur Verbreitung der Werbebotschaft eingesetzt: Um den Himmel als die geräumigste und preiswerteste Werbefläche auch nachts nutzen zu können, werden die Markennamen mit Scheinwerfern an den Himmel projiziert.

Französische Werbung für die eine gesunde Kinderernährung verheißenden Milchpräparate der Firma Nestlé

»Die zweite Mutter« als Motto der Anzeigenwerbung für die Babynahrung des französischen Anbieters Blédine

Mai 1931

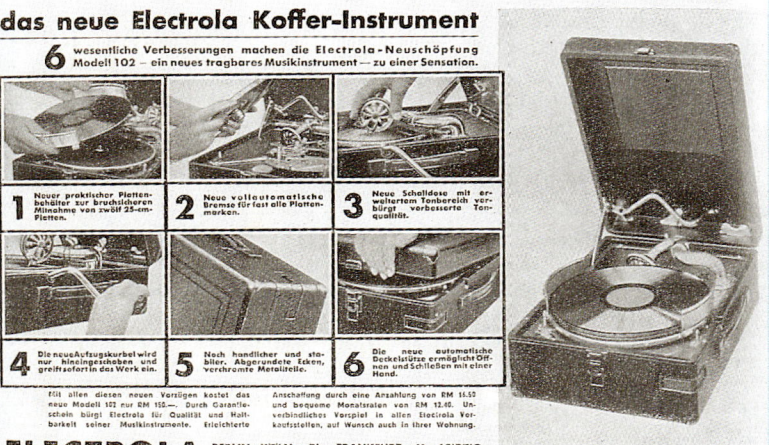

Werbeanzeige mit Bild- und Textelementen für ein erklärungsbedürftiges, weil neuartiges Produkt: Der Kofferplattenspieler 102 von Electrola

Mobile Werbung an Fahrzeugen in Wien: Aufschriften an einem Omnibus in der österreichischen Hauptstadt werben für Seife und ein Einrichtungshaus

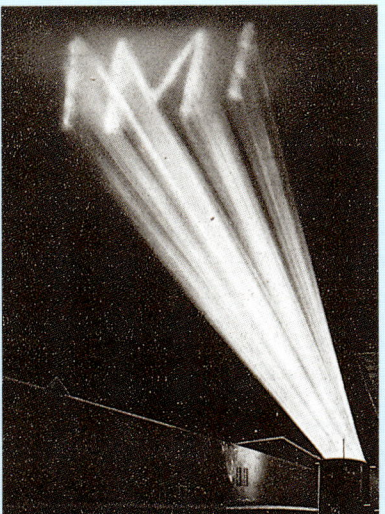 

Neue Formen der Außenwerbung: l. Lichtschrift eines Putzmittels am nächtlichen Himmel, r. Werbung für Autos von Lancia in einer Wiener Straße

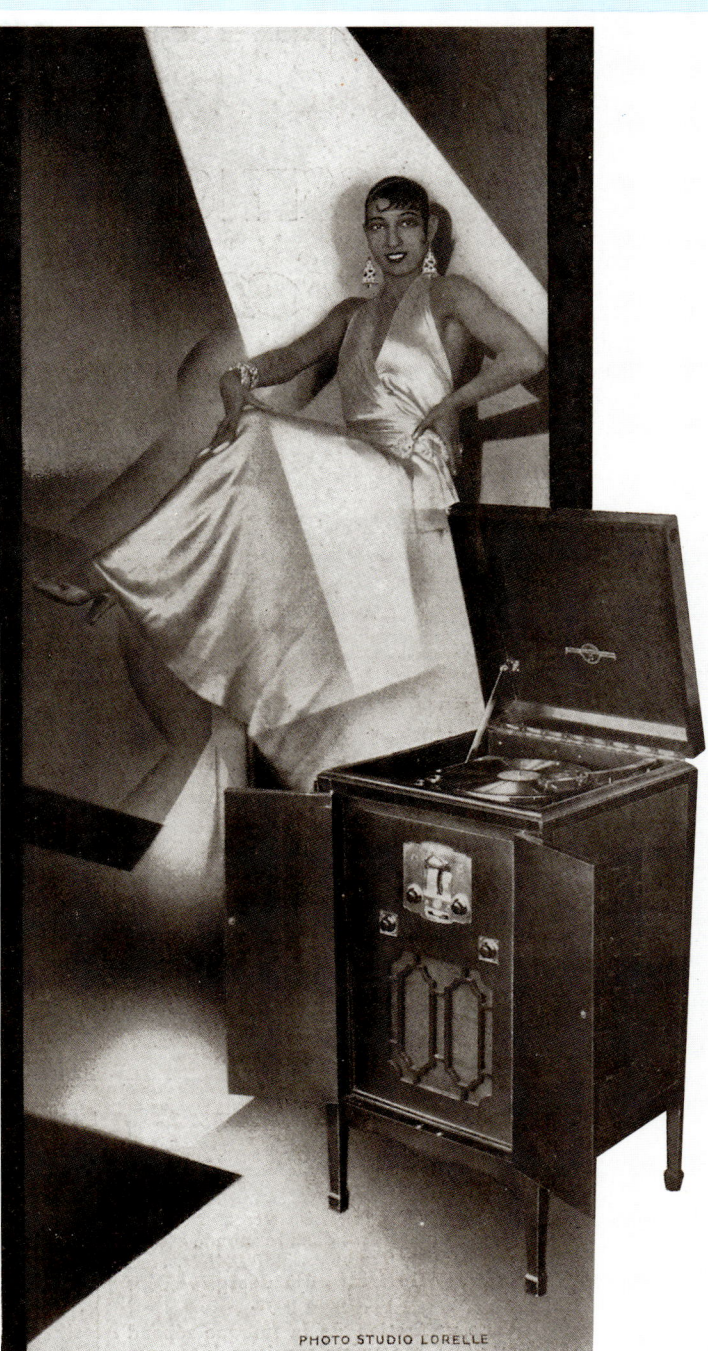

Ein attraktiver Bühnenstar als Blickfang: Josephine Baker wirbt in der Anzeige der Agentur McCann für ein Grammophon der Firma Columbia

Mai 1931

»M – Mörder unter uns« wird Kinoerfolg

11. Mai. In den Ufa-Lichtspielen am Zoo in Berlin wird der psychologische Kriminalfilm »M – Mörder unter uns« uraufgeführt. Die Tonfilmpremiere von Regisseur Fritz Lang schildert die dramatische Jagd von Bevölkerung, Polizei und Unterwelt nach einem Kindermörder.

Schauplatz des Films ist Berlin im Jahr 1930. In einem Wald vor der Stadt wird die Leiche der ermordeten Schülerin Elsie gefunden. Es ist nicht das erste Verbrechen dieser Art. Die Polizei unter Führung von Kriminalkommissar Lohmann (gespielt von Otto Wernicke) kann trotz Einsatz modernster Mittel den Mörder (Peter Lorre) nicht fangen. Da beschließen die von den vielen Razzien beunruhigten Ringvereine der Ganoven unter Führung des Schränkers (Gustaf Gründgens), den Täter mit Hilfe der Bettlerorganisation dingfest zu machen. Sie finden ihn in einem Bürohaus und stellen ihn vor eine Jury. In einer förmlichen Gerichtsverhandlung wird der Kindermörder schuldig gesprochen, aber durch das Erscheinen der Polizei vor der Lynchjustiz bewahrt.

Die Anregung zu »M« verdankt Regisseur Lang einigen spektakulären Kriminalfällen; auch die Idee, daß sich die Verbrecherwelt selbst auf die Mördersuche begibt, hat einen authentischen Hintergrund.

Neben der Leistung von Peter Lorre, der nach einer erfolgreichen Bühnenkarriere (→ 6. 2./S. 42) erstmals im Film eine Hauptrolle spielt, tragen vor allem die realistische Darstellung der Großstadtatmosphäre und die wirkungsvolle Tongestaltung zum Erfolg des Films bei den Zuschauern bei: Die Stille der Straßen wird jäh durch einen Pfiff aus der Polizeipfeife zerrissen, der Atem des Mörders führt die Verbrecher auf seine Spur.

Unabhängig von seinem kommerziellen Erfolg führt »M« zu einer grundsätzlichen Diskussion über die Fragwürdigkeit der Begriffe Recht und Gerechtigkeit. Der Mörder verteidigt sich gegen das Todesurteil mit dem Hinweis, er könne nicht anders handeln, was die aus der Verbrecherwelt gestellte Jury jedoch nicht akzeptieren will.

Diese fragwürdige Moral wird vielfach kritisiert. Heinz Pol wendet sich am 12. Mai in der »Vossischen Zeitung« gegen den Film, weil er »die brennendsten und heikelsten Themen der Kriminalistik und der Sexualpathologie zu einem, freilich technisch und streckenweise auch künstlerisch hervorragenden Reißer verarbeitet, in dem Verbrecher zu Heroen romantisiert werden, damit sie als Moralwächter den noch größeren Verbrecher zum Tode verurteilen können«.

Erich Metze aus Dortmund, der Sieger der Deutschlandrundfahrt 1931

Metze gewinnt die Deutschlandfahrt

24. Mai. Der Dortmunder Erich Metze gewinnt in der Gesamtzeit von 138:25:06 h nach insgesamt 4236 km die international ausgetragene Deutschland-Radrundfahrt vor dem Dresdner Oskar Thierbach und Nicolas Frantz aus Luxemburg.

36 Fahrer aus acht Ländern waren bei der Deutschland-Radrundfahrt an den Start gegangen, die mit einem Mannschafts-Verfolgungsrennen über 15 km am 3. Mai auf der Opelbahn in Rüsselsheim gestartet worden war. Die Teilnahme ausländischer Fahrer soll die Attraktivität dieses Rennens erhöhen, allerdings bemängelt die Presse, daß dabei nicht die allererste Garnitur eingeladen worden sei.

Kritisiert werden auch die Verhältnisse bei den Zieleinfahrten der 16 Etappen, wo offensichtlich deutsche Fahrer manchmal nach vorn »gewertet« worden sind.

Der 23jährige Metze gewinnt bei der Deutschlandrundfahrt die 9. Etappe Liegnitz – Berlin und die Schlußetappe Trier – Rüsselsheim. Darüber hinaus wird er je dreimal Zweiter und Dritter. Der Dortmunder begann 1928 seine Radrennfahrerlaufbahn als Amateurstraßenfahrer und konnte auf Anhieb 15 Rennen gewinnen. 1929 wurde er Meister der Deutschen Rad Union und wechselte 1930 ins Profilager. Bei der Deutschlandrundfahrt des Jahres 1930 gewann er eine Etappe, konnte sich aber in der Gesamtwertung nicht unter den Führenden plazieren.

Der 26jährige Bühnen- und Filmschauspieler Peter Lorre als Kindermörder in einer Szene des Kriminalfilms »M – Mörder unter uns« von Fritz Lang

Berlin Ort der Olympischen Spiele 1936

13. Mai. In der vom Internationalen Olympischen Komitee (IOC) durchgeführten schriftlichen Abstimmung über die Vergabe der Olympischen Sommerspiele 1936 entscheiden sich 43 IOC-Mitglieder für Berlin, 16 für Barcelona und acht enthalten sich der Stimme.

Auf dem 28. IOC-Kongreß 1930 in Berlin hatte sich das deutsche Nationale Olympische Komitee (NOK) um die Durchführung der Spiele in der Reichshauptstadt beworben. Als Mitbewerber traten an: Alexandria, Barcelona, Budapest, Buenos Aires, Dublin, Helsinki und Rom. Die Entscheidung zwischen den beiden zuletzt noch verbliebenen Austragungsorten Berlin und Barcelona sollte auf der 29. IOC-Sitzung im April 1931 in Barcelona fallen. Da aber wegen der Unruhen in Spanien nur 19 der 67 IOC-Mitglieder erschienen waren, beschloß das Exekutivkomitee unter Führung von Henri de Baillet-Latour am 27. April eine schriftliche Abstimmung.

Modell für den Ausbau des Berliner Stadions für die Olympischen Sommerspiele 1936; den Auftrag für die Erweiterung der Wettkampfstätten, darunter des 1913 eröffneten Deutschen Stadions für die 1916 geplanten Spiele, erhält der Architekt Werner March

Mai 1931

Österreichs »Wunderteam« in Torlaune

24. Mai. Im Berliner Grunewaldstadion unterliegt die deutsche Fußball-Nationalelf gegen Österreich 0:6 (0:3). Es ist im achten Länderspiel die höchste Niederlage gegen die seit 1924 wegen ihres Berufsspielertums vom Deutschen Fußball-Bund gemiedenen Fußballstars aus Wien. Für Österreich spielen dieselben elf Wiener Spieler, die am 16. Mai in Wien Schottland 5:0 geschlagen hatten: Rudi Hiden (Wiener AC), Roman Schramseis (Rapid), Pepi Blum (Vienna), Georg Braun (Wiener AC), Josef Smistik (Rapid), Karl Gall (Austria), Karl Zischek (Wacker), Fritz Gschweidl (Vienna), Matthias Sindelar (Austria), Toni Schall und Adolf Vogel (beide Admira).
Abgesehen von den ersten 15 Minuten der zweiten Halbzeit ist die deutsche Elf in fast allen Belangen unterlegen. Richard Hofmann (Dresdner SC) und Hans Sobek (Hertha BSC Berlin) scheitern an Torwart Hiden, der nach dem Abpfiff von den begeisterten Zuschauern vom Platz getragen wird. Die Tore schießen Schall (3), Vogel, Zischek und Gschweidl.
Die Aufstellung des »Wunderteams«, vor allem die Rückkehr des seit 1929 nicht mehr berücksichtigten Sindelar, hatte die Wiener Sportpresse von Verbandskapitän Hugo Meisl erzwungen, der den wartenden Journalisten im Wiener Ringcafé diese Formation schließlich mit den Worten: »Da habt's Euer Schmieranski-Team!« bekanntgab.

Das zweite Tor für Österreich durch den Admira-Linksaußen Adolf Vogel (r.), Torhüter Paul Gehlhaar (Hertha BSC Berlin) warf sich vergeblich

Der linke Verteidiger Pepi Blum vom Wiener Fußballklub Vienna

Toni Schall, Halblinker von Admira, Österreichs Torschützenkönig 1931

Das von Verbandskapitän Hugo Meisl geführte österreichische »Wunderteam« um den gebürtigen Steiermärker Torhüter Rudi Hiden (WAC, vordere Reihe M.) und den Austria-Mittelstürmer Matthias Sindelar (2. v. r.), den »Papierenen«

»Nachhilfe für die Fußballschüler«

Nach dem Länderspiel gegen Österreich sind die Pressekritiken über das deutsche Team vernichtend: »Die größte Fußballpleite der letzten Jahre«, »6:0 spazierten die Österreicher durchs Ziel«, »Österreich lehrt uns Fußball« lauten einige der Überschriften.
In der »Vossischen Zeitung« schreibt Willy Meisl: »Die deutsche Elf war nicht die beste (das ist eher eine Anklage als eine Entschuldigung), aber auch die beste wäre glatt geschlagen worden, denn die Österreicher kämpften nie unter Volldampf, sie spazierten mehr durchs Stadion und entfalteten ihr Repertoire ohne Mühe und mit wenig Anstrengung.«
In der »Nürnberger Zeitung« urteilt Hans Schrödel: »Deutsche Fußballschüler mußten sich von österreichischen Technikern und Taktikern eine Nachhilfestunde erteilen lassen, daß zuletzt das ganze Stadion in Hohn erstarb.«
Im »Fußball« schreibt Eugen Seybold: »Viele meinen, das 0:6 gegen Österreich sei die ›größte Blamage‹ DFB-Deutschlands. Das stimmt nicht ganz. DFB-Deutschland stand schon früher und wiederholt vor seiner ›größten Blamage‹. 1924, als der DFB seinen Bannstrahl u. a. gegen Österreich schleuderte und feierlichst erklärte, schon aus ethischen Gründen käme für ihn und seine Vereine ein Verkehr mit Ländern der reinlichen Scheidung (nämlich jene, die durch Einführung des Berufsfußballs bezahlte Spieler von echten Amateuren trennten) nicht in Frage.«
Jakob Zündorf schreibt im »Kölner Tageblatt«: »Die Bundesgewaltigen endlich, die wahren Verantwortlichen für dieses Debakel, die mit langen Gesichtern diese fürchterliche Ohrfeige für den deutschen Fußballsport quittieren mußten! Ja, da standen sie alle fassungslos, die Jugendheimathleten und ethischen Bramarbasse, wie sich da unten in der Kampfbahn eine Illusion nach der anderen in Nichts auflöste.«

Juni 1931

Mo	Di	Mi	Do	Fr	Sa	So
1	2	3	4	5	6	7
8	9	10	11	12	13	14
15	16	17	18	19	20	21
22	23	24	25	26	27	28
29	30					

1. Juni, Montag

Als letztes Teilstück des Lippe-Seiten-Kanals wird der Wesel-Datteln-Kanal fertiggestellt. → S. 105

Bei den Kammerwahlen in Rumänien erringt das Wahlbündnis der Nationalen Union, das den seit dem 18. April 1931 amtierenden Ministerpräsidenten Nicolae Iorga unterstützt, mit 287 der 379 Mandate die absolute Mehrheit der Sitze.

In Kairo wird das Ergebnis der im Mai abgehaltenen, von der Opposition boykottierten Parlamentswahlen bekanntgegeben. 119 der 144 Sitze entfallen auf regierungsfreundliche Abgeordnete, von den übrigen Mandaten hat die nationalistische Wafd-Partei acht erhalten.

Durch ein 8:6, 6:1 über die Britin Betty Nuthall siegt Cilly Aussem im Dameneinzel bei den Internationalen Tennismeisterschaften von Frankreich in Paris. → S. 111

Im ersten Spiel nach der Begnadigung durch den Westdeutschen Spiel-Verband besiegt Schalke 04 die Fußballmannschaft von Fortuna Düsseldorf 1:0 (1:0). → S. 111

2. Juni, Dienstag

In der vom Architekten Heinrich Tessenow umgebauten früheren Neuen Wache Unter den Linden in Berlin wird eine Gedenkstätte für die Toten des Weltkriegs 1914 bis 1918 eingeweiht.

Das britische Unterhaus billigt einstimmig ein Gesetz, das die Todesstrafe für schwangere Frauen abschafft und durch lebenslange Zuchthausstrafe ersetzt.

3. Juni, Mittwoch

Der SPD-Parteitag in Leipzig (→ 5. 6./S. 96) billigt mit 324 gegen 62 Stimmen einen Antrag des Parteivorstandes, in dem das Verhalten der neun Reichstagsabgeordneten mißbilligt wird, die am → 20. März (S. 52) mit der KPD gegen den Panzerkreuzerbau gestimmt hatten.

4. Juni, Donnerstag

Das Berliner NSDAP-Organ »Der Angriff« wird vom Berliner Polizeipräsidenten Albert Grzesinski (SPD) wegen Verstoßes gegen die Notverordnung vom → 28. März (S. 49) bis zum 4. Juli verboten.

5. Juni, Freitag

In Leipzig endet der am 31. Mai eröffnete SPD-Parteitag. Die 394 ordentlichen Delegierten befaßten sich u. a. mit der Überwindung der Wirtschaftskrise, dem Vorgehen gegen den drohenden Faschismus und dem Verhältnis zur Reichsregierung. → S. 102

Die Notverordnung »Zur Sicherung von Wirtschaft und Finanzen« sieht neue Sparmaßnahmen vor, um das Haushaltsdefizit des Reiches (574 Mio. Reichsmark), der Länder und Gemeinden (302 Mio. RM) und die Fehlbeträge bei Arbeitsbeschaffungsprogramm und Krisenhilfe (385 Mio. RM) zu decken. In einem Aufruf fordert die Reichsregierung ein Ende der Reparationen. → S. 102

6. Juni, Samstag

Der Glaspalast am Alten Botanischen Garten in München fällt einem Brand zum Opfer. Dabei werden rund 3000 Bilder und Skulpturen vernichtet. → S. 104

7. Juni, Sonntag

Bei den Wahlen zur Abgeordnetenkammer des Großherzogtums Luxemburg behauptet die Rechtskoalition von Staatsminister Joseph Bech (christlichsozial) trotz des Verlustes von vier Mandaten mit 31 gegen 23 Sitze ihre Parlamentsmehrheit.

Rudolf Caracciola (Mercedes-Benz) gewinnt auf der 7,8 km langen Südschleife des Nürburgrings das über 40 Runden führende ADAC-Eifelrennen in 2:50:47 h vor Hans Joachim von Morgen (Bugatti) und Manfred von Brauchitsch (Mercedes-Benz).

8. Juni, Montag

Das Reichsfinanzministerium gibt die Jahresrechnung für das Haushaltsjahr 1930 bekannt. Der offene Finanzbedarf des Reiches für 1931, der noch durch Anleihen gedeckt werden muß, beträgt 334,9 Millionen Reichsmark.

Die Spruchkammer der Filmoberprüfstelle in Berlin erlaubt den im Dezember 1930 verbotenen US-Antikriegsfilm »Im Westen nichts Neues« zur beschränkten Vorführung vor geschlossenen Gesellschaften und Vereinen frei (→ 7. 1./S. 26).

9. Juni, Dienstag

Reichskanzler Heinrich Brüning und Außenminister Julius Curtius beenden den am 5. Juni begonnenen Großbritannienbesuch. Ihre Gespräche mit der britischen Regierung haben ein gewisses Verständnis für die deutsche Forderung nach Senkung der Reparationslasten geweckt (→ 20. 6./S. 100).

Auf dem 28. Genossenschaftstag des Zentralverbandes deutscher Konsumvereine in Magdeburg wird bekanntgegeben, daß die Zahl der Mitglieder die Drei-Millionen-Grenze überschritten hat. Der Umsatz belief sich 1930 auf 1,212 Milliarden Reichsmark, ist allerdings im ersten Halbjahr 1931 rückläufig.

Vor der französischen Deputiertenkammer lehnt Außenminister Aristide Briand jede »Zerreißung« oder anders geartete Änderung des Youngplans von 1929 über die deutschen Reparationen ab (→ 24. 6./S. 101).

Die italienische Regierung überreicht dem Vatikan eine Antwortnote auf den Protest wegen des Verbots der Laienbewegung Katholische Aktion. → S. 107

10. Juni, Mittwoch

Der Ältestenrat des Reichstages lehnt Anträge der NSDAP, DNVP und KPD auf Einberufung des Reichstages wegen der Notverordnung vom → 5. Juni (S. 102) ab. Allerdings gibt es auch in den die Regierungspolitik stützenden Parteien, vor allem in der Deutschen Staatspartei (bis 1930: Deutsche Demokratische Partei) und im Christlich-Sozialen Volksdienst, Widerspruch.

Der aus politischen Gründen längere Zeit unter Hausarrest gestellte 64jährige italienische Dirigent Arturo Toscanini (→ 14. 5./S. 91) verläßt mit seiner Familie Italien, um sich zunächst in die Schweiz und dann nach Bayreuth zu begeben (→ 19. 8./S. 146).

11. Juni, Donnerstag

Die KPD veranstaltet in mehreren deutschen Städten »Hungermärsche« zur Mobilisierung von Arbeitslosen. → S. 102

Das Schöffengericht Berlin-Mitte verurteilt die beiden Stahlhelm-Führer Franz Seldte und Theodor Duesterberg wegen Beschimpfung der Republik zu je 800 Reichsmark Geldstrafe.

Die österreichische Regierung verleiht dem deutschen Komponisten Richard Strauss zum Abschluß seiner Dirigententätigkeit an der Wiener Staatsoper das Große goldene Ehrenzeichen mit Stern.

Der deutsche Schriftsteller Thomas Mann spricht in Erlangen auf Einladung des Republikanischen Studentenbundes über »Europa als Kulturgemeinschaft«.

12. Juni, Freitag

Reichskanzler Heinrich Brüning informiert auf dessen Sommersitz Gut Neudeck Reichspräsident Paul von Hindenburg über die politische Lage seit Erlaß der Notverordnung vom → 5. Juni (S. 102). Beide stimmen darin überein, daß ein Zusammentritt des Reichstages derzeit unerwünscht sei.

Das Präsidium des Zentralexekutivkomitees der UdSSR ernennt Michail N. Tuchatschewski zum stellvertretenden Volkskommissar für Heer und Marine und zum stellvertretenden Vorsitzenden des revolutionären Kriegsrates.

Im Kölner Stadtteil Niehl wird ein Zweigwerk des Detroiter Automobilkonzerns Ford eingeweiht. → S. 103

13. Juni, Samstag

Der preußische Landtag billigt in dritter Lesung mit 202 gegen 54 Stimmen bei 105 Enthaltungen den Vertrag mit den evangelischen Kirchen (→ 22. 4./S. 71).

Die deutsche Reichsregierung weist die in der polnischen Note vom 10. Juni enthaltenen Vorwürfe wegen einer Begünstigung der Stahlhelm-Kundgebung in Breslau (→ 31. 5./S. 84) zurück.

Die Deutsche Reichsbank erhöht die Leitzinsen um 2%. Der Diskontsatz wird auf 7% erhöht. → S. 103

In Prag schlägt vor 30 000 Zuschauern die Fußball-Nationalelf der Tschechoslowakei die Auswahl der Schweiz 7:3 (1:3).

14. Juni, Sonntag

In Anwesenheit von Reichspräsident Paul von Hindenburg findet auf der Marienburg in Westpreußen eine Feier zur 700jährigen Besiedlung durch den Deutschen Ritterorden statt.

Beim Untergang des Ausflugsdampfers »Saint-Philibert« in der Loire-Mündung kommen mehrere hundert Menschen ums Leben. → S. 106

Durch ein 3:2 (1:2) über den TSV 1860 München vor 60 000 Zuschauern in Köln wird Hertha BSC Berlin wie im Vorjahr Deutscher Fußballmeister. → S. 111

Die britischen Automobilrennfahrer Earl Howe und Sir Henry Birkin gewinnen auf Alfa Romeo das 24-Stunden-Rennen von Le Mans mit 3017,655 km (125,735 km/h) vor dem 7-Liter-Mercedes mit Boris Ivanowski und Henri Stoffel (2905,139 km).

15. Juni, Montag

In Berlin empfängt Reichskanzler Heinrich Brüning die Führer der meisten im Reichstag vertretenen Parteien. Die DNVP erklärt, an der Forderung nach Reichstagseinberufung festzuhalten, und fordert den Rücktritt der Reichsregierung (→ 5. 6./S. 102).

Die am 8. Juni begonnenen, von der KPD organisierten »Hungerunruhen« von Arbeitslosen in Hamburg gehen zu Ende. Sie haben neben zahlreichen Verletzten auch ein Todesopfer in der Hansestadt gefordert (→ 11. 6./S. 102).

In einer Mitteilung an den Völkerbund geben die USA die Stärke ihrer Rüstung bekannt. Die Personalstärke von Heer, Marine und Luftwaffe beläuft sich auf 300 776 Mann. Die USA haben 10 752 Kriegsflugzeuge und eine Flotte mit einer Gesamttonnage von 1,25 Millionen t.

Das Zentralkomitee der KPdSU beendet die am 11. Juni eröffnete Plenartagung. Das ZK beschließt u. a., in der Hauptstadt Moskau innerhalb von drei Jahren Wohnungen für 500 000 Menschen zu errichten und dort 1932 mit dem Bau einer Metro zu beginnen.

Der Kardinal von Toledo, Pedro Segura y Sáenz, wird von der spanischen Regierung ausgewiesen und reist nach Rom ab (→ 12. 5./S. 88).

16. Juni, Dienstag

Die SPD-Fraktion stimmt mit der Regierungskoalition im Ältestenrat gegen die Einberufung des Reichstages und verzichtet auf Einberufung des Haushaltsausschusses, da die Reichsregierung dann zurücktreten will (→ 5. 6./S. 102).

Im Freistaat Oldenburg tritt die Regierung Friedrich Cassebohm zurück, nachdem der Landtag den Mißtrauensantrag der NSDAP-Fraktion gebilligt hat. Cassebohm bleibt geschäftsführend bis zum 16. Juni 1932 im Amt (→ 15. 11./S. 189).

Titelseite des in Berlin erscheinenden »Figaro« vom 1. Juni; die »Halbmonatszeitschrift für Politik und Kultur« beschäftigt sich vor allem mit Fragen der Sexualität; in ihrem Heft 11/1931 prangert sie u. a. den »Vorstoß des Muckertums« an

Juni 1931

17. Juni, Mittwoch

Das britische Oberhaus billigt nach vorheriger Zustimmung des Unterhauses die Wahlrechtsreform mit der Einführung der Alternativstimme. → S. 105

In der Akademie der Künste am Pariser Platz in Berlin wird eine Ausstellung über das Werk des US-Architekten Frank Lloyd Wright eröffnet.

In Stockholm trennen sich vor 18 000 Zuschauern die Fußballnationalteams von Schweden und Deutschland 0:0.

18. Juni, Donnerstag

Im Berliner Rundfunk spricht der SPD-Vorsitzende Hans Vogel zum Thema »Unser Kampf gegen das Chaos« und begründet die Tolerierung der Brüning-Regierung durch die SPD mit der Gefahr einer Rechtskoalition, die unter Ausschaltung des Reichstages diktatorisch regieren würde.

US-Schatzkanzler Andrew M. Mellon beendet seine Gespräche mit der britischen Regierung in London, in deren Verlauf er Einigung über einen Aufschub der Reparationen und Kriegsschulden erzielt hat. Mellon reist anschließend nach Paris weiter (→ 24. 6./S. 101).

In Genf billigt die 15. Internationale Arbeitskonferenz mit 81 gegen zwei Stimmen eine Konvention über die Begrenzung der Arbeitszeit im Kohlenbergbau auf sieben Stunden.

19. Juni, Freitag

Der Hauptausschuß des Reichsverbandes der Industrie spricht in Berlin der Politik von Reichskanzler Heinrich Brüning das Vertrauen aus.

Die 50. Tagung des Deutschen Ärztevereinsbundes in Köln fordert unter Hinweis auf Folgen wie Hunger und Krankheit ein Ende der Reparationen.

20. Juni, Samstag

In Washington trifft eine Botschaft von Reichspräsident Paul von Hindenburg ein, in der dieser um Hilfe für Deutschland bittet. → S. 101

US-Präsident Herbert Hoover gibt seinen Vorschlag bekannt, alle Zahlungen von Reparationen und Kriegsschulden für ein Jahr einzustellen. → S. 100

Das von der NSDAP geplante Sportfest im Deutschen Stadion in Berlin ist durch den Polizeipräsidenten Albert Grzesinski (SPD) verboten worden. Das gleiche gilt auch für die vom 4. bis 12. Juli von der KPD geplante Spartakiade. Das Spartakiade-Verbot wird am 25. Juni zunächst aufgehoben (→ 17. 7./S. 131).

Der christlichsoziale Landeshauptmann von Niederösterreich, Karl Buresch, bildet als Bundeskanzler ein bürgerliches Koalitionskabinett. Weder der am 16. Juni demissionierte Otto Ender noch Altbundeskanzler Ignaz Seipel hatten eine Regierung bilden können; die Sozialdemokraten hatten eine Beteiligung abgelehnt. → S. 104

Der österreichische Segelflieger Robert Kronfeld überquert zweimal den Ärmelkanal zwischen Dover und Calais und gewinnt damit den von der Londoner Tageszeitung »Daily Mail« ausgesetzten Preis in Höhe von 1000 Pfund (20 369 Reichsmark). → S. 111

21. Juni, Sonntag

Auf der Reichsbahnstrecke Hamburg–Berlin stellt ein von Franz Kruckenberg, Kurt Stedefeld und Willi Black gebauter propellergetriebener Eisenbahntriebwagen mit 230 km/h einen Geschwindigkeitsweltrekord auf. → S. 107

Eine britische Expedition bezwingt den Gipfel des 7756 m hohen Mount Kamet im Grenzgebiet zwischen Britisch-Indien und Tibet. → S. 105

Das Fußball-Länderspiel zwischen Norwegen und dem Deutschen Reich in Oslo endet vor 20 000 Zuschauern 2:2 (1:1).

Im deutschen Vereinsfußball beginnt die 1930 vom Deutschen Fußball-Bund beschlossene sechswöchige Sommerpause.

Die französisch-italienische Kombination Louis Chiron/Achille Varzi gewinnt auf dem 12,5 km langen Rundkurs in Montlhéry auf Bugatti das Zehnstundenautorennen um den Großen Preis von Frankreich mit 1258,825 km vor Giuseppe Campari (1215,122 km) aus Italien auf Alfa Romeo.

22. Juni, Montag

Die SPD-Zeitung »Münchener Post« berichtet über angebliche homosexuelle Neigungen von SA-Stabschef Ernst Röhm. → S. 104

In Bremen legt die Norddeutsche Wollkämmerei und Kammgarnspinnerei ihre Bilanz für 1930 vor. Die Schulden werden mit 163,65 Millionen Reichsmark angegeben, mehr als das Doppelte des Stammaktienkapitals. → S. 103

23. Juni, Dienstag

Reichskanzler Heinrich Brüning würdigt in einer abendlichen Ansprache über den Deutschlandsender das Hoover-Moratorium (→ 20. 6./S. 100) und regt eine deutsch-französische Aussprache über noch offene Fragen an.

Die Deutsche Reichsbank gibt bekannt, daß die Abgänge an Gold und Devisen seit Ende Mai auf 1,25 Milliarden Reichsmark gestiegen sind. Die Notendeckung beträgt 40,4% statt 48,1% wie noch am 16. Juni (→ 13. 6./S. 103).

Vor Wirtschaftsführern in Moskau kündigt Josef W. Stalin, der Generalsekretär der KPdSU, neue Methoden der Wirtschaftsführung an. Dazu gehören die Vereinfachung der Verwaltung, die Milderung des Kampfes gegen die bürgerliche Intelligenz und die höhere Bezahlung der Facharbeiter (→ 30. 6./S. 105).

Der Vatikan protestiert in einer Note an Litauen gegen die am 6. Juni erfolgte Ausweisung des päpstlichen Nuntius aus Kowno und droht mit dem Abbruch der Beziehungen (→ 15. 4./S. 69).

Der russische Bassist Fjodor Schaljapin tritt auf einer Galaveranstaltung im Londoner Lyceum Theatre auf und singt die Titelpartie des fünften Aktes von Jules Massenets Oper »Don Quichotte«. → S. 110

In New York wird der Gangster Arthur »Dutch Schultz« Flegenheimer wegen verbotener Alkoholgeschäfte festgenommen, allerdings gegen eine hohe Kaution wieder freigelassen. → S. 107

24. Juni, Mittwoch

Das Deutsche Reich und die UdSSR verlängern in Moskau den Berliner Vertrag von 1926 über die Neutralität im Falle eines Angriffs durch eine dritte Macht. Der Vertrag ist erstmals 1933 kündbar.

Die französische Regierung erklärt ihre Bereitschaft, dem Parlament die Billigung des Hoover-Moratoriums zu empfehlen, fordert aber, die laut Youngplan »ungeschützten Annuitäten« vom Zahlungsaufschub auszunehmen. → S. 101

25. Juni, Donnerstag

Das Deutsche Reich erhält bis zum 16. Juli von den Nationalbanken Großbritanniens und Frankreichs, der Federal Reserve Bank New York und von der Bank für Internationalen Zahlungsausgleich (BIZ) in Basel einen Kredit in Höhe von umgerechnet 419,55 Millionen Reichsmark (→ 20. 6./S. 100).

In Berlin wird der 1930 vom Staatsbürgerinnenverband gestiftete Preis für Autorinnen im Alter von bis zu 35 Jahren vergeben. Die mit 1000 Reichsmark dotierte Auszeichnung geht zu gleichen Teilen an Elisabeth Langgässer und Käthe Biehl. → S. 110

26. Juni, Freitag

An der Opposition von DNVP und KPD im Landtag von Mecklenburg-Strelitz scheitert eine mit finanziellen Erwägungen begründete Regierungsvorlage zum Anschluß des Landes an Preußen. → S. 103

Die deutschen Rundfunksender übertragen einen Aufruf des Schriftstellers Gerhart Hauptmann an das deutsche Volk, trotz der bedrückenden Zeitumstände mit Mut an die Arbeit für eine bessere Zukunft zu gehen. → S. 110

27. Juni, Samstag

Staatssekretär Otto Meißner berichtet Reichspräsident Paul von Hindenburg über Unregelmäßigkeiten bei der Verteilung der Osthilfegelder (→ 29. 7./S. 122).

Im spanischen Fliegerkorps bricht eine Revolte aus, als sich ein Teil der bei Sevilla stationierten Fliegeroffiziere mit dem wegen seiner linksradikalen Umtriebe vom Amt des Chefs des Flugwesens abgelösten Ramon Franco solidarisiert.

28. Juni, Sonntag

Bei den Wahlen zu den spanischen Cortes siegen die Parteien der republikanisch-sozialistischen Koalition in 49 der 50 Provinzen. Stärkste Partei im Parlament, dessen Hauptaufgabe die Erarbeitung einer neuen demokratischen Verfassung ist, sind die Sozialisten mit 105 der 470 Mandate (→ 14. 4./S. 66).

In einem Freundschaftsspiel schlägt der 1. FC Nürnberg die Spvgg. Fürth 2:1 (1:0). Von den damit ausgetragenen 100 Spielen zwischen den beiden Altmeistern gewann Nürnberg 60, Fürth nur 24. 16 Partien endeten remis. Das Torverhältnis lautet 291:139 für Nürnberg.

Zum Abschluß der am 21. Juni eröffneten Derby-Woche in Hamburg siegt im Deutschen Galoppderby auf der Rennbahn in Horn Gestüt Graditz' Dionys.

29. Juni, Montag

Der einflußreiche Liberale Sir John Simon und ein weiterer Abgeordneter des britischen Unterhauses erklären wegen der allzu kompromißbereiten Haltung der Liberalen gegenüber der Labour-Regierung ihren Austritt aus der Fraktion.

In Bulgarien bildet Alexander Malinow, der Führer des aus den Parlamentswahlen am 21. Juni mit 150 von 273 Sitzen und damit absoluter Mehrheit hervorgegangenen Nationalen Blocks, die neue Regierung.

30. Juni, Dienstag

Nachdem am 29. Juni nach nationalsozialistischen Krawallen die Berliner Universität bis auf weiteres geschlossen worden ist, kommt es in München und Hamburg – wegen Verbots einer Anti-Versailles-Kundgebung – zu Ausschreitungen von Studenten.

Bei den Parlamentswahlen in Ungarn, die in 199 der 245 Wahlkreise nach dem Prinzip der offenen Kandidatenempfehlung durchgeführt worden waren, erhält die Regierungskoalition von István Graf Bethlen von Bethlen 212 der zu vergebenden 245 Sitze (→ 22. 8./S. 144).

In Essen wird der Kartellvertrag für das Rheinisch-Westfälische Kohlensyndikat bis zum Jahr 1942 verlängert. → S. 103

Nach amtlichen deutschen Angaben hat das Deutsche Reich bisher 67,6 Milliarden Goldmark bzw. Reichsmark an Reparationsleistungen aller Art aufgebracht. Die Westalliierten bewerten die deutschen Sach- und Geldleistungen mit lediglich 20,8 Milliarden Reichsmark (→ 20. 6./S. 100).

Die sowjetische Parteizeitung »Prawda« startet eine Kampagne gegen Fehler bei der Kollektivierung der Landwirtschaft. Anlaß ist ein Kurswechsel der KPdSU in der Wirtschaftspolitik. → S. 105

Das Wetter im Monat Juni

Station	Mittlere Lufttemperatur (°C)	Niederschlag (mm)	Sonnenscheindauer (Std.)
Aachen	16,5 (15,9)	30 (77)	– (200)
Berlin	16,4 (16,5)	95 (62)	– (244)
Bremen	16,1 (16,0)	41 (59)	– (218)
München	17,1 (15,8)	109 (121)	– (201)
Wien	19,5 (17,6)	73 (68)	– (–)
Zürich	18,4 (15,5)	138 (138)	279 (220)

( ) Langjähriger Mittelwert für diesen Monat
– Wert nicht ermittelt

Die Titelseite der halbmonatlich in Berlin erscheinenden Zeitschrift »Sport im Bild« vom 16. Juni 1931 zeigt einen Ausblick auf die Badefreuden im bevorstehenden Sommer

Juni 1931

US-Präsident Hoover schlägt ein Schuldenmoratorium vor

20. Juni. US-Präsident Herbert Hoover schlägt ein einjähriges Moratorium für die Rückzahlung interalliierter Kriegsschulden und Reparationen vor. Hoover reagiert damit auf die sich rapide verschlechternde deutsche Finanzlage (→ 13.6./S. 103). Hoover erklärt: »Die amerikanische Regierung schlägt einen einjährigen Aufschub aller Zahlungen auf Schulden der Regierungen, Reparationen und Wiederaufbauschulden vor, und zwar sowohl bezüglich des Kapitals wie der Zinsen, ausgenommen natürlich Schuldverpflichtungen, die sich in Privathänden befinden. Vorbehaltlich der Zustimmung des Kongresses ist die amerikanische Regierung bereit zu einem Aufschub aller ihr seitens fremder Regierungen geschuldeten Zahlungen während des am 1. Juli 1931 beginnenden Etatjahres unter der Bedingung, daß die wichtigeren Gläubigerstaaten ebenfalls alle ihnen geschuldeten Zahlungen auf Regierungsschulden für ein Jahr aufschieben.«

Die USA sind auf indirektem Wege der größte Empfänger der im Youngplan von 1929 vereinbarten Reparationen. Für sie bedeutet das Hoover-Moratorium für die Zeit bis zum 30. Juni 1932 den Verzicht auf 1,060 Milliarden Reichsmark, davon 974 Millionen RM allein von den interalliierten Schuldnern Großbritannien, Frankreich, Belgien und Italien.

Für das Deutsche Reich ergibt sich bei einer vollständigen Annahme des Hoover-Moratoriums durch alle beteiligten Mächte gegenüber der Zahlung von 1,697 Milliarden RM abzüglich der für Zinsen und Amortisation für die Anleihen nach dem Dawes- und Youngplan nötigen Summe eine tatsächliche Erleichterung von rund 1,52 Milliarden RM. Strittig ist noch die Frage der im Youngplan festgesetzten unaufschiebbaren Annuität (Jahresrate) von 612 Millionen RM.

Hoovers Vorschlag für ein Schuldenfeierjahr bedeutet einen großen Erfolg für die deutsche Politik. Nachdem die Reichsregierung in ihrem Aufruf zur Notverordnung vom → 5. Juni (S. 102) festgestellt hatte, daß die im Youngplan übernommenen Verpflichtungen unerfüllbar seien, hatten Kanzler Heinrich Brüning und Außenminister Julius Curtius bei ihrem Großbritannien-Besuch vom 5. bis 9. Juni bei der britischen Regierung ein gewisses Verständnis für die deutsche Notlage geweckt.

Entscheidend für den Erfolg der deutschen Bemühungen war die indirekte Intervention in den USA durch den mit Brüning sympathisierenden US-Botschafter in Berlin, Frederic M. Sackett, der sich von Mai bis Anfang Juni in Washington aufhielt. Er erreichte in Gesprächen mit Hoover und Außenminister Henry L. Stimson das Eingreifen der USA in die europäische Krise.

Am 25. Juni erhält Deutschland einen bis zum 16. Juli befristeten internationalen Kredit von 100 Millionen US-Dollar (419,55 Millionen RM) zur Überbrückung der Finanzkrise (→ 24.6./S. 101).

Herbert Clark Hoover, seit 1929 der 31. Präsident der USA, wurde am 10. August 1874 in West Branch (Iowa) geboren. Der Bergbauingenieur leitete u. a. von 1917 bis 1919 das Kriegsernährungsamt und 1919/20 die Lebensmittelauslandshilfe und war 1921 bis 1928 Handelsminister.

Seit 1919 Streit um die Höhe der Reparationen

Seit dem Versailler Friedensvertrag von 1919 bildet die Frage der deutschen Reparationen ein Dauerthema der internationalen Politik und belastet zugleich die innere Entwicklung der Weimarer Republik. Die Forderungen der Siegermächte des Weltkriegs 1914 bis 1918 gingen weit über den bis dahin für Kriegsentschädigungen geltenden Grundsatz der Wiedergutmachung hinaus und beinhalteten auch Forderungen auf Ersatz aller Schäden im zivilen Bereich.

Im Friedensvertrag von Versailles vom 28. Juni 1919 wurde die deutsche Pflicht zur Leistung von Reparationen vor allem mit der deutschen Kriegsschuld (Art. 231) begründet, aber noch nicht detailliert festgelegt. Zunächst sollten bis April 1921 Geld- und Sachleistungen im Gegenwert von 20 Milliarden Goldmark erbracht werden.

Die weitere Höhe der Reparationsleistungen versuchten eine Reihe von alliierten Kommissionen festzulegen. Sie tagten u. a. in San Remo (April 1920), Brüssel (Juni 1920) und – erstmals mit deutscher Beteiligung – in Spa (Juli 1920) sowie in Brüssel (Dezember 1920), ohne eine Einigung über die Reparationen unter Berücksichtigung der Leistungsfähigkeit des Deutschen Reiches zu erzielen.

Nachdem die deutsche Reichsregierung die auf der Konferenz von Paris (Januar 1921) erhobene Forderung auf Zahlung von 226 Milliarden Goldmark (bis 1963) zurückgewiesen hatte, besetzten die Alliierten auf Initiative Frankreichs, das 52% der deutschen Zahlungen erhalten soll, am 8. März 1921 die Rheinhäfen Duisburg, Ruhrort und Düsseldorf. Am 11. Mai akzeptierte die Reichsregierung die ultimative Forderung nach Zahlung von 132 Milliarden Goldmark in jährlichen Raten von zwei Milliarden Goldmark. Nachdem die deutsche Regie-

Der US-amerikanische Präsident Woodrow Wilson (sitzend) bei der Unterzeichnung des Friedensvertrages in Versailles am 28. Juni 1919

Charles G. Dawes, Initiator des Reparationenplans des Jahres 1924

Frankreich sperrt sich gegen Hoover-Plan

24. Juni. Als einziger der beteiligten Staaten lehnt Frankreich die sofortige Billigung des Hoover-Moratoriums (→ 20. 6./S. 100) ab und verlangt, die »ungeschützten Annuitäten« (unaufschiebbare Jahresraten) des Youngplans davon auszunehmen. Frankreich hat 1931/32 u. a. Anrecht auf Reparationen in Höhe von umgerechnet 838,4 Millionen Reichsmark (RM), davon »ungeschützt« rund 490 Millionen RM, und müßte Großbritannien, Italien und den USA 482,2 Millionen RM an Schulden zurückzahlen. Belgien hat aufgrund eines Vertrags von 1929 vom Deutschen Reich 21,5 Millionen RM zu erhalten.

Gewinne und Verluste der Sieger

Land	Entlastung*	Einbuße*
USA		1060,368 Mio.
Frankreich	117,363 Mio.	
Großbritannien		211,666 Mio.
Italien		6,307 Mio.
Rumänien	1,554 Mio.	
Jugoslawien		60,920 Mio.
Griechenland		2,674 Mio.
Portugal		3,703 Mio.
Japan		6,047 Mio.
Polen	50,889 Mio.	
Belgien		49,628 Mio.

* infolge Forderungsaufschub nach Hooverplan 1. 7. 1931 – 30. 6. 1932 (in RM)

Ab dem 22. Juni konferieren US-Finanzminister Andrew W. Mellon und der US-Botschafter in Paris, Walter Evans Edge, mit der französischen Regierung. Nach aufreibenden Verhandlungen wird am 6. Juli ein Übereinkommen erzielt, das den Wünschen der Franzosen entgegenkommt: Deutschland muß im Verlauf des Hoover-Jahres eine »ungeschützte Annuität« von 612 Millionen Goldmark in Raten an Frankreich bezahlen, erhält davon jedoch 540,335 Millionen als Darlehen der Bank für Internationalen Zahlungsausgleich (BIZ) zurück. Empfänger ist die Deutsche Reichsbahngesellschaft.

In Paris: V. l. François Piétri, Pierre Laval, Andrew W. Mellon (vor dem Mikrofon), Walter Evans Edge, Aristide Briand, Pierre Étienne Flandin

Hindenburg bittet Hoover um Hilfe

20. Juni. In einer telegrafischen Botschaft an US-Präsident Herbert Hoover, die nach Hoovers Erklärung über ein Zahlungsmoratorium in Washington eintrifft und dessen Inhalt erst zum 18. Dezember veröffentlicht wird, bittet Reichspräsident Paul von Hindenburg den US-Präsidenten um Hilfe für Deutschland.
Hindenburg weist zunächst auf die übergroße Not des deutschen Volkes hin, die ihn zu diesem ungewöhnlichen Schritt bewogen habe, und erklärt, daß eine Besserung der Wirtschaftslage aus eigener Kraft nicht erreichbar sei.
Hindenburg fährt dann fort: »Aber um seinen Kurs beizubehalten und sich das Vertrauen der Welt in seine Fähigkeiten zu bewahren, bedarf Deutschland dringend der Hilfe. Diese Hilfe muß sofort kommen, wenn wir für uns selber und andere schweres Unheil vermeiden wollen.« Hindenburg weist darauf hin, daß eine rasche Hilfe auch die Lage in anderen Ländern verbessern und die Gefahr internationaler Spannungen vermindern würde.

Der US-Finanzexperte Owen D. Young, Initiator des Youngplans

rung sich in Cannes (Januar 1922) und in Genua (April/Mai 1922) vergeblich um eine Reduzierung der Reparationen bemüht hatte, nutzte Frankreich im Januar 1923 geringfügige deutsche Rückstände bei der Lieferung von Holz und Kohle zur Besetzung des Ruhrgebietes. Die deutsche Reichsregierung reagierte auf diese »Politik der produktiven Pfänder« mit passivem Widerstand, der das Reich an den Rand des Ruins brachte und im September 1923 abgebrochen wurde.
Nachdem beide Seiten an den Verhandlungstisch zurückgekehrt waren, wurde im August 1924 der vom US-amerikanischen Bankier Charles G. Dawes vorgelegte Plan als Grundlage für die Reparationsleistungen angenommen.
Der Dawesplan sah im wesentlichen jährliche Zahlungen von 2,4 Milliarden Goldmark vor, die erstmals 1928/29 in diesem Umfang aufzubringen waren und von da an auf unbestimmte Zeit entrichtet werden sollten. Zur Sicherung der Zahlungen wurden Reichsbahn und Reichsbank als selbständige Gesellschaften unter internationale Kontrolle gestellt. Von Berlin aus überwachte der US-Amerikaner Seymour Parker Gilbert als Reparationsagent die Zahlungen.
Der seinem Charakter nach vorläufige Dawesplan wurde am 7. Juni 1929 durch den nach dem US-amerikanischen Finanzexperten Owen D. Young benannten Youngplan ersetzt, der bis 1988 jährliche Zahlungen des Deutschen Reiches an die Siegermächte in einer durchschnittlichen Höhe von 2,05 Milliarden Goldmark vorsieht. Dabei muß der »ungeschützte« Teil der jährlichen Zahlungen (Annuitäten) von zunächst 612 Millionen Goldmark auf jeden Fall gezahlt werden, während für den »geschützten« Teil auf Antrag des Deutschen Reichs Aufschub gewährt werden kann. Die neugegründete Bank für Internationalen Zahlungsausgleich (BIZ) in Basel übernahm die Abwicklung der Zahlungen. Im Gegenzug räumten die alliierten Truppen bis zum 30. Juni 1930 das Rheinland, fünf Jahre früher, als dies ursprünglich im Friedensvertrag von Versailles vorgesehen war.

Auf einer Zeche im Ruhrgebiet 1923: Französische und polnische Arbeiter verladen die beschlagnahmte Kohle für den Abtransport nach Frankreich

Juni 1931

Neue Notverordnung bewirkt weiteren Sozialabbau

5. Juni. Reichspräsident Paul von Hindenburg erläßt die Zweite Verordnung zur Sicherung von Wirtschaft und Finanzen. Gegen diese neue Notverordnung (→ 28. 3./S. 49) werden massive Proteste laut.

Die umfangreiche Notverordnung, die 36 Seiten im Reichsgesetzblatt einnimmt, hat sieben Abschnitte. Teil I ändert teilweise die Notverordnung vom 1. Dezember 1930 und korrigiert u. a. die Höhe der Tabak- und Bürgersteuer. Teil II sieht zur Sicherung der öffentlichen Haushalte u. a. folgendes vor: Reduzierung der Bezüge der Beamten, Soldaten, Arbeitnehmer im öffentlichen Dienst und der Ruhegeldempfänger um 5 bis 8%, Erhöhung der Zuckersteuer und der Mineralölzölle sowie Einschränkung von Rentenleistungen.

In Teil III werden die Leistungen der Arbeitslosenunterstützung herabgesetzt und die Bezugsberechtigung eingeschränkt. Arbeitslose unter 21 Jahren und erwerbslose Ehefrauen haben nur dann Anspruch auf Unterstützung, wenn ihr Lebensunterhalt auf andere Weise nicht gesichert wird. Die Unterstüt-

Reichsfinanzminister Hermann Robert Dietrich von der Deutschen Staatspartei

Wilhelm Frick, der Vorsitzende der oppositionellen NSDAP-Reichstagsfraktion

Eduard Dingeldey, seit November 1930 Vorsitzender der Deutschen Volkspartei

Rudolf Breitscheid (SPD), der mit seiner Partei die Regierung weiter toleriert

zungen werden in allen Lohnklassen durch Kürzung des Einheitslohns um 5% gesenkt. Die Reichsregierung wird ermächtigt, zur Erhöhung der Beschäftigung die regelmäßige Arbeitszeit auf 40 Wochenstunden zu senken. Zur Schaffung neuer Arbeitsplätze und zur Deckung des auf 385 Millionen Reichsmark angewachsenen Fehlbetrags bei der Arbeitslosenversicherung wird eine Krisensteuer in Höhe von 1 bis 5% bzw. 0,75 bis 4% des Einkommens neu eingeführt.

Die Reichsanstalt für Arbeitsvermittlung und Arbeitslosenversicherung wird zur Förderung des Freiwilligen Arbeitsdienstes ermächtigt. Teil IV sieht u. a. vor, die Wohlfahrtsausgaben der Gemeinden z. T. aus den Gehaltseinsparungen von Ländern und Gemeinden zu finanzieren, während in Teil V einzelne sozialrechtliche Leistungen abgebaut und in Teil VI Zinszuschüsse zur Förderung des Wohnungsbaus eingeführt werden. Der Schlußteil enthält eine Reihe handels- und wirtschaftspoliti-

scher Maßnahmen. Während die Gewerkschaften die Einschnitte ins soziale Netz verurteilen, kritisieren die Arbeitgeber die Steuerlasten. KPD, NSDAP und DNVP fordern die Einberufung des Reichstages. Die SPD stimmt zusammen mit den die Regierung von Heinrich Brüning (Zentrum) unterstützenden Parteien am 10. und 16. Juni gegen die Einberufung des Reichstags und verzichtet auch auf eine Sitzung des Haushaltsausschusses, da Brüning seinen Rücktritt androht.

SPD will die Regierung weiter tolerieren

5. Juni. In Leipzig endet der SPD-Parteitag mit der Wahl der Vorsitzenden Otto Wels, Arthur Crispien und Hans Vogel. Schwerpunkt des am 31. Mai eröffneten Parteitages war die Haltung der SPD zur Politik der Reichsregierung, zum Faschismus und zur Wirtschaftskrise. 394 stimmberechtigte Delegierte vertraten die über eine Million Mitglieder. In seinem Referat über die »Überwindung des Faschismus« sagt Rudolf Breitscheid, durch Duldung des Kabinetts Heinrich Brüning müsse die NSDAP vom Regieren ferngehalten werden, bis die Wirtschaftskrise vorbei sei. Breitscheid verschweigt nicht, daß die NSDAP zu einer Wählerwerbung gefunden habe, mit der die SPD nicht Schritt halten könne, und ruft dazu auf, den »Sozialismuswillen« der Mitglieder zu stärken. Er spricht die Gefahr eines möglichen Bündnisses von NSDAP, Industrie und Bürgertum an, wobei die Nationalsozialisten ihre sozialistischen Phrasen schnell aufgeben würden.

Im zweiten Hauptreferat spricht Fritz Tarnow, der Vorsitzende des Holzarbeiterverbandes, zum Thema »Kapitalistische Wirtschaftsanarchie und Arbeiterklasse«. Tarnow konstatiert die Unfähigkeit des Kapitalismus, die Wirtschaftskrise zu überwinden, und fordert vermehrte, durch erhöhte Staatsverschuldung finanzierte Anstrengungen zur Arbeitsplatzbeschaffung sowie die 40-Stunden-Woche. Dabei bezeichnet Tarnow Gewerkschaften und SPD als »Arzt am Krankenbett des Kapitalismus«: Man müsse zunächst den Kapitalismus stabilisieren und ihn dann in den Sozialismus überführen.

Formation des SPD-Bezirksverbandes Berlin beim Aufmarsch der rund 150 000 Parteianhänger zum Auftakt des SPD-Parteitages am 31. Mai

Arbeitslose für die KPD auf die Straße

11. Juni. In mehreren deutschen Großstädten führen Straßenkundgebungen von oftmals jugendlichen Anhängern der KPD zu Auseinandersetzungen mit der Polizei. Mit ihren »Hungermärschen« versucht die Partei, die über fünf Millionen Arbeitslosen zu mobilisieren.

In Kassel wird bei der Auflösung einer nicht genehmigten Demonstration ein Polizist durch Pistolenschüsse getötet, in Gelsenkirchen werden jugendliche KPD-Mitglieder, die unter Rufen wie »Nieder mit der Brüning-Regierung« Schaufenster einschlagen, von der Polizei festgenommen. Während einer Sitzung der Hamburger Bürgerschaft wird eine kommunistische Demonstration auf dem Rathausmarkt von der Polizei auseinandergetrieben. Die Hansestadt ist vom 8. bis 15. Juni Schauplatz von täglichen »Hungerunruhen«, die einen Toten fordern.

Die KPD kann ihre Mitgliederzahl zwischen Anfang und Mitte 1931 von 176 000 auf über 230 000 steigern. Ein Großteil dieser Neumitglieder sind arbeitslose Arbeiter.

Nordwolle steht vor dem Zusammenbruch

22. Juni. Die Norddeutsche Wollkämmerei und Kammgarnspinnerei (Nordwolle) in Bremen legt ihre Bilanz für 1930 vor. Bei einem Aktienstammkapital von 75 Millionen Reichsmark (RM) werden die aufgelaufenen Schulden mit 163,65 Millionen RM beziffert.

Am 17. Juni hatte der größte deutsche Spinnereikonzern zunächst lediglich einen Betriebsverlust von 24,05 Millionen RM eingestanden, der bis auf 1,55 Millionen RM durch den Reservefonds gedeckt sei.

Die Gesellschaft begründet die Verluste mit dem raschen Sinken der Produktpreise. Zu Jahresbeginn hatte sich die Nordwolle in Erwartung steigender Preise Geld bei der Darmstädter und Nationalbank geborgt, die Kredite von rund 50 Millionen RM in Bremen stehen hat (→ 13. 7./S. 116).

Um ihre jahrelangen Verluste zu verschleiern, hatte die Leitung der Nordwolle erhebliche Wollvorräte zum Anschaffungspreis auf ihre Amsterdamer Tochtergesellschaft Ultramare übertragen und über sie auch Aktienspekulationen getätigt.

Diskontsatz höher wegen Geldabfluß

13. Juni. Die Deutsche Reichsbank erhöht den Diskont- und den Lombardsatz um 2% auf 7% bzw. 8% und begründet dies mit den massiven Devisenverlusten der letzten Wochen.

Hans Luther, geboren am 10. März 1879, war u. a. Reichsminister für Ernährung (1922/23) und Finanzen (1923 bis 1925) sowie Reichskanzler (1925/26). Seit 1930 leitet er die Reichsbank.

Am 20. Juni setzt die Reichsbank die halboffizielle Privatdiskontnotiz aus. Das schwindende internationale Vertrauen in die Leistungsfähigkeit der deutschen Wirtschaft führte seit Anfang Juni zum Abfluß von rund 564 Millionen Reichsmark in Gold und Devisen, darunter allein 200 Millionen RM am 12. Juni. Bis zum 16. Juni sinkt der Bestand an Gold und Devisen um rund eine Milliarde RM auf 1,7 Milliarden RM (→ 14. 7./S. 117).

Kohlenkartell gilt bis in das Jahr 1942

30. Juni. In Essen vereinbaren die Mitglieder des Rheinisch-Westfälischen Kohlensyndikats mit Ausnahme der Niederrheinischen Bergwerks A. G. die Verlängerung des Kartellvertrages bis 1942.

Hauptproblem der Zechenbesitzer ist die schwierige Absatzlage: Kohlenberge im Wert von rund 180 Millionen Reichsmark liegen auf Halde. Das Verkaufskartell der Revierzechen war am 18. Februar 1893 mit Sitz in Essen gegründet worden. 98 Bergwerksunternehmen beteiligten sich am Kohlensyndikat, das die Anpassung der Steinkohleförderung an die Absatzlage und die Verhinderung von ruinösem Wettbewerb durch die Zuteilung von Förderquoten an die einzelnen Grubenbesitzer zum Ziel hat. Initiator des Kohlensyndikats war Emil Kirdorf, von 1892 bis 1926 als Generaldirektor der Gelsenkirchener Bergwerks A. G. einer der mächtigsten Männer an der Ruhr und Verkörperung autoritären Unternehmertums. Er wurde – für ein Jahr – noch als 80jähriger 1927 Mitglied der NSDAP.

Ford eröffnet ein Zweigwerk in Köln

12. Juni. In Köln-Niehl wird ein Werk der Ford Motor Company eingeweiht. Großen Anteil an der Standortwahl hatte Oberbürgermeister Konrad Adenauer.

Henry Ford, geboren am 30. Juli 1863, gründete im Jahr 1903 die Ford Motor Co., die von 1908 bis 1927 über 15 Millionen Autos allein vom Typ Ford T baute (Porträt von Margaret L. Williams).

Im Kölner Zweigwerk sollen nach US-amerikanischem Muster Automobile in Großserie gebaut werden. Da sich die Kölner Automobilwerker noch nicht an die neue Fertigungsweise gewöhnt haben, werden sie von eigens aus den USA angereisten Arbeitern und Ingenieuren angelernt. Ähnlich wie in den USA zahlt Ford feste Mindestlöhne. Der Stundensatz von zwei Reichsmark (RM) ergibt 80 RM je Fünf-Tage-Woche.

Mecklenburg-Strelitz autonom – kein Ende der Vielstaaterei

26. Juni. Die von Kurt Artur Freiherr von Reibnitz (SPD) geführte Regierung von Mecklenburg-Strelitz zieht ihren Gesetzentwurf auf Vereinigung des Kleinstaates mit Preußen zurück, da infolge der Opposition von Deutschnationalen und KPD im Landtag keine Zwei-Drittel-Mehrheit zu erwarten ist.

Die Regierung hatte ihren Antrag vor allem mit finanziellen Erwägungen begründet: Die Gemeinden und Gemeindeverbände würden durch den Anschluß um rund 90 000 Reichsmark entlastet, und für die Bevölkerung hätten sich Steuererleichterungen ergeben. Die Bezüge der Pfarrer hätten erhöht, die Kirchensteuer um die Hälfte auf 8 % und das Schulgeld um rund 20% gesenkt werden können. Insgesamt wurde eine Entlastung von 1,177 Millionen Reichsmark (RM) errechnet.

Durch den Widerstand des Landtages hat Mecklenburg-Strelitz nun den aufgelaufenen Haushaltsfehlbetrag von rund 2,4 Millionen RM allein zu tragen, der auch durch weitere Ausgabensenkung und Steuererhöhung nicht ausgeglichen werden kann.

Ebenso wie Mecklenburg-Strelitz mit seinen 110 269 Einwohnern (Ergebnis der Volkszählung 1925) leiden auch andere Kleinstaaten besonders unter der Wirtschaftskrise. Die ständig kostspieliger werdende Vielstaaterei ist ein Erbteil des deutschen Kaiserreichs. Die immer wieder geforderte Reichsreform ist nicht in Sicht. Vor allem die süddeutschen Staaten befürchten von einem solchen Schritt eine weitere Festigung der Vormachtstellung Preußens.

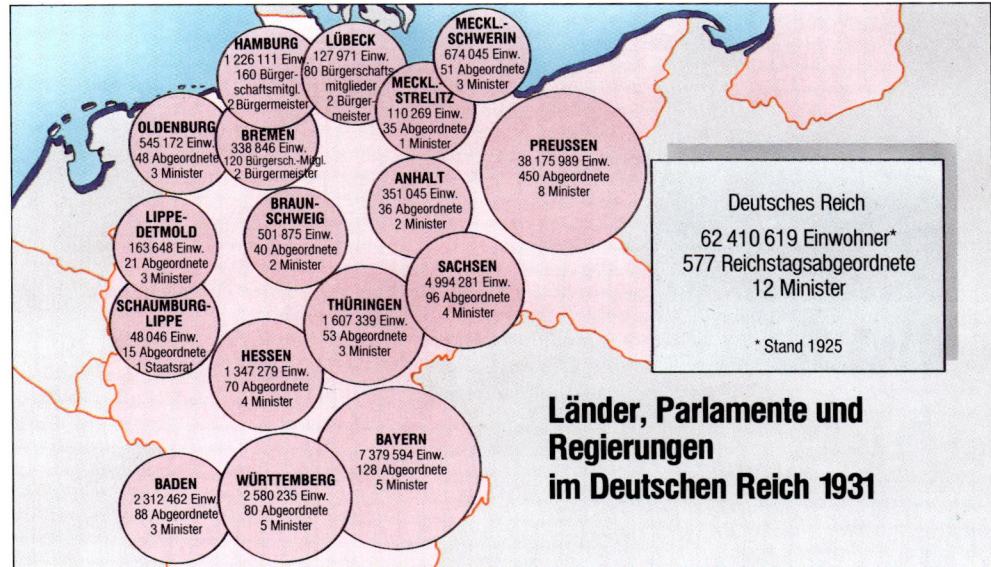

Länder, Parlamente und Regierungen im Deutschen Reich 1931

Die nebenstehende Grafik verdeutlicht die Vielstaaterei und Vielregiererei in Deutschland: Das Deutsche Reich zerfällt in 17 Länder verschiedenster Größe mit insgesamt 62 410 619 Einwohnern (Stand Volkszählung 1925). Es gibt 18 Parlamente mit über 2000 Abgeordneten und 65 Staats- und Reichsminister.

Juni 1931

Finanzkrise erzwingt Wechsel in Wien

20. Juni. Vier Tage nach dem Rücktritt von Bundeskanzler Otto Ender bildet Karl Buresch in Wien ein bürgerliches Koalitionskabinett.
Um den Konkurs der Creditanstalt abzuwenden (→ 11. 5./S. 86), hatte der Staat die Haftung für ihre Schul-

Der christlichsoziale Politiker Karl Buresch, geboren am 12. Oktober 1878, gehört seit 1919 dem Nationalrat an und ist seit 1922 Landeshauptmann von Niederösterreich.

den übernommen und am 31. Mai von elf Ländern einen Kredit über 100 Millionen Schilling (rund 69 Millionen Reichsmark) erhalten. Zugleich bemühte sich die Regierung um die Plazierung einer Anleihe von 150 Millionen Schilling (rund 104 Millionen Reichsmark) in Schatzscheinen mit dreijähriger Laufzeit. Frankreich, das die Hälfte der Anleihe übernehmen sollte, verzögerte

Nach Bildung seines bürgerlichen Koalitionskabinetts gibt Bundeskanzler Karl Buresch (M., am Rednerpult) am 23. Juni seine Regierungserklärung ab

die Verhandlungen und stellte dann Bedingungen, die einen Verzicht auf die Selbständigkeit Österreichs bedeutet hätten. Schließlich gab die Bank von England am Abend des 16. Juni telegrafisch die Zusage über einen Wochenkredit in Höhe von 150 Millionen Schilling in fremder Valuta bis zur Unterbringung der Anleihe.

Am Morgen des 16. Juni war eine Einigung mit den 160 Auslandsgläubigern der Creditanstalt erzielt worden. Österreich garantiert ihnen die Rückzahlung von 71 Millionen US-Dollar (rund 298 Millionen Reichsmark). Aus Protest zogen Landbund und Großdeutsche ihre Minister zurück, und Ender mußte zurücktreten.

Homosexualität in der Leitung der SA

22. Juni. Die SPD-Zeitung »Münchener Post« veröffentlicht ein Dokument, das die homosexuelle Veranlagung von SA-Stabschef Ernst Röhm (→ 5. 1./S. 12) belegen soll.
Schon seit längerer Zeit waren über die homosexuellen Neigungen höherer SA-Führer Gerüchte laut geworden. Wie das Blatt erklärt, sei mit der Ernennung Röhms »der Bock zum Gärtner« gemacht worden, Röhms Treiben habe selbst in weiten Kreisen der Nationalsozialisten Empörung ausgelöst.
Als Beleg zitiert die »Münchener Post« aus dem vertraulichen Bericht eines Würzburger Röhm-Vertrauten, der nach Berlin gefahren war, um belastendes Material aus der Wohnung eines früheren Freundes von Röhm zu entfernen.
Wörtlich heißt es in dem an Röhm gerichteten Brief: »Dann erzählten Sie von ihrer Tätigkeit in Bolivien und erwähnten dabei, daß dort Homosexualität etwas Unbekanntes bis zu ihrem Eintreffen gewesen sei, daß Sie in dieser Richtung lebhaft und nachhaltig gewirkt hätten.«

Die Front des für die Allgemeine Deutsche Industrieausstellung 1854 erbauten Glaspalastes

Die Ruine des Glaspalastes nach dem Großbrand; die letzten Flammenherde werden gelöscht

Großbrand im Münchener Glaspalast vernichtet mehr als 3000 Meisterwerke deutscher Kunst

6. Juni. *Kurz nach 3 Uhr bricht im Münchener Glaspalast am Alten Botanischen Garten ein Feuer aus. Obwohl die Feuerwehr nach kurzer Zeit am Brandort eintrifft, ist nichts mehr zu retten. In knapp einer Stunde brennt die 1854 erbaute, 233 m lange Glas-Stahl-Konstruktion vollständig aus. Als Brandursache wird Selbstentzündung von ölgetränkter Putzwolle vermutet. Gerüchte, ein enttäuschter Maler habe das Feuer gelegt, erhärten sich nicht. Mit dem Glaspalast verbrennen etwa 3000 Bilder und Skulpturen, darunter 110 Gemälde einer deutschen Romantikerausstellung. Besonders schmerzliche Verluste erleidet als Leihgeber die Hamburger Kunsthalle, die 17 Gemälde verliert, darunter »Die Furt« von Ludwig Richter und drei Gemälde von Philipp Otto Runge (u. a. »Wir drei«). Ferner verbrennen neun Bilder von Caspar David Friedrich, darunter »Winterlandschaft mit der Ruine des Klosters Eldena«, sowie drei Werke von Karl Blechen, vier von Peter Cornelius und neun von Joseph Anton Koch.
Die Feuerversicherung für das staatliche Gebäude war aus Sparsamkeitsgründen für 1931 nicht erneuert worden. Für die Romantikerausstellung und andere Leihgaben war eine Versicherung in Höhe von 1,3 Millionen Reichsmark abgeschlossen worden, die den Verlust nicht ausgleicht.*

UdSSR drosselt Tempo der Landreform

30. Juni. Die sowjetische Parteizeitung »Prawda« gesteht Fehler bei der Kollektivierung der Landwirtschaft ein. Josef W. Stalin, der Generalsekretär der KPdSU, hatte bereits am 23. Juni vor Wirtschaftsfunktionären das Tempo der Kollektivierung in Frage gestellt.

Die »Prawda« kritisiert sowohl die Parteiführer in Transkaukasien wegen mangelnder Durchführung der Landreform als auch übereifrige Funktionäre, die den Beitritt zu den Kollektiven erzwungen hätten.

In seiner Rede, die am 5. Juli in der Sowjetpresse veröffentlicht wird, hatte Stalin u. a. die höhere Bezahlung der Facharbeiter und eine Vereinfachung der schwerfälligen Verwaltung verlangt. Für die Landwirtschaft bedeutet dies u. a. die offizielle Milderung des Kampfes gegen die Kulaken (Mittel- und Großbauern), die wieder ins bäuerliche Kollektiv eintreten dürfen. Vertriebene Kulaken dürfen nach fünf Jahren zurückkehren, wenn sie der Sowjetmacht Treue schwören.

Die Kollektivierung der Landwirtschaft und der Kampf gegen die Kulaken war von Stalin am 7. November 1929 verkündet worden. Schon bis Mitte 1930 waren über 320 000 Mittel- und Großbauern enteignet worden, Hunderttausende wurden in die Gebiete jenseits des Ural, nach Sibirien und Kasachstan umgesiedelt. Das Ausmaß dieser Zwangsumsiedlung, bei der eine nicht bekannte Zahl von Menschen ums Leben kommt, bleibt im Westen weitgehend unbekannt.

KPdSU-Generalsekretär Josef W. Stalin (l.), geboren 1879, und der 63jährige Schriftsteller Maxim Gorki vor dem Moskauer Lenin-Mausoleum; der bekannteste Dichter der Sowjetunion unterstützt im Verlauf des Jahres 1931 mehrfach öffentlich die Politik der kommunistischen Partei

Bis 1. März 1930 stieg die Kollektivierungsrate auf 55%, sank nach der vorübergehenden Einstellung der Zwangsmaßnahmen durch Austritte bis zum 1. Juni auf 23,6% und wächst bis 1. Juli 1931 auf 52,7%. Es gibt 1931 zwar 211 100 Kolchosen mit 37 900 Traktoren und 3550 Mähdreschern, doch der Index der agrarischen Bruttoproduktion (1913 = 100), der 1928 bei 124 gelegen hatte, fällt 1931 auf 114.

Wahlrechtsreform in Großbritannien

17. Juni. Das britische Oberhaus billigt in zweiter Lesung mit 50 gegen 14 Stimmen die Änderung des Unterhauswahlrechts durch die Einführung der Alternativstimme.

Das Alternativ-Wahlsystem ermöglicht es dem Wähler, außer dem von ihm gewählten Kandidaten einen zweiten Kandidaten zu benennen. Diese Stimme wird dann berücksichtigt, wenn der zuerst gewählte Kandidat nicht die für eine Wahl erforderliche Mehrheit erhält.

Damit hat die von den Liberalen tolerierte Labour-Regierung von Premierminister James Ramsey MacDonald zumindest eins ihrer Reformgesetze durchgebracht, nachdem die Novelle zum Schulgesetz und das neue Gewerkschaftsgesetz im Parlament gescheitert waren.

Eine Änderung des starren Mehrheitswahlrechts war den Liberalen von MacDonald für die Tolerierung der Labour-Minderheitsregierung in Aussicht gestellt worden. Das Unterhaus hatte die Wahlreform am 2. Juni in dritter Lesung mit 278 gegen 238 Stimmen gebilligt.

Mount Kamet bezwungen

21. Juni. Um 16.30 Uhr erreicht eine britische Expedition als erste den Gipfel des 25 447 Fuß (7756 m) hohen Mount Kamet im Garhwal-Distrikt im Grenzgebiet zwischen Britisch-Indien und Tibet. Die britische Presse feiert die Besteigung des höchsten bisher von Menschen bezwungenen Berges mit großen Schlagzeilen.

Mitte Mai hatte die britische Expedition die Stadt Ranikhet verlassen und am 2. Juni mit ihren Trägern und Kulis den Ort Niti am Fuß des Bergmassivs erreicht. Zwei weitere Märsche brachten sie bis zum 6. Juni in ihr Basislager. Fünf weitere Lager wurden errichtet, bis schließlich die letzten 600 m zum Gipfel in Angriff genommen werden konnten.

Hierbei teilten sich die fünf britischen Bergsteiger in zwei Abteilungen: Die erste dreiköpfige Gruppe unter Führung des Expeditionsleiters Frank S. Smythe und zwei Träger erreichen den Gipfel am 21. Juni, die zweite Gruppe kommt zwei Tage später an. Dabei bricht einer der beiden einheimischen Träger der ersten Gruppe, Nima Dorji, unter dem Gewicht der 20 Pfund schweren Kameraausrüstung zusammen.

In den Jahren zuvor waren bereits zwölf Expeditionen zur Bezwingung des Berges geplant oder in Angriff genommen worden, wobei die Expeditionen von 1912 und 1920 mit einer erreichten Höhe von rund 7160 m ihrem Ziel am nächsten kamen.

Ein Mitglied der britischen Expedition auf dem Gipfel des Mount Kamet

Wesel-Datteln-Kanal fertig

1. Juni. Der Wesel-Datteln-Kanal wird als letztes Teilstück des 107 km langen Lippe-Seiten-Kanals fertiggestellt. Diese neue künstliche Wasserstraße ermöglicht im Westen des Reiches den Binnenschiffern freie Fahrt von Wesel bis nach Hamm.

Die verkehrspolitische Bedeutung dieses Schiffahrtsweges liegt in der Erschließung des nördlichen Ruhrgebiets für Massengutfrachten und der nun erreichten Anbindung an die Rheinschiffahrt.

Der Lippe-Seiten-Kanal ist neben dem bereits 1914 eingeweihten Rhein-Herne-Kanal, auf dem Schiffe mit einer Tragfähigkeit von bis zu 1000 t rund 28 Industriehäfen ansteuern können, die zweite bedeutende Wasserstraße im nördlichen Ruhrgebiet. Er ist 2,5 m tief und weist eine Breite von 8 m an der Sohle und 30 m am Wasserspiegel auf. Hier können Schiffe mit einer Last von bis zu 800 t verkehren.

Bei Hamm entsteht durch die Verlegung der Lippe ein städtischer Hafen. Östlich der Stadt schafft eine Schleuse die Verbindung zum Lippe-Seiten-Kanal und zur Lippe.

Das rheinisch-westfälische Industriegebiet verfügt über ein breites Netz künstlicher Wasserstraßen, die als Verbindung zur Nordsee, nach Berlin, Mitteldeutschland und Osteuropa wichtige Verteiler- und Zulieferfunktionen erfüllen. Der erste wichtige westdeutsche Binnenschiffahrtsweg war der bereits 1899 eingeweihte 287 km lange Dortmund-Ems-Kanal mit dem zu seiner Zeit als technische Sensation geltenden Schiffshebewerk Henrichenburg, das bei einer Tragfähigkeit von 600 t eine Höhendifferenz von 14 m ausgleicht. Vor der Vollendung des Wesel-Datteln-Kanals war im Jahr 1927 noch der Rhein-Ruhr-Kanal zwischen Mülheim und den Häfen in Duisburg-Ruhrort vollendet worden.

Juni 1931

Der französische Ausflugsdampfer »Saint-Philibert«, ein ausschließlich für das Befahren von flachen Binnengewässern wie die Loire gebautes Schiff

Der Dampfer »Saint-Philibert«, vollbesetzt mit erholungswilligen Passagieren, wenige Tage vor der Unglücksfahrt zur Insel Noirmoutiers am 14. Juni

Vollbesetzter Loire-Dampfer gekentert

14. Juni. Am frühen Abend sinkt in der Loire-Mündung wenige hundert Meter vor der Küste bei Pointe de St. Gildas südöstlich von St. Nazaire der vollbesetzte Ausflugsdampfer »Saint-Philibert«.

An Bord waren Mitglieder der sozialistischen Union de Coopérative de la Loire Inférieure mit ihren Familien, die sich am Morgen in Nantes zu einer Ausflugsfahrt zu der Insel Noirmoutiers eingeschifft hatten. Die mit sieben Besatzungsmitgliedern bemannte »Saint-Philibert«, ein im Jahr 1923 gebautes, 189 t großes Schiff von 32 m Länge, erreichte Noirmoutiers gegen 16 Uhr.

Als der Dampfer die Rückfahrt antrat, zogen es 28 Passagiere wegen des aufkommenden Sturmes vor, die Rückreise von der Insel über einen Damm zum Festland anzutreten. Nach etwa einstündiger Fahrt erreichte der Ausflugsdampfer die Felsenge von Chataigner, die wegen ihrer starken Strömung als besonders gefährlich gilt. Als die ersten Sturzwellen über Bord schlugen, brach unter den Passagieren eine Panik aus. Alles drängte auf die windgeschützte Backbordseite. Durch diese ungleichmäßige Belastung erhielt das Schiff eine gefährliche Schieflage und sank nach neuen schweren Brechern innerhalb weniger Sekunden.

Nur acht Fahrgäste können gerettet werden, die Zahl der Toten wird am 17. Juni von der französischen Polizei mit 511 angegeben, darunter die sieben Mann der Besatzung und 66 Kinder unter fünf Jahren.

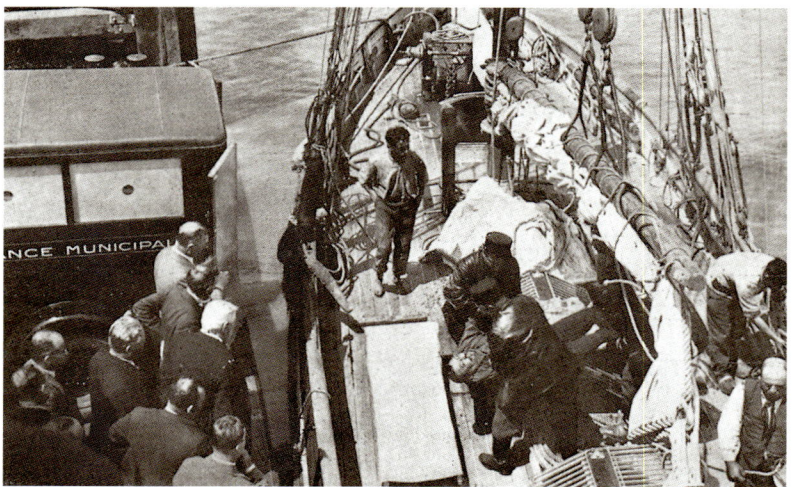

Eine traurige Pflicht: Das Ausladen von geborgenen Leichen der aufsehenerregenden Schiffskatastrophe in der Loire-Mündung im Hafen von St. Nazaire

Einige der über 500 Todesopfer beim Untergang des Ausflugsdampfers »Saint-Philibert«, provisorisch aufgebahrt auf einem Kai in St. Nazaire

Schiffsunglücke im 20. Jahrhundert

Der Untergang der »Saint-Philibert« ist das schwerste Schiffsunglück seit der Versenkung der »Lusitania« im Jahr 1915:

▷ 15. 6. 1904: Beim Brand des Vergnügungsdampfers »General Slocum« auf dem East River bei New York kommen fast 1000 Menschen ums Leben.

▷ 15. 4. 1912: Der britische Luxusdampfer »Titanic« läuft auf seiner Jungfernfahrt im Nordatlantik auf einen Eisberg und versinkt mit 1503 Menschen an Bord.

▷ 29. 5. 1914: Der britische Dampfer »Empress of Ireland« sinkt nach einer Kollision im St.-Lorenz-Strom mit 1014 Menschen an Bord.

▷ 7. 5. 1915: Der britische Passagierdampfer »Lusitania« wird durch Torpedotreffer eines deutschen U-Boots mit 1198 Menschen an Bord vor Irland versenkt.

▷ 17. 1. 1919: Der französische Dampfer »Chaonia« geht in der Straße von Messina mit 460 Passagieren verloren.

▷ 26. 10. 1927: Vor der Küste Brasiliens gerät der italienische Dampfer »Principessa Mafalda« mit 1200 Auswanderern an Bord in Seenot und sinkt nach einer Explosion. Das Unglück fordert 314 Tote.

»Schienenzeppelin« beweist Tauglichkeit

21. Juni. Um 3.27 Uhr startet auf dem Bahnhof Hamburg-Bergedorf der »Schienenzeppelin« mit sechs Personen an Bord und erreicht nach 1:37 h den Bahnhof Berlin-Spandau. Die Höchstgeschwindigkeit auf der 257 km langen Strecke beträgt 230 km/h, das Durchschnittstempo immerhin noch 170 km/h.

Der 26 m lange silbergraue »Schienenzepp«, ein propellergetriebener Eisenbahntriebwagen, wurde gebaut von den Flugzeugkonstrukteuren Franz Kruckenberg, Kurt Stedefeld und Willi Black. Der Antrieb erfolgt durch einen riesigen Holzpropeller, der von einem 550 PS starken Flugzeug-Benzinmotor von BMW bewegt wird. Der Wagenkörper besteht aus einem Stahlskelett, das karosseriemäßig umbaut ist. Hinter dem Führerstand liegen der Gepäckraum und das Nichtraucherabteil für 20 Fahrgäste, in der Wagenmitte ist der Einstiegsraum mit einer Anrichte, dann folgen das Raucherabteil für zwölf Personen und ganz hinten der Maschinenraum. Der Wagen wiegt ohne Brennstoff 18,5 t und ist damit nur halb so schwer wie eine D-Zug-Lokomotive mit einer vergleichbaren Leistung.

Mit 70 l Benzin auf 100 km verbraucht er nur doppelt soviel wie eine mit sechs Personen besetzte Limousine.

Trotz der frühen Stunde und der Warnung der Bahndirektion Altona,

Neuer Rekord auf der Schiene

Die 230 km/h des »Schienenzeppelins« sind neuer Geschwindigkeitsweltrekord auf Schienen. Am 25. Oktober 1903 hatte ein Elektrotriebwagen in Berlin 208 km/h erreicht.

daß die Steine der Schienenbettung davongeschleudert werden, wenn der Wagen Fahrt aufnimmt, verfolgen Hunderte den Start. In Berlin wird das Gefährt kurz nach der Ankunft in Spandau zum Bahnhof Grunewald-Stadion überführt und kann ab 8 Uhr besichtigt werden.

Während der Fahrt, die Kruckenberg auf eigenes Risiko übernimmt, sind die Bahnübergänge gesperrt und der Güterverkehr umgeleitet worden, um kein Risiko einzugehen.

Als Wunder der Technik bestaunt: Der aerodynamisch optimal geschnittene propellergetriebene Eisenbahnwagen auf dem Hauptbahnhof in Hannover

Der »Schienenzeppelin« der Ingenieure Franz Kruckenberg, Kurt Stedefeld und Willi Black im Hauptbahnhof von Hannover, dem Sitz der Kruckenbergschen Gesellschaft für Verkehrstechnik und der Flugbahn-Gesellschaft m.b.H.

Konflikt zwischen Papst und Italien

9. Juni. In einer Antwortnote an den Vatikan weist die italienische Regierung die Vorwürfe des Heiligen Stuhls wegen der am 30. Mai erfolgten Auflösung der Laienorganisation Katholische Aktion zurück.

Das Verbot der Organisation, die sich u. a. der geistigen und körperlichen Weiterbildung der Jugend verschrieben und damit den Anspruch des faschistischen Staates auf ein Monopol in der Jugenderziehung in Frage gestellt hatte, war am 31. Mai vom Papst verurteilt worden. Zugleich hatte er die Bischöfe mit der Leitung der katholischen Aktion beauftragt, um sie in die kirchliche Hierarchie einzugliedern und ihr den Schutz des Konkordats von 1929 zu gewähren.

Auf die Note vom 9. Juni antwortet Papst Pius XI. am 13. Juni mit einem Schreiben an die italienische Regierung, in der er eine Erklärung des Bedauerns für die von der Faschistischen Partei organisierten antikirchlichen Straßenkundgebungen verlangt und von neuem den Vorwurf zurückweist, die katholische Aktion habe sich politisch betätigt und sei zu einem Sammelbecken der 1926 verbotenen Italienischen Volkspartei geworden.

Haftbefehle gegen Unterweltkönige

23. Juni. Einer der bekanntesten US-Gangster, Arthur »Dutch Schultz« Flegenheimer, wird in New York wegen illegaler Alkoholgeschäfte festgenommen. Alphonse »Al« Capone war am 12. Juni wegen des gleichen Delikts unter Anklage gestellt worden. Beamte der Bundespolizei FBI hatten den Verbleib von 856 000 US-Dollar (rund 3,6 Millionen Reichsmark) aus den Einkünften des Alkoholgeschäftes des letzten halben Jahres ermittelt. »Dutch Schultz«, dessen unversteuertes Tageseinkommen auf 5500 US-Dollar (rund 23 100 RM) geschätzt wird, kommt gegen eine Kaution von 75 000 US-Dollar (315 000 RM) zunächst auf freien Fuß.

Capone, mit Spitznamen »Scarface« (Narbengesicht) genannt, war in Chicago mit 68 Mitgliedern eines illegalen Bier-Syndikats verhaftet worden. Ihm werden rund 5000 Verstöße gegen die Prohibitionsgesetzgebung vorgeworfen (→ 24. 10./S. 180).

Juni 1931

Film 1931:
Der Ton hat sich durchgesetzt

International hat sich 1931 der Tonfilm gegenüber dem Stummfilm endgültig durchgesetzt. Zu den international herausragenden Beispielen einer Synthese von Bild, Geräuscheffekten und Dialog zählen »M« von Fritz Lang (→ 11. 5./S. 94) und »Die Million« (Le Million) von René Clair. Demgegenüber müssen die Filmkomponisten vielfach noch um Anerkennung ringen (→ 14. 2./S. 42).

Einzig Charlie Chaplin hält am Pantomimefilm fest, sein Tribut an den Publikumsgeschmack sind die seinem neuesten Film »Lichter der Großstadt« nachträglich hinzugefügte Musik und einige Geräuscheffekte (→ 6. 2./S. 42).

Im Deutschen Reich werden 200 Filme gedreht. Zu den meistbeschäftigten Regisseuren zählt Georg Wilhelm Pabst, der »Die Dreigroschenoper« verfilmt (→ 19. 2./S. 42) und Regie bei dem deutsch-französischen Bergarbeiter-Drama »Kameradschaft« führt.

Piel Jutzi inszeniert »Berlin-Alexanderplatz« (→ 8. 10./S. 182), Leontine Sagan bringt das Erziehungsdrama »Mädchen in Uniform« mit Hertha Thiele auf die Leinwand, Gerhard Lamprecht verfilmt mit Fritz Rasp »Emil und die Detektive« nach dem Roman von Erich Kästner, und Richard Oswalds »Der Hauptmann von Köpenick« kommt neun Monate nach der erfolgreichen Bühnenpremiere (→ 5. 3./S. 57) mit Max Adalbert in die Kinos. Realistisch und für Völkerversöhnung werbend ist der Kriegsfilm »Berge in Flammen« von Luis Trenker.

Natürlich hat der Film auch 1931 Heiteres zu bieten, allen voran der Kostümfilm »Der Kongreß tanzt« (→ 23. 10./S. 182) und »Bomben auf Monte Carlo« (→ 31. 8./S. 146).

Die Herstellung anspruchsvoller Filme leidet unter der Filmzensur (→ 24. 5./S. 91).

Größte deutsche Filmfirma ist der vielfach verschachtelte Ufa-Konzern, der auch u. a. 115 Filmtheater besitzt und sich erfolgreich dem Filmexport widmet. Von den 137 bis zum 30. April 1931 entstandenen deutschen Tonfilmen wurde ein Drittel auch in fremdsprachigen Versionen gedreht. Am Export verdient die deutsche Filmindustrie 1931 über 30 Millionen Reichsmark.

Das US-Filmschaffen profitiert von der ökonomischen Depression; sie trägt zu einem stärkeren gesellschaftlichen Bewußtsein des Publikums bei, wobei es im System Hollywoods allerdings Sache der Produzenten ist, ob aktuelle Themen im Film aufgegriffen werden.

Protagonist einer neuen Richtung, die ihre Ideen zu Filmstoffen nicht im Theater oder in der Literatur, sondern auf den Titelseiten der Tageszeitungen sucht, ist Darryl F. Zanuck, der 29jährig die Produktionsleitung von Warner Brothers übernimmt. Neben Filmen aus dem Gangstermilieu und über Alltagsrealität wie »Straßenszene« (Street Scene) von King Vidor mit Sylvia Sidney und Richard Landau haben Reporterfilme wie »Die Titelseite« (The Front Page) von Ben Hecht und Charles MacArthur Erfolg.

Film des Jahres ist der mit dem »Oscar« (→ 10. 11./S. 197) prämierte Western »Cimarron« (1930 produziert) von Wesley Ruggles. Marlene Dietrich hat in Josef von Sternbergs »Entehrt« (Dishonored) neuen Erfolg in den USA.

Im Zeichen eines neuen Realismus steht auch der Liebesfilm: Entrückte Startypen – die jugendliche Sportive oder die männermordende »Femme fatale« – sind nicht mehr gefragt. Der Trend geht zu der zumindest teilweise mit realistischen Elementen verwobenen »Bekenntnisstory«, bei der die Heldin in der Regel verführt, dann im Stich gelassen wird und schließlich mit List und Tücke alles zum Guten wendet. Da die meisten Stummfilmkomiker den Sprung zum Sprechfilm nicht geschafft haben, etablieren sich neue Stars, allen voran die anarchisch-unkonventionellen Marx Brothers. Ihr neuer Film heißt »Affentheater« (Monkey Business). Im Gruselfilm setzt Boris Karloff in »Frankenstein« (Regie: James Whale) neue Maßstäbe.

Das Filmschaffen in der UdSSR widmet sich Gegenwartsproblemen wie in »Der Weg ins Leben« von Nikolai Ekk und in »Allein« von Grigori M. Kosinzew und Leonid Trauberg. 1931 gibt es im Land 66 Tonfilmkinos, davon zehn in Moskau.

(Siehe auch Übersicht »Filme« im Anhang.)

Fritz Rasp (l.) als der von einer Schar Kinder verfolgte Dieb Herr Grundeis in einer Szene des Ufa-Films »Emil und die Detektive« von Gerhard Lambrecht

Szene aus dem Erziehungsdrama »Mädchen in Uniform« von Leontine Sagan, einem Film nach dem gleichnamigen Roman von Christa Winsloe

Harpo, Zeppo, Chico und Groucho Marx (v. l.), das US-amerikanische Quartett mit dem anarchistischen Humor, in einer Szene aus »Monkey Business«

Juni 1931

Dank für die Rettung aus dem verschütteten Stollen, eine Szene des Films »Kameradschaft« über eine deutsche Hilfsaktion für französische Bergleute

James Cagney in einer Szene des Kriminalfilms »Der öffentliche Feind«, die nach authentischen Vorbildern gedrehte Story eines Gangsterbosses

Gangster als die neuen Helden auf der Leinwand

In Europa und den USA wird 1931 der Gangsterfilm zu einem kassenträchtigen Genre. Während im Deutschen Reich besonders der wegen seiner fragwürdigen Vorstellungen von Gerechtigkeit und Moral umstrittene Film »M – Mörder unter uns« (→ 11. 5./S. 94) von Fritz Lang Aufsehen erregt, bemühen sich viele Regisseure in den USA um authentische Milieustudien, die auf die Wechselbeziehungen zwischen Verbrechen und Gesellschaft eingehen.

Zu den erfolgreichsten Verbrecherfilmen des Jahres 1931 in den USA zählt neben »Straßen der Großstadt« (City Streets) von Rouben Mamoulian mit Gary Cooper vor allem William Wellmans »Der öffentliche Feind« (The public enemy) mit James Cagney in der Hauptrolle. Er erzählt die Geschichte eines Mannes, der von der häuslichen Langeweile in die Bars der Großstadt getrieben wird, dort in Kontakt mit der Unterwelt gerät, durch Beteiligung an Einbrüchen und Raubüberfällen zum gefürchteten Gangster aufsteigt und zuletzt von der Konkurrenz ermordet wird.

Der beim Publikum überaus erfolgreiche Film ist auch eine Anklage gegen die Gesellschaft, die der Jugend kaum reizvollere Karrieren zu bieten hat als die des – vor allem in den Großstädten als Held gefeierten und verehrten – Gangsterbosses.

Jelena Kusmina (r.) als junge Lehrerin in dem UdSSR-Film »Allein«

Louis Allibert und René Léfèvre als die Gewinner in »Die Million«

Realistisch gezeichnetes Tageszeitungsmilieu im Film »Die Titelseite«

Wynne Gibson und Paul Lukas in dem Film »Straßen der Großstadt«

Juni 1931

Schaljapin als »Don Quichotte« gefeiert

23. Juni. Stargast einer Galaveranstaltung im Londoner Lyceum Theatre ist der 58jährige russische Bassist Fjodor I. Schaljapin, der in einer Aufführung des fünften Aktes von Jules Massenets Oper »Don Quichotte« die Titelpartie singt.

Schaljapin, der seit Beendigung eines Engagements an der New Yorker Metropolitan Opera 1928 in Paris lebt, ist regelmäßiger Gast auf den Londoner Bühnen. Den »Don Quichotte« hatte er bereits bei der Uraufführung dieser Oper 1910 in Monte Carlo dargestellt.

Neben dieser Rolle begeistert Schaljapin die Londoner auch in seiner Glanzpartie des »Boris Godunow« in der gleichnamigen Oper von Modest M. Mussorgski, zu deren Verbreitung er in Europa und in den USA entscheidend beigetragen und die ihm zum Inbegriff des russischen Bassisten gemacht hat.

Daneben gehören u. a. die Mephisto-Partien in den Opern »Faust et Marguérite« von Charles Gounod und »Mefistofele« von Arrigo Boito sowie die Partie des Basilio in Gioacchino Rossinis »Il barbiere di Sivigla« zu seinen Lieblingsrollen.

Der am 1. Februar 1873 im Provinzort Ometawa im Gouvernement Kasan geborene Sänger, der schon 21jährig in St. Petersburg (später Leningrad) auftrat, 1899 in Moskau debütierte und 1901 in Mailand gefeiert wurde, hatte 1920 seine Heimat verlassen. Über sein Leben berichtet er in seiner 1926 erschienenen Autobiographie »Pages from my life« (»Mein Werden«, Berlin 1928).

Bassist Fjodor I. Schaljapin in seiner Starrolle als »Don Quichotte«

Szene aus »Boris Godunow« von Modest M. Mussorgski mit dem Bassisten Fjodor I. Schaljapin im Lyceum Theatre

Erstmals Preis nur für die Autorinnen

25. Juni. Im Berliner Haus Ring der Frauen wird der 1930 vom Staatsbürgerinnenverband gestiftete und mit 1000 Reichsmark dotierte Preis für Autorinnen unter 35 Jahren vergeben. Erste Trägerinnen sind Elisabeth Langgässer und Käthe Biehl.

Für das Preisrichterkollegium hält Alfred Döblin eine ironisch gemeinte Begrüßungsrede und versichert den beiden Autorinnen, sie sollten sich nicht einbilden, große Literatur geschrieben zu haben, aber unter den 178 Einsendungen seien ihre »Elaborate« immerhin erwähnenswert gewesen. Frau Biehl habe den Preis für die erotische Zügellosigkeit ihrer Darstellung erhalten. Man habe ihre Art als symptomatisch für die Einstellung der aufkommenden schreibenden Frauen angesehen.

Für die schüchterne Käthe Biehl liest Franziska Kinz ein Kapitel aus dem preisgekrönten Roman »Irma ist ordinär«, in der die 25jährige Autorin psychologisch stimmige Porträts der Arbeiterbevölkerung ihrer Heimatstadt Hamburg gibt.

Die aus Alzey gebürtige 32jährige Elisabeth Langgässer liest ihre Novelle »Merkur«. Sichtlich von Thomas Mann beeinflußt, schildert sie darin das Leben eines Protagonisten der Inflationszeit. Die Kritik rühmt ihre starke Phantasie und ihre flüssige Sprache, bemängelt allerdings den Hang zur Manieriertheit.

Rundfunkaufruf Gerhart Hauptmanns an das deutsche Volk

26. Juni. In einer Ansprache unter dem Titel »Deutschland« wendet sich Gerhart Hauptmann über den Berliner Sender an die deutsche Bevölkerung. In seiner Rede, die von dem übrigen Sendern im Reichsgebiet übernommen wird, skizziert er die Gegenwart des Landes und ruft zu neuer Zuversicht auf.

Hauptmann sagt: »Ich möchte das Quälend-Verworrene unserer europäischen Zustände keineswegs hinwegdisputieren. Ebensowenig den duldenden Mut, zu dem wir verurteilt sind. Aber ich möchte, daß wir das übriggebliebene Gute, sozusagen mit allen Fasern unseres Wesens, um unserer Erhaltung willen aufsaugen und keinen Trostgrund ungenutzt lassen.«

Hauptmann weist darauf hin, daß das deutsche Volk schon weit schlimmere Krisen durchgemacht habe als die gegenwärtige und erinnert an die Zeit des Dreißigjährigen Krieges und die Jahre nach 1800 bis weit ins 19. Jahrhundert hinein. »Sursum corda! – Das Herz empor!« ist das Leitmotiv, das in der Rede immer wieder auftaucht. Hauptmann ruft dazu auf, sich nicht dem Unglauben hinzugeben. Die Tragik der Gegenwart dürfe nicht erdrückend wirken, sie müsse vielmehr neue Kräfte freimachen: »Wir lassen uns von dem Gedanken nicht abbringen, daß ein höherer und höchster Sinn im Menschenleben verborgen ist. Die größten Menschen, die gelebt haben, sind diesem Gedanken treu geblieben.«

Nach der Rede erklingt, gleichsam als musikalische Ergänzung zum Gesagten, die »Egmont«-Ouvertüre von Ludwig van Beethoven, dirigiert von Selmar Meyrowitz.

Erfolgreicher Bühnenautor
Gerhart Hauptmann wurde am 15. November 1862 in Bad Salzbrunn (Schlesien) geboren und lebt seit 1901 in Agnetendorf im Riesengebirge. 1912 erhielt der Dichter und Dramatiker den Literaturnobelpreis. Zu seinen wichtigsten naturalistischen Bühnenwerken zählen neben »Die Weber« (1892) das Familiendrama »Vor Sonnenaufgang« (1889), die Diebeskomödie »Der Biberpelz« (1893) und die Tragikomödie »Die Ratten« (1911).

Juni 1931

Die 1. Mannschaft des Gelsenkirchener Renommierclubs FC Schalke 04 mit allen nach Ende der fast einjährigen Sperre wieder zugelassenen Spielern

Schalker »Berufsspieler« nach fast einjähriger Zwangspause begnadigt

1. Juni. Im ersten Spiel nach fast einjähriger Zwangspause besiegt der FC Schalke 04 im heimischen Stadion Fortuna Düsseldorf 1:0 (1:0). Ein Treffer von Hennes Tibulski auf Vorlage von Ernst Kuzorra entscheidet in der 43. Minute das Spiel für die »Knappen«, die von mehr als 70 000 Zuschauern in der völlig überfüllten Arena begeistert gefeiert werden. Schon 90 Minuten vor dem Anpfiff ist das Stadion bis auf den letzten Platz gefüllt. Zehntausende finden keinen Einlaß mehr und drängen die wenigen Polizisten zur Seite, wobei der Einsturz einer Betonmauer zahlreiche Verletzte fordert. Am 25. August 1930 waren 14 Schalker Spieler vom Westdeutschen Spiel-Verband wegen Verstoßes gegen das Amateurstatut gesperrt worden. Sie hatten mehr als die erlaubten fünf Reichsmark an Spesen erhalten. Schalkes Finanzobmann Willy Nier verübte nach dem Entscheid der WSV-Spruchkammer Selbstmord. Das Urteil hatte Empörung hervorgerufen, und bis Ende Mai waren alle »Berufsspieler« begnadigt worden. Am Verbot des Profitums ändert sich dadurch allerdings nichts. Am 27. September 1930 hatte der DFB-Bundestag den Vereinen zwar eine höhere Aufwandsentschädigung gestattet (»Spesen-Amateur«), eine offizielle Trennung zwischen Amateur- und Profifußballern aber abgelehnt.

Hertha BSC wird erneut Fußballmeister

14. Juni. In einem dramatischen Spiel schlägt Hertha BSC im Stadion Köln-Müngersdorf im Finale um die Deutsche Fußballmeisterschaft den TSV 1860 München 3:2 (1:2). Für die Berliner, seit 1926 ununterbrochen im Finale, ist es der zweite Titelgewinn nach 1930.
In der mit 60 000 Zuschauern gefüllten Arena dominieren überraschend nicht die Herthaner, sondern die 60er aus München, die vollauf verdient in der 19. Minute durch Oeldenberger in Führung gehen. Hans Sobek kann in der 40. Minute ausgleichen, doch vier Minuten später schießt Ludwig Lachner das 2:1, das bis zur 79. Minute Bestand hat: Dann erzielt Bruno Lehmann aus einem Gewühl heraus den Ausgleich, und Willi Kirsei gelingt in der 89. Minute sogar noch der Siegtreffer für die glücklichen Berliner.

Alf Riemke, der Torhüter des TSV 1860 München, rettet vor einem einschußbereiten Herthaner; trotz drückender Überlegenheit in 60 der 90 Spielminuten unterliegen die vom Altinternationalen Max Breunig trainierten und erstmals im Finale stehenden Münchener dem Titelverteidiger nach 1:0 und 2:1-Führung am Ende etwas unglücklich 2:3

Cilly Aussem siegt im Finale von Paris

1. Juni. Im Stadion Roland Garros in Paris wird die 22jährige Cilly Aussem durch ein 8:6, 6:1 über die Britin Betty Nuthall erstmals Siegerin bei den Internationalen Tennismeisterschaften von Frankreich. Im rein französischen Herrenfinale besiegt Jean Borotra mit 2:6, 6:4, 7:5 und 6:4 Christian Boussus und wird ebenfalls erstmals Meister in Paris. Die

Cilly Aussem, die Einzel-Siegerin der Internationalen Tennismeisterschaften von Paris 1931, wurde am 4. April 1909 in Köln geboren.

»Internationalen« von Paris, die am 18. Mai begonnen hatten, gelten als inoffizielle Weltmeisterschaft auf Hartplätzen (→ 3. 7./S. 131).
Im hartumkämpften ersten Satz des Damenfinales führt Cilly Aussem 4:2 und 5:4, gerät dann überraschend 5:6 in Rückstand, ehe sie drei Spiele nacheinander gewinnt. Der zweite Satz ist dann nur noch Formsache für die großartig auftrumpfende Deutsche, die 1925 deutsche Jugendmeisterin geworden und danach u. a. vom US-Amerikaner William T. Tilden trainiert worden war.

Kanalüberquerung mit Segelflugzeug

20. Juni. Der 27jährige Wiener Segelflieger Robert Kronfeld überfliegt zweimal innerhalb eines Tages den Ärmelkanal und gewinnt damit die von der britischen Tageszeitung »Daily Mail« ausgesetzten 1000 Pfund (20 369 Reichsmark).
Kronfeld startet um 19.30 Uhr vom Flugplatz St. Inglebert in der Nähe von Calais und landet nach einer Stunde glücklich in Dover. Eine weitere Stunde später steigt er in Dover wieder auf und erreicht gegen 22.30 Uhr seinen Ausgangspunkt. Unterwegs hätten widrige Winde, die seinen Flugapparat auf das Wasser drückten, beinahe das vorzeitige Aus für das Unternehmen gebracht, doch Kronfeld kann unter Ausnutzung der Aufwinde erneut ausreichend Höhe gewinnen.

Juli 1931

Mo	Di	Mi	Do	Fr	Sa	So
		1	2	3	4	5
6	7	8	9	10	11	12
13	14	15	16	17	18	19
20	21	22	23	24	25	26
27	28	29	30	31		

1. Juli, Mittwoch

Das Programm des Senders Köln wird durch einen kommunistischen Sender gestört, der eine Ansprache verbreitet.

In der Zeitschrift »Klassenkampf« fordern die SPD-Oppositionellen Kurt Rosenfeld, Max Seydewitz und Heinrich Ströbel in einem »Mahnruf der Partei« das Ende der Tolerierung der Brüning-Regierung durch die SPD (→ 5. 6./S. 102).

In Berlin wird gegen den Landschaftsmaler Franz Heckendorf und dessen Bruder Walter Haftbefehl wegen zweifachen Kunstdiebstahls erlassen. → S. 133

2. Juli, Donnerstag

Der Düsseldorfer Mörder Peter Kürten wird in Köln durch das Fallbeil hingerichtet, nachdem die preußische Regierung eine Begnadigung abgelehnt hat. Die Leiche wird dem anatomischen Institut der Universität Berlin zu Studienzwecken übergeben (→ 22. 4./S. 74).

Mit einer Konfettiparade ehrt New York die Flieger Wiley Post und Paul Gatty, die in acht Tagen, 15 Stunden und 51 Minuten die Erde umflogen haben. → S. 127

3. Juli, Freitag

Der preußische Innenminister Carl Severing (SPD) gibt den Polizeibeamten das Recht zum sofortigen Scharfschuß, wenn die Situation dies erfordert.

In Cleveland (US-Bundesstaat Ohio) besiegt Max Schmeling seinen US-amerikanischen Herausforderer William Young Stribling durch technischen K. o. in der 15. Runde und bleibt damit Weltmeister der Berufsboxer im Schwergewicht. → S. 130

Im rein deutschen Damenfinale bei den Internationalen Englischen Tennismeisterschaften besiegt Cilly Aussem ihre Gegnerin Hilde Krahwinkel 6:2, 7:5 und ist damit erste deutsche Wimbledon-Siegerin. → S. 131

4. Juli, Samstag

Erstmals seit dem 23. Juli 1914 laufen mit den Kreuzern »Dorsetshire« und »Norfolk« wieder britische Kriegsschiffe den Kieler Hafen an. Anlaß des Flottenbesuchs, der bis zum 11. Juli dauert, sind die Segelwettbewerbe der Kieler Woche.

Der Hauptausschuß des Landtags von Braunschweig lehnt die von der SPD geforderte Amnestie für die wegen eines Schulstreiks mit Haftstrafen bedrohten 2700 Eltern ab. → S. 123

Die bayerische Landespolizei besetzt vorübergehend das Braune Haus in München, das Hauptquartier der NSDAP (→ 1. 1./S. 12). Zugleich wird bis zum 15. Juli für Bayern ein grundsätzliches Uniformverbot verhängt.

Auf dem Jungfraujoch in den Berner Alpen wird die Internationale Hochalpine Forschungsstation eingerichtet. → S. 127

In Genf endet mit der Billigung mehrerer Resolutionen zur Förderung der internationalen Arbeitsteilung der am 1. Juli eröffnete 2. Rationalisierungskongreß.

Mit einer Aufführung der Oper »Figaros Hochzeit« von Wolfgang Amadeus Mozart schließt die Krolloper am Platz der Republik in Berlin (→ 25. 3./S. 55).

5. Juli, Sonntag

In Mainz wird ein Denkmal für den 1929 verstorbenen früheren Reichsaußenminister Gustav Stresemann enthüllt. → S. 123

In einer Volksabstimmung im Kanton Zürich wird die Vergrößerung Zürichs durch die Eingemeindung von acht Vorortgemeinden gebilligt. → S. 121

In Anwesenheit des französischen Autors André Gide liest Thomas Mann in der Münchener Universität aus Anlaß der Hilfsaktion wegen der beim Glaspalast-Brand (→ 6. 6./S. 104) zerstörten Kunstwerke aus seinem Joseph-Roman.

6. Juli, Montag

Nach langen Verhandlungen mit dem US-amerikanischen Finanzminister Andrew W. Mellon stimmt die französische Regierung unter der Voraussetzung, daß Deutschland die »ungeschützte« Jahresrate des Youngplans weiterzahlt, dem Hoover-Moratorium zu (→ 24. 6./S. 101).

20 europäische Künstler, darunter der deutsche Schriftsteller Thomas Mann, nehmen in Genf bis zum 8. Juli an der Tagung des Völkerbundkomitees für Kunst und Literatur teil. Sie sprechen über die Förderung der geistigen Beziehungen durch technische Kommunikationsmittel.

7. Juli, Dienstag

In einem Aufruf würdigt die deutsche Reichsregierung die am Vortag in Paris erzielte Einigung über die Durchführung des Hoover-Schuldenfeierjahres.

Wegen gewaltsamer Störung der öffentlichen Ordnung werden in Kiel sieben Funktionäre der NSDAP verhaftet.

8. Juli, Mittwoch

Das KPD-Organ »Die Rote Fahne« wird wegen Beschimpfung der Berliner Polizei bis zum 21. Juli verboten.

Eine Notverordnung des deutschen Reichspräsidenten verpflichtet alle Betriebe mit einem Vermögen von mehr als fünf Millionen Reichsmark zur Mithaftung bis zu einem Volumen von 500 Millionen RM bei Einnahmeausfällen aus Kreditgeschäften der in der Auslandsfinanzierung tätigen Deutschen Golddiskontbank.

9. Juli, Donnerstag

Reichsbankpräsident Hans Luther begibt sich auf eine bis zum 11. Juli dauernde Reise nach London und Paris, um neue Kredite für das Deutsche Reich zu erhalten (→ 19. 7./S. 119).

Der preußische Landtag lehnt mit 229 gegen 190 Stimmen den Antrag der Rechtsparteien nach Auflösung des Parlaments ab (→ 9. 8./S. 138). Der Unterrichtsausschuß billigt am selben Tag die Entfernung des Buches »Im Westen nichts Neues« von Erich Maria Remarque aus den Schulbüchereien (→ 7. 1./S. 26).

Eine im Beisein von Alfred Hugenberg (DNVP) und NSDAP-Führer Adolf Hitler durchgeführte Vertretertagung der »Nationalen Opposition« in München ruft in einer öffentlichen Erklärung zum Kampf gegen die »Erfüllungspolitik« der Reichsregierung auf.

10. Juli, Freitag

In Bayern werden wegen der sich häufenden gewaltsamen Auseinandersetzungen politische Versammlungen unter freiem Himmel, Aufmärsche und Propagandafahrten verboten.

Bei einer SPD-Kundgebung mit Reichstagspräsident Paul Löbe in Heide in Holstein kommt es zu einer Straßenschlacht zwischen Reichsbannerangehörigen sowie Nationalsozialisten und Kommunisten, in deren Verlauf zwölf Reichsbannerleute schwer verletzt werden.

In Köln wird Baldur von Schirach, der 24jährige Reichsleiter des Nationalsozialistischen Studentenbundes, wegen Beteiligung an den dortigen Studentenunruhen zu Monatsbeginn vom Schnellrichter zu zwei Monaten Haft verurteilt.

Die norwegische Regierung beschließt in Oslo die Okkupation des auch von Dänemark beanspruchten Ostteils von Grönland. → S. 121

Mit seinem Rennboot »Miss England II« fährt der Brite Kaye Don mit 177,494 km/h auf dem Gardasee Weltrekord für Wasserfahrzeuge.

11. Juli, Samstag

Vor rund 11 000 Zuhörern bekennen sich in der Londoner Royal Albert Hall die Vorsitzenden der drei großen Parteien Großbritanniens zu Frieden und Abrüstung. → S. 121

In Wien wird das 58 000 Zuschauer fassende Praterstadion eröffnet. Seit 1928 wurde nach dem Entwurf von Otto Erich Schneider gebaut. → S. 131

Der Architekt Werner March legt Pläne zum Ausbau der Wettkampfstätten für die Olympischen Sommerspiele 1936 in Berlin vor (→ 13. 5./S. 94).

12. Juli, Sonntag

Die deutsche Reichsregierung übernimmt eine Ausfallbürgschaft für die zahlungsunfähig gewordene Darmstädter und Nationalbank. Sie wird am folgenden Tag veröffentlicht. → S. 116

13. Juli, Montag

Die Darmstädter und Nationalbank (Danatbank), die drittgrößte deutsche Bank, stellt ihre Zahlungen ein. → S. 116

Das Bekanntwerden der Zahlungseinstellung der Danatbank führt zu einem Run der verängstigten Bankkunden auf die Kreditinstitute. → S. 117

In Genf billigen 28 Delegationen die von der internationalen Opiumkonferenz erarbeitete Konvention über eine schärfere Kontrolle sämtlicher Betäubungsmittel und Rauschgifte.

14. Juli, Dienstag

Aufgrund der am Vortag erlassenen Verordnung des Reichspräsidenten über Bankfeiertage bleiben die deutschen Kreditinstitute bis einschließlich 15. Juli geschlossen. Auch die Börsen werden zunächst geschlossen. → S. 117

Vorstand, Parteiausschuß und Kontrollkommission der SPD stellen in einer Erklärung zur Bankenkrise fest, damit sei die von bürgerlichen Kreisen propagierte These von der »marxistischen Mißwirtschaft« als Ursache der Wirtschaftskrise endgültig widerlegt.

Reichsbankpräsident Hans Luther kehrt aus Basel nach Berlin zurück, nachdem am Vortag die Bank für Internationalen Zahlungsausgleich einer Verlängerung des am 16. Juli fälligen Kredits von umgerechnet 419,55 Millionen Reichsmark gebilligt hat (→ 20. 6./S. 100).

15. Juli, Mittwoch

Der braunschweigische NSDAP-Innenminister Anton Franzen wird vom Schöffengericht Berlin-Mitte von der Anklage der Begünstigung freigesprochen. Ihm war vorgeworfen worden, einen Landwirt aus Holstein, der Papiere eines NSDAP-Landtagsabgeordneten bei sich trug, vor der Polizei als Parlamentarier bezeichnet zu haben, um ihn vor der Festnahme zu bewahren.

Die KPD hält in zahlreichen Städten Veranstaltungen im Rahmen eines Reichserwerbslosentages ab. In Dresden werden die Kundgebungen verboten. Das Deutsche Reich verzeichnet eine Arbeitslosenzahl von 3 956 000.

In Basel endet der am 30. Juni eröffnete 17. Zionistenkongreß mit der Annahme einer Erklärung, in der eine gleichberechtigte Mitarbeit der von den Briten in Aussicht gestellten Landerschließung im Mandatsgebiet Palästina gefordert wird.

Die US-Schwimmerin Helen Madison hält sämtliche Weltrekorde auf den Freistilstrecken, nachdem sie die 1500 m bei den US-Meisterschaften in New York in 23:17,2 min zurückgelegt hat.

16. Juli, Donnerstag

Die deutschen Kreditinstitute nehmen nach den Bankfeiertagen den Geschäftsverkehr wieder auf. Bis zum 5. August sind Barauszahlungen beschränkt (→ 14. 7./S. 117).

Der deutsche Schwergewichts-Boxweltmeister Max Schmeling und die inoffizielle Tennisweltmeisterin Cilly Aussem, die Siegerin im Dameneinzel in Paris und Wimbledon, auf der Titelseite der deutschen Illustrierten »Die Woche« vom 11. Juli 1931

Die Woche

Nummer 28 Berlin, 11. Juli 1931 33. Jahrgang

Deutsche Weltmeister

Max Schmeling konnte im Kampf gegen den Amerikaner William Young Stribling in Cleveland seinen Weltmeistertitel überzeugend verteidigen.

Die Kölnerin Cilly Außem gewann im Finale von Wimbledon in zwei famosen Sätzen gegen die Essenerin Hilde Krahwinkel die Weltmeisterschaft im Damentennis

Juli 1931

Im Deutschen Reich tritt die am Vortag erlassene Verordnung der Reichsregierung über den Verkehr mit ausländischen Zahlungsmitteln in Kraft. Der An- und Verkauf ausländischer Währung ist nur über die Deutsche Reichsbank möglich, Termingeschäfte mit Devisen sind untersagt.

Die Deutsche Reichsbank setzt ihren Diskontsatz auf 10% fest, nachdem er ab dem 13. Juni bei 7% gelegen hatte (→ 18. 7./S. 117).

In Addis Abeba unterzeichnet Kaiser Haile Selassie I. eine Verfassung für Abessinien. Die Mitglieder des Zwei-Kammer-Parlaments und alle Gesetze bedürfen danach der Bestätigung durch den Kaiser.

17. Juli, Freitag

Im Deutschen Reich wird eine Notverordnung über das Pressewesen erlassen, mit deren Hilfe Zeitungsverbote leichter und schneller als bisher durchgesetzt werden können. → S. 122

Der österreichische Nationalrat beschließt die Reorganisation der im Mai mit internationalen Kreditzusagen geretteten Creditanstalt (→ 11. 5./S. 86).

Im Vatikan richtet eine Bombenexplosion Sachschaden an. Der Sprengkörper war im Petersdom entdeckt und in die vatikanischen Gärten getragen worden.

In Moskau endet die kurzfristig aus Berlin hierher verlegte II. Weltspartakiade der Roten Sportinternationale. → S. 131

18. Juli, Samstag

Durch eine Notverordnung gegen Kapital- und Steuerflucht sind der Besitz ausländischer Zahlungsmittel sowie Forderungen in fremder Währung bei der Reichsbank meldepflichtig.

Die Hälfte der Dienstbezüge der Reichsbeamten und Ruhegeldempfänger wird vorübergehend zehn Tage später als üblich ausgezahlt. Dies legt eine Notverordnung des deutschen Reichspräsidenten Paul von Hindenburg fest.

In Berlin gründen 43 Kreditinstitute unter Führung der Deutschen Golddiskontbank den Überweisungsverband, eine Haftungsgemeinschaft. → S. 117

In Camphill (US-Bundesstaat Alabama) kommt es zu Kämpfen zwischen Schwarzen und der Polizei. Anlaß für die Unruhen sind ohne Beweise ergangene Todesurteile des Gerichts in Scottsboro gegen acht Schwarze wegen angeblicher Vergewaltigung weißer Frauen.

19. Juli, Sonntag

In Paris endet der zweitägige Besuch von Reichskanzler Heinrich Brüning und Außenminister Julius Curtius. → S. 118

In Wien beginnt die bis zum 26. Juli dauernde II. Arbeitersport-Olympiade, an der Delegationen von 19 Verbänden der Sozialistischen Arbeiter-Sportinternationale (SASI) teilnehmen. → S. 131

Rudolf Caracciola gewinnt auf Mercedes-Benz den Großen Preis von Deutschland auf dem Nürburgring vor den beiden Bugatti-Fahrern Louis Chiron (Frankreich) und Achille Varzi (Italien). → S. 132

20. Juli, Montag

In Krefeld werden zwei Nationalsozialisten zu je vier Monaten Gefängnis wegen der Behauptung verurteilt, Frankreich habe den früheren deutschen Außenminister Gustav Stresemann für seine Zustimmung zum Youngplan mit einer Million Reichsmark belohnt.

Das Bankhaus J. F. Schröder in Bremen erklärt sich für zahlungsunfähig und schließt bis auf weiteres die Schalter (→ 12. 7./S. 116).

21. Juli, Dienstag

In einem Telegramm an den in London weilenden Reichskanzler Heinrich Brüning erklären die Führer der »Nationalen Opposition« – Adolf Hitler (NSDAP), Alfred Hugenberg (DNVP) und Franz Seldte (Stahlhelm) –, sie sähen sich im Falle einer Regierungsübernahme nicht an von Brüning eingegangene finanzielle Verpflichtungen gegenüber Frankreich gebunden (→ 24. 6./S. 101).

Vor dem Bremer Landgericht wird das Konkursverfahren gegen den Nordwolle-Konzern eröffnet (→ 22. 6./S. 103).

In Bayreuth beginnen die Festspiele. Sie dauern bis zum → 19. August (S. 146).

In New York zeigt die Columbia Broadcasting Company ein Fernsehgerät mit postkartengroßem Bildschirm, das 150 US-Dollar (rund 630 Reichsmark) kostet.

22. Juli, Mittwoch

Durch Inkrafttreten der Notverordnung vom 18. Juli hat jeder im Inland wohnende Reichsangehörige vor einer Reise ins Ausland eine Gebühr von 100 Reichsmark zu entrichten. Diese Regelung bleibt bis zum 26. August 1931 in Kraft.

Die KPD beschließt die Teilnahme am Preußen-Volksentscheid (→ 9. 8./S. 138). Innenminister Carl Severing (SPD) hat am Vortag ein Ultimatum der KPD zurückgewiesen, die für eine Ablehnung des Volksentscheids die Erfüllung eines umfangreichen Katalogs politischer und sozialer Forderungen verlangt hatte.

23. Juli, Donnerstag

In London endet nach viertägiger Dauer eine Sieben-Mächte-Konferenz über die Lage der deutschen Wirtschaft. → S. 120

Die römische Zeitung »Popolo d'Italia« veröffentlicht eine Erklärung von NSDAP-Führer Adolf Hitler, wonach seine Partei die Südtirolgrenze als unabänderlich ansehe. Er dementiert damit entgegengesetzte Äußerungen des NSDAP-Reichstagsabgeordneten Hans Frank kurz zuvor in Innsbruck.

Die Deutsche Reichsbank meldet als Folge der Goldverluste (→ 13. 6./S. 103) eine Notdeckung von nur 36,1%.

24. Juli, Freitag

Ein Schiedsspruch für die nordwestdeutsche Metallindustrie kürzt den Facharbeiterecklohn um drei auf 75 Reichspfennig und den seit September 1928 gezahlten Lohnzuschlag je Stunde um fünf Pfennig.

Der französische Staatsgerichtshof spricht Ex-Finanzminister Raoul Péret vom Vorwurf frei, aus persönlichen Motiven kurz vor Ende seiner Amtszeit 1926 die Aktieneinführung einer dubiosen Firma genehmigt zu haben.

Im Neuen Theater von Leipzig wird Paul Abrahams Operette »Die Blume von Hawaii« uraufgeführt. → S. 133

In Helsinki läuft der Finne Paavo Nurmi mit 8:59,6 min über die Distanz von zwei Meilen (3218,6 m) seinen 24. Weltrekord.

25. Juli, Samstag

Eine Feier im großen Konzerthaussaal in Wien eröffnet den vierten Kongreß der Sozialistischen Arbeiter-Internationale. Er dauert bis zum → 1. August (S. 141).

Auf Initiative des Reiches gründen in Berlin elf Großbanken die Akzept- und Garantiebank AG zur Erleichterung der Refinanzierung (→ 18. 7./S. 117).

Mit einer Aufführung von Gioacchino Rossinis Oper »Der Barbier von Sevilla« beginnen die Salzburger Festspiele. Sie dauern bis zum 31. August. → S. 133

26. Juli, Sonntag

Der braunschweigische Innenminister Anton Franzen (NSDAP) legt sein Amt nach wiederholten Kontroversen mit dem Koalitionspartner DNVP nieder.

Die Leitung des Allgemeinen Deutschen Gewerkschaftsbundes (ADGB) verlangt zur Wiederbelebung der Wirtschaft die Erweiterung der Wechseldiskontierung, die vorübergehende Erhöhung des Diskontsatzes und die öffentliche Kontrolle und Lenkung des inländischen Geld- und Kapitalmarktes.

Durch ein 3:2 über Großbritannien verteidigt Frankreichs Tennisteam in Paris den Daviscup, die inoffizielle Herren-Mannschaftsweltmeisterschaft. → S. 132

Bei der Tour de France der Radprofis siegt Antonin Magne (Frankreich) vor Joseph Demuysère (Belgien) und Antonio Pesenti (Italien). → S. 132

27. Juli, Montag

Ein Rundschreiben des Zentralkomitees der KPD an die Betriebs- und Straßenzellen begründet die Teilnahme am Volksentscheid in Preußen mit dem Kampf der Regierung Braun-Severing für das »Monopolkapital« gegen die »revolutionäre Arbeiterfront« (→ 9. 8./S. 138).

In Chile bildet José Estéban Montero Rodríguez eine Übergangsregierung, nachdem am Vortag der seit 1927 als Präsident amtierende Oberst Carlos Ibáñez del Campo von einer Junta abgelöst worden war. → S. 121

28. Juli, Dienstag

Die deutsche Auslandsverschuldung wird in einer offiziellen Verlautbarung auf 23,5 Milliarden Reichsmark, davon zwölf Milliarden in Krediten von bis zu einem Jahr Laufzeit, beziffert.

Neuer Pressechef der NSDAP wird der Journalist Otto Dietrich. → S. 122

Bei einer Schießerei zwischen Bierschmugglern in New York werden fünf Kinder verletzt, von denen eines stirbt.

29. Juli, Mittwoch

Der britische Premierminister James Ramsey MacDonald verläßt nach zweitägigem Aufenthalt Berlin. → S. 123

Reichslandwirtschaftsminister Martin Schiele und Alwin Brandes, der Präsident des Reichslandwirtschaftsrates, informieren Reichspräsident Paul von Hindenburg über die Osthilfe. → S. 122

Der italienische Botschafter und die Gesandten Jugoslawiens, Österreichs, der Schweiz und der Tschechoslowakei protestieren in Berlin gegen die am 22. Juli in Kraft getretene Auslandsreisegebühr für deutsche Touristen.

Vertreter britischer und US-amerikanischer Banken einigen sich in Berlin mit der Reichsregierung auf einen Vorvertrag über ein Stillhalteabkommen gegen den Abzug kurzfristiger Kredite.

30. Juli, Donnerstag

In Moskau endet ein neuntägiger Aufenthalt einer britischen Parlamentariergruppe. → S. 133

Die Bank von England erhöht den Diskontsatz um 1% auf 4,5%. → S. 121

Gegen die vor dem Konkurs stehende Deutsch-Evangelische Heimstättengesellschaft werden Ermittlungen wegen Betrugsverdachts eingeleitet. → S. 123

31. Juli, Freitag

Der Vorstand der Deutschen Volkspartei beschließt die Teilnahme am Preußen-Volksentscheid (→ 9. 8./S. 138).

Zur Sanierung der Dresdner Bank übernimmt das Reich neugeschaffene Vorzugsaktien im Wert von 300 Millionen Reichsmark. Die Vorstandsmitglieder Herbert Gutmann und Henry Nathan müssen zurücktreten; neuer Leiter wird Samuel Ritscher (→ 12. 7./S. 116).

Nach fast siebentägiger Arktisexpedition landet das Luftschiff »Graf Zeppelin« wieder in Friedrichshafen. → S. 126

Das Wetter im Monat Juli

Station	Mittlere Lufttemperatur (°C)	Niederschlag (mm)	Sonnenscheindauer (Std.)
Aachen	17,1 (17,5)	70 (75)	– (190)
Berlin	18,5 (18,3)	116 (70)	– (242)
Bremen	17,8 (17,4)	108 (92)	– (207)
München	16,4 (17,5)	117 (137)	– (226)
Wien	20,3 (19,5)	76 (84)	– (–)
Zürich	17,2 (17,2)	188 (139)	203 (238)

( ) Langjähriger Mittelwert für diesen Monat – Wert nicht ermittelt

Die Titelseite der in Leipzig erscheinenden »Illustrirten Zeitung« vom 30. Juli 1931 mit einem Bericht über Dresden und die Internationale Hygieneausstellung 1931

Deutsche Kreditinstitute in finanzieller Bedrängnis

12. Juli. Die Reichsregierung beschließt die Übernahme einer Ausfallbürgschaft für die Verpflichtungen der Darmstädter und Nationalbank (Danatbank). Dies wird am 13. Juli in einer Notverordnung bekanntgemacht.

Damit wird deutlich, daß nicht nur die Deutsche Reichsbank (→ 20. 6./S. 100; 24. 6./S. 101) Liquiditätsprobleme hat, sondern auch andere Banken betroffen sind: Das Bankhaus J. F. Schröder in Bremen schließt die Schalter am 20. Juli, die Dresdner Bank muß am 31. Juli durch eine Beteiligung des Reiches in Höhe von 300 Millionen Reichsmark (RM) saniert werden.

Die am 11. Juli eingegangene Nachricht über die Illiquidität der Danatbank hatte bei der Reichsregierung hektische Aktivitäten ausgelöst. Noch am gleichen Abend wurden 16 führende Bankiers in die Reichskanzlei gerufen.

Um die Bankkunden gegen den Verlust ihrer Einlagen zu sichern und zahllose Unternehmen vor der Betriebseinstellung zu bewahren, übernimmt das Reich eine Ausfallbürgschaft für die Verbindlichkeiten aus Bareinlagen, aus laufender Rechnung, aus Kreditoren und aus eigenen Akzepten.

Ferner werden Vorschriften zur Aufrechterhaltung der Geschäftsführung erlassen und ein Treuhänder, Ex-Staatssekretär Carl Bergmann, berufen. Der persönlich haftende Gesellschafter Jacob Goldschmidt wird zum Verzicht auf seine führende Stellung und seine Einlagen gezwungen. Zum Rücktritt gezwungen werden auch Herbert Gutmann und Henry Nathan, Vorstandsmitglieder der Dresdner Bank, deren Leitung der Bankier Samuel Ritscher übernimmt.

Andrang von besorgten Kunden während des Bankenkrachs vor der Städtischen Sparkasse Berlin am Mühlendamm

Danatbank muß ihre Schalter schließen

13. Juli. Die Darmstädter und Nationalbank (Danatbank), das drittgrößte deutsche Kreditinstitut, hält ihre Schalter geschlossen. Der Anlaß für diese Maßnahme sind die rapiden Abflüsse an Krediteinlagen.

Um die Zahlungseinstellung zu vermeiden, hatte sich Bankchef Jacob Goldschmidt mit der Bitte um Unterstützung zunächst an Oscar Wassermann, Vorstandsmitglied der Deutschen Bank und Discontogesellschaft, dann an den Reichsbankvizepräsidenten Friedrich Wilhelm Dreyse gewandt. Da dies erfolglos blieb, fand am 10. Juli eine Krisensitzung im Reichskanzleramt statt, auf der seitens der Reichsbank die Bereitschaft zu einer Stützung für zwei bis drei Tage erklärt wurde.

Die Reichsregierung versuchte anschließend, die übrigen Großbanken zu einer Solidarhaftung zu bewegen, was aber zum einen an den unabsehbaren Risiken einer solchen Garantie, zum anderen am Egoismus der Konkurrenz scheiterte. Als die Reichsbank die Übernahme eines Wechsels in Höhe von 250 Millionen Reichsmark ablehnte, teilte Goldschmidt am 11. Juli der Reichsregierung die Zahlungseinstellung mit. Nach seinen Angaben mußte die Danatbank seit 30. Juni 1930 Kredite in Höhe von fast einer Milliarde RM zurückzahlen, davon knapp 600 Millionen RM im Juni und Juli 1931. Von den restlichen Krediten seien allein 552 Millionen RM innerhalb einer Woche fällig. Hohe Verluste erlitt die Bank im Fall des Textilkonzerns Nordwolle (→ 22. 6./S. 103).

Die Danatbank wurde 1922 als Kommanditgesellschaft auf Aktien durch Fusion der 1853 in Darmstadt gegründeten Bank für Handel und Industrie und der Bremer Nationalbank für Deutschland gegründet, zu deren Inhabern neben Goldschmidt auch der spätere Reichsbankpräsident Hjalmar Schacht gehörte.

Jacob Goldschmidt, als einer der ursprünglich elf persönlich haftenden Gesellschafter der maßgebliche Leiter der Darmstädter und Nationalbank (Danatbank)

Carl Bergmann, ehemaliger Staatssekretär im Reichsfinanzministerium und von der Reichsregierung zum ersten Treuhänder der Danatbank berufen

Sie erwarb sich rasch den Ruf einer investitionsfreudigen Großbank. Allerdings operierte die Bank, die mit einem großen Filialnetz rund 280 000 Kunden betreut, mit hohem Risiko. Der Bilanzsumme von 2,5 Milliarden RM standen 1930 jeweils 60 Millionen RM Eigenkapital und Reserven gegenüber.

Bankenkrise Folge des Kreditabzuges

Unmittelbarer Anlaß der Liquiditätsprobleme der deutschen Banken ist der massive Abzug in- und ausländischer Einlagen als Folge der Wirtschaftskrise und des sinkenden Vertrauens in die deutsche Wirtschaft.

Am 31. Juli 1930 verfügten die sechs Großbanken (Deutsche Bank und Discontogesellschaft, Dresdner Bank, Danatbank, Commerz- und Privatbank, Reichskreditgesellschaft und Berliner Handelsgesellschaft) noch über 12,1 Milliarden Reichsmark (RM) an Kreditoren, ein Jahr später sind es nur noch 8,1 Milliarden RM. Allein im Juni und Juli sind 2,2 Milliarden RM abgezogen worden. Der Kassenbestand sinkt zwischen Ende Juni und Ende Juli um fast 30 Mio. RM. Die Liquidität beträgt im Durchschnitt 23,5 %, bei der Danatbank nur 15,2 %.

Die Geschäftspolitik der Banken war seit 1924 auf Expansion ohne gleichzeitige Erhöhung des Eigenkapitals ausgerichtet. Die zwischen 1924 und 1929 als Folge des Dawesplans nach Deutschland geflossenen 21 Milliarden RM in Form von meist kurzfristigen Krediten waren langfristig angelegt worden.

Bankfeiertage als Mittel gegen Krise

14. Juli. Aufgrund der Notverordnung des Reichspräsidenten über die Erklärung von Bankfeiertagen halten die deutschen Kreditinstitute ihre Schalter für zwei Tage (bis 15. 7.) geschlossen. Für die anschließende Wiederaufnahme des Geldverkehrs gelten einschränkende Regelungen. Die Bekanntgabe der Zahlungseinstellung der Darmstädter- und Nationalbank am 13. Juli hat zu einem Ansturm auf die deutschen Kreditinstitute geführt. Um den Zusammenbruch des Zahlungsverkehrs zu verhindern, greift die Reichsregierung zum Mittel der Bankfeiertage. Als die Kreditinstitute am 16. Juli wieder öffnen, dürfen sie bis einschließlich 18. Juli Auszahlungen nur leisten, wenn der Empfänger sie benötigt für Löhne und Gehälter, Arbeitsbeitslosenunterstützung, Sozialversicherung sowie zur Barzahlung von Steuern und Abgaben. Durch eine Verordnung vom 15. Juli wird der Verkehr mit ausländischen Zahlungsmitteln beschränkt. Erst am 5. August wird der normale Zahlungsverkehr, bis auf Beschränkungen bei der Abhebung von Sparguthaben, wieder aufgenommen.

Kreditverkehr soll geschützt werden

18. Juli. Zwei Tage nach der beschränkten Wiederaufnahme des Zahlungsverkehrs gründen in Berlin 43 größere Banken mit dem Überweisungsverband e. V. eine Haftungsgemeinschaft unter Führung der Deutschen Golddiskontbank. Am 25. Juli gründen in Berlin elf Großbanken auf Initiative und unter Beteiligung des Reiches die Akzept- und Garantiebank AG. Das Kreditinstitut mit einem Stammkapital von 200 Millionen Reichsmark soll zur Erleichterung der Refinanzierung der Banken die zur Diskontierung bei der Reichsbank vorgesehenen Wechsel beglaubigen. Neben diese Selbsthilfe der Kreditinstitute tritt eine staatliche Sicherung der Finanzwirtschaft durch Notverordnungen wie Maßnahmen zur Kontrolle des Devisenverkehrs und die Anmeldepflicht für ausländische Zahlungsmittel. Zugleich wird laufend der Diskontsatz erhöht: Am 16. Juli von 7 auf 10% und zum 1. August weiter auf 15%.

Verängstigte Kunden stürmen Bankschalter

13. Juli. Auf die Nachricht von der Zahlungseinstellung der Darmstädter und Nationalbank, die sich wie ein Lauffeuer herumspricht, reagiert ein Großteil der Bankkunden mit Panik. In den Schalterhallen der Banken und Sparkassen drängen sich die Anleger und wollen ihr Geld zurückhaben, das ihnen allerdings nur bis zu einer begrenzten Höhe ausgezahlt wird. Sogar das Gerücht von einem in Kürze bevorstehenden Staatsbankrott macht die Runde.

Viele Banken, wie die Deutsche Bank, zahlen nur 10% des verlangten Betrages aus oder setzen eine Höchstgrenze, die über 500 Reichsmark (RM) nicht hinausgeht. Die Berliner Sparkasse zahlt bis zu 300 RM pro Person aus, andere Sparkassen setzen das Limit auf 100 RM oder noch niedriger fest.

Auf Bitten der Reichsregierung bleiben die Börsen zunächst geschlossen. Der Hamburger Senat ordnet die Schließung der Sparkassen der Hansestadt bis einschließlich 15. Juli an und kommt damit den Bankfeiertagen der Reichsregierung zuvor (→ 14. 7./S. 117).

Die Auszahlungswünsche ihrer Kunden können die Banken schon deshalb nicht erfüllen, weil allein die Spareinlagen bei den Sparkassen fast doppelt so hoch sind wie das gesamte im Umlauf befindliche Bargeld, das sich im Juli auf 5,8 Milliarden RM beläuft. Allerdings sind diese Zusammenhänge dem um sein Geld bangenden Sparer kaum begreiflich zu machen.

Im Juli verzeichnen die Sparkassen Auszahlungen in der Rekordhöhe für das Jahr 1931 von 702,2 Millionen RM, die Spareinlagen vermindern sich gegenüber dem Vormonat um 267,6 Millionen RM. In den deutschen Urlaubsorten führt die Nachricht vom Bankenkrach zu einem Massenexodus von Reisenden. Besonders stark betroffen sind Auslandsurlauber, da in einigen Ländern auf die Nachricht von den deutschen Finanzschwierigkeiten hin der Umtausch von Reichsmark eingestellt wird.

Als am 16. Juli die Bankschalter wieder geöffnet werden, bilden sich schon in aller Frühe die ersten Menschenschlangen. Die »Vossische Zeitung« berichtet darüber am folgenden Tag: »Besonders stark war, wie man voraussehen konnte, der Andrang vor den Sparkassen der Stadt Berlin. Um 6 Uhr schon fanden sich die ersten beunruhigten Sparer ein, die trotz der Aussichtslosigkeit des Wartens sich nicht abweisen ließen. Es waren jeweils einige Hundert, die die Hoffnung, Geld zu erhalten, nicht aufgaben. Man glaubte zunächst, die nutzlos Wartenden dadurch aufklären zu können, daß man Plakate herumtrug, welche die Überschrift trugen: ›Spareinlagen dürfen noch nicht ausgezahlt werden.‹ Als dies nichts fruchtete, wurden stets größere Gruppen in die Kassenräume geführt, denen die Filialleiter in kurzen Worten die Lage schilderten.«

Auch vor den anderen Banken drängen sich die Menschen. Besonders betroffen sind zunächst naturgemäß die Einleger der Danatbank, die erst am 17. Juli wieder öffnet.

Besser dran sind die Besitzer von Postscheckkonten: Auch hier finden sich schon morgens früh die Menschen ein, wobei allerdings die Nachricht, daß Einlagen bis zu 10 000 RM ohne Einschränkung und darüber hinausgehende Beträge bargeldlos durch Überweisung ausgezahlt werden, für Beruhigung sorgt.

Banken und Sparkassen stehen vorsorglich unter Polizeischutz. Es kommt aber nur in wenigen Fällen zu handgreiflichen Auseinandersetzungen mit Bankkunden.

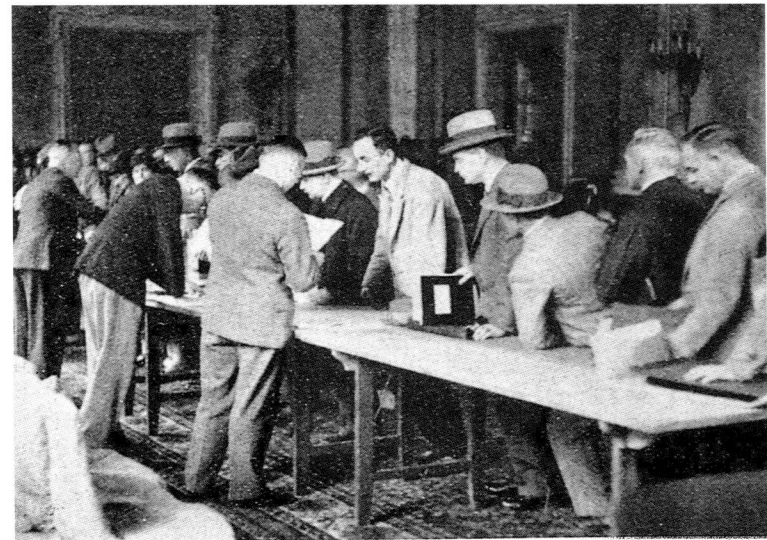

△ *Wegen der strengen Auszahlungsvorschriften nach der Wiedereröffnung der deutschen Kreditinstitute am 16. Juli 1931 übernimmt die Berliner Industrie- und Handelskammer eine Lohnlistenkontrolle für ihre Mitgliedsfirmen zur Vorlage bei den jeweiligen Banken und Sparkassen*

◁ *Ausladen von 60 Millionen Reichsmark in Gold für die Federal Reserve Bank im New Yorker Hafen; wegen der Kündigung zahlreicher kurzfristiger Auslandskredite mußten die Deutsche Reichsbank und die deutschen Geschäftsbanken Millionenbeträge in Gold und Devisen zurückzahlen*

Juli 1931

Kanzler Brüning in Paris: Londoner Treffen vorbereitet

19. Juli. Spät in der Nacht enden in Paris die deutsch-französischen Ministergespräche. Erstmals seit der Gründung des Deutschen Reiches 1871 war mit Heinrich Brüning ein deutscher Reichskanzler in Paris. Am Vortag um 14.05 Uhr waren Brüning und Reichsaußenminister Julius Curtius mit dem Nordexpreß auf dem Bahnhof Gare du Nord eingetroffen und dort von Frankreichs Ministerpräsident Pierre Laval und Außenminister Aristide Briand empfangen worden.

Nach einem kurzen Gespräch zwischen Laval und Brüning unter vier Augen begannen um 17 Uhr die Ministergespräche über das Hoover-Moratorium und die Lösung der deutschen Finanzkrise. Sie dauerten bis spät in die Nacht.

Nachdem der Vormittag des 19. Juli ganz internationalen Gesprächen zur Vorbereitung der bevorstehenden Londoner Konferenz gewidmet war (→ 23. 7./S. 120), begannen um 16 Uhr erneut deutsch-französische Ministergespräche, die – unterbrochen von einem 90minütigen Diner – bis nach 23 Uhr dauern.

Vorn v. l.: J. Curtius, Aristide Briand, Arthur Henderson, Pierre Laval, Henry L. Stimson, H. Brüning, Dino Grandi

»Beginn einer vertrauensvollen Zusammenarbeit«

Nach Abschluß der deutsch-französischen Ministergespräche am 19. Juli wird kurz vor Mitternacht ein gemeinsames Kommuniqué herausgegeben, das nur wenig von den tiefgreifenden Meinungsverschiedenheiten erkennen läßt, die über die Frage der politischen Bedingungen für die notwendige Sanierung der deutschen Finanzen zwischen beiden Ländern bestehen.

In der gemeinsamen Erklärung wird zunächst festgestellt, daß die Regierungen der Zusammenkunft »beiderseitig große Wichtigkeit« beimessen, weil »sie den Beginn einer vertrauensvollen Zusammenarbeit« bezeichnen soll.

Dann heißt es weiter: »Der Reichskanzler hat die verschiedenen Seiten der Krise, unter der sein Land leidet, ins rechte Licht gerückt. Die Vertreter der französischen Regierung, die den Ernst dieser Krise erkennen, haben erklärt, daß sie unter dem Vorbehalt gewisser finanzieller Garantien und Maßnahmen der politischen Beruhigung bereit sind, die Möglichkeiten einer finanziellen Zusammenarbeit im internationalen Rahmen zu diskutieren. Von heute an – das zu erklären, ist den Vertretern der beiden Regierungen wichtig –, betonen sie ihren Willen, zwischen ihren beiden Ländern im Rahmen des Möglichen günstige Bedingungen für eine wirksame Zusammenarbeit auf politischem und wirtschaftlichem Gebiet zu schaffen, und sie kamen überein, daß sie ihre Bemühungen vereinigen werden, damit der Kredit und das Vertrauen in einer Atmosphäre der Beruhigung und der Sicherheit wiederhergestellt werden können.«

Politische Debatten europäischer Staatsmänner im Sonderzug auf der Fahrt von Paris nach London am 20. Juli: V. l. Philippe Berthelot, der Generalsekretär des französischen Außenministeriums, Heinrich Brüning, Paul Hymans, Julius Curtius, Aristide Briand und Pierre Laval

Juli 1931

Die Ergebnisse der Pariser Gespräche

19. Juli. An den Vorbereitungsgesprächen zur Londoner Anleihekonferenz (→ 23. 7./S. 120) nehmen neben den leitenden Ministern von Frankreich und dem Deutschen Reich u. a. der britische Außenminister Arthur Henderson, US-Außenminister Henry L. Stimson, der japanische Völkerbundsdelegierte Kenkichi Yoshizawa, Italiens Außenminister Dino Grandi und dessen belgischer Amtskollege Paul Hymans teil. Im Zentrum der Aussprache steht der deutsch-französische Dialog.

Frankreichs Vorbehalte: Nach der Rundreise des deutschen Notenbankpräsidenten Hans Luther, der am 9./10. Juli in London und Paris über neue Kredite verhandelt hatte, ohne zuvor den Reichskanzler Heinrich Brüning zu konsultieren, waren die Franzosen auf die Bitte um eine Anleihe in Milliardenhöhe eingestellt. Dafür hatten sie u. a. den zehnjährigen Verzicht auf die Forderung nach Revision des Versailler Vertrages, die Auflösung des Stahlhelm und den Verzicht auf den Bau weiterer Panzerschiffe fordern wollen. Überraschend erklärte Brüning, die Gewährung einer neuen Anleihe über die Verlängerung des am 25. Juni bis zum 16. Juli gewährten Kredits von knapp 4,2 Millionen Reichsmark hinaus sei nachrangig, sofern das Hoover-Feierjahr wie geplant wirksam werde (→ 20. 6./S. 100). Dennoch halten die Franzosen zunächst an ihren politischen Wünschen – nunmehr als Gegenleistung für ihre Mitwirkung am Moratorium – fest, ehe Ministerpräsident Pierre Laval die Bedingungen zurückstellt, um den Hooverplan nicht scheitern zu lassen (→ 24. 6./S. 101).

Präferenz für langfristige Kredite: Auf der internationalen Konferenz fordert Brüning nachdrücklich, die weitere Kündigung ausländischer Kredite zu beenden und das aus Deutschland herausgezogene Gold in Form von langfristigen Krediten zurückzuerstatten. Dies wird von Laval, Henderson und Stimson zustimmend zur Kenntnis genommen.

Deutsch-französische Annäherung: Italiens Außenminister Grandi bezeichnet eine deutsch-französische Annäherung als Voraussetzung für die Schaffung einer politischen Vertrauensbasis, die allein den Erfolg der Londoner Wirtschaftsgespräche bewirken könne.

Frankreichs Ex-Regierungschef Édouard Herriot (l.) mit Heinrich Brüning

In engster Runde auf der Pariser Vorkonferenz am 18./19. Juli; v. l.: Pierre Laval, Heinrich Brüning, Édouard Herriot und Aristide Briand

US-Finanzminister Andrew W. Mellon, der britische Botschafter in Paris, Lord Tyrell, und der US-Botschafter in Frankreich, Walter Evans Edge (v. l.)

»Da ist er«: Aristide Briand (r.) erblickt den Fotografen Erich Salomon

V. l. Aristide Briand, Philippe Berthelot, Pierre Laval, Botschafter Leopold von Hoesch (halb verdeckt), Pierre Étienne Flandin, Übersetzer, Julius Curtius, Heinrich Brüning, Außen-Staatssekretär Bernhard Wilhelm von Bülow

Juli 1931

Mellon, Jules Renkin, Hymans, Laval, Briand, Brüning, MacDonald, Grandi, Stimson, Henderson (1–10)

Konferenz über die deutsche Finanzlage

23. Juli. In London endet die am 20. Juli eröffnete Sieben-Mächte-Konferenz über die bedrohliche Finanzlage des Deutschen Reiches mit der Billigung eines Kommuniques, das finanzielle Hilfe für Deutschland für wünschenswert erklärt.

Zu den wichtigsten Teilnehmern der Konferenz gehören neben dem gastgebenden britischen Premierminister James Ramsey MacDonald und Außenminister Arthur Henderson u. a. der französische Regierungschef Pierre Laval und sein Außenminister Aristide Briand, die US-Minister Andrew W. Mellon (Finanzen) und Henry L. Stimson (Äußeres), der italienische Außenminister Dino Grandi, sein belgischer Amtskollege Paul Hymans, der japanische Völkerbundsdelegierte Kenkichi Yoshizawa sowie Reichskanzler Heinrich Brüning und sein Außenminister Julius Curtius.

Die Initiative für diese Konferenz war am 16. Juli von US-Präsident Herbert Hoover ausgegangen. Auf seine Anregung hin lud MacDonald die wichtigsten der am Hoover-Moratorium (→ 20. 6./S. 100) beteiligten Regierungen nach London ein. Auf französischen Wunsch sollte sich die Konferenz ausschließlich mit der Finanzlage des Deutschen Reiches befassen. Dazu erklärt MacDonald in seiner Eröffnungsrede, die Beratungen sollten nach Möglichkeit mit einer Übereinkunft abgeschlossen werden, die den gegenwärtigen Notstand überwinden und eine neue Phase der Befriedung Europas einleiten könne.

Einen Tag vor Beginn der Sieben-Mächte-Konferenz hatte Hoover seinen Ministern Stimson und Mellon den Vorschlag eines »Stillhalteabkommens« bei der Rückzahlung deutscher Kredite übermittelt, der bei den Gesprächen in London aufgegriffen wird. Der Plan einer neuen Anleihe für das Deutsche Reich spielt bei den Londoner Beratungen keine Rolle mehr, da die Franzosen politische Vorbehalte geltend machen und weder die Briten noch die Amerikaner zu einer solchen Anleihe bereit sind (→ 19. 7./S. 119).

US-Außenminister Stimson betont nachdrücklich, der Kern des Finanzproblems sei die Wiederherstellung des Vertrauens in die deutsche Wirtschaft, sowohl im Ausland als auch im Deutschen Reich, und äußert die Hoffnung, daß die in Aussicht genommene Kreditprolongation und das Reparationen-Moratorium die Krise milderten (→ 13. 7./S. 116).

Heinrich Brüning (l.) beantwortet die Fragen eines Rundfunkreporters

Übergangslösung in London erreicht

23. Juli. In dem Abschlußkommunique bezeichnen die in London zusammengekommenen Vertreter von sieben Mächten den »nicht gerechtfertigten« Mangel an Vertrauen in die »wirtschaftliche und budgetäre« Lage Deutschlands als Ursache der deutschen Finanzkrise. Um die Notlage zu beheben, werden eine Verlängerung des bisher gewährten Kredits und eine Untersuchung der deutschen Finanzlage beschlossen.

Millionenkredit verlängert: Der am 25. Juni durch drei Notenbanken und die Bank für Internationalen Zahlungsausgleich (BIZ) in Basel bewilligte Kredit in Höhe von umgerechnet 419,55 Millionen Reichsmark, der am 16. Juli fällig geworden wäre, soll um drei Monate verlängert werden.

Gemeinsam gegen Kreditabzug: Die Notenbanken werden aufgefordert, einen weiteren Abzug von Krediten aus dem Deutschen Reich durch gemeinsame Maßnahmen nach Möglichkeit zu unterbinden.

Prüfung des Kreditbedarfs: Die Londoner Konferenz empfiehlt der BIZ in Basel, ein Komitee von Vertretern der Notenbanken zu konstituieren, das den unmittelbaren deutschen Bedarf an neuen Krediten ermitteln und darüber hinaus die Möglichkeiten der Umwandlung eines Teils der kurzfristigen Kredite in langfristige untersuchen soll.

Die Führung dieses Ausschusses übernimmt der Bankier Albert H. Wiggin. Er ist seit 1926 Vorstandsvorsitzender der Chase Manhattan Bank in New York, des größten Kreditinstituts der Welt. Zum Generalsekretär wird der bei der BIZ tätige deutsche Bankexperte Karl Blessing berufen (→ 19. 8./S. 140).

Stillhalteabkommen: Unmittelbare Folge der Londoner Tagung und der gebesserten Beziehungen zwischen der Reichsregierung und den Regierungen Großbritanniens und der USA – zwei Tage vor dem britischen Premierminister James Ramsey MacDonald (→ 29. 7./S. 123) trifft US-Außenminister Henry L. Stimson zu einem zweitägigen Aufenthalt in Berlin ein – ist der Berliner Vorvertrag vom 29. Juli zwischen der Reichsregierung und britischen und US-amerikanischen Banken über ein Stillhalteabkommen, das den Abzug von kurzfristigen Krediten aus Deutschland beenden soll.

Juli 1931

Goldflugzeuge von London nach Paris

30. Juli. Eine Woche nach der einprozentigen Anhebung des Diskontsatzes auf 3,5% setzt die Bank von England den Diskontsatz erneut um 1% herauf. Angesichts des hohen Budgetdefizits und der massiven Goldabflüsse soll damit der sich abschwächende Wechselkurs des britischen Pfunds gestützt werden.

Am 24. Juli hatte Schatzkanzler Philip Snowden den Bericht einer im März 1931 unter Leitung von Sir George May zusammengetretenen Sachverständigenkommission erhalten, die ein Haushaltsdefizit von 120 Millionen Pfund (rund 2,5 Milliarden Reichsmark) für das laufende Jahr vorhersagte.

Stärker noch als der May-Bericht machen die Meldungen über die Goldabflüsse aus London der Öffentlichkeit die Finanzkrise Großbritanniens deutlich. Allein zwischen dem 15. und dem 25. Juli sind für rund 31 Millionen Pfund Sterling (rund 632 Millionen Reichsmark) Goldbarren in eigens gecharterten und mit einer Sonderpanzerung gegen Gewehr- und Maschinengewehrfeuer geschützten Flugzeugen nach Paris abtransportiert worden. Nicht nur die Franzosen, auch die Geschäftsbanken anderer Länder entledigen sich ihrer Pfundbestände, um die Goldreserven zu erhöhen. Die Briten erwägen nun die Abkehr vom Goldstandard (→ 20. 9./S. 154).

Friedenskundgebung in Großbritannien

11. Juli. *Auf einer von über 10 000 Menschen besuchten Kundgebung der League of United Nations in der Londoner Royal Albert Hall rufen die Führer der drei großen britischen Parteien übereinstimmend zur Abrüstung und zum Frieden auf.*

Nachdem zunächst der britische Marschall und Generalstabschef im Weltkrieg 1914 bis 1918, Sir William Robertson, an die 1919 von den Alliierten eingegangene und noch nicht eingelöste Verpflichtung zur Abrüstung erinnert hat, erklärt Labour-Premierminister James Ramsey MacDonald, Großbritannien sei das einzige Siegerland, daß die Abrüstungsmaßnahmen bisher in Gang gesetzt habe. Auch der Konservative Stanley Baldwin und der Liberale David Lloyd George kritisieren – ohne sie beim Namen zu nennen – die Franzosen, die immer weiter aufgerüstet hätten, obwohl man ihnen in Versailles das Versprechen zur allgemeinen Abrüstung habe abringen können. Die Kundgebung endet mit der einstimmigen Annahme einer Resolution, wonach das ganze Land die Abrüstungspolitik der Regierung billige.

◁ Premierminister James Ramsey MacDonald auf der Friedenskundgebung in London

Heftiger Streit um Ostteil Grönlands

10. Juli. In Oslo beschließt das norwegische Kabinett die Okkupation Ostgrönlands. Diese Entscheidung bedeutet eine weitere Verschärfung des langjährigen Streits um diese Region mit dem skandinavischen Nachbarn Dänemark, der deswegen am 13. Juli den Internationalen Gerichtshof in Den Haag anruft und dem Leiter der dänischen Ostgrönland-Expedition, Lauge Koch, vorsorglich Polizeigewalt erteilt.

Dem Beschluß der norwegischen Regierung ging ein längerer Notenwechsel voraus. Während Dänemark die Souveränität über ganz Grönland für sich beansprucht, betrachtet Norwegen Ostgrönland als Niemandsland. Das jetzt beanspruchte Gebiet liegt zwischen 71°30' und 75°40' nördlicher Breite.

Unruhen erschüttern Chile

27. Juli. In Santiago de Chile bildet José Estéban Montero Rodríguez ein provisorisches Kabinett. Es ist bereits die dritte Staatsführung Chiles innerhalb von zwei Tagen.

Am 26. Juli war der seit 1927 als Präsident amtierende Oberst Carlos Ibáñez del Campo zurückgetreten. Angesichts der Wirtschaftskrise und blutiger Straßenunruhen war im Kongreß ein Antrag auf Absetzung eingebracht worden. Noch am gleichen Tag übernahm eine Junta unter Pedro Opazo Letelier die Macht und verlangte vom Kongreß die sofortige Proklamierung eines viertägigen Zahlungsmoratoriums. Opazo Letelier hatte keinen Erfolg, nicht zuletzt wegen der Verwandtschaft zur Frau des gestürzten Ibáñez, der nach Argentinien flieht, nachdem ihm die Ausreise verweigert wurde.

Unruhen in Santiago de Chile: Die Menge griff einen Polizeiwagen an

Zürich wächst auf über 300 000 Bürger

5. Juli. Die Stimmbürger des Schweizer Kantons Zürich billigen in einer Volksabstimmung mit 69 967 gegen 33 596 Stimmen die Zürcher Eingemeindungsvorlage.

Das Stadtgebiet wächst zum 1. Januar 1934 von 4480 auf 8770 ha und die Einwohnerzahl von 256 000 auf über 300 000. Bereits jetzt ist Zürich die größte Stadt der Schweiz vor Basel (148 000 Einwohner Ende 1930), Genf (124 000) und der Bundeshauptstadt Bern (112 000).

Die Vergrößerung Zürichs durch den Anschluß der Gemeinden Albisrieden, Altstetten, Höngg, Affoltern, Seebach, Oerlikon, Schwamendingen und Witikon ist bereits die zweite Eingemeindung: Am 1. Januar 1893 wuchs Zürich auf diese Weise von 28 000 auf 121 000 Bürger.

Protest gegen die Pressenotverordnung

17. Juli. Reichspräsident Paul von Hindenburg erläßt eine Notverordnung zur Bekämpfung politischer Ausschreitungen. Sie greift noch stärker als der Erlaß vom → 28. März (S. 49) in die Pressefreiheit ein.

Durch § 1 der Notverordnung wird der verantwortliche Schriftleiter einer periodisch erscheinenden Druckschrift verpflichtet, auf Verlangen der obersten Reichs- und Landesbehörden oder anderer Stellen unentgeltlich Verlautbarungen und Gegendarstellungen zu früheren Artikeln zu veröffentlichen.

Gemäß § 2 können Druckschriften, »deren Inhalt die öffentliche Sicherheit und Ordnung gefährden«, polizeilich beschlagnahmt und eingezogen bzw. verboten werden. Damit werden auch den unteren Polizeibehörden weitreichende Befugnisse eingeräumt. Die Reichsregierung teilt ergänzend mit, daß damit in erster Linie Sensationsnachrichten unterbunden werden sollen, die eine Panik unter der Bevölkerung hervorrufen könnten. Eine sachliche Kritik soll weiterhin möglich sein. Dies wird jedoch vor allem von linksorientierten Publizisten und Schriftstellern bezweifelt. Am 31. Juli

 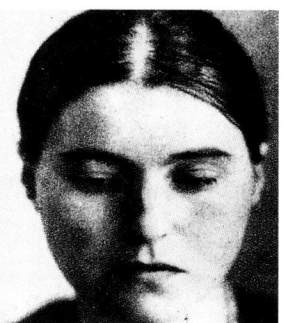

Die Schriftsteller Erich Kästner und Anna Seghers, Unterzeichner des vom »Kampfkomitee für die Freiheit des Schrifttums« formulierten Aufrufs gegen die Pressenotverordnung vom 17. 7.

Der Schriftsteller Kurt Hiller (l.), Mitarbeiter der Zeitschrift »Die Weltbühne«, und der anarchistische Autor Erich Mühsam, Herausgeber der seit 1926 erscheinenden Monatszeitschrift »Fanal«

druckt die Berliner Zeitung »Die Welt am Abend« einen »Aufruf für die Freiheit des Schrifttums« ab. Darin wird die Notverordnung verurteilt, weil sie »politisch unbequeme Zeitungsverlage« ruiniere und die »Schriftsteller und Redakteure entweder zu Gesinnungslumpen oder brotlos« mache. Zu den Unterzeichnern gehören u. a. Kurt Hiller, Erich Kästner, Erich Mühsam, Ludwig Renn und Anna Seghers.

Otto Dietrich wird Hitlers Pressechef

28. Juli. Der Journalist Otto Dietrich wird zum Pressechef der NSDAP berufen und arbeitet fortan im Braunen Haus in München. Mit Dietrich gewinnt NSDAP-Führer Adolf Hitler einen Journalisten mit besten Kontakten zu Industriekreisen für seine Öffentlichkeitsarbeit.

Dietrich wurde am 31. August 1897 in Essen geboren, war als Kriegsfreiwilliger im Weltkrieg 1914 bis 1918 an der Westfront und studierte anschließend Politische Wissenschaft. Nach seiner Promotion im Jahr 1921 war er wissenschaftlicher Assistent der Essener Handelskammer und später Redakteur der »Essener Allgemeinen Zeitung«. 1928 übernahm Dietrich den Handelsteil der »München-Augsburger Abendzeitung« aus dem Konzern von Alfred Hugenberg und war u. a. Korrespondent der »Leipziger Neuesten Nachrichten« und Mitarbeiter der »Deutschen Allgemeinen Zeitung«.

Durch seine Heirat wurde er Schwiegersohn von Theodor Reismann-Grone, dem Besitzer der »Rheinisch-Westfälischen Zeitung«, der über enge persönliche Verbindungen zur Schwerindustrie verfügt.

Osthilfe in wachsenden finanziellen Schwierigkeiten

29. Juli. Reichspräsident Paul von Hindenburg empfängt in Berlin Landwirtschaftsminister Martin Schiele und den Präsidenten des Landwirtschaftsrates, Alwin Brandes, zum Vortrag über die Lage der östlichen Landwirtschaft. Anlaß sind die wachsenden Schwierigkeiten der Osthilfe (→ 26. 3./S. 50).

Bis zum 30. Juni waren von den Landstellen insgesamt 1496 Anträge auf Umschuldung mit einem Finanzvolumen von 19,15 Millionen Reichsmark (RM) an die zuständigen Umschuldungskreditinstitute weitergeleitet worden. Darüber hinaus sind als Vorschüsse auf Umschuldungshypotheken oder als verlorene Zuschüsse an einzelne Betriebe 13,84 Millionen RM gezahlt worden.

Das Osthilfegesetz ging von einem Entschuldungsbedarf von 850 Millionen RM für die gesamte Laufzeit aus. Vorgesehen ist, daß sie von Preußen und dem Reich sowohl durch Eigenmittel als auch durch Anleihen aufgebracht werden. Insgesamt sollen 500 Millionen RM, davon 50 Millionen noch 1931, aus dem Vermögen der Bank für deutsche Industrieobligationen für Entschuldungsdarlehen bereitgestellt werden. Die Industriebank war 1924 zur Verwaltung des von Gewerbe und Industrie aufzubringenden Anteils an den Reparationen (Aufbringungsumlage) gegründet worden.

Abgesehen davon, daß die in den ersten beiden Jahren dringend benötigten rund 300 Millionen RM durch Anleihen auf dem Kapitalmarkt nicht aufzubringen sind, liegt die Gesamtverschuldung weit über den geschätzten 850 Millionen RM. Der Reichstagsabgeordnete Hans Schlange-Schöningen beziffert den Bedarf auf 1,96 Milliarden RM.

Neben den wachsenden Finanzierungsschwierigkeiten kommt die Osthilfe auch durch Unregelmäßigkeiten bei der Kreditvergabe ins Gerede. Bereits bei der zwischen 1926 und Ende 1930 gewährten Ostpreußenhilfe mit einem Volumen von 99 Millionen RM waren 68% der Mittel den Großgrundbesitzern zugefallen, die 39% der Agrarfläche bewirtschaften, 28% den Mittelbetrieben und 4% den Kleinbauern (28% der Grundfläche).

Im Juni wurden Unregelmäßigkeiten bei der durch Hermann von Dewitz geleiteten Landstelle Köslin bekannt. Zwar läßt sich der Vorwurf, Dewitz habe seinem Vater überhöhte Umschuldungskredite gewährt, nicht erhärten, doch nur das persönliche Eingreifen Hindenburgs bewahrt den umstrittenen Dewitz vor der sofortigen Absetzung.

Lobbyist der Großagrarier

Martin Schiele wurde am 17. Januar 1870 in Groß-Schwarzlosen im Kreis Stendal geboren. Der Rittergutspächter saß von 1914 bis 1918 für die Deutsch-Konservative Partei und von 1920 bis 1930 für die Deutschnationalen im Reichstag. Schiele war 1925 Reichsinnenminister und ist – wie schon 1927/28 – seit 1930 Reichsminister für Ernährung und Landwirtschaft. Zwischenzeitlich Präsident des Reichslandbundes (1928–1930), setzt sich der 1930 zum Christlichen Landvolk gewechselte Schiele stets wirkungsvoll für die Interessen der ostelbischen Großagrarier ein.

Juli 1931

V. l.: Botschafter Sir Horace Rumbold, Frau Curtius, Henderson, Julius Curtius, Bernhard Wilhelm von Bülow

Berlin empfängt britische Minister

29. Juli. Am Morgen verläßt der britische Premierminister James Ramsey MacDonald mit dem Flugzeug Berlin. Außenminister Arthur Henderson ist bereits am Abend vorher mit dem Zug abgereist. Der am 27. Juli begonnene erste Berlin-Besuch eines britischen Premierministers seit 1878 sollte vor allem ein Zeichen des guten Einvernehmens sein.
Am 28. Juli trafen die britischen Gäste mit der Reichsregierung zu mehrstündigen Gesprächen über die Abrüstung zusammen. Am selben Tag wurden sie auch offiziell von Reichspräsident Paul von Hindenburg in seinen Amtsräumen empfangen.

Premier James Ramsey MacDonald (l.) im Gespräch mit Albert Einstein

Schulstreik bringt 2700 Eltern in Haft

4. Juli. Der Hauptausschuß des Landtags von Braunschweig lehnt den Amnestieantrag der SPD-Fraktion für die von Haftstrafen bedrohten Eltern gegen die Stimmen der Antragsteller ab. Mit Hilfe der Deutschen Volkspartei kann NSDAP-Innenminister Anton Franzen seine harte Haltung durchsetzen.
Aus Protest gegen Franzens reaktionäre Politik hatten rund 2700 Eltern ihre Kinder am 10. und 11. April auf Initiative des Weltlichen Elternbundes nicht zur Schule geschickt. Dafür erhielten sie Strafbefehle über zwei bis drei Tage Haft je Kind zugestellt, die nun vollstreckt werden.

20 000 Bausparer in Furcht um ihr Geld

30. Juli. Die Staatsanwaltschaft Berlin I ermittelt gegen die vor dem Konkurs stehende Deutsch-Evangelische Heimstättengesellschaft (Devaheim) wegen des Verdachts des Wechsel- und Kreditbetrugs.
Die Devaheim zählt mit rund 16 000 Bausparern und den 4000 Mitgliedern der mit ihr verbundenen Deutschen Entschuldungs- und Zwecksparer A. G. zu den größten deutschen Bausparkassen. Bereits Anfang Juni waren bei der Devaheim Millionenverluste bekanntgeworden. Die Wechselfälschungen zu Lasten einer Baufirma beliefen sich auf rund 550 000 Reichsmark; durch Kreditbetrügereien sollen sich die Leiter der völlig überschuldeten Devaheim über 100 000 RM verschafft haben.

Gustav Stresemann wird in Mainz geehrt

5. Juli. In Mainz, dessen Räumung von Besatzungstruppen Gustav Stresemann mit dem Abzug der Alliierten aus dem gesamten Rheinland kurz vor seinem Tod noch erreichte, wird ein Ehrenmal für den am 3. Oktober 1929 verstorbenen früheren Reichsaußenminister enthüllt. Die Festreden halten Stresemanns Nachfolger als Vorsitzender der Deutschen Volkspartei, Eduard Dingeldey, und Reichsaußenminister Julius Curtius.

◁ Julius Curtius bei der Gedenkrede zur Enthüllung des Stresemann-Denkmals

Juli 1931

Gesundheit 1931:
Mangelernährung wird zum Problem

Die anhaltende Wirtschaftskrise und die ständig steigende Arbeitslosigkeit werden im Jahr 1931 auch zu einer Gefahr für die Volksgesundheit im Deutschen Reich. Vor allem bei Langzeitarbeitslosen und ihren Familien machen sich die Folgen von einseitiger und nicht ausreichender Ernährung bemerkbar. Die Not der öffentlichen Kassen droht zu einer Einschränkung der Gesundheitsversorgung zu führen.

In einem Bericht des preußischen Wohlfahrtsministeriums, der im August anhand der eingegangenen Berichte zahlreicher Ärzte erstellt wird, heißt es über die gravierenden gesundheitlichen Folgen der Arbeitslosigkeit: »Die Kinderkrankheiten und Erkältungskrankheiten häufen sich, da der Arzt sehr oft zu spät oder gar nicht aufgesucht wird, weil für Arztschein und Medizin die notwendigen Gebühren nicht aufzubringen sind oder kein Fahrgeld vorhanden ist.«

Damit ist letztlich die Arbeitslosigkeit der Eltern die Ursache von Unterernährung und Häufung von Krankheiten bei Kleinkindern. Unter den Krankheiten sind auch solche, die schon längst überwunden geglaubt waren wie Rachitis und Atrophie, die durch Ernährungsmangel bedingte Auszehrung.

Bei Kindern im Schulalter werden verstärkt Erkrankungen als Folge von Blutarmut und Hunger festgestellt. Wiederholte Schwindel- und Ohnmachtsanfälle haben zumeist eine unzureichende Ernährung als Ursache. Obst und Gemüse als notwendige Vitaminspender fehlen fast völlig auf dem häuslichen Speiseplan; in einigen Arbeitervierteln der Großstädte werden auch Fälle von Skorbut festgestellt, eine früher als Seefahrerkrankheit bekannte Mangelerscheinung als Folge von fehlendem Vitamin C. Die Vernachlässigung auch der einfachsten hygienischen Vorsichtsmaßnahmen gilt als weiterer Grund für die verstärkte Krankheitsanfälligkeit der Kinder von Arbeitslosen.

Am 31. Dezember 1931 gibt es im Deutschen Reich 48 223 Ärzte, 9836 Zahnärzte und 115 048 Krankenpflegepersonen. Auf 10 000 Einwohner entfallen 7,4 Ärzte, 1,5 Zahnärzte, 2,5 Apotheker, 4,1 Hebammen und 17,8 Krankenpflegepersonen. Im Vergleich zu 1930 hat sich damit der Bestand des Personals in der Krankenpflege leicht erhöht.

Andererseits droht vielen Krankenhäusern das Aus. So wird im Oktober die Schließung der seit 1907 von August Bier geleiteten I. Chirurgischen Klinik der Berliner Universität zum 1. April 1932 beschlossen, da die Räumlichkeiten unzureichend sind, für den notwendigen millionenteuren Neubau der öffentlichen Hand aber das Geld fehlt.

Am 17. Oktober kommt eine durch die finanzielle Not erzwungene vorläufige Einigung zwischen Ärzten und Krankenkassen zustande, die den jahrelangen Streit über die Abrechnung der Arzthonorare beenden soll. Zu den wichtigsten Punkten der Vereinbarung zählt die Freiheit der Arztwahl, die weitge-

Bilderreihe auf einer Hygiene-Ausstellung mit Hinweisen für eine vernünftige, gesunderhaltende Lebensweise

Abwärtstrend bei Ehen und Kindern

Die Zahl der Eheschließungen und der Geburten ist im Deutschen Reich seit 1929 rückläufig. 515 403 neue Ehen bedeuten den niedrigsten Stand seit 1926, 1 031 770 Lebendgeborene sind sowenig wie noch nie seit 1918. 1931 kommen auf 1000 Einwohner 8,0 Eheschließungen und 16,0 Lebendgeborene.

Allerdings ist die Verteilung der Geburten nach Konfession der Eltern unterschiedlich, wie eine Untersuchung für Preußen belegt: 1912 wurden 28,6 Kinder auf 1000 Einwohner geboren; in diesem Jahr kamen auf eine katholische Ehe 4,7 Kinder, auf eine protestantische 2,9 und eine jüdische 2,2.

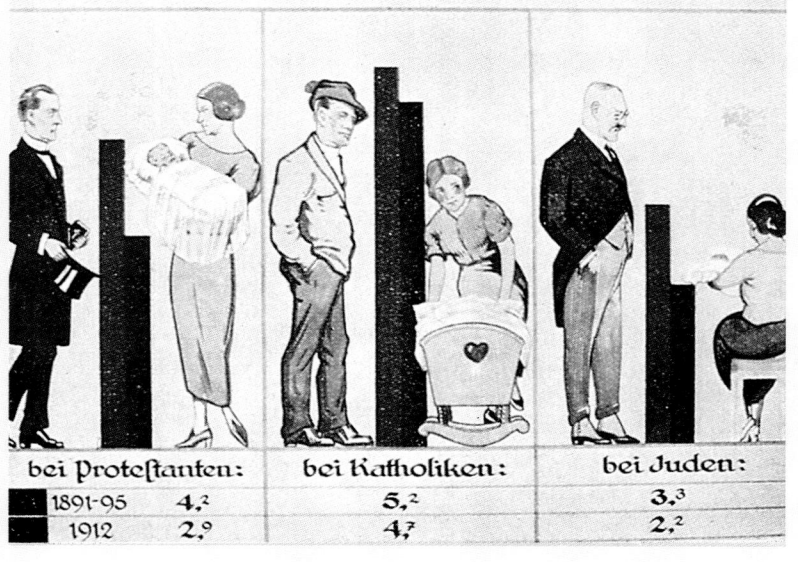

◁ Grafik aus der »Leipziger Illustrirten Zeitung« vom 30. Juli 1931

hende Einführung von Pauschalbeträgen für ärztliche Leistungen, wobei das Honorar eine Entschädigung für die Behandlung, die Wegegebühren und die sog. Sachleistungen (Röntgenbehandlung u. ä.) umfaßt, und die Erleichterung der Zulassung von 3000 beschäftigungslosen Jungärzten durch eine sehr deutliche Herabsetzung der Richtzahl von bis dahin 1000 auf 600 Versicherte je Kassenarzt.

Die Vereinbarungen zwischen Ärzten und Krankenkassen erlangen durch die Notverordnung des Reichspräsidenten vom → 8. Dezember (S. 204) und die zum 30. Dezember von Reichsarbeitsminister Adam Stegerwald (Zentrum) erlassenen Durchführungsbestimmungen Rechtskraft. Der kassenärztliche Dienst wird fortan durch Verträge zwischen den Krankenkassen und den kassenärztlichen Vereinigungen geregelt, in denen Art und Umfang der kassenärztlichen Leistungen festgelegt werden.

Für die Versorgung der Kassenmitglieder wird den Ärzten eine Gesamtvergütung gewährt, deren Höhe sich nach dem durchschnittlichen Jahresbedarf für ein Kassenmitglied richtet (Kopfpauschale). Die kassenärztliche Vereinigung verteilt die Gesamtvergütung nach Art und Umfang der jeweils von diesen erbrachten Leistungen unter ihre Mitglieder.

Im Anschluß an den Ärztetag im Juni in Köln war bereits am 31. Juli eine Reduzierung der Arzthonorare um bis zu 20% vereinbart worden, um den infolge der Arbeitslosigkeit sinkenden Einnahmen der Krankenkassen Rechnung zu tragen.

Für eine neue Sichtweise der Ärzte plädiert der im April in Wiesbaden abgehaltene 43. Kongreß für innere Medizin. Dort werden Forderungen laut, wonach der Arzt die Einzelerkrankungen des Patienten als Ganzheitsreaktion des Körpers auf Fehlentwicklungen auffassen und strenge Sachlichkeit in der Bewertung der experimentell gewonnenen Befunde walten lassen soll.

Die Risiken moderner medizinischer Forschung macht für eine breite Öffentlichkeit der Lübecker Calmette-Prozeß deutlich, bei dem gegen Ärzte und Schwestern wegen des Tods von Säuglingen verhandelt wird, die im Krankenhaus mit Tuberkulosebazillen infiziert worden waren (→ 12. 10./S. 181).

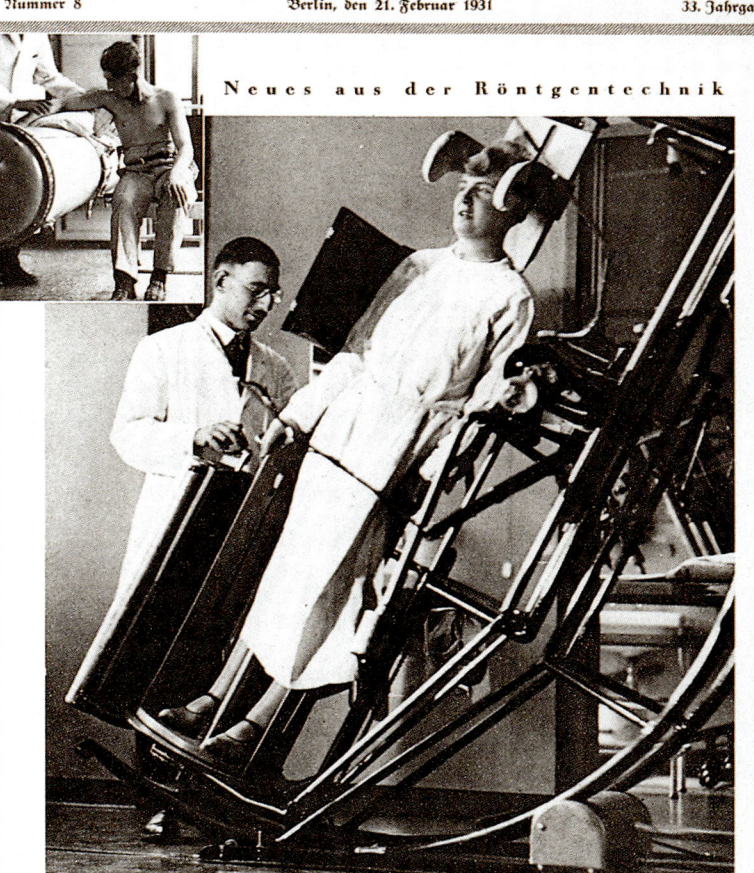

Röntgentechnik auf neuen Wegen

Die deutsche Illustrierte »Die Woche« berichtet in ihrer Ausgabe vom 21. Februar über neue Anwendungsgebiete der Röntgentechnik. Die Röntgenstrahlen (X-Strahlen), 1895 von dem deutschen Physiker und späteren Nobelpreisträger Wilhelm Conrad Röntgen entdeckt, werden seit einigen Jahren zunehmend sowohl zur Erkennung als auch zur Heilung von Krankheiten angewandt.

Zu den neuen technischen Errungenschaften zählt die Röntgen-Schaukel, auf der ein Patient angeschnallt wird und in alle Richtungen gedreht werden kann, je nachdem, welchen Körperteil der behandelnde Arzt mit Röntgenstrahlen durchleuchten will.

Bei der Röntgen-Therapie wird die betroffene Körperstelle der Wirkung ultraharter Röntgenstrahlen ausgesetzt. Ein Schwerpunkt liegt hier im Bereich der Tumortherapie: Mit Hilfe besonders starker Einstrahlungen sollen bösartige und lebensbedrohende Geschwulste möglichst schnell zum Absterben gebracht werden.

◁ *Titelseite der deutschen Illustrierten »Die Woche« mit dem Bild einer Röntgen-Schaukel*

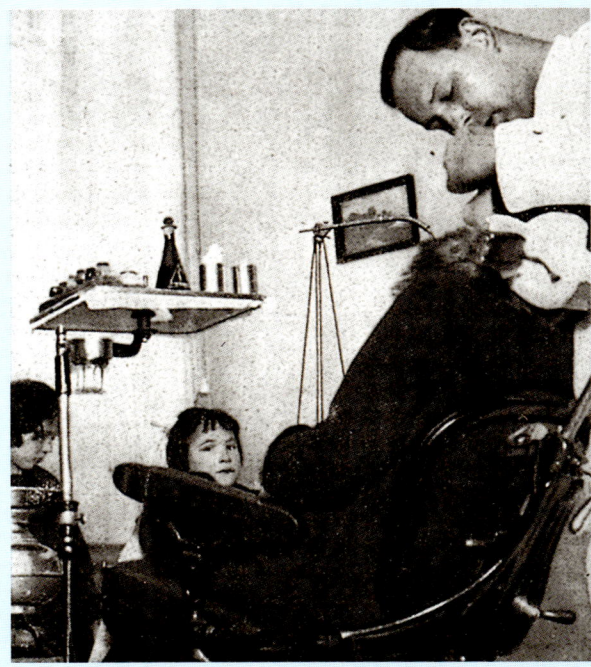

Obligatorische Untersuchung durch einen schulamtlichen Zahnarzt in einer deutschen Grundschule; die Mitschüler sind bei der Behandlung anwesend

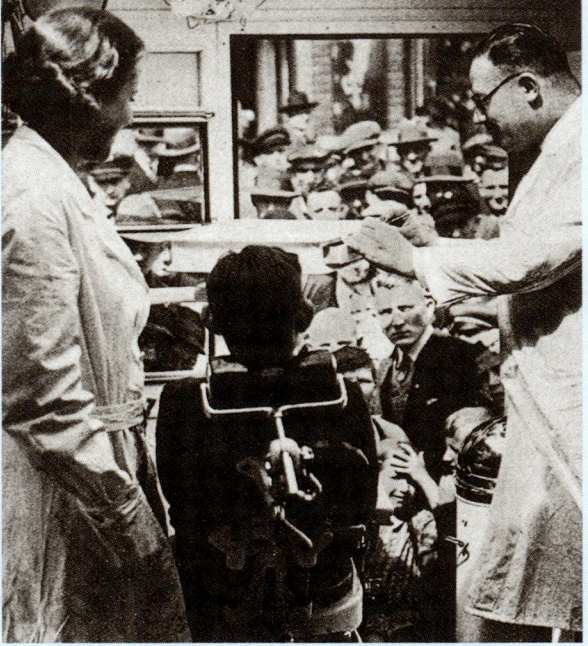

Vor neugierigen Zuschauern: Behandlung in einem zur Schulzahnklinik umgebauten Bus im Kreis Jüterbog, der damit ein Vorbild aus dem Rheinland aufnimmt

Juli 1931

Selbstmordzahlen wachsen weiter an

20. Juli. In einer Villa im Berliner Tiergartenviertel wird ein Fabrikantenehepaar vergiftet aufgefunden. Ursache des Freitods sind finanzielle Schwierigkeiten. Der Doppelselbstmord in der Hohenzollernstraße ist zwar ein spektakulärer, aber kein seltener Fall: Selbstmorde gehören 1931 schon fast zu den Alltäglichkeiten. Neben persönlichen Gründen wie Enttäuschungen oder Liebeskummer, die vor allem junge Menschen in den Tod treiben, suchen immer mehr Arbeitslose – oft auch ganze Familien – im Freitod einen Ausweg aus ihrer bedrängten Lage.

Mit dem Luftschiff auf großer Arktisfahrt

31. Juli. Unter den Klängen des Deutschlandliedes landet um 5 Uhr das Luftschiff »Graf Zeppelin« nach fast einwöchiger Arktisfahrt wieder in Friedrichshafen. Das Luftschiff war am 24. Juli um 9.51 Uhr gestartet und hat fast 13 000 km zurückgelegt.

Neben der topographischen Erfassung bislang unbekannter Gebiete der Nordpolregion, u. a. von Teilen des Franz-Josef-Landes nördlich des 80. Breitengrads, der Insel Nowaja Semlja und des Taimyrsees am Nordrand Sibiriens, stand die Erprobung der arktischen Luftfahrt im Mittelpunkt der von Hugo Eckener geleiteten Expedition.

Spektakulärer Höhepunkt der Fahrt, deren abenteuerlicher Verlauf den Lesern der Ullstein-Presse durch den als einzigen Journalisten mitreisenden Arthur Koestler vermittelt wird, ist das Treffen mit dem sowjetischen Eisbrecher »Malygin« am 27. Juli in der Stillen Bucht an der Hooker-Insel auf Höhe des 80. Breitengrades, wo Postsäcke ausgetauscht werden. An Bord der »Malygin« ist der 1929 aus dem italienischen Heer ausgeschiedene Luftschiffkonstrukteur und Polarforscher Umberto Nobile. Unter den 46 Personen, die einschließlich der Besatzung an Bord der eigens umgebauten und mit einem Notvorrat für zehn Wochen versehenen »Graf Zeppelin« die Arktisfahrt mitmachen, ist auch der sowjetische Polarforscher Rudolf L. Samoilowitsch.

△ *Hugo Eckener (M.) und Rudolf L. Samoilowitsch (r.) beim Start nach der Zwischenlandung in Leningrad*

◁ *Die Gondel des Luftschiffs »Graf Zeppelin« über der Arktis-Region*

▽ *Das Luftschiff wassert in der Stillen Bucht, im Vordergrund ein Boot des Eisbrechers »Malygin«*

Selbstmordquote 1924 – 1931

Jahr	Fälle pro 100 000 Einwohner	
	männlich	weiblich
1924	34,8	12,2
1925	36,4	13,3
1926	38,9	14,3
1927	37,0	14,3
1928	36,4	14,6
1929	38,2	14,7
1930	40,6	15,7
1931	41,9	16,5

Es wächst die Zahl derjenigen, die im besten Erwerbsalter aus Hoffnungslosigkeit ihrem Leben ein Ende machen. Besonders hoch ist die Selbstmordrate in den Großstädten: Gab es im Jahr 1925 auf 100 000 Einwohner noch 28,9 Selbstmorde, so stieg diese Quote 1929 bereits auf 29,3 und liegt 1931 bei 33,2.

In der Reichshauptstadt Berlin gibt es seit langem mehr Selbstmorde als im übrigen Reichsgebiet. In Berlin ist auch die Zahl der Selbstmörderinnen besonders hoch; sie beträgt fast die Hälfte der freiwillig den Tod suchenden Männer.

Selbstmordforscher weisen allerdings darauf hin, daß materielle Not nicht allein Ursache von Selbstmorden ist, sondern daß sich die wirtschaftliche Situation nur jeweils steigernd oder aber auch mildernd auf besondere persönliche Verhältnisse auswirkt.

Dies erhärtet die Tatsache, daß auch im Vorkriegsjahr 1913 im statistischen Durchschnitt 35,5 Selbstmorde auf 100 000 Männer zu verzeichnen waren, mehr als in der unmittelbaren Nachkriegszeit. Häufigste Todesursache bei Männerselbstmorden ist das Erhängen oder Erdrosseln, Frauen begehen besonders häufig Selbstmord durch das Einatmen von Leucht- oder Kochgas.

Die Empfangshalle (oben) und die fünf Einfahrtshallen

Neuer Bahnhof für Mailand

Juli. *Mailand, die Metropole der Lombardei und mit 992 000 Einwohnern nach Rom zweitgrößte Stadt Italiens, erhält einen neuen Hauptbahnhof. Die prunkvolle Empfangshalle ist im Stil der Neorenaissance gebaut. Die Länge des Bauwerks beträgt 310 m. In fünf große Einfahrtshallen der als Kopfbahnhof gestalteten Anlage laufen 22 Gleispaare ein.*

Die Hochalpine Forschungsstation auf dem Jungfraujoch

Forschung auf der Jungfrau

4. Juli. *Mit einem Festakt in Interlaken wird die Internationale Hochalpine Forschungsstation auf dem Jungfraujoch eingeweiht. Wissenschaftliche Einrichtungen aus Belgien, Frankreich, Großbritannien, Österreich, der Schweiz und dem Deutschen Reich sind Mitglied der Stiftung, die u. a. die Erforschung der kosmischen Strahlung zum Ziel hat.*

Konfettiparade für Wiley Post und Paul Gatty (im Auto)

In neun Tagen um die Welt

2. Juli. *Mit der traditionellen Konfettiparade feiert New York die Flieger Wiley Post und Paul Gatty, die am Vortag nach einer Weltumrundung in acht Tagen, 15 Stunden und 51 Minuten auf dem Roosevelt Field auf Long Island gelandet waren. Dort hatte am 23. Juni der Weltflug begonnen, der sie über 25 337 km u. a. nach Sibirien und Alaska geführt hatte.*

Frankreich präsentiert eine verkehrstechnische Innovation: Die Eisenbahn auf Gummirädern

23. Juli. *Bei Chartres wird ein neuartiges Verkehrsmittel der Öffentlichkeit vorgestellt: Das Schienenauto mit Gummirädern.*
Erstmals erprobt wurde das »pneu-rail« am 26. Januar 1931 mit einem 20 PS starken Panhard-Fahrzeug. Auch ein 40 PS starker Renault mit einem Leergewicht von 2750 kg und einer maximalen Zuladung von 320 kg wurde bereits erfolgreich als Schienenfahrzeug erprobt.
Als Schienenbus wurde das Versuchsfahrzeug Nr. 5 (Abb.) konzipiert, ein Gefährt mit einem 46 PS starken Motor von Hispano Suiza. Bei einem Leergewicht von 3290 kg kann dieses Fahrzeug 910 kg Nutzlast aufnehmen. Es verfügt über zehn Sitzplätze für die Beförderung von Passagieren und kommt auf eine Geschwindigkeit von 125 km/h.
Mit der Bereifung von Schienenfahrzeugen, die einen geringeren Reibungsverlust als die bisher verwendeten Räder aus Metall verspricht, öffnet sich dem luftgefüllten Gummireifen ein neues, scheinbar überaus erfolgversprechendes Anwendungsgebiet.
Ein Pionier der Reifenindustrie war der Ire John Boyd Dunlop, der sich 1888 die Erfindung eines luftgefüllten Reifens patentieren ließ. 1895 wurden durch die französischen Brüder André und Édouard Michelin erstmals Luftreifen an ein Auto montiert und im gleichen Jahr bei der Fernfahrt Paris – Bordeaux – Paris erfolgreich erprobt.
1908 kamen die Brüder Michelin mit einem Doppelreifen für schwere Fahrzeuge auf den Markt, und auch beim bereiften Schienenfahrzeug ist die 1830 mit Stammsitz in Clermont-Ferrand gegründete Firma – durch André Michelin – bei der Forschung und Entwicklung an vorderster Stelle mit dabei.

Juli 1931

Urlaub und Freizeit 1931:
Tourismus weiter rückläufig

Das Jahr 1931 bringt für die Tourismusbranche rückläufige Gästezahlen. Wirtschaftskrise und Arbeitslosigkeit verkleinern nicht nur im Deutschen Reich die Anzahl der zahlungskräftigen Erholungswilligen. Angesichts der Turbulenzen an den Devisenbörsen wird der Urlaub im eigenen Land wieder attraktiv.
Die deutsche Fremdenverkehrsstatistik weist für das Sommerhalbjahr für 175 wichtige Urlaubsorte (Städte, Bäder und Kurorte) mit 6,506 Millionen Gästen, davon 90 500 Ausländern, gegenüber dem gleichen Zeitraum des Vorjahres einen Rückgang von 1,724 Millionen aus. Dies bedeutet ein Minus von 20,9% (Ausländer minus 30,5%). Im Winterhalbjahr 1931/32 setzt sich der Trend bei 3,573 Millionen Gästen und einem Minus von 933 000 bzw. 20,7% noch weiter fort (Ausländer minus 21,1%).
Die Reiseveranstalter versuchen den sinkenden Gästezahlen mit immer neuen Preisnachlässen entgegenzuwirken. So bietet das Ullstein-Reisebüro Kreuzfahrten, die sich bei den deutschen Touristen schon seit Jahren großer Beliebtheit erfreuen, nach Zielen in Europa und Afrika schon zu Preisen zwischen 30 und 200 RM für zwei bis 15 Tage auf See an. Selbst Hotels in Nizza werben mit Pensionstagespreisen ab 6 RM um deutsche Besucher, sogar St. Moritz, wo ein Zimmer im Grand-Hotel umgerechnet 20,30 RM pro Tag kostet, macht mit 10% Rabatt Reklame.
Angesichts der starken Konkurrenz bemüht sich die deutsche Tourismusbranche, den Gästewünschen mehr als bisher Rechnung zu tragen. Den Klagen der Ausländer über unausgewogenes und zu fleischhaltiges Essen soll ein höherer Gemüseanteil bei den Menüs nachkommen; vermehrte Anstrengungen sind nötig, um sowohl den Bedürfnissen der zahlungsschwachen Rucksacktouristen als auch den zunehmend auf Kurzaufenthalte erpichten Gesellschaftsreisenden zu entsprechen.
Für reiselustige Jugendliche mit schmaler Brieftasche sind Jugendherbergen oft die einzige Alternative zur Übernachtung im Freien oder bei einem Bauern auf Stroh.
Im gesamten Reichsgebiet gibt es 2300 Jugendherbergen, die bei Preisen von 20 bis 30 Reichspfennig mehr als vier Millionen Übernachtungen verzeichnen.

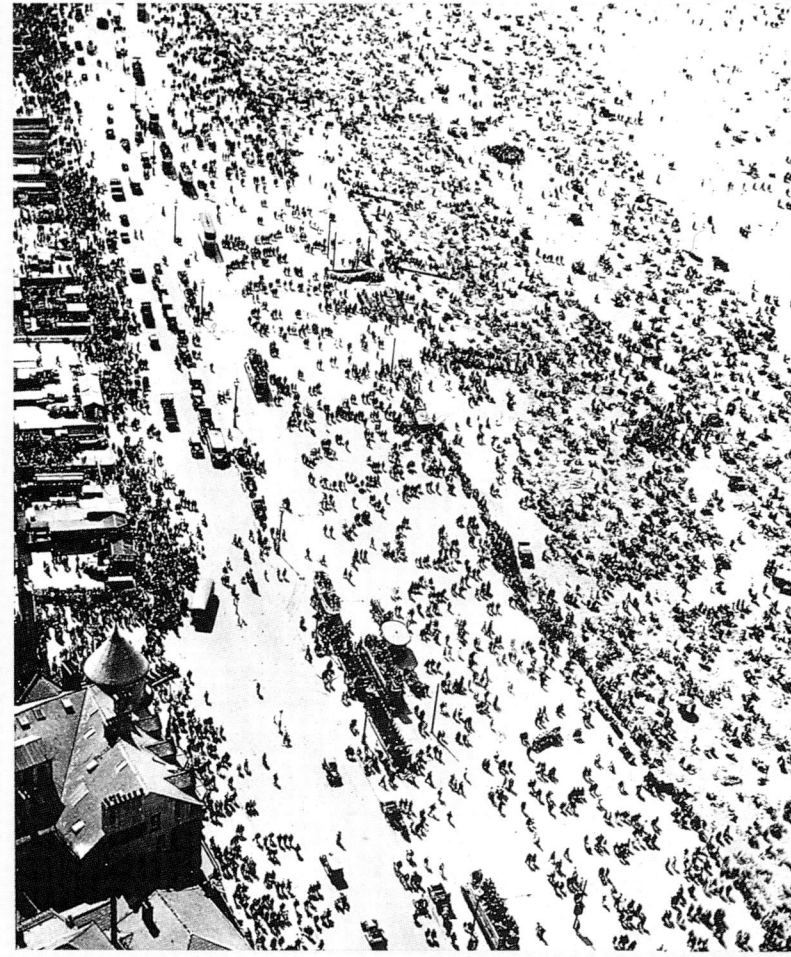
Teilansicht des über 11 km langen Strandes von Blackpool während der Badesaison, einer der beliebtesten Erholungsorte für britische Urlauber

Der Schriftsteller Gerhart Hauptmann im Arbeitszimmer seines Hauses im Seebad Kloster auf der Ostseeinsel Hiddensee westlich von Rügen, wo er gerade von Willy Jäckel (nicht im Bild) porträtiert wird

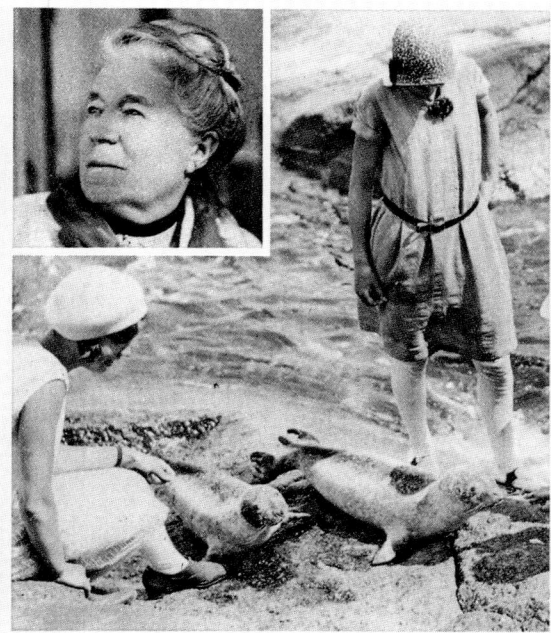
Besucher der schwedischen Dichterin Selma Lagerlöf beim Spiel mit jungen Seehunden in den Schären; die 73jährige Autorin (o. l.) verbringt jedes Jahr die Sommermonate in dem Küstenort Marstrand

Der britische Filmschauspieler und Regisseur Charlie Chaplin (l.) und der französische Chansonnier Maurice Chevalier bei einer Partie Boule im südfranzösischen Cannes

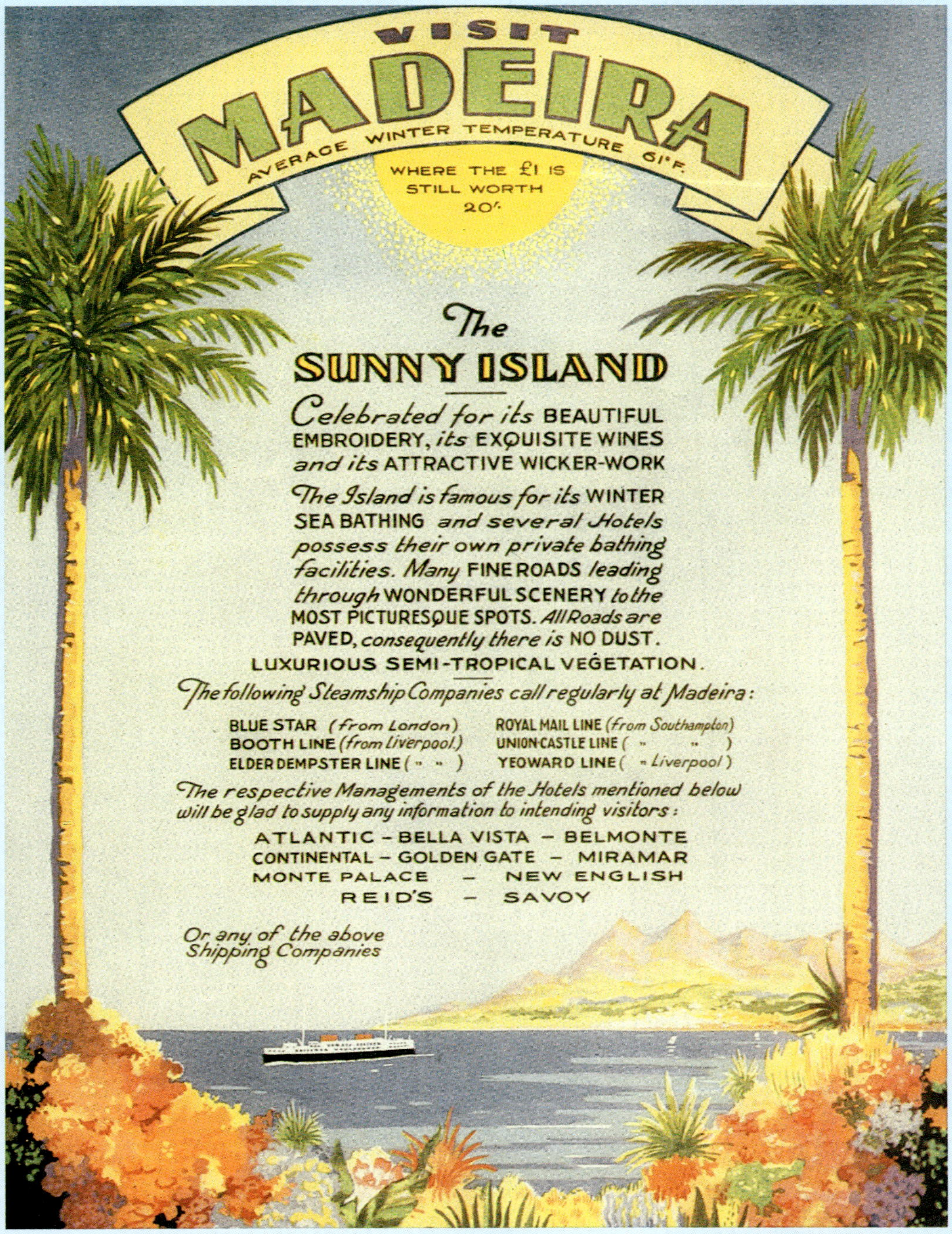

Juli 1931

Werbeanzeige für die Sonneninsel Madeira mit dem Hinweis auf den Wert des britischen Pfundes

Jugendliche Wandergruppe in »zünftiger Kleidung«

Camping, ein Urlaubsspaß für Naturentwöhnte

Deutsche Jugendreisegruppen in Orotava (Teneriffa)

Mangel an Devisen behindert Urlaubsreisen ins Ausland

Die deutsche Reichsregierung verfügt am 18. Juli für jede Auslandsreise eine Abgabe in Höhe von 100 Reichsmark. Die Abgabe gilt auch für Reisen auf deutschen Schiffen, die Auslandshäfen anlaufen. Mit der Auslandsreiseabgabe will die Reichsregierung einen weiteren Abfluß deutscher Währung verhindern. Zwar ist die Zahl derjenigen, die sich eine Auslandsreise leisten können, begrenzt, aber dennoch trifft die Entscheidung auf Widerspruch: Am 29. Juli protestieren die Vertreter der Reiseländer Jugoslawien, Österreich, der Schweiz und der Tschechoslowakei beim Auswärtigen Amt. Am 26. August wird die Verordnung aufgehoben.

Die internationale Finanzkrise hat auch noch andere Folgen für den Tourismus: Der deutsche Bankenkrach (→ 13. 7./S. 116) führt zu Massenabreisen aus den deutschen Badeorten, die Abwertung des britischen Pfundes (→ 20. 9./S. 154) zieht eine Überbelegung der Kanalfähren in Richtung Großbritannien nach sich: Die Briten verlassen fluchtartig den teuer gewordenen Kontinent, Franzosen und Niederländer machen hingegen Billigurlaub in Südengland.

Wasserski, das besondere Ferienvergnügen für sportliche Badeurlauber mit gut gefülltem Portemonnaie

Juli 1931

William Young Stribling (l.) und Max Schmeling zu Kampfbeginn; Stribling klammert sich fest; Stribling (l.) wird in der 15. Runde schwer getroffen

Schmeling bleibt Titelträger durch Sieg über Stribling

3. Juli. Durch technischen K. o. in der 15. Runde über den US-amerikanischen Herausforderer William Young Stribling in Cleveland bleibt Max Schmeling Weltmeister der Berufsboxer im Schwergewicht.

37 000 Zuschauer, viel weniger als erhofft, bringen nur rund 375 000 US-Dollar (1,575 Millionen Reichsmark) in die Kassen des Veranstalters, davon erhält Schmeling als Titelverteidiger 37% oder rund 590 000 RM. Dies sind über 100 000 RM weniger als beim Titelkampf im Vorjahr.

Kampfrekord Max Schmelings

Der Kampf gegen Stribling ist Max Schmelings 51. Profikampf, davon gewann er 44 und verlor vier; drei Kämpfe endeten unentschieden. Als er Ende 1928 in die USA ging, war Schmeling Deutscher (1926) und Europameister (1927) im Halbschwergewicht sowie Deutscher Meister im Schwergewicht (1928).

Seinen ersten Titelkampf hatte Schmeling nach einer Serie von fünf Siegen in Folge am 12. Juni 1930 in New York absolviert. Kurz vor Ende der 4. Runde war Schmeling von einem Tiefschlag getroffen und sein Gegner Jack Sharkey daraufhin disqualifiziert worden.

Schmeling war der erste Schwergewichtsboxer, der auf diese Weise Weltmeister wurde. Nicht nur in den USA, sondern auch in Deutschland galt er fortan als »Glücksweltmeister«. Vor dem Kampf gegen Stribling war Schmeling keineswegs der Favorit. Stribling hatte seit 1921 immerhin fast 300 Kämpfe bestritten, davon 127 durch K. o. gewonnen und war noch nie zu Boden gegangen.

Im neuerbauten Stadion von Cleveland, in das der veranstaltende Madison Square Garden wegen der Ächtung Schmelings durch die New York Boxing Commission ausgewichen war, erbringen die ersten sechs Runden leichte Vorteile für den von seinem Vater betreuten Stribling.

Ab Runde sieben beginnt der als langsamer Starter geltende Schmeling seinen Gegner mit gut sitzenden Körpertreffern zu bearbeiten. Zwar kann Stribling in der achten Runde noch einmal punkten, aber ab der neunten Runde ist klar, daß nur ein K. o. Stribling noch den Sieg bringen könnte: Schmeling treibt ihn mit ganzen Serien von Kopf- und Körperhaken vor sich her, denen sich Stribling kaum noch erwehren kann. 15 Sekunden vor Schluß der 15. Runde wirft Stribling sen. das Handtuch, Ringrichter George Blake bricht den Titelkampf ab und erklärt Schmeling zum Sieger.

EIN VERGLEICH DER KÖRPERMASSE

	STRIBLING	SCHMELING
Gewicht	167,5 Pfd.	171 Pfd.
Alter	26 Jahre	25 Jahre
Größe	182 cm	186 cm
Reichweite	182 cm	189 cm
Brustweite	100 cm	104 cm
Brustweite *eingeatmet*	113 cm	113 cm
Taille	82 cm	82 cm
Bizeps	37 cm	37 cm
Nacken	42 cm	43 cm
Oberschenkel	57,5 cm	58,5 cm
Wade	37,5 cm	39,5 cm
Knöchel	23 cm	25 cm
Unterarm	32 cm	34 cm

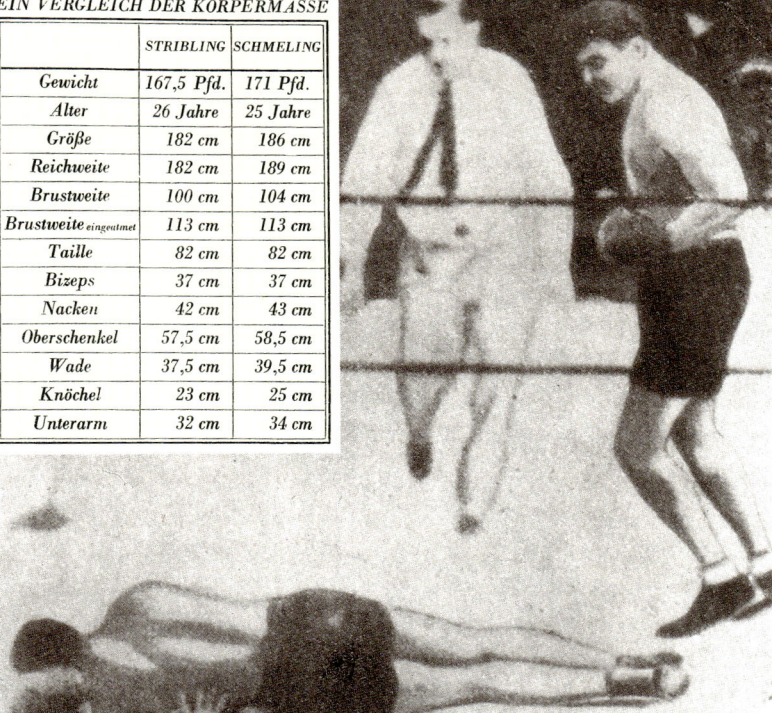

Max Schmeling (r.), Ringrichter George Blake und der in der 15. Runde zu Boden gegangene William Young Stribling, oben l. die Maße der Boxer

Der Herausforderer, der 26 Jahre alte William Young Stribling

Juli 1931

Stadion im Prater für 58 000 Besucher

11. Juli. In Wien wird das nach Plänen von Otto Erich Schneider erbaute Stadion im Prater eröffnet, zu dem am 12. November 1928 der Grundstein gelegt worden war.
Die Fläche des Stadions mit dem 110 × 70 m großen Fußballfeld und mehreren Leichtathletikanlagen umfaßt 35 000 m². Die in weitem Oval bis zu 12 m ansteigenden Eisenbetontribünen haben 9000 Sitz- und 49 000 Stehplätze. Das Stadion, die Radrennbahn und das Schwimmstadion kosten 6,6 Millionen Schilling (3,9 Millionen Reichsmark).

Wien feiert Treffen des Arbeitersports

19. Juli. Rund 80 000 Arbeitersportler aus 19 Verbänden der Sozialistischen Arbeitersport-Internationale, darunter rund 30 000 aus Deutschland, sind zu der bis zum 26. Juli dauernden II. Arbeitersport-Olympiade nach Wien gekommen, die im Apollo-Theater feierlich eröffnet wird.
Im Zentrum der Weltspiele, den zweiten nach 1925 in Frankfurt am Main, steht der Breitensport mit Veranstaltungen wie dem Schwimmen »Quer durch Wien«, doch auch die Leistungen in der Leichtathletik lassen aufhorchen. Im Finale des Fußballturniers besiegt Österreich die deutsche Elf 3:2. Zuvor schlugen die Deutschen Dänemark 8:1, Ungarn 9:0 und Polen 5:1. Beim Ungarnspiel schoß Erwin Seeler (Hamburg) sieben Tore.

Spartakiade statt in Berlin in Moskau

17. Juli. In Moskau endet die II. Weltspartakiade der 1928 gegründeten Roten Sportinternationale (RSI). Drei Jahre nach der ersten Spartakiade in Moskau sollte das Fest des Roten Arbeitersports ursprünglich in Berlin vom 4. bis 12. Juli stattfinden. Die Spartakiade, die von der KPD-nahen Kampfgemeinschaft der Roten Sporteinheit organisiert worden war und zu der sich Sportler aus sechs Ländern angemeldet hatten, war am 20. Juni vom Berliner Polizeipräsidenten verboten, am 25. Juni erlaubt und am 1. Juli nach kommunistischen Unruhen endgültig untersagt worden.

Cilly Aussem, die 1931 sowohl in Paris als auch in Wimbledon nicht zu schlagen ist

Hilde Krahwinkel, die 1931 erstmals das Einzelfinale erreicht

Kampflos Wimbledon-Sieger 1931: Sidney Wood (USA)

»Großer Bahnhof« für Cilly Aussem in ihrer Heimatstadt Köln nach der Rückkehr aus London

Erfolg für Cilly Aussem im Wimbledonfinale

3. Juli. Durch ein 6:2 und 7:5 über Hilde Krahwinkel im rein deutschen Damenfinale wird Cilly Aussem die erste Wimbledonsiegerin des deutschen Tennissports. Einen Monat nach dem Gewinn der Internationalen französischen Meisterschaften in Paris (→ 1. 6./S. 111) zeigt sie – allerdings in Abwesenheit der viermaligen Siegerin Helen Wills-Moody (USA) – auch auf dem Rasen von Wimbledon ihre Klasse.
Im ersten Satz geht die 22jährige Kölnerin schnell 3:1 und 5:2 in Führung und ist dann von Hilde Krahwinkel, die im Halbfinale in drei Sätzen Helen Jacobs (USA) ausgeschaltet hatte, nicht mehr einzuholen. Im zweiten Satz hält ihre vier Monate ältere Gegnerin bis zum 5:5 überraschend gut mit.
Die aus Essen gebürtige Hilde Krahwinkel begeistert die Zuschauer vor allem durch ihren Mut zu Netzattacken, sie muß sich allerdings in der entscheidenden Phase des zweiten Satzes der größeren körperlichen Gewandtheit Cilly Aussems beugen.
Die britische Presse überschüttet die Siegerin, die 1930 im Halbfinale nur durch eine Verletzung gestoppt worden war, mit Lobeshymnen. Der bekannte Journalist Stanley M. Doust bezeichnet sie im »Daily Mail« als die würdige Nachfolgerin der legendären Französin Suzanne Lenglen; Wallace Myers schreibt im »Daily Telegraph«, Cilly Aussem sei ein Verteidigungsphänomen, eine Spielerin mit idealer Beinarbeit, einem erstklassigen Timing und einer hervorragenden Körperschulung.
Das mit großer Spannung erwartete, für den 4. Juli angesetzte Herrenfinale der am 22. Juni eröffneten Internationalen Meisterschaften in Wimbledon muß ausfallen: Durch die Fußverletzung von Frank Shields (USA) wird sein Landsmann Sidney Wood kampflos Sieger.

Juli 1931

Sieg für Caracciola auf dem Nürburgring

19. Juli. Rudolf Caracciola gewinnt auf Mercedes-Benz nach 22 Runden und 501,82 km den Großen Preis des Automobilclubs von Deutschland auf dem Nürburgring.

Bei seinem dritten Erfolg im Großen Preis von Deutschland (nach 1926 und 1928) läßt er mit einer gefahrenen Zeit von 4:38,10 h sowohl den Sieger von 1929, den französischen Bugatti-Fahrer Louis Chiron (4:39,28 h), als auch dessen italienischen Markengefährten Achille Varzi (4:42,10 h) hinter sich.

Caracciola setzt sich mit seinem 1300 kg schweren Mercedes SSKL mit Siebenliter-Motor, einer Spezialversion des Sportwagens SKK, sofort an die Spitze und verteidigt die Führung gegen die um 400 kg leichteren und mit einem 2,3-l-Motor ausgerüsteten Bugattis bis ins Ziel.

Mehr als 100 000 Zuschauer sind trotz strömenden Regens an den Nürburgring gekommen. Ihre Begeisterung gilt vor allem Caracciola, der dank der hervorragenden Mercedes-Mechaniker an den Boxen nur 1,08 min für Reifenwechsel und Auftanken benötigt und dadurch seinen im Verlauf des Rennens auf über zwei Minuten angewachsenen Vorsprung vor Chiron ins Ziel retten kann, obwohl die beiden Bugattis auf der inzwischen wieder abgetrockneten Bahn in den letzten fünf Runden noch einmal angreifen.

Der 30jährige Caracciola, ein Hoteliersohn aus Remagen, der außer dem deutschen Grand Prix u. a. 1929 mit der Tourist Trophy Ard – Belfast eines der bedeutendsten Rennen für Sportwagen gewonnen hat, konnte im Rennjahr 1931 bereits einige beachtliche Erfolge verzeichnen. Er gewann u. a. die Mille Miglia, das 1000-Meilen-Rennen von Brescia (→ 12. 4./S. 76), siegte am 31. Mai beim Prager Bergrennen in der Sportwagenklasse, gewann am 7. Juni das ADAC-Eifelrennen auf der Nürburgring-Südschleife und siegt am 26. Juli auch beim Freiburger Bergrekordrennen des ADAC mit dem Tagesrekord von 81,294 km/h.

Rudolf Caracciola auf seinem Mercedes-Benz SSKL als Sieger im Ziel beim Großen Preis von Deutschland 1931 auf dem Nürburgring in der Eifel

Erster Tour-Erfolg für Antonin Magne

26. Juli. Der Franzose Antonin Magne gewinnt nach 24 Etappen und 5095 km die am 30. Juni gestartete Tour de France. Bei der Ankunft des von 100 auf 59 Fahrer zusammengeschmolzenen Feldes in Paris hat er mit einer Gesamtzeit von 177:10:03 h einen Vorsprung von 12:56 min auf Joseph Demuysère (Belgien).

Magne gilt als Urbild des gewissenhaften Straßenfahrers. Seine Anhänger nennen ihn »Tonin, le Sage«, also den »Weisen«, weil er wie kaum ein zweiter sein Rennen einzuteilen vermag. Die Sympathien des französischen Publikums gehören allerdings anderen Fahrern, vor allem Charles Pélissier, nach Henri, dem Tour-Sieger von 1923, und Francis der jüngste der drei Pélissier-Brüder, der einige Flachetappen für sich verbuchen kann, und dem in der Touristenklasse gestarteten Österreicher Max Bulla, der im Gesamtklassement Platz 15 belegt.

In der Länderwertung siegt Belgien vor Frankreich und dem deutschen Team. Zwar halten sich die deutschen Fahrer beachtlich – Erich Metze (→ 24. 5./S. 94) wird Achter, Oskar Thierbach Elfter und Kurt Stöpel belegt den 16. Platz –, aber die Presse bemängelt bei den Deutschen den fehlenden Willen zum Sieg.

Jean Borotra (l.) und der Brite Fred Perry beim Davis-Cup-Treffen

V. l.: Henri Cochet, Jacques Brugnon, C. H. Kingsley und George Hughes

Henry Wilfred Austin (l.) und sein Kontrahent Henri Cochet

Frankreichs Tennishelden verteidigen mit ihrem Sieg über Großbritannien erneut den Davis-Pokal

26. Juli. *Im Stadion Roland Garros in Paris entscheidet Henri Cochet durch ein 6:4, 1:6, 9:7 und 6:3 über den Briten Fred Perry das Finale um den Davis-Cup für Frankreich, das den Pokal seit 1927 besitzt. Zuvor hatte am 24. Juli Cochet zunächst Henry Wilfred Austin in vier Sätzen geschlagen; Perry hatte den »fliegenden Basken« Jean Borotra in fünf Sätzen besiegt. Nach dem Erfolg der Franzosen im Doppel kam der Gesamtsieg nochmals in Gefahr, als Austin mit seinem Viersatz-Sieg über Borotra im ersten Einzel des Schlußtages für Großbritannien noch einmal ausgleichen konnte.*

Shaw-Besuch bei Stalin in Moskau

30. Juli. Der irische Schriftsteller George Bernard Shaw und eine Gruppe britischer Parlamentarier verlassen nach neuntägigem Besuch Moskau. Die Sowjetpresse würdigt Shaws literarisches Werk und sein Verständnis für den Sozialismus. Spötter meinen, die Reise habe ihn nur vor den Ovationen an seinem 75. Geburtstag bewahren sollen.

George Bernard Shaw, am 26. Juli 1856 in Dublin geborener Schriftsteller und Dramatiker, Literaturnobelpreisträger des Jahres 1925, bekanntgeworden unter dem Kürzel G. B. S.

Bereits bei der Ankunft, als eine Kapelle zu seinen Ehren aufspielte, hatte Shaw durch einige spöttische Bemerkungen dem Ganzen seinen feierlichen Charakter genommen. Am vorletzten Besuchstag wurde der von Shaw anläßlich seiner Geburtstagsfeier im Gewerkschaftshaus geäußerte Wunsch erfüllt: KPdSU-Generalsekretär Josef W. Stalin empfing ihn zu einem zweieinhalbstündigen Gespräch.

In Leipzig: 1. v. l. Harald Paulsen, 5. v. l. Fritz Löhner-Beda, davor Emmerich Földes, M. (mit Fliege) Paul Abraham, r. daneben Alfred Grünwald

Ganzvolle Premiere der neuen Operette von Paul Abraham in Leipzig

24. Juli. Mit großer Begeisterung wird vom Publikum die Uraufführung der Operette »Die Blume von Hawaii« des ungarischen Komponisten Paul Abraham im Neuen Theater in Leipzig aufgenommen. Unter der Leitung des Komponisten verhelfen Künstler der Wiener Staatsoper, des Theaters an der Wien und der von Max Reinhardt geführten Berliner Bühnen der Geschichte von Liebe und Staatsraison vor dem Hintergrund der pazifischen Inselwunderwelt zum Erfolg.

Ein Jahr nach der Uraufführung von »Viktoria und ihr Husar« an gleicher Stelle brilliert Abraham erneut durch seine einfallsreiche Musik und baut exotische Klangeffekte ebenso zielsicher in das Arrangement ein wie zeitgemäße Tanzmusik, schmissige Märsche und einprägsame humorvolle und lyrische Melodien. Beim Text vertraute Abraham erneut auf die Arbeit von Emmerich Földes, dem Verfasser des ungarischen Originals, Alfred Grünwald und Fritz Löhner-Beda.

Salzburg steht im Zeichen der Festspiele

25. Juli. Mit Gioacchino Rossinis Oper »Der Barbier von Sevilla«, einem Gastspiel der Stagione d'Opera Italiana unter musikalischer Leitung von Arturo Lucon in der Inszenierung von Mario Ghisalberti, werden die bis zum 30. August dauernden Salzburger Festspiele eröffnet. Während beim Sprechtheater Hugo von Hofmannsthals Schauspiel »Jedermann« (Regie: Max Reinhardt) das meiste Interesse findet, ragt unter den drei Opern-Neuinszenierungen Karl Heinz Martins Inszenierung der »Zauberflöte« von Mozart unter der musikalischen Leitung von Bruno Walter heraus, wobei die Gesangsleistungen von Lotte Schöne (Pamina), Richard Mayr (Sarastro) und Maria Cebotari (1. Knabe) Lob finden. Neben fünf weiteren Opern stehen u. a. zehn Orchesterkonzerte und die Premiere von Felix Emmels Ballett »Das jüngste Gericht« auf dem Spielplan.

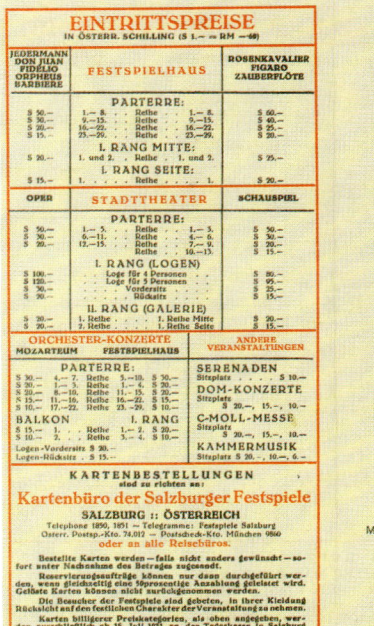

Umschlagseite des Programmhefts für die Salzburger Festspiele 1931; das musikalische Angebot umfaßt neben acht Inszenierungen der Wiener Staatsoper sowie drei Aufführungen der Stagione d'Opera Italiana u. a. zehn Orchester- und fünf Domkonzerte

Landschaftsmaler als Kunstdieb tätig

1. Juli. Der Vernehmungsrichter im Berliner Polizeipräsidium erläßt gegen den Landschaftsmaler Franz Heckendorf und dessen Bruder Walter Haftbefehl wegen zweifachen Kunstdiebstahls.

Aufgrund von Geständnissen steht fest, daß die Heckendorf-Brüder Anfang des Jahres aus einer Villa in Berlin-Wannsee eine Plastik von Georg Kolbe und aus einer Villa in Baumgartenbrück zwei Gemälde gestohlen haben. Der Diebstahl wurde aufgedeckt, nachdem Franz Heckendorf die Kolbe-Plastik an einen bekannten Sammler verkauft hatte. Der Landschaftsmaler, den große Finanzsorgen zu seiner Tat getrieben hatten, galt als einer der frühesten Expressionisten. Er hatte bereits 1906 als 18jähriger in der Berliner Sezession ausgestellt und gehörte ab 1916 für mehrere Jahre dem Vorstand der Künstlervereinigung an.

August 1931

Mo	Di	Mi	Do	Fr	Sa	So
					1	2
3	4	5	6	7	8	9
10	11	12	13	14	15	16
17	18	19	20	21	22	23
24	25	26	27	28	29	30
31						

1. August, Samstag

In Wien endet der am 25. Juli eröffnete vierte Kongreß der Sozialistischen Arbeiter-Internationale (SAI) mit Vertretern von 37 Parteien aus 29 Ländern. → S. 141

Gegenüber dem Vorsitzenden der DNVP, Alfred Hugenberg, rügt Reichspräsident Paul von Hindenburg dessen Bündnis mit der NSDAP. → S. 139

In zahlreichen Städten des Deutschen Reiches hält die KPD Anti-Kriegs-Kundgebungen ab. In Berlin wird dabei ein Polizist lebensgefährlich verletzt.

Der Diskontsatz der Reichsbank, der am 16. Juli auf 10% festgesetzt worden war, wird auf 15% erhöht.

Im Deutschen Reich werden Grundsätze über die öffentliche Fürsorge erlassen. Darin sind einige Paragraphen wegen der steigenden Zahl von Wohlfahrtsarbeitslosen revidiert. → S. 141

Bei 3,99 Millionen Erwerbslosen – am 15. Juli war mit 3,956 Millionen der Jahrestiefstand erreicht worden – überschreitet die Zahl der Wohlfahrtserwerbslosen im Deutschen Reich mit 1,027 Millionen erstmals die Millionengrenze.

Die Münchener Brüder Franz und Toni Schmid, die mit dem Fahrrad nach Zermatt angereist sind, ersteigen als erste die Matterhorn-Nordwand. → S. 145

2. August, Sonntag

Das Zentralkomitee der KPdSU drosselt die Kollektivierung der sowjetischen Landwirtschaft. Eine hundertprozentige Kollektivierung wird nicht mehr angestrebt, vielmehr sollen Bauernwirtschaften zu 68 bis 70% und die Saatfläche in den einzelnen Regionen zu 75 bis 80% kollektiviert sein (→ 30. 6./S. 105).

Rudolf Caracciola auf Mercedes-Benz gewinnt vor rund 200 000 Zuschauern mit einem Stundendurchschnitt von 185,77 km/h in 1:35:07 h das über 294,5 km führende Berliner AVUS-Rennen vor Hans-Joachim von Morgen auf Bugatti.

Die deutschen Leichtathletik-Meisterschaften der Männer und Frauen enden nach zweitägiger Dauer in Berlin und Magdeburg. Bei diesen ersten gemeinsamen Meisterschaften der Sportler und Turner gewinnen die Turner bei den Herren drei der 23 Meistertitel und bei den Damen zwei der zwölf Titel. → S. 147

3. August, Montag

Im Deutschen Reich wird der freiwillige Arbeitsdienst für Erwerbslose zu einer öffentlichen Einrichtung. → S. 141

Der dem Deutschen Reich am 25. Juni gewährte internationale Kredit von umgerechnet knapp 420 Millionen Reichsmark wird um drei Monate verlängert (→ 20. 6./S. 100).

4. August, Dienstag

Reichskanzler Heinrich Brüning spricht im Rundfunk zur deutschen Bevölkerung und beschreibt die Ursachen der Finanzkrise. → S. 139

Die Verordnung über die Devisenbewirtschaftung vom 1. August tritt in Kraft. Der Erwerb ausländischer Zahlungsmittel gegen Reichsmark ist nur noch von oder durch die Reichsbank möglich (→ 18. 7./S. 117).

5. August, Mittwoch

Die »Deutsche Zeitung« veröffentlicht einen von rechtsstehenden Intellektuellen, darunter den Dichtern Hans Grimm, Hanns Johst, Erwin Guido Kolbenheyer und Will Vesper, unterschriebenen Aufruf zugunsten des Preußen-Volksentscheids vom → 9. August (S. 138).

Im Deutschen Reich nehmen die Kreditinstitute wieder ihren normalen Zahlungsverkehr auf. → S. 140

Eine Verordnung über das Sparkassenwesen ermächtigt die Reichsregierung zu Satzungsänderungen und Eingriffen in die Sparkassenorganisation und verbietet den Sparkassen bis auf weiteres die Kreditvergabe an Kommunen und andere öffentlich-rechtliche Körperschaften.

6. August, Donnerstag

Japan und China nehmen wieder diplomatische Beziehungen miteinander auf (→ 18. 9./S. 152).

Die »Vossische Zeitung« veröffentlicht Auszüge aus einer Rede des NSDAP-Gauleiters im Rheinland, Robert Ley, über angebliche Blutmorde von Juden. → S. 140

7. August, Freitag

Die offiziöse litauische Zeitung »Lietuvos Aidas« weist Gerüchte über einen wachsenden Einfluß von Nationalsozialisten in dem vor allem von Volksdeutschen bewohnten Memelland zurück.

Die Landesbank der Rheinprovinz stellt infolge kurzfristiger Kommunalausleihungen vorübergehend die Zahlungen ein. Preußen und das Reich gewähren zur Überbrückung einen Kredit in Höhe von 200 Millionen Reichsmark.

8. August, Sonnabend

Die preußische Staatsregierung zwingt die in Preußen erscheinenden rund 2500 Tageszeitungen zum kostenlosen Abdruck einer Stellungnahme gegen den Volksentscheid vom → 9. August (S. 138).

Reichskanzler Heinrich Brüning beendet seinen Besuch bei der italienischen Regierung in Rom und wird von Papst Pius XI. empfangen. → S. 139

Bei einem Sprengstoffanschlag auf den FD-Zug Basel – Berlin zwischen Grüna und Luckenwalde werden vier Reisende schwer und weitere elf leicht verletzt. Für die Ergreifung des Täters wird eine Belohnung von 100 000 Reichsmark ausgesetzt (→ 10. 10./S. 181).

Die deutschen Sparkassen dürfen Guthaben auf Sparkonten und Sparbüchern nur bis 300 Reichsmark ohne Kündigung auszahlen. Beträge ab 300 RM sollen einen Monat und über 1000 RM drei Monate vor Abhebung gekündigt werden.

9. August, Sonntag

Beim Volksentscheid über die vorzeitige Auflösung des preußischen Landtages stimmen nur 37,1% der Wahlberechtigten mit Ja. → S. 138

Auf dem Berliner Bülowplatz (später Luxemburgplatz) werden die Polizeioffiziere Paul Anlauf und Franz Lenk von Kommunisten erschossen. → S. 138

Am Deutschen Eck in Koblenz veranstaltet das republikanisch orientierte Reichsbanner Schwarz-Rot-Gold eine Verfassungsfeier. Zu den Rednern gehören Preußens Innenminister Carl Severing (SPD) und Ernst Lemmer (DDP).

In einer Denkschrift schlägt der Oberregierungsrat im Reichswirtschaftsministerium Wilhelm Lautenbach vor, Kreditaufnahme von mehreren Milliarden Reichsmark zur Arbeitsbeschaffung vor. Die Leitung der Reichsbank und die Reichsregierung lehnen dies jedoch ab.

Nach einwöchiger Dauer enden in Hamburg die Internationalen Tennismeisterschaften von Deutschland. → S. 147

10. August, Montag

Durch Änderung der Presse-Notverordnung vom → 17. Juli (S. 122) dürfen nur noch oberste Reichs- oder Landesbehörden, nicht mehr nachgeordnete Stellen, eine Gegendarstellung erzwingen.

Wegen der Polizistenmorde vom → 9. August (S. 138) wird das Erscheinen des KPD-Organs »Die Rote Fahne« für 14 Tage verboten und das Karl-Liebknecht-Haus, in Berlin das Hauptquartier der KPD, bis zum 20. August polizeilich besetzt. Über den Bülowplatz wird eine zwölftägige Polizeisperre verhängt.

11. August, Dienstag

Das Deutsche Reich begeht den Verfassungstag. Die Feier der Reichsregierung steht im Zeichen des Gedenkens an den Reformer Karl Reichsfreiherr vom und zum Stein (1757–1831).

In London unterzeichnet eine Sachverständigenkonferenz ein Protokoll über das Hoover-Moratorium. Es befreit das Deutsche Reich für ein Jahr von der Zahlung der Reparationen (→ 19. 8./S. 140).

Der preußische Kultusminister Adolf Grimme billigt eine neue Satzung der Akademie der Künste in Berlin, die der 1696 gegründeten Einrichtung neue Aufgaben im Rahmen der staatlichen Kunstverwaltung zuweist.

12. August, Mittwoch

New Yorks Oberbürgermeister James J. Walker wird in Berlin zu einem Freundschaftsbesuch empfangen. → S. 140

Der Diskontsatz der Reichsbank, der am 1. August auf 15% erhöht worden war, wird auf 10% gesenkt. Der Lombardsatz wird von 20% auf 15% herabgesetzt, am 18. August erfolgt eine weitere Senkung auf 12%.

13. August, Donnerstag

Die Reichsregierung informiert die Mitglieder des Reichsrats über die Maßnahmen zur Behebung der Finanzkrise. Reichsfinanzminister Hermann Robert Dietrich beziffert die Steuerausfälle aufgrund der Einschränkung des Zahlungsverkehrs (→ 14. 7./S. 117) im Monat Juli auf 236 Millionen Reichsmark.

Der Vorstand des Deutschen Städtetages gibt auf einer Tagung in Berlin den Mehraufwand für die Wohlfahrtserwerbslosen im Jahr 1931 mit 800 Millionen Reichsmark an. → S. 140

14. August, Freitag

Bei Kämpfen zwischen Reichsbanner und NSDAP in Itzehoe werden ein Nationalsozialist und drei Reichsbannerleute schwer verletzt. Wegen der wiederholten Unruhen wird eine Abteilung Schutzpolizei aus Altona nach Itzehoe verlegt.

Das Sekretariat des Völkerbundes in Genf veröffentlicht ein österreichisches Hilfsgesuch, in dem dringend um die Gewährung einer Auslandsanleihe gebeten wird (→ 20. 6./S. 104).

15. August, Sonnabend

Auf einer Tagung der Deutschen Staatspartei in Berlin beziffert Preußens Finanzminister Hermann Höpker-Aschoff das für das Haushaltsjahr 1931/32 zu erwartende Defizit der preußischen Gemeinden auf rund 1,6 Milliarden Reichsmark.

Auf einer SPD-Kundgebung im Berliner Sportpalast verteidigt Preußens Ministerpräsident Otto Braun den umstrittenen Aufruf seiner Regierung zum Volksentscheid am → 9. August (S. 138). Braun erklärt, die Wähler hätten Anspruch darauf gehabt zu erfahren, wie die Regierung über den Volksentscheid zur Landtagsauflösung denke.

In der UdSSR wird durch ein Gesetz die Unterrichtspflicht für alle Analphabeten zwischen 16 und 50 Jahren verordnet.

16. August, Sonntag

Anläßlich des elften Jahrestages des Sieges über die Sowjetarmee findet in Posen ein zweitägiger Generalappell der polnischen Reservisten statt, wobei die deutschen Wünsche nach einer Revision des Versailler Friedensvertrages von 1919 zurückgewiesen werden.

In Bielefeld verbessert Grete Heublein (Barmen) ihren eigenen Kugelstoß-Weltrekord auf 13,70 m.

Titelseite der »Illustrierten Republikanischen Zeitung« vom 15. August 1931 mit einem Bericht über die große Reichsverfassungsfeier des Reichsbanners Schwarz-Rot-Gold am 9. August in Koblenz

August 1931

17. August, Montag

Unter großer Anteilnahme der Bevölkerung findet in Berlin die Trauerfeier für die beiden am → 9. August (S. 138) erschossenen Polizeioffiziere statt.

Im Ostteil des US-Bundesstaates Texas werden aufgrund des Preisverfalls für Öl die neu erschlossenen Fördergebiete zwangsweise geschlossen. → S. 144

18. August, Dienstag

Der Vorsitzende der Reichspartei des deutschen Mittelstandes – Wirtschaftspartei, Hermann Drewitz, legt sein Amt nieder. Nachfolger von Drewitz, gegen den Vorwürfe wegen Unterschlagung laut geworden waren, wird der Reichstagsabgeordnete Johann Victor Bredt.

Auf einer Tagung der nord- und mitteldeutschen Länder in Oldenburg wird beschlossen, angesichts der bedrohlichen Entwicklung der Kassenlage das Reich um Unterstützung zu bitten.

19. August, Mittwoch

Aufgrund des am Vortag vorgelegten Layton-Berichts über die deutsche Finanzlage wird in Basel ein Stillhaltevertrag gegen den Abzug kurzfristiger Auslandskredite unterzeichnet. → S. 140

Der Berliner Magistrat beschließt die Entlassung von 220 Junglehrern, die infolge der Erhöhung der Pflichtstundenzahl an den Volks- und Mittelschulen überflüssig geworden sind.

Der Allgemeine Deutsche Gewerkschaftsbund (ADGB) und der freigewerkschaftliche Afa-Bund für Angestellte legen dem Reichswirtschaftsministerium Richtlinien für die Errichtung eines Bankenamtes zur Kontrolle der im Deutschen Reich tätigen Kreditinstitute vor (→ 19. 9./S. 159).

In Bayreuth enden die am 21. Juli eröffneten Festspiele zum Gedenken an Richard Wagner. → S. 146

20. August, Donnerstag

Der Berliner Polizeipräsident Albert Grzesinski verbietet bis zum 26. August das Erscheinen des NSDAP-Organs »Der Angriff« wegen der Behauptung, das Attentat auf den FD-Zug Basel – Berlin am 8. August sei ein Werk der Schutzformation (Schufo) des Reichsbanners gewesen (→ 10. 10./S. 181).

Die spanische Regierung sperrt per Dekret das Verfügungsrecht der Kirchen über ihre Güter und reagiert damit auf einen Aufruf der Kirchenführung, Kirche und Klöster sollten vor einer Beschlagnahme ihr Eigentum verkaufen (→ 10. 12./S. 207).

21. August, Freitag

Der Reichsverband der Deutschen Industrie übergibt Reichskanzler Heinrich Brüning Vorschläge zur Besserung der Finanz- und Wirtschaftslage und regt darin eine Reduzierung der Steuern sowie der Lohnkosten und der Tarife für die Energieversorgung an.

In Berlin beginnt die achte Große Deutsche Funkausstellung. Zu den Attraktionen gehört der erste elektronische Fernsehempfänger mit Braunscher Röhre, ein Erzeugnis der Firma Loewe. → S. 142

In Bremen beginnt die Gläubigerversammlung des Nordwolle-Konzerns (→ 22. 6./S. 103). Die Konkurs-Eröffnungsbilanz weist u. a. freie Aktiva von 38,45 Millionen Reichsmark und ungesicherte Verbindlichkeiten in Höhe von 235,20 Millionen RM aus.

22. August, Samstag

Wegen des Überfalls auf zwei SPD-Mitglieder in Charlottenburg werden in Berlin vier Nationalsozialisten zu Gefängnisstrafen zwischen einem und vier Jahren verurteilt. Es ist der dritte Prozeß gegen Angehörige des Charlottenburger SA-Sturms 33 seit Jahresbeginn.

Der von über 20 000 jungen Sozialdemokraten besuchte 6. Deutsche Arbeiter-Jugend-Tag in Frankfurt am Main steht im Zeichen des »Kampfes gegen Wirtschaftsnot und Faschismus«.

In Ungarn bildet der bisherige Außenminister Julian Graf Károlyi von Nagykárolyi ein neues Kabinett, nachdem am 19. August István Graf Bethlen von Bethlen zurückgetreten war. → S. 144

Im Deutschen Reich werden die Löhne der Gemeindearbeiter durch einen Schiedsspruch bis zunächst 31. Oktober um 4% gesenkt.

23. August, Sonntag

Der südafrikanische Premierminister James Barry Munnick Hertzog erklärt sich unter der Voraussetzung, daß alle anderen betroffenen Länder dem folgen, zum Verzicht auf alle deutschen Reparationsleistungen bereit.

Die polnische Regierung schlägt der UdSSR einen Nichtangriffspakt vor. Die Sowjetregierung erklärt dazu, der Vorschlag sei nicht annehmbar, weil er die früheren Wünsche Polens – einen Nichtangriffspakt zwischen der UdSSR und ihren westlichen Randstaaten unter Führung Polens – wieder aufnehme.

24. August, Montag

In seinem Urlaubsort Dietramszell unterzeichnet Reichspräsident Paul von Hindenburg eine Notverordnung, die die Landesregierungen ermächtigt, zur Deckung der Haushalte der Länder und Gemeinden die Personal- und sonstigen Ausgaben auch abweichend von geltendem Landesrecht zu senken.

Sowjetische und französische Regierungsvertreter paraphieren in Paris einen Nichtangriffspakt. → S. 144

Auf Kuba wird der am 9. August begonnene Aufstand gegen die Herrschaft des liberalen Präsidenten General Gerardo Machado Morales niedergeschlagen.

25. August, Dienstag

Auf Initiative von König Georg V. bildet in Großbritannien der am Vortag als Premierminister demissionierte James Ramsey MacDonald ein Allparteienkabinett. → S. 144

Die oppositionelle chinesische Regierung in Kanton (→ 17. 5./S. 87) ruft zu einem Boykott deutscher Kaufleute auf, nachdem der Kapitän des Hamburger Frachters »H. C. Rickmers« ursprünglich für die Kanton-Regierung bestimmtes Kriegsmaterial gegen Bezahlung der Regierung in Nanking übergeben hat.

Die deutschen Börsenvorstände geben die Wiedereröffnung der seit dem → 14. Juli (S. 116) geschlossenen Börsen zum 3. September bekannt.

26. August, Mittwoch

In einem Interview mit der Nachrichtenagentur United Press fordert Reichskanzler Heinrich Brüning eine internationale Kooperation gegen weiteren Preisverfall.

Die am 18. Juli verfügte Zwangsabgabe für deutsche Auslandstouristen in Höhe von 100 Reichsmark wird aufgehoben.

Nach zweitägiger Dauer flaut im Überschwemmungsgebiet des Jangtsekiang ein Taifun ab, der die Folgen des seit Tagen steigenden Hochwassers noch verschlimmert hat. → S. 145

In Lissabon wird nach neunstündigen Kämpfen der Versuch eines Militärputsches niedergeschlagen (→ 30. 4./S. 69).

27. August, Donnerstag

Reichskanzler Heinrich Brüning empfängt den Führer der Deutschnationalen, Alfred Hugenberg, zu einem dreistündigen Gespräch über die Lage der öffentlichen Finanzen.

Als erste Kommune geht der Kreis Dramburg (Hinterpommern) dazu über, zur Bezahlung von Gemeindesteuern Naturalleistungen anzunehmen.

Das deutsche Flugboot Dornier DO X landet nach einer neunmonatigen Reise über Amsterdam, Lissabon und Rio de Janeiro von Miami kommend in New York. → S. 147

Bei den Rad-Weltmeisterschaften in Kopenhagen (22. – 30. 8.) wird der deutsche Fahrer Walter Sawall Steher-Weltmeister der Berufsfahrer.

28. August, Freitag

In einer Stellungnahme für den Genfer Völkerbund gibt Reichsaußenminister Julius Curtius Auskunft über die deutsche Rüstung. → S. 140

Der preußische Ministerpräsident Otto Braun (SPD) ruft in Königsberg alle Republikaner auf, nach dem aus seiner Sicht positiven Ausgang des Preußen-Volksentscheids vom → 9. August (S. 138) die Gegner der Republik noch weiter zurückzuschlagen.

In Berlin erklärt der führende KPD-Funktionär Hermann Remmele, seine Partei plane in absehbarer Zeit keinen bewaffneten Aufstand. → S. 141

Die Bank von England erhält aus New York und Paris Anleihen in Höhe von jeweils 200 Millionen US-Dollar (rund 838 Millionen Reichsmark). Am 1. August hatte die Bank bereits Kreditzusagen von gleicher Seite in Höhe von insgesamt 100 Millionen Pfund (rund 1,2 Milliarden RM) erhalten.

Mit der Trockenlegung des Wieringermeer-Polders ist der erste Abschnitt der Landgewinnung in der niederländischen Zuidersee beendet. → S. 145

In Frankfurt am Main wird die Braunschweiger Schriftstellerin Ricarda Huch mit dem Goethepreis ausgezeichnet.

Karl Ritter von Halt übernimmt die Leitung der Deutschen Sportbehörde für Leichtathletik. → S. 146

29. August, Samstag

Der indische Freiheitskämpfer Mohandas Karamchand (Mahatma) Gandhi reist von Bombay zur Indienkonferenz nach London ab (→ 5. 9./S. 154).

Die Generalversammlung der Dresdner Bank billigt in Dresden die Übereinkunft über die Erhöhung des Aktienkapitals auf 400 Millionen Reichsmark und die finanzielle Beteiligung des Reiches, über die am 31. Juli Einigung erzielt worden war (→ 12. 7./S. 116).

30. August, Sonntag

Brasilien verfügt ein Teilmoratorium für die Zahlung der Schuldzinsen. → S. 144

Vor 30 000 Zuschauern im Berliner Poststadion werden Hein Müller im Schwergewicht und Hein Domgörgen (beide Köln) im Mittelgewicht Europameister der Berufsboxer. → S. 147

In Paris enden nach achttägiger Dauer die III. Schwimm-Europameisterschaften. Der deutsche Rückenschwimmer Gerhard Deutsch sowie die Kunstspringer Olga Jordan (Nürnberg) und Ewald Riebschläger (Zeitz) sind siegreich.

31. August, Montag

Mit einem von über 100 000 Menschen besuchten Festgottesdienst endet in Nürnberg der am 26. August eröffnete 70. Deutsche Katholikentag.

Ein Gericht in Kowno spricht den früheren litauischen Ministerpräsidenten Augustin Voldemaras vom Vorwurf des Hochverrats frei.

In Berlin hat der Film »Bomben auf Monte Carlo« von Hanns Schwarz mit Hans Albers und Heinz Rühmann in den Hauptrollen Premiere. → S. 146

Das Wetter im Monat August

Station	Mittlere Lufttemperatur (°C)	Niederschlag (mm)	Sonnenscheindauer (Std.)
Aachen	15,4 (17,2)	152 (82)	– (188)
Berlin	16,6 (17,2)	54 (68)	– (212)
Bremen	16,8 (17,1)	72 (79)	– (182)
München	15,2 (16,6)	158 (96)	– (211)
Wien	17,6 (18,6)	107 (68)	– (–)
Zürich	15,7 (16,6)	166 (132)	167 (219)

( ) Langjähriger Mittelwert für diesen Monat
– Wert nicht ermittelt

August 1931

Plakat von Hermann Keimel für die Ausstellung »Münchner Plakatkunst« der Neuen Vereinigung Münchner Plakatkünstler im August 1931

August 1931

Das Karl-Liebknecht-Haus in Berlin mit Parolen für den »Roten Volksentscheid«; das Hauptquartier der KPD wird bis 20. 8. von Polizei besetzt gehalten

Wandparole des Roten Frontkämpferbundes an der Hagenauer Straße in der Nähe des Bülowplatzes, wo zwei Polizeioffiziere erschossen worden sind

Keine Mehrheit für Landtagsauflösung

9. August. In Preußen scheitert der vom Stahlhelm, Bund der Frontsoldaten, eingebrachte und von mehreren Rechtsparteien sowie den Kommunisten unterstützte Volksentscheid zur vorzeitigen Auflösung des preußischen Landtages.

Von den 26 399 885 Stimmberechtigten votieren 9 793 603 oder 37,1% mit Ja. Damit verfehlen die zum Volksentscheid aufrufenden Parteien nicht nur die nötige Mehrheit von 13 449 500 Stimmen, sondern können nicht einmal alle Wähler mobilisieren, die sie bei den Reichstagswahlen am 14. September 1930 unterstützt hatten (12 279 399 oder 47,5%). Die liberale Presse feiert dies als Sieg der Demokratie. Die »Vossische Zeitung« schreibt am 11. August: »Millionen von Wählern, die am 14. September ihre Nerven verloren, haben sie seither wieder in ihre Gewalt bekommen, haben am 9. August bekannt, daß sie aus den Erfahrungen nach dem 14. September gelernt, den Zusammenhang zwischen den letzten Reichstagswahlen und der politischen Vertrauenskrise begriffen haben, die in den vergangenen Wochen wieder jene schwere Finanzkrise ausgelöst haben, die die Existenz der deutschen Wirtschaft ernsthaft bedrohte und deren Weitergreifen nur mit ungeheurer Anstrengung verhindert werden konnte.«

Die von Otto Braun (SPD) geführte Regierung hatte noch am 8. August aus Sorge um einen möglichen Erfolg der Abstimmung den Zeitungen unter Hinweis auf die Presse-Notverordnung vom → 17. Juli (S. 122) den Abdruck einer Erklärung gegen den Volksentscheid aufgezwungen.

Aufruf der Regierung Preußens

». . . Gelingen des Volksentscheids bedeutet: Sieg zweier für den Augenblick vereinter gegnerischer radikaler Flügel, die dann in einen erbitterten Kampf miteinander um die Endherrschaft antreten und Staat und Wirtschaft in diesen Vernichtungskampf mit hineinreißen würden. Ein Scheitern des Volksentscheids ermöglicht eine Weiterführung der ruhigen und stetigen Regierungspolitik in Preußen zur Aufrechterhaltung der Ordnung und als wertvollste Stütze des Reiches.«

Die Auseinandersetzung um den Volksentscheid in Preußen verschärfte die politischen Streitigkeiten, wobei sich allerdings die Fronten verschoben hatten: Stahlhelm, Nationalsozialisten und Kommunisten demonstrierten, wenn auch nicht gemeinsam, für den Volksentscheid, SPD und Liberale dagegen. Für den Abstimmungstag hat die Polizei vor allem in den Großstädten ihre Kräfte verstärkt. Nachdem es bis zum Abend in Berlin ruhig gewesen ist, werden gegen 21 Uhr auf dem Bülowplatz die Polizeioffiziere Franz Lenk und Paul Anlauf von Kommunisten erschossen. Die nachfolgende Straßenschlacht fordert einen weiteren Toten und mehr als 30 Verletzte.

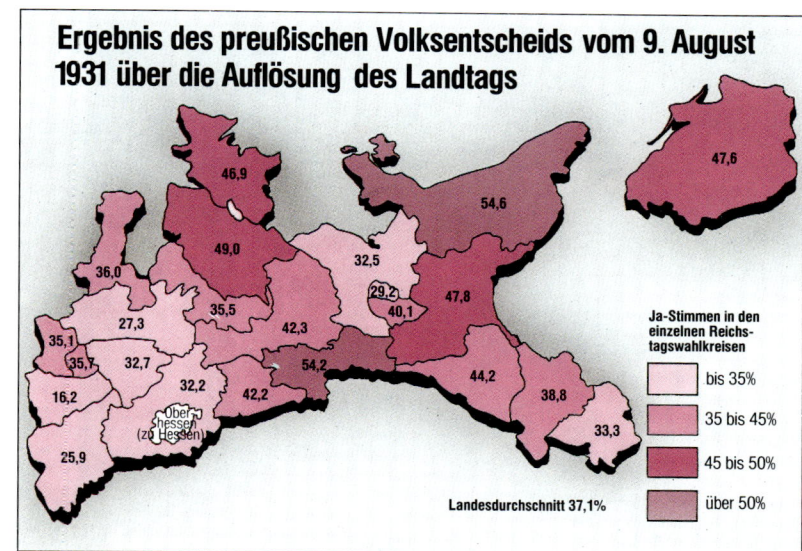

Ergebnis des preußischen Volksentscheids vom 9. August 1931 über die Auflösung des Landtags

Der Kampf um den Preußen-Landtag

Den Antrag auf ein Volksbegehren zur vorzeitigen Auflösung des am 20. Mai 1928 gewählten Landtags hatte am 4. Februar 1931 der Stahlhelm, Bund der Frontsoldaten, eingebracht. Er wurde damit begründet, daß der preußische Landtag nach dem Ausgang der Reichstagswahlen vom September 1930, die der politischen Rechten starke Stimmengewinne gebracht hatten, nicht mehr den Volkswillen widerspiegele.

Nachdem bis zum 21. April 5,9 Millionen der 26,3 Millionen Wähler dem Volksbegehren zugestimmt (→ 31. 5./S. 84), der preußische Landtag aber am 9. Juli seine vorzeitige Auflösung abgelehnt hatte, war der Weg zum Volksentscheid frei.

Die Erfolgsaussichten des von neun Rechtsparteien – an ihrer Spitze NSDAP, Deutschnationale und Deutsche Volkspartei – unterstützten Volksentscheids schienen sich sprunghaft zu erhöhen, als sich die KPD am 22. Juli – auf Weisung der Kommunistischen Internationale – unter dem Motto des »Roten Volksentscheids« der Agitation anschloß. Zwar fehlen zum Erfolg rund 3,5 Millionen Stimmen, aber über ein Drittel der preußischen Wähler lehnen damit die Weimarer Demokratie aus Überzeugung ab.

August 1931

Hindenburg gegen Hitler/Hugenberg

1. August. Reichspräsident Paul von Hindenburg empfängt in Berlin den Vorsitzenden der DNVP, Alfred Hugenberg. Im ersten Gespräch mit dem Führer der Deutschnationalen seit Frühjahr 1930 rügt der Reichspräsident dessen Bund mit den Nationalsozialisten (→ 11. 10./S. 170). Hindenburg kritisiert, daß die NSDAP mehr sozialistisch als national sei, und weist auf die wiederholten Angriffe der Nationalsozialisten auf seine Person hin. Hugenberg erwidert, gerade um das Abgleiten der NSDAP in den Sozialismus oder Kommunismus zu verhindern, habe er sich zu einer Zusammenarbeit entschlossen. Auf Hindenburgs Bitte, Hugenberg möge die Angriffe auf seine Person in der von ihm gelenkten Presse unterbinden, gibt Hugenberg keine Antwort.
Zu Beginn des Gesprächs hat Hugenberg eine Unterstützung der von Heinrich Brüning (Zentrum) geführten Reichsregierung abgelehnt und auf eine starke nationale Strömung im deutschen Volk verwiesen, die ausgenutzt werden müsse.

Rede von Brüning zur Finanzkrise

4. August. Am Vorabend der Wiederaufnahme des freien Zahlungsverkehrs (→ 5. 8./S. 140) und seiner Abreise zum Staatsbesuch in Rom (→ 8. 8./S. 139) wendet sich Reichskanzler Heinrich Brüning über den Rundfunk noch einmal an die deutsche Bevölkerung.
Hauptanliegen Brünings ist die Beruhigung seiner Zuhörer über die Finanzkrise. Die Maßnahmen der Reichsregierung hätten mit einer drohenden Inflation nichts zu tun, vielmehr werde dadurch die Kaufkraft des Geldes gestärkt. Er würdigt die sich anbahnende internationale Kooperation, vor allem mit den Regierungen der USA und Großbritanniens, obwohl die Londoner Tagung (→ 23. 7./S. 120) keinen durchgreifenden Erfolg gehabt hat und eine internationale Anleihe in weiter Ferne liegt. Er ruft seine Zuhörer – nicht zuletzt aus außenpolitischen Erwägungen – zur Vermeidung innenpolitischer Störungen auf und erklärt abschließend, daß er sich als preußischer Staatsbürger am Volksentscheid nicht beteiligen werde.

Der deutsche Staatsbesuch in Rom: Dr. Brüning, Mussolini und die Außenminister Curtius und Grandi in der Villa d'Este in Tivoli bei Rom.

ROM
Brüning und Curtius bei Mussolini

Ein politisches Tisch-Gespräch. Mussolini, Brüning, Grandi, Curtius im Hotel Excelsior in Rom.

Mussolini und seine deutschen Gäste vor den berühmten Wasserspielen im Park der Villa d'Este in Tivoli.
Aufnahmen für die „Berliner Illustrirte" von Dr. Erich Salomon.

Bildbericht der »Berliner Illustrirten Zeitung« über den Rom-Aufenthalt von Reichskanzler Heinrich Brüning und Außenminister Julius Curtius

Italien-Besuch des Reichskanzlers im Zeichen der Freundschaft

8. August. *Nach Abschluß seiner politischen Gespräche mit der italienischen Regierung wird Reichskanzler Heinrich Brüning von Papst Pius XI. im Vatikan zu einer Privataudienz empfangen. Der zweitägige Rombesuch von Brüning und Reichsaußenminister Julius Curtius stand im Zeichen einer demonstrativen Übereinstimmung. Italien hatte als einer der ersten Staaten das Hoover-Moratorium gebilligt (→ 20. 6./S. 100). Das Kommuniqué bezeichnet den Gedankenaustausch als »im Zeichen gegenseitigen Verständnisses und mit warmer Herzlichkeit« geführt. Italiens Duce und Ministerpräsident Benito Mussolini nimmt eine Einladung zu einem Deutschland-Besuch an, behält sich allerdings vor, den Termin selbst festzulegen.*

August 1931

Das in Basel tagende Bankenkomitee, am Tisch 2. v. l. Albert H. Wiggin (USA), 4. v. l. Carl Melchior (Hamburg)

Atempause für die deutsche Wirtschaft

19. August. In Basel wird ein Stillhaltevertrag gegen den Abzug kurzfristiger Kredite unterzeichnet. Er bringt dem Deutschen Reich nach dem Abschluß des Hooverplan-Abkommens am 11. August eine weitere dringend nötige Entlastung.

Das am 11. August von einer Sachverständigenkonferenz in London in Erfüllung des Hoover-Moratoriums (→ 20. 6./S. 100) unterzeichnete Protokoll befreit Deutschland für ein Jahr von der Zahlung der Reparationslasten. Allerdings sind dennoch netto 179,6 Millionen RM (u. a. Zinsen für die Dawes- und Youngplan-Anleihe und 21,5 Millionen RM an Belgien) weiter zu leisten.

Partner des am 17. September mit zunächst sechsmonatiger Laufzeit in Kraft tretenden Baseler Stillhaltepakts sind ein deutsches Bankenkomitee, die Reichsbank und die Deutsche Golddiskontbank sowie elf Nationalbanken. Es sichert rund sechs Milliarden RM kurzfristiger deutscher Auslandskredite vor dem Abzug. Von den Reichsmarkguthaben in ausländischer Hand (rund 750 Millionen RM) werden 20% sofort und der Rest sukzessive freigegeben.

Grundlage des Baseler Abkommens ist der von dem britischen Publizisten Walter T. Layton am 18. August vorgelegte Bericht, in dem angesichts des Kapitalabzugs von rund 2,9 Milliarden RM bis Juli 1931 und der Nettoverschuldung Deutschlands von 15,8 Milliarden RM Ende 1930 der Stopp der Kreditabzüge und ein Ersatz des verlorenen Kapitals empfohlen worden war.

Zahlungsverkehr wieder wie üblich

5. August. Durch Inkrafttreten der 7. Verordnung über die Wiederaufnahme des Zahlungsverkehrs nach den Bankfeiertagen wird der Zahlungsverkehr bei den deutschen Kreditinstituten normalisiert.

Die einzige noch bestehende Ausnahmebestimmung – bei Barauszahlungen von Sparguthaben gilt eine Höchstgrenze von 50 Reichsmark – wird ab 8. August durch eine Verordnung abgelöst, wonach Sparguthaben bis zu 300 RM ohne vorherige Kündigung abgehoben werden können; für höhere Beträge kann eine Kündigungsfrist von ein bis drei Monaten verfügt werden.

Um einen Zusammenbruch des Finanzsystems zu verhindern, war durch die Verhängung von Bankfeiertagen am 14. und 15. Juli Banken und Sparkassen zunächst jeglicher Geschäftsbetrieb untersagt worden (→ 14. 7./S. 117). Für die Zeit danach galten strenge Reglementierungen, die nur schrittweise gelockert wurden. Zwischen dem 16. und 18. Juli waren Barauszahlungen nur für bestimmte Zwecke möglich, dann wurden bis zum 23. Juli Auszahlungen ohne besondere Zweckbestimmung bis zur Höhe von 100 RM (Girokonto) und 20 RM (Sparbuch) gestattet und diese Grenzen bis einschließlich 4. August auf 300 bzw. 30 RM erhöht.

New Yorks Mayor zu Besuch in Berlin

12. August. Mit einem von der Vereinigung Carl Schurz veranstalteten Frühstück wird in Berlin der New Yorker Oberbürgermeister James J. Walker willkommen geheißen. In Anwesenheit zahlreicher Gäste, darunter Reichstagspräsident Paul Löbe (SPD), begrüßt Berlins Oberbürgermeister Heinrich Sahm den populären »Jimmy« Walker, der 1927 auf seiner ersten Europareise schon einmal in Berlin zu Gast war.

Hetzpropaganda gegen die Juden

6. August. Unter der Überschrift »Aus dem politischen Panoptikum« zitiert die »Vossische Zeitung« aus einer im NSDAP-Organ »Westdeutscher Beobachter« veröffentlichten Rede von Robert Ley. Der Gauleiter der NSDAP im Rheinland führt darin u. a. aus, es gebe Menschen jüdischer Rasse, die aus ihrem Rasse-Instinkt heraus »Blut fremder Völker trinken« müßten, um sich und ihre Rasse weiter zu erhalten.

Millionendefizit in Gemeindebudgets

13. August. Der Vorstand des Deutschen Städtetages befaßt sich in Berlin mit der Behebung der Finanznot der Gemeinden. Der Fehlbetrag der Gemeinden, der durch den Mehraufwand für Wohlfahrtserwerbslose entstanden ist, beläuft sich auf 800 Millionen Reichsmark im laufenden Jahr 1931. Davon können bis zu 300 Millionen RM durch Einsparungen gedeckt werden, für den Rest muß das Reich aufkommen.

Deutsche Rüstung bleibt weit zurück

28. August. In einer Note an den Völkerbund gibt Reichsaußenminister Julius Curtius Auskunft über den deutschen Rüstungsstand und reagiert damit auf eine entsprechende Anfrage vom 13. Juni.

Curtius verweist auf die Rüstungsbegrenzung durch den Friedensvertrag von 1919 (100 000-Mann-Heer und 15 000 Mann starke Marine). Das Ausmaß der Rüstungen bleibe weit unter der Höchstgrenze.

Der Demokrat James J. Walker wurde am 19. Juni 1881 geboren. 1925 wählten ihn die New Yorker Bürger erstmals für vier Jahre zum Bürgermeister der größten Stadt der Vereinigten Staaten.

Der gelernte Chemiker Robert Ley, geboren am 15. Februar 1890, war Soldat im Weltkrieg, trat 1924 in die NSDAP ein, wurde 1925 Gauleiter im Rheinland und 1930 Reichstagsabgeordneter.

Oskar Mulert, geboren am 29. Dezember 1881, wurde 1920 Leiter der Kommunalabteilung im preußischen Innenministerium und 1926 geschäftsführender Präsident des Deutschen Städtetages.

Der Jurist Julius Curtius, geboren am 7. Februar 1877, ging 1920 für die DVP in den Deutschen Reichstag, war von 1926 bis 1929 Wirtschaftsminister und ist seit 1929 Reichsaußenminister.

August 1931

Junge Arbeitslose in einem Lager des freiwilligen Arbeitsdienstes für 150 Erwerbslose in der Nähe von Bautzen, wo sie an einer Flußregulierung arbeiten

Arbeitsdienst wird im Deutschen Reich zu einer öffentlichen Aufgabe

3. August. *Durch Inkrafttreten der Verordnung des Reichsarbeitsministers Adam Stegerwald vom 23. Juli wird der freiwillige Arbeitsdienst im Deutschen Reich eine öffentliche Einrichtung. Damit sollen Arbeitslose zu gemeinnützigen Arbeiten herangezogen werden. Empfänger von Arbeitslosen- oder Krisenunterstützung erhalten während der Dauer des Arbeitsdienstes die bisher gewährten Leistungen weiter. Auf Antrag kann bei einer mindestens zwölfwöchigen, vom Arbeitsamt anerkannten Tätigkeit pro Tag ein Betrag von 1,50 Reichsmark vergütet werden, der ausschließlich für den Erwerb einer Siedlerstelle oder eines Eigenheims verwandt werden darf. Bis dahin war der freiwillige Arbeitsdienst in Form der Arbeitslagerbewegung seit 1926 eine – vor allem von der Bündischen Jugend propagierte – Form der Jugenderziehung.*

Einschränkungen bei Fürsorgelasten

1. August. Die Reichsregierung erläßt Grundsätze über Voraussetzung, Art und Maß der öffentlichen Fürsorge. Sie hat »die Aufgabe, dem Hilfsbedürftigen den notwendigen Lebensbedarf zu gewähren« und soll dabei stets Hilfe zur Selbsthilfe sein. Gegenüber der Verordnung vom 4. Dezember 1924 enthält die Neuregelung u. a. die Verpflichtung für Arbeitslose, denen die Erwerbslosenunterstützung entzogen worden ist, für die Dauer der vom Arbeitsamt verhängten Sperrfrist gemeinnützige Arbeit zu leisten, sofern sie Fürsorge in Anspruch nehmen wollen. Bei Personen, die »arbeitsscheu« sind oder ein »unwirtschaftliches Verhalten« zeigen, ist die Fürsorge auf das unerläßliche Maß zu beschränken.

Im Rechnungsjahr 1931/32 betragen die Kosten der öffentlichen Fürsorge 1,91 Milliarden Reichsmark, fast dreimal soviel wie 1927/28. Am 30. September 1931 gibt es 2,932 Millionen Fürsorgeempfänger, davon 1,317 Millionen Wohlfahrtserwerbslose.

Gegen Faschismus und Monopolkapital

1. August. In Wien endet der am 25. Juli eröffnete vierte Kongreß der Sozialistischen Arbeiter-Internationale (SAI). Die 664 Delegierten, die als Vertreter von rund 6,2 Millionen Mitgliedern der in der SAI organisierten Parteien in Wien erschienen sind, wählen den Belgier Émile Vandervelde erneut zum Vorsitzenden. Auf der Tagesordnung standen drei Referate. Louis de Brouckère (Belgien) sprach über den Kampf für Abrüstung und gegen Kriegsgefahr, Otto Bauer (Österreich) über die Bedrohung der Demokratie und Robert Grimm (Schweiz) über Weltwirtschaftskrise und Arbeitslosigkeit.
Der Kongreß fordert eine rasche und großzügige Kredithilfe für das Deutsche Reich und eine schnelle Regelung der Reparationsfrage. Den deutschen Arbeitern spricht er sein Vertrauen aus, daß sie den Faschismus besiegen werden. Sollte aber die faschistische Gewalt siegen, dann werde die Arbeiterklasse dem Faschismus gewaltsam entgegentreten. Die kapitalistische Welt habe die Wahl, die Wirtschaft, den Frieden und die Demokratie durch eine internationale Initiative zu retten oder aber den Zusammenbruch der bürgerlichen Gesellschaft und den gewaltsamen Sieg des Sozialismus in Kauf zu nehmen.
Zur Wirtschaftskrise stellt der Kongreß u. a. fest, daß die dem Kapitalismus innewohnende Anarchie nur durch die Beseitigung des Systems selbst überwunden werden könne. Das Ringen um den Aufbau des Sozialismus und die Sozialisierung der Schlüsselindustrien müsse stets mit der Linderung der Not der Krisenopfer verbunden sein.

Titelseite der Wiener »Arbeiter-Zeitung«, dem Zentralorgan der Sozialdemokratie Deutschösterreichs, vom 31. Juli mit einem Bericht über den Kongreß der Sozialistischen Arbeiter-Internationale und über das am Vortag gehaltene Referat von Otto Bauer über die Lage in Deutschland und Zentraleuropa und den Kampf der Arbeiterklasse für die Demokratie

KPD hegt keinerlei Pläne für Aufstand

28. August. Im Sitzungszimmer der KPD-Reichstagsfraktion weist Hermann Remmele, neben Ernst Thälmann und Heinz Neumann einer der Führer der KPD, bei einem Presseempfang die seiner Partei unterstellten Aufstandspläne zurück. Remmele reagiert mit dieser Erklärung auf die zunehmende Gewalt auf den Straßen wie die Ermordung zweier Polizeibeamter in Berlin am → 9. August (S. 138) und die Aufdeckung illegaler KPD-Waffenlager.
In seinen Ausführungen ruft Remmele sogar den Berliner Polizeipräsidenten Albert Grzesinski (SPD) als Zeugen an, der einen bewaffneten Aufstand der KPD in Deutschland als aussichtslos bezeichnet hatte, und erklärt mit Bestimmtheit, daß seine Partei für die nächsten Wochen und Monate keinen Aufstand plane. Ein Sturz des bürgerlich-kapitalistischen Systems sei nur auf der Grundlage einer revolutionären Massenbasis möglich. Überrascht reagieren die Journalisten auf das Eingeständnis, daß der 1929 verbotene Rote Frontkämpferbund in fast gleicher Stärke weiterbestehe.

August 1931

Fernseher und neue Radios

21. August. In den Ausstellungshallen am Kaiserdamm in Berlin wird die achte Große Deutsche Funkausstellung eröffnet. Die rund 300 Aussteller, etwas weniger als beim letzten Mal, präsentieren den Besuchern das Neueste auf den Gebieten Hörfunk und Fernsehen.

Die Reichspost stellt neue Ultrakurzwellensender und -empfänger aus, die Reichsrundfunkgesellschaft gibt einen Überblick über ihre Tätigkeit, die Schallplattenindustrie läßt einen Blick hinter die Kulissen zu, und die Experimente mit dem Fernsehen finden großes Interesse.

Für die Radiohörer besonders interessant sind die auf bis unter 300 Reichsmark reduzierten Dreikreisempfangsgeräte, die eine verbesserte Abstimmung des gewünschten Senders ermöglichen. Das kombinierte Gerät aus Empfänger und Lautsprecher hat sich aus Preisgründen nicht durchsetzen können. Die meisten Hörer begnügen sich damit, zum vorhandenen Gerät einen neuen elektromagnetischen oder elektrodynamischen Lautsprecher zu kaufen oder umgekehrt einen neuen Empfänger.

Auf dem Gebiet des Fernsehens zählen die deutschen Ingenieure Manfred Baron von Ardenne, der schon 1930 einen elektronischen Lichtbildabtaster konzipiert hat, und Siegmund Loewe zu den Pionieren. In Berlin präsentiert die Firma Loewe den ersten elektronischen Fernsehempfänger mit Braunscher Röhre.

Die Produktenbörse in Chicago, das Zentrum des US-amerikanischen Getreidehandels, der auch von der weltweiten Depression betroffen ist

△ Hans Bredow (r.), früher Staatssekretär im Reichspostministerium (1921–1926) und seit 1926 Rundfunkkommissar im Reichspostministerium, mit leitenden Mitarbeitern des Rundfunks bei der Vorbesichtigung der Funkausstellung

Ruine der Zeche Johann Deimelsberg, die ihrer Unrentabilität wegen bereits geschlossen werden mußte

Abbruch der Übertagebauten einer der 84 zwischen 1924 und 1931 stillgelegten Steinkohlezechen

◁ Plakat für die Große Deutsche Funkausstellung und Phonoschau vom 21. bis 30. August in den Messehallen am Kaiserdamm; mit über 325 Ausstellern ist sie die größte Ausstellung ihrer Art in Europa

Ladestraßen im Hafen Duisburg-Ruhrort, dem größten Binnenschiffahrtshafen der Welt; von hier aus wird vor allem Ruhrkohle und Eisen verschifft

Wirtschaft 1931:

Weltweite Depression durch Kreditkrise weiter verschärft

Die seit 1929 anhaltende Depression der Weltwirtschaft verschärft sich im Jahresverlauf weiter. Merkmale der Konjunkturentwicklung sind die steigende Arbeitslosigkeit (→ 31. 12./S. 202), die wachsende Zahl von Konkursen wie im Fall Nordwolle (→ 22. 6./S. 103), die Bankenkrise in Österreich (→ 11. 5./S. 86) und im Deutschen Reich (→ 12. 7./S. 116) und der Sturz des britischen Pfundes als Folge der Finanzkrise und der Abkehr vom Goldstandard (→ 20. 9./S. 154).

Fast jedes Land wird durch die Krise erschüttert, aber in Deutschland wie auch in einigen anderen Ländern Mittel- und Osteuropas sind die Folgen verheerend. Die Abzüge von Auslandskrediten führen zur Lahmlegung des deutschen Bankensystems und zu einer erheblichen Anspannung der finanziellen Reserven der Deutschen Reichsbank (→ 13. 6./S. 103). Zum Schutz der Währung werden der Diskont auf bis zu 15% erhöht, die Devisenkontrolle und eine Bankenaufsicht eingeführt (→ 19. 9./S. 159).

Angesichts der deutschen Finanzlage schlägt US-Präsident Herbert Hoover ein Moratorium für Reparationen und Kriegsschulden vor (→ 20. 6./S. 100), das trotz französischen Widerstands (→ 24. 6./S. 101) verwirklicht wird. Es bringt dem Deutschen Reich ebenso eine dringend nötige Atempause wie der durch ein Stillhalteabkommen (→ 19. 8./S. 140) erreichte Stopp der Abzüge kurzfristiger Auslandskredite. Die Hoffnung auf eine international koordinierte Krisenbekämpfung, wie sie auf der Londoner Konferenz (→ 23. 7./S. 120) gefordert wird, erfüllt sich jedoch nicht. Jedes Land versucht, die Krise auf eigene Faust zu überwinden, zumal die USA als größte Wirtschaftsmacht infolge ihres riesigen Binnenmarktes – lediglich 3% der Industrieproduktion werden exportiert – nur begrenztes Interesse an einer Wiederbelebung der Weltwirtschaft haben.

Mit einer Fülle von Notverordnungen setzt die Reichsregierung immer neue Lohnsenkungen und Einschnitte ins soziale Netz durch (→ 5. 6./S. 102; → 6. 10./S. 172; → 8. 12./S. 204) und versucht, das Preisniveau zu senken (→ 16. 1./S. 23).

Niederländische Binnenschiffe löschen ihre für französische Kunden bestimmte Ladung im Hafen von Rouen

Zugleich sinkt die Industrieproduktion: Setzt man die Erzeugung des Jahres 1928 mit 100 an, so steigt der Produktionsindex im Jahr 1929 auf 102, fällt 1930 auf 84 und im Jahresdurchschnitt 1931 weiter auf 62. Damit liegt die Kapazität der deutschen Produktionsmittelindustrie zu über einem Drittel still. Die Zahl der Erwerbslosen (ohne Kurzarbeiter) überschreitet bis Jahresende bei einer Gesamtzahl von 20,6 Millionen Arbeitnehmern die Fünf-Millionen-Grenze. Schwer betroffen ist auch die Landwirtschaft, die 30,5% der Erwerbspersonen (Stand 1925) beschäftigt. Da die Landwirte vielfach Schulden zu hohen Zinssätzen aufgenommen haben, fällt es ihnen schwer, bei gesunkenen Erzeugerpreisen die Kredite zurückzuzahlen. Durch den erheblichen Abfluß von Kapital steigen die Zinssätze. Für Tagesgeld ist 1931 im Durchschnitt per anno 8,37% zu zahlen gegenüber 5,06% im Jahr 1930. Die deutschen Börsen bleiben vom 14. Juli bis 3. September und ab 18. September geschlossen. Von Januar bis September sinkt der Aktienindex (1924/1926 = 100) von 81,75 auf 56,96 Punkte. Trotz des Ausfuhrüberschusses von 2,8 Milliarden Reichsmark sinken die Exporte wertmäßig auf den niedrigsten Stand seit 1925. Aus Angst vor einer neuen Inflation erhöht die Reichsregierung weder die Staatsausgaben, um die Arbeitslosigkeit zu bekämpfen, noch wertet sie die Reichsmark ab, um die Exporte zu steigern.

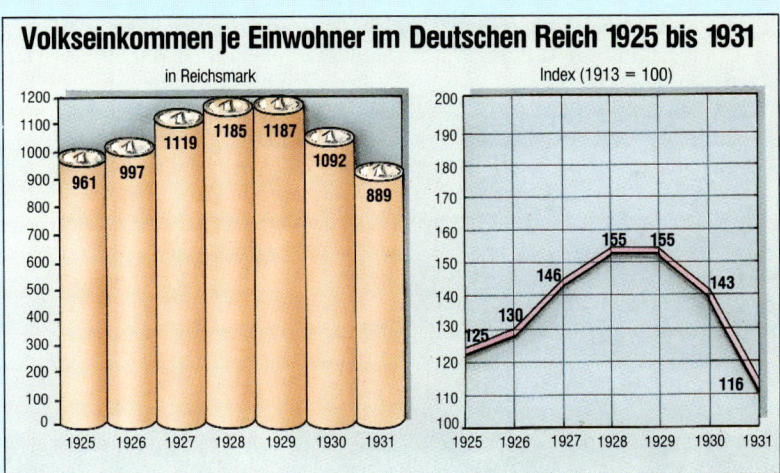

August 1931

Beim Pressegespräch: Stanley Baldwin (l.), James R. MacDonald (M.), Innenminister Sir Herbert Samuel (Liberal)

Allparteienkabinett in Großbritannien

25. August. Einen Tag nach der Demission seines Labour-Kabinetts nimmt der bisherige Premierminister James Ramsey MacDonald den Auftrag König Georgs V. zur Regierungsbildung an und stellt ein Kabinett aus Liberalen, Konservativen sowie Vertretern der Labour Party vor.
Außenminister wird anstelle von Arthur Henderson der Liberale Rufus Daniel Isaacs, Marquess of Reading. Der Führer der Konservativen, Stanley Baldwin, tritt als Vorsitzender des Geheimen Rats ins Kabinett ein. Die Labour Party wählt daraufhin Henderson anstelle MacDonalds zum Parteiführer und kündigt eine energische Opposition an. Auslöser der Kabinettskrise ist die schwierige Finanzlage des Landes (→ 30. 7./S. 121). Während Schatzkanzler Philip Snowden deshalb die Abkehr vom Goldstandard erwog und die Bank von England eine Kürzung der Arbeitslosenhilfe zum Ausgleich des Haushalts vorschlug, forderten die Gewerkschaften die Abwertung des Pfundes und eine zehnprozentige Exportsteuer und entzogen der Labour-Regierung das Vertrauen.

Nach zehn Jahren Wechsel in Ungarn

22. August. In Budapest bildet der bisherige ungarische Außenminister Julian Graf Károlyi von Nagykárolyi eine neue Regierung. Am 19. August war der seit zehn Jahren regierende István Graf Bethlen von Bethlen zurückgetreten.
Die überraschende Demission hatte sowohl die wachsenden innenpolitischen Probleme als auch die schwierige Finanzlage Ungarns zur Ursache. Größere Anleihen sind nur von den Franzosen zu erhalten. Einer außenpolitischen Annäherung stand aber Bethlens auf Freundschaft mit Italien gerichtete Politik entgegen.
Bei den Parlamentswahlen vom Juni hatte Bethlens 1922 gegründete Einheitspartei mit 45,3% der Stimmen 158 der 245 Sitze gewonnen, gegenüber 1926 (170 Mandate) aber an Mandaten verloren.

István Graf Bethlen; Graf Károlyi

Brasilien stellt die Zinszahlungen ein

30. August. Die Regierung Brasiliens ordnet ein teilweises Moratorium für Auslandsschulden an. Die Zins- und Tilgungszahlungen auf im Ausland aufgenommene Anleihen werden bis auf weiteres suspendiert. Ausgenommen sind zwei langfristige Anleihen und die Kaffee-Obligationen von 1922.
Brasilien ist mit einer Ausfuhr von 1,0710523 Millionen t (1930 waren es 0,9173045 Millionen t) auch 1931 größtes Kaffee-Exportland der Welt. Der Preissturz auf den Weltmärkten – im August kosten in London 100 kg Santos-Kaffee 77,17 Reichsmark, im August 1930 noch 104,55 RM – läßt das Minus im ohnehin defizitären Staatshaushalt noch größer werden. Auf den Preisverfall reagiert die Regierung mit der Vernichtung von Kaffee. Allein im Juni wurden in Santos 5000 Sack Kaffee ins Meer geschüttet.

Ölkrieg im »Wilden Westen«

17. August. Auf Anweisung des Gouverneurs von Texas werden im Ostteil des Staates neu erschlossene Ölfelder zwangsweise durch Kavallerie und Nationalgarde geschlossen. Anlaß für diese Maßnahme ist die Überproduktion von Öl.
Die Tagesproduktion der neu erschlossenen Felder erreichte 700 000 Barrel (rund 111,3 Millionen l). Wegen des Preisrückgangs auf einen halben Dollar (2,10 Reichsmark) je Barrel (159 l) war die Ölförderung jedoch nur wenig profitabel, was sich in sinkenden Steuereinnahmen bemerkbar machte. Texas folgt dem Beispiel Oklahomas, wo am 5. August nach Verhängung des Standrechts und unter der Drohung militärischer Gewalt über 3000 Bohrtürme geschlossen worden waren.
Der Rückgang der Erzeugerpreise führt am 4. August in Oregon zur Vernichtung von 400 000 l Milch und einem Milchstreik. Die Farmer protestieren so gegen die Zwischenhändler, die ihnen den Liter Milch für drei Cent (rund 0,13 RM) abnehmen und für das Vierfache weiterverkaufen.

Einheiten der Kavallerie an einem Ölbohrturm in Kilgore (Ost-Texas)

UdSSR wird in der Außenpolitik aktiv

24. August. In Paris wird ein französisch-sowjetischer Nichtangriffs- und Neutralitätsvertrag paraphiert. Beide Staaten verpflichten sich, jede kriegerische Handlung zu unterlassen und bei einem nichtprovozierten Angriff auf eine der Vertragsparteien neutral zu bleiben. Der Vertrag soll in Kraft treten, wenn über ein Schiedsgerichtsabkommen Einigung erzielt worden ist.
Die UdSSR betreibt schon länger eine Politik bilateraler Nichtangriffspakte. Nach dem Neutralitäts- und Freundschaftsvertrag mit der Türkei 1925 folgten ähnliche Verträge mit dem Deutschen Reich und Litauen (1926), Iran (1927) und Afghanistan (24. 6. 1931). Den Vorschlag Polens für einen Nichtangriffspakt vom 23. August lehnt Moskau ab, weil Polen einen Vertrag zwischen der UdSSR und allen Randstaaten unter Polens Führung anstrebt.

August 1931

Der Ort Medemblik mit den beiden großen Pumpstationen zur Entfernung des Meerwassers aus dem neugewonnenen Marschland im Wieringermeer-Polder

Erste Etappe der Zuidersee-Trockenlegung erfolgreich beendet

28. August. *Die Niederlande melden den Abschluß der ersten Etappe des großen Landgewinnungsprojekts an der Zuidersee: Die Zuidersee-Insel Wieringen hat aufgehört, ein Eiland zu sein. 1927 war damit begonnen worden, den Wieringermeer-Polder einzudeichen und trockenzulegen. Die gesamte Oberfläche des hierdurch gewonnenen Neulandes beträgt etwa 20 000 ha. Ein Drittel dieser Fläche, die vor einer landwirtschaftlichen Nutzung noch entsalzt werden muß, ist bereits durch Abwässerungsgräben bebauungsfähig gemacht worden. Zur Entwässerung dienen zwei Pumpstationen beim Ort Medemblik, die pro Minute 1,7 Millionen l Salzwasser ins Meer zurückbefördern. In Kürze sollen auch die ersten 20 Wohnungen des Neusiedlerdorfs auf dem Wieringermeer-Polder bezogen werden. Um 1300 war durch eine Sturmflut aus dem ehemaligen Süßwassersee eine rund 3700 km² große Nordseebucht mit salzigem Meerwasser entstanden. Zusammen mit dem Baubeginn des Abschlußdeichs zur Nordsee war 1926/27 nordwestlich von Enkhuizen ein 40 ha großer Versuchspolder angelegt worden, ehe mit den Arbeiten am Wieringermeer-Polder begonnen wurde.*

Über die Nordwand auf das Matterhorn

1. August. Als ersten Bergsteigern gelingt den Münchener Studenten Franz und Toni Schmid die Besteigung der Matterhorn-Nordwand, die seit 30 Jahren immer wieder vergeblich versucht worden war.
Die beiden jungen Münchener waren am 31. Juli in die Nordwand eingestiegen und hatten die Nacht in einem Biwak in 4150 m Höhe verbracht. Am nächsten Morgen beginnt der Aufstieg zum 4478 m hohen Gipfel, den sie gegen 14 Uhr erreichen. Der Abstieg gelingt ihnen erst nach zwei Tagen, da heftige Gewitter die beiden Bergsteiger zum Verbleiben in der Wand zwingen. Am Vormittag des 3. August erreichen die Brüder die Staffelalp.
Die Leistung der jungen Münchener erregt internationales Aufsehen. Sie werden für den Bergsteiger-Preis der Olympischen Sommerspiele 1932 nominiert. Eine solche Auszeichnung war bisher erst einmal im Jahr 1924 vergeben worden.

Das Matterhorn mit der Aufstiegsroute der zwei Münchener Studenten

Jangtsekiang tritt erneut über die Ufer

26. August. Ein zweitägiger Taifun richtet im Überschwemmungsgebiet des Jangtsekiang in der Region um die Stadt Hankow (Provinz Hupeh) schwere Schäden an.
Der Wasserstand des Jangtsekiang erreicht bis Monatsende 15,30 m und liegt damit um 40 cm höher als bei der Überschwemmung von 1869. Das Hochwasser, eine Folge des ungewohnt starken Schnees in den Bergen Westchinas und der heftigen Regenfälle, sowie der Taifun fordern nach amtlichen Schätzungen rund 250 000 Tote. Etwa eine Million Menschen fliehen, wenn sie können, aus den betroffenen Gebieten, und rund 163 000 Häuser werden zerstört. Die USA haben sich zwar am 20. August bereit erklärt, die drohende Hungersnot durch Getreidelieferungen abzuwenden, doch aufgrund des chinesischen Bürgerkrieges erreichen die Hilfslieferungen die bedürftigen Menschen nur spärlich.

Die überfluteten Straßen der chinesischen Großstadt Hankow; das Hochwasser des Jangtsekiang, dem mit 6300 km längsten Fluß in Asien, macht über eine Million Menschen obdachlos; der Jangtsekiang ist die wichtigste Schiffahrtsstraße Chinas, seine Hochwasser aber eine schwere Bedrohung, denn sein Einzugsgebiet umfaßt rund ein Fünftel der Gesamtfläche von China

Das Matterhorn in den Walliser Alpen ist der vierthöchste Berggipfel der Schweiz. Die Nordwand gilt nach der Eiger-Nordwand (3970 m) in den Berner Alpen als die schwierigste Aufgabe für Alpinisten in Europa.
Die Erstbesteigung des Matterhorns gelang einer britisch-französischen Seilschaft unter Leitung des Briten Edward Whymper am 14. Juli 1865. Allerdings endete das aufsehenerregende Unternehmen mit einer Katastrophe: Beim Abstieg stolperte einer der Bergsteiger, das Halteseil zerriß, und vier der sieben Kletterer stürzten in die Tiefe. Anschließend mußte sich Whymper in seiner Heimat gegen den Vorwurf zur Wehr setzen, er habe das Seil gekappt, um sich selbst zu retten.

August 1931

Musik aus Bayreuth erstmals im Radio

19. August. In Bayreuth enden die am 21. Juli begonnenen Richard-Wagner-Festspiele. Ein besonderer Höhepunkt war die erstmalige Rundfunkübertragung einer Bayreuth-Aufführung am Vortag.

Alle deutschen Sender und rund 200 Stationen in Europa, Nordamerika und Afrika übertrugen am 18. August zwischen 16 und 22 Uhr eine Aufführung von Richard Wagners »Tristan und Isolde« unter der musikalischen Leitung von Wilhelm Furtwängler. Die Übertragung wurde zweimal durch jeweils einstündige Pausen unterbrochen, in denen die Hörer über Bayreuth und seine Festspiele informiert wurden. Auch unabhängig von der Rundfunkübertragung wurde der »Tristan« zur herausragenden Aufführung des Festspieljahres 1931. Neben der Leistung des Dirigenten fanden auch die stimmlichen Darbietungen von Lauritz Melchior und Nanny Larsén-Todsen in den beiden Titelpartien sowie Josef von Manowarda (König Marke), Rudolf Bokkelmann (Kurwenal) und Anny Helm (Brangäne) großes Lob.

Besondere Aufmerksamkeit findet der in seiner Heimat Italien politisch

Wilhelm Furtwängler (l.), die Festspielleiterin Winifred Wagner, Witwe des 61jährig im Jahr 1930 verstorbenen Siegfried Wagner, und Arturo Toscanini

umstrittene Arturo Toscanini (→ 14. 5./S. 91), der sowohl das Bühnenweihfestspiel »Parsifal« als auch die romantische Oper »Tannhäuser« dirigierte, wobei neben Lauritz Melchior als Tannhäuser u. a. Gerhard Huesch (Wolfram von Eschenbach) und Maria Müller (Elisabeth) großen Beifall fanden. Auf dem Spielplan stand ferner die Tetralogie »Der Ring des Nibelungen« (Musikalische Leitung Karl Elmendorff) mit Gotthelf Pistor als Siegfried und Rudolf Bockelmann als Wotan.

Großer Erfolg für Albers und Rühmann

31. August. Im Ufa-Palast in Berlin wird der von Hanns Schwarz gedrehte musikalische Abenteuerfilm »Bomben auf Monte Carlo« mit Hans Albers und Heinz Rühmann in den Hauptrollen uraufgeführt.

Albers spielt den Kreuzerkapitän Craddock, der die Löhnung seiner Matrosen in Monte Carlo verspielt hat. Er droht mit der Beschießung des Kasinos, sofern ihm die verlorenen 100 000 Francs nicht sofort zurückgezahlt werden. Monte Carlo gerät in Aufruhr. Craddock findet die Zuneigung seiner Königin Yola (Anna Sten), springt aber in voller Montur ins Mittelmeer, um sich im letzten Moment doch noch der bedrohlichen Bindung zu entziehen.

Während der Film auch dank der Musik von Werner Richard Heymann (»Das ist die Liebe der Matrosen«) ein Publikumserfolg wird, ist die Kritik zurückhaltend. So rügt Herbert Ihering, daß die reizvolle Romanvorlage von Fritz Reck-Malleczewen in geschmackloser, stilloser und langweiliger Form bearbeitet worden sei. Andere Kritiker rügen, daß Albers in seiner Rolle nicht das zeigen dürfe, was er wirklich könne. In einem Artikel für die »Vossische Zeitung« nimmt Albers am 29. August zu seiner Auffassung von Schauspielerei Stellung und bezieht sich dabei auf seinen Sprung ins Wasser am Schluß des Films.

Nach Albers Worten habe er sich im Laufe der Dreharbeiten »mit der Seemannsuniform auch die Seele dieses Mannes angezogen« und daher sei es für ihn völlig ausgeschlossen gewesen, einen Artisten den Zwölf-Meter-Sprung ausführen zu lassen: »Richtig springen konnte und durfte in diesem Falle nur ich.«

Hans Albers in der Rolle des Kapitäns Craddock, Befehlshaber des Kreuzers »Persimon«, dem einzigen Kriegsschiff des Kleinstaates Pontonero, und Heinz Rühmann (r.) als Erster Offizier Peter Schmidt in »Bomben auf Monte Carlo«, ihrer ersten gemeinsamen Filmarbeit

Valentin droht mit Umzug nach Berlin

29. August. Die »Vossische Zeitung« berichtet ihren Lesern von den Schwierigkeiten des Münchener Kabarettisten Karl Valentin in seiner Heimatstadt, die ihn sogar zu der Drohung veranlaßte, die Isarmetropole in Richtung Berlin zu verlassen. Valentin, der allabendlich mit Liesl Karlstadt im Kolosseum auftritt, hadert in letzter Zeit vor allem mit den örtlichen Behörden. So scheiterte an den Problemen der Konzessionserteilung Valentins Projekt einer eigenen Bühne im Stadtteil Schwabing; die katholische Zeitschrift »Bayerischer Kurier« kritisierte Valentins Erfolgsstück »Der Firmling« als »unwürdige und verletzende Verzerrung des hl. Sakraments der Firmung«; und die Feuerpolizei verbot Valentin, in einer Szene des Stücks »Die Raubritter vor München« eine brennende Kerze in einer Stallaterne auf die Bühne zu bringen.

Auf diesen Vorfall reagierte der Humorist mit einem Brief, in dem es abschließend heißt: »Und sollte es mir trotzdem verboten werden, dann packe ich meine sieben Zwetschgen zusammen und übersiedle für immer nach Berlin.«

Neue Leitung für die Leichtathleten

28. August. Der 40jährige bisherige Sportwart der Deutschen Sportbehörde für Leichtathletik, Karl Ritter von Halt, übernimmt die Führung des Gesamtverbandes.

Der neue DSB-Präsident wurde am 2. Juni 1891 in München als Karl Halt geboren. Als Leutnant im Bayerischen Infanterie-Leibregiment erhielt er für besondere Tapferkeit im Weltkrieg an der Front gegen Italien den Max-Joseph-Orden und damit den persönlichen Adel. Auf dem zweiten Bildungsweg holte er 1918 das Abitur nach und studierte Staatswissenschaften.

Für die TG 1879 München errang er zwischen 1911 und 1921 acht deutsche Meistertitel und stellte im Kugelstoßen und Zehnkampf sechs deutsche Rekorde auf. Seit 1929 ist der bei der Deutschen Bank tätige von Halt Mitglied im Internationalen Olympischen Komitee und hat großen Anteil an der Vergabe der Olympischen Sommerspiele 1936 nach Berlin (→ 13. 5./S. 94).

August 1931

Müller und Domgörgen Box-Europameister

30. August. Im Berliner Post-Stadion wird Hein Müller (Köln) Schwergewichts-Europameister der Berufsboxer durch einen Punktsieg nach 15 Runden über den belgischen Titelverteidiger Pierre Charles.

In den Rahmenkämpfen des Boxtages in Berlin wird u. a. der Kölner Hein Domgörgen im Mittelgewicht ebenfalls Europameister durch einen Punktsieg über den Wiener Leopold Steinbach. Im Weltergewicht unterliegt der Deutsche Meister Gustav Eder dem belgischen Europameister Gustave Roth hoch nach Punkten.

Vor 30 000 Zuschauern, von denen die weiter vom Ring entfernt sitzenden die letzten Runden allerdings wegen der hereinbrechenden Dunkelheit nur mit Mühe verfolgen können, legt der 27jährige Müller von Beginn an ein scharfes Tempo vor und treibt Charles ständig in die Defensive. Der Belgier erweist sich nach der Urteilsverkündung als fairer Sportsmann: Er hebt den überglücklichen Kölner auf seine Schultern und bringt so zum Ausdruck, daß der Herausforderer an diesem Abend der bessere Boxer war.

Als Amateur war Müller Deutscher Meister im Weltergewicht (1925), im Mittelgewicht (1926) und im Halbschwergewicht (1927). Ende 1927 wurde er Profi und war nach 18 Kämpfen Deutscher Meister im Halbschwergewicht (1929). Der Griff nach dem Europatitel scheiterte im Juli 1929 am Italiener Michele Bonaglia, der ihn in der 4. Runde k. o. schlug. Am 1. Februar 1931 wurde der mittlerweile ins Schwergewicht (über 81 kg) hineingewachsene Müller durch einen Punktsieg über Hans Schönrath Deutscher Meister aller Klassen.

Hein Domgörgen (Köln) im erfolgreichen Kampf um die Box-Europameisterschaft im Mittelgewicht gegen Titelverteidiger Leopold Steinbach (Wien)

Aussem und Menzel Sieger im Tennis

9. August. In Hamburg enden nach einwöchiger Dauer die Internationalen Tennismeisterschaften von Deutschland. In den Einzelwettbewerben siegen die Favoriten Cilly Aussem (Köln) und Roderich Menzel (Tschechoslowakei).

Cilly Aussem, die in der Saison 1931 bereits die Internationalen Tennismeisterschaften von Frankreich (→ 1. 6./S. 111) und England (→ 3. 7./S. 131) gewonnen hat, besiegt im Finale von Hamburg mit einem leicht herausgespielten 6:1 und 6:2 Irmgard Rost, die im Halbfinale überraschend Wimbledon-Finalistin Hilde Krahwinkel bezwingen konnte.

Bei den Herren hatte sich überraschend der 23jährige Eishockeyspieler Gustav Jaenecke (Berliner SC) ins Finale vorgekämpft und dabei durch sein unorthodoxes, aber erfolgreiches Tennis die Zuschauer begeistert. Im Endspiel ist Jaenecke allerdings dem Sudetendeutschen Menzel eindeutig unterlegen und verliert glatt mit 2:6, 2:6 und 1:6.

Rekordleistungen der Leichtathleten

2. August. In Magdeburg und in Berlin enden nach jeweils zweitägiger Dauer die Leichtathletik-Meisterschaften der Damen und Herren, die trotz schwachen Zuschauerzuspruchs guten Sport boten.

Herausragende Athletin in Magdeburg ist die knapp 21 Jahre alte Berlinerin Ellen Braumüller. Sie gewinnt zum dritten Mal in Folge den Fünfkampf; ihre 395 Punkte sind deutscher Rekord und (inoffizielle) Weltbestleistung. Bei dem Mehrkampf verbessert sie auch ihren eigenen Speerwurf-Weltrekord um zwei Meter auf 42,28 m, nachdem sie sich schon mit 39,85 m den deutschen Meistertitel geholt hat. 100-m-Siegerin Leny Thymm ist nach Elizabeth Robinson (USA), Myrtle Cook (Kanada) und Tollina Schuurmann (Niederlande) die vierte Läuferin der Welt, die 12,0 sec erreicht. Den sechs deutschen Frauen-Rekorden steht in Berlin eine Bestleistung bei den Männern gegenüber: Hans-Heinrich Sievert aus Liensfeld bei Eutin, der für den Eimsbütteler TV Hamburg startet, verbessert den deutschen Zehnkampf-Rekord auf 7874,605 Punkte.

Do X erreicht nach Weltreise New York

27. August. Um 17.16 Uhr Berliner Zeit landet das deutsche Flugboot Dornier Do X unter dem Sirenengeheul der im Hafen liegenden Schiffe in New York.

Auf den letzten Kilometern seiner über neun Monate dauernden Reise war das Riesenflugboot von zwölf Flugzeugen begleitet worden. Das von zwölf Motoren mit jeweils 520 PS angetriebene Flugboot mit einer Spannweite von 48 m, ein Werk des Flugzeugkonstrukteurs Claude Dornier, war 1929 in Friedrichshafen der Öffentlichkeit vorgestellt worden. Der Weltflug hatte am 5. November 1930 mit der ersten Etappe vom Bodensee bis zur Zuidersee begonnen, danach ging es nach Lissabon, weiter zu den Kanarischen Inseln, entlang der Küste Afrikas und über den Südatlantik nach Rio de Janeiro.

◁ Das deutsche Großflugboot Dornier Do X nach der Ankunft im Hafen von New York

September 1931

Mo	Di	Mi	Do	Fr	Sa	So
	1	2	3	4	5	6
7	8	9	10	11	12	13
14	15	16	17	18	19	20
21	22	23	24	25	26	27
28	29	30				

1. September, Dienstag
Der Ältestenrat des preußischen Landtages verweigert die von den Rechtsparteien wegen des Vorschlags von Hermann Höpker-Aschoff verlangte Einberufung des Reichstags. Der Finanzminister hatte die Eingliederung Preußens in das Reich für den Fall angeregt, daß es zu einer Reichsreform komme.

Im Deutschen Theater in Berlin wird das Schauspiel »Kat« von Carl Zuckmayer und Heinz Hilpert nach dem Roman »In einem anderen Land« (1929) von Ernest Hemingway uraufgeführt. Es spielen u. a. Gustav Fröhlich, Paul Hörbiger und Käthe Dorsch.

2. September, Mittwoch
Italien und der Vatikan vereinbaren eine völlige Entpolitisierung der Laienorganisation Katholische Aktion, die fortan den Bischöfen untersteht (→ 9. 6./S. 107).

In Rom wird der belgische Gymnasiallehrer Jean Moulin wegen verbotener antifaschistischer Arbeit zu zwei Jahren Gefängnis verurteilt (→ 15. 4./S. 69).

Der Diskontsatz der Reichsbank, der am 12. August auf 10% festgesetzt worden war, wird auf 8% und der Lombardsatz von 12% auf 10% herabgesetzt.

Im Deutschen Reich wird das Verbot des US-Antikriegsfilms »Im Westen nichts Neues« aufgehoben. Zuvor hatte der Leiter der Universal-Filmgesellschaft, Carl Laemmle, den deutschen Behörden mitgeteilt, künftig würden alle Versionen nach der deutschsprachigen Fassung zurechtgeschnitten, in der die Anfangsszenen über die Ausbildung der Rekruten kürzer als im Original sind (→ 7. 1./S. 26).

3. September, Donnerstag
Auf der vierten Tagung des Europaausschusses des Völkerbundes in Genf erklären der österreichische Außenminister Johannes Schober und Reichsaußenminister Julius Curtius den Verzicht auf die Zollunion. → S. 156

Der jugoslawische König Alexander I. Karađorđević verkündet die Rückkehr seines Landes zur Demokratie. → S. 154

Im Deutschen Reich werden die seit den Bankfeiertagen (→ 14. 7./S. 117) geschlossenen Effektenbörsen wieder geöffnet. Die Kurse notieren zumeist um 20 bis 30% niedriger als vor der Schließung.

4. September, Freitag
Der Ältestenrat des Reichstags lehnt den KPD-Antrag auf Einberufung des Parlaments ab. Die KPD hatte über den Verzicht auf die Zollunion debattieren wollen (→ 3. 9./S. 156).

Anton Franzen, Innenminister des Landes Braunschweig, der am 26. Juli seinen Rücktritt bekanntgegeben und seither das Amt geschäftsführend ausgeübt hatte, legt seinen Posten nieder. Am 1. September hatte Franzen wegen interner Streitigkeiten über die Besetzung des Ministerpostens auch die NSDAP verlassen.

In Frankfurt am Main endet der am 31. August eröffnete 14. Kongreß des Allgemeinen Deutschen Gewerkschaftsbundes (ADGB). → S. 159

Die linkssozialdemokratische »Die Fackel«, Sozialistische Wochenzeitung gegen Nationalsozialismus und Kulturreaktion, erscheint erstmals. Zu den Mitarbeitern gehören u. a. Max Seydewitz und Kurt Rosenfeld (→ 4. 10./S. 174).

5. September, Samstag
Mit acht zu sieben Richterstimmen erklärt der Internationale Gerichtshof in Den Haag eine deutsch-österreichische Zollunion für unvereinbar mit dem Genfer Protokoll von 1922 (→ 3. 9./S. 156).

In London beginnt eine zweite Konferenz über die Zukunft Indiens. → S. 154

Das Zentralkomitee der KPdSU regelt den Unterricht an den Grund- und Mittelschulen der UdSSR neu. Die pädagogischen Experimente der 20er Jahre werden zugunsten einer autoritären Lern- und Leistungsschule aufgegeben.

Der Schweizer Bundesrat billigt Subventionen für die Allgemeine Schweizer Uhrenindustrie (ASUAG). → S. 162

6. September, Sonntag
Beim Automobilrennen von Monza siegt der Italiener Luigi Fagioli auf Maserati. Ein Unfall des Franzosen Philippe Etancelin fordert vier Tote und 15 Verletzte.

7. September, Montag
Die deutsche Reichsregierung diskutiert erstmals über Siedlungen für Arbeitslose. → S. 158

Die am 1. September aus Protest gegen Gehaltskürzungen ausgebrochene Meuterei in der chilenischen Marine wird gewaltsam niedergeschlagen.

Das deutsche Luftschiff LZ 127 »Graf Zeppelin« kehrt aus Pernambuco (Venezuela) nach Friedrichshafen zurück. Für die Hinfahrt benötigte es 71,5 Stunden und für die Rückfahrt 81,5 Stunden.

Bei der 400-Jahr-Feier der Katharinen-Oberschule in Lübeck wendet sich Thomas Mann an die Jugend und sagt u. a., der »modische Hohn auf die Freiheit« sei ein Massenunfug, von dem die Jugend, ebenso wie vom allgemeinen »Ideenhaß«, kritisch Abstand nehmen solle.

8. September, Dienstag
Die deutsche Minderheit in Oberschlesien richtet wegen der Benachteiligung durch die polnischen Behörden bei der Agrarreform eine neue Beschwerde an den Völkerbund (→ 21. 1./S. 19).

Das britische Unterhaus spricht zur Eröffnung einer außerordentlichen Session der nationalen Regierung von James Ramsey MacDonald (→ 25. 8./S. 144) mit 309 gegen 250 Stimmen das Vertrauen aus.

Am zweiten Tag des Jahreskongresses der britischen Gewerkschaften in Bristol kritisiert deren Vorsitzender Arthur Hayday mit scharfen Worten die Sparmaßnahmen der nationalen Regierung. Der Kongreß fordert die Einführung der 40-Stunden-Woche.

9. September, Mittwoch
In Lübeck beginnt der 36. Deutsche Juristentag (bis 13. 9.). Er schlägt u. a. die Beschränkung der Eidesleistung im Zivil- und Strafprozeß vor und befaßt sich mit der Staatsangehörigkeit und dem Schutz vor Werkspionage. Die Juristin Marianne Weber fordert die Novellierung des Familienrechts mit dem Ziel einer Gleichberechtigung der Frau.

Die Regierung von Mexiko erklärt ihren Beitritt zum Völkerbund.

10. September, Donnerstag
In Stuttgart tagt eine Konferenz der süddeutschen Länder, an der erstmals Sachsen teilnimmt. Es wird vereinbart, mit dem Reich Gespräche über die umstrittene Politik der fortdauernden Notverordnungen zu führen.

Gegen den Willen der philosophischen Fakultät der Universität Berlin beruft das preußische Kultusministerium den Heidelberger Nationalökonomen Emil Lederer auf den Lehrstuhl für Volkswirtschaft.

Das britische Unterhaus billigt den von Schatzkanzler Philip Snowden vorgelegten Nachtragsetat. Zur Deckung des Defizits von 170 Millionen Pfund (rund 3,5 Milliarden Reichsmark) werden direkte und indirekte Steuern erhöht und die Arbeitslosenfürsorge sowie Gehälter im öffentlichen Dienst gekürzt.

11. September, Freitag
NSDAP-Führer Adolf Hitler empfängt im Berliner Hotel Kaiserhof mehrere Industrielle und stellt ihnen seine wirtschaftspolitischen Ziele vor. → S. 157

Der Hauptausschuß des österreichischen Nationalrates billigt mit den Stimmen der Sozialisten ein umfangreiches Sparprogramm und erfüllt damit die Hauptbedingung für eine internationale Anleihe (→ 11. 5./S. 86).

Aus Geldmangel bietet Großbritannien das Luftschiff »R 100« zum Verkauf an. Der Luftschiffhafen Cardington soll stillgelegt werden.

In Berlin findet die Gläubigerversammlung der evangelischen Bausparkasse Devaheim statt (→ 30. 7./S. 123). Freie Vermögenswerte stehen nur in Höhe von 4600 Reichsmark zu Vefügung; von den 16 Millionen RM der Devaheim-Bausparer sind rund 8,5 Millionen RM tatsächlich in Bauvorhaben investiert worden.

12. September, Samstag
Reichsaußenminister Julius Curtius fordert vor der 12. Völkerbundsversammlung in Genf (7. – 29. 9.) eine internationale Abrüstung.

Am jüdischen Neujahrstag werden auf dem Kurfürstendamm und umliegenden Straßen von Berliner SA-Männern Geschäfte demoliert und Passanten, die von ihnen für Juden gehalten werden, tätlich angegriffen. → S. 158

Die preußische Staatsregierung erläßt eine Sparnotverordnung und ändert das Landeswahlgesetz, wodurch die Zahl der Landtagssitze für die nächste Wahl gesenkt wird. → S. 157

Das Deutsche Reich kauft in den USA 200 000 t Weizen. Gezahlt wird erst zum 31. Dezember 1934.

13. September, Sonntag
In der Steiermark scheitert ein Putschversuch des Bundesführers der rechtsgerichteten Heimwehr, Walter Pfrimer. → S. 156

Ein Sprengstoffanschlag auf den Schnellzug Budapest – Wien an einem Viadukt bei der Station Bia-Torbagy fordert 25 Tote und zahlreiche Schwerverletzte (→ 10. 10./S. 181).

In Wien schlägt die Fußball-Nationalmannschaft von Österreich die deutsche Nationalelf 5:0 (2:0). → S. 165

Im Herrenfinale der am 5. September eröffneten Internationalen Tennismeisterschaften der USA besiegt Ellsworth Vines (USA) seinen Landsmann George M. Lott 7:9, 6:3, 9:7 und 7:5 → S. 165.

14. September, Montag
Die deutsche Reichsregierung, Reichspräsident Paul von Hindenburg und die Wohlfahrtsverbände rufen zur Teilnahme an der Winterhilfe für Arbeitslose auf (→ 20. 10./S. 174).

Im Berliner Sportpalast führen SPD und KPD mit Franz Künstler und Heinz Neumann als Redner eine Veranstaltung zur Frage der Einheitsfront durch. → S. 158

Das britische Unterhaus billigt in zweiter Lesung mit 310 gegen 253 Stimmen ein Ermächtigungsgesetz, das die Regierung berechtigt, für die Dauer eines Monats Sparnotverordnungen zu erlassen.

In Genf endet die am 1. September eröffnete 64. Tagung des Völkerbundrates.

15. September, Dienstag
Der Landtag von Braunschweig wählt mit 20 gegen 19 Stimmen den Regierungsrat Dietrich Klagges (NSDAP) als Nachfolger von Anton Franzen (NSDAP) zum Innenminister.

In Hamburg wird die Zahl der Senatoren aus Geldmangel um vier reduziert. Die bayerische Staatsregierung verfügt die Angleichung der Dienstbezüge der kommunalen Beamten und Angestellten an die gekürzten Staatsbeamtenbezüge.

September 1931

Wahlplakat von Max Keilson für die Kommunistische Partei Deutschlands mit einer Abbildung des in Hamburg geborenen KPD-Vorsitzenden Ernst Thälmann für die Bürgerschaftswahl in Hamburg am 27. September 1931

September 1931

16. September, Mittwoch

Wegen der Soldkürzungen in der Royal Navy verweigert ein Teil der Mannschaften der in Invergorden zu einem Manöver versammelten 16 Kriegsschiffe den Befehl zum Auslaufen. Die Unruhen flauen ab, nachdem den Soldaten eine Überprüfung der Kürzungen in Aussicht gestellt und ihnen Straffreiheit zugesichert worden ist (→ 20. 9./S. 154).

In einem Artikel für die Zeitschrift »Heimatdienst« warnt Reichsbankpräsident Hans Luther vor einer neuen Inflation durch Ausweitung des Kreditvolumens.

17. September, Donnerstag

Der Stillhaltevertrag zur Sicherung von Auslandskrediten (→ 19. 8./S. 140) tritt in Kraft. Reichspräsident Paul von Hindenburg erläßt am 9. und am 18. September Verordnungen zu dessen Sicherung.

Nach Kämpfen zwischen Anhängern der NSDAP und denen anderer Parteien untersagt der Dortmunder Polizeipräsident Karl Zörgiebel weitere NSDAP-Kundgebungen.

Die Berliner Universum Film AG (Ufa) zahlt nach fünf ertraglosen Jahren eine Dividende von 6% auf das Aktienkapital von 45 Millionen Reichsmark.

18. September, Freitag

In der gemeinsam mit ihrem Onkel Adolf Hitler genutzten Wohnung in München stirbt Angela Maria (»Geli«) Raubal durch Lungenschuß. → S. 156

Japanische Truppen erobern die Stadt Mukden in der Mandschurei, nachdem angeblich die Chinesen eine Brücke der Südmandschurischen Eisenbahn gesprengt haben. → S. 152

In ihrer Antwort auf eine Anfrage des Direktors des Internationalen Arbeitsamtes, Albert Thomas, über Mittel zur Bekämpfung der Arbeitslosigkeit schlägt die deutsche Reichsregierung Arbeiten im Bereich Straßenbau, Elektrizitätsversorgung und Bodenverbesserung vor, die einen Kredit von rund 100 Millionen Reichsmark erfordern und vier bis fünf Millionen Arbeitstage schaffen würden.

Die Zeitschrift »Die literarische Welt« veröffentlicht das Ergebnis einer Umfrage zur Abhaltung des Goethe-Jahres 1932. In den Antworten wird ein Unbehagen gegenüber dem bisher üblichen öffentlichen Würdigungen deutlich.

19. September, Samstag

Im Deutschen Reich werden durch Verordnung des Reichspräsidenten ein Kuratorium und ein Reichskommissar für das Bankwesen als erster Schritt zur Bankenaufsicht eingeführt. → S. 159

20. September, Sonntag

Mit einer Kundgebung beschließt in Stettin die Deutschnationale Volkspartei (DNVP) ihren zehnten Parteitag. Dabei kritisiert der Vorsitzende Alfred Hugenberg heftig die »Diktatur« der Zentrumspartei und fordert die Rückgabe der deutschen Kolonien und Siedlungsraum im Osten.

In Leipzig endet die Reichstagung des Christlich-Sozialen Volksdienstes, einer Ende 1929 als Zusammenschluß des württembergischen Christlichen Volksdienstes mit einer von der DNVP abgespaltenen Oppositionsgruppe entstandenen protestantischen Partei, mit einem Bekenntnis zu der von Heinrich Brüning geführten Reichsregierung.

Die Bank von England hebt den Goldstandard des Pfund Sterling auf und erhöht den Diskontsatz von 4,5 auf 6%. → S. 154

Der australische Polarforscher George Hubert Wilkins, der vergeblich versuchte, mit seinem Tauchboot »Nautilus« den Nordpol zu unterfahren, erreicht den norwegischen Hafen Bergen. → S. 162

21. September, Montag

Vor der Küste Neufundlands wird die dreiköpfige Besatzung einer notgelandeten deutschen Junkers-Maschine nach 158 Stunden lebend geborgen. → S. 162

Aufgrund der Abkehr Großbritanniens vom Goldstandard bleiben die am 3. September wiedereröffneten deutschen Effektenbörsen geschlossen.

22. September, Dienstag

Der Parteiausschuß der SPD erklärt die Mitgliedschaft in der Deutschen Friedensgesellschaft und Vereinigungen, die Sonderaktionen verfolgen, für unvereinbar mit einer Mitgliedschaft in der SPD.

Der französische Diplomat André François-Poncet wird als Botschafter seines Landes in Berlin akkreditiert.

Die Bank von Frankreich und die Nationalbank von Belgien tauschen 156,6 Millionen US-Dollar (rund 658 Millionen Reichsmark) in Gold ein. Nach der Abkehr Großbritanniens vom Goldstandard beginnt ein Run auf die US-Währung.

23. September, Mittwoch

Auf der Jahreskonferenz der preußischen Oberpräsidenten und Präsidenten in Berlin ruft der preußische Innenminister Carl Severing (SPD) zu einem energischen Vorgehen gegen alle Putschgerüchte und gegen jeden übertriebenen Pessimismus auf.

Fünf große US-Industriekonzerne geben eine Lohnsenkung bekannt und verlassen damit den seit 1929 eingeschlagenen Kurs der Lohnstabilisierung zur Stärkung der Massenkaufkraft. → S. 154

24. September, Donnerstag

Japan weist den Vorschlag des Völkerbundes zur Entsendung einer unabhängigen Kommission in die Mandschurei zurück. Es habe dort nur Schutzmaßnahmen ergriffen (→ 18. 9./S. 152).

Das 1858 gegründete Bankhaus Deichmann & Co. in Köln ist zahlungsunfähig.

Das Bankhaus Friedmann & Co. in Halle stellt einen Vergleichsantrag.

25. September, Freitag

Die Regierung von Oldenburg verfügt durch Notverordnung eine gestaffelte Kürzung der Beamtengehälter.

Das Präsidium des Reichsverbandes der Deutschen Industrie wählt Gustav Krupp von Bohlen und Halbach, seit 1910 Leiter des Hauses Krupp, zu seinem Präsidenten. Zu Ehren des bisherigen Amtsinhabers, des Chemie-Industriellen Carl Duisberg, der wegen Erreichens des 70. Lebensjahres zurückgetreten ist, wird ein Festakt veranstaltet.

Die Tennis-Weltranglisten des Briten Wallis Myers führen bei den Herren Henri Cochet (Frankreich) und bei den Damen Helen Wills-Moody (USA) an. Cilly Aussem und Hilde Krahwinkel belegen die Plätze zwei und sechs.

26. September, Samstag

Die Regierung von Baden läßt sich vom Landtag zu Notmaßnahmen zur Deckung des Haushaltsfehlbetrags von sieben Millionen Reichsmark ermächtigen.

Der Wiener Tierschutzverein läßt 2000 Schwalben, die wegen des plötzlichen Kälteeinbruchs ihren Flug nach Süden nicht antreten können, mit einem Flugzeug nach Venedig bringen. → S. 158

27. September, Sonntag

Bei den Bürgerschaftswahlen in Hamburg wird die NSDAP mit 25,9% der Stimmen und 43 von 160 Mandaten zweitstärkste Partei nach der SPD mit 27,8% (1928: 35,9%) und 46 Mandaten (60). Die bisher regierende Große Koalition (SPD, Deutsche Staatspartei, DVP und Zentrum) verliert die Mehrheit.

In Berlin endet der erste außerordentliche Parteitag der 1930 aus der Deutschen Demokratischen Partei hervorgegangenen Deutschen Staatspartei. Die Partei befürwortet eine Reichsreform durch das Aufgehen Preußens im Reich.

In Essen führt die KPD einen »Volkstrauertag der Hunderttausend« als Demonstration gegen soziale Not durch.

Im Kohlengebiet Harlan County (US-Bundesstaat Kentucky) eskalieren die bewaffneten Auseinandersetzungen, die seit Mai schon über ein Dutzend Tote gefordert haben, in Schießereien zwischen Streikenden und der Polizei.

Im letzten von sieben Länderspielen des Jahres 1931 kommt die deutsche Elf mit dem 4:2 über Dänemark in Hannover zum einzigen Sieg (→ 13. 9./S. 165).

Der Franzose Louis Chiron (Bugatti) gewinnt bei Brünn das Masaryk-Rennen für Automobile. → S. 165

28. September, Montag

In Berlin endet der französische Ministerbesuch mit der Unterzeichnung einer Vereinbarung über wirtschaftliche Kooperation. → S. 157

Der Vorstand des National Executives Committee der Labour Party schließt Premierminister James Ramsey MacDonald und die in seinem Kabinett verbliebenen Minister Philip Snowden, James Henry Thomas und John Sankey aus der Partei aus (→ 25. 8./S. 144).

In Norwegen und Schweden wird bis auf weiteres die Goldeinlösungspflicht der Landeswährung Krone aufgehoben.

Der Automobilkonstrukteur Ferdinand Porsche und Fritz Neumeyer, der Chef der Nürnberger Zündapp-Werke, vereinbaren die Konstruktion eines »Volkswagens«. → S. 159

29. September, Dienstag

Die Reichstagsabgeordneten Max Seydewitz und Kurt Rosenfeld werden wegen Linksabweichung aus der SPD ausgeschlossen (→ 4. 10./S. 174).

Elf Spitzenverbände der deutschen Wirtschaft fordern die Reichsregierung auf, die Wirtschaft von allen staatlichen und sozialen Bindungen zu befreien, und verlangen u. a. eine Senkung der Lohn- und Sozialkosten sowie der öffentlichen Tarife und eine individuelle Lohngestaltung durch Aufhebung der Verbindlichkeitserklärung von Lohnabschlüssen (→ 10. 1./S. 15).

Die Besitzrechte am Dom zu Riga (Lettland), bislang bei der deutschen Minderheit, werden von der lettischen Regierung durch eine Notverordnung neu geregelt. → S. 154

Das Folketing, die zweite Kammer des dänischen Reichstags, billigt das Gesetz über die Abkehr der dänischen Krone vom Goldstandard.

30. September, Mittwoch

Der Genfer Völkerbundsrat vertagt seine am 19. September eröffnete 65. Tagung auf den 13. Oktober. Der Rat fordert China und Japan zur Beilegung des Konfliktes in der Mandschurei auf (→ 18. 9./S. 152).

Im Rundfunk wird die Verbindlichkeit des am Vortag gefällten Schiedsspruchs über die Senkung der Löhne im Ruhrbergbau um 7% unter Fortfall der Beiträge für die Arbeitslosenversicherung bis einschließlich 30. November 1931 verkündet und tritt damit sofort in Kraft.

Das britische Pfund hat innerhalb von zehn Tagen an den internationalen Devisenbörsen um 20% an Wert verloren. Statt mit 20,37 Reichsmark, wie vor der Abkehr vom Goldstandard, notiert die britische Währung mit 16,38 Reichsmark.

Das Wetter im Monat September

Station	Mittlere Lufttemperatur (°C)	Niederschlag (mm)	Sonnenscheindauer (Std.)
Aachen	10,9 (14,5)	38 (68)	– (160)
Berlin	11,3 (13,8)	107 (46)	– (194)
Bremen	11,7 (14,0)	67 (60)	– (164)
München	8,9 (13,4)	126 (84)	– (176)
Wien	11,6 (15,0)	131 (56)	– (–)
Zürich	10,1 (13,5)	92 (101)	112 (166)

( ) Langjähriger Mittelwert für diesen Monat
– Wert nicht ermittelt

Titelseite des dritten September-Heftes (Nr. 20/1931) der Modezeitschrift »Der Bazar«

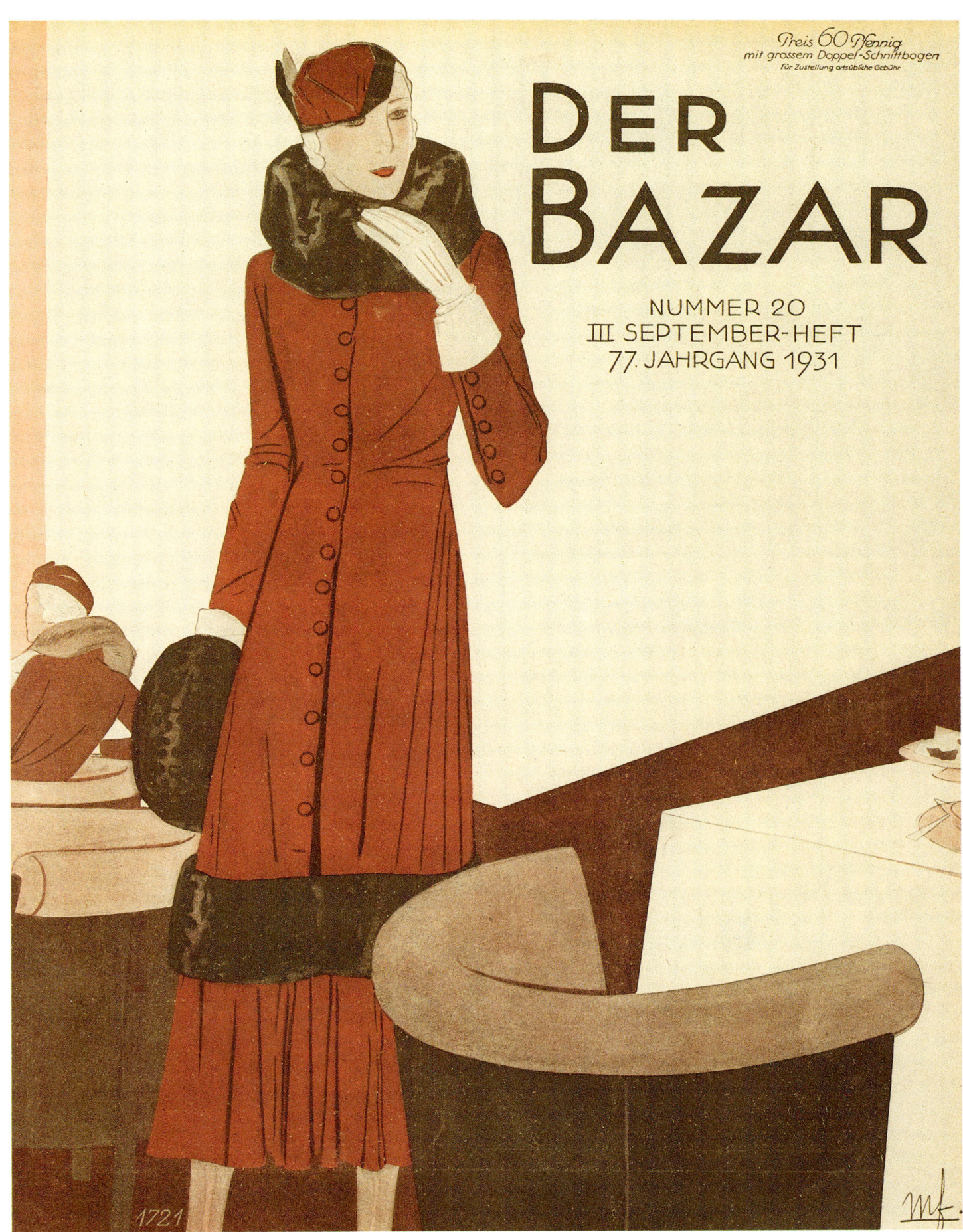

September 1931

Chinesische Truppen in einer Feuerstellung; vor den überlegenen Japanern ziehen sich die Chinesen nach dem Verlust von Mukden zumeist kampflos zurück

Mukden-Vorfall Anlaß zum Krieg um die Mandschurei

18. September. Am Abend erscheinen am Westtor der Stadt Mukden in der Mandschurei japanische Truppen und eröffnen das Feuer. Gegen 4.30 Uhr am nächsten Morgen ist die ganze Stadt von den Japanern besetzt, nachdem die rund 5000 Mann starke chinesische Garnison geflohen ist. Die Eroberung von Mukden bildet den Auftakt für den offenen Krieg um die Mandschurei. Nach Darstellung Japans haben die Chinesen zuvor japanische Eisenbahnwachtruppen überfallen und eine Brücke der Südmandschurischen Bahn gesprengt. Vermutlich jedoch hat die japanische Kwantung-Armee den Vorfall inszeniert, der ihr als Vorwand für die Eroberung der Mandschurei dient.

Angesichts der Übermacht der Japaner gibt der chinesische Befehlshaber der Mandschurei, der »junge Marschall« Tschang Hsüeh-liang, seinen Truppen Befehl zum Rückzug. Bis zum 22. September erobern die Japaner u. a. die Städte Kirin und Tschangtschun, ziehen sich dann jedoch weitgehend auf die Eisenbahnzone zurück. Dafür werden bis Monatsende in Mukden sowie Harbin und anderen Städten der Provinz Heilungkiang sog. autonome Regierungen gegründet.

China muß sich zunächst damit begnügen, am 21. September den Völkerbund anzurufen, der am 30. September beide Regierungen zu einer Verständigung auffordert und die Erklärung Japans zur Kenntnis nimmt, daß Tokio in der Mandschurei keine territorialen Ziele verfolge. Der Mukden-Zwischenfall ist nicht der erste japanische Gewaltakt in der Mandschurei: Am 4. Juni 1928 war der mandschurische Feldherr Tschang Tso-lin mit seinem Zug in die Luft gesprengt worden. Anschließend waren die chinesisch-japanischen Beziehungen durch weitere Vorfälle belastet worden: Die Ermordung eines Hauptmanns durch chinesische Soldaten in der Inneren Mongolei wurde nach Ansicht Tokios von den chinesischen Behörden nur unzureichend verfolgt; nach blutigen Zusammenstößen zwischen koreanischen Pächtern (Korea wurde 1910 von Japan annektiert) und Chinesen Anfang Juli in der Nähe von Mukden wurden in Korea über 100 Chinesen getötet.

Japan beansprucht Chinas Nordprovinzen

Nach seiner Niederlage gegen Japan mußte Rußland im Frieden von Portsmouth am 5. September 1905 u. a. das Pachtgebiet um Port Arthur mit allen Rechten, Privilegien und Konzessionen an Japan abtreten und auf die Südmandschurische Bahn von Dairen nach Harbin mit allen Nebenlinien und Gerechtsamen zugunsten Japans verzichten. Es wurde ein Bahnschutz von höchstens 15 Mann je Kilometer vereinbart.
Am 22. Dezember 1905 stimmte China dem Frieden von Portsmouth zu; ein Zusatzvertrag sieht vor, daß die Bahnwachen die Grenzen der Eisenbahnzone nicht ohne Erlaubnis verlassen dürfen. China verpflichtete sich, keine der Südmandschurischen Eisenbahn abträglichen Parallel- oder Zweigbahnen zu bauen.
Im chinesisch-japanischen Vertrag vom 25. Mai 1915 wurden die japanischen Rechte noch erweitert: Die Pachtdauer für die Region Kwantung wurde auf 99 Jahre verlängert, japanische Staatsangehörige dürfen für 30 Jahre Land pachten und es gewerblich und landwirtschaftlich nutzen. Außerdem wurde Japan ein Prioritätsrecht für die Aufnahme chinesischer Eisenbahnanleihen zuerkannt.
Die Japaner glauben, durch die Erschließung der Mandschurei ein Recht auf den Besitz dieser drei nördlichen Provinzen Chinas erworben zu haben. In der 20 km breiten Bahnzone ist mit japanischem Kapital von umgerechnet fast fünf Milliarden Reichsmark eine blühende Industrie entstanden. Die Einwohnerzahl der Mandschurei stieg seit 1905 von fünf auf 25 Millionen, darunter über 200 000 japanische Staatsbürger.

September 1931

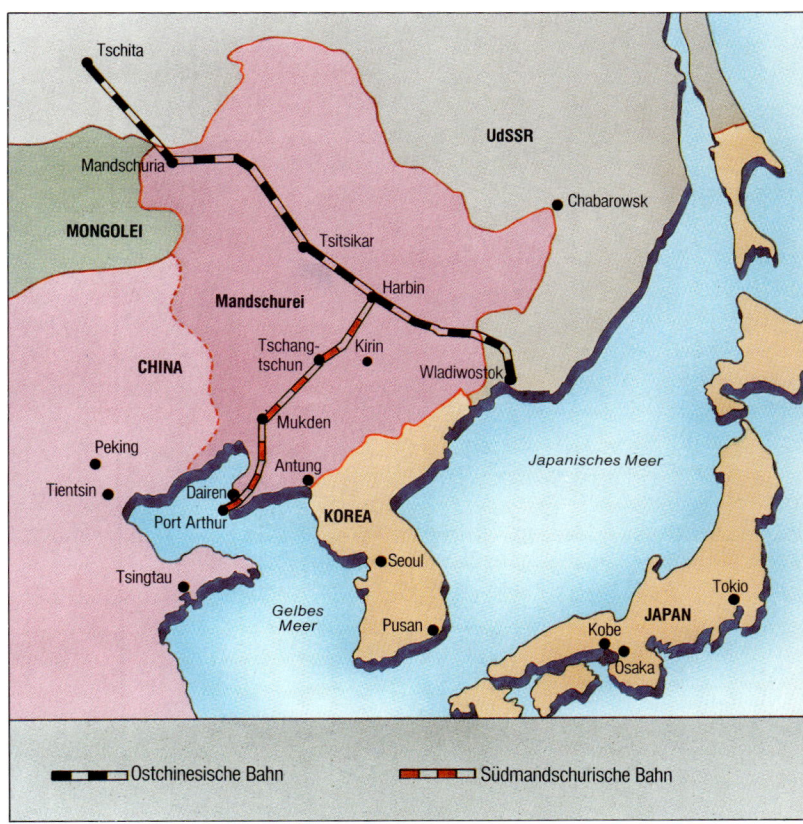

◁ Maschinengewehrposten der japanischen Armee in einer Straße von Mukden, der Metropole der Mandschurei; mit der Eroberung Mukdens, für die ein von den Japanern inszenierter Zwischenfall den Anlaß gibt, kommt der seit langem schwelende Konflikt zwischen Japan und China offen zum Ausbruch

▽ Ein Regimentsstab der japanischen Truppen vor Mukden; mit der Eroberung der Stadt eröffnet die mit modernem Kriegsmaterial und Luftwaffe versehene Kwantung-Armee einen erfolgreichen Feldzug zur vollständigen Beherrschung der von den Japanern beanspruchten Mandschurei

September 1931

Wartende Menge am 21. September vor der Börse in London, die ebenso wie die übrigen Börsen Großbritanniens geschlossen ist

Auswiegen von frisch geschmolzenen Barren in New York; die USA verfügen über große Vorräte

Bank von England gibt Goldstandard auf

20. September. Die Bank von England teilt für die Öffentlichkeit völlig überraschend die Abkehr vom Goldstandard des Pfundes mit und erhöht den Diskontsatz von 4,5% auf 6%. Am 21. September wird das Gesetz über die Aufhebung des Goldstandards vom Unterhaus gebilligt. Damit wird der Passus des Goldstandardgesetzes von 1925 aufgehoben, der die Bank von England zwingt, die Unze Feingold für 3 Pfund, 17 Schilling und 10 Pence (rund 64 Reichsmark) zu verkaufen. Begründet wird die zunächst auf sechs Monate befristete Maßnahme damit, daß seit Mitte Juli über 200 Millionen Pfund (4,1 Milliarden RM) vom britischen Kapitalmarkt abgezogen worden sind.

Diese Kapitalabflüsse sind teilweise durch das Gold und die Devisen der Bank von England und teils durch den im Juli gewährten Kredit von 50 Millionen Pfund (rund eine Milliarde RM) und den im August gleichfalls von New York und Paris gewährten 80-Millionen-Pfund-Kredit (rund 1,6 Milliarden RM) gedeckt worden.
Neben den schon länger bekannten Zahlungsproblemen der Briten (→ 30. 7./S. 121) hatte die Meldung von Protesten in der Royal Navy in Invergorden gegen Soldkürzungen am 16. September für Unruhe gesorgt.
Die Abkehr vom Goldstandard führt zu einem rapiden Kursverlust des Pfund Sterling: Lag der Wechselkurs am 18. September noch bei 20,458 RM, so kostet am 30. September ein Pfund nur noch 16,38 RM. Nach dem Willen der Bank von England soll das Pfund sein Kursniveau fortan selbst finden. Der Politik schwankender Wechselkurse folgen 25 Länder, darunter der größte Teil des Empire, einige Länder Osteuropas und wichtige Handelspartner wie Argentinien, Ägypten und Portugal. Schweden, Dänemark und Norwegen vollziehen im September gleichfalls vorläufig die Abkehr vom Goldstandard. Einer Abwertung enthalten sich u. a. Südafrika, die USA und auch das Deutsche Reich, dessen Regierung unter allen Umständen eine Inflation wie im Jahr 1923 verhindern will.

König Alexander beendet Diktatur

3. September. König Alexander I. Karađorđević verkündet ein Ende der am 5. Januar 1929 zur Wahrung der Staatseinheit dem Land aufgezwungenen Diktatur und gibt eine neue Verfassung bekannt.
Das neue Grundgesetz des Königreichs Jugoslawiens bekräftigt die Einheit des Staatsvolkes der Serben, Kroaten und Slowenen, erklärt das Land zur erblichen konstitutionellen Monarchie, garantiert die bürgerlichen Freiheiten, gewährt den neun Verwaltungsbezirken (Banate) weitgehende Autonomie und schafft eine Zwei-Kammer-Volksvertretung aus Parlament und Senat.

Dom von Riga wird nun doch enteignet

29. September. Die Regierung Lettlands enteignet durch Notverordnung die deutsche Domgemeinde in Riga. Die Besitzrechte zwischen Deutschen und Letten werden im Verhältnis drei zu acht geteilt.
Der Dom stammt aus der Zeit des Deutschen Ritterordens, war 1551 Stadtkirche geworden und 1919 unter das Patronat der deutschen Domgemeinde gestellt worden. Am 24. März 1931 und am 22. Juli hatte der Landtag die Domenteignung abgelehnt. Daraufhin wurde am 5./6. September ein Referendum abgehalten, das aber nicht die für eine Enteignung nötige Mehrheit erbrachte.

US-Großkonzerne senken die Löhne

23. September. Fünf große Industriekonzerne der USA senken die Löhne und brechen damit eine im Oktober 1929 US-Präsident Herbert Hoover gegebene Zusicherung.
Die United States Steel Corporation, die Bethlehem Steel Corporation und die Youngstown Sheet and Tube Company senken die Löhne um 10%. General Motors kürzt die Angestelltengehälter um bis zu 20%, während die United States Rubber Co. die Gehälter um $1/11$ senkt und die Fünftagewoche einführt. Bis Jahresende sinken in der verarbeitenden Industrie der USA die Wochenlöhne gegenüber Ende 1929 um 28%.

Indientagung mit Gandhi in London

5. September. In London beginnt eine Round-table-Konferenz zur Indienfrage, die erste nach den gescheiterten Gesprächen zu Jahresbeginn (→ 19. 1./S. 18). Der prominenteste Teilnehmer aus Indien trifft erst eine Woche später in Großbritannien ein: Mahatma Gandhi, der namhafte Repräsentant des gewaltlosen Widerstandes gegen die britische Herrschaft über Indien.
Gandhi war am 29. August auf dem Dampfer »Rajputana« aus Bombay abgereist. Er verläßt das Schiff in Marseille, reist mit dem Zug über Paris nach Boulogne und trifft am 12. September in Folkestone ein, von wo aus er im Auto nach London weiterreist.

Ein Leben für die Freiheit

Mohandas Karamchand (Mahatma) Gandhi wurde am 2. Oktober 1869 in Porbandar geboren. Er studierte Jura und wurde mit 20 Jahren Rechtsanwalt. 1893 ging er nach Südafrika und begann erfolgreich den Kampf für die Rechte der dortigen indischen Minderheit. 1915 kehrte er nach Indien zurück und gewann als Vorkämpfer für die Unabhängigkeit Millionen Anhänger. Der mehrfach inhaftierte Gandhi (→ 25. 1./S. 18) wurde dadurch auch für die Briten zu einem ernstzunehmenden Gegenspieler (→ 4. 3./S. 52).

Schon die Ankunft Gandhis in Großbritannien ist ein Medienereignis ersten Ranges: Reporter und viele Neugierige sind Zeugen, als Gandhi – wie zuvor angekündigt nur mit einem Leinenschurz bekleidet und an den Füßen Sandalen – in strömendem Regen britischen Boden betritt.
Am 15. September hält Gandhi vor dem Verfassungsausschuß der Indienkonferenz im St. James's Palace seine mit Spannung erwartete erste Rede und betont den Willen des Indischen Nationalkongresses zur Erringung der vollständigen Unabhängigkeit. Gandhi erklärt, er wolle kein Untertan der britischen Krone, sondern ein unabhängiger Partner Großbritanniens sein (→ 1. 12./S. 206).

September 1931

Mohandas Karamchand (Mahatma) Gandhi bei seiner ersten Teilnahme an den Beratungen des Verfassungsausschusses auf der Round-table-Konferenz

Der 61jährige Gandhi während seiner Schiffspassage nach Marseille

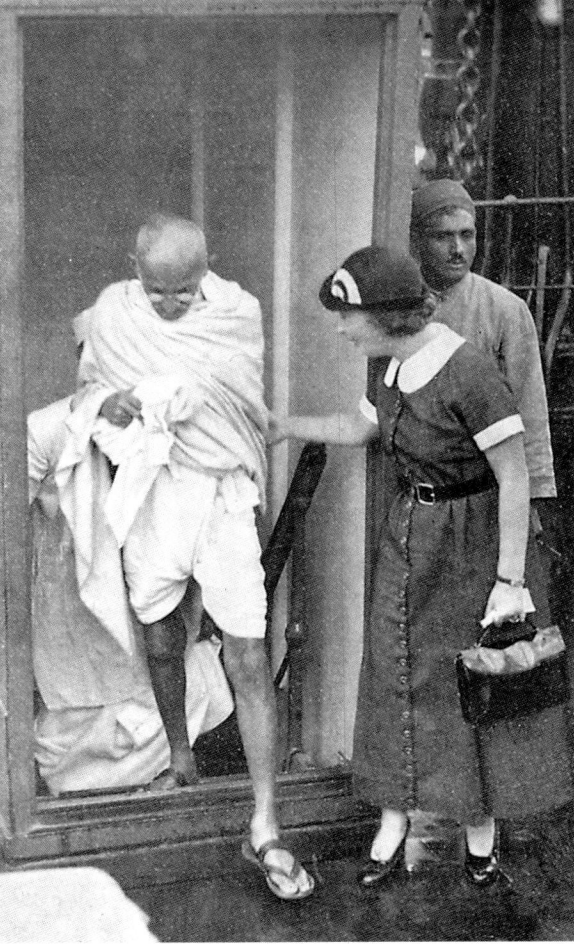
In seiner traditionellen Kleidung verläßt Gandhi auf dem Weg zur Konferenz nach London in Marseille das Schiff

Mahatma Gandhi bei der Ankunft in Folkestone, vorn l. neben ihm die Hindu-Dichterin Sarojini Naidu

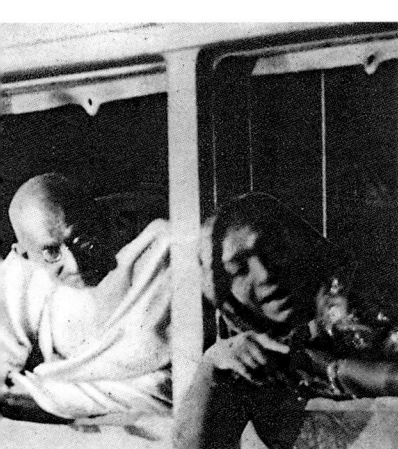
Gandhi am Zugfenster im Pariser Gare de Lyon, r. Sarojini Naidu

Gandhi, umgeben von jubelnden Briten, bei einem Aufenthalt in der Industriestadt Manchester (Lancashire)

September 1931

Kein Zollpakt zwischen Wien und Berlin

3. September. Auf der vierten Tagung des Europaausschusses des Völkerbundes in Genf erklären der österreichische Außenminister Johannes Schober und sein deutscher Amtskollege Julius Curtius ihren Verzicht auf die geplante Zollunion zwischen beiden Ländern. Zwei Tage später erklärt ein Gutachten des Internationalen Gerichtshofes in Den Haag die Zollunion für unvereinbar mit geltenden Verträgen.

Der am → 19. März (S. 48) ausgehandelte Entwurf war von Beginn an umstritten und stieß bei den Nachbarn auf Mißtrauen. Sein Scheitern ist ebenso Ergebnis schlechter diplomatischer Vorbereitung wie politischen und ökonomischen Drucks.

Auf politischer Ebene wurde die Union dadurch blockiert, daß der Völkerbundrat auf Antrag Großbritanniens am 19. Mai den Internationalen Gerichtshof um ein Gutachten ersuchte. Noch vor diesem Beschluß hatte die Krise bei der Creditanstalt (→ 11. 5./S. 86) Österreich in eine Zwangslage gebracht. Zwar gelang es der Regierung, von den Briten eine dringend benötigte Kredithilfe zu erlangen, nachdem Frankreich jede Anleihe vom Verzicht auf die Zollunion abhängig gemacht hatte (→ 20. 6./S. 104). Doch die wirtschaftliche Abhängigkeit Österreichs und auch Deutschlands von Auslandskrediten (→ 23. 7./S. 120) zwangen zum Verzicht auf die Zollunion.

Dennoch ist der mit acht gegen sieben Stimmen ergangene Richterspruch für Berlin und Wien eine Enttäuschung: Sechs Richter stellen die Unvereinbarkeit der Zollunion mit Art. 88 des Friedensvertrages von St. Germain 1919 und dem Genfer Protokoll über den wirtschaftlichen Wiederaufbau Österreichs von 1922 fest. Der Vertreter Kubas erkennt einen Widerspruch zum Genfer Protokoll, der Italiener Dionisio Anzilotti konstatiert zunächst einen Verstoß gegen Art. 88 und daraus folgend die Unvereinbarkeit mit dem Genfer Protokoll, so daß die Zollunion nach Meinung der Richter die wirtschaftliche Selbständigkeit Österreichs unzulässig einschränkt.

Ernst Rüdiger Fürst Starhemberg (l.) und Putschist Walter Pfrimer

Verlesung des Gutachtens in Den Haag; die Richter aus Japan, den USA, Belgien, Großbritannien, den Niederlanden, China und dem Deutschen Reich erklären in ihrem Minderheitsgutachten, daß der Vertrag keinen Widerspruch zu den geltenden Vereinbarungen bedeute

Heimwehrputsch bleibt erfolglos

13. September. In Österreich scheitert ein Putsch der rechtsextremen Heimwehr unter Leitung von Bundesführer Walter Pfrimer.

Der Putsch hatte in der Nacht zum 13. September in der Obersteiermark begonnen. Auf Befehl Pfrimers blockierten Heimwehrmänner die Straßen, besetzten einige Bezirkshauptmannschaften und verhafteten mehrere sozialdemokratische Bürgermeister. Pfrimer erläßt eine Proklamation und ruft sich selbst zum »Staatsführer« aus. Er will mit einem »Marsch auf Wien« die Bundesregierung stürzen. Wie später bekannt wird, sollten auch die Heimwehren in Salzburg sowie Ober- und Niederösterreich marschieren. Allerdings hatte die dortige Heimwehr noch keinen Befehl zum Losschlagen erhalten. Der Putsch bricht kläglich zusammen: Die steirische Heimwehr wird zwischen Leoben und Judenburg eingekesselt, allerdings werden von den über 14 000 schwerbewaffneten Heimwehrmännern kaum mehr als 100 verhaftet. Energischer als die zum Teil mit den Putschisten sympathisierende Polizei und das Militär stellen sich die Arbeiter dem Pfrimer-Putsch entgegen. Dabei werden in Kapfenberg zwei Arbeiter erschossen und fünf weitere verletzt. Am Abend gesteht der verhinderte »Staatsführer« das Scheitern seines Putsches ein, tritt als Heimwehr-Bundesführer zurück und flieht nach Maribor in Jugoslawien.

Hitler-Nichte begeht vermutlich Selbstmord

18. September. Die 23jährige Angela Maria Raubal, Tochter der Halbschwester des NSDAP-Führers Adolf Hitler, stirbt am Abend in der gemeinsam mit Hitler gemieteten Wohnung am Prinzregentenplatz 16 in München durch einen Lungenschuß.

Ihre Leiche wird von der Hausdame Anna Winter gefunden; der Polizeiarzt vermerkt am folgenden Morgen als Todesart Selbstmord. Gegen 11.45 Uhr wird Hitler in Nürnberg von seinem inzwischen alarmierten Sekretär Rudolf Heß informiert und eilt sofort nach München. Am 23. September erfolgt die Beisetzung in Wien, drei Tage später besucht Hitler mit Sondervisum der österreichischen Behörden das Grab. Seit 1927 war Hitlers »Geli« ständige Begleiterin ihres Onkels. Wenn auch die exakten Todesumstände ebenso unbekannt sind wie die genaue Art ihrer Beziehung, so wird doch Hitlers Erschütterung deutlich: Er ist fortan Vegetarier, Geli Raubals Zimmer bleibt unverändert und darf nur von ihm betreten werden.

Angela Maria Raubal, genannt »Geli«, und Adolf Hitler; Gelis Mutter Angela Raubal ist die Halbschwester Hitlers, dessen 1903 verstorbener Vater Alois Hitler insgesamt dreimal verheiratet war.

September 1931

Hitler sucht Kontakt zur Großindustrie

11. September. Im Berliner Hotel Kaiserhof informiert NSDAP-Führer Adolf Hitler mehrere Industrielle über seine wirtschaftspolitischen Ziele. Verstärkt sucht Hitler den Kontakt zur Großindustrie, um der Kanzlerschaft näherzukommen.

Zu den Gästen Hitlers im Kaiserhof gehören u. a. Fritz Thyssen, Ernst Brandi und Ernst Poensgen (Vereinigte Stahlwerke A. G.) sowie Fritz Springorum und Albert Vögler (Rheinisch-Westfälisches Kohlensyndikat). Die Zusammenkunft im Kaiserhof wie auch ein Treffen Ende August zwischen Hitler und rund 40 Industriellen auf seinem Landgut Streithof hatte der Ruhrindustrielle Emil Kirdorf organisiert.

Hitler geht es sowohl darum, die Vertreter der Industrie über den wahren Charakter der NSDAP als einer prokapitalistischen und den Wert des freien Unternehmertums achtenden Partei aufzuklären, als auch darum, Spendengelder zu sammeln und die Industrie für eine Initiative zugunsten einer Kanzlerschaft Hitlers zu gewinnen. Dem gleichen Ziel diente die Berufung Otto Dietrichs zum Pressechef (→ 28. 7./S. 122) und die Ersetzung seines Wirtschaftsberaters Gottfried Feder, der unter dem Motto »Brechung der Zinsknechtschaft« einen aggressiven Antikapitalismus popularisiert hatte, durch Walter Funk von der »Berliner Börsenzeitung«.

◁ *Die »graue Eminenz« des Ruhrreviers: Der Großindustrielle Emil Kirdorf, geboren am 8. April 1847 in Mettmann bei Düsseldorf, war 1893 Mitbegründer des Rheinisch-Westfälischen Kohlensyndikats und ist ein Förderer Adolf Hitlers. Kirdorf war 1927/28 NSDAP-Mitglied.*

▽ *Führende Industrielle, darunter Ernst von Borsig (l.) und Albert Vögler (3. v. l.), nach einer Sitzung des Reichswirtschaftsbeirats im Oktober 1931 in Berlin; der Stahlindustrielle Vögler unterstützt seit 1930 die Nationalsozialisten mit erheblichen Geldmitteln*

Weniger Gehalt für Staatsangestellte

12. September. Gestützt auf die Verordnung des Reichspräsidenten vom 24. August erläßt die Regierung Preußens eine Sparnotverordnung. Mit der in seinem Urlaubsort Dietramszell unterzeichneten Notverordnung hatte Paul von Hindenburg die Landesregierungen ermächtigt, die nötigen Maßnahmen zum Ausgleich der Länder- und Gemeindehaushalte auch abweichend vom geltenden Landesrecht auf dem Verordnungswege zu treffen. Im Zusammenhang mit den Sparmaßnahmen, die u. a. Kürzungen im Schulwesen und bei der Beamtenbesoldung vorsehen, wird das Landeswahlgesetz geändert: Ein Landtagssitz soll statt wie bisher auf 40 000 nun auf 60 000 Wähler entfallen. Damit säßen statt der 449 im Jahr 1928 gewählten Abgeordneten nur 321 im Parlament.

Auch andere Länder ergreifen Spar- und Vereinfachungsmaßnahmen. In Hamburg scheiden am 15. September vier Senatsmitglieder aus; ihre Aufgaben werden von den Bürgermeistern Rudolf Ross und Karl Petersen übernommen. Die Regierung Bayerns kürzt am gleichen Tag die Bezüge und Pensionen der Gemeindebediensteten. Es folgen Hessen, Oldenburg, Baden sowie Württemberg, wo eine Gehaltskürzung um 5 bis 7% die auf 15 Millionen Reichsmark angewachsene Etatlücke zumindest teilweise schließen soll.

Erstmals französische Staatsmänner zu Gast in Berlin

28. September. Mit einem offiziellen Kommuniqué endet der zweitägige Aufenthalt von Frankreichs Ministerpräsident Pierre Laval und Außenminister Aristide Briand in Berlin. Der Staatsbesuch ist nicht nur eine Erwiderung der deutschen Ministervisite in Paris (→ 19. 7./S. 118), sondern auch der erste offizielle französische Regierungsbesuch in Berlin.

Im Rahmen der Gespräche, die wesentlich zur Annäherung der beiden Staaten beitragen, wird die Gründung einer gemischten Wirtschaftskommission beschlossen. Zu den äußeren Höhepunkten zählen die Kranzniederlegung Briands am Grab Gustav Stresemanns auf dem Luisenstädtischen Friedhof und ein Empfang beim Reichspräsidenten.

Laval und Briand vor dem Reichspräsidentenpalais

Aristide Briand am Grab von Gustav Stresemann

V. l. Curtius, Brüning, Laval, Briand, Treviranus

September 1931

Berliner SA macht Jagd auf die Juden

12. September. Gegen 20.45 Uhr greifen rund 1500 Nationalsozialisten aus allen Teilen Berlins auf den Straßen zwischen der Kaiser-Wilhelm-Gedächtniskirche und der Uhlandstraße auf ein Hornsignal hin jüdisch aussehende Passanten an.
Unter Sprechchören wie »Juda verrecke!« werden einzelne Personen verprügelt und, wenn sie am Boden liegen, mit Stiefelabsätzen traktiert. Rund 80 SA-Leute stürmen das Café Reimann am Kurfürstendamm und werfen die schweren Marmortische durch die Fensterscheiben.
Erst viel zu spät greift die Polizei ein und nimmt 60 Personen fest. 34 von ihnen werden vor dem Schnell-Schöffengericht Charlottenburg angeklagt: Am 23. September werden sechs freigesprochen und die übrigen wegen Landfriedensbruch und Aufreizung zum Klassenhaß zu Gefängnisstrafen zwischen neun und 21 Monaten verurteilt. Der Leiter der Berliner SA, Wolf Graf Helldorf, und sein Adjutant Karl Ernst, werden in einem zweiten Prozeß nur zu je sechs Monaten Gefängnis verurteilt, da das Gericht Zweifel hat, ob beide wirklich die Aktion geplant haben.

KPD und SPD sind weiter zerstritten

14. September. Im vollbesetzten Berliner Sportpalast führen SPD und KPD eine gemeinsame Veranstaltung zur Frage einer Einheitsfront der Linksparteien durch.
Für die SPD erklärt ihr Berliner Vorsitzender Franz Künstler unter Hinweis auf den Preußen-Volksentscheid (→ 9.8./S. 138), statt die Konterrevolution zu bekämpfen, betreibe die KPD den Bruderkampf. Es sei das Verdienst der SPD, daß die Faschisten noch nicht an der Macht seien.
Heinz Neumann von der Leitung der KPD stellt demgegenüber fest, seine Partei kämpfe gegen die »Diktatur der Brüning-Regierung« für die »sozialistische Weltrepublik«. Die Einheitsfront werde von der SPD durch Tolerierung der Brüning-Regierung verhindert. Zur Faschismusgefahr sagt er u. a.: »Gegen die geeinte Arbeiterklasse kann sich auch der Faschismus keine 24 Stunden halten. Ihr sagt: Wenn die Regierung Severing fällt, wenn die Regierung Brüning stürzt, so kommt an ihre Stelle Hitler. Wir sagen: dann kommt kein Hitler und kein Hugenberg, sondern an ihre Stelle kommt die Arbeiterklasse.«

Schwalben als Flugfracht

26. September. Vier Tage nachdem der Kalender das Ende des Sommers angekündigt hat, werden große Teile Süddeutschlands von Schneefällen betroffen. In Österreich führt der plötzliche Kälteeinbruch zu Problemen besonderer Art: Zehntausende von Zugvögeln können wegen schlechten Wetters ihre Reise nach Süden nicht fortsetzen.
Um die Zugvögel zu retten, organisiert der Wiener Tierschutzverein einen Lufttransport. Mit einer Junkers-Maschine der österreichischen Luftfahrtgesellschaft werden die in besonderen Behältern verpackten ersten 2000 Schwalben nach Venedig geflogen und dort freigelassen. Als das immer schlechter werdende Wetter die Aufrechterhaltung des Flugverkehrs unmöglich macht, werden auf dem Bahnweg weitere rund 35 000 Vögel nach Venedig gebracht, in der Hoffnung, daß sie den Weg zu ihren Winterplätzen doch noch finden mögen.

Verladung von 2000 Schwalben an Bord einer österreichischen Junkers-Maschine mit Ziel Venedig auf dem Wiener Flughafen am 26. September

Arbeitslose finden neue Existenz als Kleinbauern

7. September. Das Reichskabinett befaßt sich mit den vom Finanzministerium erarbeiteten Plänen zur Schaffung von Neusiedlerstellen für städtische Arbeitslose und der Einsetzung eines Reichskommissars für das Kleinsiedlungswesen.
Die Reichsregierung verfolgt damit, so Reichsarbeitsminister Adam Stegerwald (Zentrum) am 9. September im Gespräch mit der »Vossischen Zeitung« ein doppeltes Ziel: »Zunächst soll Arbeit geschaffen werden durch Erschließung des in der Nähe der Städte gelegenen Siedlungsgeländes. Für die Zukunft soll eine Auflockerung der Großstadtbevölkerung, ein Umbau der Bevölkerungsstruktur erreicht werden.«
In erster Linie ist daran gedacht, Siedlungsland der öffentlichen Hand zur Bebauung freizugeben. Pro Wohngebäude einschließlich Stallungen ist ein Zuschuß von 2000 Reichsmark zuzüglich einer Einrichtungsbeihilfe von 500 RM vorgesehen. Die Urbarmachung der Siedlerstellen und der Bau der Wohngebäude soll der Arbeitslose selbst übernehmen. Als Entgelt wird ihm die Unterstützung weitergezahlt.
Jede Kleinsiedlerstelle soll zwei bis vier Morgen (5106 bis 10 212 m²) umfassen und es dem Kleinsiedler möglich machen, durch die Haltung von Kleinvieh und den Anbau von Feldfrüchten zum Selbstversorger zu werden. Die bisherigen Planungen sehen vor, rund 100 000 der fast fünf Millionen Arbeitslosen zu einer Siedlerstelle zu verhelfen. Die erforderlichen Mittel sollen durch eine Umverteilung der Hauszinssteuer aufgebracht werden, da die Städte von der finanziellen Unterstützung der Arbeitslosen erheblich entlastet werden. Das Siedlungsprogramm wird mit der Notverordnung vom → 6. Oktober (S. 172) verwirklicht.

V. l.: 41 Berliner Neusiedler bei ihrer Ankunft auf der Domäne Gursen im Kreis Schneidemühl; Ausschachtungsarbeiten für die künftigen Wohnhäuser; provisorische Schlafmöglichkeiten für die erste Nacht in einem Gutshof

September 1931

Hälfte der Studenten muß Geld verdienen

September. Vor Beginn des Wintersemesters stellt sich für viele der an den deutschen Hochschulen immatrikulierten Studenten wieder die Frage, wie angesichts knapper Geldmittel das Studium weiter finanziert werden kann.

Nicht alle Studierenden verfügen über einen ansehnlichen Monatswechsel, der ihnen eine sorgenlose Studierzeit erlaubt. Rund die Hälfte der im Sommersemester eingeschriebenen 134 767 Studenten ist auf Nebenerwerb angewiesen, dessen zeitliches und finanzielles Ausmaß sehr schwankt.

Während sich einige nur ein kleines Zusatzentgelt, z. B. durch Nachhilfestunden, verschaffen müssen, sind andere darauf angewiesen, sich während des Studiums oder in den Semesterferien den vollen Lebensunterhalt zu verdienen.

Über die Herkunft der Studenten sagt die Statistik aus, daß 35% der oberen Mittelschicht (höhere Beamte, Unternehmer u. a.) entstammen, 52% kommen aus der unteren Mittelschicht (Handwerker, Landwirte u. ä.), 7% aus der Unterschicht (untere Beamte und Arbeiter) und 6% haben Eltern in sonstigen Be-

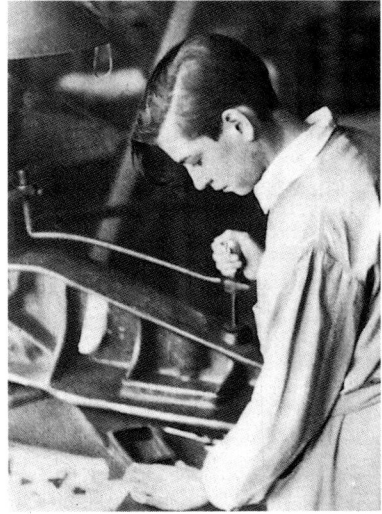

Junge Werkstudentin nach ihrer Schicht an der Lederstanzmaschine (l.) in der Schuhfabrik beim nächtlichen Bücherstudium auf der »Studentenbude«

rufen. Neben dem Werkstudenten, der oft jede verfügbare Arbeit anzunehmen gezwungen ist und häufig abwechselnd im Büro, auf dem Bau, als Zeitungsverkäufer und als Aushilfskellner arbeitet, ist 1931 auch die Werkstudentin keine ungewohnte Erscheinung mehr. Weibliche Studierende finden zumeist nur in ausgesprochen frauenspezifischen Wirtschaftsbereichen eine temporäre Beschäftigung.

Angesichts der unsicheren Zukunftsaussichten der Akademiker finden rechtsradikale Parolen unter den Studenten Anklang, an vielen Universitäten haben nationalsozialistische und völkische Studenten die Mehrheit in den studentischen Gremien (→ 21. 1./S. 13).

ADGB fordert die 40-Stunden-Woche

4. September. In Frankfurt am Main endet der am 31. August eröffnete 14. Kongreß des Allgemeinen Deutschen Gewerkschaftsbundes. 307 Delegierte berieten über die Haltung des ADGB zur Wirtschaftskrise und der Politik der Reichsregierung. Theodor Leipart bleibt Bundesvorsitzender, seine Stellvertreter sind Peter Graßmann und Wilhelm Eggers.

Der Kongreß kritisierte scharf die Wirtschaftspolitik der Reichsregierung, die darauf abziele, »durch Abbau der sozialen Gesetzgebung und Verschlechterung der Arbeitsbedingungen eine Entlastung der öffentlichen Haushalte und verstärkte Kapitalbildung in der privaten Wirtschaft zu erzielen«.

Der ADGB-Kongreß bekräftigt die Forderung der Gewerkschaften nach einer gesetzlich abgesicherten 40-Stunden-Woche und verlangt außerdem einen gesetzlichen bezahlten Mindesturlaub von zwölf Tagen für Erwachsene und 18 Tagen für Jugendliche. Der ADGB zählt Ende 1931 insgesamt 4 134 902 Mitglieder, Ende Juli waren 31,6% der Gewerkschaftsmitglieder arbeitslos und 18,9 arbeiteten kurz.

Staatskontrolleur für Kreditinstitute

19. September. Reichspräsident Paul von Hindenburg erläßt eine Verordnung über Aktienrecht, Bankenaufsicht und eine Steueramnestie, mit der Konsequenzen aus der Bankenkrise gezogen werden.

Die Verordnung sieht u. a. vor, daß Aktiengesellschaften eigene Aktien nur noch dann erwerben dürfen, wenn »dies zur Abwendung eines schweren Schadens von der Gesellschaft notwendig« ist, und auch dann nur bis zu 10% des Grundkapitals.

Zur Kontrolle des Bankwesens werden ein fünfköpfiges Kuratorium unter Leitung des Präsidenten der Reichsbank und das Amt eines Reichskommissars für das Bankgewerbe geschaffen, das zum 1. Oktober der preußische Jurist und Ministerialdirektor Friedrich Ernst übernimmt. Er soll im Zusammenwirken mit dem Bankenkuratorium das Geschäftsgebaren der deutschen Banken überwachen und Vorschläge für eine Reorganisation des Bankwesens erarbeiten (→ 12. 7./S. 116).

Porsche soll »Volkswagen« konstruieren

28. September. Fritz Neumeyer, der Chef der Nürnberger Zündapp-Werke, und der Automobilingenieur Ferdinand Porsche schließen einen Vertrag über die Konstruktion eines Volkswagens.

Bei diesem neuen Wagentyp, mit dem im Deutschen Reich das Zeitalter der Massenmotorisierung eingeleitet werden soll, ist an einen mit Schwingachsen ausgestatteten Personenkraftwagen gedacht, der vier Insassen bequem Platz bieten soll. Als Antrieb des viertürigen Wagens, der nicht über 2000 Reichsmark kosten soll, ist ein kopfgesteuerter Viertaktmotor von 1000 cm³ geplant. Der Brennstoffverbrauch soll bei vollbesetztem Wagen und 60 km/h Geschwindigkeit acht Liter auf 100 km nicht überschreiten; der Ölverbrauch soll über die gleiche Strecke nicht größer als 0,75 l sein.

Der Tankinhalt ist so zu bemessen, daß das Fahrzeug beim vorgegebenen Benzinverbrauch mindestens 250 km mit einer Tankfüllung zurücklegen kann. Die Lebensdauer des Fahrzeugs soll mindestens so groß sein wie die eines guten Standard-Fahrzeugs.

Das Konzept läßt sich jedoch nicht verwirklichen. Die Ingenieure bei Zündapp akzeptieren Porsches Ideen nicht und wandeln seine technischen Pläne bis zur Unbrauchbarkeit ab.

Vielseitiger Automobilbauer

Ferdinand Porsche wurde am 3. September 1875 in Maffersdorf in Böhmen geboren. Er war zunächst in Wien tätig und baute um 1900 für die Firma Lohner ein Automobil, bei dem der Motor in die Radnaben der Vorderräder integriert war. 1923 ging Porsche zur Daimler-Motoren-AG nach Untertürkheim und konstruierte im gleichen Jahr erstmals Kompressormotoren für Automobile. 1929 wechselte Porsche nach Österreich zu den Steyr-Werken AG, machte sich aber schon im Dezember 1930 in Stuttgart mit einem eigenen Ingenieurbüro selbständig.

Architektur 1931:

Hochhäuser im »Internationalen Stil« prägen das Stadtbild

Das herausragende Bauwerk des Jahres 1931 ist nicht zuletzt wegen seiner Höhe von 381 m das Empire State Building in New York, das am → 1. Mai (S. 82) eingeweiht wird. Mit seiner prunkvollen Innenausstattung verkörpert es ebenso wie mit seiner markanten, schlanken Fassade aus Kalkstein, Granit, Nickel und Aluminium einen trotz Wirschaftskrise ungebrochenen Fortschrittsglauben.

Von nachhaltiger Wirkung für die Hochhausarchitektur ist auch das 205 m hohe McGraw-Hill-Building in New York, ein Werk des Architekten Raymond Mathewson Hood. Der unregelmäßig abgetreppte Bau mit seinen breiten Fensterbändern führt ebenso wie das 1930 gleichfalls von Hood und John Mead Howells geschaffene Daily News Building den International Style in die Hochhausarchitektur der USA ein. Diese dem architektonischen Rationalismus verwandte Richtung proklamiert die Ordnung zum wichtigsten Mittel, um einem architektonischen Entwurf Klarheit zu verschaffen, und verurteilt alle willkürlich angebrachten Dekorationen.

In New York beginnt 1931 auch ein Bauprojekt, das nach dem Willen der daran beteiligten Architekten – neben Hood u. a. L. Andrew Reinhard, Henry Hofmeister und Jacques André Fouilhoux – zum Musterbeispiel für einen neuen, streng »rationalistischen« Typus des Wolkenkratzers werden soll: Das Rokkefeller Center. Auf einer Fläche von rund 5 ha plant der Bankier John D. Rockefeller eine eigene kleine Hochhauswelt aus Büros, Einkaufszentrum, Theater und Rundfunkstadt. Die Architektur dient hier ausschließlich dem Zweck, auf begrenztem Raum und nach streng wirtschaftlichen Kriterien ein Maximum an ökonomisch nutzbarer Fläche zu schaffen.

Auf der am → 9. Mai (S. 89) eröffneten Internationalen Bauausstellung in Berlin präsentieren vor allem deutsche Architekten ihre Entwürfe für das Wohnen von morgen. Einen Schwerpunkt nimmt die Vorstellung neuer Werkstoffe ein. Allein die hohen Kosten stehen einem noch stärkeren Einsatz von Stahl, Zink und

Das McGraw-Hill-Building von Raymond Mathewson Hood in der Avenue of America in New York

Kupfer, das sich vor allem in den USA bei der Bedachung großer Beliebtheit erfreut, entgegen. Die Skelettbauweise unter Verwendung von Eisen- oder Stahlbeton hat sich auch in Europa durchgesetzt. Die Wände haben nur noch die Aufgabe des Raumabschlusses, des Schutzes gegen die Witterung und der Dämmung von Schall und Wärme und haben keine tragende Funktion mehr. Der 1925 noch umstrittene Gedanke des schweizerischen Architekten Le Corbusier (eigentl. Charles Édouard Jeanneret-Gris), daß Häuser »Wohnmaschinen« seien, hat auch in den Großwohnungsbau Eingang gefunden und gibt der Auswahl des Materials, seiner Formung und Montage größere Bedeutung als zuvor. Die Wohnungen sollen nicht nur die materiellen Grundbedürfnisse nach ausreichend Raum befriedigen, sondern auch z. B. Behaglichkeit und Kommunikationsfähigkeit ist nach Le Corbusiers Auffassung Beachtung zu schenken.

Eingang zu der im Jahr 1931 vollendeten Böttcherstraße   *Das Paula-Becker-Modersohn-Haus in der Böttcherstraße*

Die Böttcherstraße in Bremen – eine Fußgängerzone als Gesamtkunstwerk

Nach fünfjähriger Bauzeit wird die 1926 begonnene Böttcherstraße in Bremen ihrer Bestimmung übergeben. Für den Industriellen, Kaffeehändler und Bankier Ludwig Roselius schuf der Architekt und Bildhauer Bernhard Hoetger ein Ensemble von Bauwerken mit unterschiedlichen Nutzungsmöglichkeiten (Museum, Kino, Turnhalle, Bibliothek usw.)

Zu den meistdiskutierten Gebäuden im Rahmen der Böttcherstraße gehören das Paula-Becker-Modersohn-Haus (1926/27) mit seinem unregelmäßigen Grundriß und seiner gewölbten Außenform und das 1931 nach zweijähriger Bauzeit vollendete Haus Atlantis.

Bei diesem Projekt setzte der ansonsten vor allem der Verwendung von Ziegeln zugewandte Hoetger erstmals Stahl als tragendes Element ein. Darüber hinaus sucht Hoetger bei seinem Haus Atlantis ebenso wie bei früheren Bauwerken seine Vorstellung vom Gebäude als einem Organismus zu verwirklichen und läßt zugleich seine Vorlieben für Germanentum und Exzentrizität erkennen: Die Front des Querhauses nimmt ein holzgeschnitzter Lebensbaum ein, gleichsam als Sinnbild nordischer Selbstaufopferung des einzelnen Menschen für das Wohl seines Volkes.

September 1931

Neues Wohnen in Berlin präsentiert

Im Jahr 1931 werden in Berlin mit den beiden Großsiedlungen Siemensstadt und Britz zwei Städtebau-Projekte von internationalem Rang verwirklicht.

Bei der Siemensstadt wurden unter Leitung von Hans Scharoun und Mitwirkung von Otto Bartning, Walter Gropius, Fred Forbat, Hugo Häring und Paul Rudolf Henning wesentliche Grundsätze des »neuen Bauens« Wirklichkeit: Die aufgelockerte Zeilenbauweise läßt Raum für Bäume und Grünflächen; bei der Wohnungsgestaltung machen große Loggien und Dachgärten das Bemühen deutlich, auch dem Stadtmenschen Luft und Sonne zu verschaffen.

Die von Bruno Taut und Martin Wagner in mehreren Etappen von 1925 bis 1927 und 1930 bis 1931 geschaffene Hufeisensiedlung Britz zeigt mit der Verbindung aus dreigeschossigen Hauseinheiten mit dem Kern eines um einen Teich gruppierten hufeisenförmig angelegten Zentrums das Bemühen um nüchterne und zugleich durch wohlabgewogene farbliche Gestaltung anregende Architektur.

Für den Bau von Einfamilienhäusern gibt die am 15. April in Berlin eröffnete Ausstellung der Zeitschrift »Bauwelt« neue Anregungen. Die funktional und ansprechend gestalteten Modelle ermöglichen zu Preisen zwischen 8000 und 25 000 Reichsmark ein den Bedürfnissen von Kleinfamilien angepaßtes Wohnen.

Siedlung Siemensstadt, konzipiert von der Berliner Architektengruppe »Der Ring« unter Leitung von Hans Scharoun

Neue Kirche aus Stahl in Stuttgart-Hedelfingen

Im Bau: Die Oberpostdirektion Stuttgart (Eisenbeton-Skelettbau)

Bauausstellung Berlin: L. dreigeschossiges Boarding-Haus, vorn r. Erdgeschoß-Wohnhaus (Mies van der Rohe), hinten Doppel-Etagenwohnung

Eigenheim für 12 500 Reichsmark mit Wohnraum, zwei Schlafräumen, Ankleideraum, Küche, Bad, Waschküche und Garage (Architekt Walter Schulze)

September 1931

Die Junkers W 33 mit dem Kennzeichen D-2072 und den drei deutschen Ozeanfliegern kurz vor ihrer Rettung durch den Frachter »Belmoira«

Drei deutsche Flieger nach 158 Stunden im Nordatlantik gerettet

21. September. *Der norwegische Frachter »Belmoira« nimmt vor der Küste Neufundlands drei deutsche Ozeanflieger auf, die auf ihrer notgelandeten Junkers W 33 sitzend 158 Stunden im Meer getrieben waren. Am 13. September war die Maschine unter Führung von Flugkapitän Christian Johannsen in Lissabon mit Ziel USA gestartet. Kurz nachdem die Flieger rund 130 km vor der Küste Neufundlands den Dampfer »Pennland« umkreist hatten, waren sie durch einen Motordefekt zum Niedergehen auf dem Meer gezwungen worden. Da die Junkers-Maschine über hohe Tragflächen verfügt, sinkt das Flugzeug nicht. Die Flieger sind bei ihrer Rettung völlig erschöpft, da alle Lebensmittel und Getränke aufgebraucht waren.*

Uhren-Kartell der Schweiz gegründet

5. September. Der Schweizer Bundesrat beschließt Subventionen für die Uhrenindustrie, vor allem für die neugegründete Allgemeine Schweizerische Uhrenindustrie AG (ASUAG). Von den zur Verfügung stehenden 13,5 Millionen Schweizer Franken (knapp elf Millionen Reichsmark) erhält die ASUAG ein zinsloses Darlehen in Höhe von 7,5 Millionen Franken (rund 6,1 Millionen RM); der Rest soll zusammen mit weiteren fünf Millionen Franken (rund 4,1 Millionen RM), die von der Uhrenindustrie selbst aufzubringen sind, zum Ankauf von Rohwerk-Fabriken verwandt werden. Damit soll die Ausfuhr von Rohwerken und Spezialteilen unterbunden und der Export von Fertiguhren gefördert werden.

Die Gründung der ASUAG als einer Dachgesellschaft der Uhrenindustrie ist eine Reaktion auf die Weltwirtschaftskrise, von der die exportabhängige Branche besonders betroffen ist. 1931 sinken die Exporterlöse auf knapp 190 Millionen Franken (rund 154,5 Millionen RM), 1920 waren es noch über 70% mehr.

»Nautilus« scheitert bei der Unterwasserfahrt zum Pol

20. September. Das Tauchboot »Nautilus« des australischen Wissenschaftlers George Hubert Wilkins läuft im Hafen von Bergen ein, nachdem der Versuch, zum Nordpol vorzudringen, abgebrochen werden mußte. Das gescheiterte Nordpolunternehmen hatte wochenlang die Zeitungsleser in Atem gehalten.

Von Beginn an war die geplante Nordpolunterquerung von Schwierigkeiten verfolgt. Am 8. September lief die »Nautilus« nach einer ersten Testfahrt den Hafen von Spitzbergen an. Zwar zeigten sich die mitgeführten technischen Geräte, auch der Kreiselkompaß, den enormen Beanspruchungen einer Unterwasserfahrt nördlich des 82. Breitengrades durchaus gewachsen, aber an verschiedenen Stellen nahm das Boot Wasser auf.

Hinzu kam eine Beschädigung des Sehrohres, wodurch die Seetüchtigkeit stark herabgesetzt war.

Dennoch lief die »Nautilus« von Spitzbergen noch einmal Richtung Norden aus und erreichte am 11. September den Rand des Packeises. Dort gelang der »Nautilus« ein Tauchversuch, dann wurde das Unternehmen abgebrochen.

Die »Nautilus« wurde von Wilkins im Jahr 1918 konstruiert. Das Tauchboot ist 55 m lang und hat wie alle Tauchboote für die Überwasserfahrt einen Benzinmotor, während unter Wasser ein Elektromotor für den Antrieb verwandt wird. Die Höchstgeschwindigkeit beträgt bei Überwasserfahrt 20 km/h, bei Unterwasserfahrt nur 5 km/h. Vor dem Nordpolunternehmen, das im Mai mit der Überfahrt von den USA nach Europa begann, wurde das Boot von Jean Jules-Verne getauft, dem Enkel des Zukunfts-Schriftstellers Jules Verne, dessen U-Boot »Nautilus« aus dem Roman »20 000 Meilen unter den Meeren« bei der Namensgebung Pate stand.

Jean Jules-Verne (l.) und die Gattin von George Hubert Wilkins bei der Taufe des Tauchbootes »Nautilus«

Das 55 m lange Tauchboot »Nautilus« von George Hubert Wilkins im Hafen von New York nach der Schiffstaufe

September 1931

Das französische Luxus-Passagierschiff »L'Atlantique«, das bis zu 1208 Passagiere über den Südatlantik nach Brasilien und den La-Plata-Häfen bringt

In der Luxusklasse über die Weltmeere

19. September. Die französische Illustrierte »L'Illustration« stellt ihren Lesern in einem ausführlichen Bildbericht den neuen Passagierdampfer »L'Atlantique« vor, der zwischen Bordeaux und Südamerika eingesetzt wird und dort nach seiner ersten Atlantiküberquerung Ende des Monats eintrifft.

Die »L'Atlantique« bietet ihren Gästen alle Annehmlichkeiten modernen Reisens und ist Hotel, Einkaufsparadies und Freizeitpark in einem. Der 40 000 Bruttoregistertonnen große Luxusliner ist 227 m lang und 30 m breit. Das Schiff hat Platz für 1208 Passagiere, von denen 160 in der Luxusklasse den Südatlantik überqueren können, 302 reisen erster Klasse, 82 zweiter und 660 dritter Klasse.

Besonders anspruchsvolle Gäste wohnen in den beiden Appartements der Super-Luxusklasse mit Schlafzimmer, Salon, Eßzimmer, Badezimmer, Flur mit Gepäckraum und einer sieben Meter breiten Außenbordterrasse.

Neben Schwimmbad, mehreren Salons und einer Kirche warten auf der »L'Atlantique« u. a. eine Ladenstraße mit Geschäften für den einfachen und gehobenen Bedarf auf den Besucher. Damit das leibliche Wohl nicht zu kurz kommt, nimmt die »L'Atlantique« u. a. 4000 Flaschen Champagner, 40 000 Liter Wein und 15 000 kg Fleisch mit auf die Jungfernfahrt.

Die überaus großzügig gestaltete Zentralhalle und ein Teil des Einkaufsboulevards auf der »L'Atlantique«

Ein Teil des weiträumigen, luxuriös ausgestatteten großen Salons für die Ozeanreisenden der ersten Klasse

Vorzüglich speisen in der Atmosphäre eines Luxusrestaurants: Speisesaal für die Passagiere der ersten Klasse

September 1931

Literatur 1931:
Weltkriegserlebnis und engagierte Alltagsbetrachtungen

Die deutschsprachige Literatur greift 1931 neben dem bisher im Vordergrund stehenden Kriegserlebnis verstärkt Themen der unmittelbaren Gegenwart auf. Angesichts der Gefahr des Faschismus empfinden Literaten die Verpflichtung, verstärkt Stellung zu beziehen.

Zu denjenigen Autoren, die im demokratischen Staat Verantwortung übernehmen (→ 27. 1./S. 27), gehört Heinrich Mann (→ 27. 3./S. 55). Der 1871 geborene Schriftsteller veröffentlicht unter dem Titel »Geist und Tat« sieben Essays über große Franzosen aus den Jahren 1905 bis 1931, die zugleich die Entwicklung Manns vom Ästhetizisten zum engagierten Autor widerspiegeln.

Der Streit um die Frage, ob Schriftsteller eine Gewerkschaft bilden können, spaltet im November den republikanischen Schutzverband deutscher Schriftsteller (→ 24. 11./S. 197). Zugleich sehen sich vor allem linke Autoren der Gefahr einer Zensur ausgesetzt (→ 17. 7./S. 122).

Das radikalisierte Landvolk in Schleswig-Holstein ist Thema des auf tatsächlichen Ereignissen in Neumünster im Jahr 1929 beruhenden Romans »Bauern, Bonzen und Bomben« von Hans Fallada (eigentl. Rudolf Ditzen). Am Beispiel von Altholm, Schauplatz des Romans, charakterisiert Fallada auch die deutsche Innenpolitik. Die Ausweglosigkeit linker Intellektueller in der Weimarer Republik beschreibt Erich Kästner in »Fabian. Geschichte eines Moralisten«. Der Held des Romans ist Reklamefachmann, meist arbeitslos und hat so ausreichend Gelegenheit, als resignierender Beobachter das Leben der Großstadt Berlin zu analysieren. Fabian ertrinkt bei dem Versuch, einen Jungen zu retten.

Vier Österreicher: Arthur Schnitzler, der 69jährig stirbt; Franz Werfel; Stefan Zweig; Egon Friedell (v. l.)

 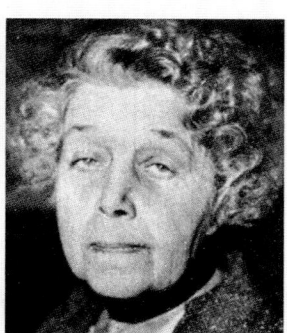  

V. l.: Der Brite John Galsworthy; Vicky Baum, die 1931 nach Hollywood geht; Ricarda Huch; William Faulkner

Arnold Zweig setzt mit »Junge Frau von 1914« den mehrbändigen Zyklus über den Konflikt des einzelnen mit der Staatsgewalt vor dem Hintergrund der gesellschaftlichen Umwälzung des Weltkrieges 1914 bis 1918 fort. Die gesellschaftliche Entwicklung im Ruhrrevier ist Thema des großangelegten Romans »Union der festen Hand« von Erik Reger (eigentl. Hermann Dannenberger), der den zunehmenden Einfluß des Stahlwerks Risch-Zander – unschwer als der Essener Krupp-Konzern erkennbar – auf die Politik in den Jahren 1918 bis 1928 beschreibt. Der Roman findet ein lebhaftes Presseecho, die »Weltbühne« feiert ihn als »besten deutschen Industrieroman«, Reger erhält dafür gemeinsam mit dem österreichischen Dramatiker Ödön von Horváth den Kleistpreis. Dezidiert nimmt Reger zum Thema »Arbeiterdichtung« (→ 14. 4./S. 76) Stellung und veröffentlicht in der »Vossischen Zeitung« eine Artikelserie über das Wesen des Nationalsozialismus.

Erich Maria Remarque legt 1931 gleichsam als Fortsetzung seines 1929 erschienenen Welterfolgs »Im Westen nichts Neues« den Roman »Der Weg zurück« vor und beschreibt darin den Weg der 1918 von der Front heimkehrenden ehemaligen Kompaniekameraden des gefallenen Kriegsfreiwilligen Paul Bäumer. Im faschistischen Italien wird das Buch im Juni verboten. Kurt Tucholsky, einer der engagiertesten publizistischen Begleiter der Weimarer Republik, veröffentlicht die sommerliche Liebesgeschichte »Schloß Gripsholm«.

Ungebrochener Popularität erfreut sich der historische Roman. Einer seiner Hauptvertreter, Lion Feuchtwanger, äußert am 15. November im »Berliner Tageblatt« zum Wesen dieser Literaturgattung: »Der Dichter eines historischen Romans gibt ihnen letzten Endes genauso viel und sowenig Historie wie der eines zeitgenössischen: er gibt Ihnen nur sich selber. Und wenn sein Buch gut ist, dann finden Sie darin auf einem verschlungeneren Weg und nach größerer Distanz sich selber und Ihre eigene Zeit!«
(Siehe auch Übersicht »Buchneuerscheinungen« im Anhang.)

Zerfall verpflichtender Werte und Nachdenken über die Probleme der Zeit

Der Zerfall verpflichtender Werte im Lauf der Geschichte ist das Thema der beiden ersten Bände der Romantrilogie »Die Schlafwandler« des österreichischen Schriftstellers Hermann Broch.

Der Held des ersten Romans »Pasenow oder die Romantik 1888«, der Offizier Joachim von Pasenow, sucht inmitten der vom Untergang bedrohten Welt adeliger Tradition Halt in der Uniform und verdrängt damit zugleich seine erotischen Phantasien. Auch der Buchhalter August Esch in »Esch oder die Anarchie 1903« wünscht sich eine unverbrüchliche Ordnung, findet sie aber weder im Sozialismus noch in einer übersteigerten Religiosität. Am Ende hat er eine bürgerliche Existenz, aber Gesinnung und Praxis klaffen auseinander, die Welt hat einen »Bruch, einen fürchterlichen Buchungsfehler«.

Auf philosophischer Grundlage äußert sich Karl Jaspers in einer als Band 1000 in der Sammlung Göschen erscheinenden Abhandlung über »Die geistige Situation der Zeit«. In seinem Buch, das weit über den Kreis der philosophisch Interessierten hinaus Leser findet, sieht Jaspers als letzte Ursache der Gegenwartskrise der abendländischen Menschheit die Erweiterung des Bewußtseins, eine gewaltige Zunahme an Wissen und Können, die zum Zerfall allgemein verbindlicher Wertsysteme geführt habe.

Sie doch noch zu überwinden, ist jedes Individuum gemäß seiner Selbsterfahrung aufgerufen.

Österreich siegt »nur« 5:0

13. September. Vor 50 000 Zuschauern im Wiener Prater-Stadion unterliegt die deutsche Fußball-Nationalelf der Auswahl Österreichs 0:5 (0:2). Wie beim 6:0 von Berlin (→ 24. 5./S. 95) sind die Österreicher hoch überlegen. Die Tore schießen Toni Schall (Admira Wien), Fritz Gschweidl (Vienna) und Matthias Sindelar (Austria Wien), der den deutschen Torhüter Willibald Kreß (Rot-Weiß Frankfurt) dreimal bezwingt. Sindelar erzielt auch das schönste Tor des Tages zum 4:0, als er mit dem Rücken zum Tor stehend einen Flugball ins Netz befördert. Österreichs Schlußmann Rudolf Hiden (Wiener AC) hat dagegen im ganzen Spiel nur einen Ball zu halten.

Im deutschen Team enttäuscht der Sturm vollends, die überlastete Abwehr hält die Niederlage noch in Grenzen. Neben Kreß überzeugt Läufer Georg Knöpfle (FSV Frankfurt).

Im letzten Länderspiel der deutschen Mannschaft im Jahr 1931 gibt es am 27. September mit dem 4:2 über Dänemark vor 30 000 Zuschauern in Hannover doch noch einen Sieg durch drei Tore von Richard Hofmann (Dresdner SC) und einem Treffer von Ernst Kuzorra (Schalke 04).

Sprechstunde beim Arzt und Schriftsteller Alfred Döblin (»Berlin Alexanderplatz«, 1929) in seiner Praxis im Norden der Reichshauptstadt

Der deutsche Essayist und Lyriker Gottfried Benn, von Beruf Facharzt für Haut- und Geschlechtskrankheiten, am Labortisch in Berlin

Der Ex-Seemann, Schriftsteller, Maler und Kabarettist Joachim Ringelnatz (eigentl. Hans Bötticher) in seinem bekannten Matrosenanzug

Ein weiteres Tor für Österreich beim 5:0 Erfolg im Wiener Prater-Stadion, der gute Frankfurter Torhüter Willibald Kreß (l.) ist einmal mehr machtlos

Ein überzeugter Pazifist und Arbeitersohn: Der 1882 in Würzburg geborene Dramatiker und Romanschriftsteller Leonhard Frank in seiner Bibliothek

Neuer Tennisstar aus Kalifornien

13. September. Im Finale des Herreneinzels bei den Internationalen US-amerikanischen Tennismeisterschaften in Forest Hills besiegt Ellsworth Vines (USA) seinen Landsmann George Lott 7:9, 6:3, 9:7 und 7:5. Vor 12 000 Zuschauern zeigt der an Nummer eins gesetzte, erst 19jährige Kalifornier Vines sein großes Talent. Er pariert immer wieder Lotts Bälle von der Grundlinie aus und geht überraschend ans Netz vor. Der kometenhaft aufgestiegene Vines hat damit in einer Saison alle Ranglistenspieler der USA besiegen können und schlug im Halbfinale von Forest Hills auch den Briten Fred Perry.

Im Finale der Damen-Meisterschaft gewinnt Helen Wills-Moody (USA) 6:4 und 6:1 gegen die Britin Eileen Fearnley-Whittingstall und holt damit zum siebten Mal den Titel einer Internationalen Meisterin der USA.

Masaryk-Rennen mit Sieg für Chiron

27. September. Das Masaryk-Rennen bei Brünn endet mit dem Sieg des Franzosen Louis Chiron, der damit nach den Großen Preisen von Monaco (19. 4.) und Frankreich (21. 6.) einen weiteren großen Erfolg feiert. Nach 495,414 km kommt Chiron auf seinem Bugatti in 4:12,07 h ins Ziel. Auf Platz zwei liegt der Mercedes-Fahrer Hans Stuck in 4:26,10 h, hinter ihm plaziert sich mit Hans-Joachim von Morgen ein weiterer Bugatti-Fahrer auf Platz drei. Der an aussichtsreicher dritter Position liegende Rudolf Caracciola (Mercedes-Benz) raste gegen einen Baum, kam aber mit dem Schrecken davon.

Das Automobilrennen von Monza am 6. September gewann Luigi Fagioli (Maserati). Der Franzose Philippe Etancelin raste mit seinem Wagen in die Zuschauer, dabei starben vier Menschen und 15 wurden verletzt.

Oktober 1931

Mo	Di	Mi	Do	Fr	Sa	So
			1	2	3	4
5	6	7	8	9	10	11
12	13	14	15	16	17	18
19	20	21	22	23	24	25
26	27	28	29	30	31	

1. Oktober, Donnerstag

Im Deutschen Reich wird die Höchstdauer der Arbeitslosenunterstützung von 26 auf 20 bzw. 16 Wochen bei berufsüblicher Arbeitslosigkeit gekürzt. Nach der am 9. November verfügten Verlängerung der Krisenunterstützung beträgt die Gesamthöchstdauer der Arbeitslosenhilfe 58 bzw. 71 Wochen für über 40jährige (→ S. 16).

Die Deutsche Reichspost nimmt in mehreren Ortsnetzen den Fernsprech-Kundendienst auf, der Serviceleistungen für Fernsprechteilnehmer erbringt.

US-Präsident Herbert Hoover weiht in New York den Neubau des Waldorf-Astoria-Hotels ein. → S. 180

Beim Abendsportfest des SC Charlottenburg in Berlin siegt über 5000 m Paavo Nurmi (Finnland) in 14:47,6 min. Als erste Deutsche bleiben Max Syring (Wittenberg) in 14:49,6 min und Friedrich Schaumburg (Oberhausen) in 14:54,6 min unter 15 Minuten.

2. Oktober, Freitag

Mit der sechsten Verordnung über die Devisenbewirtschaftung setzt die deutsche Reichsregierung die Freigrenze für den Erwerb von Devisen auf Vorlage eines Reisepasses von 1000 auf 200 Reichsmark herab. Gold, ausländische Wertpapiere und Devisen sind innerhalb von drei Tagen nach Erwerb meldepflichtig.

In New York wird die National City Bank durch die Übernahme der Bank of America mit 2,31 Milliarden US-Dollar (9,7 Mrd. Reichsmark) Kapital und Reserven zweitgrößte Bank der Welt hinter der Chase National Bank (2,43 Mrd. US-Dollar bzw. 10,2 Mrd. RM).

3. Oktober, Samstag

Reichsaußenminister Julius Curtius tritt zurück. Dieser Schritt wird erst am 6. Oktober der Öffentlichkeit bekanntgegeben (→ 9. 10./S. 173).

Nach der Niederlage der Großen Koalition bei der Bürgerschaftswahl am 27. September tritt der Hamburger Senat zurück, bleibt aber geschäftsführend bis zum 5. März 1933 im Amt.

Der österreichische Nationalrat billigt ein Gesetz zur Budgetsanierung. Es sieht u. a. eine Kürzung der Beamtengrundgehälter um bis zu 6%, einen Einstellungsstopp im öffentlichen Dienst und im Bundesheer sowie die Einführung einer Krisensteuer vor.

Papst Pius XI. spricht sich in seiner Enzyklika »Nova impellent« für Maßnahmen gegen die Arbeitslosigkeit und für Abrüstung aus. → S. 178

Der im Exil lebende italienische Antifaschist Lauro de Bosis unternimmt einen Propagandaflug nach Rom. → S. 178

Die albanischen Offiziere Nok Bjelossi und Azis Kami werden wegen des Attentats auf ihren König Zogu I. am → 20. Februar (S. 34) in Ried (Oberösterreich) zu sieben bzw. drei Jahren Kerker verurteilt.

Rudolf Ismayr (München) wird in Luxemburg Gewichtheber-Europameister im Mittelgewicht.

4. Oktober, Sonntag

In Berlin wird auf einer Reichskonferenz die Sozialistische Arbeiterpartei (SAP) gegründet. → S. 174

Nach dem 2:2 im Fußballänderspiel zwischen Ungarn und Österreich in Budapest kommt es zu Ausschreitungen, die die Polizei mit Waffengewalt beendet.

5. Oktober, Montag

Auf Burg Lauenstein bei Hannover endet eine dreitägige Reichstagung der Kampfgemeinschaft Revolutionärer Nationalsozialisten (»Schwarze Front«) um den im Juli 1930 aus der NSDAP ausgeschiedenen Otto Strasser, der einstimmig als Führer bestätigt wird.

6. Oktober, Dienstag

Reichspräsident Paul von Hindenburg unterzeichnet die Dritte Verordnung zur Sicherung von Wirtschaft und Finanzen und zur Bekämpfung politischer Ausschreitungen. → S. 172

In Washington schlägt US-Präsident Herbert Hoover ein Programm zur Wiederbelebung des Finanzmarktes vor und ersucht die Banken um Gründung eines Fonds in Höhe von mindestens 500 Millionen US-Dollar (2,1 Mrd. Reichsmark).

Die US-Flieger Clyde Pangborn und Hugh Herndon fliegen als erste nonstop über den Stillen Ozean von Japan nach Wenatchee (US-Staat Washington).

In London kommt es wie am 30. September zu Auseinandersetzungen zwischen der Polizei und Arbeitslosen.

7. Oktober, Mittwoch

Nach dem Rücktritt seines Kabinetts wird Heinrich Brüning (Zentrum) vom deutschen Reichspräsidenten Paul von Hindenburg erneut mit der Regierungsbildung betraut (→ 9. 10./S. 173).

In Leipzig endet der dreitägige vierte Kongreß des freigewerkschaftlichen Angestelltenbundes (Afa-Bund). → S. 174

Der am 1. Oktober eröffnete 17. Kongreß der Interparlamentarischen Union geht in Bukarest zu Ende. Auf deutschen Antrag hin sollen alle Mitglieder in ihren Heimatparlamenten für die Einberufung einer Abrüstungskonferenz eintreten.

8. Oktober, Donnerstag

Wegen der starken Goldverluste durch den Umtausch von US-Dollar erhöht die Federal Reserve Bank von New York den Diskontsatz von 1,5 auf 2,5%. Am 15. Oktober folgt eine Anhebung auf 3,5%.

In Berlin hat der Film »Berlin – Alexanderplatz« von Piel Jutzi mit Heinrich George und Bernhard Minetti in den Hauptrollen Premiere. → S. 182

9. Oktober, Freitag

Heinrich Brüning (Zentrum) bildet sein zweites Reichskabinett. → S. 173

In Österreich bestätigt die Bundesversammlung aus Nationalrat und Bundesrat den christlichsozialen Politiker Wilhelm Miklas im Amt des Bundespräsidenten. → S. 179

Die Rudolph Karstadt AG trennt sich von ihrer Beteiligung an den Epa-Einheitspreisläden. Die Bankschulden der 1920 gegründeten Firma sinken dadurch um 24,5 Millionen Reichsmark.

10. Oktober, Samstag

NSDAP-Führer Adolf Hitler wird erstmals von Reichspräsident Paul von Hindenburg empfangen. → S. 172

In Leipzig endet die dreitägige Generalversammlung des Bundes deutscher Frauenvereine. Erste Vorsitzende ist für vier Jahre Agnes von Zahn-Harnack. → S. 175

In Wien wird der Eisenbahnattentäter Sylvester Matuschka verhaftet. → S. 181

In den Münchner Kammerspielen hat das Schauspiel in fünf Aufzügen »Rauhnacht« von Richard Billinger in der Inszenierung von Otto Falckenberg Premiere. Die Ausstattung besorgte Alfred Kubin.

Der Deutsche Fußball-Bund setzt auf seinem Bundestag in Bonn die Spesensätze für seine Funktionäre herab. Der Presse- und Finanzausschuß werden aus Geldmangel aufgelöst. Vorsitzender des DFB bleibt der Berliner Kriminalrat Felix Linnemann.

11. Oktober, Sonntag

In Bad Harzburg halten die Vertreter sog. nationaler Verbände und Parteien eine Tagung ab. → S. 170

Der für Deutschland ringende gebürtige Ungar Jean Földeak wird in Budapest Freistil-Europameister im Weltergewicht. Erfolgreichste Nation mit drei der sieben Europatitel ist die Schweiz.

12. Oktober, Montag

Der Gesamtvorstand des Verbandes der preußischen Landgemeinden fordert wegen der Finanznöte der Gemeinden die Bedürftigkeitsprüfung für die Auszahlung von Wohlfahrtsunterstützung.

Vor der Zweiten Großen Strafkammer des Landgerichts Lübeck beginnt der Prozeß gegen drei Ärzte und eine Krankenschwester wegen des Vorwurfs der fahrlässigen Tötung von 75 Säuglingen, die mit Tuberkulose-Bazillen geimpft worden waren. → S. 181

Auf dem Gipfel des Corcovado oberhalb Rio de Janeiro wird die nach einem Entwurf des französischen Bildhauers Paul Landowski vom brasilianischen Architekten Silva Costa ausgeführte Christus-Statue geweiht. → S. 180

Die Finnische Reichsbank beschließt die Abkehr vom Goldstandard der Finnmark und die Koppelung des Außenwertes der finnischen Währung an den Kurs des britischen Pfundes.

Der Verwaltungsrat der Basler Bank für Internationalen Zahlungsausgleich verlängert den am 6. November fälligen internationalen Kredit für das Deutsche Reich von umgerechnet 419,55 Millionen Reichsmark um weitere drei Monate (→ 20. 6./S. 100).

Im Friedenspalast in Den Haag konstituiert sich ein Internationaler Ehrengerichtshof für Journalisten. Dieses Standesgericht kann betroffene Journalisten verwarnen, verweisen oder für unglaubwürdig erklären.

In einem Ausscheidungskampf um die Box-Weltmeisterschaft im Schwergewicht schlägt der US-Amerikaner Jack Sharkey (82 kg) vor 40 000 Zuschauern in New York den Italiener Primo Carnera (106 kg) über 15 Runden nach Punkten.

13. Oktober, Dienstag

Reichskanzler Heinrich Brüning gibt seine Regierungserklärung ab. Die Rechtsopposition (→ 10. 2./S. 32) kehrt in das Parlament zurück, um dem »volksfeindlichen System und der Regierung Brüning ein Ende« zu bereiten (→ 9. 10./S. 173).

In Berlin beginnt gegen Leo und Willy Sklarek, die früheren Eigner der Berliner Kleiderverwertungs-Gesellschaft, der Prozeß wegen Kreditbetrugs in Millionenhöhe (→ 19. 11./S. 191).

Die Belegschaft der stillgelegten Wenzeslaus-Grube im schlesischen Neurode bittet den Staat um finanzielle Hilfe für die Wiedereröffnung. Es wurde bereits eine Betriebsgemeinschaft gegründet. → S. 175

14. Oktober, Mittwoch

Vor dem preußischen Landtag in Berlin nennt Innenminister Carl Severing (SPD) Zahlen zum politischen Mord in Preußen seit Jahresbeginn. → S. 174

Das spanische Parlament (Cortes) billigt mit 178 gegen 59 Stimmen bei zahlreichen Enthaltungen den Art. 24 der neuen Verfassung, der Religionsgemeinschaften als Vereine einem besonderen Statut unterstellt und die Tätigkeit der Orden einschränkt. Daraufhin tritt Ministerpräsident Niceto Alcalá Zamora y Torres zurück. Neuer Regierungschef mit einem weitgehend unveränderten Kabinett wird der Linksliberale Manuel Azaña y Díaz (→ 14. 4./S. 66).

Durch einen zehnprozentigen Lohnverzicht der Beschäftigten wird die von der Betriebsführung des Mansfelder Kupferbergbaus angedrohte Stillegung kurzfristig abgewendet (→ 13. 10./S. 175).

Titelseite der »Münchner Illustrierten Presse« vom 25. Oktober 1931 über den am 12. Oktober 1931 in Lübeck eröffneten Calmette-Prozeß gegen drei Ärzte und eine Krankenschwester wegen des Todes von 75 mit Tuberkulose-Bakterien geimpften Säuglingen

Oktober 1931

15. Oktober, Donnerstag

In Berlin endet der am 9. Oktober eröffnete Weltkongreß zum zehnjährigen Bestehen der von Willi Münzenberg gegründeten Internationalen Arbeiterhilfe (IAH). Die kommunistische IAH hat 105 000 persönliche Mitglieder; 602 Organisationen mit 1,2 Millionen Mitgliedern sind ihr korporativ angeschlossen.

Nach Beendigung des am 1. Oktober eröffneten 25. Pariser Automobilsalons beginnt in London eine Internationale Automobilausstellung, die bis zum 24. Oktober dauert. Vertreten sind 26 britische und 36 ausländische Autohersteller.

16. Oktober, Freitag

Nach dreitägiger Debatte lehnt der Deutsche Reichstag alle Mißtrauensanträge gegen das von Heinrich Brüning geführte Kabinett ab. Die Vertreter der Rechtsopposition verlassen daraufhin erneut das Parlament (→ 9. 10./S. 173).

Der Reichstag stimmt Entschließungen der SPD-Fraktion zur Verschärfung der Kartellgesetzgebung und zur Verbesserung der Winterhilfe für Arbeitslose zu. Das Parlament billigt darüber hinaus mit 211 gegen 181 Stimmen eine Entschließung der KPD zur Einstellung der Arbeiten am Bau des Panzerkreuzers B (→ 20. 3./S. 52). Dann vertagt sich der Reichstag bis zum 23. Februar 1932.

Das Verlagsgebäude des sozialdemokratischen »Kasseler Volksblattes« ist Ziel eines Bombenanschlags.

17. Oktober, Samstag

Der Hamburger Senat hebt die diplomatische Vertretung in Preußen zum 31. März 1932 auf und folgt damit dem Beispiel der Länder Bayern, Baden, Lübeck und Hessen.

Der am 6. Oktober begonnene Seemannsstreik auf 40 deutschen Schiffen im Hafen von Leningrad aus Protest gegen die Senkung der Heuer um 13,5% wird ergebnislos abgebrochen.

18. Oktober, Sonntag

In Braunschweig findet ein Treffen der Gruppe Nord der Sturmabteilung (SA) statt. Vor Adolf Hitler paradieren rund 75 000 Nationalsozialisten. → S. 172

Die Berliner Zeitung »Nachtausgabe« weist auf das Schicksal der 1931 nach zwölfjähriger Dienstzeit entlassenen 13 000 Soldaten von Heer und Marine hin, die meist keine Arbeit finden.

In West Orange (New Jersey) stirbt 84jährig der US-amerikanische Erfinder Thomas Alva Edison. → S. 181

In Berlin gewinnt Otto Schmidt auf Fathia aus dem Stall Halma das mit 60 000 Reichsmark dotierte Galopprennen um den Großen Preis der Republik.

19. Oktober, Montag

Ein Grubenunglück auf der Zeche Mont Cenis in Sodingen bei Herne fordert neun Tote und 27 Verletzte.

In New York wird bekanntgegeben, daß nach Angaben des Bevölkerungsexperten Joseph Hill die Stadt am Hudson mit 10 901 424 Einwohnern (inkl. Vororte) vor London mit 8 202 818 Bürgern die größte Stadt der Welt ist.

20. Oktober, Dienstag

In Berlin beteiligt sich die Reichswehr an den Sammlungen für die Winterhilfe zugunsten der Arbeitslosen. → S. 174

Der langjährige Vorsitzende Ludwig Quidde erklärt in München nach internen Differenzen seinen Austritt aus der Deutschen Friedensgesellschaft.

Die Regierung des Freistaates Irland erklärt neben anderen radikal-republikanischen Gruppierungen die Bewegung Freies Irland und die Irisch Republikanische Armee für illegal. → S. 179

21. Oktober, Mittwoch

Als Zentralorgan der Sozialistischen Arbeiterpartei (→ 4. 10./S. 174) erscheint die »SAZ, Sozialistische Arbeiterzeitung« unter Leitung von Richard Kleineibst.

Im Alter von 69 Jahren erliegt der österreichische Schriftsteller Arthur Schnitzler in seiner Wiener Wohnung einem Schlaganfall. Seinem Wunsch entsprechend erfolgt die Beisetzung am 23. Oktober in aller Stille.

22. Oktober, Donnerstag

Der preußische Landtag in Berlin lehnt die Mißtrauensanträge von DNVP und KPD gegen das von Otto Braun (SPD) geführte Kabinett mit 225 gegen 195 Stimmen ab.

Die Bank von Frankreich gewährt Österreich eine Anleihe in Höhe von 60 Millionen Schilling (rund 41 Mio. Reichsmark) in Form von Devisen zur Stärkung der Notendeckung der Nationalbank.

23. Oktober, Freitag

Die britische Admiralität schickt zwei Kreuzer und zwei Zerstörer nach Zypern und reagiert damit auf das Andauern der am 21. Oktober mit dem Sturm auf das Regierungsgebäude in Nikosia begonnenen Unruhen. → S. 178

In Berlin hat der Operettenfilm »Der Kongreß tanzt« von Erik Charell mit Lilian Harvey und Willy Fritsch in den Hauptrollen Premiere. → S. 182

In der Berliner Philharmonie dirigiert Igor Strawinski die Uraufführung seines Konzertes in D für Violine und Orchester. Der Solist ist Samuil Duschkin.

24. Oktober, Samstag

Der Völkerbundrat in Genf beendet seine am 13. Oktober eröffnete außerordentliche Sitzung, ohne ein Ende des Mandschurei-Konfliktes zwischen China und Japan (→ 18. 9./S. 152) herbeigeführt zu haben. Am 16. Oktober war mit Prentiss Gilbert erstmals ein US-Vertreter auf einer Sitzung des Völkerbundrates anwesend, nachdem der Rat die USA um Vermittlung ersucht hatte.

Der Gangster Alphonse (Al) Capone wird in Chicago wegen Steuerhinterziehung zu elf Jahren Gefängnis und 50 000 US-Dollar (210 000 Reichsmark) Geldstrafe verurteilt. → S. 180

Franklin D. Roosevelt, der Gouverneur des US-Bundesstaates New York, übergibt die George-Washington-Memorial-Bridge zwischen Manhattan und New Jersey ihrer Bestimmung. → S. 180

Der Vertrauensmann der Kleiststiftung für 1931, der Schriftsteller Carl Zuckmayer, erkennt den Kleistpreis 1931 je zur Hälfte zwei Autoren zu: Ödön von Horváth für seine dramatischen Dichtungen und Erik Reger (eigentl. Hermann Dannenberger) für seinen Roman »Union der festen Hand«.

25. Oktober, Sonntag

Mit Otto Wels als Hauptredner veranstalten SPD und Freie Gewerkschaften in der Stadthalle Braunschweig eine Gegenkundgebung zum SA-Aufmarsch (→ 18. 10./S. 172).

Bei den Wahlen zum Schweizer Nationalrat bleibt die Freisinnig-demokratische Partei trotz des Verlustes von sechs Mandaten mit 52 der 187 Sitze stärkste Fraktion im Parlament vor den Sozialdemokraten (49, minus eins). → S. 179

26. Oktober, Montag

Frankreichs Ministerpräsident Pierre Laval beendet seinen viertägigen Besuch in den USA. → S. 178

Im Guild Theatre in New York wird das Schauspiel »Trauer muß Elektra tragen« (Mourning becomes Electra) des US-amerikanischen Autors Eugene O'Neill uraufgeführt.

27. Oktober, Dienstag

Bei den Wahlen zum britischen Unterhaus wird die nationale Allparteienregierung von Premierminister James Ramsey MacDonald gestärkt. Die Konservativen gewinnen zu Lasten der Labour Party hinzu. → S. 179

Italiens Außenminister Dino Grandi beendet seinen am 25. Oktober begonnenen Aufenthalt in Berlin. Grandi ist einer Einladung gefolgt, die Reichskanzler Heinrich Brüning und Außenminister Julius Curtius bei ihrem Besuch in Rom am → 8. August (S. 139) ausgesprochen hatten.

Die 67 zu einer Tagung in Weimar versammelten republikanischen Hochschullehrer aus dem Deutschen Reich rufen die Studenten dazu auf, die Ehre der Hochschulen zu wahren und nicht die »politischen Unsitten der Straße in die Hochschule zu tragen«.

In Tokio verbessern die Japaner Chuhei Nambu und Mikio Oda die Weltrekorde im Weitsprung und im Dreisprung auf 7,98 m bzw. 15,58 m.

28. Oktober, Mittwoch

Die deutsch-schweizerischen Gespräche über einen Handelsvertrag werden von deutscher Seite abgebrochen. Anlaß sind die Forderungen der Schweiz, die u. a. eine Kontingentierung der deutschen Einfuhren in die Schweiz vorsahen.

Im vollbesetzten Berliner Sportpalast findet in Anwesenheit zahlreicher prominenter Sportler das 11. Sportpressefest statt.

29. Oktober, Donnerstag

In Berlin konstituiert sich der am 21. Oktober gebildete Reichswirtschaftsbeirat. Das 25 Mitglieder starke Gremium, das auf Initiative des Reichspräsidenten die Regierung beraten soll, besteht aus sieben Vertretern von Handel, Schiffahrt und Industrie, je drei Vertretern von Banken und Versicherungen, Kleinbetrieben, Handwerks- sowie Landwirtschaftskammern, einem Vertreter der Genossenschaften und fünf Gewerkschaftern (→ 23. 11./S. 188).

Die spanische Regierung reduziert per Dekret den Beamtenapparat in den Ministerien und den davon abhängigen Behörden um die Hälfte.

30. Oktober, Freitag

Baldur von Schirach wird von NSDAP-Führer Adolf Hitler zum Reichsjugendführer der NSDAP ernannt.

Reichsinnenminister Wilhelm Groener verkürzt das am 21. Oktober von Braunschweigs Innenminister Dietrich Klagges (NSDAP) für die Dauer von zwei Monaten erlassene Erscheinungsverbot des SPD-Organs »Braunschweiger Volksfreund« auf zehn Tage.

31. Oktober, Samstag

Die Zahl der deutschen Konkurse im Monat Oktober liegt nach einer Mitteilung des Statistischen Reichsamtes bei der Rekordmarke von 1435. → S. 175

Reichsfinanzminister Hermann Robert Dietrich erläßt eine Verordnung, wonach die Herstellung und Ausgabe von Notgeld verboten und mit bis zu 10 000 Reichsmark Geldstrafe geahndet wird.

Seit Ende September sind vor allem durch Aufkäufe aus Frankreich rund 755 Millionen US-Dollar (3,2 Mrd. Reichsmark) in Gold aus den USA abgeflossen (→ 30. 7./S. 121).

Die sowjetische Zeitung »Bolschewik« veröffentlicht einen Brief von Josef W. Stalin, Generalsekretär des Zentralkomitees der KPdSU, »Über einige Fragen der Geschichte des Bolschewismus«. Darin gibt Stalin grundlegende Anweisungen für die Geschichtsschreibung der Partei.

Das Wetter im Monat Oktober

Station	Mittlere Lufttemperatur (°C)	Niederschlag (mm)	Sonnenscheindauer (Std.)
Aachen	9,0 (10,0)	58 (64)	– (123)
Berlin	7,7 (8,8)	38 (58)	– (123)
Bremen	9,0 (9,4)	37 (47)	– (104)
München	6,3 (7,9)	85 (62)	– (130)
Wien	8,4 (9,6)	43 (57)	– (–)
Zürich	8,1 (8,4)	66 (80)	167 (108)

( ) Langjähriger Mittelwert für diesen Monat – Wert nicht ermittelt

Oktober 1931

Die Zeitschrift »The New Yorker« vom 24. Oktober 1931 mit einer Titelillustration von Rose Silver

Oktober 1931

»Nationale Opposition« hält Heerschau in Bad Harzburg

11. Oktober. In Bad Harzburg hält die »Nationale Opposition« ein Treffen ab, mit dem die DNVP, der Stahlhelm, die Vereinigung vaterländischer Verbände und die NSDAP ihre Einheit demonstrieren wollen. Die verschiedenen Gruppierungen der politischen Rechten sind sich zwar einig in ihrer Ablehnung der deutschen Regierungspolitik. Der Ablauf der Tagung macht aber auch deutlich, daß von einer inhaltlich festgefügten »Front«, wie sie in einer Resolution feierlich beschworen wird, keine Rede sein kann. Dennoch werden die beteiligten Organisationen bald unter dem Begriff »Harzburger Front« zusammengefaßt.

Rund 10 000 Teilnehmer sind zu der Veranstaltung erschienen. Die Nationalsozialisten werden repräsentiert durch Adolf Hitler, Hermann Göring, Wilhelm Frick, Gregor Strasser und andere Spitzenfunktionäre.

Für die DNVP sind u. a. Alfred Hugenberg und Ernst Oberfohren angereist; der Stahlhelm, Bund der Frontsoldaten, wird repräsentiert durch Franz Seldte, Theodor Duesterberg und Generalsekretär Siegfried Wagner. Unter den weiteren Anwesenden sind Heinrich Claß (Alldeutscher Verband), Eberhard Graf von Kalckreuth (Reichslandbund), General a. D. Hans von Seeckt, der frühere Reichsbankpräsident Hjalmar Schacht sowie Emil Georg von Stauß (Deutsche Bank und Discontogesellschaft), der Flugzeugindustrielle Gotthard Sachsenberg (Wirtschaftspartei) und zahlreiche Angehörige der ehemals regierenden deutschen Fürstenhäuser und des inaktiven Offizierskorps.

Vor der gemeinsamen Sitzung hält die NSDAP-Reichstagsfraktion unter ihrem Vorsitzenden Frick eine geschlossene Versammlung ab, in der der ehemalige thüringische Innenminister (→ 1. 4./S. 70) die Anwesenheit in Harzburg u. a. damit begründet, daß der »Mischmasch« der Rechtsopposition nun einmal nötig sei. Auch die italienischen Faschisten hätten zunächst in eine Koalitionsregierung eintreten müssen.

Die eigentliche Tagung im Saal des Kurhauses eröffnen Hugenberg und der braunschweigische Ministerpräsident Werner Küchenthal (parteilos). Hugenberg verliest das Manifest der »Nationalen Opposition«.

Hitler erklärt u. a., Deutschland stehe vor der Alternative Kommunismus oder Nationalismus. Von den weiteren Reden erregt vor allem die Ansprache Schachts großes Interesse. Der namhafte Finanzexperte, Reichsbankpräsident von 1923 bis 1930, kritisiert die Wirtschafts- und Finanzpolitik der Reichsregierung und erklärt u. a., die Berichte der Deutschen Reichsbank ließen nicht die wahre Lage des Kreditinstituts erkennen. Ein erheblicher Betrag zur Währungsdeckung sei geborgt. Die Reichsbank habe in großem Umfang Finanzwechsel anstatt Warenwechsel in ihrem Bestand, und die kurzfristigen Auslandsschulden der deutschen Wirtschaft seien weit höher als bisher bekanntgegeben.

Wegen der befürchteten Wirkung der Ausführungen Schachts auf das Ausland reagiert die Reichsregierung sofort auf die Vorwürfe. Finanzminister Hermann Robert Dietrich erklärt, es sei ein »geradezu unerhörter Vorgang, daß ein ehemaliger Reichsbankpräsident hier Behauptungen ausspricht, die den Tatsachen ins Gesicht schlagen. Alles, was hierüber in Rede steht, ist die reine Unwahrheit, von A bis Z.« Allerdings muß das Reichsbankdirektorium bestimmte Einzelangaben Schachts bestätigen. Die Wirkung der Rede liegt jedoch weniger in ihren finanzpolitischen Details als vielmehr in der darin enthaltenen Absage an das ganze wirtschaftliche und politische System der Weimarer Republik.

Mit Ausnahme des öffentlichen Echos auf die Schacht-Rede erfüllt die Harzburger Tagung die Erwartungen ihrer Initiatoren, vor allem Hugenbergs, nicht. Der Einheitsfront von rechts fehlt – abgesehen von dem gemeinsamen Mißtrauensantrag gegen die Reichsregierung (→ 9. 10./S. 173) – ein verbindendes politisches Konzept. Dies zeigt sich in den getrennten öffentlichen Aufmärschen der beteiligten Gruppen und in der Geringschätzung, mit der Hitler seinen bürgerlichen Partnern gegenübertritt. Der Führer der

Franz Seldte (vorn, 1. v. l.), Führer des Soldatenbundes Stahlhelm

Auslandspresse an Hitler interessiert

24. Oktober. Die britische Zeitschrift »Illustrated London News« informiert ihre Leser in einem groß aufgemachten Bildbericht über Adolf Hitler und das Hauptquartier der NSDAP, das Braune Haus (→ 1. 1./S. 12) in München. Die dabei veröffentlichten Bilder gehören nach Angaben des Blattes zu den ersten Aufnahmen, die jemals von Fotoreportern im Innern des Braunen Hauses gemacht worden sind.

Die großen Wahlerfolge der Hitler-Partei haben das Interesse des Auslands an der NSDAP und ihrem Führer geweckt. Hitler fasziniert auch den bekannten US-Journalisten Hubert Renfro Knickerbocker, der seinen Lesern Hitler als einen überragenden Redner und als »Held, den Millionen verehren«, präsentiert.

Der Führer der Nationalsozialisten am Schreibtisch seines Privatzimmers im NSDAP-Parteihauptquartier

Adolf Hitler (r., in Zivil), dahinter auf der Treppe sein Sekretär Rudolf Heß, verläßt das Braune Haus

Oktober 1931

Alfred Hugenberg (vorn), Vorsitzender der Deutschnationalen Volkspartei und Initiator des Harzburger Treffens

Adolf Hitler bei seiner Ansprache vor der NSDAP-Reichstagsfraktion in Bad Harzburg, r. R. Heß und H. Göring

NSDAP kann nach seiner Audienz bei der Reichsregierung (→ 10.10./S. 172) hoffen, auch ohne die übrige Rechte an die Macht zu gelangen. Hitler trifft statt am Vorabend des Treffens erst gegen Mitternacht aus Berlin in Bad Harzburg ein, verweigert unter Hinweis auf die hungrigen Mägen seiner Anhänger die Teilnahme am gemeinsamen Essen und brüskiert den Stahlhelm, indem er die zum Vorbeimarsch angetretenen Formationen erst warten läßt und dann vor ihrem Anmarsch den Paradeplatz wieder verläßt.
Wie die NSDAP-Führung über ihre Bundesgenossen denkt, verdeutlicht ein Artikel des Berliner Gauleiters Joseph Goebbels im »Angriff« vom 19. Dezember: »Die große Kundgebung der nationalen Opposition in Harzburg war ein Bekenntnis zu gemeinsamem Vorgehen zum Zwecke der Erreichung eines Teilziels. In dieser Beziehung ging ihr Sinn nicht über taktische Bedeutung hinaus. Da die nationalsozialistische Bewegung auf dem Legalitätsprinzip steht und keinerlei Veranlassung ist, davon abzuweichen, kann es keinem Zweifel unterliegen, daß die Eroberung der Macht vorerst nur in einer Koalition möglich ist.«

Forderungen der Harzburger Front

DNVP-Führer Alfred Hugenberg fordert im Namen der »Nationalen Opposition«:

»Wir sind bereit, im Reich und in Preußen in nationalgeführten Regierungen die Verantwortung zu übernehmen. Wir stoßen keine Hand zurück, die sich zu wirklich ehrlicher Zusammenarbeit anbietet. Wir müssen es aber ablehnen, die Erhaltung eines falschen Systems und die Fortsetzung eines falschen Kurses in einer nur national getarnten Regierung der bisherigen Kräfte irgendwie zu stützen. Jede Regierung, die gegen den Willen der geschlossenen nationalen Opposition gebildet werden sollte, muß mit unserer Gegnerschaft rechnen. So fordern wir den sofortigen Rücktritt der Regierungen Brüning und Braun, die sofortige Aufhebung der diktatorischen Vollmachten für Regierungen, deren Zusammensetzung nicht dem Volkswillen entspricht ... Wir beschwören den durch uns gewählten Reichspräsidenten von Hindenburg, daß er dem stürmischen Drängen von Millionen vaterländischer Männer und Frauen, Frontsoldaten und Jugend entspricht und in letzter Stunde durch Berufung einer wirklichen nationalen Regierung den rettenden Kurswechsel herbeiführt.«

Der frühere Reichsbankpräsident Hjalmar Schacht erhebt Vorwürfe gegen die deutsche Finanzpolitik:

»Was unter dem bisherigen Nachkriegssystem an wirtschaftlicher Substanz wie an wirtschaftlichen Möglichkeiten vergeudet worden ist, das läßt jetzt auch die produktiv gerichtete Wirtschaft verzweifelt nach Rettung von diesem System verlangen ... Dazu eine öffentliche Finanzwirtschaft, von der selbst der Finanzminister nicht zu sagen weiß, wovon sie die nächsten Monate, ja Wochen, weiterleben will, weil die Steuereingänge dauernd zurückgehen, die Ausgaben trotz Hoover-Feierjahr-Ersparnissen wachsen und von einem Geldmarkt für kurzfristige Finanzierung wegen seiner völligen Erschöpfung keine Rede mehr ist«.

NSDAP-Führer Hitler (vor der linken Hakenkreuzfahne) und die NSDAP-Funktionäre Wilhelm Frick, SA-Stabschef Ernst Röhm und der Reichstagsabgeordnete Hermann Göring (in der ersten Reihe) bei der Abnahme des Vorbeimarsches der Verbände der »Nationalen Opposition« im braunschweigischen Kurort Bad Harzburg am 11. Oktober 1931

Oktober 1931

Hindenburg spricht erstmals mit Hitler

10. Oktober. Im Beisein von Reichskanzler Heinrich Brüning empfängt Reichspräsident Paul von Hindenburg erstmals NSDAP-Führer Adolf Hitler und den NSDAP-Reichstagsabgeordneten Hermann Göring. In der einstündigen Aussprache geht es u. a. um eine Unterstützung Hitlers für Hindenburgs Wiederwahl. Dabei lehnt es Hitler ab, sich schon jetzt – wie von Brüning gewünscht – auf eine erneute Wahl Hindenburgs im Frühjahr 1932 festzulegen, läßt aber eine mögliche Unterstützung Hindenburgs offen. Brüning erklärt dazu, daß es von Hitlers Kurs in der Reichspräsidentenfrage abhänge, ob es zu einer Zusammenarbeit kommen könne, und macht damit ein unzweideutiges Koalitionsangebot.

Zwar bleibt das Treffen ohne greifbare Ergebnisse, es eröffnet beiden Seiten jedoch neue Perspektiven: Für Brüning ergibt sich die Chance, durch eine Kooperation mit Hitler die »nationale Opposition« zu spalten. Für ihn ist die DNVP die weitaus größere Gefahr. Hitler andererseits sieht nun die Möglichkeit, durch eine Zusammenarbeit mit dem Zentrum dem legalen Zugang zur Macht näherzukommen.

Auf Hindenburg macht Hitler, der sich weitschweifig über die Ziele des Nationalsozialismus ausläßt, einen

NSDAP-Führer Adolf Hitler verläßt nach der über einstündigen Unterredung mit Paul von Hindenburg das streng abgeriegelte Reichspräsidentenpalais

negativen Eindruck. Nach Einschätzung von Beobachtern bedeutet dies jedoch nicht, daß Hindenburg sich niemals bereitfinden würde, dem von ihm gern als »böhmischen Gefreiten« titulierten Hitler ein politisches Amt anzuvertrauen.

Maßgeblichen Anteil am Zustandekommen des Treffens am Vortag der Zusammenkunft von Harzburg (→ 11. 10./S. 170) hat der Berliner Hitler-Vertraute Göring, der seit längerem Kontakte zu Brüning unterhält. An Gesprächen mit der NSDAP ist auch der einflußreiche Generalleutnant Kurt von Schleicher interessiert. Der Leiter des politischen Ministeramtes im Reichswehrministerium verhandelt mit Hitler und auch mit Alfred Hugenberg, um die extreme Rechte an die Regierung heranzuziehen.

Schleicher will die NSDAP durch eine Kooperation zähmen und unschädlich machen. Er versucht – zunächst ohne Erfolg – Hindenburg den Eindruck zu vermitteln, daß Brünings Abhängigkeit von der SPD ein Hindernis zur Bildung einer »nationalen Regierung« sei.

Noterlaß gegen die Wirtschaftskrise

6. Oktober. Reichspräsident Paul von Hindenburg erläßt die sieben Abschnitte umfassende Dritte Verordnung zur Sicherung von Wirtschaft und Finanzen und zur Bekämpfung politischer Gewalt.

In Teil I werden durch Änderung der Notverordnungen vom 1. Dezember 1930 und vom → 5. Juni (S. 102) u. a. die Renten aus der Sozialversicherung und die Bezüge aus der Reichsversorgung gesenkt. Teil II beseitigt einige Härten bei der Arbeitslosenhilfe und ermöglicht die Gewährung der Unterstützung bis zu einem Drittel in Sachleistungen. Teil III sieht Maßnahmen zur Deckung der öffentlichen Haushalte vor und gibt u. a. der Reichsregierung das Recht zur Aufstellung eines Nothaushalts für das zweite Vierteljahr 1932. Teil IV befaßt sich mit dem Wohnungs- und Siedlungswesen und mit der Förderung der Siedlungstätigkeit von Erwerbslosen (→ 7. 9./S. 158). Teil V ermächtigt die Länderregierungen zu Eingriffen in das Kreditsystem, Teil VI verfügt Sparmaßnahmen in der Rechtspflege und ermöglicht die Bildung von Sondergerichten. Teil VII erleichtert Verbote von Zeitungen und Filmen und die Schließung von »Sammelstätten staatsgefährlicher Betätigung« wie der SA-Kasernen.

Krawalle bei SA-Treffen in Braunschweig

18. Oktober. In Braunschweig findet als Ersatz für einen Reichsparteitag der NSDAP, der infolge der schlechten Finanzlage wie schon 1930 ausfallen muß, ein Aufmarsch der Sturmabteilung (SA) statt.

Mit 38 Sonderzügen kommen über 75 000 SA-Leute nach Braunschweig, wo mit Dietrich Klagges ein NSDAP-Innenminister amtiert (seit 15. 9.). Parteiführer Adolf Hitler nimmt den Vorbeimarsch ab. 5000 meist schwere und elegante Autos bilden den Fahrzeugpark der SA, sogar eine Fliegerstaffel steht bereit. Hitler weiht 24 SA-Standarten mit der sog. Blutfahne von 1923 (Hitler-Putsch in München) und ruft seine Anhänger dazu auf, nicht die Nerven zu verlieren und in letzter Minute schwach zu werden. Die Partei habe in nächster Zeit noch die schwersten Aufgaben zu lösen.

Vor und nach der SA-Parade kommt es zu schweren Krawallen, bei denen zwei Menschen getötet und 65 verletzt werden. Angesichts der SA-Übermacht erweist sich die Braunschweiger Polizei, wenn sie überhaupt eingreift, als hilflos. Vor allem die Arbeiterquartiere sind Ziel der SA-Leute, die systematisch die Fensterscheiben ganzer Straßenzüge mit Pflastersteinen zertrümmern und politische Gegner verfolgen.

Vorbeimarsch der 75 000 zum Treffen nach Braunschweig angereisten SA-Angehörigen vor NSDAP-Führer Adolf Hitler auf dem Platz vor dem Schloß

Neue Aufgaben für die Schutzstaffel

1931 werden die Aufgaben der 1925 zum persönlichen Schutz von NSDAP-Führer Adolf Hitler gegründeten und seit 1929 von Heinrich Himmler als Reichsführer geleiteten Schutzstaffel (SS) erweitert.

Unter Führung von Reinhard Heydrich, Ex-Marineleutnant und SS-Sturmbannführer, wird der Sicherheitsdienst (SD) des Reichsführers SS gegründet. Dieser Nachrichtendienst hat vor allem die Aufgabe, politische Gegner zu überwachen und Nachrichten zu sammeln. Das Rasse- und Siedlungshauptamt (RuS) der SS soll entsprechend der Idee von der Überlegenheit der nordischen Rasse die Rassereinheit der SS-Männer und -Anwärter und deren artgemäße Lebensführung überwachen.

Oktober 1931

Reichskanzler Brüning bildet sein zweites Kabinett

9. Oktober. Reichspräsident Paul von Hindenburg ernennt Heinrich Brüning (Zentrum) erneut zum Reichskanzler und bestätigt die Minister seines zweiten Kabinetts. Stärker noch als bisher ist Brüning, bereits vom 30. März 1930 bis zum 7. Oktober 1931 Regierungschef, vom Vertrauen Hindenburgs abhängig, da auch seine neue Regierung über keine Mehrheit im Reichstag verfügt. Brüning kann nur mit Hilfe von Notverordnungen des Reichspräsidenten regieren.

Den Anlaß für die Kabinettsneubildung bot am 3. Oktober der Rücktritt von Reichsaußenminister Julius Curtius (DVP), dessen Position vor allem das Scheitern der geplanten Zollunion mit Österreich erschüttert hatte (→ 3. 9./S. 156). Am 5. Oktober sprach Brüning mit Hindenburg über die Regierungsbildung, bot aber seinen Rücktritt an, als dieser eine Wende nach rechts verlangte. Am 7. Oktober trat das Gesamtkabinett zurück. Nach Annahme der Demission beauftragte Hindenburg Brüning erneut mit der Regierungsbildung, die ohne parteimäßige Bindungen erfolgen sollte. Nach Curtius' Demission lehnte die DVP eine Kabinettsbeteiligung ab, auch die Zentrumspolitiker Theodor von Guérard (Verkehr) und Joseph Wirth (Inneres) kehren nicht auf ihre Posten zurück. Besondere Mühe bereiten die Besetzung des Außenressorts, das Brüning selbst übernimmt, und des Wirtschaftsministeriums, in das der parteilose Industrielle Hermann Warmbold als einziger neuer Minister einzieht. Wilhelm Groener ist nun sowohl Reichswehr- als auch Innenminister.

Brüning stellt sich am 13. Oktober dem Parlament und nennt als wichtigstes Ziel die »Sicherung der Autorität des Reiches«. In der Reichstagsdebatte vom 14. bis 16. Oktober bekräftigt die wiederum nicht an der Regierung beteiligte SPD, daß sie auch das zweite Kabinett Brüning tolerieren werde. Gegen Brüning stimmen KPD, SAP (→ 4. 10./S. 174), DVP und die ins Parlament zurückgekehrte »Nationale Opposition« (→ 10. 2./S. 32). Die von den Volkskonservativen bis zur SPD reichende Majorität lehnt den Mißtrauensantrag von Rechten und Linken gegen das Kabinett mit 295 gegen 270 Stimmen bei drei Enthaltungen ebenso ab wie eine Reichstagsauflösung.

△ *Heinrich Brüning bei seiner Regierungserklärung am 13. Oktober; der Zentrumspolitiker bezeichnet es als erste Voraussetzung für die Überwindung der Krise, die »Ausnützung der Notlage des Staates und der Wirtschaft durch eine unwahrhaftige Agitation« zu verhindern und die Sozialpolitik und die Tarifpolitik den »geänderten Verhältnissen« anzupassen; auf die Regierungsbildung eingehend erklärt Brüning, die Minister seines zweiten Kabinetts seien nicht »parteigebunden«, das Kabinett brauche »keine Rücksicht auf irgendeine Partei zu nehmen« und sich daher auch um Fraktionsbeschlüsse nicht weiter zu kümmern*

◁ *Die Mitglieder des am 9. Oktober vom Reichspräsidenten ernannten Präsidialkabinetts Brüning: 1. Heinrich Brüning (Kanzler und Außenminister/Zentrum), 2. Wilhelm Groener (Inneres und Reichswehr/parteilos), 3. Kurt Joël (Justiz, bisher mit der Leitung beauftragt/parteilos), 4. Hermann Robert Dietrich (Vizekanzler und Finanzen/Deutsche Staatspartei), 5. Adam Stegerwald (Arbeit/Zentrum), 6. Martin Schiele (Ernährung/Christliches Landvolk); untere Reihe v. l.: Hermann Warmbold (Wirtschaft/parteilos), Gottfried Reinhold Treviranus (Verkehr/Volkskonservative Vereinigung), Georg Schätzel (Post/Bayerische Volkspartei)*

Oktober 1931

Severing zieht eine Bilanz der Mordhetze

14. Oktober. Bei der innenpolitischen Debatte im preußischen Landtag weist Innenminister Carl Severing (SPD) die kommunistische Kritik am zu harten Durchgreifen der Polizei zurück und nennt in diesem Zusammenhang Zahlen über politische Morde in Preußen seit Jahresbeginn. Nach Severings Angaben sind bei Zusammenstößen, die offenbar von Kommunisten ausgingen, 34 Menschen getötet und 186 schwer verletzt worden (→ 9.8./S. 138). Bei Krawallen von Nationalsozialisten seien drei Personen getötet sowie acht tödlich und 78 schwer verletzt worden. Severing weist energisch die von den Rechtsparteien ausgegebenen Parolen, wonach dem Staat eine Katastrophe drohe, zurück und plädiert dafür, die sog. Selbstschutzorganisationen wie Stahlhelm, Bund der Frontsoldaten, SA und Reichsbanner Schwarz-Rot-Gold aufzulösen.
Angesichts der zunehmenden Neigung der Extremisten zur Gewalt werde der kommende Winter, so Severing, an die »seelische Verfassung« der Polizeibeamten die härtesten Anforderungen stellen.

Flugblatt der kommunistischen Roten Hilfe mit den Namen der zwischen Ende 1929 und November 1931 von den Nationalsozialisten ermordeten politischen Gegner und dem Aufruf, mit der »Nazi-Mordpest« nun endlich Schluß zu machen; allein im Oktober verzeichnet diese Liste drei Mordtaten; allerdings gibt es auch Terror von kommunistischer Seite gegen die Mitglieder und Anhänger der NSDAP und ihre Kampftruppen SA und SS; Polizisten sind der Gewalt beider Seiten ausgesetzt

Linke Alternative für Wähler der SPD

4. Oktober. Auf einer Reichskonferenz oppositioneller Sozialdemokraten in Berlin beschließen 88 Delegierte aus 25 der 33 SPD-Bezirke die Gründung der Sozialistischen Arbeiterpartei Deutschlands (SAP).
Zu Vorsitzenden werden die am 29. September aus der SPD ausgeschlossenen Reichstagsabgeordneten Max Seydewitz und Kurt Rosenfeld sowie Heinrich Ströbel gewählt, der jedoch Ende 1931 wieder zur SPD zurückkehrt. In seinem Hauptreferat begründet Seydewitz den Bruch mit der SPD vor allem mit den tiefgreifenden Meinungsverschiedenheiten über eine Tolerierung der Brüning-Regierung (→ 20.3./S. 52).
Die Delegierten verabschieden ein Aktionsprogramm, das den Sozialismus nach dem Sturz des Kapitalismus »zur Tagesaufgabe unserer Zeit« erklärt und mit dem sich die SAP gegen KPD und SPD abgrenzt.
Am gleichen Tag erfolgt in Berlin die Gründung des Sozialistischen Jugendverbandes (SJV), die Reichsleitung bilden Edith Baumann, Willy Kressmann und Max Schwarz.

Solidarisches Handeln gegen die Not der Angestellten

7. Oktober. In Leipzig endet der am 5. Oktober eröffnete vierte Kongreß des Allgemeinen freien Angestelltenbundes. 88 Delegierte aus den 15 Mitgliedsverbänden bestätigen den Vorstand aus Siegfried Aufhäuser, Wilhelm Stähr und Otto Urban im Amt.

Mitgliederzahlen seit 1925

Jahr	Afa-Bund	Gedag	GdA
1925	428 185	411 113	273 016
1926	400 155	418 700	275 352
1927	395 259	456 980	288 134
1928	421 106	501 635	301 967
1929	450 741	557 420	320 117
1930	459 840	591 520	335 428
1931	434 974	593 800	327 742

Der 1921 gegründete freigewerkschaftliche Afa-Bund ist neben dem 1919 gegründeten, christlich-nationalen Gesamtverband deutscher Angestellten-Gewerkschaften (Gedag) und dem 1920 gegründeten Gewerkschaftsbund der Angestellten (GdA) der dritte große Dachverband der deutschen Angestellten. Er vertritt rund 12% der Angestellten.
Auf der Tagesordnung des Afa-Kongresses stand u. a. ein Referat von Aufhäuser über Ideologie und Taktik der Arbeiterbewegung. Dabei betonte Aufhäuser, daß es Aufgabe des Afa-Bundes sei, die Berufsangehörigen davor zu schützen, daß ihre ökonomische Lage von einer falschen Ideologie überblendet werde. Die Angestellten müßten begreifen, daß im Hochkapitalismus der Gegenwart kein Raum mehr zwischen den Klassen bestehe. Die Nöte der Angestellten könnten nur durch ein solidarisches Handeln von Arbeitern und Angestellten überwunden werden.
Viele Angestellte scheuen jedoch die Kooperation mit Arbeitern, obwohl sie oft weniger verdienen: In der Berliner Metallindustrie liegt 1931 das Anfangsgehalt eines Angestellten bei 138 Reichsmark, ein männlicher Facharbeiter verdient – bei 42-Stunden-Woche – 170 RM im Monat.

Soldaten sammeln für Winterhilfe

20. Oktober. *Mit Sammlungen stellt sich in Berlin die Reichswehr in den Dienst der Winterhilfe für Arbeitslose. Mit Trompetensignalen werden die Anwohner auf die Sammlung aufmerksam gemacht und zum Spenden von Kleidern, Wollsachen und Wäsche aufgerufen (Abb.). Am 14. September hatten der Reichspräsident, die Reichsregierung und die Wohlfahrtsverbände zu einer Beteiligung an der Winterhilfe aufgerufen. Der gute Zweck führt zu einer Vielzahl von Aktionen: München veranstaltet Pfennigsammlungen, Polizei und Reichswehr stiften Kindern von Arbeitslosen Mittagessen, und viele Städte rufen zu Pfundspenden von Lebensmitteln auf.*

Oktober 1931

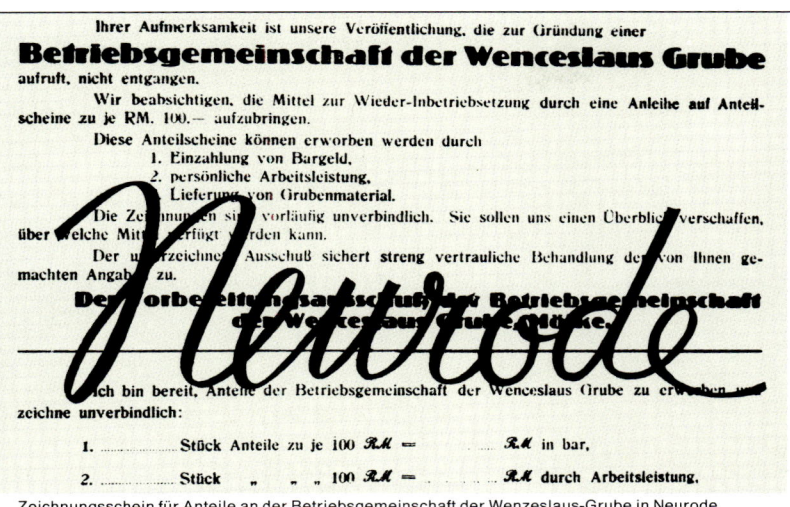
Zeichnungsschein für Anteile an der Betriebsgemeinschaft der Wenzeslaus-Grube in Neurode

Die Krughütte im Mansfelder Revier bei Eisleben, wo Kupfererz verhüttet wird

Beschäftigte der Wenzeslaus-Grube und im Mansfelder Revier kämpfen um ihre Arbeitsplätze

13. Oktober. Rund 2800 Arbeiter der Wenzeslaus-Grube in Neurode in der Grafschaft Glatz (Schlesien) bitten die Behörden um finanzielle Hilfe für die Wiederinbetriebnahme der am 1. Januar 1931 stillgelegten Kohlenzeche. Die ehemalige Belegschaft hat eine Betriebsgemeinschaft gegründet und 360 000 Reichsmark, vor allem in Form von zugesagten Arbeitsleistungen, aufgebracht, um die Grube auf genossenschaftlicher Grundlage weiterzuführen. Die Wenzeslaus-Grube gilt als besonders unfallträchtig: Zuletzt fanden am 9. Juli 1930 hier 151 Bergleute durch eine Kohlensäurekatastrophe den Tod. Die Behörden lehnen einen Zuschuß ab, weil die Grube unrentabel und die Gefahr weiterer Unglücke zu groß sei. Eine Wiederinbetriebnahme würde mindestens vier Millionen RM kosten und zu Entlassungen im Waldenburger Bergbaurevier führen, das die Förderquoten von Neurode übernommen hat. Erfolgreicher als ihre Kollegen in Neurode bemühen sich die Beschäftigten im Mansfelder Kupferbergbau in Eisleben um die Sicherung ihrer Arbeitsplätze. Zwar wurde durch die Notverordnung vom → 6. Oktober (S. 172) zur Stützung des Kupferschieferbergbaues über die jährlichen Subventionen von 5,64 Millionen RM hinaus ein einmaliges Darlehen von bis zu drei Millionen RM in Aussicht gestellt, doch die Geschäftsleitung kündigte zunächst zum 19. Oktober der gesamten 13 000 Mann starken Belegschaft. Am 14. Oktober stimmt die Gewerkschaft trotz großer Bedenken der geforderten Kürzung der Bergarbeiterlöhne um 10% zu. Damit wird die Schließung doch noch abgewendet, die direkt und indirekt rund 140 000 Menschen betroffen hätte.

Konkursstatistik meldet neuen Rekord

31. Oktober. Nach einer Aufstellung des Statistischen Reichsamtes wurden im Deutschen Reich im September 1341 und im Oktober 1435 Konkurse eingeleitet. Damit sind so viele Unternehmenszusammenbrüche wie noch nie zu verzeichnen. Mit 19 254 neuen Konkursen und 8628 neuen Vergleichsverfahren wird 1931 ein neuer Höchststand in der Konkursstatistik erreicht. Am stärksten von Konkursen betroffen ist das Handelsgewerbe mit insgesamt 8686 neuen Konkursen und 4816 Vergleichsanträgen; dabei trägt im Bereich des Warenhandels der Einzelhandel mit 6664 Konkursanträgen und 3581 neuen Vergleichsanträgen maßgeblich zum bedrohlichen Anstieg der Konkurse bei.

Im Bereich des Einzelhandels wiederum sind vor allem Unternehmen, die mit Nahrungs- und Genußmitteln oder mit Textilien handeln, überdurchschnittlich oft von Zahlungsunfähigkeit betroffen.

In der Mehrzahl der Fälle ist es die fortdauernde Depression, die zur Aufgabe zwingt: Infolge der allgemeinen Lohnreduzierungen fehlt den Kunden die Kaufkraft, und die zurückgehenden Einnahmen machen angesichts oft zu geringer Rücklagen einen Fortgang der Geschäfte unmöglich, zumal viele Geschäftsleute Kredite aufgenommen haben, die nur mühsam zurückgezahlt werden können.

Im Einzelhandel macht sich schließlich auch die Konkurrenz der Kaufhäuser und Konsumgenossenschaften bemerkbar. Dies hat zur Folge, daß die radikalen Parolen der Nationalsozialisten, die zum Kampf gegen das Treiben der »Warenhaus-Juden« aufrufen, unter den Einzelhändlern immer mehr Anklang finden.

Gelegentlich sind es aber auch kriminelle Machenschaften, die zum Konkurs von Firmen führen. So wurden von den 137 Konkursen im Bankgewerbe einige auch durch betrügerische Manipulationen der Inhaber verursacht (→ 19. 11./S. 191).

Frauenvereine für die Friedensarbeit

10. Oktober. In Leipzig endet die dreitägige Generalversammlung des Bundes deutscher Frauenvereine. 700 Delegierte berieten über die Frauenerwerbslosigkeit und bekräftigten ihren Einsatz für den Weltfrieden.

Gertrud Bäumer, eine der profiliertesten deutschen Frauenrechtlerinnen, wurde am 12. September 1873 geboren. Sie ist seit 1919 für die DDP Mitglied des Reichstages und seit 1920 Ministerialrätin im Reichsministerium des Innern.

Vor Beginn der Tagung, auf der 86 Verbände mit über einer Million Mitgliedern vertreten waren, äußerten sich am 7. Oktober in der »Vossischen Zeitung« Frauen zum Thema Frau und Beruf. Dabei wird eine gewandelte Einstellung deutlich: Der Beruf ist vielen Arbeiterinnen und Angestellten zum »zweiten unlösbaren Ich« geworden, der Geld und persönliche Anerkennung verschafft.

Auto 1931:
Absatzkrise trifft Hersteller

Für die Autoindustrie ist 1931 ein schwieriges Jahr: Die Absatzzahlen zeigen nach unten, mehrere namhafte deutsche Hersteller geraten in Liquiditätsprobleme.

Im Deutschen Reich gibt es am 1. Juli 522 943 Personenkraftwagen, davon sind 126 751, also fast ein Viertel, ausländischer Herkunft. Gegenüber 1930 ist dies ein Zuwachs von 4,3%, im Vorjahr war noch ein Plus von 15,7% zu verzeichnen gewesen. Die Statistik meldet 102 inländische Kraftfahrzeugfabriken mit 46 134 Beschäftigten, die 58 761 Pkw herstellen. 1928 waren es noch 140 Betriebe und 101 617 neugebaute Pkw.

In der Motorisierung hinkt das Deutsche Reich nach wie vor hinterher. Am 1. Januar kommt in den USA ein Kraftwagen auf 4,6 Einwohner, in Frankreich auf 27 und in Deutschland auf 94 Bewohner.

Nur wenige Autofirmen wie Daimler-Benz, BMW und die Adler Werke vorm. Heinrich Kleyer (Frankfurt am Main) verfügen mit einer der Großbanken über kapitalkräftige Anteilseigner. Auf Initiative der Deutschen Bank und Discontogesellschaft vereinbaren Daimler-Benz und BMW im November eine intensive Zusammenarbeit in den Bereichen Vertrieb und Produktplanung. Die BMW-Karosserien werden fortan bei Daimler in Sindelfingen gefertigt. Der US-Konzern Ford eröffnet am → 12. Juni (S. 103) ein Werk in Köln.

Auf die Absatzkrise reagieren viele Hersteller mit Preisreduzierungen von bis zu 10%. Dennoch sind im November die Stoewer-Werke in Stettin und im Dezember die Henschel-Werke Kassel und die Firmen Brennabor und Hanomag zahlungsunfähig (→ 18. 12./S. 205). In Sachsen wird zur gleichen Zeit über den Zusammenschluß der sanierungsbedürftigen Firmen Audi, Horch und DKW verhandelt.

Zu den neuen Autos auf dem deutschen Markt zählen zwei Modelle von Opel: Ein 1,8-l-Sechszylinder und ein Vierzylinder mit 1,2-l-Motor und 22 PS Leistung. Sie kosten je nach Ausstattung zwischen 1995 und 2700 bzw. 3175 und 3590 Reichsmark. Die Sensation auf dem 25. Pariser Automobilsalon und der Londoner Autoschau im Oktober ist der neue Daimler-Benz 170 mit Vollschwingachse und 32-PS-Sechszylindermotor.

Ein Versuch von Ferdinand Porsche zum Bau eines Volkswagens scheitert am fehlenden Verständnis der Ingenieure der Nürnberger Zündapp-Werke (→ 28. 9./S. 159).

Ein ausgesprochener Familienwagen aus Frankreich: Der C-6 G des namhaften Herstellers Citroën in geschlossener Version mit sieben Sitzen

Der Opel-Blitz, ein Standardlastwagen für Handel und Gewerbe mit 2 oder 2,5 t, der je nach Ausstattung zwischen 3995 und 5495 Reichsmark kostet

Anzeige der Autofirma Humber aus Großbritannien

Werbung für die »schönen Autos« von Delage

Französische Reklame für die US-Marke Lincoln

Oktober 1931

Ein elegantes Fahrzeug für den Selbstfahrer oder die Herrschaften mit Chauffeur: Berline Sport Reinastella, ein Acht-Zylinder-Auto von Renault aus Frankreich

Eine Neuheit aus dem Oktober 1931: Daimler-Benz 170, ein Vollschwingachser mit einzeln aufgehängten Rädern, angetrieben von einem Sechszylindermotor mit 32 PS

Ein ausgereiftes Fahrzeug von einem namhaften deutschen Automobilhersteller: Der kleine Stoewer V 5 mit einem 1,2-l-Motor (25 PS)

Neu in Deutschland: Opel 1,8-l-Sechszylinder

Adler-Plakat für die Berliner Automobilausstellung

Sportliche Werbung für Mercedes-Benz »Mannheim«

Oktober 1931

Laval-Besuch in den USA ohne Ergebnis

26. Oktober. Frankreichs Ministerpräsident Pierre Laval verläßt am Abend mit der »Isle de France« New York. Während seines viertägigen USA-Besuchs war es ihm bei seinen Gesprächen mit US-Präsident Herbert Hoover nicht gelungen, zu einer gemeinsamen Haltung bei der Lösung der Schuldenfrage zu kommen. Das am 25. Oktober ausgegebene Kommunique läßt die Differenzen in dieser Frage deutlich werden: »Hinsichtlich der internationalen Schulden anerkennen wir, daß vor dem Ablauf des Hooverschen Schuldenfeierjahres [→ 20. 6./S. 100] ein Arrangement notwendig werden kann, über dessen Bestimmungen und Bedingungen unsere beiden Regierungen alle Vorbehalte machen.« Einig sind sich Laval und Hoover nur darüber, daß beide Länder am Goldstandard ihrer Währung festhalten wollen, obwohl vor allem durch Aufkäufe aus Frankreich zwischen Ende September und Ende Oktober rund 755 Millionen US-Dollar (etwa 3,2 Mrd. Reichsmark) in Gold aus den USA abfließen.

Für seine Gespräche in Washington hatte Laval unter Mitwirkung des US-Botschafters in Paris, Walter Evans Edge, ein umfangreiches Programm aufgestellt: Gegen eine US-Garantie in der Sicherheitsfrage war Frankreich bereit, einer Senkung der Reparationen und Schulden, einer Verlängerung des Hoover-Feierjahres (→ 19. 8./S. 140), einer Verminderung des Heeres-Budgets und der Beteiligung an internationalen Anleihen zur Behebung der Finanzkrise zuzustimmen.

Überschattet wurde Lavals Besuch von Erklärungen des US-Senators William Edgar Borah. Der Vorsitzende des Auswärtigen Ausschusses verlangte u. a. eine Revision des Versailler Vertrages, eine Verminderung der deutschen Reparationslasten sowie eine Abrüstung in Frankreich und sprach sich gegen jede Sicherheitsgarantie aus.

◁ *Goldprüfstelle bei der Bank von Frankreich in Paris; die immensen Goldabflüsse aus den USA sind ein Thema des Laval-Besuchs in den Vereinigten Staaten*

▽ *Die Gastgeber und ihre Gäste vor dem Weißen Haus in Washington: Das Ehepaar Hoover mit Pierre Laval und seiner Tochter Josette Laval (v. l.)*

Feierliche Beisetzung eines bei den antibritischen Unruhen auf Zypern tödlich verletzten Inselgriechen

Zypern gegen die Britenherrschaft

23. Oktober. Die britische Admiralität entsendet zwei Kreuzer und zwei Zerstörer nach Zypern. Den aus Ägypten eingeflogenen 150 Soldaten war es nicht gelungen, die Kronkolonie (seit 1925) zu befrieden.

Am 21. Oktober war das Regierungsgebäude in Nikosia belagert und in Brand gesteckt worden. Zwar gelang es der Polizei, die Menge zu zerstreuen, doch der Aufstand hatte bereits auf die Mehrzahl Inselbewohner (zu 80% Griechen) übergegriffen, die statt der ihnen gewährten Teilautonomie den Anschluß an Griechenland fordern.

Pius XI. verlangt weltweite Abrüstung

3. Oktober. Die vatikanische Zeitung »L'Osservatore Romano« veröffentlicht eine Enzyklika, in der Papst Pius XI. zum Kampf gegen die ständig wachsende Arbeitslosigkeit aufruft und für eine wirksame weltweite Abrüstung eintritt.

Das Lehrschreiben beginnt mit den lateinischen Worten »Nova impellent« und wird wie üblich danach benannt. Der Papst beklagt zunächst die entstandene wirtschaftliche Krise und die Zunahme der Arbeitslosigkeit. Das Oberhaupt der römisch-katholischen Kirche widmet sich dabei besonders dem Schicksal der Kinder von Erwerbslosen.

Pius XI. fordert zu einem Kreuzzug der Barmherzigkeit und der Hilfeleistung für die bedrohten Kinder auf, deren Leib und deren Seele vor den Folgen der Arbeitslosigkeit bewahrt werden müßten. Der Papst betont, es sei höchste Pflicht der Christen, solche Barmherzigkeit zu üben.

Der Papst fügt hinzu, daß es nicht zuletzt der sinnlose Rüstungswettlauf sei, der die ökonomischen Schwierigkeiten verursacht habe, und erinnert an die Aufrufe seiner Vorgänger, die ungeheuren Summen für Kriegsgerät und Militär besser für die Förderung des öffentlichen Wohls zu verwenden.

Der Papst fordert die Bischöfe in aller Welt auf, in ihren Predigten und mit allen ihnen zur Verfügung stehenden Mitteln die Herzen der Menschen in diesem Sinne zu erleuchten und sich überall an die Spitze des Hilfswerks für die bedrohten Kinder zu stellen.

Als einer der ersten katholischen Kirchenführer folgt der Bischof von Berlin, Christian Schreiber, dem Appell des Papstes und zelebriert eine Friedensmesse. In seiner Ansprache betont der Bischof im Sinne der Enzyklika die Notwendigkeit der Förderung aller Friedensbestrebungen und weist auf die Arbeit des Völkerbundes hin.

Die Friedensmessen, die künftig regelmäßig abgehalten werden sollen, haben nach den Worten Schreibers die Aufgabe einer Mobilmachung der Religion für den Weltfrieden.

Flugpropaganda gegen Faschismus

3. Oktober. Am Abend erscheint über dem Zentrum von Rom ein von dem Antifaschisten Lauro de Bosis gesteuertes Flugzeug, aus dem heraus Flugblätter abgeworfen werden. Der italienischen Luftwaffe gelingt es nicht, die Maschine zu stellen.

De Bosis hatte das Flugzeug in Nizza gekauft und wollte nach dem Abwerfen der Flugblätter auf Korsika landen, wo er jedoch nicht eintrifft. In den Flugblättern wird das italienische Volk zur Revolte gegen die faschistische Regierung aufgefordert. Die Bürger werden ermahnt, das Rauchen aufzugeben, um der Regierung die Einkünfte aus der Tabaksteuer vorzuenthalten.

Oktober 1931

Nationale Regierung in London gestärkt

27. Oktober. Die Wahlen zum britischen Unterhaus erbringen einen überraschend großen Erfolg für die von Stanley Baldwin geführten Konservativen zu Lasten der durch interne Auseinandersetzungen geschwächten Labour Party. Der aus der Labour Party ausgeschlossene James Ramsey MacDonald, seit dem → 25. August (S. 144) Chef einer Nationalen Regierung, bleibt im Amt. Die Konservativen erringen 471 Unterhaussitze (bisher 264), die liberalen Gruppierungen von Sir John Simon und Sir Herbert Louis Samuel erhalten 66 und die Nationale Arbeiterpartei MacDonalds 13 Sitze. Hinzu kommen noch zwei Unabhängige, womit sich die Nationale Regierung auf 552 Mandate stützen kann. Bei einer Wahlbeteiligung von 72% stimmen 14,1 Millionen Wähler für die Regierungsparteien.

Ihnen stehen 52 Abgeordnete der Labour Party (zuvor 265) entgegen, hinzu kommen vier unabhängige Liberale unter Führung von David Lloyd George und ein Unabhängiger. Zahlreiche bekannte Labour-Funktionäre sind nicht mehr ins Unterhaus gewählt worden. Erstmals seit 1910 ist die Zahl ihrer Wählerstimmen (6,665 Mio. gegenüber 8,39 Mio. 1929) wieder zurückgegangen.

△ *Bekanntgabe des Ergebnisses im Wahlkreis von James Ramsey MacDonald, der in Seaham trotz des Verlustes von 6500 Stimmen dank des Verzichts der Konservativen auf einen Gegenkandidaten ins Unterhaus gewählt wird*

◁ *Der Führer der britischen Konservativen, Stanley Baldwin, bei einer Rede in Birmingham zum Auftakt des Wahlkampfes; der frühere Premierminister (1923/24, 1924–1929) verzichtet auf einen Ministerposten und gehört als Vorsitzender des Geheimen Rates der Regierung an*

IRA wird in Irland für illegal erklärt

20. Oktober. Die Regierung des Freistaats Irland erklärt die Bewegung Freies Irland ebenso wie eine Reihe anderer republikanischer Gruppierungen sowie die Irisch Republikanische Armee (IRA) für illegal.

Die Bewegung Freies Irland war im Mai 1931 in Dublin von Sean MacBride, Stephen Hayes, Michael Fitzpatrick und Peadar O'Donnell gegründet worden. Sie erstrebte eine gesamtirische Republik auf der Grundlage der Proklamation des Osteraufstandes von 1916 sowie eine zum Teil sozialistische Reformpolitik.

Ihr Generalrat bestand aus Vertretern der IRA sowie der von der Gräfin Constance Markievicz – einer Veteranin von 1916 – geführten Frauenorganisation Cumann na mBan und anderer radikaler Gruppen.

Die IRA war 1919 im Kampf gegen die britische Besatzungsmacht als militärischer Arm der 1905 gegründeten Bewegung Sinn Féin (gälisch; Wir selbst) entstanden. Die IRA, die stets den von den Briten als Preis für die begrenzte Unabhängigkeit erzwungenen Verlust Nordirlands ablehnte, war der Verlierer im irischen Bürgerkrieg 1922/23. Seit 1927 ist die Sinn Féin nicht mehr im Parlament der Republik Irland vertreten.

Miklas bleibt Präsident von Österreich

9. Oktober. Die österreichische Bundesversammlung wählt in Wien Wilhelm Miklas (Christlichsoziale Partei) erneut zum Bundespräsidenten. Auf die zunächst vorgesehene Wahl des österreichischen Staatsoberhauptes durch das Volk ist wegen der angespannten innenpolitischen Lage verzichtet worden.

Am 10. Dezember 1928 war Miklas erstmals zum Bundespräsidenten gewählt worden. Bei seiner Wiederwahl stimmen für den ehemaligen Präsidenten des Nationalrats (1923–1928) 109 Abgeordnete der Christlichsozialen Partei, der Großdeutschen Volkspartei und des Landbundes. Sein Gegenkandidat Karl Renner kann die 93 Stimmen seiner Sozialistischen Partei auf sich vereinigen. Die neun Vertreter des rechtsextremen Heimatblocks bleiben der Wahl fern.

Miklas ist der Kompromißkandidat der bürgerlichen Parteien. Weder der frühere christlichsoziale Bundeskanzler Ignaz Seipel noch der von den Großdeutschen unterstützte Außenminister Johannes Schober konnten sich in den Vorgesprächen durchsetzen.

Auf Initiative der Großdeutschen Volkspartei hat der Nationalrat am 8. Oktober per Gesetz die aufgrund der Verfassungsrevision von 1929 vorgesehene Direktwahl des Bundespräsidenten durch das Volk vorübergehend aufgehoben und die Wahl an die Bundesversammlung zurückgegeben. Die Großdeutschen hatten u. a. die hohen Kosten einer Volkswahl als Argument angeführt. Durch die Verfassungsnovelle vom 7. Dezember 1929 waren aufgrund der zunehmend instabileren politischen Lage die Rechte des Staatsoberhaupts zu Lasten des Parlaments erheblich erweitert worden. Ihm wurde nach dem Vorbild der Weimarer Verfassung ein Notverordnungsrecht zuerkannt, ihm obliegt ferner u. a. die Ernennung und Entlassung des Bundeskanzlers, und er ist auch der Oberbefehlshaber des Bundesheeres.

Wilhelm Miklas, erstmals 1928 zum Präsidenten von Österreich gewählt

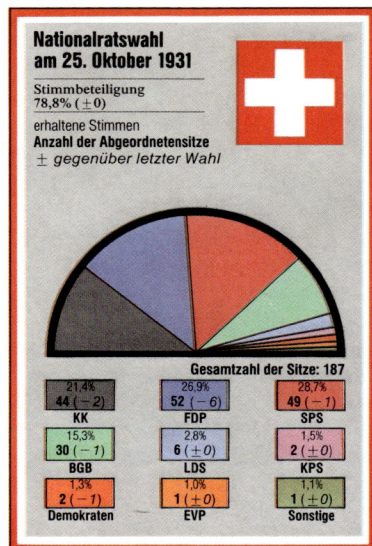

Die Schweiz wählt

25. Oktober. *Bei den Wahlen zu dem um zwölf auf 187 Sitze reduzierten Schweizer Nationalrat bleibt die Freisinnig-demokratische Partei (FdP) mit 52 (zuvor 58) Sitzen stärkste Partei.*

Oktober 1931

Die nach G. Washington benannte, größte Hängebrücke der Welt

Brücke überwindet Hudson

24. Oktober. *In New York wird die in viereinhalb Jahren für 60 Millionen US-Dollar (252 Mio. Reichsmark) erbaute George-Washington-Memorial-Bridge eingeweiht. Die 1125 m lange Brücke verbindet Manhattan und New Jersey.*

Neubau des Waldorf-Astoria-Hotels in der Park Avenue

Ein neues Waldorf-Astoria

1. Oktober. *US-Präsident Herbert Hoover übergibt den Neubau des Waldorf-Astoria-Hotels in New York seiner Bestimmung. Es hat 47 Stockwerke und 2200 Zimmer. Die Kosten betrugen über 40 Mio. US-Dollar (168 Mio. Reichsmark).*

Die Christus-Statue auf dem Corcovado kurz vor ihrer Vollendung

Christus-Statue segnet Rio

12. Oktober. *Auf dem Gipfel des 704 m hohen Corcovado in Rio de Janeiro wird im Beisein von über 50 Bischöfen die 30 m hohe Christusfigur nach einem Entwurf des französischen Bildhauers Paul Landowski eingeweiht.*

Gangsterboß Al Capone muß für elf Jahre hinter Gitter

24. Oktober. Ein Gericht in Chicago verurteilt Alphonse (Al) Capone wegen Hinterziehung der Einkommensteuer in fünf Fällen zu elf Jahren Gefängnis und 50 000 US-Dollar (210 000 Reichsmark) Geldstrafe.

Die Anwälte des Gangsterbosses legen Berufung ein. Die Justizbehörden lehnen es jedoch ab, Capone gegen Kaution auf freien Fuß zu setzen, und stellen ihn unter Polizeiaufsicht. Gegen Capone und 68 Mitglieder seines illegalen Alkoholhändlerringes war am 12. Juni Anklage erhoben worden. Es ist den Strafverfolgungsbehörden nicht gelungen, eine Verurteilung des Bandenchefs wegen seiner diversen Verstöße gegen das in den USA seit 1919 bestehende Alkoholverbot, wegen Glücksspiels oder der Erpressung von Schutzgeldern oder seiner Verantwortung für zahlreiche Gewaltverbrechen zu erreichen. Besonders berühmt wurde das Valentinstag-Massaker am 14. Februar 1929, als sieben Mitglieder der Bande von George »Bugs« Moran von Capones Killern ermordet wurden. Vielmehr muß die Hinterziehung von Steuern bei einigen legalen Geschäften von »Scarface« (Narbengesicht) Capone für eine Verurteilung ausreichen.

1920 war Capone von New York nach Chicago gekommen und hatte einen brutalen Gangsterkrieg begonnen, der auch ihn bereits mehrfach in Lebensgefahr gebracht hat. So entging er am 20. September 1926 nur knapp einem Anschlag auf sein Hauptquartier in Cicero (US-Bundesstaat Illinois). Am 17. Mai 1929 war Capone wegen illegalen Waffenbesitzes bereits zu einem Jahr Gefängnis verurteilt worden.

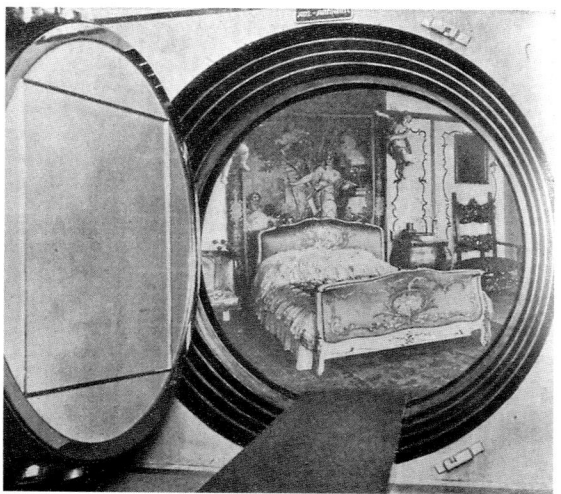

Al Capone mit Kunsthand, die echte hält den Revolver

Aus Sicherheitsgründen in einer riesigen Stahlkammer untergebracht: Das Schlafzimmer Al Capones

Al Capones Tochter vor ihrem gepanzerten Privatauto

Calmette-Prozeß eröffnet

12. Oktober. Vor der Zweiten Großen Strafkammer des Landgerichts Lübeck beginnt der Prozeß gegen drei Ärzte und eine Krankenschwester des Lübecker Krankenhauses, denen die fahrlässige Tötung von

Der Hauptangeklagte im Calmette-Prozeß: Professor Georg Deycke, Leiter des Staatlichen Krankenhauses in Lübeck

75 Säuglingen, die mit Tuberkulose-Bazillen geimpft worden waren, zur Last gelegt wird.

In Lübeck geht es auch um die Zuverlässigkeit und Unbedenklichkeit des von dem französischen Bakteriologen Albert Calmette 1921 entwickelten BCG-Impfstoffes gegen Tuberkulose. Der um seinen Ruf fürchtende Calmette wendet sich vor Prozeßbeginn an die Öffentlichkeit und weist darauf hin, daß nach den bisherigen Erkenntnissen die fraglichen Calmette-Bazillenkulturen, die im Juli 1929 aus dem Pariser Institut Pasteur an das Lübecker Krankenhaus-Laboratorium abgesandt worden waren, in reinem Zustand und für Kontrolltiere unschädlich gewesen seien.

Calmette will auch ausschließen, daß bei der Fortzüchtung die Bazillenkulturen zu Krankheitserregern werden konnten, und verweist darauf, daß bisher weltweit über eine Million Kinder mit den BCG-Kulturen geimpft wurden und dabei eine Abnahme der Turberkulose zu beobachten sei.

Wegen des großen Interesses der Öffentlichkeit und des Andrangs zahlreicher Zeugen und Sachverständiger wird die Verhandlung in der Turnhalle der Hauptschule geführt. Als Nebenkläger treten die meisten der 252 Eltern auf, deren Kinder mit dem Calmette-Präparat gegen Tuberkulose geimpft wurden. 75 von diesen Kindern sind gestorben und weit über 100 erkrankt.

Am 19. Oktober erklärt überraschend der Hauptangeklagte, Georg Deycke, er sei in der Frage der Nützlichkeit des Calmette-Präparats einem Irrtum erlegen. Am 6. Februar 1932 wird Deycke wegen fahrlässiger Tötung und Körperverletzung zu 2 Jahren Gefängnis verurteilt.

Bahnattentäter gesteht

10. Oktober. In Wien wird der 39jährige Sylvester Matuschka verhaftet. Der gebürtige Ungar gesteht nach pausenlosen Verhören am 16. Oktober vier Anschläge auf Eisenbahnanlagen in Österreich, dem Deutschen Reich und Ungarn.

Nachdem seine ersten Versuche, durch Manipulationen an den Gleisen am 1. Januar in Neulengbach und am 30. Januar bei Anzbach in Niederösterreich Züge zum Entgleisen zu bringen, erfolglos geblieben waren, griff Matuschka zu Sprengstoffen, mit deren Handhabung er als ehemaliger Pionieroffizier der österreichisch-ungarischen Armee gut vertraut ist. Am 8. August wurden bei einem Sprengstoffanschlag auf den FD-Zug Basel–Berlin zwischen den Stationen Grüna und Luckenwalde vier Reisende schwer und elf leicht verletzt.

25 Tote und zahlreiche Schwerverletzte forderte der Sprengstoffanschlag auf den Schnellzug Budapest–Wien am 13. September unweit Bia-Torbagy in der Nähe der ungarischen Hauptstadt Budapest. Matuschka, der angibt, die bedrohte Menschheit mit seinen Taten aufrütteln zu wollen, wird am 15. Juli 1932 vom Landesgericht Wien zu sechs Jahren Kerker verurteilt und schließlich im Juli 1933 nach Ungarn überstellt.

Anschlag auf den Expreß Budapest–Wien bei Bia-Torbagy am 13. 9.

Thomas A. Edison (r.) in Begleitung von US-Präsident Herbert Hoover

Erfinder Edison gestorben

18. Oktober. Um 3 Uhr stirbt in West Orange (New Jersey) 84jährig der US-amerikanische Erfinder Thomas Alva Edison. Auf 15 Telefonleitungen, die in der Garage seines Hauses seit Wochen für die vielen Reporter in Betrieb waren, werden Edisons letzten Worte: »Es ist sehr schön, dort drüben...« in die Welt hinausgesandt. Anläßlich der Beerdigung des am 11. Februar 1847 in Milan (Ohio) als Sohn eines Getreidehändlers geborenen Edison erlöschen am 21. Oktober um 22 Uhr in den Städten der USA für eine Minute die Glühbirnen. Seinen sechs Kindern hinterläßt Edison ein Vermögen von insgesamt zwölf Millionen US-Dollar (50,4 Mio. Reichsmark).

Edison vor seinem ersten selbstgebauten Phonograph, erfunden 1877

Wichtige Erfindungen von Thomas Alva Edison (1847–1931)

Jahr	Gegenstand	Alter
1868	Patent auf einen verbesserten Telegrafen	21
1874	Erstes brauchbares Verfahren zum Doppel- und Vierfachsprechen auf Telegrafenleitungen	27
1877	Kohle-Kontaktmikrophon und Silberpapier-Phonograph	30
1878	Bleisicherung zur Verhütung von Kurzschlüssen, elektrische Glühbirne mit Baumwollfaden	31
1879	Erste elektrische Beleuchtungsanlage auf dem Dampfer »Columbia« mit den im Vorjahr entwickelten Glühbirnen	32
1882	Unterirdische Stromverteilnetze für elektrische Beleuchtung durch eingegossene Kupferleiter, Bau von elektrischen Kraftwerken in London und New York	35
1883	Entdeckung des glühelektrischen Effekts (Austritt von Elektronen aus glühenden Metallen)	36
1891	Patente auf ein Filmbetrachtungsgerät (Kinetoskop) und eine Filmkamera (Kinetograph)	44
1896	Kinetophon verbindet Kinetoskop und Phonograph	49
1907	Betongußverfahren zur Herstellung von Zementhäusern	60

Oktober 1931

Heinrich George (hinten am Fenster) als Franz Biberkopf in einer Szene des Allianz-Films »Berlin – Alexanderplatz« unter der Regie von Piel Jutzi

Franz Biberkopf im Film

8. Oktober. Auf einer Festveranstaltung im Berliner Capitol-Kino wird der Film »Berlin – Alexanderplatz« nach dem gleichnamigen Roman von Alfred Döblin uraufgeführt.
Unter der Regie von Piel Jutzi spielen Heinrich George den Ex-Zuchthäusler Franz Biberkopf, der nun anständig werden will, aber trotzdem wieder in die Verbrecherwelt zurückgerät, Maria Bard das Mädchen Cilly, Margarete Schlegel die Biberkopf-Freundin Mieze und Bernhard Minetti den Ganoven Reinhold. Die Kritik bescheinigt der Verfilmung gute Ansätze, aber fehlende Harmonie zwischen Text und Bild. Herbert Ihering schreibt: »Der Film ist reizvoll im Detail, prunkt mit glänzenden Einfällen und schauspielerischen Nuancen, aber er ist ziellos. Ein Film wie viele. Ein fesselnder Film. Ein Film, der einen richtigen Weg einschlägt, aber ihn nicht zu Ende geht – und Biberkopf sogar Chansons singen läßt.«

»Das gibt's nur einmal, das kommt nicht wieder«: Lilian Harvey und ihr Partner Willy Fritsch

Traumpaar Willy Fritsch und Lilian Harvey

23. Oktober. *Als Festvorstellung für den Verein Berliner Presse hat im Ufa-Palast in Berlin der Operettenfilm »Der Kongreß tanzt« über den Wiener Kongreß von 1814 Premiere. Unter der Regie von Erik Charell spielen in dem erfolgreichsten deutschen Film der Saison 1931/32 Willy Fritsch den Zaren Alexander und Lilian Harvey die Handschuhmacherin Christel Weinzinger; die Musik schrieb Werner Richard Heymann.*

Theater 1931:
Finanzkrise kürzt Spielplan

Die vielfach von öffentlichen Geldern abhängigen Bühnen im Deutschen Reich leiden 1931 unter der staatlichen Finanznot. Zahlreiche Theater werden geschlossen oder müssen ihr Angebot reduzieren. Erfolgreichstes neues Stück ist Carl Zuckmayers Drama »Der Hauptmann von Köpenick« (→ 5. 3./S. 57). Bertolt Brecht führt Regie bei der Neuinszenierung von »Mann ist Mann« (→ 6. 2./S. 42) und inszeniert ebenfalls mit Caspar Neher die Oper »Aufstieg und Fall der Stadt Mahagonny« (Uraufführung 1929) im Theater am Kurfürstendamm in Berlin (21. 12.).
Gleich zweimal hat der österreichische Bühnenautor Ödön von Horváth Premiere: Am → 20. März (S. 56) mit »Italienische Nacht« und am → 2. November (S. 197) mit »Geschichten aus dem Wiener Wald«. Wenig Erfolg hat Friedrich Wolf mit seinem Zeitstück »Tai Yang erwacht«, das die Kritik nach der Premiere am → 30. Januar (S. 27) durchweg als mißglückt beurteilt. Der wegen Steuerschulden zeitweise inhaftierte Theaterleiter Erwin Piscator scheitert mit seiner Jungen Volksbühne im Berliner Wallner-Theater und geht zu Filmarbeiten in die UdSSR.
Max Reinhardt eröffnet am 25. Januar das umgebaute Kurfürstendamm-Theater in Berlin mit Édouard Bourdets Drama »Das schwache Geschlecht« und beginnt im April eine große Italientournee. Am 28. November bringt er Jacques Offenbachs Oper »Hoffmanns Erzählungen« mit neuem Text von Egon Friedell und Hanns Saßmann unter musikalischer Leitung von Leo Blech in Berlin auf die Bühne.
Gustaf Gründgens erzielt seinen Durchbruch in Berlin als Opernregisseur mit »Die Hochzeit des Figaro« von Wolfgang Amadeus Mozart in der Krolloper und inszeniert u. a. am Deutschen Theater »Pariser Platz 13« von Vicky Baum.
Der in Berlin zum Generalintendanten berufene Heinz Tietjen, dem der Kritiker Herbert Ihering attestiert, er betreibe den »geistigen Abbau«, wirkt maßgeblich an den Sparmaßnahmen mit. Nach Schließung der Krolloper (→ 25. 3./S. 55) sollen zum Ende der Saison 1931/32 auch das Berliner Schillertheater und die Staatstheater in Kassel und Wiesbaden schließen. Entlassene Schauspieler bilden eigene Ensembles und spielen in Nachtvorstellungen in gemieteten Theatern und Sälen. Zum Programm dieser Kollektive wie der Piscatorbühne, der Truppe im Westen und der im März 1931 gegründeten Truppe 1931 zählen Agitationsstücke und Revuen wie Gustav von Wangenheims »Die Mausefalle« und »Wie stehen die Fronten« von Friedrich Wolf sowie »Von New York nach Shanghai«.
Die Nationalsozialisten bemühen sich verstärkt um Kulturarbeit mit völkisch gemeinten Dichtungen

Auto des Schauspielerkollektivs »Kolonne links« (auf Tournee für die Internationale Arbeiterhilfe)

und sog. Grenzlanddramen, wenn auch die NS-Volksbühne in Berlin im Sommer scheitert.
Der österreichische Nationalrat beschließt am 17. Juli Gagenkürzungen und Entlassungen am Burgtheater. Zum neuen Direktor wird im Dezember Karl Roebbeling aus Hamburg als Nachfolger von Anton Wildgans berufen.
In New York gründen die Regisseure Harold Clurman, Lee Strasberg u. a. das Group Theatre, das als selbständiges Ensembletheater die Arbeitsweise des Moskauer Theaterregisseurs Konstantin Stanislawski übernimmt und weiterentwickelt. Das Group Theatre bringt u. a. die Stücke von William Saroyan und des wegen seiner Sozialkritik umstrittenen Autors Clifford Odets an den Broadway.

Oktober 1931

Max Reinhardt inszeniert neu Jacques Offenbachs Oper »Hoffmanns Erzählungen« (Premiere am 28. November im Großen Schauspielhaus Berlin)

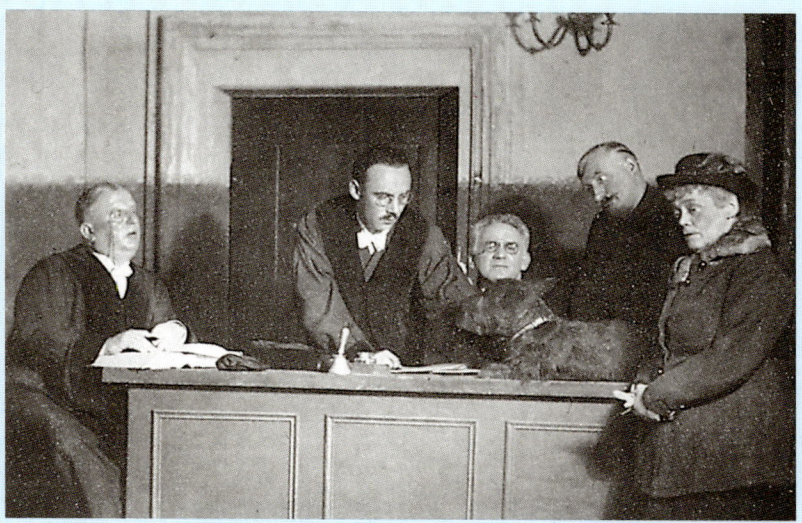
Gerichtsszene aus Bruno Franks erfolgreichem Lustspiel um die echte Tierliebe »Sturm im Wasserglas« mit Rudolf Platte (2. v. l.) und Rosa Valetti (r.)

Ewald Balser und Käthe Gold in Richard Billingers Schauspiel »Rauhnacht« (10. 10. in München)

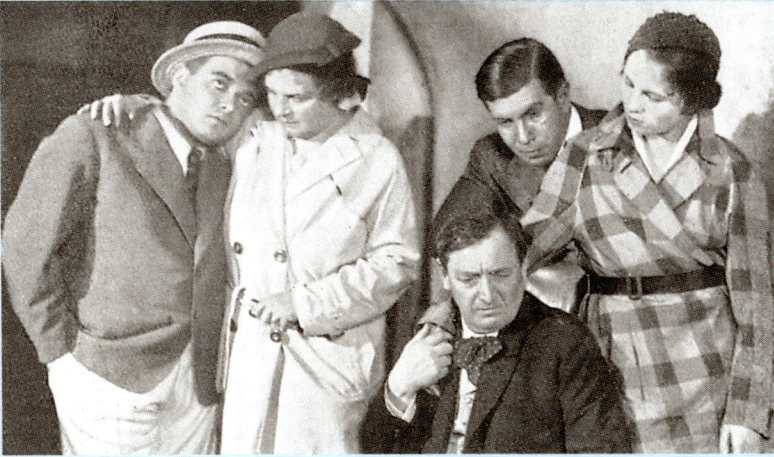
V. l. Peter Lorre, Lucie Höflich, Hans Moser, Heinrich Heilinger und Carola Neher in der Berliner Uraufführung von »Geschichten aus dem Wiener Wald« des Bühnendichters und Kleistpreisträgers Ödön von Horváth

Hans Otto und Elisabeth Bergner in einer Aufführung von »Amphitryon 38« von Jean Giraudoux in Berlin

V. l.: Werner Hinz, Gerhart Hauptmann und Franziska Kinz proben für »Die Ratten«

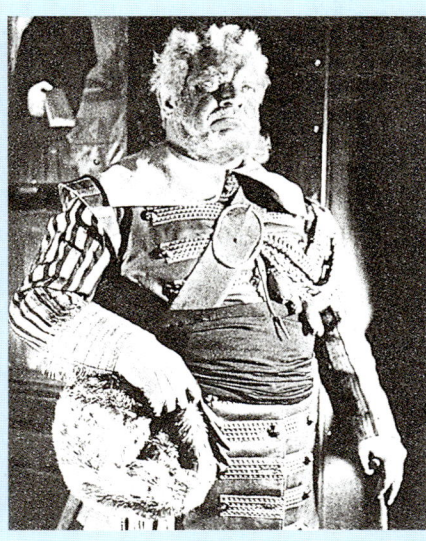
Heinrich George in der Rolle des Butler in Friedrich von Schillers »Wallenstein« am Staatlichen Schauspielhaus in Berlin

Werner Krauss in seiner Glanzrolle als Titelfigur in Friedrich von Schillers »Wallenstein« am Staatlichen Schauspielhaus

Max Reinhardt bei Proben für eine Inszenierung von Jacques Offenbachs »Schöne Helena« in London

November 1931

Mo	Di	Mi	Do	Fr	Sa	So
						1
2	3	4	5	6	7	8
9	10	11	12	13	14	15
16	17	18	19	20	21	22
23	24	25	26	27	28	29
30	31					

1. November, Sonntag
Das KPD-Zentralorgan »Die Rote Fahne« fordert die »werktätigen Wähler der NSDAP und die Mitglieder der Sturmabteilungen« als »ehrliche Kämpfer gegen das Hungersystem« zum Kampf für den Sozialismus auf.

Der Dirigent Wilhelm Furtwängler äußert sich in der »Vossischen Zeitung« zur Bedrohung des Konzertlebens durch Schallplatte und Rundfunk. → S. 196

2. November, Montag
Der parteilose ostpreußische Reichstagsabgeordnete Wilhelm Mönke beschwert sich bei der Reichsregierung über die zeitlichen Verzögerungen bei der Osthilfe (→ 5. 11./S. 188). Tausende von Bauern warteten aufgrund des komplizierten Bewilligungsverfahrens seit Monaten vergeblich auf Kredite.

Das Sekretariat des Genfer Völkerbundes gibt bekannt, daß 35 der 60 zur Teilnahme an einem einjährigen Rüstungsmoratorium aufgeforderten Staaten zugestimmt haben, darunter alle Großmächte.

Am Deutschen Theater in Berlin wird das Volksstück »Geschichten aus dem Wiener Wald« des Österreichers Ödön von Horváth uraufgeführt. → S. 197

3. November, Dienstag
Der preußische Innenminister Carl Severing (SPD) untersagt mit Hinweis auf die Gefahr politischen Mißbrauchs bis auf weiteres alle Umzüge und Versammlungen unter freiem Himmel. Ausnahmen gelten u. a. für Leichenbegängnisse ohne politischen Charakter, Züge von Hochzeitsgesellschaften und Prozessionen.

Rechtsextreme Studenten stören an der Universität Halle die Antrittsvorlesung des bei ihnen wegen seiner pazifistischen Überzeugung verhaßten Theologen Günther Dehn. → S. 191

In Berlin werden die Brüder Erich und Franz Sass, denen u. a. der spektakuläre Einbruchdiebstahl bei der Disconto-Gesellschaft im Januar 1929 zur Last gelegt wird, wegen des Verdachts der Falschmünzerei verhaftet. Die Ermittlungen führen aber nicht zur Anklageerhebung.

Das US-amerikanische Luftschiff »Akron« stellt auf einem Flug von Lakehurst bei New York nach Philadelphia mit 206 Menschen an Bord einen Rekord in der Luftbeförderung von Passagieren auf.

4. November, Mittwoch
Zur Bekämpfung von Muslimunruhen rücken britische Truppen in Kaschmir ein. Der Aufstand in dem zu 80% von Anhängern des Islam bewohnten Gebiet richtet sich gegen die seit der Eroberung Kaschmirs durch die Briten 1846 bestehende Herrschaft von Hindufürsten.

Im Pariser Théâtre Pigalle wird unter Regie von Louis Juvet die Tragödie »Judith« des französischen Autors Jean Giraudoux mit Rachel Berendt und Roger Karl in den Hauptrollen uraufgeführt.

5. November, Donnerstag
Reichskanzler Heinrich Brüning lehnt vor dem Reichsparteiausschuß des Zentrums in Berlin kategorisch jede Abwertung der Reichsmark ab. → S. 190

Reichspräsident Paul von Hindenburg ordnet die Einsetzung eines direkt dem Reichskanzler unterstellten Reichskommissars für die Osthilfe an. Mit dieser Aufgabe wird der Rittergutsbesitzer Hans Schlange-Schöningen (Christliches Landvolk) betraut. → S. 188

Der Landtag von Oldenburg lehnt mit 25 gegen 23 Stimmen die Wahl des Nationalsozialisten Heinrich Böhmcker zum Ministerpräsidenten ab. Der Antrag der 19köpfigen NSDAP-Fraktion, den Landtag aufzulösen, scheitert bei 25 Ja-Stimmen an der Zweidrittelmehrheit.

In Großbritannien bildet James Ramsey MacDonald ein neues Kabinett aus elf Konservativen, fünf Liberalen und vier Vertretern seiner eigenen National Labour Party (→ 30. 11./S. 193).

Das Reichsgericht in Leipzig erkennt in fünfter Instanz im Prozeß gegen den Maler und Graphiker George Grosz auf Einziehung und »Unbrauchbarmachung« eines Bildes, das am Kreuz geschlagenen Christus als deutschen Frontsoldaten zeigt. Dies verletzt nach Ansicht des höchsten deutschen Gerichts die religiösen Empfindungen der Betrachter.

6. November, Freitag
Wegen befürchteter kommunistischer Gewaltaktionen am 14. Jahrestag der russischen Oktoberrevolution (7. 11.) werden in Sachsen bis zum 11. November alle öffentlichen Umzüge verboten.

7. November, Samstag
Anstelle das am 12. Oktober demissionierten Hermann Höpker-Aschoff (Deutsche Staatspartei) wird der bisherige Leiter der Preußischen Zentralgenossenschaftskasse, Otto Klepper, preußischer Finanzminister.

Im zweiten »Kurfürstendamm-Prozeß« (→ 12. 9./S. 158) verurteilt das Schöffengericht Charlottenburg den Berliner SA-Chef Wolf Graf Helldorf und seinen Stabschef Karl Ernst wegen Landfriedensbruchs zu je sechs Monaten Gefängnis. Das Gericht sieht es nicht als erwiesen an, daß beide die Aktion geplant hatten.

Nach dreitägigen Kämpfen mit japanischen Truppen am Nonni-Fluß in der nördlichen Mandschurei wird der chinesische General Ma Tschang-san zum Rückzug gezwungen (→ 10. 11./S. 192).

Ein Nationaler Sowjetkongreß ruft in Juichin im kommunistisch beherrschten Teil der Provinz Kiangsi die erste Räterepublik in China aus. → S. 192

Die Schauspielerin Stella Kadmon eröffnet im Wiener Café Prückl die Kabarettbühne »Lieber Augustin«. Zu den Mitwirkenden gehören Peter Hammerschlag, Grete Wagner und Walter von Varndal.

8. November, Sonntag
Auf einer Kundgebung der Deutschnationalen Volkspartei in Darmstadt betont deren Vorsitzender Alfred Hugenberg die Eigenständigkeit seiner Partei gegenüber der NSDAP. Er habe nicht die Absicht, sich als »Mischmasch« zu fühlen, als »Vorspann« benutzen und dann einen Fußtritt geben zu lassen (→ 11. 10./S. 170).

Auf Korsika beginnt ein Großeinsatz der Polizei gegen Räuberbanden. → S. 193

Bei den Parlamentswahlen in Jugoslawien gemäß der Verfassung vom → 3. September (S. 154) erringt die Einheitsliste der Regierung von Petar Živković alle 305 Sitze in der Skupština.

9. November, Montag
Ein Rundfunkvortrag von Karl Höltermann (Reichsbanner) über »Arbeiterschaft und Staat« führt zu einem Protest von Reichsinnenminister Wilhelm Groener. → S. 190

Der am 6. November eröffnete Parteitag der französischen Radikalsozialisten (Linksliberale) in Paris fordert in einer Erklärung eine gleichzeitige internationale Abrüstung. Als Nachfolger von Édouard Daladier führt Édouard Herriot die rund 100 000 Mitglieder zählende Partei.

10. November, Dienstag
P'u I, der letzte chinesische Kaiser, verläßt sein Exil in Tientsin und begibt sich in die Hände der Japaner. Die geplante Gründung eines eigenen Staates in der Mandschurei unter Führung von P'u I wird zunächst aufgeschoben. → S. 192

In der Debatte über die Thronrede von König Georg V. anläßlich der Eröffnung des britischen Unterhauses erklärt der am 3. November zum Vorsitzenden der Fraktion der Labour Party gewählte George Lansbury, die These von der Alleinschuld des Deutschen Reiches am Ausbruch des Weltkrieges 1914 sei moralisch nicht haltbar.

Reichsarbeitsminister Adam Stegerwald erklärt den Schiedsspruch über die Senkung der Gemeindearbeiterlöhne um 4,5% bis zum 31. März 1932 für verbindlich. Für die Arbeiter im Reichsdienst sowie bei der Reichsbahngesellschaft gilt eine Lohneinbuße in gleicher Höhe.

In Hollywood erhält der Western »Cimarron« den Academy Award (Oscar) als bester Film des Jahres 1930/31. Als beste Schauspieler werden Lionel Barrymore und Marie Dressler mit dem Oscar geehrt. → S. 197

11. November, Mittwoch
Der Autohersteller Stoewer Werke vormals Gebrüder Stoewer A. G. in Stettin stellt seine Zahlungen ein. Die Firma will mit der Stadt Stettin, den Banken und den Gläubigern über eine Fortführung des Betriebes verhandeln.

12. November, Donnerstag
Gemäß einer Vereinbarung mit dem Bundesrat legen die Schweizer Großbanken erstmals Zwischenbilanzen vor. Am 30. September 1931 waren die Bilanzsummen gegenüber Ende 1930 um 860 Millionen (699 Mio. Reichsmark) auf 7,806 Milliarden Franken (6,34 Mrd. RM) gesunken.

Die zur Aufklärung der Unglücksfälle im belgischen Maastal eingesetzte Kommission erklärt den »tödlichen Nebel« mit einer intensiven Luftverschmutzung als Folge der Emissionen der Eisenindustrie. → S. 192

Der Minenleger »Swan« der US-Navy rettet in der Karibik elf Besatzungsmitglieder des unter der Flagge von Costa Rica fahrenden Motorschiffes »Baden Baden«, die nach dem Untergang ihres Schiffes elf Tage lang in einem Rettungsboot umhergetrieben waren.

An den Staatsopern in München und Berlin wird die Oper »Das Herz« des deutschen Komponisten Hans Pfitzner uraufgeführt. → S. 196

Im Stadion Hohe Warte wird der Wiener Club Vienna durch ein 2:1 (2:0) über den Wiener AC Sieger im internationalen Fußballwettbewerb um den Mitropapokal. Vienna hatte bereits das Hinspiel 3:2 gewonnen.

13. November, Freitag
Unter Hinweis auf die häufigen Morde und Überfälle von Rechtsextremisten (→ 14. 10./S. 174; 1. 1./S. 12) lehnt Reichspräsident Paul von Hindenburg einen Empfang von SA-Leuten ab.

14. November, Samstag
An der Universität Lyon führt die Einweihung des ersten europäischen Lehrstuhls für Friedenskunde zur heftigen Protesten nationalistischer Studenten. Lehrstuhlinhaber ist der französische Jurist Jacques Lambert.

Die Deutsche Reichsbank verzeichnet gegenüber der Vorwoche einen Verlust von 72,2 Millionen Reichsmark an Gold und Devisen. Dadurch verringt sich die Notendeckung von 27,8% auf 26,7%.

15. November, Sonntag
Bei den Landtagswahlen in Hessen wird die NSDAP mit 37% der Stimmen und 27 Mandaten stärkste Partei. → S. 189

In der Krolloper in Berlin (→ 25. 3./S. 55) wird unter Leitung von Cornelis Bronsgeest mit einer Aufführung der Operette »1001 Nacht« von Johann Strauß die erste Funkoper aufgeführt und über den Sender Königswusterhausen ausgestrahlt.

November 1931

»The Illustrated London News« berichtet in ihrer Ausgabe vom 21. November 1931 über den im Exil in Tientsin unter dem Namen »Mr. Henry Pu Yi« lebenden chinesischen Ex-Kaiser. Pu' I verläßt am 10. November Tientsin und begibt sich in die Hände der Japaner, die seit September mit China Krieg um die Mandschurei führen

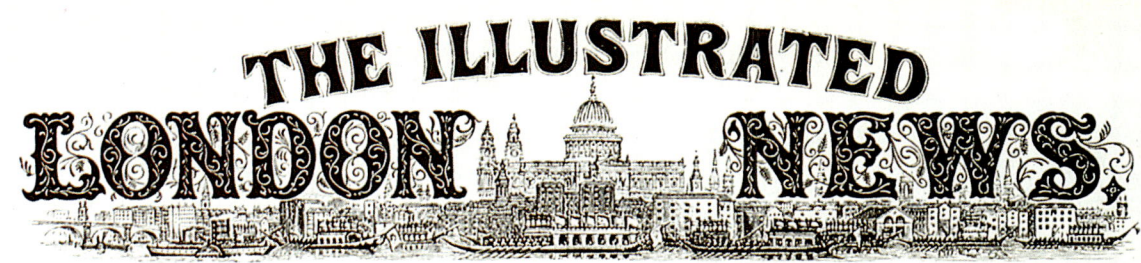

SATURDAY, NOVEMBER 21, 1931.

"MR. HENRY PU YI," EX-EMPEROR OF CHINA, A MYSTERY FIGURE OF THE MANCHURIAN DISPUTE: THE FORMER RULER WITH THE EX-EMPRESS, IN THE GARDEN OF HIS TIENTSIN RESIDENCE.

The movements of Hsuan Tung, the youthful ex-Emperor of China, since he left his place of exile in Tientsin on November 12, have aroused world-wide interest — an interest very much increased by the statement that he had arrived in Manchuria, especially as it was reported at that time that, although the Japanese Government had not considered the possibility of his being proclaimed Ruler of Manchuria, an official had said: "If the Chinese want to restore the Emperor, it is their business. So far as we are concerned, the former Emperor is free to go where he pleases." It will be recalled that the ex-Emperor, who was born in 1906, succeeded his uncle, Kuang-hsu, as an infant of two, under the name of Hsuan Tung. He abdicated when China became a Republic in 1912, and in 1924 he was expelled from the Forbidden City of Peking by the Christian General, Feng Yu-Hsiang. Very shortly afterwards his English tutor, Mr. R. F. Johnston, brought him into safety in the Legation Quarter. In the spring of 1925 he went to Tientsin, and took up his residence in the Japanese Concession. Of late years he has been known, at his own request, as Mr. Henry Pu Yi. In December 1922 he married the daughter of Jung Yuan, a Manchu noble. In the photograph there are seen with the ex-Emperor and Empress Lord and Lady Willingdon and (on the left) Mr. R. F. Johnston.

November 1931

16. November, Montag

In Berlin wird der frühere Generaldirektor der Schultheiß-Patzenhofer A. G., Ludwig Katzenellenbogen, wegen des Verdachts verdeckter Aktiengeschäfte verhaftet (→ 18. 12./S. 205).

17. November, Dienstag

In einer Konferenz mit den Innenministern der Länder in Berlin fordert Reichsinnenminister Wilhelm Groener energische Maßnahmen gegen die »Mordseuche«. Er nennt die fortdauernden politischen Morde eine »Kulturschande« (→ 14. 10./S. 174).

Reichspräsident Paul von Hindenburg erläßt eine neue Osthilfeverordnung, die Zwangsvollstreckungen gegen zahlungsunfähige Landwirte für unzulässig erklärt (→ 5. 11./S. 188).

Ein Gericht in Middlesborom im US-Bundesstaat Kentucky erhebt gegen den Schriftsteller Theodore Dreiser und acht weitere Publizisten Anklage »wegen eines auf Staatsumsturz gerichteten verbrecherischen Syndikalismus«. Die Beklagten hatten die seit Monaten bestreikten Kohlengruben im Harlan County besucht und die Öffentlichkeit über die Not der Bergleute informiert.

18. November, Buß- und Bettag

Das SPD-Zentralorgan »Vorwärts« wendet sich gegen die Einheitsfront-Propaganda der KPD: Die Arbeiter hätten die Wahl, mit der SPD gegen den Faschismus zu kämpfen oder gegen sie zu opponieren und »Klassenverrat« zum »Nutzen des Faschismus zu betreiben«.

NSDAP-Führer Adolf Hitler informiert in Berlin in einem vierstündigen Gespräch Hermine von Schönaich-Carolath, die zweite Frau des im niederländischen Exil lebenden früheren deutschen Kaisers Wilhelm II., über die Ziele seiner Partei. Die NSDAP-Führung bemüht sich darum, auch in monarchistischen Kreisen Sympathien zu gewinnen.

Im Mandschurei-Konflikt besetzen die japanischen Truppen Tsitsikar sowie den Ort Agantschi am Knotenpunkt der Ostchinesischen und der Südmandschurischen Eisenbahn (→ 10. 11./S. 192).

19. November, Donnerstag

In Paris enden die am 12. Oktober eröffneten deutsch-französischen Wirtschaftsgespräche mit einer Einigung über das weitere Vorgehen in der Reparationenfrage (→ 24. 6./S. 101).

Im Prozeß gegen die Brüder Leo und Willy Sklarek vor dem Schwurgericht in Berlin-Moabit sagt der als Zeuge geladene Berliner Ex-Oberbürgermeister Gustav Böß aus, von den Verfehlungen, die den Sklareks zur Last gelegt werden, nichts gewußt zu haben. → S. 191

Die Berliner Bank für Handel und Grundbesitz wird geschlossen, nachdem eine Bilanzprüfung betrügerische Manipulationen ergeben hat. Die Reichsregierung beauftragt die Dresdner Bank mit der Abwicklung der Geschäfte. → S. 191

In Frankreich läuft der Film »Die Hündin« (Le chien) von Jean Renoir mit Michel Simon in der Hauptrolle an.

20. November, Freitag

Die deutsche Reichsregierung stellt entsprechend dem Youngplan von 1929 den Antrag auf Einberufung des Beratenden Sonderausschusses zur Überprüfung der deutschen Zahlungsfähigkeit (→ 23. 12./S. 205).

Der preußische Innenminister Carl Severing (SPD) weist die Polizeibehörden des Landes an, solche Versammlungen sofort aufzulösen, in denen in irgendeiner Form zu Gewalttätigkeiten aufgerufen wird.

Das spanische Parlament spricht den im April emigrierten König Alfons XIII. des Hochverrats und Verfassungsbruches schuldig und erklärt ihn »außerhalb des Gesetzes stehend«. → S. 193

Der britische Handelsminister Walter Runciman (Liberale) erläßt mit Wirkung vom 25. November eine Verordnung über Einfuhrzölle, mit der für 23 Warenkategorien von Halb- und Fertigfabrikaten ein Wertzoll von 50% eingeführt wird. Ab 27. November erhebt Großbritannien auf Agrarprodukte 12% Zoll (→ 30. 11./S. 193)

Die Berliner Staatsanwaltschaft leitet ein Ermittlungsverfahren gegen die Inhaber des in Konkurs gegangenen Berliner Bankhauses Max Marcus & Co. ein. Sie sollen Kundengelder in Höhe von 4,2 Millionen Reichsmark veruntreut haben (→ 19. 11./S. 191).

21. November, Samstag

Eine in Essen veröffentlichte Erklärung der katholischen Seelsorger des Ruhrgebietes wendet sich unter Hinweis auf die Notlage der Bergarbeiterfamilien gegen einen weiteren Lohnabbau (→ S. 16).

In Berlin wird das in Zusammenarbeit mit dem Dichter Gottfried Benn entstandene Oratorium »Das Unaufhörliche« von Paul Hindemith uraufgeführt. Der Dirigent ist Otto Klemperer. → S. 197

22. November, Sonntag

Reichskanzler Heinrich Brüning ruft im Rundfunk zu Spenden für die von der Liga der freien Wohlfahrtsverbände initiierte Winterhilfe für Arbeitslose auf (→ 20. 10./S. 174).

Paul Whitman dirigiert in Chicago die Uraufführung des Orchesterwerkes Grand Canyon Suite von Ferdinand Grofé.

23. November, Montag

Das Reichsgericht in Leipzig verurteilt den Herausgeber der Zeitschrift »Die Weltbühne«, Carl von Ossietzky, und den Schriftsteller Walter Kreiser »wegen des Verrats militärischer Geheimnisse« zu je 18 Monaten Gefängnis. → S. 188

Der Reichswirtschaftsbeirat der deutschen Reichsregierung legt acht Leitsätze zur Wirtschaftspolitik vor. → S. 188

Der britische Diplomat Alfred Frederick Yenken empfängt in Berlin den NSDAP-Funktionär Hermann Göring zu einem Informationsgespräch. Dabei kritisiert Göring u. a. die westlichen Handelskontakte mit der UdSSR und kündigt an, eine NSDAP-geführte Regierung werde keine Reparationen mehr leisten.

24. November, Dienstag

Der in Magdeburg tagende Bundesrat des republikanischen Reichsbanners Schwarz-Rot-Gold erklärt die Mitgliedschaft im Reichsbanner und in der Sozialistischen Arbeiterpartei Deutschlands (SAP) für unvereinbar.

In der »Frankfurter Zeitung« begründet Robert Breuer vom Hauptvorstand des Schutzverbandes Deutscher Schriftsteller (SDS) den Ausschluß von 18 meist kommunistischen Autoren mit deren Forderung nach Umwandlung des SDS in eine Autorengewerkschaft. → S. 197

25. November, Mittwoch

Der frühere hessische NSDAP-Landtagsabgeordnete Wilhelm Schäfer übergibt der Polizei Umsturzpläne seiner ehemaligen Partei, die Mitte September 1931 auf dem Boxheimer Hof bei Lampertheim beraten wurden, dessen Pächter der NSDAP-Landtagsabgeordnete Richard Wagner ist. → S. 189

26. November, Donnerstag

Wegen der Gefahr eines Verbots der NSDAP läßt Adolf Hitler seinen Berliner Beauftragten Hermann Göring bei Reichsinnenminister Wilhelm Groener eine Legalitätserklärung abgeben. Darin heißt er u. a., die »Boxheimer Dokumente« (→ 25. 11./S. 189) seien ohne Mitwirkung der Münchner Parteizentrale entstanden.

Vor der französischen Deputiertenkammer erklärt sich Ministerpräsident Pierre Laval mit einer Kürzung der Reparationsansprüche gegenüber dem Deutschen Reich nur in dem Maße einverstanden, wie Frankreich selbst Nachlaß bei seinen Gläubigern erhalte.

27. November, Freitag

In Paris endet ein zweitägiger internationaler Abrüstungskongreß. Die öffentliche Schlußsitzung im Trocadéro wird von Rechtsextremisten gestört. → S. 192

In London beginnt eine Konferenz über die Zukunft des vom britischen Vizekönig für Indien mitverwalteten Burma. Die weder geographisch noch ethnographisch zu Indien gehörige Region soll eine innere Autonomie erhalten.

Vor dem Hauptausschuß des Reichsverbandes der Deutschen Industrie in Berlin fordert dessen Präsident Gustav Krupp von Bohlen und Halbach wegen der zahlreichen Skandale (→ 19. 11./S. 191) eine »Selbstreinigung« der Wirtschaft und äußert seine Befürchtung, daß noch zahlreiche weitere Konkurse zu erwarten seien.

Im Berliner Capitol-Kino wird der Film »Mädchen in Uniform« von Leontine Sagan nach dem Stück »Gestern und heute« von Christa Winsloe mit Dorothea Wieck und Hertha Thiele in den Hauptrollen uraufgeführt (→ S. 108).

28. November, Samstag

Ein Dekret der sowjetischen Regierung führt zum 1. Dezember in der Mehrzahl der Betriebe die sechstägige Arbeitswoche ein und gesteht den Beschäftigten fünf freie Tage im Monat zu. Damit endet die am 27. August 1929 eingeführte fünftägige ununterbrochene Arbeitswoche, bei der jeweils 80% der Belegschaft arbeiteten und 20% reihum einen freien Tag hatten.

Im Großen Schauspielhaus in Berlin hat die Neuinszenierung von Jacques Offenbachs Oper »Hoffmanns Erzählungen« in der musikalischen Bearbeitung von Leo Blech und der textlichen Neufassung von Egon Friedell und Hanns Saßmann Premiere. In der Inszenierung von Max Reinhardt sind u. a. Hans Fidesser, Tatjana Menotti und Göta Ljungberg zu sehen.

29. November, Sonntag

Unter dem Motto »Staat greif zu« fordert das Reichsbanner Schwarz-Rot-Gold auf zwölf Massenkundgebungen in Berlin angesichts der »Boxheimer Dokumente« (→ 25. 11./S. 189) ein energisches Vorgehen gegen die Nationalsozialisten.

Im KPD-Zentralorgan »Die Rote Fahne« erklärt der KPD-Vorsitzende Ernst Thälmann: »Wir sagen den Arbeitern, der Faschismus beginnt nicht, wenn Hitler kommt, er hat längst begonnen.« Damit zieht sich die KPD nach einer vorübergehenden taktischen Wendung auf alte Positionen zurück (→ 17. 1./S. 17). Zwischenzeitlich wurde in der NSDAP die größere Gefahr im Vergleich zum »Sozialfaschismus« der SPD gesehen.

In Basel besiegt die österreichische Fußballnationalelf vor 24 000 Zuschauern die Auswahl der Schweiz 8:1 (2:1).

30. November, Montag

Die ungarische Regierung gibt bekannt, daß ein Putschversuch rechter Kreise aufgedeckt worden ist. → S. 192

Der Kurs des britischen Pfundes fällt an den internationalen Devisenbörsen auf 3,41 US-Dollar bzw. 14,73 Reichsmark und hat damit den tiefsten Stand seit 1918 erreicht. → S. 193

NSDAP-Führer Adolf Hitler befiehlt die Gründung eines Nationalsozialistischen Fliegerkorps, dem alle »an der Flugwaffe ausgebildeten« NSDAP-Mitglieder beitreten sollen.

Das Wetter im Monat November

Station	Mittlere Lufttemperatur (°C)	Niederschlag (mm)	Sonnenscheindauer (Std.)
Aachen	7,0 (6,0)	22 (67)	– (62)
Berlin	4,5 (3,9)	7 (46)	– (50)
Bremen	6,5 (5,3)	18 (60)	– (50)
München	2,8 (3,0)	29 (53)	– (54)
Wien	3,7 (4,5)	34 (53)	– (–)
Zürich	5,4 (3,3)	18 (72)	69 (51)

( ) Langjähriger Mittelwert für diesen Monat
– Wert nicht ermittelt

Die »Illustrierte Republikanische Zeitung« zeigt auf der Titelseite ihrer Ausgabe vom 7. November 1931 die Mittagsverpflegung von Berliner Kindern durch Angehörige der Schutzpolizei. Die »Schupo« gibt im Rahmen der Winterhilfe ab 1. November täglich an rund 1000 Kinder eine warme Mahlzeit aus.

November 1931

Ossietzky muß für 18 Monate in Haft

23. November. Der Vierte Strafsenat des Reichsgerichtes in Leipzig unter Vorsitz von Reichsgerichtsrat Alexander Baumgarten verurteilt den Publizisten Carl von Ossietzky und den Schriftsteller Walter Kreiser wegen Vergehens gegen § 1 Absatz 2 des Gesetzes über den Verrat militärischer Geheimnisse vom 3. Juni 1914 zu je 18 Monaten Gefängnis.

Anlaß für dieses Urteil ist ein Artikel von Kreiser in Ossietzkys »Weltbühne« am 12. März 1929 über »Windiges aus der deutschen Luftfahrt«. Unter dem Pseudonym Heinz Jäger hatte Kreiser darin die Verwendung von Geldern des Reichsverkehrsministeriums für – verbotene – Militärfahrzeuge kritisiert und war in diesem Zusammenhang auf eine »Abteilung M« eingegangen. Danach hatte sich ein Jahr zuvor bereits ein SPD-Reichstagsabgeordneter im Haushaltsausschuß erkundigt, ohne aber eine Antwort zu erhalten, denn sonst, so heißt es in dem Aufsatz Kreisers weiter, »hätten die Behörden darauf aufmerksam machen müssen, daß ›M‹ auch der Anfangsbuchstabe des Wortes Militär ist. So schwieg man lieber.«

Tatsächlich sind die in dem Artikel aufgestellten Behauptungen über die geheime, den Bestimmungen des Versailler Friedensvertrages zuwiderlaufende Luftrüstung nicht nur wahr, sondern – durch das Protokoll der 312. Sitzung des Ausschusses für den Reichshaushalt vom 3. Februar 1928 – auch bekannt. Peinlich für die auf Geheimhaltung bedachten Militärs ist allerdings der letzte Satz des Kreiser-Artikels: »Aber nicht alle Flugzeuge sind immer in Deutschland...« Dies deutet auf die geheime militärische Zusammenarbeit zwischen der Reichswehr und der UdSSR hin und führte zur Anklageerhebung vor dem Reichsgericht.

Die Verhandlung findet unter Ausschluß der Öffentlichkeit statt. Vergeblich bemühen sich die Anwälte Max Alsberg, Alfred Apfel, Rudolf Olden und Kurt Rosenfeld um einen Freispruch. Das Gericht stützt sich bei der Feststellung des Spionagetatbestandes in erster Linie auf den mündlichen Bericht der beiden Gutachter des Reichswehrministeriums. Nach Verwerfung eines Gnadengesuchs tritt Ossietzky am 10. Mai 1932 seine Strafe an, Kreiser flieht nach Paris.

Der »Weltbühne«-Herausgeber Carl von Ossietzky und seine Frau Maud

Die erste Seite des umstrittenen Artikels in der »Weltbühne« (12. 3. 1929)

»Sturm gegen das Weltbühne-Urteil«

Die linke und liberale Publizistik wertet das Weltbühne-Urteil einhellig als schweren Anschlag auf die Pressefreiheit. Die »Vossische Zeitung« fragt am 23. November: »Wer kann den Argwohn beseitigen, es solle durch schwere Strafen eine abschreckende Wirkung auch gegen sachgemäße, aber eben unliebsame Kritik ausgeübt werden?«

Die »Frankfurter Zeitung« kritisiert am 24. November die Landesverratsdrohung und urteilt: »Etwas bitter gesagt: Wir haben zwar eine Demokratie, aber wer von ihren Grundsätzen gegenüber militärischen Instanzen und solchen, die es sein möchten, Gebrauch macht, wird mit Gefängnis und – was schlimmer ist – mit dem Odium des Landesverräters gebrandmarkt.«

In der Berliner »B. Z. am Mittag« heißt es unter der Überschrift »Sturm gegen das Weltbühne-Urteil«, in bestimmten Kreisen herrsche »die unausgesprochene Tendenz: Man geht nicht gegen gerügte Mißstände vor, sondern gegen diejenigen, die sie in der Presse gerügt haben«.

Neue Führung für Osthilfe

5. November. Hans Schlange-Schöningen (Christliches Landvolk) wird zum Reichskommissar für die Osthilfe ernannt. Zugleich endet die Zuständigkeit Preußens für die Osthilfe; der preußische Osthilfekommissar Heinrich Hirtsiefer tritt zurück. Die dem Vollzug des Osthilfeprogramms (→ 26. 3./S. 50; 29. 7./ S. 122) dienenden Landstellen werden zu Reichsbehörden.

Die Ernennung Schlange-Schöningens ändert jedoch nichts an der kritischen Haltung der »Grünen Front« gegenüber der Reichsregierung, zumal der neue Reichskommissar sich mit seiner Osthilfeverordnung vom 17. November den Unmut der organisierten Landwirte zuzieht. Bemängelt wird die fehlende Einbeziehung von Notstandsgebieten, die nicht im Osten des Reiches liegen.

Auf besondere Kritik stößt die Neuregelung des Entschuldungsverfahrens, wobei die kleinen Gläubiger vorrangig vor Großgläubigern wie Kreditinstituten und Genossenschaften befriedigt werden sollen. Ferner sollen nach dem Willen Schlange-Schöningens unrettbare Betriebe möglichst schnell in Kleinsiedlungen umgewandelt werden.

Hans Schlange-Schöningen, neuer Reichskommissar für die Osthilfe

Bericht zur Wirtschaftslage

23. November. Auf seiner Schlußsitzung in Berlin legt der Reichswirtschaftsbeirat acht Leitsätze mit den zu einer Belebung der Wirtschaft nötigen Maßnahmen vor. Sie entsprechen im wesentlichen den Zielen der von Heinrich Brüning (Zentrum) geführten Reichsregierung.

Am 21. Oktober waren die 25 Mitglieder des Reichswirtschaftsbeirats ernannt worden, der sich am 29. Oktober konstituierte. Zu den bekanntesten Mitgliedern aus Industrie, Handel und Banken gehören der frühere Reichskanzler Wilhelm Cuno, der Schwerindustrielle Albert Vögler und der Bankier Robert Pferdmenges, die Gewerkschaftsseite vertreten u. a. Otto Suhr und Wilhelm Eggert.

Noch vor der Verabschiedung des Schlußberichts kam es zum Eklat: Am 19. November traten die Vertreter der Landwirtschaft, darunter der Präsident des Reichslandwirtschaftsrates, Ernst Brandes, aus

Wilhelm Cuno, geboren am 2. Juli 1876, wurde 1918 Generaldirektor der Hamburger Reederei HAPAG. Der parteilose, der politischen Rechten nahestehende Cuno war 1922/23 deutscher Reichskanzler. Er vertritt im Reichswirtschaftsbeirat die Interessen des Handels.

Protest gegen die Osthilfeverordnung vom 17. November aus.

Die acht Leitlinien des Wirtschaftsbeirats, dessen Zustandekommen auf einer Initiative von Reichspräsident Paul von Hindenburg beruhte, schlagen u. a. die Senkung der Preise und Löhne, die Ausweitung der Kredite und die Senkung der Zinsen sowie der Verkehrs- und Versorgungstarife, eine verbesserte Kreditvorsorgung für kleinere und mittlere Unternehmen sowie die Stärkung der Landwirtschaft vor.

November 1931

Erfolg für NSDAP auch bei Hessen-Wahl

15. November. Die NSDAP erringt bei den Landtagswahlen in Hessen mit 37% der abgegebenen Stimmen 27 der 70 Mandate. Nach den Wahlen in Schaumburg-Lippe (3. 5.), Oldenburg (17. 5.) und Hamburg (27. 9.) hat die NSDAP auch in Hessen zulegen können und ist wie in Oldenburg stärkste Partei geworden.
Erheblich stärker als die KPD, die mit 13,7% der Stimmen statt sechs nun zehn Mandate erringt, profitiert die NSDAP von der Wirtschaftskrise. Bei der Reichstagswahl 1928 holte sie in Hessen 11 281 Stimmen, 1930 schon 137 962, und bei der Landtagswahl 1931 sind es 291 183.
Ihr Gewinn geht vor allem zu Lasten der bürgerlichen Parteien unter Einschluß der Deutschen Volkspartei und der DNVP, deren Gesamtstimmenzahl um rund die Hälfte auf 95 964 sinkt. Der Rest des Zuwachses entfällt auf die Rekordwahlbeteiligung von 82,4% und die Jungwähler.
Das Zentrum behauptet mit 112 444 Stimmen seine Wählerzahl, verliert allerdings aufgrund der gegenüber der letzten Wahl 1927 um 27,7% gestiegenen Wahlbeteiligung drei Mandate. Die SPD büßt neun ihrer zuvor 24 Mandate ein.
Damit hat in Hessen die ebenso wie in Baden und Preußen seit 1919 bestehende »Weimarer Koalition« aus SPD, Deutscher Demokratischer Partei (eins statt fünf Mandate) und Zentrum keine Mehrheit mehr. Das Zentrum nimmt am 8. Dezember mit der NSDAP Koalitionsverhandlungen auf, die am 11. Januar 1932 aufgrund hoher Forderungen der NSDAP scheitern, so daß die Regierung von Bernhard Adelung (SPD) geschäftsführend im Amt bleibt.
Die »Vossische Zeitung« wertet die Wahlen von 1931 als »soziale Protestwahlen« und schreibt: »Die Protestwahlen richteten sich gegen jene bürgerlichen Gruppen, die als Vertreter einer rein kapitalistischen Wirtschaft und als Prediger einer sozialen Reaktion angesehen werden.« Das Wählerreservoir der NSDAP hat sich gegenüber den 20er Jahren gewandelt. Die früher vor allem von Angehörigen des alten Mittelstandes (Händler, Handwerker, Bauern) gewählte Partei wird nun auch für Angestellte und Beamte attraktiv. Stärker als andere profitiert sie von der Aktivierung früherer Nichtwähler und von der Verbitterung verschuldeter Landwirte, vor allem in protestantischen Gegenden. Die NSDAP erzielt ihre besten Ergebnisse in kleineren und mittleren Gemeinden und wird eher von Männern als von Frauen gewählt.

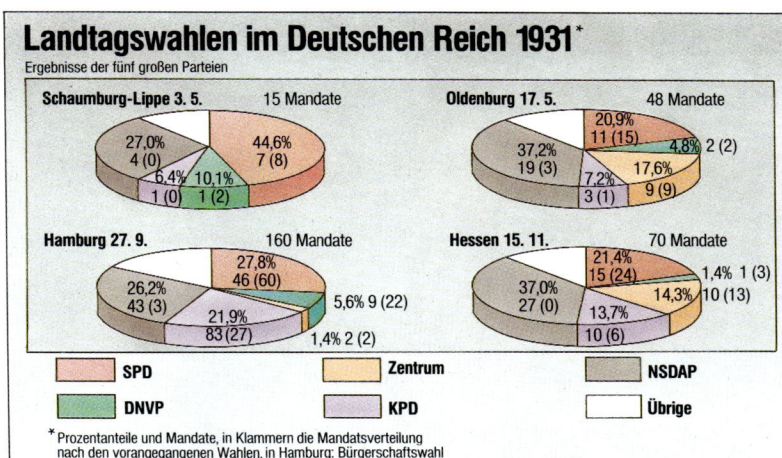

»Boxheimer Dokumente« über NS-Pläne

25. November. Der frühere NSDAP-Landtagsabgeordnete Wilhelm Schäfer übergibt dem Frankfurter Polizeipräsidenten Ludwig Steinberg (SPD) Dokumente aus dem Führungskreis der hessischen NSDAP über die nach einer Machtübernahme in Hessen zu treffenden Maßnahmen.
Hessens Innenminister Wilhelm Leuschner (SPD) läßt die Unterlagen veröffentlichen. Die im Gasthaus Boxheimer Hof bei Lampertheim Mitte September 1931 beratenen Papiere (»Boxheimer Dokumente«) entziehen nach Ansicht der demokratischen Öffentlichkeit den wiederholten Legalitätsbekundungen von Adolf Hitler (→ 10. 2./S. 33) den Boden. Sie sehen ein gewaltsames Vorgehen der Organisationen der NSDAP, vor allem der SA, für die Zeit nach der »Ergreifung der Staatsgewalt« vor. Zwar schweigen sich die Unterlagen über die Umstände des Machtwechsels aus, zweifellos zielen die vorgesehenen Maßnahmen aber auf den gewaltsamen Umsturz und erfüllen somit den Tatbestand des Hochverrats. Als Hauptverfasser der Dokumente gilt der Landtagsabgeordnete Werner Best, Amtsanwalt in Alzey.
Die eingeleiteten Ermittlungen verlaufen im Sande. Oberreichsanwalt Karl Werner erklärt den Hochverratstatbestand für zweifelhaft, da laut Dokument die »Machtergreifung« erst nach einem kommunistischen Putsch stattfinden solle.

Titelseite der Morgenausgabe der Berliner »Vossischen Zeitung« vom 26. November mit der Meldung über die Hochverratspläne der NSDAP in Hessen

NS-Bewegung aus Sicht ihrer Gegner

Die NSDAP-Wahlerfolge seit 1929 haben zahllose Artikel, Aufsätze und Darstellungen über das Wesen und die Gründe für den Erfolg der Rechtsradikalen hervorgebracht.
Eine der ersten umfänglichen Analysen war im Juni 1930 Carlo Mierendorffs Studie zu »Gesicht und Charakter der nationalsozialistischen Bewegung«. Der SPD-Politiker nannte als wesentlich für den Erfolg der Partei u. a. die Geschlossenheit und Schlagkraft des Parteiapparates sowie die Mobilisierung der verunsicherten bürgerlichen Mittelschichten und der Nichtwähler vor allem aus der Beamtenschaft sowie unter Frauen und Jungwählern.
Auch der Schriftsteller Erik Reger (eigentl. Hermann Dannenberger) verweist in einer im August und September 1931 in der »Vossischen Zeitung« erschienenen Serie zur »Naturgeschichte des Nationalsozialismus« auf die agitatorische Überlegenheit: »Sie gehen auf die entlegensten Ortschaften, wohin zu gehen andere nicht der Mühe wert halten, die andere womöglich noch gar nicht auf der Landkarte entdeckt haben. Sie ziehen dort denselben großen Apparat auf wie in den Städten. Hierdurch hinterlassen sie dort gewaltigen Eindruck.« Zwar sei das Rekrutierungskontingent dieser Partei noch nicht erschöpft, aber bisher erfolgten ihre Gewinne vor allem zu Lasten der übrigen Rechtsparteien. In der 1931 erschienenen Studie »Hitler – ein deutsches Verhängnis« des nationalkommunistischen Publizisten Ernst Niekisch heißt es, die NS-Bewegung sei mit der »Nebelhaftigkeit der Zukunftsforderungen« vor allem eine Revolte des Kleinbürgertums gegen den Staat, das sich für die Verluste durch die Inflation rächen wolle: »Hitler, seine Haltung, seine Lehre: das alles ist auf diesen Kleinbürger zugeschnitten. Das ist Ballen der Fäuste, Rollen der Augen, donnernder Ingrimm ohne den Zwang, auf die Probe gestellt zu werden.«

November 1931

Brüning schließt Abwertung aus

5. November. Vor dem Reichsparteiausschuß seiner Zentrumspartei in Berlin erklärt Reichskanzler Heinrich Brüning, daß er unter keinen Umständen ähnlich wie Großbritannien und die Länder des Sterling-Blocks die Währung zur Ankurbelung der Wirtschaft abwerten wolle. Eine Inflation wie 1923 soll es nie wieder geben: »Ich werde bis zum letzten gegen jedwede inflationäre Maßnahme ankämpfen.« Ähnlich denken auch Reichsbankpräsident Hans Luther und Ex-Finanzminister Rudolf Hilferding (SPD). Brüning fordert eine »ehrliche Bilanz der deutschen Wirtschaft trotz aller Bitternisse«. Dies sei die schärfste Waffe im Kampf um die Senkung der Reparationen. Dazu dienen auch die am 12. November in Paris begonnenen Gespräche mit Frankreich, die am 19. November zu einer vorläufigen Einigung über das weitere Vorgehen führen.

Wegen der prekären deutschen Finanzlage stellt die Reichsregierung am 20. November gemäß Youngplan den Antrag auf Einberufung des Beratenden Sonderausschusses zur Überprüfung der deutschen Zahlungsfähigkeit (→ 23. 12./S. 205).

Kontroverse um Höltermann-Rede

9. November. Ein Vortrag des zweiten Vorsitzenden des Reichsbanners Schwarz-Rot-Gold, Karl Höltermann, in der Berliner Funkstunde zum Thema »Arbeiterschaft und Staat« anläßlich des Revolutionsjubiläums führt zu einer Kontroverse.

Karl Höltermann, geboren am 20. März 1894, Mitbegründer und stellvertretender Bundesvorsitzender des Reichsbanners und Chefredakteur der Zeitung »Das Reichsbanner«

Der Vertreter des Reichsinnenministeriums im dreiköpfigen Überwachungsausschuß rügt aufgrund von Mißverständnissen einige Redepassagen, wird jedoch von den Vertretern Preußens überstimmt, woraufhin Reichsinnenminister Wilhelm Groener protestiert.

Februar-Titelseite der Monatsillustrierten »Scherl's Magazin«

Titelblatt der Hugenberg-Illustrierten »Die Woche« (10. 10.)

Gegen Hugenberg: Münzenbergs »Arbeiter-Illustrierte-Zeitung«

◁ Alfred Hugenberg (vorn, stehend) und Adolf Hitler (l. daneben) am 11. Oktober in Bad Harzburg; publizistischer Gegenpol zum Hugenberg-Konzern auf der Linken ist neben der SPD-Presse vor allem der von dem Gründer der Internationalen Arbeiterhilfe, Willi Münzenberg, aufgebaute Pressekonzern, der u. a. die »Arbeiter-Illustrierte-Zeitung«, die Illustrierte »Der Weg der Frau« und die Tageszeitungen »Berlin am Morgen« und »Die Welt am Abend« herausgibt

Publizistischer Kampf gegen die Demokratie

Zu den wirksamsten Mitteln der deutschen Rechtsparteien im Kampf gegen die Republik gehört die Presse des Hugenberg-Konzerns mit ihrer extrem nationalistischen und demokratiefeindlichen Meinungsmache. Über die eigenen Zeitungen und Zeitschriften hinaus beeinflußt der weit verschachtelte Konzern einen Großteil der deutschen Provinzpresse sowie mit der seit 1927 von der Hugenberg-Gruppe mehrheitlich kontrollierten Universum-Filmgesellschaft (Ufa) den Großteil der deutschen Filmproduktion.

Der am 19. Juni 1865 in Hannover geborene Alfred Hugenberg war von 1909 bis 1918 Vorsitzender des Direktoriums der Fried. Krupp A.G. in Essen. Er ist seit 1920 Abgeordneter im Reichstag und wurde im Oktober 1928 Vorsitzender der Deutschnationalen Volkspartei.

Der sog. Hugenberg-Konzern entstand am 25. März 1916, als Hugenberg die Herrschaft über die August Scherl GmbH übernahm. Als Aufsichtsorgan über den Hugenberg-Konzern fungiert eine zwölfköpfige »Wirtschaftsvereinigung zur Förderung der geistigen Wiederaufbaukräfte«, der neben Hugenberg u. a. die Industriellen Emil Kirdorf und Albert Vögler angehören, wobei Hugenberg in allen Unternehmensbereichen in den Aufsichtsorganen vertreten ist.

Neben Scherl gehören zum Hugenberg-Konzern u. a. die am 28. Juli

Unter Hugenberg-Einfluß
»Berliner Lokal-Anzeiger« (Scherl)
»Der Tag« (Scherl)
»Die Woche« (Scherl)
»Die Gartenlaube« (Scherl)
»Berliner Börsen-Zeitung«
»Münchener Neueste Nachrichten«
»Fränkischer Kurier«
»Hamburger Zeitung«
»Schwäbischer Kurier«
»Magdeburgische Tageszeitung«

1917 gegründete Allgemeine-Anzeigen-Gesellschaft mbH (Ala), die in Verbindung mit der Anzeigenvermittlung auch den Ankauf von Provinzblättern durch Hugenberg in die Wege leitete, und die im November 1917 als Beratungs- und Finanzierungsunternehmung für die Tagespresse gegründete VERA-Verlagsanstalt. Am 6. September 1922 wurde die Wirtschaftsstelle für die Provinzpresse (Wipro) gegründet, die Provinzblätter täglich zu Preisen von bis zu 200 Reichsmark monatlich mit einem Materndienst und für 25 RM mit einem Bilderdienst versorgt. Durch die Wipro und die im Juli 1913 gegründete Telegraphen-Union beliefert Hugenberg viele der 2975 deutschen Tageszeitungen.

Zwischen 500 und 600 Zeitungen stehen unter Einfluß Hugenbergs. Demgegenüber haben Zentrum und Bayerische Volkspartei 434 Blätter, die SPD 196 Tageszeitungen, die KPD 45 und die NSDAP 36.

November 1931

Bankenkrach Folge von Veruntreuung

19. November. Die Berliner Bank für Handel und Grundbesitz muß ihre Schalter schließen, nachdem der Reichskommissar für das Bankgewerbe, Friedrich Ernst, wegen Verdachts der Bilanzfälschung gegen ihren Direktor Willy Seiffert Strafanzeige erstattet hat. Am nächsten Tag werden Unterschlagungen bei der Bank Max Marcus & Co. bekannt.

Die Bank für Handel und Grundbesitz wurde 1923 gegründet und sollte sich vor allem der Kreditbeschaffung für Hausbesitzer und Mittelständler widmen. Die Bilanzsumme kletterte seither bei einem Eigenkapital von nur zwei Millionen Reichsmark (RM) von 4,9 auf 91 Millionen RM. Vorstandsvorsitzender der Bank ist Carl Ladendorff, Abgeordneter der Wirtschaftspartei im preußischen Landtag.

Nach den Erkenntnissen von Bankkommissar Ernst sind von den in der Bilanz für 1930 ausgewiesenen Aktiva 30 Millionen RM in Form von überbewerteten Beteiligungen und 25 Millionen RM in Form von Grundstücken enthalten, die um mindestens zehn Millionen RM zu hoch angesetzt worden sind. Die Passiva

Wartende Menschen vor der Berliner Bank für Handel und Grundbesitz nach Bekanntgabe der Schalterschließung

werden mit rund 75 Millionen RM veranschlagt, davon stehen allein die rund 36 000 Einleger mit 62 Millionen RM zu Buche. Um eine drohende Illiquidität abzuwenden, hatte die Reichsregierung zu Monatsbeginn die Bank mit drei Millionen RM gestützt. Direktor Seiffert, der die Aktienmajorität der Bank besitzt, flieht vor der Verhaftung.

Der Zusammenbruch des Berliner Bankhauses Max Marcus & Co., das mit Verbindlichkeiten von rund fünf Millionen RM die Schalter schließen mußte, ist nach den Ermittlungen der Gläubiger und Treuhänder eine Folge persönlicher Verfehlungen der Inhaber Max Marcus und Berthold Schreiber. Sie werden beschuldigt, Kundengelder in Höhe von 4,2 Millionen RM veruntreut zu haben.

Betrugsprozeß gegen die Brüder Sklarek

19. November. Im Berliner Prozeß gegen die Brüder Leo und Willy Sklarek wegen Bestechung, Schädigung der Gemeindefinanzen, Verletzung der Amtspflicht, Betrug, Bilanzfälschung und anderer Delikte sagt der frühere Berliner Oberbürgermeister Gustav Böß als Zeuge aus, von den Machenschaften der Sklareks habe er nichts gewußt.

Böß hatte am 7. November 1929 zurücktreten müssen, nachdem ihm Bestechlichkeit vorgeworfen worden war: Seine Frau Anna hatte von den Sklareks einen Pelz zu dem sehr niedrigen Preis von 375 Reichsmark bezogen. Böß erklärt, er habe wiederholt einen um 1000 RM höheren Preis angeboten und die Differenz für kulturelle Zwecke verwendet.

Der Schwurgerichtsprozeß gegen Leo und Willy Sklarek – das Verfahren gegen den dritten Bruder Max ist wegen Krankheit des Beschuldigten vorläufig ausgesetzt worden – war am 13. Oktober eröffnet worden. Dabei geht es zunächst um die Geschäfte der von den Brüdern Sklarek betriebenen Berliner Kleider-Verkehrs-Gesellschaft (KVG), der ein Monopol bei der Belieferung der Stadt und ihrer Betriebe eingeräumt worden war. Dabei kommen auch die Geld- und Sachleistungen der Sklarek-Brüder an zahlreiche städtische Beamte zur Sprache. Der zweite Teil befaßt sich mit den betrügerischen Geschäften der Sklareks mit der Berliner Stadtbank. Dabei sollen die Sklareks mit Hilfe von städtischen Beamten über zehn Millionen RM ergaunert haben. Am 27. Juni 1932 werden die Brüder zu je vier Jahren Zuchthaus verurteilt.

Vernehmung von Gustav Böß (stehend) vor dem Schwurgericht Moabit; der frühere Oberbürgermeister von Berlin erklärt in seiner mit Spannung erwarteten Aussage, keine »persönlichen Beziehungen« zu den Sklareks gehabt zu haben, und erläutert die Verwendung der bei ihm eingegangenen Spenden von jährlich rund 40 000 Reichsmark, mit denen er Bedürftige beschenkt habe

Theologe Dehn Ziel rechter Pöbeleien

3. November. Die Antrittsvorlesung des wegen seiner pazifistischen Ansichten umstrittenen Theologen Günther Dehn an der Universität Halle (Saale) wird von konservativen und nationalsozialistischen Studenten massiv gestört.

Der am 18. April 1882 geborene Günther Dehn war von 1911 bis 1930 Pfarrer in Berlin-Moabit. Sein Vortrag »Kirche und Völkerversöhnung« führte 1928 zu heftigen Angriffen von rechts.

Unter Polizeischutz wird die Vorlesung zu Ende geführt. Zu den folgenden Veranstaltungen haben nur noch die bei Dehn eingeschriebenen Hörer Zugang. Dank der entschlossenen Haltung der Universitätsleitung werden die Anti-Dehn-Aktionen am 6. November abgebrochen.

November 1931

Chinas letzter Kaiser in der Hand Japans

10. November. Der 25jährige Ex-Kaiser von China, P'u I, verläßt mit japanischer Hilfe sein Exil in Tientsin und läßt sich in der japanischen Garnison Port Arthur nieder. Der Krieg in der Mandschurei zwischen China und Japan geht unterdes weiter.

Seit 1929 hat P'u I, der seine Hoffnung auf eine erneute Inthronisation nie aufgeben wollte, Kontakte mit der japanischen Armee. Nach dem Zwischenfall von Mukden (→ 18. 9./S. 152) wird P'u I für die Japaner interessant. Auf das Versprechen hin, ihn an die Spitze einer selbständigen Mandschurei zu stellen, verläßt er Tientsin. Allerdings wird die schon für den 15. November in Mukden geplante Proklamation eines formal unabhängigen Staates Mandschurei verschoben. Die liberale japanische Regierung scheut vor einem so weitreichenden Schritt zurück und bremst zunächst die ehrgeizigen Militärs, zumal die Regierungsform des neuen Staates noch nicht feststeht. P'u I bleibt fortan in strenger Abgeschiedenheit unter Aufsicht der Japaner in Port Arthur. Bei den Kämpfen in der Mandschurei können die japanischen Truppen im November weitere Geländegewinne verzeichnen. In zwei Gefechten am Nonni-Fluß in der nördlichen Mandschurei vom 4. bis 7. und am 18. November werden die Chinesen geschlagen. Zugleich besetzen die Japaner Tsitsikar an der Ostchinesischen Eisenbahn und gestatten am 10. November japanfreundlichen Mandschuren die Proklamation einer angeblich autonomen Provinz.

Unterdessen bemüht sich der Völkerbund vergeblich um eine Lösung des Konflikts, in die sich auch die dem Völkerbund nicht angehörenden Vereinigten Staaten einschalten. Die Regierung in Tokio lehnt jeden Rückzug ihrer Truppen auf die japanisch verwaltete Zone entlang der Südmandschurischen Bahn ab.

Als Kind Herrscher über China

P'u I wurde am 7. Februar 1906 als ältester Sohn des Prinzen Tschün II. geboren und am 2. Dezember 1908 in Peking als Nachfolger der Kaiserinwitwe Tz'u Hsi als letzter Kaiser Chinas unter dem Namen Hsün Ti inthronisiert. Nach Beginn der chinesischen Revolution wurde am 12. Februar 1912 durch die Kaiserinwitwe Lun Yü seine Abdankung proklamiert. Im Jahr 1925 mußte P'u I die Verbotene Stadt in Peking verlassen. Er ging nach Tientsin (Nordostchina), wo seit 1860 eine europäische Niederlassung besteht, ins Exil und lebte seither unter dem Namen Mr. Henry Pu Yi (Abb.).

Ungarns Regierungschef Julian Graf Károlyi

Putsch in Ungarn

30. November. *Die ungarische Regierung gibt die Aufdeckung eines weitreichenden Putschversuches bekannt. Rechtsextreme Verschwörer hatten Polizei und Militär unterwandern wollen. Einer ihrer Führer, der frühere Offizier Ladislao Temesvary, verfügt über persönliche Kontakte zur NSDAP.*

Sowjetrepublik in China gegründet

7. November. In Juichin in der chinesischen Provinz Kiangsi ruft ein Nationaler Sowjetkongreß auf Initiative des kommunistischen Funktionärs Mao Tse-tung die erste chinesische Räterepublik aus.

Nachdem die von Chiang Kai-shek geführte Nationalpartei Kuomintang (→ 17. 5./S. 87) 1927 ihr Bündnis mit den Kommunisten aufgekündigt hatte, hatten diese nach Gründung einer Roten Armee (Mai 1928) in der Provinz Hunan und 1929 auch in Kiangsi und Fukien sog. Sowjetgebiete errichtet und gegen den Ende 1930 begonnenen »Vernichtungsfeldzug« Chiang Kai-sheks verteidigen können.

Die illegale Leitung der Kommunistischen Partei Chinas bleibt allerdings weiterhin in Schanghai. Die Proklamation der Sowjetrepublik ist Ergebnis der neuen Strategie Mao Tse-tungs, die entgegen einer auf die Mobilisierung des städtischen Proletariats gerichteten Politik eine Hinwendung auf das revolutionäre Potential der armen Bauern empfiehlt.

Proteste gegen Abrüstung

27. November. Mit einem Skandal endet die öffentliche Abschlußveranstaltung des zweitägigen internationalen Abrüstungskongresses im Pariser Trocadéro: Französische Rechtsextremisten dringen in den Saal ein, schreien die Redner nieder und erzwingen den Abbruch der Veranstaltung. Der deutsche Zentrumspolitiker Robert Joos wird mit »Hitler«-Rufen am Reden gehindert. Zum Kongreß waren 1043 Delegierte von 362 Organisationen und Gruppen nach Frankreich gekommen; aus dem Deutschen Reich waren allein 45 Organisationen in Paris vertreten.

Erregte Stimmung bei den Rednern auf dem Podium und bei den Zuschauern im Saal während der Abschlußveranstaltung des internationalen Abrüstungskongresses am 27. November im Pariser Trocadéro, die durch französische Nationalisten massiv gestört wird und abgebrochen werden muß

Gefährliche Nebel über dem Maastal

12. November. Die wegen des »tödlichen Nebels« im Maastal eingesetzte Kommission erklärt die Erkrankungen der Atemwege, die bereits mehrere Opfer gefordert haben, als Folge der Luftverschmutzung.

Das Maastal mit Zentren der Schwerindustrie in Lüttich, Seraing und Charleroi leidet unter erheblicher Luftverunreinigung. Die Kommission zur Untersuchung der Vorfälle stellt fest, daß das Unglück durch Schwefelsäure hervorgerufen wurde, die aus der Vermengung des Sauerstoffs in der Luft mit den Wassertröpfchen des Nebels und den Stoffteilchen der in der Luft schwebenden Schwefelanhydride entstanden ist. Sie entstammen den Abgasen der Eisenindustrie.

Aufgrund der Unglücksfälle soll die Industrie künftig in Gefahrenklassen eingeteilt werden, wobei den Gesundheitsbehörden ein größerer Einfluß auf die Gewährung neuer Konzessionen eingeräumt und die Befugnis der Gewerbeaufsichtsämter erweitert werden soll.

November 1931

Kurssturz des Pfundes an den Börsen

30. November. An den internationalen Devisenbörsen fällt der Kurs des britischen Pfundes mit 14,73 Reichsmark bzw. 3,41 US-Dollar auf den tiefsten Stand seit 1918. Auch die Bildung eines nationalen Kabinetts unter Ausschluß der linken Labour Party hat das Vertrauen ausländischer Anleger in die britische Wirtschaft nicht erhöhen und den Kurssturz nicht aufhalten können.
Im November liegt der Goldwert des Pfundes (Goldparität zum US-Dollar = 100) bei 76,44. Gegenüber der Reichsmark hat das Pfund, das vor der Abkehr der britischen Währung vom Goldstandard (→ 20. 9./S. 154) mit 20,458 RM notiert worden war, um fast 30% an Wert verloren.
Nach dem Willen der Bank von England soll das Pfund seinen Außenwert ohne Stützungsmaßnahmen an den Devisenbörsen selbst finden. Der freie Fall des Pfundes ruft allerdings den Unmut der ausländischen Exporteure und Gläubiger hervor. Allein die Bank von Frankreich hatte zum Zeitpunkt der Aufhebung des Goldstandards 65 Millionen Pfund (nach damaligem Kurs rund 1,3 Milliarden RM) in ihrem Besitz.

Lokomotive mit dem Aufruf »Buy British« auf einem Londoner Bahnhof; der Kauf heimischer Erzeugnisse soll die britische Volkswirtschaft ankurbeln

Am 5. November hatte Premierminister James Ramsey MacDonald sein neues Kabinett aus Konservativen, nationalen Liberalen und seiner eigenen National Labour Party vorgestellt. Gegenüber dem Übergangskabinett vom → 25. August (S. 144) wurde u. a. das Außenministerium durch den Liberalen Sir John Simon und das Schatzamt durch den Konservativen Arthur Neville Chamberlain neu besetzt. Zum 25. November führte Handelsminister Walter Runciman (Liberale) für 23 Warenkategorien aus der Klasse der Halb- und Fertigfabrikate einen Wertzoll von 50% ein. Der Wert der betreffenden Jahreseinfuhren beträgt rund 400 Millionen RM.
Am 27. November folgte eine Abgabe in Höhe von 12% des Wertes auf Agrar- und Gärtnereiprodukte.

Alfons XIII. wegen Hochverrat verurteilt

20. November. Die spanischen Cortes sprechen den emigrierten Bourbonenkönig Alfons XIII. (→ 15. 4./S. 67) des fortgesetzten Hochverrats schuldig. Das Urteil des Parlaments hat jedoch nur demonstrativen Charakter. Die am 13. November den Cortes vorgelegte Anklageschrift warf dem Monarchen u. a. Wahlfälschung und eine persönliche Verantwortung für die Niederlage im Marokkofeldzug 1921 sowie für die Etablierung der Diktatur 1923 vor. Seit dieser Zeit sei er »nichts anderes als der Führer einer Gruppe von Aufständischen« gewesen. Für das Verfahren gegen den König hatte sich das Parlament zugleich als Gericht und als Untersuchungskommission konstituiert.
Das Urteil erklärt den König für »außerhalb des Gesetzes stehend«. Jeder spanische Bürger kann ihn in Haft nehmen, sofern er wieder spanischen Boden betritt. Alle seine Titel und Rechtsansprüche werden ihm entzogen. Der Urteilsspruch wird überall in Spanien öffentlich verkündet und den diplomatischen Vertretungen aller Länder und dem Völkerbund bekanntgegeben.

Ein zur Bekämpfung der korsischen Banditen eingesetzter Panzerwagen bei dem Ort Calcatoggia

Das Hauptquartier des meistgesuchten korsischen Bandenführers André Spada bei Calcatoggia

Militärischer Großeinsatz gegen das Bandenunwesen auf Frankreichs Mittelmeerinsel Korsika

8. November. *Mit Polizeikräften in bisher nicht gekanntem Umfang will die französische Regierung das Räuberunwesen auf Korsika ein für allemal beseitigen: Nachdem die auf der Mittelmeerinsel stationierten 300 Gendarmen weder das Banditenunwesen noch die schon jahrhundertealte Praxis der Vendetta, der Blutrache für ein erlittenes Unrecht, einzudämmen vermocht hatten, werden insgesamt 1400 Polizisten mit Tanks, Panzerautos, Maschinengewehren und Spürhunden in Ajaccio ausgeschifft. Am 10. November starten in Paris zwei Kriegsflugzeuge ebenfalls mit Ziel Korsika. Drei kleine Kreuzer der französischen Kriegsmarine werden eingesetzt, um die gefürchteten Räuber an der Flucht über das Meer zu hindern.*

Über die Insel wird der Belagerungszustand verhängt, die Presse wird zensiert. Gemessen am Aufwand ist das Ergebnis der Mobilmachung der modernen Zivilisation gegen ein Stück mittelalterlicher Räuberromantik, das erst durch die Überfälle auf vermögende Hoteliers in Paris für Aufsehen sorgte, überaus mager: In den ersten drei Wochen nach der Landung können die eingesetzten Ordnungskräfte lediglich 150 Sympathisanten verhaften. Drei langgesuchte Banditen werden erschossen.

Neben dem Polizeieinsatz ergreifen die Pariser Behörden weitere Maßnahmen: Sie hoffen die beim Volk durchweg populären Banditen auch mit Hilfe der ausgesetzten beträchtlichen Belohnungen fangen zu können.

November 1931

Wissenschaft und Technik 1931:
Einblick in die Welt der Moleküle und Atome

Die wissenschaftlichen Schwerpunkte des Jahres 1931 liegen im Bereich des Kleinen und Kleinsten: In der Kernphysik, der Mikroskopie und der Molekularchemie.

Große Erfolge kann die physikalisch-chemische Grundlagenforschung verzeichnen: Der US-Wissenschaftler Harold Clayton Urey und sein Team entdecken das Deuterium, ein natürliches Isotop des Wasserstoffs mit doppelter Kernmasse. Den britischen Physikern John Douglas Cockcroft und Ernest Thomas Sinton Walton gelingt es mit Hilfe eines 1929 entwickelten Protonenbeschleunigers erstmals, eine künstlich eingeleitete Atomkernreaktion auszulösen. Sie schießen beschleunigte Protonen (Wasserstoffkerne) auf ein Lithium-7-Atom, wodurch dessen Kern in zwei Helium-4-Kerne (Alpha-Teilchen) zerbricht.

Eines der bedeutendsten Hilfsmittel für die moderne wissenschaftliche Forschung im Mikrobereich (Materialwissenschaften, Biologie usw.) stellen nach jahrelanger Entwicklung der deutsche Elektrotechniker Max Knoll und sein Schüler Ernst Ruska vor: Das Elektronenmikroskop. Das Instrument macht Strukturen sichtbar, die kleiner sind als die Lichtwellenlänge und die sich deshalb unter optischen Mikroskopen nicht erkennen lassen. Die winzigen Teilchen werden durch magnetisch fokussierte Elektronenstrahlen abgetastet und abgebildet. Die technische Neuheit liegt nicht allein in der Elektronenoptik, sondern auch darin, das Elektronenbild sichtbar zu machen, denn der Elektronenstrahl selbst läßt sich vom Auge nicht wahrnehmen. Das Elektronenmikroskop arbeitet deshalb mit einem fluoreszierenden Leuchtschirm oder mit fotografischen Platten. In der Praxis gelingt es den Erfindern allerdings erst 1934, Elektronenmikroskope so zu konstruieren, daß sie dem Lichtmikroskop in seiner Leistung überlegen sind.

In Deutschland gelingt es Chemikern der I. G. Farbenindustrie in Ludwigshafen, einen dem PVC verwandten makromolekularen Kunststoff zu entdecken, der wenig später von der schwedischen Dynamit Nobel AG weiterentwickelt und unter dem Markennamen Astralon auf den Markt gebracht wird.

In den USA stellt Vannevar Bush am Massachusetts Institute of Technology mit seinem »Differentialanalysator« die bisher leistungsfähigste Analogrechenanlage fertig.

Auf dem Verkehrssektor macht der propellergetriebene »Schienenzeppelin« von sich reden, der am → 21. Juni (S. 107) auf der Strecke Berlin – Hamburg eine Geschwindigkeit von 230 km/h erreicht. Bedeutend sind auch Leistungen auf dem Gebiet der Luftfahrt: Am → 1. April (S. 75) eröffnet die Deutsche Lufthansa die erste Linienflugstrecke über die Alpen von München nach Rom. Am → 27. August (S. 147) erreicht eine Dornier »Do X« nach neunmonatiger Weltreise New York. Und in Osnabrück sowie Berlin experimentieren Reinhold Tiling und Karl Poggensee erstmals erfolgreich mit Feststoffraketen, die mehrere hundert Meter Höhe erreichen (→ 15. 4./S. 75).

Einen Superlativ haben schließlich die Bauingenieure zu melden: Am → 1. Mai (S. 82) wird in New York nach nur 15 Monaten Bauzeit das bisher höchste Gebäude der Welt, das 381 m hohe Empire State Building, eröffnet. Verantwortlich für die Arbeiten war die Architektenfirma Shreve, Lamb & Harmson Associates. Der Bau ist nicht nur hinsichtlich seiner Höhe – 1860 Treppenstufen führen vom Straßenniveau bis zum 102. Stockwerk – ein Superlativ. Auch der Innenausbau ist technisch bisher einmalig: 72 Fahrstühle verkehren in insgesamt 12 km langen Schachtanlagen mit Geschwindigkeiten von 220 bis 450 m/min. Die Büros für 16 000 beschäftigte Personen im Empire State Building sind untereinander mit 5600 km langen Telefonleitungen verbunden. Mächtige Klimaanlagen erneuern die gesamte Raumluft des zwölf Millionen m³ großen Bauwerks mit einer Grundfläche von 650 000 m² alle zehn Minuten. Allein das Stahlskelett des 365 000 t schweren Gebäudes wiegt 60 000 t.

Der in die USA emigrierte Wladimir K. Zworykin mit seiner ersten Fernsehröhre »Ikonoskop«

Fortschritte bei Fernsehen und Fernschreiben

Große Fortschritte macht das Fernsehen. In Großbritannien beginnt die BBC (British Broadcasting Corporation) damit, regelmäßige Fernsehsendungen auszustrahlen. Am 14. April findet auch in Frankreich die erste öffentliche Fernsehsendung statt. Und in den USA schließen sich die Gesellschaften HMV und Columbia zur EMI zusammen, einem privaten Unternehmen mit dem Ziel, ein rein elektrisch arbeitendes Fernsehnetz nach dem als Campbell-Swinton-System bekannt gewordenen Prinzip aufzubauen. Die Sendeanstalten in Großbritannien und Frankreich arbeiten noch mit einer gemischten elektrisch-mechanischen Technik mit Bildabtastung und Bildwiedergabe durch die Nipkow-Scheibe, eine rotierende Lochscheibe, durch deren Öffnungen ein Lichtstrahl das Bild in zeitlicher Folge aufrastert. Ein technischer Durchbruch gelingt dem in die USA emigrierten russischen Ingenieur Wladimir K. Zworykin, der seit 1923 an der Entwicklung einer elektronischen Bildaufnahmeröhre arbeitet. Dieses »Ikonoskop« bringt er jetzt zur praktischen Einsatzreife. Auf der Basis dieser Erfindung unternehmen in Berlin Manfred Baron von Ardenne und Sigmund Loewe erste Versuche mit dem elektronischen Fernsehen (→ 21. 8./S. 142).

Neben dem Fernsehen erlangt ein weiteres elektronisches Kommunikationsmedium Praxisreife. In den USA führt die American Telephone and Telegraph Company ein erstes Fernschreibsystem für private Teilnehmer ein.

Als drittes Medium elektrischer Informationsübertragung kommt das Radar erstmals zum praktischen Einsatz. Schon 1904 von dem deutschen Ingenieur Christian Hülsmeyer als »Telemobiloskop« zur Verkehrsüberwachung erfunden, schlug es erst 1922 der Erfinder der drahtlosen Telegraphie, Guglielmo Marchese Marconi aus Italien, als Ortungsmöglichkeit für Schiffe im Nebel vor. Eine entsprechende Sende- und Empfangsanlage für scharf gebündelte Radiowellen bauen jetzt erstmals die Briten W. A. S. Butement und P. E. Pollard.

Teilchenbeschleuniger von John D. Cockcroft und Ernest Walton

Der erste Fernschreiber von David Edward Hughes aus dem Jahr 1855

November 1931

Erstes vollelektronisch übertragenes Fernsehbild, realisiert von dem deutschen Ingenieur Manfred von Ardenne in Zusammenarbeit mit Sigmund Loewe; Basis dieser Entwicklung ist Ardennes Lichtbildabtaster aus dem Jahr 1930

Der deutsche Fernsehpionier Manfred Baron von Ardenne (r.) und der Brite John Logie Baird, der noch mit der Nipkow-Scheibe experimentiert; Baird entwickelt 1931/32 ein Versuchsprogramm für die BBC in London

Passagierflugzeug vom Typ Rohrbach »Roland I«, mit dem am 1. April 1931 die Verbindung von München nach Rom eröffnet wird; bis Jahresende fliegen 913 Passagiere auf der 947 km langen Route über die Alpen

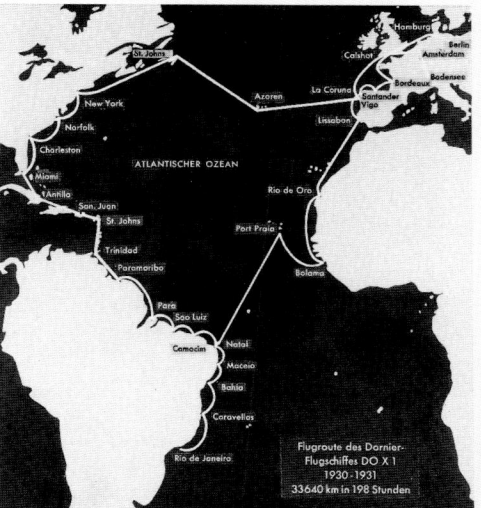

Flugroute der Do X, die am 5. November 1930 startet und am 24. Mai 1932 in Berlin eintrifft

Elektrizität aus dem Licht der Sonne

Im Vorjahr gelang es dem deutschen Physiker Bruno Lange, den 1905 von Albert Einstein entdeckten fotoelektrischen Effekt, das Herauslösen von Elektronen aus dem Inneren einer Metalloberfläche durch Absorption von Lichtquanten, technisch nachzuvollziehen. Er erfand bei Experimenten mit Rundfunk-Detektorkristallen die Fotozelle, die Sonnenlicht in elektrischen Strom umwandelt. 1931 steigert der Physiker den Nutzeffekt seiner Fotozelle auf das Fünfzigfache.
Erstmals gelingt es ihm, mit dem erzeugten Fotostrom schwache Glühlampen und sogar einen kleinen Elektromotor zu betreiben.

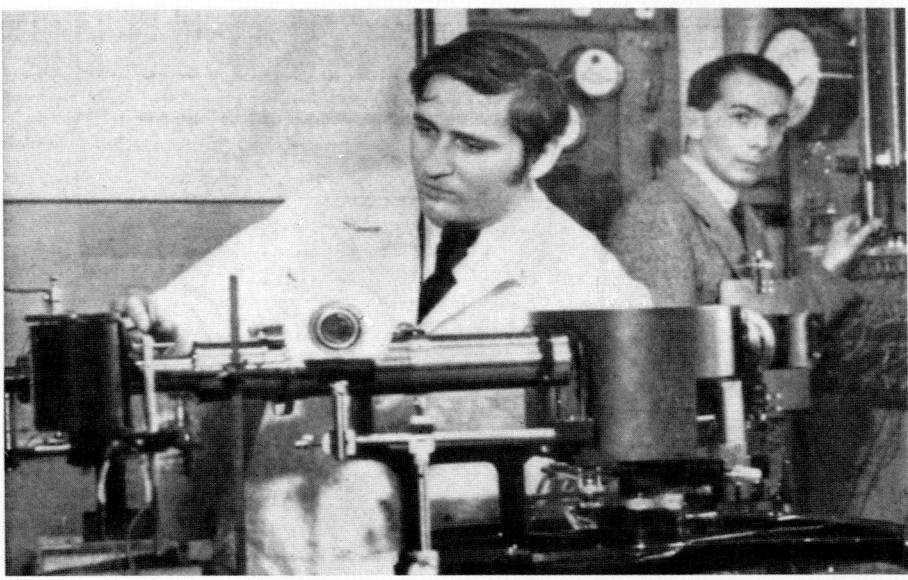

Der 29jährige Physiker Bruno Lange (l.) vom Kaiser-Wilhelm-Institut in Berlin-Dahlem in seinem Laboratorium; durch das Experimentieren mit Detektor-Kristallen, wie sie auch in der Rundfunktechnik Verwendung finden, kam Lange zu der Entdeckung einer neuen Fotozelle für die Umwandlung von Tageslicht in elektrische Energie; durch Ersetzen der Kupferplatten durch andere Metalle steigert Lange jetzt den Nutzeffekt auf das Fünfzigfache; Langes Erfindung wird u. a. beim Tonfilm angewendet

November 1931

Pfitzner-Premiere in Berlin und München

12. November. Gleichzeitig an den Staatsopern in Berlin und in München wird das Drama für Musik in drei Akten »Das Herz« von Hans Pfitzner uraufgeführt. Das Libretto schuf Hans Mahner-Mons.

»Das Herz« ist das vierte große Bühnenwerk des Komponisten, der als »letzter deutscher Romantiker« gilt. Die Handlung spielt in einer süddeutschen Residenz um 1700. Doktor Daniel Athanasius schließt mit dem Höllengeist Asmodi einen Pakt, der ihm für ein Jahr die Kraft verleiht, alle Kranken zu heilen und die Toten wieder zum Leben zu erwecken, wenn er dem Geist dafür das Herz eines Menschen überantwortet.

Der Pakt wird vollzogen, aber als der Geist nach Ablauf der Frist das Herz verlangt, wird offenbar, daß es das Herz von Athanasius' Frau Helge von Laudenheim ist. Helge stirbt, Athanasius wird als Hexer zum Tode verurteilt. Eine Flucht lehnt er ab, da er zu sühnen bereit ist. Während aber die Henker seinen Körper ergreifen, geleitet die Gattin Helge, die ihm als Geist im Kerker erscheint, seine erlöste Seele gen Himmel.

Pfitzners Musik ist herb und schwerblütig. Jede Szene bildet ein organisches Ganzes, das sich aber stets dem Gesamtcharakter des Werkes unterordnet und im Themenmaterial die tragischen und romantischen Stimmungen um Schuld, Sühne und Erlösung widerspiegelt. Besonders einfühlsam gestaltet ist die »Liebesmelodie« der Helge von Laudenheim.

Bei der Münchener Uraufführung, der Pfitzner persönlich beiwohnt, dirigiert Hans Knappertsbusch. Die Kritik lobt besonders die stimmliche Leistung von Heinrich Rehkämper als Athanasius.

Ähnlich wie in München ist auch bei der von Wilhelm Furtwängler dirigierten Berliner Uraufführung die Meinung des Publikums über die Pfitzner-Oper geteilt; hier lobt die Kritik vor allem Delia Reinhard als Helge und Fritz Soot als Geist Asmodi/Geheimrat Asmus Modiger.

Ein bedeutsames musikalisches Ereignis am Münchener National-Theater. Schlußbild des 1. Aktes von der Uraufführung der neuen Oper von Hans Pfitzner „Das Herz". Dirigent Hans Knappertsbusch. *Phot. Flatung*

General-Musikdirektor Prof. Hans Knappertsbusch bei der Probenarbeit zur Uraufführung der neuen Oper von Hans Pfitzner „Das Herz" am Nationaltheater München. Die Aufführung wurde ein voller Erfolg

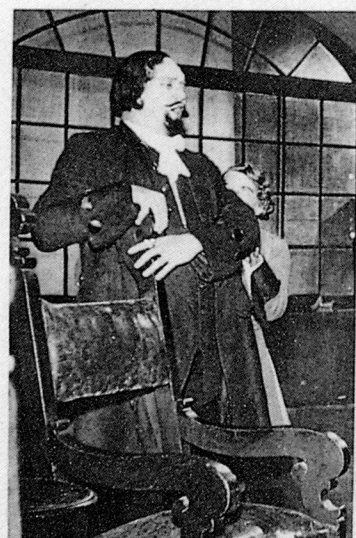
Aus dem 1. Akt: Dr. Athanasius (Rühr) erzählt von seinem Wissen um die Geheimnisse der Natur

Paul Bender (Herzog) und Frau Fichtmüller (Herzogin) im großen Festakt der neuen Oper

Julius Patzag in der Partie des jungen Kavaliers in der Münchener Uraufführung *Phot. Flatung*

Bericht der Illustrierten »Die Woche« vom 21. November über die Oper »Das Herz« mit Szenen von der Probenarbeit des Generalmusikdirektors Hans Knappertsbusch und der festlichen Uraufführung in der Staatsoper (Nationaltheater)

Musik im Zeitalter des Mechanismus

1. November. Im Unterhaltungsblatt der »Vossischen Zeitung« nimmt der deutsche Dirigent Wilhelm Furtwängler zur Krise des Konzertlebens Stellung und bekräftigt dabei seine Überzeugung, daß die nichtmechanisierte, also nicht durch Schallplatten und Rundfunk vermittelte Musik ihren Platz im kulturellen Leben behalten werde.

Furtwängler antwortet damit auf einen Artikel des polnischen Geigers Bronislaw Huberman in der »Vossischen« vom 13. September, der eine lebhafte Debatte hervorgerufen hatte. Unter der provokatorischen Überschrift »Soll die Musik verdorren?« erklärte Huberman, durch die »Unvernunft des Menschen« habe sich »bisher das Grammophon und das Radio für unsere blühende europäische Musikkultur als unheilvoll erwiesen«. Huberman wies in diesem Zusammenhang auf die gängige Praxis der europäischen Rundfunkstationen hin, Schallplatten zu übertragen, ohne dem Künstler ein Entgelt zu zahlen. Auch die Ausstrahlung von Konzerten werde unzureichend honoriert. Die Rundfunkübertragung von Konzerten und Opernaufführungen untergrabe »die Musik in ihrer heutigen Ausübungsform«.

In seiner Antwort leugnet Furtwängler nicht den »katastrophalen« Rückgang des Konzertlebens, der für ihn aber weniger ein Ergebnis des musikalischen Angebots im Rundfunk oder auf Schallplatten als vielmehr eine Folge des gesunkenen Interesses an der Musik allgemein ist. Nach Ansicht von Furtwängler könnten diese Medien die Musik populärer machen und darüber hinaus auch in der Musikerziehung eingesetzt werden. Furtwängler leugnet nicht manche Fehlentwicklungen der mechanisierten Musik, die u. a. darin bestünden, daß die Konzertaufnahme zum Maßstab für die Live-Musik geworden sei. Dennoch könnten – so Furtwängler – Rundfunk und Schallplatte auf Dauer die lebendige Musik nicht ersetzten.

November 1931

Blick in den Ausstellungsraum der Berliner Sezession, die eine Übersicht über die Werke neuer deutscher Malerei und Plastik darbietet

Erste Kunstausstellung der Berliner Sezession in neuer Umgebung

November. Ein neues Zentrum der Berliner Kunstinteressierten ist das Romanische Haus in der Budapester Straße 10. Hierher ist die zuvor in der Villa Perl im Tiergarten residierende Berliner Sezession mit ihren Ausstellungsräumen gezogen, die am 31. Oktober mit einem kleinen Festakt und einer Ansprache des Malers Max Pechstein eröffnet worden sind. In zwei mittleren Sälen und einigen kleineren Räumen präsentiert die Herbstausstellung eine bunte Zusammenstellung deutscher Gegenwartsmalerei und -Plastik. Von den ausgestellten Gemälden erregen vor allem die Werke des Berliners Werner Schulz und des Rheinländers Werner Gilles wegen ihrer kühnen Themenauswahl und ihrer intensiven Farbgebung das Interesse der Besucher.

Ein Western ist der beste Film des Jahres

10. November. In Hollywood vergibt die Academy of Motion Picture Arts and Sciences die Academy Awards (Oscars). Den Preis für den besten Film erhält erstmals ein Western: »Cimarron« von Wesley Ruggles.

Den Preis für die beste darstellerische Leistung erhalten Lionel Barrymore für seine Rolle in »A free soul« und Marie Dressler für ihr Auftreten in »Min and Bill«.

Der preisgekrönte Film nach dem gleichnamigen Roman von Edna Ferber erzählt die Geschichte eines jungen Paares – gespielt von Richard Dix und Irene Dunne – vor dem dramatischen Hintergrund der Besiedlung Oklahomas Ende des 19. Jahrhunderts. Er zeigt zugleich ein typisches Kapitel US-amerikanischer Geschichte zu jener Zeit: Während der Mann ein Abenteurer bleibt und seine Familie verläßt, führt seine Frau die gemeinsam gegründete Zeitung weiter, geht in die Politik und bringt es zur Kongreßabgeordneten. Der Film kostete die RKO-Pictures 1 433 000 US-Dollar (rund sechs Mio. Reichsmark). Allein die von 35 Kameras gefilmten Monumentalszenen der großen Landnahme erforderten den Einsatz von 1050 Fahrzeugen, 3500 Pferden und 5000 Statisten.

Monumentalszene mit dem Start der Planwagen zur großen Landnahme in Oklahoma aus dem »Oscar«-prämierten Film »Cimarron« von Wesley Ruggles

Meinungsstreit im Autorenverband

24. November. In der »Frankfurter Zeitung« begründet Robert Breuer als Vertreter des Hauptvorstands den Ausschluß von 18 Mitgliedern aus dem Schutzverband Deutscher Schriftsteller (SDS). Anlaß für den Konflikt mit der überwiegend kommunistisch orientierten Minderheit war deren Forderung nach Umwandlung des SDS in eine Gewerkschaft. Dazu erklärt Breuer, Autoren könnten keine Gewerkschaft bilden und wie Maler oder Tischler Tarifverträge abschließen: »Sie sind 1. zu gering an der Zahl und sie sind 2. nicht uniform genug, sie sind nicht homogen zusammenfaßbar.«

Demgegenüber fordert die Opposition – darunter Anna Seghers, Bertolt Brecht, Erich Weinert und Kurt Kläber – eine wirkliche Gewerkschaftsarbeit, kollektive Manteltarife und Anschluß an die Sozialversicherung.

»Geschichten aus dem Wiener Wald«

2. November. Unter Leitung von Heinz Hilpert wird am Deutschen Theater in Berlin das »Volksstück« von Ödön von Horváth »Geschichten aus dem Wiener Wald« uraufgeführt, die zweite Horváth-Premiere 1931 in Berlin (→ 20. 3./S. 56).

In der Geschichte um das liebe Mädel aus der Vorstadt entlarvt Horváth die sentimentalen Klischees vom Volksleben. Neben den Wiener Schauspielern Paul Hörbiger und Hans Moser spielen u. a. Lucie Höflich, Carola Neher, Paul Dahlke und Peter Lorre.

Hindemith-Werk mit Text von Benn

21. November. In Berlin wird das Oratorium »Das Unaufhörliche« von Paul Hindemith uraufgeführt. Es entstand in Zusammenarbeit mit Gottfried Benn, dessen Dichtung die Worte voranstehen: »Wir wissen von der Schöpfung nichts, als daß sie sich verwandelt – und das Unaufhörliche soll ein Ausdruck für diesen weitesten Hintergrund des Lebens sein.« Während die Urteile über das Werk geteilt sind, erhalten Dirigent Otto Klemperer und die Solisten Adelheid Armhold (Sopran), Charles Kullmann (Tenor) und Mathieu Ahlersmeyer (Baß) Lob.

Dezember 1931

Mo	Di	Mi	Do	Fr	Sa	So
	1	2	3	4	5	6
7	8	9	10	11	12	13
14	15	16	17	18	19	20
21	22	23	24	25	26	27
28	29	30	31			

1. Dezember, Dienstag

Der KPD-Vorsitzende Ernst Thälmann ruft Sozialdemokraten und Reichsbannermitglieder zu einer roten Einheitsfront auf. → S. 204

Die am 5. September in London eröffnete Indienkonferenz geht ohne Erfolg zu Ende. → S. 206

2. Dezember, Mittwoch

Auf einer Delegiertentagung der DNVP in Berlin bekräftigt Alfred Hugenberg das Bündnis mit der NSDAP (→ 11. 10./S. 170). Auf die Klagen über Konflikte mit der NSDAP erklärt er, »sich nicht um jeden Stunk im Lande kümmern« zu können. Unter Gewährung außerordentlicher Vollmachten wird Hugenberg als Parteivorsitzender bestätigt.

Im Ufa-Theater am Kurfürstendamm in Berlin wird der Film »Emil und die Detektive« von Gerhard Lamprecht nach dem gleichnamigen Roman Erich Kästners mit Fritz Rasp, Käthe Haack, Rolf Wenkhaus und Rudolf Biebrach in den Hauptrollen uraufgeführt.

3. Dezember, Donnerstag

Alfred Rosenberg, seit 1923 Hauptschriftleiter des NSDAP-Parteiorgans »Völkischer Beobachter«, trifft zu einem dreitägigen Besuch in London ein, um Kontakte zur politischen Rechten Großbritanniens herzustellen.

Die Kasseler Automobilfirma Henschel & Sohn AG beantragt beim zuständigen preußischen Regierungspräsidenten die Erlaubnis zur Stillegung des Betriebes zum 31. Dezember (→ 18. 12./S. 205).

Im Théâtre de Paris wird das Schauspiel »Fanny« von Marcel Pagnol uraufgeführt. Es ist der zweite Teil der 1929 mit »Marius« begonnenen Trilogie unter dem Titel »Zum goldenen Anker«.

4. Dezember, Freitag

Im Gespräch mit Reichskanzler Heinrich Brüning (Zentrum) kritisieren Vertreter der SPD-Reichstagsfraktion, daß der Reichsregierung angesichts des von der NSDAP geplanten Staatsstreichs (→ 25. 11./S. 189) im »Kampf gegen den faschistischen Terror die nötige Entschlossenheit fehle«.

Im Hotel »Kaiserhof« in Berlin informiert NSDAP-Führer Adolf Hitler ausländische Journalisten über seine politischen Ziele. → S. 204

Ein Mißtrauensantrag der DNVP stürzt in Mecklenburg-Strelitz die Regierung von Kurt Artur Freiherr von Reibnitz (SPD). Zu seinem Nachfolger wird Heinrich von Michael (DNVP) gewählt.

5. Dezember, Samstag

In der »Gewerkschafts-Zeitung«, dem Organ des Allgemeinen Deutschen Gewerkschaftsbundes, erklärt der ADGB-Vorsitzende Theodor Leipart, künftig sei eine Einheitsgewerkschaft ohne politische und konfessionelle Bindungen denkbar. Diese müsse den »Kampf gegen die kommunistisch-bolschewistische Revolutionstreiberei« führen.

Die französische Deputiertenkammer billigt ein Beschäftigungsprogramm mit einem Volumen von 3,5 Milliarden Francs (rund 577 Mio. Reichsmark), mit dem für ein Jahr zusätzlich rund 100 000 Arbeitsplätze geschaffen werden sollen. In Frankreich gibt es nach offiziellen Angaben 147 009 Arbeitslose.

In Moskau wird die Erlöserkathedrale gesprengt. An ihrer Stelle soll ein Sowjetpalast entstehen. → S. 207

6. Dezember, Sonntag

Bei einer Volksabstimmung in der Schweiz werden zwei Vorlagen verworfen: Die Einführung der Alters- und Hinterlassenenversorgung wird mit 513 512 gegen 338 032 Stimmen abgelehnt, und das Bundesgesetz über die Tabakbesteuerung scheitert mit 425 449 gegen 423 523 Stimmen.

Die Schweizer Fußballnationalelf unterliegt in Brüssel Gastgeber Belgien 1:2.

7. Dezember, Montag

Italiens Duce und Ministerpräsident Benito Mussolini beruft Achille Starace zum Generalsekretär der Faschistischen Partei. Die einzige Partei Italiens hat über eine Million Mitglieder.

Die Gläubigerversammlung der Kraftfahrzeugfirma Gebrüder Reichstein Brennabor Werke AG in Brandenburg an der Havel beruft einen fünfköpfigen Ausschuß, der die Möglichkeit einer Sanierung der Firma prüfen soll. 40% der Forderungen können aus den freien Betriebswerten des Unternehmens gedeckt werden (→ 18. 12./S. 205).

8. Dezember, Dienstag

Auf der Eröffnungssitzung des am → 15. November (S. 189) gewählten hessischen Landtags tritt die Regierung von Bernhard Adelung (SPD) zurück, bleibt aber geschäftsführend im Amt. Die NSDAP nimmt Koalitionsgespräche mit dem Zentrum auf und fordert u. a. den Abbau der Ministerien bis auf das Amt des Staatspräsidenten, das sie für sich beansprucht.

Reichspräsident Paul von Hindenburg unterzeichnet die Vierte Verordnung zur Sicherung von Wirtschaft und Finanzen und zum Schutz des inneren Friedens, die u. a. die Senkung der Löhne und Gehälter auf den Stand vom 10. Januar 1927, die Senkung der Wohnungsmieten und ein Verbot des Tragens politischer Uniformen und Abzeichen vorsieht. → S. 204

US-Präsident Herbert Hoover richtet an den tags zuvor in Washington zusammengetretenen 72. Kongreß der USA eine Botschaft, in der er u. a. mit Hinweis auf die vermeintlich negativen Erfahrungen in Europa jede direkte oder indirekte staatliche Arbeitslosenunterstützung ablehnt. → S. 203

9. Dezember, Mittwoch

Die spanischen Cortes billigen in Abwesenheit der linksradikalen und der konservativklerikalen Abgeordneten mit 368 Stimmen die neue Verfassung (→ 10. 12./S. 207).

Eine Volkszählung in Polen ergibt eine Wohnbevölkerung von 32 132 936 Menschen. Davon sind 67% Polen, 20% Ukrainer, Weißrussen und Ruthenen, 8% Juden, 2% Deutsche und 3% Angehörige anderer Nationalitäten.

In London schlägt die englische Fußballnationalelf Spanien 7:1 (3:0). → S. 209

10. Dezember, Donnerstag

Der Leipziger Oberbürgermeister Carl Goerdeler übernimmt das neugeschaffene Amt des Reichskommissars für Preisüberwachung. In diesem Amt kann Goerdeler u. a. nach eigenem Ermessen die Preise lebenswichtiger Waren regulieren.

Angesichts des lebhaften Auslandsechos auf die Ausführungen Adolf Hitlers am → 4. Dezember (S. 204) erklärt Reichskanzler Heinrich Brüning vor der Auslandspresse, es gebe in Deutschland keine Art von »Schattenregierung«, vielmehr halte sein Kabinett die »Zügel fest in der Hand«.

Der Diskontsatz der Reichsbank, der am 2. September auf 8% festgesetzt worden war, wird auf 7% gesenkt. Der Lombardsatz fällt von 10% auf 8%.

In Madrid wird der konservative Republikaner Niceto Alcalá Zamora y Torres mit 362 gegen 13 Stimmen bei 35 Enthaltungen zum Präsidenten der Republik gewählt. → S. 207

In Genf endet die am 16. November eröffnete außerordentliche Tagung des Völkerbundrates über den Mandschurei-Konflikt mit dem Beschluß über die Einsetzung einer fünfköpfigen Kommission, zu deren Leiter der Brite Edward George Lytton bestellt wird (→ 10. 11./S. 192).

In Stockholm und Oslo werden die Nobelpreise vergeben. Unter den Preisträgern sind mit Otto Warburg, Carl Bosch und Friedrich Bergius drei deutsche Wissenschaftler. → S. 210

Die Londoner Cunard-Line verzichtet aus Geldmangel auf den Bau eines 366 m langen Riesendampfers von 73 000 t, der im Mai 1932 auf der Schiffswerft John Brown & Co. in Glasgow vom Stapel laufen sollte. Der Baustopp des 100 Millionen Reichsmark teuren Schiffes macht rund 10 000 Arbeiter erwerbslos.

11. Dezember, Freitag

Die deutsche Reichsregierung vereitelt mit Hinweis auf angebliche technische Schwierigkeiten eine Rundfunkansprache Adolf Hitlers an die Bürger der USA. Die Rede sollte telefonisch nach London zur Filiale der Columbia-Radiogesellschaft übermittelt, dort aufgezeichnet und in die USA übertragen werden.

Bei der Reichswehr werden die Offiziersgehälter vom Major aufwärts gekürzt.

Das vom britischen Parlament gebilligte Statut von Westminster erklärt die britischen Dominions zu gleichberechtigten Mitgliedern innerhalb des britischen Commonwealth. → S. 207

12. Dezember, Samstag

In Paris wird René Clairs Film »Es lebe die Freiheit« (A nous la liberté), eine Satire auf das Maschinenzeitalter, mit Raymond Cordy und Henri Marchand in den Hauptrollen uraufgeführt.

13. Dezember, Sonntag

In einem Gespräch mit dem deutschen Schriftsteller Emil Ludwig in Moskau erläutert KPdSU-Generalsekretär Josef W. Stalin die Grundlagen der Sowjetmacht und weist die Behauptung zurück, er übe eine Alleinherrschaft aus. → S. 206

14. Dezember, Montag

Der Bundesausschuß des Allgemeinen Deutschen Gewerkschaftsbundes (ADGB) kritisiert den mit der Notverordnung vom → 8. Dezember (S. 204) vollzogenen Lohnabbau auf den Stand von 1927 und verlangt energische Maßnahmen zur Reduzierung der Verbraucherpreise und Wohnungsmieten.

Marschall Chiang Kai-shek tritt als Vorsitzender des in Nanking residierenden zentralen Vollzugsrates der Regierung und der chinesischen Nationalpartei Kuomintang zurück. → S. 206

Die niederländischen Rechtsextremisten Anton Adriaan Mussert und Cornelis von Geelkerken gründen in Utrecht die Nationalsozialistische Bewegung der Niederlande. → S. 207

Nach dem Sturz des wegen seiner zurückhaltenden Mandschurei-Politik (→ 10. 11./S. 192) auch in seiner eigenen liberalen Partei umstrittenen Reijiro Baron Wakatsuki bildet in Japan Ki Tsujoschi Inukai ein konservatives Kabinett. Da die bisher regierende liberale Minseito-Partei im Parlament die Mehrheit stellt, strebt Inukai Neuwahlen an.

15. Dezember, Dienstag

In mehreren Städten des Deutschen Reiches führt ein von der KPD organisierter Reichserwerbslosentag zu Unruhen.

Nach längeren Verhandlungen mit dem Schweizer Rundfunk willigen die Schallplattenhändler in eine kostenlose Überlassung ihrer Tonträger an den Rundfunk ein, sofern vor jedem Abspielen Titel, Marke und Nummer der betreffenden Schallplatte genannt wird.

Gegen fünf Direktoren des Bierkonzerns Schultheiß-Patzenhofer AG wird in Berlin Anklage wegen Bilanzverschleierung erhoben (→ 18. 12./S. 205).

»Scherl's Magazin« zeigt auf der Titelseite der Dezember-Ausgabe 1931 die motorisierten Heiligen Drei Könige auf der Fahrt nach Bethlehem – eine Parodie auf die Technikbegeisterung der Zeit

Dezember 1931

16. Dezember, Mittwoch

Eine gemeinsame Tagung der Bundesausschüsse der freien Gewerkschaften sowie von Reichsbanner Schwarz-Rot-Gold, Arbeitersport und Vertretern der SPD proklamiert in Berlin die Eiserne Front gegen den Faschismus. → S. 204

Karl Höltermann, bisher 2. Vorsitzender, wird in Magdeburg vom Vorstand des Reichsbanners zum geschäftsführenden Vorsitzenden anstelle von Otto Hörsing gewählt. Hörsing, Mitglied der SPD ebenso wie Höltermann, hatte ohne Befragen der Partei die inhaltlich rechts von der SPD stehende Zeitschrift »Der Volkskurier« gegründet.

Der Oberpräsident der preußischen Provinz Hannover, Gustav Noske (SPD), weist die Regierungspräsidenten unter Hinweis auf antisemitische Vorfälle in Lüneburg und Göttingen an, gegen Angriffe auf Juden und jüdische Einrichtungen vorzugehen.

17. Dezember, Donnerstag

Die Schweizer Bundesversammlung wählt in Bern Giuseppe Motta, den Vorsteher des Außendepartements, mit 84 von 160 Stimmen zum Bundespräsidenten für 1932. Motta wird damit zum vierten Mal Staatsoberhaupt.

Die Räume der seit dem 21. September geschlossenen Berliner Börse stehen ab sofort dreimal wöchentlich eine Stunde lang für Versammlungen der Börsenbesucher offen. Börsengeschäfte bleiben verboten.

Japan erklärt die Abkehr des Yen vom Goldstandard. Am 14. Dezember war der Goldexport verboten worden.

Die Nationalbank der USA, die New Yorker Federal Reserve Bank, teilt mit, daß seit Mitte September über 700 Millionen US-Dollar (knapp drei Mrd. Reichsmark) in Gold eingetauscht worden sind, der größte Teil davon durch die Bank von Frankreich.

Der Automobil- und Landmaschinenhersteller Hannoversche Maschinenbau AG vormals Georg Egestorff (Hanomag) beantragt das gerichtliche Vergleichsverfahren. Am 24. Dezember wird allen 1400 Beschäftigten vorsorglich gekündigt (→ 18. 12./S. 205).

18. Dezember, Freitag

In Graz wird der des Hochverrats angeklagte Heimwehrführer Walter Pfrimer (→ 13. 9./S. 156), der Anfang Dezember aus Jugoslawien zurückgekehrt war, überraschend freigesprochen.

Das britische Handelsministerium erläßt die dritte Verordnung über Einfuhrzölle und belegt weitere Waren mit einem Wertzoll von 50% (→ 30. 11./S. 193).

Die August Borsig GmbH in Berlin-Tegel stellt die Zahlungen ein. → S. 205

19. Dezember, Samstag

Die Regierung des Freistaates Sachsen teilt mit, daß dort seit Jahresbeginn bei 384 politischen Gewalttaten 14 Menschen getötet und 683 verletzt wurden (→ 14. 10./S. 174).

Nach der Niederlage bei den Wahlen zum australischen Bundesparlament, bei denen die Labour Party 20 ihrer 35 Sitze verlor, tritt James Henry Scullin als Premierminister zurück. Am 31. Dezember bildet Joseph Alois Lyons, dessen Vereinigte Australische Partei zusammen mit der Bauernpartei über 49 der 75 Sitze verfügt, die neue Regierung.

20. Dezember, Sonntag

Im französischen Völkerbundsmandat Syrien demonstrieren Nationalisten wegen angeblicher Wahlfälschung gegen die vom französischen Oberkommissar Henri Ponsot durchgeführten Wahlen, die zur Bildung einer frankreichfreundlichen Regierung führen sollten. In Damaskus und Hama werden die Wahlergebnisse daraufhin für ungültig erklärt.

21. Dezember, Montag

Ein Großbrand vernichtet Teile des Stuttgarter Schlosses; drei Feuerwehrleute kommen ums Leben. → S. 209

Im Wiener Theater an der Wien wird die Operette »Schön ist die Welt« von Franz Lehár mit dem Text von Ludwig Herzer und Fritz Löhner-Beda uraufgeführt. Es ist eine Umarbeitung von »Endlich allein«, das 1914 an gleicher Stelle Premiere hatte.

22. Dezember, Dienstag

Die preußische Staatsregierung erklärt die ostpreußische Landwirtschaftskammer in Königsberg für aufgelöst. Diese hatte am 15. Dezember Reichspräsident Paul von Hindenburg zum Rücktritt aufgefordert, um einer nationalen Staatsführung den Weg freizumachen.

Bei einem Deckeneinsturz in der Vatikanischen Bibliothek werden fünf Menschen getötet und rund 15 000 Bücher und Handschriften beschädigt.

Im Berliner Mozart-Saal hat Richard Oswalds Film »Der Hauptmann von Köpenick« Premiere (→ 5. 3./S. 57).

23. Dezember, Mittwoch

Die Regierung Preußens setzt durch eine Sparnotverordnung die Altersgrenze für Beamte von 65 auf 62 Jahre herab und hebt zahlreiche Landesbehörden, darunter 60 Amtsgerichte, auf.

In Basel legt der Beratende Sonderausschuß der Bank für Internationalen Zahlungsausgleich seinen Abschlußbericht vor und bescheinigt darin die deutsche Zahlungsunfähigkeit. → S. 205

US-Präsident Herbert Hoover unterzeichnet das Gesetz über das einjährige Schuldenfeierjahr (→ 20. 6./S. 100), das damit in Kraft tritt. Im Repräsentantenhaus war das Hoover-Moratorium mit 317 gegen 100 und im Senat mit 69 gegen zwölf Stimmen gebilligt worden.

Die Schweizer Bundesversammlung ermächtigt den Bundesrat zur vorübergehenden Sperrung von Importen, um damit die Wirtschaft zu schützen, und beschließt eine Krisenhilfe für Arbeitslose. → S. 203

Der österreichische Nationalrat billigt das Gesetz über die Neukonstituierung der Österreichischen Creditanstalt (→ 11. 5./S. 86). Die Sozialisten hatten vergebens verlangt, der Staat solle angesichts der kostspieligen Sanierung auch die Leitung der von der Creditanstalt verwalteten Industriebetriebe übernehmen.

24. Dezember, Donnerstag

Der Heilige Abend beschert den Menschen im Deutschen Reich leichten Frost von bis zu -7 °C. Wegen des Demonstrationsverbots bleiben die Feiertage frei von den sonst gewohnten gewaltsamen politischen Auseinandersetzungen. → S. 211

In einer Ansprache vor dem Vatikanskollegium im Vatikan plädiert Papst Pius XI. für einen echten Frieden, dessen »Rüstzeug nicht aus Waffen bestehen könne, sondern aus Werkzeugen des Guten und des Wohlstandes« (→ 3. 10./S. 178).

25. Dezember, 1. Weihnachtstag

Der tschechoslowakische Diplomat Karel Vanek wird aus Moskau ausgewiesen. Ihm wird vorgeworfen, einen Sowjetbürger zum Attentat auf den japanischen Botschafter angestiftet zu haben, um einen Konflikt zwischen der UdSSR und Japan herbeizuführen.

26. Dezember, 2. Weihnachtstag

Im Music Box Theatre in New York wird das Musical »Of Thee I Sing« von George Gershwin nach Texten von Morrie Ryskind und George S. Kaufman, der auch Regie führt, uraufgeführt. Produzent und Choreograph ist George Hale.

27. Dezember, Sonntag

Auf einer Propagandareise durch Indien wird der Führer des indischen Nationalkongresses, Jawaharlal Nehru, von der britischen Polizei verhaftet. Nach dem Scheitern der Round-table-Konferenz (→ 1. 12./S. 206) kommt es in Indien immer wieder zu Zusammenstößen zwischen Unabhängigkeitsbewegung und Polizei.

28. Dezember, Montag

Pius XI. veröffentlicht seine Enzyklika »Lux veritatis« über die päpstliche Autorität. → S. 207

Rund 500 000 Menschen begrüßen Mohandas Karamchand (Mahatma) Gandhi bei seiner Ankunft in Bombay. Er hatte nach Abschluß der Indien-Konferenz (→ 1. 12./S. 206) London am 5. Dezember verlassen.

In Moskau endet die am 22. Dezember eröffnete Plenumssitzung des Zentralexekutivkomitees der UdSSR. Dabei erklärte Wjatscheslaw M. Molotow, Vorsitzender des Rats der Volkskommissare, vermutlich werde der 1928 in Kraft getretene Fünfjahresplan vorzeitig erfüllt werden können.

29. Dezember, Dienstag

Die katholischen Bischöfe von Münster, Osnabrück, Trier, Limburg und Aachen und der Erzbischof von Köln mahnen in einem Hirtenbrief die strikte Beachtung des Gebots der christlichen Nächstenliebe auch gegenüber dem politischen Gegner an.

30. Dezember, Mittwoch

Bei einer Volksabstimmung in Finnland über die Beibehaltung der seit zwölf Jahren bestehenden Prohibition sprechen sich 82% für und 18% gegen die Aufhebung des völligen Alkoholverbots aus.

31. Dezember, Donnerstag

Im Rundfunk ruft Reichspräsident Paul von Hindenburg das deutsche Volk zu »treuer schicksalsverbundener Einigkeit« auf. Anhänger der KPD zapfen während der Rede die Übertragungsleitung zwischen Berlin und dem Sender Königswusterhausen an und stören die Rede durch Zwischenrufe. → S. 211

Eine Denkschrift der SPD berichtet über 1484 Gewaltverbrechen, die im Jahr 1931 von Nationalsozialisten begangen wurden. Dabei sind 62 Menschen getötet und 3200 verletzt worden. 14 Zeitungsgebäude wurden überfallen; elf Presseberichterstatter und Redakteure sowie fünf Zeitungsverkäufer wurden verletzt (→ 14. 10./S. 174).

Die SPD verzeichnet 1 008 953 Mitglieder (31. 12. 1930: 1 037 384), darunter 230 331 Frauen (228 728). Die Partei gibt 196 Tageszeitungen heraus und verfügt über 104 Druckereien.

Die NSDAP gibt die Zahl der fortlaufend ausgegebenen Mitgliedsnummern mit 806 294 an, Ende 1930 waren es 389 000. Seit 1925 werden fortlaufende Mitgliedsnummern ausgegeben, freiwerdende Nummern aber nicht neu vergeben.

Der Allgemeine Deutsche Gewerkschaftsbund hat 4 134 902 Mitglieder (31. 12. 1930: 4 725 000), davon sind 42,8% (31,8%) arbeitslos und 21,9% (16,3%) arbeiten kurz.

Die Arbeitslosenzahl im Deutschen Reich klettert auf die Rekordhöhe von 5 668 187. Das sind 1,284 Millionen mehr als Ende 1930. → S. 202

Österreich hat 302 000 unterstützte Arbeitslose, 24,2% mehr als 1930, sowie 98 000 ausgesteuerte Erwerbslose.

Sieger im internationalen Turnier von Eishockey-Clubmannschaften um den Spengler-Cup in Davos wird zum dritten Mal der Oxford UIHC.

Das Wetter im Monat Dezember

Station	Mittlere Lufttemperatur (°C)	Niederschlag (mm)	Sonnenscheindauer (Std.)
Aachen	2,0 (3,1)	57 (62)	– (49)
Berlin	1,1 (0,7)	43 (41)	– (36)
Bremen	2,5 (2,2)	32 (54)	– (33)
München	−2,0 (−0,7)	34 (44)	– (41)
Wien	0,6 (0,9)	34 (51)	– (–)
Zürich	−0,3 (0,2)	54 (73)	61 (37)

( ) Langjähriger Mittelwert für diesen Monat
– Wert nicht ermittelt

Dezember 1931

Eine weihnachtliche Idylle mit Vater und Tochter vor dem kerzengeschmückten Tannenbaum zeigt die »Frankfurter Illustrierte« auf der Titelseite ihrer Ausgabe vom 24. Dezember 1931

Nr. 51 24. Dezember 1931
Preis 20 Pfennig
Neunzehnter Jahrgang

Das Illustrierte Blatt

Mit Unterhaltungsbeilage u. Rundfunk-Programmen der Woche

Frankfurter Illustrierte

Heute das große Preisrätsel
2 Reisen nach New York
u. 10 andere Hapag-Seereisen als Preise

Der Weihnachtsbaum brennt

Aufnahme: Dr. P. Wolff

Dezember 1931

Weit über fünf Millionen Arbeitslose im Deutschen Reich

31. Dezember. Die Arbeitslosenzahl im Deutschen Reich erreicht im Dezember Rekordhöhe: 5 668 187 Menschen sind ohne Beschäftigung. Davon erhalten 954 974 keine Unterstützung, weil z. B. Jugendliche oder Ehefrauen vom Staat auf die Hilfe ihrer Familien verwiesen werden. Die Gewerkschaften melden 42,2% ihrer Mitglieder als arbeitslos, 22,3% arbeiten kurz. Im Durchschnitt des Jahres sind 4,519 Millionen erwerbslos. Dies entspricht einem Anteil von 21,9% an der Gesamtzahl der abhängigen Erwerbspersonen. Die Krankenkassen verzeichnen im Dezember mit einem Beschäftigtenstand von 61,0% einen Minusrekord.

Arbeitslose in Deutschland 1931

Monat	Gesamtzahl	Von den unterstützten Arbeitslosen erhalten		
		Versicherung	Krisenhilfe	Wohlfahrt
Januar	4 886 925	60,7%	19,2%	20,1%
Februar	4 971 843	58,9%	20,6%	20,5%
März	4 743 931	55,4%	22,1%	22,5%
April	4 358 153	49,9%	23,9%	26,2%
Mai	4 052 950	44,9%	26,5%	28,6%
Juni	3 953 946	41,9%	27,9%	30,2%
Juli	3 989 686	36,5%	31,2%	32,3%
August	4 214 765	36,6%	31,2%	32,2%
September	4 354 983	36,4%	30,9%	32,7%
Oktober	4 623 480	30,9%	35,2%	33,9%
November	5 059 773	32,6%	33,5%	33,9%
Dezember	5 668 187	34,8%	32,0%	33,2%

Seit dem 1. Oktober werden statt 26 nur noch 20 Wochen lang Leistungen aus der Arbeitslosenversicherung gezahlt, anschließend gibt es Krisenfürsorge. Die Gesamtdauer der Arbeitslosenunterstützung beträgt 58 Wochen bzw. 71 Wochen bei Arbeitslosen über 40 Jahren. Danach sind die Erwerbslosen auf die Wohlfahrtsleistungen der Gemeinden angewiesen (→ 15. 3./S. 51).

Die Großstädte (Gemeinden mit über 100 000 Einwohnern) weisen am 31. Dezember – bezogen auf die Einwohnerzahl – im Durchschnitt eine Arbeitslosenquote von 12,4% auf. Zu den Städten mit den höchsten Arbeitslosenanteilen gehören Chemnitz (15,9%), Plauen (15,7%) und Lübeck (15,5%). Berlin kommt auf eine Erwerbslosenquote von 13,1% und Hamburg auf 11,2%.

Die bloßen Zahlen lassen jedoch wenig von der Not erkennen, die Erwerbslosigkeit für die Betroffenen und deren Familien bedeutet. Da die Mittel des Staates nicht ausreichen, haben viele Städte und die Wohlfahrtsverbände die Winterhilfe für Arbeitslose ins Leben gerufen (→ 20. 10./S. 174). Zu den vielfältigen privaten Hilfsaktionen gehört die Sammlungsaktion am Treitschke-Gymnasium in Berlin-Wilmersdorf, wo jeder der 700 Schüler täglich eine Kartoffel und nach Möglichkeit auch Schnitten Brot für die Verteilung an Bedürftige mitbringt.

Die materielle Not macht die Modellrechnung eines auf Krisenhilfe angewiesenen 60jährigen alleinstehenden Erwerbslosen deutlich: Von den monatlich 54,10 Reichsmark Krisenunterstützung einschließlich Mietbeihilfe bleiben ihm abzüglich 30 RM für Miete noch 5,33 RM pro Woche für den Lebensunterhalt.

Neben die materiellen Bedrängnisse tritt der Zwang zum oft stundenlangen Anstehen: Auf der Stempelstelle des Arbeitsamtes, bei der Arbeitsvermittlung oder bei der städtischen Fürsorge. Das tägliche Einerlei wirkt abstumpfend, die meisten Langzeiterwerbslosen macht das tatenlose Herumstehen und stundenlanges Warten bei irgendeiner Behörde mürbe. Die plötzlich im Überfluß vorhandene Zeit erweist sich als tragisches Geschenk: Vor allem die Männer, die jahrzehntelang im Beruf gestanden haben, wissen zumeist wenig damit anzufangen.

Mit mäßigem Erfolg bemühen sich die Parteien um die Erwerbslosen. Anders als von den Linksparteien erhofft, fördert die Erwerbslosigkeit bei den Arbeitern in der Regel nicht das Interesse an Politik, während vor allem erwerbslose Angestellte und um ihre Existenz fürchtende Mittelständler die NSDAP wählen.

Mit einem gut sichtbaren Plakat am Portal ihres Familienschlosses bietet eine Adlige die Übernahme von Schreibarbeiten und Übersetzungen an; im Zeichen der Krise suchen auch hochgestellte Kreise Erwerbsmöglichkeiten

Schlange von Erwerbslosen vor der Arbeitsvermittlung in Duisburg-Ruhrort, dessen Binnenhafen früher vielen Lohn und Brot gab

Korridor in einer Essener Arbeitersiedlung; im Dezember 1931 sind in der Ruhrgebietsmetropole 11,0% der Einwohner arbeitslos

Ein Bild aus Gelsenkirchen, wo 10,3% der Bevölkerung im Dezember ohne Arbeit sind: Tausende von Erwerbslosen sind jeden Tag mit Säcken, Karren, Körben und Kisten unterwegs, um etwas Kohlenschwamm zum Heizen zu besorgen

Dezember 1931

Kundgebung von Erwerbslosen vor dem New Yorker Rathaus zum Abschluß eines Hungermarsches, bei dem es zu Auseinandersetzungen mit der Polizei gekommen ist; in den Großstädten der USA sind Arbeitslosenkrawalle alltäglich

Erwerbslosenzahl in den USA wächst an

8. Dezember. Im wirtschaftspolitischen Teil seiner Botschaft an den Kongreß lehnt US-Präsident Herbert Hoover eine staatliche Arbeitslosenunterstützung ab und betont den Grundsatz individueller Hilfe.

Die Arbeitslosenzahl in den USA ist von vier bis fünf Millionen zu Jahresbeginn auf über sieben Millionen im Dezember angewachsen. Die Anzahl der Beschäftigten in der Industrie ist im Vergleich zu 1923/25 um ein Drittel gesunken.

Private Mildtätigkeit muß fehlende staatliche Hilfe ersetzen. Hunderte von Warenhäusern spenden bis zu 5% eines Tagesumsatzes zur Linderung der Not von Arbeitslosen, Hausbesitzervereine organisieren Beschäftigungsprogramme für Renovierungen. Waggonweise werden Äpfel billig an Arbeitslose verkauft, die diese zu einem höheren Preis weiterveräußern.

Obdachlosen bieten vielerorts geheizte Zelte Unterkunft, Dutzende von Großküchen versorgen Bedürftige mit warmer Nahrung.

Schlange von hungrigen Arbeitslosen vor einer aus privaten Mitteln unterhaltenen Suppenküche, ein typisches Bild in den Großstädten der USA

Steigende Arbeitslosigkeit auch in der Schweiz

23. Dezember. In Bern billigt die Schweizer Bundesversammlung eine Krisenhilfe für Arbeitslose. Das Parlament ermächtigt außerdem die Regierung, die Einfuhr bestimmter Waren einzuschränken.

Später als andere Staaten wird nun auch die Schweiz von der Wirtschaftskrise betroffen. Das Hotelgewerbe, das Umsatzeinbußen von 45% gegenüber 1929 verzeichnet, und exportorientierte Branchen wie Maschinenbau und Textilherstellung reagieren mit Entlassungen auf den Rückgang der Auslandsnachfrage.

Die Zahl der Stellungssuchenden ist seit Januar 1931 von 27 316 auf 50 570 gestiegen und ist damit im Monatsmittel (24 208) doppelt so hoch wie 1930 (12 881).

Demonstration der Gewerkschaften in New York für eine Verkürzung der Arbeitszeit zugunsten der Schaffung von Arbeitsplätzen für Erwerbslose; wegen des Fehlens einer staatlichen Arbeitslosenfürsorge sind die Arbeitslosen in den USA stärker noch als in Europa auf die aktive Selbsthilfe angewiesen

Dezember 1931

Brüning bei seiner Rundfunkrede zur Notverordnung

Brüning läßt Löhne senken

8. Dezember. Reichspräsident Paul von Hindenburg erläßt die Vierte Verordnung zur Sicherung von Wirtschaft und Finanzen und zum Schutze des inneren Friedens, die Reichskanzler Heinrich Brüning in einer 25minütigen Radioansprache mit dem »drohenden Verfall der Volkskräfte« begründet. Die 46seitige Notverordnung senkt u. a. alle Löhne und Gehälter auf den Stand vom 10. Januar 1927 und verbietet das Tragen politischer Uniformen.

Hitler (l.) und sein Berliner Beauftragter Hermann Göring

Hitler spricht zum Ausland

4. Dezember. Im Berliner Hotel »Kaiserhof« empfängt NSDAP-Führer Adolf Hitler die Vertreter britischer und US-amerikanischer Zeitungen. Hitler betont, er werde nur auf legalem Weg die Regierungsgewalt übernehmen, und kündigt eine Machtübernahme in absehbarer Zeit an. Der Versuch Hitlers, sich mit Hilfe der Columbia-Rundfunkgesellschaft direkt an die Hörer in den USA zu wenden, wird am 11. Dezember von der Reichsregierung vereitelt.

Der KPD-Vorsitzende Ernst Thälmann bei einer Rede

KPD für rote Aktionseinheit

1. Dezember. Der KPD-Führer Ernst Thälmann fordert in einem Aufruf an die Mitglieder der SPD und deren Anhänger im Reichsbanner Schwarz-Rot-Gold die Schaffung einer roten Einheitsfront. Dies bedeutet jedoch keine Abkehr vom Kampf gegen die SPD (→ 17. 1./S. 17), denn auch die von Thälmann proklamierte »Einheitsfront von unten« soll die SPD zersetzen und richtet sich gleichzeitig »gegen Hitlerpartei und sozialdemokratische Führerschaft«.

»Eiserne Front« gegen die nationalsozialistische Gefahr

16. Dezember. Im Plenarsaal des Reichswirtschaftsrates in Berlin proklamieren die Bundesvorstände und Bundesausschüsse der freigewerkschaftlichen Spitzenverbände, des Arbeitersports und Vertreter des Reichsbanners Schwarz-Rot-Gold sowie Repräsentanten der SPD die Eiserne Front zur »Abwendung der faschistischen Gefahr«.

In einer Erklärung heißt es u. a.: »Wir werden unsere Kampfmethoden denen unserer Feinde anpassen: Auf dem Boden des gesetzlichen Rechts, solange sie sich selbst legal betätigen, anderenfalls mit anderen Mitteln, werden wir die republikanische Verfassung, die sozialen Rechte und kulturellen Ziele der Arbeiterklasse und den europäischen Frieden verteidigen. Die Überwindung der faschistischen Gefahr ist unsere erste Pflicht im Sinne der Arbeiterklasse.«

𝔇𝔦𝔢 𝔈𝔦𝔰𝔢𝔯𝔫𝔢 𝔉𝔯𝔬𝔫𝔱!
Alle Arbeiterorganisationen einig im Kampf gegen den Faschismus!

Die Morgenausgabe des SPD-Zentralorgans »Vorwärts« vom 17. Dezember meldet die Gründung der »Eisernen Front«

Die Eiserne Front will alle gegen die NSDAP gerichteten Aktivitäten der Mitgliedsverbände koordinieren. Ihre Gründung erfolgt auf Initiative des Reichsbanners, vor allem von Karl Höltermann, der am selben Tag in Magdeburg anstelle von Otto Hörsing vom Vorstand zum geschäftsführenden Vorsitzenden ernannt wird. Allerdings bleibt die politische Linke isoliert: Die christlichen Gewerkschaften, die Zentrumspartei und der Deutsche Beamtenbund bleiben fern, zumal die politische Leitung in der Hand der SPD liegt. Für die technische Organisation sind das Reichsbanner und seine Schutzformationen verantwortlich, die freien Gewerkschaften sollen durch die Bildung von »Hammerschaften« in den Betrieben die Schlagkraft der Arbeitnehmer stärken.

Kennzeichen der Eisernen Front werden die von dem SPD-Politiker Carlo Mierendorff und Sergei Tschachotin, einem Exilrussen, entwickelten drei Pfeile auf rotem Grund. Sie symbolisieren SPD, Gewerkschaften und Reichsbanner und sollen auf die Kampfprinzipien Einigkeit, Aktivität und Disziplin hinweisen. Mit Kundgebungen und Aufmärschen soll die NSDAP in die Defensive gedrängt werden.

Deutschland kann nicht alles zahlen

23. Dezember. Der auf deutschen Antrag hin am 7. Dezember in Basel zusammengetretene elfköpfige Beratende Sonderausschuß der Bank für Internationalen Zahlungsausgleich erklärt Deutschlands Unfähigkeit, Reparationen zu zahlen.

Bei den Beratungen des Sonderausschusses, dem als deutscher Delegierter der Hamburger Bankier Carl Melchior angehört, kam es zu tiefgreifenden Differenzen: Der Brite Walter T. Layton forderte den Erlaß der Zahlungen nach dem Youngplan, weil anders die in Deutschland festliegenden Privatkredite nicht flüssig gemacht werden könnten (→ 19. 8./S. 140), was der Franzose Charles Rist entschieden ablehnte.

Das 17seitige Gutachten hat vier Teile und beschreibt zunächst die wirtschaftliche Gesamtlage des Deutschen Reiches. Die Notendeckung durch Gold und Devisen ist am 15. Dezember auf 25,6% gesunken. Dann werden die Ursachen der Wirtschaftskrise erörtert, wobei auf französisches Drängen die Reparationslasten unerwähnt bleiben. Dafür wird u. a. auf die übermäßige Aufnahme von Auslandskrediten und das enorme Anwachsen der Staatsausgaben verwiesen, die 1931 zu einer Staatsschuld von 24 Milliarden Reichsmark geführt hätten. Im dritten Teil werden die seit Juli 1930 von der Reichsregierung ergriffenen Notmaßnahmen gewürdigt. In seinen Schlußfolgerungen stellt der Ausschuß fest, daß Deutschland berechtigt wäre, die Zahlung des »geschützten« Teils der Reparationen nach Ablauf des Hoover-Feierjahres auszusetzen (→ 20. 6./S. 100). Die hohen Erwartungen des Youngplans von 1929, daß sich der Welthandel ausdehnen und die jährlich steigenden Raten für Deutschland infolge eines weit höheren Wirtschaftswachstums an Bedeutung verlieren würden, hätten sich infolge der Weltwirtschaftskrise nicht erfüllt.

Sitzung des Beratenden Sonderausschusses der Bank für Internationalen Zahlungsausgleich; v. l. Rudolf G. Bindschedler, Daisuke Nahara, Gavrilo Diouric, zwei Dolmetscher, Oskar Rydbeck, Charles Rist, Hendrik Colijn, Lutz Graf Schwerin von Krosigk, Carl Melchior, Walter Stewart, Alberto Beneduce, Emile Francqui, Walter T. Layton

Namhafte deutsche Firmen vor dem Zusammenbruch

18. Dezember. Die August Borsig GmbH in Berlin-Tegel stellt die Zahlungen ein. Neben dem namhaften Maschinenbauunternehmen kämpft auch eine Reihe weiterer deutscher Firmen zum Jahresende mit Liquiditätsproblemen.

2800 der insgesamt 3700 Borsig-Beschäftigten werden am 21. Dezember entlassen, obwohl die Firma noch über Aufträge in Höhe von rund zwölf Millionen Reichsmark verfügt. Am 17. Dezember hat der Automobil- und Landmaschinenhersteller Hannoversche Maschinenbau AG vormals Georg Egestorff (Hanomag) angesichts von rund 13 Millionen RM Schulden das gerichtliche Vergleichsverfahren beantragt.

Neben Hanomag sind auch zwei andere Automobilunternehmen in erheblichen Schwierigkeiten: Am 3. Dezember hat die Firma Henschel & Sohn AG in Kassel beim zuständigen Regierungspräsidenten die Erlaubnis zur Stillegung des Gesamtbetriebs zum Jahresende beantragt, und am 7. Dezember berät die Gläubigerversammlung der Firma Gebrüder Reichstein Brennabor-Werke AG in Brandenburg an der Havel über einen außergerichtlichen Vergleich. Die Firma, die in guten Jahren über 8000 Menschen beschäftigte, hat 8,52 Millionen RM ungesicherte Schulden und freie Betriebswerte in Höhe von nur 3,76 Millionen RM. Die Gläubiger bilden einen sechsköpfigen Ausschuß, der ein Sanierungskonzept prüfen soll. Am 15. Dezember wird gegen fünf Direktoren der Schultheiß-Patzenhofer AG, des größten deutschen Brauereikonzerns, Anklage wegen Bilanzverschleierung erhoben. Sie sollen dem Aufsichtsrat die Käufe eigener Aktien und Garantieverpflichtungen der Firma in Höhe von über 30 Millionen RM für den 1929 angegliederten Mischkonzern Ostwerke AG verschwiegen haben. Im März 1932 wird der Hauptangeklagte, Generaldirektor Ludwig Katzenellenbogen, zu drei Monaten Gefängnis und 10 000 RM Geldstrafe verurteilt.

Ein alltägliches Bild: Kunden in einer Pfandleihe, wo nicht selten der letzte Besitz gegen Geld getauscht wird

Geschäftsauflösung wegen zu hoher Ladenmiete: Totalausverkauf in einem Münchner Uhren- und Schmuckgeschäft

Dezember 1931

James Ramsey MacDonald (stehend) bei seiner Ansprache auf der Schlußsitzung der Londoner Round-table-Konferenz über die Zukunft Indiens

Londoner Konferenz über Indien scheitert am Minoritätenproblem

1. Dezember. *Lediglich mit einer Erklärung des britischen Premierministers James Ramsey MacDonald, wonach die Schaffung eines indischen Bundesstaates Ziel der britischen Politik bleibe (→ 19. 1./S. 18), endet in London die am → 5. September (S. 154) eröffnete zweite Round-table-Konferenz über die Indienfrage. Sie ist an den Differenzen über das Minoritätenproblem gescheitert. MacDonald erklärt, wenn es Indien selbst nicht möglich sei, dieses Problem zu lösen, werde Großbritannien dies für die Inder tun müssen. Am 12. November hatten die Vertreter der Minderheiten – darunter die Moslems, die Kaste der »Unberührbaren«, die Christen und die anglo-indischen Mischlinge – eine Denkschrift mit ihren Selbstbestimmungsforderungen verabschiedet. Die Hindu-Vertreter hatten das Programm abgelehnt und erklärt, die Sicherung der Minderheitenrechte sei allein die Angelegenheit eines künftigen indischen Nationalstaates.*

Chiang Kai-shek gibt Staatsamt auf

14. Dezember. Der chinesische Militärführer Chiang Kai-shek tritt in Nanking vom Vorsitz des zentralen Vollzugsrates der Regierung und der Nationalpartei Kuomintang zurück.

Chiang Kai-shek, geboren am 31. Oktober 1887, leitete ab 1924 die Whampoa-Militärschule und wurde 1925 oberster Heerführer der Kuomintang. 1927 brach Chiang das nationale Bündnis mit den Kommunisten (seit 1928), gegen die er seither Krieg führt, und wurde 1928 Chef der Regierung in Nanking.

Nachfolger als Chef des Vollzugsausschusses wird bis Jahresende General Tschöng Ming-hsü, dann löst ihn Parlamentspräsident Lin Sen ab. Chiang reagiert damit auf seine Mißerfolge: Kanton ist weiterhin in der Hand der Opposition (→ 17. 5./S. 87), in der Mandschurei geht die Offensive der Japaner weiter (→ 10. 11./S. 192), und in Juichin wurde eine kommunistische Regierung gegründet (→ 7. 11./S. 192).

Stalin weist den Vorwurf der Alleinherrschaft zurück

13. Dezember. In Moskau empfängt Josef W. Stalin, Generalsekretär des Zentralkomitees (ZK) der KPdSU, den deutschen Schriftsteller Emil Ludwig. Dabei weist Stalin den Vorwurf der Alleinherrschaft zurück und verweist auf die »kollektive« Führung von Partei und Staat.

Nominell hat Stalin weder besonderen Einfluß auf die Entscheidungen des rund 70köpfigen ZK noch auf die Führung des Staates: Nach der Verfassung der UdSSR von 1922/23, in der die KPdSU nicht erwähnt wird, ist das oberste Verfassungsorgan der von den Stadt- und Regionalsowjets gewählte Rätekongreß. Dieser wiederum wählt ein Zentrales Exekutivkomitee, als dessen Vollzugsorgan der Rat der Volkskommissare, die Regierung, fungiert.

Tatsächlich aber ist Stalin unumschränkter Führer von Partei und Staat (→ 4. 2./S. 35). Ausdruck dieses Führungsanspruchs ist u. a. sein am 31. Oktober in der Zeitschrift »Bolschewik« erschienener Aufsatz »Über einige Fragen der Geschichte des Bolschewismus«. Kernpunkte der künftigen Parteigeschichtsschreibung sollen demnach die Unfehlbarkeit des 1923 verstorbenen Wladimir I. Lenin und die Existenz von zwei Führern der Partei – neben Lenin auch Stalin – sein. Die Parteigeschichte muß fortan vom Standpunkt der Gegenwart und damit im Sinne Stalins analysiert werden; nur »Archivratten« und »hoffnungslose Bürokraten« würden sich noch mit Dokumenten und Fakten befassen. Auf die Frage Ludwigs nach seiner Alleinherrschaft erwidert Stalin jedoch: »Nein, eine einzelne Person darf nicht entscheiden. Entscheidungen einer einzelnen Person sind immer oder fast immer einseitige Entscheidungen.« Das ZK vereinige die »Weisheit« der Partei, hier könne jeder seine Meinung vorbringen.

Auf die Frage Ludwigs, ob die Stabilität der Sowjetmacht nicht vor allem auf der Angst und Furcht der Bevölkerung beruhten, antwortet Stalin: »Sie irren. Übrigens ist Ihr Irrtum der Irrtum von vielen. Glauben Sie wirklich, daß es möglich wäre, vierzehn Jahre lang mit der Methode der Einschüchterung und der Einflößung von Furcht die Macht zu behaupten und die Unterstützung der Millionenmassen zu genießen? Nein, das ist unmöglich.« Allerdings gebe es Teile der Bevölkerung, die sich fürchteten, vor allem die Reste des Bürgertums und die Großbauern (→ 30. 6./S. 105). Stalins Erklärungen hierzu sind eindeutig: »Es ist allgemein bekannt, daß wir Bolschewiki uns hierbei nicht auf eine Einschüchterung beschränken, sondern weitergehen und auf die Liquidierung dieser bürgerlichen Schicht hinarbeiten.«

Josef W. Stalin, seit 1922 der Generalsekretär des ZK der KPdSU

Wjatscheslaw M. Molotow, Regierungschef der Sowjetunion

Dezember 1931

Spanische Republik gibt sich Verfassung

10. Dezember. Die verfassunggebenden spanischen Cortes wählen mit 362 gegen 13 Stimmen bei 35 Enthaltungen Niceto Alcalá Zamora y Torres zum ersten Präsidenten der Republik. Am Tag zuvor hatte das Parlament in Abwesenheit der linksradikalen und klerikal-konservativen Abgeordneten die neue Verfassung mit 368 Stimmen angenommen.

Zamora y Torres war am → 14. April (S. 66) der erste Regierungschef des republikanischen Spanien geworden, aber am 14. Oktober wegen der Kirchengesetzgebung zurückgetreten. Sein Nachfolger wurde der Linksliberale Manuel Azaña y Díaz. Zwei Tage nach der Präsidentenwahl legt Azaña y Díaz verabredungsgemäß sein Amt nieder und bildet am 16. Dezember ein neues Kabinett, in dem der unabhängige Republikaner Luis de Zulueta Außenminister wird. Dessen Amtsvorgänger Alejandro Lerroux y García hatte mit seinen gemäßigt linken Radikalrepublikanern überraschend die Regierungskoalition verlassen.

Die neue Verfassung ist liberal-fortschrittlich und erlaubt unter gewissen Voraussetzungen die Sozialisierung von Privateigentum.

Spanien ist ein parlamentarisch-demokratischer Einheitsstaat, der jedoch eine städtische und regionale Autonomie zuläßt. Bei einem Notstand oder einer Bedrohung der öffentlichen Sicherheit kann die Regierung zeitweise die verfassungsmäßigen Freiheiten aufheben. Für die Wahlen zum Einkammerparlament gilt ein relatives Mehrheitswahlrecht. Das Wahlalter wird von 23 auf 21 Jahre gesenkt, auch Frauen haben unbeschränktes Wahlrecht. Eine Staatsreligion gibt es in Spanien nicht; die Kirchen gelten als Vereinigungen besonderen Rechts. Alle religiösen Orden, die einer fremden Autorität – wie dem Papst – zu Gehorsam verpflichtet sind, werden aufgelöst und ihr Besitz beschlagnahmt.

Einzug des 54jährigen Niceto Alcalá Zamora y Torres am 11. Dezember in den Palast der Cortes in Madrid zur Amtseinführung als neugewählter Präsident Spaniens; um 14.15 Uhr legt Niceto Alcalá Zamora y Torres vor den Abgeordneten den Eid auf die Republik ab

Papst will für alle Christen sprechen

28. Dezember. Zum Abschluß der 15. Jahrhundertfeier des 3. ökumenischen Konzils in Ephesus veröffentlicht Papst Pius XI. eine Enzyklika über die päpstliche Autorität.

Pius XI., am 31. Mai 1857 geboren, ist seit dem 6. Februar 1922 Oberhaupt der römisch-katholischen Kirche. Als Papst fördert er intensiv die katholische Weltmission und die Laienarbeit, ist aber ein Gegner des ökumenischen Gedankens.

Das Lehrschreiben beginnt mit den Worten »Lux veritatis« und befaßt sich vor allem mit der obersten und unfehlbaren Autorität des Papstes, der sich in den Anfängen der Christenheit alle Kirchen und religiösen Gemeinschaften unterworfen hätten und die dem Papst auch fernerhin kraft göttlichen Rechts zukomme. Die griechisch-orthodoxe Kirche wird zur Rückkehr zu den gemeinsamen Wurzeln aufgerufen.

Abschied Londons vom alten Empire

11. Dezember. Durch das vom britischen Parlament gebilligte Statut von Westminster wird die Gleichberechtigung der Parlamente in den britischen Dominions mit dem Ober- und Unterhaus in London auch formal anerkannt. Damit löst Großbritannien ein Versprechen seines damaligen Außenministers Arthur J. Balfour ein, der auf der Empirekonferenz 1926 die Beseitigung der letzten verbliebenen juristischen Einflußnahmen versprochen hatte.

Die Dominions (Australien, Irland, Kanada, Neufundland, Neuseeland und die Südafrikanische Union) gelten nun als »autonome Gemeinschaften« und frei assoziierte Mitglieder des Commonwealth. Formal sind sie mit Großbritannien nur noch über das gemeinsame Staatsoberhaupt, den britischen Monarchen, verbunden. Das Parlament in London darf in Zukunft für die Dominions weder Gesetze erlassen noch Gesetze der Dominionparlamente abändern. Jedes Dominion hat das Recht zur Regelung seiner inneren und äußeren Angelegenheiten.

Kirche weicht Sowjetpalast

5. Dezember. Mit sechs Dynamitladungen wird in Moskau die Erlöserkathedrale gesprengt. Auf dem freiwerdenden Gelände soll in den nächsten Jahren ein monumentales Kongreßgebäude entstehen.

Mit der Kirchensprengung wird die Verwirklichung eines umfangreichen Bauprojekts eingeleitet, das bereits 1922 beschlossen worden war. Die Ausschreibung sieht vor, einen riesigen Komplex mit mehreren Sälen zu schaffen, die zur Abhaltung großer politischer Zusammenkünfte geeignet sind.

Die nun gesprengte Erlöserkathedrale war mit ihren fünf vergoldeten Kuppeln ein weithin sichtbares Wahrzeichen Moskaus. Das vielbestaunte Bauwerk wurde 1839 unter dem Zaren Nikolaus I. begonnen und erst 1883 unter der Herrschaft von Zar Alexander III. vollendet. Die größte Kirche Moskaus sollte an die Vertreibung der Franzosen im Jahr 1812 erinnern.

Größte Kirche Moskaus: Die Erlöserkathedrale vor der Zerstörung

Die Ruine der Erlöserkathedrale nach der Sprengung am 5. Dezember

Mussert gründet in Utrecht Nazipartei

14. Dezember. In Utrecht gründen die niederländischen Rechtsextremisten Anton Adriaan Mussert und Cornelis van Geelkerken die Nationalsozialistische Bewegung.

Vorbild für die zunächst zahlenmäßig schwache Faschistenpartei ist die NSDAP. Das von Mussert konzipierte Programm beruht zum größten Teil auf der Broschüre »Das Programm der NSDAP und seine weltanschaulichen Grundgedanken« (1927) des NSDAP-Ideologen Gottfried Feder, der in seiner eigenen Partei allerdings wegen seines aggressiven Antikapitalismus zunehmend ins Abseits gerät.

Das Parteiprogramm der niederländischen Nationalsozialisten fordert im wesentlichen eine mit weitgehenden Vollmachten ausgestattete Regierung, die Einführung einer Arbeitsdienstpflicht, ein Streikverbot sowie die Beschränkung der Pressefreiheit. Die Lehre von der Überlegenheit der arischen Rasse und der Antisemitismus sind nicht Bestandteil des Programms, Juden können Mitglied der neuen Partei werden.

Dezember 1931

Wohnen und Design 1931:

Neue Sachlichkeit prägt den Wohnstil

Die Debatte um den zeitgemäßen Wohnstil wird geprägt vom Schlagwort der Neuen Sachlichkeit: Wie in der Kunst, wo unter diesem Begriff die Hinwendung zu einer klaren Formensprache vollzogen wurde, soll sich die Wohnraumgestaltung von alter Behäbigkeit und Gemütlichkeit lösen. Häuser und Mobiliar müssen zweckdienlich und beweglich sein. Stellwände, Raumteiler und Kombinationsmöbel sind willkommene Hilfen für individuelles Wohnen auch im Etagenhaus.

Das »alte« Wohnhaus mit seinen dicken Mauern und großen unpraktischen Räumen gilt als unpassend. Den neuen Standard setzen Häuser wie die vom deutschen Architekten Ludwig Mies van der Rohe für einen Fabrikanten 1930 in Brünn erbaute Villa (Haus Tugendhat). Der klar geschnittene dreigeschossige Flachbau öffnet sich mit seinen großen Fenstern und der weitläufigen Aussichtsterrasse zum Park hin und bezieht so die Landschaft mit ein. Bei der Raumgestaltung gehen der Wunsch nach Exklusivität unter Verwendung erlesener Materialien mit Klarheit der Formen Hand in Hand. Für den Großwohnungsbau sind diese Häuser allerdings zu teuer, die räumliche Offenheit erfordert parkähnliche Grundstücke.

Mies van der Rohe gehört zu den einflußreichsten Repräsentanten des vom Deutschen Werkbund und vom Bauhaus in Dessau geförderten Designs, das Funktion und Ästhetik sinnvoll miteinander verbindet und – anders als das französische Art déco mit seinem auf die Bedürfnisse großbürgerlicher Salons ausgerichteten, offen zur Schau gestellten Luxus – seine maschinelle Entstehung nicht verleugnet und das Baumaterial häufig nackt und unverkleidet läßt.

Die Zahl derer, die ein geeignetes Ambiente zur Präsentation derartiger Einrichtungsgegenstände bereithalten, wird allerdings kleiner: Der Trend geht zur kleinen Wohnung; allein in Berlin stehen rund 15 000 Großwohnungen mit etwa 100 000 Zimmern leer, weil kaum jemand für eine Acht-Zimmer-Wohnung in Citylage im Monat 500 Reichsmark bezahlen kann.

Zweckmäßig möblierte Ein-Zimmer-Wohnung mit Klappbetten, Einbauschränken, Regalen und Sekretär

Kombiniertes Wohn- und Speisezimmer mit Barnische, ein Beispiel für angestrebte anheimelnde Sachlichkeit

Neue Wohnideen für Kinderzimmer

Die Bemühungen der Innenarchitekten um eine an den Bedürfnissen der Menschen orientierte Wohnumwelt machen vor dem Kinderzimmer nicht mehr halt. Die einfallslose Raumgestaltung soll der Vergangenheit angehören, die ideale Kinderstube ist nicht nur groß und hell, sondern kommt auch in ihrer Ausstattung den Wünschen der Kinder nach Bewegung entgegen. Kräftige Wandfarben sollen das Wahrnehmungsvermögen anregen, die Möbel sollen robust und zugleich vielfältig nutzbar sein. Zu den Novitäten zählt ein mehrteiliger Spielschrank, der u. a. als Malunterlage, als Kasperletheater und als Turngerät dienen kann.

Zwei kleine Mädchen erproben einen neukonstruierten Spielschrank aus Turnleiter und zwei variablen Seitenteilen, eins davon ein Kasperletheater

Wohnabteil des Gesellschaftsraumes in dem von Architekt Ludwig Mies van der Rohe erbauten Haus Tugendhat in Brünn

Speiseabteil des großen Gesellschaftsraumes im Haus Tugendhat, der Villa eines Industriellen

Dezember 1931

Stuttgarter Schloß brennt

21. Dezember. Gegen elf Uhr bricht im zweiten Stock des Ostflügels im Alten Schloß in Stuttgart, vermutlich als Folge eines Kamindefekts, ein Feuer aus. Es breitet sich rasch aus und zerstört trotz der Bemühungen der Feuerwehr, gegen deren Leitung später wegen mangelhafter Koordination schwere Vorwürfe erhoben werden, Teile des über 350 Jahre alten Renaissancebaues. Herabfallendes Mauerwerk tötet drei Feuerwehrmänner und verletzt mehr als 40 zum Teil schwer. Erst nach zwei Tagen kann der Brand vollständig gelöscht werden.

Die Bewohner der oberen Stockwerke können nur einen Teil ihrer Habseligkeiten retten. Unversehrt bleiben u. a. die Schloßkapelle im Südflügel und die Süd- und Ostfassade. Das Schloß ist mit 850 000 Reichsmark versichert, der Sachschaden wird jedoch auf rund sechs Millionen RM geschätzt. Die ältesten Teile der Residenz der Herzöge und Könige von Württemberg reichen bis zur Jahrtausendwende zurück, vollendet wurde die viereckige Anlage mit den runden Ecktürmen durch den Architekten Alberlin Tretsch um das Jahr 1578.

Flammen über dem Alten Schloß im Zentrum der württembergischen Metropole; die über 350 Jahre alte Residenz wird vom Feuer zum Teil zerstört

Sieben Tore gegen Zamora

9. Dezember. Die englische Fußballnationalelf besiegt im Londoner Highbury Park, dem Stadion von Arsenal, die Elf Spaniens 7:1 (3:0). Fast 70 000 Zuschauer, Rekordkulisse für ein Wochentagsspiel in England, verfolgen das erste Auftreten einer Nationalelf vom Kontinent.
Den Engländern gelingt damit die Revanche für das 3:4 gegen die Spanier am 15. Mai 1929 in Madrid, ihrer ersten Niederlage gegen ein Team vom Kontinent. Spaniens »Wundertorwart« Ricardo Zamora (Real Madrid) spielt schwach und ist machtlos gegen die englische Sturmreihe um den überragenden Mittelstürmer William Dean vom FC Everton.

Diele in einer Wiener Villa; auch in Österreich bemühen sich die Designer und Architekten um sachliche Eleganz bei der Wohnraumgestaltung

Punschbowle und Gläser aus geschliffenem Kristallglas

Kaffeeservice (Entwurf von Josef Hoffmann, Österreich)

Das spanische Aufgebot für das Fußballänderspiel gegen England, das unter Leitung von Schiedsrichter Peco Bauwens (Köln) 1:7 verloren geht; in der Mitte mit Ball und hellem Pullover »Wundertorwart« Ricardo Zamora

Dezember 1931

In der 1. Reihe sitzend v. l. Carl Bosch, Friedrich Bergius, Otto Warburg; dahinter frühere Nobelpreisträger

Der deutsche Chemiker Carl Bosch

Friedrich Bergius aus Breslau

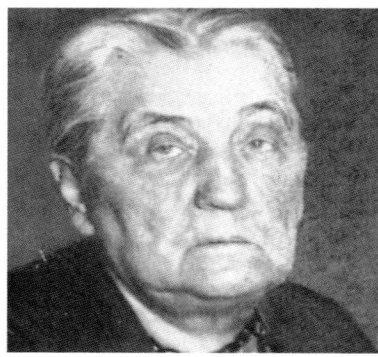

Die Soziologin Jane Addams

Drei Deutsche mit dem Nobelpreis geehrt

10. Dezember. In Stockholm und Oslo werden die Nobelpreise verliehen, die 1931 infolge der hohen Zinserträge der Nobelpreisstiftung mit der Rekordsumme von jeweils 177 000 Schwedenkronen (rund 135 000 Reichsmark) dotiert sind.

Der Friedensnobelpreis wird in Oslo je zur Hälfte an die Mitbegründerin der Internationalen Frauenliga für Frieden und Freiheit, die 72jährige US-amerikanische Sozialpolitikerin Jane Addams, und an den 69jährigen Präsidenten der New Yorker Columbia-Universität, Nicholas Murray Butler, vergeben. Butler ist u. a. Präsident der Carnegie Foundation für Friedensforschung.

Ein Nobelpreis für Physik wird 1931 nicht vergeben. Der Nobelpreis für Literatur ehrt postum den am 8. April verstorbenen schwedischen Dichter Erik Axel Karlfeldt.

Im Stockholmer Konzerthaus übergibt Schwedens König Gustav V. den Preis für Medizin an Otto Warburg, den Direktor des Kaiser-Wilhelm-Instituts in Berlin-Dahlem. Der 48 Jahre alte deutsche Biochemiker wird für »die Entdeckung der Natur und der Funktion des Atmungsferments« geehrt, mit dem die Zellatmung gesteuert wird.

Der Nobelpreis für Chemie wird zu gleichen Teilen an Carl Bosch und Friedrich Bergius »für ihre Verdienste um die Entdeckung und Entwicklung der chemischen Hochdruckverfahren« vergeben. Der 57jährige Bosch, Mitglied in der Geschäftsführung der I.G. Farbenindustrie, ermöglichte durch die Konstruktion geeigneter Hochdruckreaktionsgefäße die Weiterentwicklung der von Fritz Haber erfundenen Ammoniaksynthese zu einem großtechnischen, industriell nutzbaren Verfahren. Erstmals wird damit von der Nobelstiftung eine Ingenieurleistung ausgezeichnet. Der 47jährige Bergius entwickelte ein Verfahren zur Kohleverflüssigung sowie zur Holzhydrolyse, zur Gewinnung von Traubenzucker aus Holz.

Gustav V. von Schweden überreicht dem deutschen Chemiker Friedrich Bergius (r.) die Urkunde über die Verleihung des Nobelpreises für Chemie, den er sich mit Carl Bosch teilt

Carl Bosch (l.) im Gespräch mit Schwedens Kronprinz Gustav Adolf anläßlich der Verleihung der Nobelpreise, die alljährlich am 10. Dezember, dem Todestag des 1896 im Alter von 63 Jahren verstorbenen schwedischen Chemikers und Industriellen Alfred Nobel, vergeben werden

Otto Warburg (r.), der Träger des Nobelpreises für Medizin, in Stockholm im Gespräch mit Sven Hedin; die Träger der Nobelpreise für Chemie, Physik, Medizin und Literatur werden im Herbst jeden Jahres von der Schwedischen Akademie der Wissenschaften ausgewählt

Dezember 1931

Ruhiges Weihnachten mit karg gedeckten Gabentischen

24. Dezember. Bei leichtem Frost mit Temperaturen von bis zu −7 °C im Alpenvorland begehen die Menschen im Deutschen Reich den Heiligen Abend. Zur Sicherung des Weihnachtsfriedens hatte die Reichsregierung mit der Notverordnung vom → 8. Dezember (S. 204) bis zum 3. Januar 1932 ein allgemeines Verbot von politischen Versammlungen und Kundgebungen unter freiem Himmel verhängt.

Selbst die Reichshauptstadt Berlin mit ihren 4,3 Millionen Einwohnern läßt am Heiligen Abend den gewohnten Trubel vermissen. Dafür sind am 1. Weihnachtstag die Straßen wieder belebt.

Allerdings bleiben vielfach die zum Fest verschenkten Textilien noch im Schrank, da sie zunächst ein wenig lagern oder auch umgetauscht werden sollen.

Angesichts von Wirtschaftskrise und Arbeitslosigkeit sind die Gabentische jedoch bei vielen Familien trotz reduzierter Verkaufspreise nur kärglich gedeckt. Zu den Rennern im Weihnachtsgeschäft zählen einmal mehr warme Wintergarderobe, Schmuck und Uhren sowie technische Geräte, vor allem moderne Rollfilmkameras, leistungsfähige Radioempfänger und Lautsprecher.

Angesichts der unruhigen Zeiten und einer ständig wachsenden Kriminalitätsrate empfiehlt sich als Geschenk für Einzelhändler, Kraftfahrer und Bankangestellte zur Abwehr von Überfällen auch eine waffenscheinfreie Pistole für das Abfeuern von Platz- oder Gaspatronen.

Willkommenes Weihnachtsgeschenk: Ein moderner Rundfunkempfänger mit dazu passendem Lautsprecher

Aus einem Baukasten gefertigtes Modell der neuesten D-Zug-Lokomotive, der Weihnachtswunsch vieler Jungen

Werbeanzeige für die Kameras der deutschen Firma Agfa für Anfänger und fortgeschrittene Fotoamateure, ein willkommenes Weihnachtsgeschenk auch im Krisenjahr 1931

Eine Familienidylle aus einem gutsituierten Haushalt: Vater und Sohn beim gemeinsamen Ausprobieren der neuen elektrischen Eisenbahn unter dem Tannenbaum

Deutschland geht mit verhaltener Hoffnung in das neue Jahr

31. Dezember. Über den Rundfunk wendet sich Reichspräsident Paul von Hindenburg an das deutsche Volk und betont seinen festen Glauben an eine bessere Zukunft.

In seiner Silvesteransprache erinnert Hindenburg an die Schlacht von Tannenberg 1914, die durch ein »Band gegenseitigen Vertrauens, treuer Kameradschaft, tiefer Vaterlandsliebe« und festen Glaubens an sich selbst gewonnen wurde.

Die Rede endet mit den Worten: »Möge keiner dem Kleinmut unterliegen, sondern jeder unerschütterlichen Glauben an des Vaterlandes Zukunft behalten. Gott hat Deutschland schon oft aus tiefster Not errettet; er wird uns auch jetzt nicht verlassen! Und nun wünsche ich dem deutschen Volke in seiner Gesamtheit und jedem einzelnen Deutschen aus vollem, treuen Herzen ein gesegnetes neues Jahr!«

Skeptischer als Hindenburg mit seinem gedämpften Optimismus beurteilen unabhängige Betrachter die Lage Deutschlands zum Jahresende. Heinrich Mann äußert sich am 19. Dezember in dem Artikel »Die deutsche Entscheidung« angesichts der Unentschlossenheit der Demokratie pessimistisch über die Zukunft. Ähnlich urteilt Carl von Ossietzky am 15. Dezember in der »Weltbühne«: »So treibt Deutschland in Dunkelheit dahin, Verwesungsdünste steigen auf. Die eine Hälfte der Nation bettelt um Almosen, die andre muß es verweigern, weil sie selbst nichts hat.«

Andere Beobachter sehen Deutschland an einer Zeitenwende wie der Bonner Romanist Ernst Robert Curtius: »Wir haben alle möglichen Experimente gemacht, haben uns vertröstet und vertrösten lassen, wir haben alle Methoden versucht, ohne an sie zu glauben. Jetzt sitzt uns die würgende Not an der Kehle.« Im »Deutschen Volkswirt« ergründet Gustav Stolper die Ursachen der Krise. Nach Krieg und Blockade habe es seit 1918 neben der Inflation »Störungsquellen« für die Entwicklung der Volkswirtschaft gegeben wie die »technische Revolution in Industrie und Landwirtschaft, soziale und moralische Revolution: neue Lebensformen, neue Sexualmoral, neue Ernährungssitten, neue Frauentracht, neues Verhältnis zur Natur, Erwachen des allgemeinen Sporttriebes«.

Neue Postwertzeichen 1931 im Deutschen Reich

Flugpost-Ergänzungswert für Beförderung mit dem Luftschiff LZ 127 »Graf Zeppelin«

Freimarken-Ergänzungswert, Motiv: Reichspräsident Paul von Hindenburg

Wohltätigkeits-Sonderausgabe für die Deutsche Nothilfe; v. l.: Zwinger in Dresden, Breslauer Rathaus, Heidelberger Schloß, Holstentor in Lübeck

Anhang

Deutsches Reich, Österreich und die Schweiz 1931 in Zahlen

Die Statistiken für die drei deutschsprachigen Länder umfassen eine Auswahl von grundlegenden Daten. Es wurden vor allem Daten aufgenommen, die innerhalb der einzelnen Länder vergleichbar sind. Maßgebend für alle Angaben waren die amtlichen Statistiken. Die Zahlen beziehen sich auf die jeweiligen Staatsgrenzen von 1931. Nicht in allen gesellschaftlichen Bereichen finden jährliche Erhebungen statt, so daß mitunter die Daten aus früheren Jahren aufgenommen werden mußten. Das Erhebungsdatum ist jeweils angegeben (unter der Rubrik »Stand«). Die aktuellen Zahlen des Jahres 1931 werden – wo möglich – durch einen Vergleich zum Vorjahr relativiert. Wichtige Zusatzinformationen zum Verständnis einzelner Daten sind in den Fußnoten enthalten.

Deutsches Reich

Erhebungsgegenstand	Wert	Vergleich Vorjahr (%)	Stand
Fläche			
Fläche (km²)	468 770,31	±0	31.12.1931
Bevölkerung			
Wohnbevölkerung[2]	65 429 000	+ 0,5	1931[2]
männlich	30 196 823	–	1925[1]
weiblich	32 213 796	–	1925[1]
Einwohner je km²	139,6	+ 0,5	1931
Ausländer	957 100	–	1927[1]
Privathaushalte	15 275 000	–	1925[1]
Einpersonenhaushalte	1 026 000	–	1925[1]
Mehrpersonenhaushalte	14 249 000	–	1925[1]
Lebendgeborene	1 031 770	– 8,5	1931
Gestorbene	725 816	+ 2,1	1931
Eheschließungen	515 403	– 8,4	1931
Ehescheidungen	39 971	– 1,8	1931
Familienstand der Bevölkerung			
Ledige insgesamt	33 009 000	–	1925[1]
männlich	16 492 000	–	1925[1]
weiblich	16 517 000	–	1925[1]
Verheiratete	25 437 000	–	1925[1]
Verwitwete und Geschiedene	3 864 000	–	1925[1]
männlich	977 000	–	1925[1]
weiblich	2 887 000	–	1925[1]
Religionszugehörigkeit			
Christen insgesamt	60 295 591	–	1925[1]
katholisch	20 193 334	–	1925[1]
evangelisch	40 014 677	–	1925[1]
sonstige	87 580	–	1925[1]
Juden	564 379	–	1925[1]
andere, ohne Konfession	1 550 649	–	1925[1]
Altersgruppen			
unter 5 Jahren	5 871 517	–	1925[1]
5 bis unter 10 Jahren	3 986 512	–	1925[1]
10 bis unter 15 Jahren	6 213 829	–	1925[1]
15 bis unter 20 Jahren	6 543 101	–	1925[1]
20 bis unter 30 Jahren	11 457 815	–	1925[1]
30 bis unter 40 Jahren	8 863 091	–	1925[1]
40 bis unter 50 Jahren	7 754 071	–	1925[1]
50 bis unter 60 Jahren	5 961 114	–	1925[1]
60 bis unter 70 Jahren	3 782 002	–	1925[1]
70 bis unter 80 Jahren	1 641 934	–	1925[1]
80 Jahre und darüber	335 633	–	1925[1]
Die zehn größten Städte			
Berlin	4 288 000	–	31.12.1931
Hamburg	1 137 000	–	31.12.1931
Köln	740 000	–	31.12.1931
München	730 000	–	31.12.1931
Leipzig	718 000	–	31.12.1931
Essen	648 000	–	31.12.1931
Dresden	630 000	–	31.12.1931
Breslau	617 000	–	31.12.1931
Frankfurt am Main	536 000	–	31.12.1931
Dortmund	533 000	–	31.12.1931
Erwerbstätigkeit			
Erwerbstätige	32 009 000	–	1925[1]
männlich	20 531 000	–	1925[1]
weiblich	11 478 000	–	1925[1]
nach Wirtschaftsbereichen			
Land- und Forstwirtschaft, Tierhaltung und Fischerei	9 762 000	–	1925[1]
Produzierendes Gewerbe	13 239 000	–	1925[1]
Handel und Verkehr	5 274 000	–	1925[1]
Sonstige	3 734 000	–	1925[1]
Vollarbeitslose, Jahresdurchschnitt	4 559 000	+ 48,2	1931
Betriebe			
Landwirtschaftliche Betriebe	5 096 533	–	1925[1]
Industrie und Handwerk	1 625 788	–	1925[1]
Baugewerbe	226 949	–	1925[1]
Handel und Verkehr	1 517 823	–	1925[1]
Theater, Musik und Schaustellung	17 057	–	1925[1]
Gesundheitswesen und Hygiene	83 761	–	1925[1]
Außenhandel			
Einfuhr (Mio. RM)	6 957	– 36,0	1931
Ausfuhr (Mio. RM)	10 116	– 20,0	1931
Ausfuhrüberschuß (Mio. RM)	3 159	+ 75,1	1931
Verkehr			
Eisenbahnnetz (km)	52 936,5	±0	1931
Beförderte Personen (1000)	1 577,7	– 13,8	1931
Beförderte Güter (in Mio. t)	325,6	– 18,5	1931
Bestand an Kraftfahrzeugen	1 476 090	+ 6,2	1931
davon Pkw	522 943	+ 4,3	1931
davon Lkw	161 072	+ 2,3	1931
Binnenschiffe zum Gütertransport	4 810	– 1,3	1931
Beförderte Güter (t)	86 893 000	– 17,4	1931
Handelsschiffe/Seeschiffahrt (BRT)	4 364 000	+ 2,9	1931
Beförderte Güter (t)	38 055 000	– 14,2	1931
Luftverkehr			
Beförderte Personen	98 167	+ 4,8	1931
Beförderte Güter (t)	2 230,8	+ 2,5	1931
Bildung			
Schüler an			
Volksschulen	7 639 901	–	1931/32
Mittelschulen	229 671	–	1931/32
Höheren Schulen	778 440	–	1931/32
Studenten	134 767	+ 3,9	1931
davon weiblich	21 195	+ 12,7	1931
Rundfunk			
Hörfunkteilnehmer	3 731 681	–	31.3.1931
Gesundheitswesen			
Ärzte	48 223	+ 1,5	1931
Zahnärzte	28 068	+ 2,2	1931
Krankenhäuser	4 951	+ 3,7	1931

[1] Letzte verfügbare Angabe
[2] Jahresdurchschnitt

Statistische Zahlen 1931

Erhebungsgegenstand	Wert	Vergleich Vorjahr (%)	Stand
Sozialleistungen			
Mitglieder der gesetzlichen Krankenversicherung	19 664 782	− 6,8	1931
Rentenversicherung der Arbeiter	3 544 173	+ 0,7	1931
Rentenversicherung der Angestellten	268 145	+18,5	1931
Knappschaftl. Rentenversicherung	398 102	+ 4,3	1931
Empfänger v. Arbeitslosenunterstützung	3 840 141	−	1931
Finanzen und Steuern			
Gesamtausgaben des Staates (Mio. RM)	6 624,8	−18,8	1931/32
Gesamteinnahmen des Staates (Mio. RM)	6 463,0	−18,2	1931/32
Schuldenlast des Staates (Mio. RM)	11 342,2	+17,8	1931
Löhne und Gehälter			
Tariflicher Stundenlohn			
männlicher Facharbeiter (Rpf.)	97,4	− 5,3	1931
weiblicher Facharbeiter (Rpf.)	61,5	− 4,8	1931
Tariflicher Stundenlohn			
männlicher Hilfsarbeiter (Rpf.)	76,6	− 5,1	1931
weiblicher Hilfsarbeiter (Rpf.)	51,0	− 4,9	1931
Index der tariflichen Stundenlöhne in der gewerblichen Wirtschaft (1928 = 100)	101,8	− 5,1	1931
Preise			
Index der Einzelhandelspreise (1913 = 100)	136,1	− 8,1	1931
Einzelhandelspreise ausgewählter Lebensmittel (RM)			
Butter, 1 kg	3,19	−13,6	1931
Weizenmehl, 1 kg	0,60	±0	1931
Schweinefleisch, 1 kg	1,67	−28,3	1931
Rindfleisch, 1 kg	1,90	−18,8	1931
Eier, 1 Stück	0,11	−15,4	1931
Kartoffeln, 5 kg	0,46	− 9,8	1931
Vollmilch, 1 l	0,25	−10,7	1931
Zucker, 1 kg	0,68	+ 7,9	1931
Kaffee, 1 kg	6,28	− 7,9	1931

Erhebungsgegenstand	Bremen	Berlin	Breslau	Aachen	Stuttgart	München
Klimatische Verhältnisse						
Mittlere Lufttemperatur (°C)						
Januar	1,9	0,2	− 0,4	2,3	2,1	− 1,2
Februar	0,7	− 0,9	− 1,5	1,1	0,8	− 2,3
März	1,7	0,2	0,2	3,1	2,6	− 1,6
April	6,8	6,0	5,9	7,3	8,4	5,8
Mai	15,7	16,8	16,9	15,0	17,2	14,9
Juni	16,1	16,4	17,1	16,5	19,0	17,1
Juli	17,8	18,5	18,2	17,1	18,3	16,9
August	16,8	16,6	16,8	15,4	16,9	15,2
September	11,7	11,3	11,1	10,9	11,5	8,9
Oktober	9,0	7,7	7,2	9,0	9,4	6,3
November	6,5	4,5	3,4	7,0	6,7	2,8
Dezember	2,5	1,1	0,3	2,0	0,8	2,0
Eistage (Temp. unter 0°)						
Eistage	20	31	35	12	24	35
Niederschlagsmengen (mm)						
Januar	84	73	39	125	68	54
Februar	41	26	35	52	31	51
März	31	22	9	30	34	53
April	76	60	66	94	58	96
Mai	33	66	89	70	171	49
Juni	41	95	129	30	114	109
Juli	108	116	94	70	150	117
August	72	54	89	152	165	158
September	67	107	121	38	50	126
Oktober	37	38	38	58	36	85
November	18	7	5	22	15	29
Dezember	32	43	27	57	30	34
Tage mit Schneedecke	18	67	60	22	35	84
Sonnentage (mind. 25 °C)	19	31	43	24	47	47

Österreich

Erhebungsgegenstand	Wert	Vergleich Vorjahr (%)	Stand
Fläche			
Fläche (km²)	83 857	±0	30. 6. 1931
Bevölkerung			
Wohnbevölkerung	6 704 633	+ 0,3	1931[2]
männlich	3 247 744	−	Ende 1931
weiblich	3 485 137	−	Ende 1931
Einwohner je km²	80,0	+ 0,4	1931[2]
Lebendgeborene	106 324	− 5,3	1931
Gestorbene	93 895	+ 4,0	1931
Eheschließungen	49 717	− 3,6	1931
Ehescheidungen	5 703	− 1,2	1931
Familienstand der Bevölkerung			
Ledige insgesamt	3 587 774	−	1920[1]
männlich	1 783 063	−	1920[1]
weiblich	1 804 711	−	1920[1]
Verheiratete	2 072 203	−	1920[1]
Verwitwete und Geschiedene	471 471	−	1920[1]
männlich	124 848	−	1920[1]
weiblich	346 623	−	1920[1]
Religionszugehörigkeit			
Christen insgesamt	6 451 400	−	1920[1]
katholisch	6 225 843	−	1920[1]
evangelisch	206 505	−	1920[1]
Juden	194 584	−	1920[1]
andere, ohne Konfession	19 052	−	1920[1]
Altersgruppen			
unter 10 Jahren	1 050 614	−	Ende 1931[2]
10 bis unter 20 Jahren	972 312	−	Ende 1931[2]
20 bis unter 30 Jahren	1 232 777	−	Ende 1931[2]
30 bis unter 40 Jahren	1 069 425	−	Ende 1931[2]
40 bis unter 50 Jahren	884 558	−	Ende 1931[2]

[1] Letzte verfügbare Angabe
[2] Jahresdurchschnitt

Statistische Zahlen 1931

Erhebungsgegenstand	Wert	Vergleich Vorjahr (%)	Stand
50 bis unter 60 Jahren	747 961	–	Ende 1931[2]
60 bis unter 70 Jahren	497 593	–	Ende 1931[2]
70 bis unter 80 Jahren	232 428	–	Ende 1931[2]
80 Jahre und darüber	45 213	–	Ende 1931[2]
Die zehn größten Städte			
Wien	1 865 780	–	1923[1]
Graz	152 706	–	1923[1]
Linz	102 081	–	1923[1]
Innsbruck	56 401	–	1923[1]
Salzburg	37 856	–	1923[1]
Wiener Neustadt	36 956	–	1923[1]
St. Pölten	31 576	–	1923[1]
Klagenfurt	27 423	–	1923[1]
Baden	22 217	–	1923[1]
Steyr	22 111	–	1923[1]
Erwerbstätigkeit			
Erwerbstätige	3 342 996	–	1923[1]
nach Wirtschaftsbereichen			
Land- und Forstwirtschaft, Tierhaltung und Fischerei	1 426 238	–	1923[1]
Industrie und Gewerbe	1 009 952	–	1923[1]
Handel und Verkehr	517 469	–	1923[1]
Öffentlicher Dienst und freie Berufe	210 524	–	1923[1]
Sonstige	178 813	–	1923[1]
vorgemerkte Arbeitslose	237 758	+ 27,8	Aug. 1931
Betriebe			
Bergbau und verarbeitendes Gewerbe	50 009	–	1928[1]
Baugewerbe	17 189	–	1928[1]
Handel, Gastgewerbe, Reiseverkehr	13 521	–	1928[1]
Sonstige	3 862	–	1928[1]
Außenhandel			
Einfuhr in Mio. öS (Mio. RM)	2209,983 (1525,772)	– 19,3	1931
Ausfuhr in Mio. öS (Mio. RM)	1326,758 (915,993)	– 29,4	1931
Einfuhrüberschuß in Mio. öS (Mio. RM)	883,225 (609,779)	+ 2,8	1931
Verkehr			
Eisenbahnnetz (km)	6 729	+ 0,3	1931
Beförderte Personen	89 054 347	– 11,8	1931
Beförderte Güter (t)	23 610 474	– 13,2	1931
Bestand an Kraftfahrzeugen	40 517	+ 20,8	1931
davon Pkw	22 253	+ 28,2	1931
davon Lkw	14 184	+ 13,3	1931
Zulassung fabrikneuer Kfz	5 153	–	1931
Luftverkehr			
Beförderte Personen	20 014	– 8,5	1931
Beförderte Güter (kg)	813 990	– 14,5	1931
Bildung			
Schüler an			
Volks- und Hauptschulen	835 348	+ 5,4	1931
Mittelschulen	59 374	+ 6,4	1931/32
Studenten	21 662	+ 4,5	1931/32
Gesundheitswesen			
Ärzte in Krankenhäusern	1 774	– 0,6	1931
Krankenhäuser	274	– 1,1	1931
Sozialleistungen			
Mitglieder der Arbeiter-Krankenversicherung	913 680	– 8,5	1931
Angestelltenversicherung	358 930	±0	1931
Empfänger von Arbeitslosengeld u. -hilfe	194 364	+ 26,9	Juli 1931
Finanzen und Steuern			
Gesamtausgaben des Staates in Mio. öS (Mio. RM)	2232,27 (1541,159)	+ 9,4	1931
Gesamteinnahmen des Staates in Mio. öS (Mio. RM)	2008,52 (1386,682)	– 0,9	
Schuldenlast des Staates in Mio. öS (Mio. RM)	2592,26 (1789,696)	+ 8,1	1931
Preise			
Index der Einzelhandelspreise (1914 = 100)	138	– 4,8	1931
Einzelhandelspreise ausgewählter Lebensmittel öS (RM)			
Butter, 1 kg	5,60 (3,89)	– 9,7	1931
Weizenmehl, 1 kg	0,50 (0,35)	– 26,5	1931
Schweinefleisch, 1 kg	3,60 (2,49)	– 28,0	1931
Rindfleisch, 1 kg	3,40 (2,35)	– 5,6	1931
Eier, 1 Stück	0,12 (0,08)	– 7,7	1931
Kartoffeln, 1 kg	0,26 (0,18)	+ 62,5	1931
Vollmilch, 1 l	0,49 (0,34)	– 9,3	1931
Zucker, 1 kg	1,18 (0,81)	+ 25,5	1931
Kaffee, 1 kg	8,00 (5,52)	– 13,0	1931
Index der Lebenshaltungskosten (1914 = 100)	106	– 4,5	1931

Erhebungsgegenstand	Wien	Salzburg	Graz	Klagenfurt	Innsbruck	Feldkirch
Klimatische Verhältnisse						
Mittlere Lufttemperatur (°C)						
Januar	0,6	– 0,1	– 0,2	– 2,5	– 2,3	– 0,8
Februar	– 0,3	– 0,9	0,3	– 1,4	– 2,6	– 1,5
März	1,5	0,4	1,1	0,4	1,2	0,5
April	7,4	7,0	7,3	7,2	7,6	7,1
Mai	17,9	16,3	16,4	16,0	16,4	15,2
Juni	19,5	17,9	19,2	19,0	18,0	18,0
Juli	20,3	17,5	20,0	19,8	17,4	16,7
August	17,6	16,3	17,7	17,6	16,1	15,3
September	11,6	10,1	11,5	11,0	10,3	9,5
Oktober	8,4	8,2	8,3	7,8	7,8	7,3
November	3,7	5,0	3,8	3,4	5,5	5,3
Dezember	0,6	– 1,5	– 2,0	– 4,9	– 3,1	– 2,5
Niederschlagsmengen (mm)						
Januar	19	107	13	26	57	104
Februar	58	103	61	119	52	87
März	35	56	33	46	37	96
April	39	84	44	92	45	63
Mai	11	98	49	44	24	99
Juni	73	148	130	145	144	104
Juli	76	249	114	85	166	211
August	107	205	116	140	132	104
September	131	203	118	16	84	110
Oktober	43	57	55	95	37	77
November	34	67	75	86	34	26
Dezember	34	69	17	42	33	42

[1] Letzte verfügbare Angabe
[2] Jahresdurchschnitt

Statistische Zahlen 1931

Schweiz

Erhebungsgegenstand	Wert	Vergleich Vorjahr (%)	Stand
Fläche			
Fläche (km²)	41 294,9	±0	1931
Bevölkerung			
Wohnbevölkerung	4 079 700	+0,7	1931[2]
männlich	1 958 349	–	1930[1]
weiblich	2 108 051	–	1930[1]
Einwohner je km²	98,8	+0,7	1931
Ausländer	355 522	–	1930[1]
Privathaushalte	1 002 915	–	1930[1]
Lebendgeborene	68 249	−2,3	1931
Gestorbene	49 414	+5,3	1931
Eheschließungen	32 269	+0,4	1931
Ehescheidungen	2 857	+4,9	1931
Familienstand der Bevölkerung [2]			
Ledige insgesamt	2 258 337	–	1930[1]
männlich	1 114 709	–	1930[1]
weiblich	1 143 628	–	1930[1]
Verheiratete	1 530 068	–	1930[1]
Verwitwete und Geschiedene	277 995	–	1930[1]
männlich	77 253	–	1930[1]
weiblich	200 742	–	1930[1]
Religionszugehörigkeit			
evangelisch	2 330 303	–	1930[1]
römisch-katholisch	1 629 043	–	1930[1]
christ-katholisch	37 307	–	1930[1]
Juden	17 973	–	1930[1]
andere, ohne Konfession	51 774	–	1930[1]
Altersgruppen			
unter 5 Jahren	325 122	–	1930[1]
5 bis unter 10 Jahren	347 651	–	1930[1]
10 bis unter 15 Jahren	325 618	–	1930[1]
15 bis unter 20 Jahren	363 122	–	1930[1]
20 bis unter 30 Jahren	730 520	–	1930[1]
30 bis unter 40 Jahren	606 450	–	1930[1]
40 bis unter 50 Jahren	502 742	–	1930[1]
50 bis unter 60 Jahren	428 653	–	1930[1]
60 bis unter 70 Jahren	280 361	–	1930[1]
70 bis unter 80 Jahren	127 329	–	1930[1]
80 Jahre und darüber	28 832	–	1930[1]
Die zehn größten Städte			
Zürich	249 820	–	1930[1]
Basel	148 063	–	1930[1]
Genf	124 121	–	1930[1]
Bern	111 783	–	1930[1]
Lausanne	75 915	–	1930[1]
St. Gallen	63 947	–	1930[1]
Winterthur	53 925	–	1930[1]
Luzern	47 066	–	1930[1]
Biel	37 726	–	1930[1]
La Chaux-de-Fonds	35 252	–	1930[1]
Erwerbstätigkeit			
Erwerbstätige	1 942 626	–	1930[1]
männlich	1 331 358	–	1930[1]
weiblich	611 268	–	1930[1]
nach Wirtschaftsbereichen			
Land- und Forstwirtschaft	413 336	–	1930[1]
Industrie, Handwerk, Baugewerbe usw.	848 762	–	1930[1]
Dienstleistungen	680 528	–	1930[1]
Ausländische Arbeitnehmer	210 190	–	1930[1]
Arbeitslose	24 208	+87,9	1931
Betriebe			
Land- und Forstwirtschaft	238 469	–	1929[1]
Industrie, Handwerk, Baugewerbe usw.	103 360	–	1929[1]
Dienstleistungen	112 877	–	1929[1]
Außenhandel			
Einfuhr in Mio. sFr (Mio. RM)	2251,204 (1830,454)	−12,2	1931
Ausfuhr in Mio. sFr (Mio. RM)	1348,798 (1096,708)	−23,5	1931
Einfuhrüberschuß in Mio. sFr (Mio. RM)	902,406 (733,746)	+12,6	1931
Verkehr			
Eisenbahnnetz (km)	3 035	−0,2	1931[5]
Beförderte Personen (in 1000)	171 713	−2,7	1931[4]
Beförderte Güter (in 1000 t)	24 946	−2,1	1931[4]
Straßennetz (km)	16 384	–	1931/32
Bestand an Kraftfahrzeugen	82 978	+7,6	1931
davon Pkw	63 945	+5,3	1931
davon Lkw	12 738	–	1931
Zulassung fabrikneuer Kfz	16 887	−9,9	1931
Luftverkehr			
Beförderte Personen (in 1000)	28 649	+20,3	1931
Beförderte Güter (t)	7 863	+32,1	1931
Bildung			
Schüler an			
Primarschulen	471 198	−0,1	1931/32
Sekundarschulen	48 133	–	1931/32
untere Mittelschulen	14 188	–	1931/32
Gymnasien	20 030	+2,7	1931/32
Studenten	7 396	+7,5	1931/32
Rundfunk			
Hörfunkteilnehmer	149 161	+43,7	1931
Gesundheitswesen			
Praktizierende Ärzte	3 008	–	1923[1]
Praktizierende Zahnärzte	745	–	1923[1]
Krankenhäuser	108	−0,9	1931
Sozialleistungen			
Mitglieder der gesetzlichen Krankenversicherung	1 717 334	+4,7	1931
Empfänger von Arbeitslosengeld und -hilfe	146 434	+75,6	1931
Finanzen und Steuern			
Gesamtausgaben des Staates in Mio. sFr (Mio. RM)	419,327 (340,955)	−7,9	1931
Gesamteinnahmen des Staates in Mio. sFr (Mio. RM)	491,925 (399,984)	−22,7	1931
Schuldenlast des Staates in Mio. sFr (Mio. RM)	1710,585 (1390,877)	−9,2	1931
Löhne und Gehälter			
Stundenlohn männlicher Arbeiter (sFr/RM)	1,51 (1,23)	+1,3	1931

[1] Letzte verfügbare Angabe
[2] Geschätzte mittlere Wohnbevölkerung
[4] Bahnen des allgemeinen Verkehrs
[5] Schweizerische Bundesbahnen

Statistische Zahlen 1931

Erhebungsgegenstand	Wert	Vergleich Vorjahr (%)	Stand
Preise			
Einzelhandelspreise ausgewählter Lebensmittel (sFr/RM)			
Butter, 1 kg	5,40 (4,39)	− 3,7	1931
Weizenmehl, 1 kg	0,47 (0,38)	−21,7	1931
Schweinefleisch, 1 kg	4,02 (3,27)	−10,7	1931
Rindfleisch, 1 kg	3,58 (2,91)	− 1,1	1931
Eier, 1 Stück	0,15 (0,12)	− 6,2	1931
Kartoffeln, 1 kg	0,22 (0,18)	− 4,8	1931
Vollmilch, 1 l	0,34 (0,28)	− 2,9	1931
Kaffee, 1 kg	3,35 (2,72)	−15,2	1931
Index der Lebenshaltungskosten (1914 = 100)	150	− 5,1	1931

Erhebungsgegenstand	Zürich	Basel	Bern	Genf	Davos	Lugano
Klimatische Verhältnisse						
Mittlere Lufttemperatur (°C)						
Januar	0,4	1,0	0,2	2,3	− 8,2	1,7
Februar	− 0,4	0,1	− 1,0	1,3	− 7,3	2,6
März	1,5	1,8	1,1	4,1	3,0	5,5
April	7,8	8,0	7,5	8,9	1,3	9,6
Mai	15,5	15,6	14,8	15,7	9,3	15,5
Juni	18,4	18,6	18,1	19,9	12,9	21,3
Juli	17,2	17,3	16,6	18,5	11,9	20,7
August	15,7	16,1	15,0	16,8	10,4	19,2
September	10,1	10,0	9,5	11,5	4,7	14,1
Oktober	8,1	8,2	7,6	9,1	3,4	11,4
November	5,4	5,7	5,2	6,9	0,9	7,3
Dezember	− 0,3	− 0,3	− 0,7	0,9	− 7,1	2,1
Niederschlagsmengen (mm)						
Januar	98	53	94	56	112	24
Februar	89	38	58	26	70	156
März	129	96	130	92	60	48
April	85	33	54	43	39	66
Mai	120	82	106	65	82	213
Juni	138	90	124	30	105	105
Juli	188	110	178	84	193	183
August	166	131	204	171	205	264
September	92	67	70	105	96	118
Oktober	66	68	77	102	40	172
November	18	11	18	47	22	224
Dezember	54	38	24	37	47	14
Sonnenscheindauer (Std.)						
Januar	47	62	68	65	85	129
Februar	57	68	79	102	72	151
März	167	160	152	155	168	162
April	155	146	156	207	148	193
Mai	218	205	187	262	185	200
Juni	279	268	247	318	221	290
Juli	203	181	205	258	207	297
August	167	143	162	202	166	239
September	112	103	147	202	142	226
Oktober	167	165	183	182	164	169
November	69	73	74	65	102	78
Dezember	61	66	83	62	108	160

Die Regierungen des Deutschen Reichs, Österreichs und der Schweiz 1931

Neben den Staatsoberhäuptern des Deutschen Reichs, Österreichs und der Schweiz sind in der Zusammenstellung die einzelnen Kabinette des Jahres 1931 in chronologischer Reihenfolge enthalten. Hinter den Namen der wichtigsten Regierungsmitglieder steht in Klammern die Parteizugehörigkeit und der Zeitraum ihrer Tätigkeit.

Deutsches Reich

Staatsform:
Republik
Reichspräsident:
Paul von Hindenburg (1925–1934)

1. Kabinett Brüning (1930–7. 10. 1931):
Reichskanzler:
Heinrich Brüning (Zentrum; 1930–1932)
Vizekanzler:
Hermann Robert Dietrich (DDP/DStP; 1930–1932)
Auswärtiges:
Julius Curtius (DVP; 1929–7. 10. 1931)
Inneres:
Joseph Wirth (Zentrum; 1930–7. 10. 1931)
Finanzen:
Hermann Robert Dietrich (DStP; 1930–1932)
Wirtschaft:
Ernst Trendelenburg (parteilos; 1930–7. 10. 1931, 1932)
Arbeit:
Adam Stegerwald (Zentrum; 1930–1932)
Justiz:
Kurt Joel (parteilos; 1930–1932)
Wehr:
Wilhelm Groener (parteilos; 1928–1932)
Post:
Georg Schätzel (BVP; 1927–1932)
Verkehr:
Theodor von Guérard (Zentrum; 1930–7. 10. 1931)
Ernährung:
Martin Schiele (Christliches Landvolk; 1930–1932)
Staatssekretär der Reichskanzlei:
Hermann Pünder (parteilos; 1926–1932)
Pressechef:
Walter Zechlin (parteilos; 1926–1932)

2. Kabinett Brüning (9. 10. 1931–1932):
Reichskanzler:
Heinrich Brüning (Zentrum; 1930–1932)
Vizekanzler:
Hermann Robert Dietrich (DStP; 1930–1932)
Auswärtiges (beauftragt):
Heinrich Brüning (Zentrum; 9. 10. 1931–1932)
Inneres (beauftragt):
Wilhelm Groener (parteilos; 9. 10. 1931–1932)
Finanzen:
Hermann Robert Dietrich (DStP; 1930–1932)
Wirtschaft:
Hermann Warmbold (parteilos; 9. 10. 1931–1933)
Arbeit:
Adam Stegerwald (Zentrum; 1930–1932)
Justiz:
Kurt Joel (parteilos; 1930–1932)
Wehr:
Wilhelm Groener (parteilos; 1928–1932)
Post:
Georg Schätzel (BVP; 1927–1932)
Verkehr:
Gottfried Reinhold Treviranus (Volkskonservative Vereinigung; 9. 10. 1931–1932)
Ernährung:
Martin Schiele (Christliches Landvolk; 1930–1932)
Ostsiedlungskommissar:
Hans Schlange-Schöningen (Christliches Landvolk; 5. 11. 1931–1932)
Staatssekretär der Reichskanzlei:
Hermann Pünder (parteilos; 1926–1932)
Pressechef:
Walter Zechlin (parteilos; 1926–1932)

Die Regierungen der deutschen Länder, Freien Hansestädte und Berlins
Anhalt:
Heinrich Deist (SPD), Ministerpräsident (1919–1932)
Baden:
Josef Wittemann (Zentrum), Staats- und Ministerpräsident (1930–10. 9. 1931); Joseph Schmitt (Zentrum), Staats- und Ministerpräsident (1928–1930, 18. 9. 1931–1933)
Bayern:
Heinrich Held (BVP), Ministerpräsident und Außenminister (1924–1930, geschäftsführend bis 1933)
Berlin:
Arthur Scholtz, kommissarischer Oberbürgermeister (1929–1931); Heinrich Sahm, Oberbürgermeister (14. 4. 1931–1935)
Braunschweig:
Werner Küchenthal (parteilos), Ministerpräsident (1930–1933)
Bremen:
Martin Donandt (DNVP), Bürgermeister (1920–1933)
Hamburg:
Rudolf Roß, Regierender Bürgermeister (1929–31. 12. 1931)
Hessen:
Bernhard Adelung (SPD), Ministerpräsident (1928–8. 12. 1931, geschäftsführend bis 1933)
Lippe:
Heinrich Drake (SPD), Ministerpräsident (1920–1933)
Lübeck:
P. B. H. Löwigt (SPD), Regierender Bürgermeister (1927–1933)
Mecklenburg-Schwerin:
Karl Eschenburg (DNVP), Ministerpräsident und Äußeres (1929–1932)
Mecklenburg-Strelitz:
Kurt Artur Freiherr von Reibnitz (SPD), Minister (1919–1923, 1928/29, 1929–4. 12. 1931); Heinrich von Michael (DNVP), Minister (4. 12. 1931–1933)
Oldenburg:
Friedrich Cassebohm (parteilos), Ministerpräsident (1930–16. 6. 1931, geschäftsführend bis 1932)
Preußen:
Otto Braun (SPD), Ministerpräsident (1920/21, 1921–1925, 1925–1932)
Sachsen:
Walter Schieck (parteilos), Ministerpräsident (1930, amtsführend bis 1933)
Schaumburg-Lippe:
Heinrich Lorenz (SPD), Ministerpräsident (1927–1933)
Thüringen:
Erwin Baum (Landbund), Ministerpräsident (1930–1932)
Württemberg:
Eugen Bolz (Zentrum), Ministerpräsident (1928–1932, geschäftsführend bis 1933)

Österreich

Staatsform:
Republik
Bundespräsident:
Wilhelm Miklas (christlichsozial; 1928–1938)

Kabinett Ender (1930–16. 6. 1931):
Bundeskanzler:
Otto Ender (christlichsozial; 1930–16. 6. 1931)
Vizekanzler:
Johannes Schober (Wirtschaftsblock; 1930–1932)
Äußeres:
Johannes Schober (Wirtschaftsblock; 1921/22, 1929/30, 1930–1932)
Inneres:
Franz Winkler (Landbund; 1930–1932)
Justiz:
Hans Schürff (großdeutsch/Wirtschaftsblock; 1930–30. 5. 1931, 20. 6. 1931–1932); Johannes Schober (Wirtschaftsblock; 30. 5.–16. 6. 1931)
Unterricht:
Emmerich Czermak (christlichsozial; 1929, 1930–1932)
Finanzen:
Otto Juch (christlichsozial; 1929–16. 6. 1931)
Handel und Verkehr:
Eduard Heinl (christlichsozial; 1930–1932)
Soziale Verwaltung:
Josef Resch (christlichsozial; 1930–15. 4. 1931, 20. 6. 1931–1933); Otto Ender (christlichsozial; 15. 4.–16. 6. 1931)
Heerwesen:
Karl Vaugoin (christlichsozial; 1921–1933)
Land- und Forstwirtschaft:
Andreas Thaler (christlichsozial; 1926, 1930–18. 3. 1931); Engelbert Dollfuß (christlichsozial; 18. 3. 1931–1934)

1. Kabinett Buresch (20. 6. 1931–1932):
Bundeskanzler:
Karl Buresch (christlichsozial; 20. 6. 1931–1932)
Vizekanzler:
Johannes Schober (Wirtschaftsblock; 1930–1932)
Äußeres:
Johannes Schober (Wirtschaftsblock; 1921/22, 1929/30, 1930–1932)
Inneres:
Franz Winkler (Landbund; 1930–1932)
Justiz:
Hans Schürff (Wirtschaftsblock; 1930–30. 5. 1931, 20. 6. 1931–1932)
Unterricht:
Emmerich Czermak (christlichsozial; 1929, 1930–1932)
Finanzen:
Josef Redlich (parteilos; 20. 6.–5. 10. 1931); beauftragt: Karl Buresch (christlichsozial; 5.–16. 10. 1931); Emanuel Weidenhoffer (christlichsozial; 16. 10. 1931–1933)
Handel und Verkehr:
Eduard Heinl (christlichsozial; 1930–1932)
Soziale Verwaltung:
Josef Resch (christlichsozial; 1930–15. 4. 1931, 20. 6. 1931–1933)
Heerwesen:
Karl Vaugoin (christlichsozial; 1921–1933)
Land- und Forstwirtschaft:
Engelbert Dollfuß (christlichsozial; 18. 3. 1931–1934)

Schweiz

Staatsform:
Republik
Bundespräsident:
Heinrich Häberlin (freisinnig; 1926, 1931)

Justiz und Polizei:
Heinrich Häberlin (freisinnig; 1920–1934)
Inneres:
Albert Meyer (freisinnig; 1930–1934)
Finanzen und Zölle:
Jean-Marie Musy (katholisch-konservativ; 1919–1934)
Militär:
Rudolf Minger (BGB; 1929–1940)
Volkswirtschaft:
Edmund Schultheß (freisinnig; 1912–1935)
Post und Eisenbahn:
Marcel Pilet-Golaz (freisinnig; 1930–1940)

Staatsoberhäupter und Regierungen ausgewählter Länder 1931

Die Einträge zu den wichtigsten Ländern des Jahres 1931 informieren über die Staatsform (hinter dem Ländernamen), Titel und Namen des Staatsoberhaupts sowie in Klammern dessen Regierungszeit. Es folgen – soweit vorhanden – die Regierungschefs, bei wichtigeren Ländern auch die Außenminister des Jahres 1931; jeweils in Klammern stehen die Zeiträume der Amtsausübung. Eine Kurzdarstellung gibt – wo es sinnvoll erscheint – einen Einblick in die innen- und außenpolitische Situation des Landes. Über bewaffnete Konflikte und Unruhegebiete, auf die hier nicht näher eingegangen wird, informiert der Anhang »Kriege und Krisenherde des Jahres 1931« gesondert.

Abessinien (heute Äthiopien)
Kaiserreich; *Kaiser:* Haile Selassie I. (1930–1974, zuvor König als Täfäri Mäkwännen 1928–1930)

Afghanistan
Königreich; *König:* Mohammed Nadir Schah (1929–1933)
Ministerpräsident: Sardar Mohammed Haschim Khan (1929–1946)

Ägypten
Königreich; *König:* Fuad I. (1922–1936, zuvor Sultan 1917–1922)
Britischer Oberkommissar: Percy Loraine (1929–1933)
Obwohl das Land seit 1922 eine unabhängige Monarchie ist, bleibt der Einfluß Großbritanniens bestehen, das den König auf seiner Seite weiß. Die nationalistische Wafd-Partei fordert die Abschaffung der britischen Reservatrechte und bekämpft den »probritischen König«, der ein diktatorisches Regime errichtet.

Albanien
Königreich; *König:* Zogu I. (eigentl. Achmed Zogu; 1928–1939)
Ministerpräsident: Kosta Kotta (1928–1930, 1936–1939)
Albanien ist seit 1927 faktisch italienisches Protektorat.

Algerien
Französisches Generalgouvernement; *Generalgouverneur:* Jules Carde (1930–1935)
Algerien ist ein politisch und wirtschaftlich dem Mutterland angegliedertes französisches Generalgouvernement.

Annam
Kaiserreich unter französischem Protektorat; *Kaiser:* Bao-Dai (1925–1945, danach Staatschef von Vietnam 1945/48/49–1955)
Das Kaiserreich Annam ist als Teil der Indochinesischen Union französisches Protektorat.

Argentinien
Republik; *Präsident:* José F. Uriburu (1930–1932)

Australien
Bundesstaat im Britischen Empire; *Ministerpräsident und Außenminister:* James Henry Scullin (1929–19. 12. 1931), Joseph Alois Lyons (31. 12. 1931–1939, Außenminister bis 8. 1. 1932)
Britischer Generalgouverneur: Arthur Herbert Tennyson Baron Sommers-Cooks (Verweser 1930–22. 1. 1931), Isaac Alfred Isaacs (22. 1. 1931–1936)

Belgien
Königreich; *König:* Albert I. (1909–1934)
3. Kabinett Jaspar (katholisch; 1929–21. 5. 1931):
Ministerpräsident: Henri Jaspar (katholisch; 1926–21. 5. 1931)
Außenminister: Paul Hymans (liberal; 1918–1920, 1924/25, 1927–1934, 1934/35)
Kabinett Renkin (katholisch; 5. 6. 1931–1932)
Ministerpräsident: Jules Renkin (katholisch; 5. 6. 1931–1932)
Außenminister: Paul Hymans (liberal; 1918–1920, 1924/25, 1927–1934, 1934/35)

Bhutan
Königreich; *König:* Jigme Wangchuk (1926–1952)
Das Land erkennt die britisch-indische Vormacht an, regelt seine inneren Angelegenheiten jedoch selbständig.

Birma
Provinz von Britisch-Indien; *Gouverneur:* Charles Innes (1927–1931)
Birma, 1886 von Großbritannien annektiert, wird als Provinz von Britisch-Indien verwaltet.

Bolivien
Republik; *Präsident:* Carlos Blanco Galindo (1930–5. 3. 1931), Daniel Salamanca (5. 3. 1931–1934)

Brasilien
Bundesrepublik; *Präsident:* Getulio Dornelles Vargas (1930–1945, 1951–1954)

Bulgarien
Königreich; *König/Zar:* Boris III. (1918–1943)
Ministerpräsident: Andreas Ljáptschew (1926–22. 6. 1931), Alexandr·Malinow (1908–1911, 1918, 29. 6.–12. 10. 1931), Nikolaus Muschanow (12. 10. 1931–1934)
Außenminister: Athanasios Burow (1926–25. 6. 1931), Alexander Malinow (29. 6.–12. 10. 1931), Nikolaus Muschanow (12. 10. 1931–1934)

Chile
Republik; *Präsident:* Oberst Carlos Ibáñez del Campo (1927–26. 7. 1931), Pedro Opazo Letelier (26./27. 7. 1931), José Estéban Montero Rodríguez (27. 7.–17. 8. 1931, 4. 10. 1931–1932), Manuel Trucco (17. 8.–3. 9. 1931)

China
Republik; *Präsident:* Chiang Kai-shek (1928–15. 12. 1931, 1943–1949), Tschöng Ming-hsü (vorläufig 15. 12. 1931–1. 1. 1932)

Costa Rica
Republik; *Präsident:* Cleto González Víquez (1906–1910, 1912–1914, 1928–1932)

Dänemark
Königreich; *König:* Christian X. (1912–1947)
Ministerpräsident: Thorvald Stauning (1924–1926, 1929–1942)

Danzig
Freie Stadt unter dem Schutz des Völkerbunds; *Völkerbundskommissar:* Manfredi Conte di Gravina (Italiener; 1929–1932)
Senatspräsident: Heinrich Sahm (1920–9. 1. 1931), Ernst Ziehm (deutschnational; 9. 1. 1931–1933)
Danzig gehört zum polnischen Zollgebiet, Polen vertritt die Freie Stadt im Ausland.

Dominikanische Republik
Republik; *Präsident:* Rafael Leónidas Trujillo y Molina (1930–1938, 1942–1952)

Ecuador
Republik; *Präsident:* Isidro Ayora (1926–24. 8. 1931), Luis Larrea Alba (24. 8.–15. 10. 1931), Alfredo Baquerizo Moreno (1916–1920, 15. 10. 1931–1932)

El Salvador
Republik; *Präsident:* Pio Rómeo Bosque (1927–28. 2. 1931), Arturo Araujo (1. 3. 1931–1932)

Estland
Republik; *Staats- und Ministerpräsident:* Otto Strandmann (1919, 1929–3. 2. 1931), Konstantin Päts (1923/24, 12. 2. 1931–1932, 1932/33, 1933–1938, Staatspräsident 1938–1940)

Finnland
Republik; *Präsident:* Lauri Relander (1925–28. 2. 1931), Pehr Evind Svinhufvud (1. 3. 1931–1937)
Ministerpräsident: Pehr Evind Svinhufvud (1930–16. 2. 1931), Juho Vennola (1919, 1920/21, 16. 2.–4. 3. 1931), Juho Sunila (1927/28, 21. 3. 1931–1932)
Außenminister: Hjalmar Procope (1924/25, 1927–16. 2. 1931), Aarno Yrjö-Koskinen (21. 3. 1931–1932)

Frankreich
Republik; *Präsident:* Gaston Doumergue (1924–13. 6. 1931), Paul Doumer (13. 6. 1931–1932)
Kabinett Steeg (1930–24. 1. 1931):
Ministerpräsident: Théodore Steeg (1930–24. 1. 1931)
Außenminister: Aristide Briand (1915–1917, 1921/22, 1925–1932)
1./2. Kabinett Laval (27. 1. 1931–1932):
Ministerpräsident: Pierre Laval (27. 1. 1931–1932, 1935/36, 1942–1944)
Außenminister: Aristide Briand (1915–1917, 1921/22, 1925–1932)

Griechenland
Republik; *Präsident:* Alexander Zaimis (1929–1935)
Ministerpräsident: Eleftherios Weniselos (1910–1915, 1917–1920, 1924, 1928–1932, 1932, 1933)

Großbritannien
Königreich; *König:* Georg V. (1910–1936)
Kabinett MacDonald (Labour; 1924, 1929–1935):
Premierminister: James Ramsey MacDonald (1924, 1929–1935)
Außenminister: Arthur Henderson (1929–24. 8. 1931), Rufus Daniel Isaacs, Marquess of Reading (25. 8.–5. 11. 1931), John Simon (5. 11. 1931–1935)

Guatemala
Republik; *Präsident:* José María Reyna Andrade (2. 1.–15. 2. 1931), Jorge Ubico Castenada (15. 2. 1931–1944)

Haiti
Von den USA besetzte Republik; *Präsident:* Stenio Vincent (1930–1941)
Seit 1915 bis 1934 ist Haiti von den USA besetzt, die das politische Geschehen, die Finanzen und die Zölle kontrollieren.

Honduras
Republik; *Präsident:* Vicente Mejía Colindres (1929–1933)
Seit seiner Unabhängigkeit als Republik 1838/39 ist Honduras der unstabilste Staat in Zentralamerika.

Indien (Britisch-Indien)
Britisches Vizekönigreich; *Vizekönig:* Edward Frederick Lindley Wood Lord Irwin of Kirby Underdale (1925–April 1931; sein Vertreter in Indien 1929–April 1931: George Joachim Goschen of Hawkhurst), Freeman Freeman-Thomas Earl Willingdon (17. 4. 1931–1936)

Indochinesische Union
Französisches Protektorat; *Generalgouverneur:* Pierre Pasquier (1928–1934)
Indochina besteht aus den 1887 vereinigten französischen Protektoraten Annam, Tonkin und Kambodscha, der Kolonie Kotschinchina und seit 1893 auch Laos.

Irak
Königreich; *König:* Faisal I. (1921–1933)

Iran
Siehe Persien (amtlich »Iran« ab 1934)

Irland
Republik (Freistaat im Commonwealth); *Ministerpräsident:* Liam T. Mac Cosgair = William Cosgrave (1922–1932)
Außenminister: Patrick Mac Giollagain = Patrick Mac Gilligan (1927–1932)
Britischer Generalgouverneur: James McNeill (1927–1932)

Island
Republik (in Personalunion mit Dänemark bis 1944); *Ministerpräsident:* Trygvi Thorhallson (1927–1932)

Italien
Königreich/Diktatur; *König:* Viktor Emanuel III. (1900–1946)
Ministerpräsident: Benito Mussolini (1922–1943, 1943–1944); Außenminister 1922–1929, 1932–1936, 1943; Innenminister 1922–1924, 1926–1943; Kriegsminister 1933–1943; Marineminister 1933–1943; Luftfahrtminister 1933–1943)
Außenminister: Dino Grandi di Mordano (1929–1932)

Japan
Kaiserreich; *Kaiser:* Hirohito (1926–1989)
Ministerpräsident und Außenminister: Juko Hamaguchi (1929–9. 4. 1931), Reijiro Baron Wakatsuki (1926/27, 14. 6.–11. 12. 1931), Ki Tsujoschi Inukai (14. 12. 1931–16. 5. 1932)

Jemen (Sana)
Königreich; *König:* Hamid Ad Din Jahja (1918–1948, davor Imam 1904–1918)

Jordanien
Siehe Transjordanien

Jugoslawien
Königreich: *König:* Alexander I. (1921–1934, bis 1929 König der Serben, Kroaten und Slowenen)

Regierungen 1931

Kambodscha
Königreich, zur Indochinesischen Union gehörendes französisches Protektorat; *König:* Sisovath Monivong (1927 bzw. 1928–1941)

Kanada
Parlamentarische Monarchie im britischen Commonwealth; *Premier- und Außenminister:* Richard Bedfort Bennett (1930–1935)
Britischer Generalgouverneur: Freeman Freeman-Thomas Earl Willingdon (1926–1931), Vere Brabazon Ponsonby Earl Bessborough (4. 4. 1931–1935)

Kirchenstaat
Siehe Papst

Kolumbien
Republik; *Präsident:* Enrique Olaya Herrera (1930–1934)

Korea
Japanisches Generalgouvernement Chosen (1910–1945); *Generalgouverneur:* Makoto Graf Saito (1919–1927, 1929–1931), Kazuschige Ugaki (1931–1936)

Kuba
Republik; *Präsident:* Gerardo Machado y Morales (1925–1933)

Kuwait
Emirat unter britischem Protektorat; *Emir:* Scheich Ahmad (1921–1950)

Laos
Königreich unter französischem Protektorat; *König:* Sisavong Vong (1904–1959)

Lettland
Republik; *Präsident:* Albert Kviesis (1930–1936)
Ministerpräsident: Hugo Celmins (1924/25, 1928–3. 3. 1931), Karlis Ulmanis (1918/19, 1919, 1925/26, 24. 3.–4. 11. 1931, 1934–1940), Marger Skujeneeks (4. 12. 1931–1933)

Libanon
Französisches Völkerbundsmandat; *Präsident:* Charles Dabba (1926–1934)
Ministerpräsident: Auguste Pascha Adib (1926/27, 1930–1932)

Liberia
Republik; *Präsident:* Edwin J. Barclay (1930–1943)

Liechtenstein
Fürstentum; *Fürst:* Franz I. (1929–1938)

Litauen
Diktatur; *Diktator:* Antanas Smetona (1919–1922, 1926–1940)
Ministerpräsident: Josef Tubelis (1929–1934)

Luxemburg
Großherzogtum; *Großherzogin:* Charlotte (1919–1964)
Ministerpräsident: Joseph Bech (1926–1937, 1953–1958)

Marokko
Sultanat unter französischem Protektorat; *Sultan:* Sidi Muhammad V. (1927–1953)
Großwesir: Muhammad al-Muqri (1917–1955)
Französischer Generalresident: Lucien Saint (1929–1933)

Memelgebiet
Autonomer Staat unter Litauen 1923/24–1939; *Leiter eines parlamentarischen Direktoriums:* Otto Böttcher (12. 1. 1931–1932)

Mexiko
Bundesrepublik; *Präsident:* Pascual Ortiz Rubio (1930–1932)

Monaco
Fürstentum; *Fürst:* Ludwig II. (1922–1949)

Mongolische Volksrepublik
Volksrepublik; *Ministerpräsident:* Korlin Tschoibalsan (1924–1952)

Nepal
Königreich; *König:* Tribhuvana (1911–1950, 1952/53)

Neuseeland
Dominion im britischen Commonwealth; *Premierminister:* George William Forbes (1930–1935)
Britischer Generalgouverneur: Charles Bathurst Bledisloe (1929–1935)

Nicaragua
Republik; *Präsident:* José María Moncada (1929–1932)

Niederlande
Königreich; *Königin:* Wilhelmina (1890–1948)
Ministerpräsident: Charles Joseph Maria de Beerenbrouck (katholisch; 1918–1925, 1929–1933)

Nordirland
Teil von Großbritannien; *Ministerpräsident:* James Craig Viscount Craigavon (1921–1940)

Norwegen
Königreich; *König:* Håkon VII. (1905–1957)
Ministerpräsident und Außenminister: Johann Ludwig Mowinckel (1924–1926, 1928–8. 5. 1931, 1933–1935), Peder Ludwig Kolstad (11. 5. 1931–1932)

Palästina
Britisches Völkerbundsmandat; *Oberkommissar:* John Robert Chancellor (1928–1. 11. 1931), Arthur Grenfell Wauchope (1. 11. 1931–1938)

Panama
Republik; *Präsident:* Florencio Harmodio Arosemana (1928–3. 1. 1931), Harmodio Arias (3.–16. 1. 1931, 1932–1936), Ricardo Alfaro (16. 1. 1931–1932)
Die Republik Panama wird de facto finanziert von der US-Firma United Fruit Company.

Papst
Absolute Monarchie; *Papst:* Pius XI., vorher Achille Ratti (1922–1939)
Kardinalstaatssekretär: Eugenio Pacelli (1930–1939)

Paraguay
Republik; *Präsident:* José Particio Guggiari (1928–26. 10. 1931), Emilio González Navero (1912, 26. 10. 1931–1932)

Persien
Königreich (amtlich »Iran« ab 1934); *Schah:* Resa Pahlawi (1925–1941)
Ministerpräsident: Mahdi Quly Chan Hidajät (1927–1933)

Peru
Republik; *Präsident:* Luis Sánchez Cerro (1930–2. 3. 1931, 8. 12. 1931–1933), Ricardo Leoncio Elias (2.–6. 3. 1931), Gustavo Jiménez (6.–9. 3. 1931), David Samánez Ocampo (9. 3.–8. 12. 1931)

Philippinen
Gouvernement der USA; *Generalgouverneur:* Dwight Filley Davis (1929–1932)

Polen
Republik/autoritär regierter Staat; *Präsident:* Ignacy Mościcki (1926–1939)
Ministerpräsident: Valerius Sławek (1930, 1930–26. 5. 1931, 1935), Alexander Prystor (27. 5. 1931–1933)
Kriegsminister: Josef Klemens Piłsudski (1926–1935)
Außenminister: August Zaleski (1926–1932)

Portugal
Diktatur; *Präsident:* António Óscar de Fragoso Carmona (1926–1951)
Ministerpräsident: Domingos de Costa Oliveira (1930–1932)

Rumänien
Königreich; *König:* Karl II. (1930–1940)
Ministerpräsident: Georg Mirunescu (1930, 1930–4. 4. 1931), Nicolae Iorga (18. 4. 1931–1932)
Außenminister: Georg Mirunescu (1928–4. 4. 1931), Grigore Chica (18. 4. 1931–1932)

Sansibar
Sultanat unter britischem Protektorat; *Sultan:* Chalifa II. (1911–1960)

Saudi-Arabien
Königreich; *König:* Abd Al Asis Ibn Saud (1926–1953)

Schweden
Königreich; *König:* Gustav V. (1907–1950)
Ministerpräsident: Karl Gustav Ekman (1926–1928, 1930–1932)
Außenminister: Fredrik von Ramel (1930–1932)

Siam
Siehe Thailand

Spanien
Königreich/Republik ab 14. 4. 1931; *König:* Alfons XIII. (1886–14. 4. 1931)
Ministerpräsident: Dámaso Berenguer y Fusté, Graf von Xauen (1930–14. 2. 1931), Juan Bautista Aznar-Cabañas (18. 2.–14. 4. 1931)
Präsident: Niceto Alcalá Zamora y Torres (14. 4.–10. 12. 1931 [vorläufig], 10. 12. 1931–1936)
Ministerpräsident: Niceto Alcalá Zamora y Torres (14. 4.–14. 10. 1931), Manuel Azaña y Díaz (14. 10. 1931–1933)

Südafrikanische Union
Dominion im britischen Commonwealth; *Ministerpräsident:* James Barry Munnick Hertzog (1924–1939)
Generalgouverneur: Alexander Earl of Atholne (1924–1931), George Herbert Hyde Villiers Earl of Clarendon (1931–1937)

Syrien
Französisches Völkerbundsmandat; *Oberkommissar:* Henri Ponsot (1926–12. 10. 1931), Damien Duc de Martel (12. 10. 1931–1938)

Ministerpräsident: Tadsch ad-Din al-Hasani (1925/26, 1928–19. 11. 1931, 1934–1936), direkte französische Verwaltung ohne Ministerpräsident (19. 11. 1931–1932)

Thailand
Königreich (amtlicher Name bis 1939: Siam; *König:* Rama VII. Prajadhipock (1925–1935)

Tibet
Autonomer Staat seit 1914; *Dalai-Lama:* Thupten Gjatso (1876/95–1933)
Pantschen-Lama: Tschökji Njima (1883–1937)

Transjordanien
Königreich; *König:* Abd Allah Ibn Al Husain (1921–1951)

Tschechoslowakei
Republik; *Präsident:* Tomáš Garrigue Masaryk (1918/20–1935)
Ministerpräsident: Franz Udrzal (1929–1932)
Außenminister: Eduard Beneš (1918–1935, danach Staatspräsident)

Tunis
Französisches Protektorat; *Bei:* Muhammad VI. (1922–11. 2. 1929), Ahmad II. (1929–1942)
Generalresident: François Manceron (1929–1933)

Türkei
Republik; *Präsident:* Mustafa Kemal Pascha, ab 1934 genannt Kemal Atatürk (1923–1938)
Ministerpräsident: Mustafa Ismet Pascha, ab 1934 genannt Ismet Inönü (1923/24, 1925–1937, 1961–1965)
Außenminister: Tevfik Rüstü (1925–1938)

UdSSR
Republik; *Parteichef:* Josef W. Stalin (1922–1953)
Präsident (Vorsitzender des Präsidiums des Obersten Sowjets): Michail I. Kalinin (1919/1923–1946)
Ministerpräsident (Vorsitzender des Rates der Volkskommissare): Wjatscheslaw M. Molotow (1930–1941)
Außenminister (Volkskommissar des Äußeren): Maxim M. Litwinow (1930–1939)
Verteidigung: Kliment J. Woroschilow (1925–1940)

Ungarn
Monarchie; *König:* Otto II. (1922–1944/45) lebt in Bayern.
Reichsverweser: Miklós Horthy (1920–1944)
Ministerpräsident: István Graf Bethlen von Bethlen (1921–19. 8. 1931), Julian von Károlyi (22. 8. 1931–1932)

Uruguay
Republik; *Präsident:* Juan Campisteguy (1927–1. 3. 1931), Gabriel Gerra (1. 3. 1931–1938)

USA
Bundesstaat; *31. Präsident:* Herbert Clark Hoover (Republikaner; 1929–1933)
Vizepräsident: Charles Curtis (1929–1933)
Außenminister: Henry Lewis Stimson (1929–1933)

Venezuela
Republik; *Präsident:* Juan Vautista Pérez (1929–13. 7. 1931), Juan Vicente Gómez (1908–1929, 13. 7. 1931–1935)

Kriege und Krisenherde des Jahres 1931

Die herausragenden politischen und militärischen Krisensituationen des Jahres 1931 werden – alphabetisch nach Ländern geordnet – im Überblick dargestellt. Internationale Kriege und Krisenherde sind dem Länderalphabet vorangestellt.

Japan erobert die Mandschurei

Die schon lange gärenden Spannungen zwischen Japanern und Chinesen in der Mandschurei führen im September zum offenen Krieg. Als Vergeltung für einen angeblichen chinesischen Anschlag auf eine Brücke der von den Japanern betriebenen Südmandschurischen Eisenbahn greifen am 18. September japanische Truppen die strategisch wichtige Stadt Mukden an und besetzen sie innerhalb weniger Stunden.

Die Eroberung Mukdens ist der Auftakt für einen Feldzug zur Eroberung der Mandschurei. Während die chinesischen Truppen hinhaltenden Widerstand leisten und der Völkerbund beide Seiten erfolglos zur Einstellung der Kampfhandlungen auffordert, besetzen die Japaner bis Jahresende immer größere Teile der Mandschurei, die im Februar 1932 als Mandschukuo für selbständig erklärt wird. Als erstes Staatsoberhaupt setzen die Japaner P'u I ein, den 1912 nach dreijähriger Herrschaft zurückgetretenen letzten Kaiser Chinas.

Hoover-Moratorium gebilligt

Am 20. Juni schlägt US-Präsident Herbert Hoover ein einjähriges Moratorium für die Rückzahlung interalliierter Kriegsschulden und Reparationen vor. Anlaß für diesen Schritt der USA, dem Hauptgläubiger der Siegermächte des Ersten Weltkrieges, ist die desolate Finanzlage des Deutschen Reiches. Bis auf Frankreich, das von den deutschen Reparationszahlungen am meisten profitiert und auch aus politischen Gründen auf seine Ansprüche nicht verzichten will, stimmen alle beteiligten Länder zu. Die Franzosen können erst am 6. Juli auf Drängen der USA zum Einlenken gebracht werden. Das Hoover-Moratorium, das nach erfolgter Zustimmung des US-Parlaments erst im Dezember formell in Kraft tritt, bringt dem Deutschen Reich durch die weitgehende Entlastung von Reparationszahlungen eine dringend benötigte finanzielle Atempause.

Arbeitslosenzahl wächst

Am 31. Dezember sind im Deutschen Reich 5,6 Millionen Menschen ohne Beschäftigung. Weltweit sind rund 25 Millionen Menschen erwerbslos. Die 1929 begonnene Talfahrt der Weltkonjunktur geht 1931 weiter. Die Lähmung des internationalen Handels, der Verfall der Warenpreise und das sinkende Vertrauen in das Finanzsystem läßt in den kapitalistischen Ländern die Zahl der Firmenzusammenbrüche in die Höhe schnellen. Die deutsche Reichsregierung reagiert auf die Wirtschaftskrise mit einer restriktiven Finanzpolitik und der Senkung von Preisen und Löhnen. Eine Erhöhung der Staatsausgaben durch Kreditaufnahme zur Förderung von Arbeitsbeschaffungsprogrammen kommt für die Reichsregierung ebensowenig in Frage wie eine Abwertung der Reichsmark zur Erhöhung der deutschen Exporte.

Zollunion gescheitert

Am 3. September erklären Österreich und das Deutsche Reich ihren Verzicht auf den am 19. März ausgehandelten und vorzeitig bekanntgewordenen Plan einer Zollunion. Das von den beiden Ländern ausschließlich wirtschaftspolitisch begründete Vorhaben stieß bei den Nachbarstaaten von Beginn an auf tiefes Mißtrauen. Vor allem die Franzosen witterten dahinter den Versuch, auf dem Wege einer wirtschaftlichen Union zu einer politischen Vereinigung zu gelangen, die Österreich durch den Friedensvertrag von St. Germain 1919 verboten worden war. Die wachsende wirtschaftliche Abhängigkeit beider Staaten von Auslandskrediten hatte schon frühzeitig ein Scheitern der Zollunion wahrscheinlich gemacht, deren rechtliche Unzulässigkeit der auf Antrag Großbritanniens mit der Prüfung der Frage beauftragte Internationale Gerichtshof in Den Haag in einem Gutachten am 5. September bestätigt.

Bankenkrach im Deutschen Reich

Am 13. Juli hält das drittgrößte deutsche Kreditinstitut, die Darmstädter und Nationalbank (Danatbank), ihre Schalter geschlossen. Angesichts der massiven Abzüge in- und ausländischer Einlagen infolge der weltweiten Wirtschaftskrise und des gesunkenen Vertrauens in die deutsche Wirtschaft ist die Danatbank zahlungsunfähig geworden. Um einen Zusammenbruch des gesamten deutschen Kreditwesens zu verhindern, verfügt die Reichsregierung, daß am 14. und 15. Juli alle Kreditinstitute im Deutschen Reich ihre Schalter schließen, und erlaubt nur schrittweise eine Wiederaufnahme des Zahlungsverkehrs.

Neben der Danatbank sind auch andere Geschäftsbanken wie die Dresdner Bank in Schwierigkeiten geraten. Die Reichsregierung versucht, durch die Gewährung von Ausfallbürgschaften und – im Fall der Dresdner Bank – durch Stützungsmaßnahmen das deutsche Kreditwesen aufrechtzuerhalten. Auf außenpolitischer Ebene wird das endgültige Ende der Reparationen – das Hoover-Moratorium (s. o.) bedeutet nur einen Aufschub – und der Schutz vor weiteren Kreditabzügen zum Ziel der Reichsregierung. Diesem Zweck dient die Reise von Reichskanzler Heinrich Brüning und Außenminister Julius Curtius nach Paris (18./19. 7.) ebenso wie die Reparationskonferenz in London (20.–23. 7.). Ein erster Erfolg ist der Abschluß eines Stillhalteabkommens gegen den Abzug ausländischer Kredite am 19. August. Der am Jahresende in Basel zusammengetretene Beratende Sonderausschuß der Bank für internationalen Zahlungsausgleich erklärt am 23. Dezember Deutschland für unfähig, weitere Reparationen zu leisten.

Harzburger Front der Rechten

Am 11. Oktober versammelt sich in Bad Harzburg das rechtsextreme Lager: NSDAP, Deutschnationale Volkspartei und der Stahlhelm, Bund der Frontsoldaten sowie die Vereinigung Vaterländischer Verbände. Die Gruppierungen proklamieren die Gründung einer Front gegen die von Heinrich Brüning geführte Reichsregierung und gegen das »Weimarer System«. Zwar bestehen zwischen den in der »Nationalen Opposition« versammelten Partnern durchaus Meinungsverschiedenheiten, zumal sich NSDAP-Führer Adolf Hitler Hoffnungen auf eine Regierungsbeteiligung ohne seine Partner von der Rechten machen kann, dennoch ist der Tag von Harzburg eine Herausforderung für die demokratische Republik. Am 9. Oktober bildet Brüning seine zweite Regierung, die noch stärker als sein vorheriges Kabinett vom Vertrauen des Reichspräsidenten Paul von Hindenburg abhängig ist. Brüning verfügt im Reichstag über keine Mehrheit, er regiert im wesentlichen durch Notverordnungen, denen Hindenburg durch seine Unterschrift Gesetzeskraft verleiht und mit denen der Reichskanzler immer neue Sparmaßnahmen zur Sanierung der Haushalte und Ausnahmegesetze zur Bekämpfung radikaler Bestrebungen durchsetzt. Dieses Notverordnungs-Regime schwächt zusehends den Gedanken der parlamentarischen Demokratie, auch wenn ihre Gegner – wie sich dem von der extremen Rechten und der KPD unterstützten Volksentscheid zur vorzeitigen Auflösung des preußischen Landtags am 9. August gezeigt hat – noch nicht über eine Mehrheit bei den Wählern verfügen.

Währungskrise in Großbritannien

Angesichts der wachsenden Finanzkrise des Landes und der massiven Abzüge ausländischer Gelder vom britischen Finanzmarkt erklärt die Bank von England am 20. September überraschend die Abkehr von der Golddeckung des Pfundes. Großbritannien verfolgt fortan eine Politik schwankender Wechselkurse, dem sich in den folgenden Jahren 25 Länder anschließen. Das hohe Budgetdefizit des Landes und der Streit um die Sicherung der Sozialausgaben hatten im August bereits zum Rücktritt des seit 1929 amtierenden Labour-Kabinetts unter Premierminister James Ramsey MacDonald geführt. MacDonald und einige andere Labour-Führer scheiden aus der Arbeiterpartei aus und bilden gemeinsam mit Liberalen und Konservativen eine Nationale Regierung.

Indien-Konferenz scheitert

Am 1. Dezember wird auch die zweite Round-table-Konferenz in London über die Zukunft Indiens ergebnislos beendet, obwohl mit Mohandas Karamchand (Mahatma) Gandhi der weit über den indischen Subkontinent hinaus bekannte Vertreter der indischen Nationalbewegung zu den Gesprächen nach London gekommen war. Die Briten wollen den Indern zwar eine begrenzte Autonomie gewähren, sich aber wesentlichen Einfluß auf die indische Politik vorbehalten. Dies geht den Vertretern des Indischen Nationalkongresses nicht weit genug. Die Beratungen scheitern letztlich am Minoritätenproblem: Während sich die Repräsentanten der ethnischen und religiösen Minderheiten auf ein Programm zur Wahrung ihrer Rechte einigen, lehnt der Indische Nationalkongreß eine Festlegung der Minderheitenrechte ab und erklärt, dies sei allein Sache eines künftigen Nationalstaates.

Bankenkrach in Österreich

Am 11. Mai beschließt die österreichische Regierung ein Stützungsprogramm für die vom Zusammenbruch bedrohte Creditanstalt, die größte Bank des Landes. Die Finanzhilfe für die Creditanstalt zwingt die österreichische Regierung zu drastischen Sparmaßnahmen. Der Versuch, eine internationale Anleihe in Höhe von 150 Millionen Schilling aufzunehmen, scheitert am Einspruch Frankreichs, das dafür weitgehende politische Zugeständnisse verlangt. Ein kurzfristiger Millionenkredit aus Großbritannien und ein Stillhalteabkommen mit den Auslandsgläubigern der Creditanstalt am 16. Juni rettet Österreich vor dem finanziellen Kollaps. Der Beinahe-Konkurs der Creditanstalt verschärft die innenpolitischen Spannungen. Am 13. September scheitert ein Putsch der rechtsextremen Heimwehren unter Führung von Walter Pfrimer.

Unruhen in Portugal

Am 5. April erklärt sich unter Führung einer revolutionären Militärjunta die Insel Madeira für unabhängig von der Zentralregierung in Lissabon. Der Aufstand greift auch auf die benachbarten Inseln über und wird bis Ende April von der Regierung des Generals António Óscar de Fragoso Carmona mit Waffengewalt niedergeschlagen. Der Putschversuch hat neben der Unzufriedenheit über die seit 1926 andauernde Diktatur Carmonas auch die anhaltend unzureichende Lebensmittelversorgung als Ursache.

Spanien wird Republik

Zwei Tage nach dem Erfolg der antimonarchistischen Parteien bei den Gemeinderatswahlen am 12. April erklärt der spanische König Alfons XIII. den Verzicht auf die Ausübung seiner herrschaftlichen Rechte und geht ins Exil nach Frankreich. Spanien wird zur Republik erklärt. Erster Regierungschef eines Koalitionskabinetts aus Republikanern und Sozialisten wird der rechte Republikaner Niceto Alcalá Zamora y Torres. Wichtigste Aufgabe der neuen Regierung und der im Juni gewählten Nationalversammlung, in der die Parteien der Regierungskoalition über die absolute Mehrheit verfügen, ist die Erarbeitung einer Verfassung, die am 9. Dezember vom Parlament gebilligt wird. Spanien erhält eine liberal-demokratische Verfassung, in der die Rechte der katholischen Kirche begrenzt werden. Am folgenden Tag wird der wegen der antikirchlichen Gesetzgebung im Oktober als Regierungschef zurückgetretene Alcalá Zamora zum ersten Präsidenten der Republik gewählt.

Ausgewählte Neuerscheinungen auf dem Buchmarkt 1931

Die Auswahl berücksichtigt nicht nur Neuerscheinungen von literarischem oder wissenschaftlichem Wert, sondern auch vielgelesene Bücher des Jahres 1931. Innerhalb der einzelnen Länder sind die erschienenen Werke alphabetisch nach Autoren geordnet (siehe auch Übersichtsartikel auf S. 164).

Deutsches Reich

Hans Carossa
Der Arzt Gion
Eine Erzählung
Im Verlag Insel in Leipzig erscheint die autobiographisch gefärbte Erzählung »Der Arzt Gion« von Hans Carossa (1878–1956). Geschildert wird das Wirken eines Mannes, der seinen Beruf völlig von seinen Gefühlen zu trennen versteht. Er wartet, bis die Frau, die er liebt, seelisch so weit gereift ist, daß er und sie sich zu dieser Liebe bekennen können.

Hans Fallada (eigentl. Rudolf Ditzen)
Bauern, Bonzen und Bomben
Roman
Als Prototyp einer neuen Sachlichkeit in der Literatur wertet die Kritik den erfolgreichen Roman »Bauern, Bonzen und Bomben« von Hans Fallada (1893–1947), erschienen im Verlag Rowohlt in Berlin. Geschildert wird eine Bauerndemonstration gegen überhöhte Steuern in einer deutschen Stadt zur Zeit der Weimarer Republik. Polizei zerschlägt die Demonstration. Die Bauernführer werden vor Gericht gestellt. Am Beispiel dieser Geschichte zeigt Fallada die Verflechtung politischer und wirtschaftlicher Interessen verschiedenster Gruppen (Bauern, Presse, Industrie) und Einzelpersonen.

Oskar Maria Graf
Bolwieser
Roman eines Ehemannes
Im Drei-Masken-Verlag in Berlin erscheint die Ehetragödie »Bolwieser. Roman eines Ehemannes« von Oskar Maria Graf (1894–1967). Seit Xaver Bolwieser, Bahnhofsvorstand in der bayerischen Kleinstadt Werburg, seine Hanni, eine sinnliche, gutaussehende Frau, geheiratet hat, interessiert den biederen Beamten nur noch der gut gedeckte Tisch und abends seine Frau im Bett, »alles andere Gefühl und Interesse daneben verdorrte«. Bolwieser gilt im Dorf bald als »Pantoffelheld«, auch seiner Frau wird er langweilig: Sie wendet sich dem geschäftstüchtigen Merkl-Franz zu. Merkl-Franz geht gerichtlich gegen die »Verleumder« vor, die ihn eines Verhältnisses mit Hanni bezichtigen, und gewinnt diesen Prozeß, weil Bolwieser alle Verdachtsmomente gegen seine Frau leugnet. Hanni trennt sich von Merkl-Franz und nimmt sich einen neuen Geliebten, den Friseur Schafftaler. Bolwieser ist zwar mißtrauisch, verschließt jedoch vor der Wirklichkeit die Augen: »Je mehr ihm die Frau entglitt, um so rasender, um so schamloser und zynischer begehrte er sie. Er machte ihre Ehe zur Hurerei.« Um sich an Hanni zu rächen, zeigt ihr ehemaliger Geliebter Merkl-Franz Bolwieser wegen Meineids an. Hanni läßt sich noch während des Prozesses von Bolwieser scheiden und heiratet Schafftaler. Nach der Haft wird Bolwieser Fährmann, ein gebrochener, apathischer, vom Trunk gezeichneter Mann.

Karl Jaspers
Die geistige Situation der Zeit
Philosophische Abhandlung
Die in der Sammlung Göschen in Berlin erscheinende philosophische Abhandlung »Die geistige Situation der Zeit« des Existenzphilosophen Karl Jaspers (1883–1969) ist eine alle Lebensbereiche umfassende kritische Analyse der 20er Jahre. Jaspers beschreibt den allgemeinen Wertezerfall in einer Zeit, die beherrscht wird von der »Masse«, von der Technokratie und der Bürokratie. Die Gegenströmung zu dieser »Vermassung« des Menschen sieht Jaspers in irrationalen Denkmustern wie der Rassenmystifizierung des Nationalsozialismus. Jaspers ruft dazu auf, sich diesem Irrationalismus entgegenzustellen. Er bekennt sich zu einem Individualismus, der das Wagnis des »Selbstseins« in jeder Situation neu erleben muß. – Das Werk findet starken Widerhall. Bereits 1932 erreicht es die fünfte Auflage.

Erich Kästner
Fabian. Die Geschichte eines Moralisten
Roman
In der Deutschen Verlags-Anstalt in Stuttgart erscheint der auch im Ausland vielbeachtete Zeitroman »Fabian. Die Geschichte eines Moralisten« von Erich Kästner (1899–1974). Das Buch ist eine Warnung vor den Folgen politischer Passivität in Zeiten gesellschaftlicher Krisen. Jakob Fabian hofft auf den »Sieg der Anständigkeit« wie ein »Ungläubiger auf Wunder«, er erlebt Berlin als »Zuschauer« eines Großstadtgetriebes, das »im Osten das Verbrechen, im Zentrum die Gaunerei, im Norden das Elend, im Westen die Unzucht« beherbergt. Fabian möchte aus dem Schmutz heraus, aber er will diesen Schmutz weder anfassen noch beseitigen, er will aus ihm herausgezogen werden. Die Frau, für die er erstmals »handeln« möchte, verliert er, als sie sich einem Filmproduzenten anbietet in der Überzeugung, »man kann nur aus dem Dreck heraus, wenn man sich dreckig macht«. Fabian begreift, daß er handeln muß, aber er weiß nicht wie. Als er ein Kind von einer Brücke ins Wasser fallen sieht, springt er nach. Während der Junge heulend ans Ufer schwimmt, ertrinkt Fabian: »Er konnte leider nicht schwimmen.«

Gertrud von Le Fort
Die Letzte am Schafott
Novelle
In der Tradition der italienischen Renaissance-Novellen steht die im Verlag Kösel & Pustet in München erschienene Novelle »Die Letzte am Schafott« von Gertrud von Le Fort (1876–1971). Zentrales Thema ist die Überwindung der Angst: Blanche de La Force flieht aus Furcht vor der Welt ins Kloster, wird jedoch auch bei den Karmelitinnen weiter von Angst heimgesucht, von der Angst vor dem Tod. Sie flieht aus dem Kloster zurück ins Leben, als die Klosterschwestern – während der Wirren der Französischen Revolution – hingerichtet werden sollen. Zuletzt jedoch überwindet sie ihre Angst, folgt ihren Schwestern und steigt als letzte aufs Schafott.

Heinrich Mann
Geist und Tat
Essays
Mit dem Untertitel »Franzosen 1780–1930« erscheint im Verlag Kiepenheuer in Berlin die Essaysammlung »Geist und Tat« von Heinrich Mann (1871–1950). Am Beispiel von Schriftstellerporträts – Choderlos de Laclos, Stendhal, Victor Hugo, Gustave Flaubert, George Sand, Émile Zola, Anatole France, Philippe Soupault – versucht Mann, dem Verhältnis zwischen dichterischem Schaffen (»Geist«) und Engagement im sozialpolitischen Bereich (»Tat«) nachzugehen. Die ab 1905 entstandenen Beiträge des Buches werden als Selbstporträt des Autors in der Beschreibung anderer verstanden.

Erik Reger
Union der festen Hand
Roman einer Entwicklung
Mit dem Kleistpreis ausgezeichnet wird die Erstveröffentlichung von Erik Reger (1893–1954), der im Berliner Verlag Rowohlt erscheinende Schlüsselroman »Union der festen Hand«. Im Stil einer Reportage schildert Reger in diesem »Dem deutschen Volke« gewidmeten Zeitroman die Entwicklung des rheinisch-westfälischen Industrierevier von 1918 bis 1928 am Beispiel der Stahlwerke Risch-Zander (Krupp), die immer mehr Einfluß auf die Regierung gewinnen, bis schließlich Gesetze und Politik weitgehend mit den Firmeninteressen übereinstimmen.

Erich Maria Remarque
Der Weg zurück
Roman
Mit dem Roman »Der Weg zurück«, der im Propyläen-Verlag in Berlin erscheint, legt Erich Maria Remarque (1898–1970) eine Fortsetzung seines Welterfolgs »Im Westen nichts Neues« (1929) vor. Der Mythos von der Kameradschaft, den Remarque in dem Antikriegsroman »Im Westen nichts Neues« durch eine desillusionierende Schilderung des Kriegsalltags zerstörte, wird hier ins zivile Leben übertragen. Die in den Nachkriegsalltag zurückkehrenden Soldaten erleben, wie »Berufe, Familie, soziale Stellungen sich wie Holzkeile« zwischen sie schieben. Der Versuch, an der Kameradschaftsidee festzuhalten, führt viele in die Freikorps und zum Kampf gegen die »früheren Kameraden«, die nun politisch auf der Gegenseite stehen.

Kurt Tucholsky
Schloß Gripsholm
Eine Sommergeschichte
Im Verlag Rowohlt in Berlin erscheint der Roman »Schloß Gripsholm« von Kurt Tucholsky (1890–1935). Das im Untertitel als »Eine Sommergeschichte« bezeichnete Werk zählt zu den populärsten Büchern des Autors, der hier ironisch ein von den Zeitereignissen unberührtes Ferienidyll schildert: Den Sommerurlaub eines verliebten Paares auf Schloß Gripsholm in Schweden. Vorübergehend gesellt sich zu dem urlaubseligen Paar ein Freund, und aus dem Besuch eines hübschen Mädchens entwickelt sich ein keß frivoles Dreiecksverhältnis.

Jakob Wassermann
Etzel Andergast
Roman
Der im Verlag Fischer in Berlin erscheinende Roman »Etzel Andergast« ist der zweite Teil der sog. Andergast-Trilogie von Jakob Wassermann (1873–1934); der erste Teil erschien 1928 unter dem Titel »Der Fall Maurizius«. Der 20jährige Etzel Andergast, Student in Berlin, gewinnt die Freundschaft des berühmten, aber von der Schulmedizin abgelehnten Psychiaters Kerkhoven, der für ihn eine Art »Lebensführer« wird. Als Kerkhoven jedoch entdeckt, daß Andergast ein Verhältnis mit seiner Frau Marie hat, bricht er zusammen. Andergast, aus dem Haus des Arztes verwiesen und von Selbsthaß gequält, kehrt zu seiner Mutter zurück, um eine neue seelische Ordnung zu finden. – 1934 erscheint der letzte Teil der Trilogie, »Joseph Kerkhovens dritte Existenz«.

Arnold Zweig
Junge Frau von 1914
Roman
Der im Verlag Kiepenheuer in Berlin erschienene Roman »Junge Frau von 1914« ist nach »Der Streit um den Sergeanten Grischa« (1927) der zweite Roman aus dem Zyklus »Der große Krieg der weißen Männer« von Arnold Zweig (1887–1968), der im deutschen Sprachraum umfassenden literarischen Darstellung des Ersten Weltkriegs. Dem Autor geht es nicht um eine eindrucksvolle Darstellung der Schrecken mörderischer Schlachten, sondern um die Enthüllung der gesellschaftlichen Hintergründe, um die Entlarvung der eigentlichen, hinter patriotischen Phrasen sich verbergenden Drahtzieher. Im Mittelpunkt von »Junge Frau von 1914« steht die junge Lenore Wahl, eine Bankierstochter, deren Freund, der Schriftsteller Werner Bertin, im Feld steht. Für Lenore bringen der Krieg und die damit verbundenen Ereignisse – während eines Besuchs bei Werner wird sie von ihm vergewaltigt, wird schwanger und muß eine Abtreibung durchstehen – eine völlige Veränderung ihrer Denkweise, lassen in ihr Empörung gegen die Unmenschlichkeit des Krieges und über die entstehen, die für diesen Krieg verantwortlich sind. Lenore und Werner heiraten während eines Fronturlaubs.

Finnland

Frans Eemil Sillanpää
Silja, die Magd
(Nuorena nukkunut)
Roman
Ein Welterfolg wird der in Helsinki erscheinende Roman »Silja, die Magd« von Frans Eemil Sillanpää (1888–1964). Geschildert wird das Leben eines Mädchens aus einem alten Bauerngeschlecht in der Zeit von der Jahrhundertwende bis zu den Wirren nach der russischen Oktoberrevolution, als das bis 1917 zum Russischen Reich gehörende Finnland ebenfalls von den Kämpfen zwischen Roten und Weißen erschüttert wurde. Nach dem Tod der Eltern, die aus Not den Hof aufgegeben haben, muß sich Silja als Magd verdingen. Ohne Rücksicht auf ihre eigene Person hilft sie während des Bürgerkriegs den Menschen. Ihre einzige, erfüllte Liebe wird der Student Ar-

mas, der im Krieg verwundet wird. Silja erkrankt an Schwindsucht und stirbt im Alter von 22 Jahren. Die wörtliche Übersetzung des Romantitels lautet »Jung entschlafen«. – Die deutsche Übersetzung erscheint 1932.

Frankreich

Antoine de Saint-Exupéry (eigentl. Marie Roger Graf von S.-E.)
Nachtflug
(Vol de nuit)
Roman
Mit einem Vorwort von André Gide erscheint in Paris der Roman »Nachtflug« von Antoine de Saint-Exupéry (1900–1944); er wird mit dem Literaturpreis Prix Fémina ausgezeichnet. Rivière, der Leiter des im Aufbau befindlichen Luftpostnetzes zwischen Frankreich und Südamerika, erwartet in Buenos Aires die Ankunft dreier Maschinen, die zur Beschleunigung der Postbeförderung nachts unterwegs sind. Der Verlust eines Flugzeugs könnte sein Werk bedrohen, um dessentwillen er von den Fliegern das Äußerste verlangt, d. h. notfalls den Tod, da das wahre Glück in der Erfüllung der Tat liege und der Dienst an der gemeinsamen, dem Fortschritt dienenden Sache höher als das Glück des einzelnen zu bewerten sei. Während zwei Maschinen eintreffen, verunglückt der dritte Flieger in einem Schneesturm über den Anden. Rivière will dennoch sein Werk fortsetzen, vermeintlich im Dienste des Fortschritts. – Die deutsche Übersetzung erscheint 1932.

Großbritannien

Virginia Woolf
Die Wellen
(The Waves)
Roman
Völlig auf die traditionelle Erzähltechnik verzichtet Virginia Woolf (1882–1941) in dem in London erschienenen Roman »Die Wellen«. Das Werk besteht aus den inneren Monologen von sechs Freunden, die wechselweise Lebensabschnitte von der Kindheit bis zum Erwachsenenalter wiedergeben. Auf eine greifbare Handlung wird verzichtet. – Die deutsche Übersetzung erscheint 1959.

Island

Halldór Laxness
Salka Valka
(Salka Valka)
Roman
Unter dem Titel »Du Weinstock Du Reiner« erscheint in Reykjavík der erste Teil des Romans »Salka Valka« von Halldór Laxness (* 1902); 1932 wird der zweite Teil unter dem Titel »Vogel auf'm Strand« veröffentlicht. Laxness erzählt die Geschichte des verschlossenen, trotzigen Mädchens Salka Valka vor dem Hintergrund sozialer Spannungen in einem kleinen Fischerdorf an der Westküste Islands. Während der erste Teil mehr eine psychologische Studie ist, schildert der zweite Teil den Kampf von Arbeitern und Fischern um soziale Rechte. Salka Valka versteht es, durch Zupacken soziale Mißstände zu beheben, doch sie bleibt allein, ohne einen Menschen, der sie versteht. – Die deutsche Übersetzung erscheint 1951.

Norwegen

Sigurd Hoel
Ein Tag im Oktober
(En dag i oktober)
Roman
Eine satirisch-ironische Attacke gegen die Scheinmoral des bürgerlichen Ehelebens ist der in Oslo erschienene Roman »Ein Tag im Oktober« von Sigurd Hoel (1890–1960). Geschildert werden die Ereignisse in einem Mietshaus, die sich an einem einzigen Tag zwischen Nachmittag und dem folgenden Morgen abspielen. Im Mittelpunkt des Interesses stehen die Ehepaare dieses Hauses und vor allem die Reaktionen der Verheirateten Männer auf die Tatsache, daß sich eine Mitbewohnerin scheiden lassen will. Sie wird von fast allen Männern als Freiwild betrachtet. – Die deutsche Übersetzung erscheint 1932.

Österreich

Hermann Broch
Die Schlafwandler
Romantrilogie
Beim Rhein-Verlag in Zürich erscheinen unter dem Titel »Pasenow oder Die Romantik 1888« und »Esch oder Die Anarchie 1903« die ersten beiden Teile der Romantrilogie »Die Schlafwandler« von Hermann Broch (1886–1951); 1932 folgt »Huguenau oder Die Sachlichkeit 1918«. In den drei Bänden will Broch am Beispiel idealtypischer Figuren sog. Endstadien der alten europäischen Werthaltungen vorstellen. Im letzten Band triumphiert als siegreicher Typus der Geschäftsmann, dessen »Sachlichkeit« und Opportunismus aus der Abwesenheit aller moralischen Wertvorstellungen entspringt.
Während sich Broch im ersten Teil überwiegend der traditionellen realistischen Erzählform bedient, benutzt er ab dem zweiten Teil den inneren Monolog im Stil von James Joyce.

Franz Kafka
Beim Bau der Chinesischen Mauer
Ungedruckte Erzählungen und Prosa aus dem Nachlaß
Im Verlag Kiepenheuer in Berlin geben Max Brod und Hans-Joachim Schoeps unter dem Titel »Beim Bau der Chinesischen Mauer« Prosa aus dem Nachlaß von Franz Kafka (1883–1924) heraus. Der Band enthält außer dem Titelstück 18 weitere Erzählungen und zwei religiöse Aphorismenreihen. In der fragmentarisch gebliebenen Titelerzählung ist der Bau der Chinesischen Mauer Sinnbild für die tragische Vergeblichkeit menschlicher Bemühungen.

Alexander Lernet-Holenia
Die Abenteuer eines jungen Herrn in Polen
Roman
Mit Ironie und Humor zeichnet Alexander Lernet-Holenia (1897–1976) in dem Roman »Die Abenteuer eines jungen Herrn in Polen«, der im Verlag Kiepenheuer in Berlin erscheint, die Erlebnisse eines österreichischen Kavallerieleutnants während des Ersten Weltkriegs nach. Leutnant Keller wird in Polen unter seinem toten Pferd begraben, muß sich vor den Russen verstecken und lebt verkleidet als Kuhmagd Kascha bei einer Familie, die zwei hübsche Töchter hat. Den Mädchen bleibt das wahre Geschlecht der Kuhmagd nicht lange verborgen, beide erwarten bald ein Kind. Nebenbei gelingt es ihm, der deutsch-österreichischen Armee einen russischen Angriffsplan in die Hand zu spielen.

USA

William Faulkner
Die Freistatt
(Sanctuary)
Roman
Das Bild einer korrupten Gesellschaft, in der das Böse herrscht und in jede Auflehnung sinnlos ist, zeichnet William Faulkner (1897–1962) in dem in New York erscheinenden, sehr erfolgreichen Roman »Die Freistatt«. Die reiche und verwöhnte Studentin Temple gerät bei einem Autoausflug mit einem betrunkenen Verehrer in ein abgelegenes Farmhaus, wo eine Schnapsbrennerbande wohnt. Während der Verehrer das Weite sucht, wird Temple von dem skrupellosen Gangster Popeye vergewaltigt und in ein Bordell gebracht. – Die deutsche Übersetzung erscheint 1951.

Uraufführungen Schauspiel, Oper, Operette und Ballett 1931

Die bedeutendsten Uraufführungen aus Schauspiel, Oper, Operette und Ballett sind innerhalb der einzelnen Länder alphabetisch nach Autoren/Komponisten geordnet.

Deutsches Reich

Hans Pfitzner
Das Herz
Drama für Musik in drei Akten
Gleichzeitig in Berlin und München wird am 12. November die Oper »Das Herz« von Hans Pfitzner (1869–1949) uraufgeführt. Das Libretto schrieb Hans Mahner-Mons. Die in einer süddeutschen Residenz um 1700 spielende Zauber- und Liebesgeschichte zählt zu den poetischsten Werken des Komponisten (»Liebesmelodie« der Helge von Laudenheim), findet jedoch nicht die gleiche Verbreitung wie seine Oper »Palestrina« (1917).

Friedrich Wolf
Tai Yang erwacht
Ein Schauspiel
Das Piscator-Kollektiv bringt am 15. Januar im Wallner-Theater in Berlin das Schauspiel »Tai Yang erwacht« von Friedrich Wolf zur Uraufführung. Geschildert wird der Weg einer Fabrikarbeiterin in Schanghai im Jahr 1927, die sich unter dem Eindruck der Auseinandersetzungen zwischen der Regierung und revolutionären Bauern zur aktiven Revolutionärin wandelt. Nicht nur Tai Yang, sondern Millionen chinesische Arbeiterinnen und Arbeiter »erwachen«.

Ermanno Wolf-Ferrari
Die schalkhafte Witwe
(La Vedova Scaltra)
Komische Oper in drei Akten
Die komische Oper »Die schalkhafte Witwe« des deutsch-italienischen Komponisten Ermanno Wolf-Ferrari mit dem Text von Mario Ghisalberti nach der gleichnamigen Komödie von Carlo Goldoni wird am 15. März in Rom im Teatro dell'Opera uraufgeführt. Ein Engländer, ein Spanier, ein Franzose und ein Italiener umwerben – im Venedig des 18. Jahrhunderts – die schöne junge Witwe Rosaura, die sich letztlich für ihren Landsmann entscheidet. Das Orchester glossiert das humorvolle Bühnengeschehen und charakterisiert die vier beteiligten Nationalitäten. – Die deutsche Erstaufführung findet am 20. Oktober in Berlin und Köln statt.

Carl Zuckmayer
Der Hauptmann von Köpenick
Ein deutsches Märchen
Schauspiel in drei Akten
Die Tragikomödie »Der Hauptmann von Köpenick« von Carl Zuckmayer (1896–1977) wird am 5. März im Deutschen Theater in Berlin uraufgeführt. Zuckmayer schildert in Form einer sozialen Reportage die Geschichte des aus der Haft entlassenen Schusters Voigt, den Bürokratie und Paragraphen an der Rückkehr ins normale Leben hindern. Er greift zur Selbsthilfe, beschafft sich eine Hauptmannsuniform, unterstellt sich eine Abteilung Soldaten, besetzt das Rathaus von Köpenick, verhaftet den Bürgermeister und läßt die Gemeindekasse beschlagnahmen. Das Stück – basierend auf einer historischen Begebenheit aus dem Jahr 1906 – entlarvt die Uniformgläubigkeit und den völlig unkritischen Gehorsam gegenüber dem Militär im kaiserlichen Deutschland.

Frankreich

Jean Giraudoux
Judith
(Judith)
Schauspiel in drei Akten
In dem Schauspiel »Judith«, das am 4. November im Théâtre Pigalle in Paris unter der Regie von Louis Jouvet uraufgeführt wird, interpretiert Jean Giraudoux (1882–1944) die alttestamentliche Geschichte von Judith und dem Feldherrn Holofernes neu. Judith tötet Holofernes nicht aus politischen Motiven (um ihre Vaterstadt zu retten), sondern um die Vollkommenheit und Unantastbarkeit ihrer Liebe zu besiegeln, die sie für diese faszinierende Persönlichkeit empfindet. Nach der Rückkehr in ihre Stadt unterwirft sie sich jedoch der Propaganda des Hohenpriesters, der ihre Tat als Heldenstück darstellt und sie den Juden anweist, Judith als reines Werkzeug Gottes zu verehren. Nach der Uraufführung hagelt es Proteste gegen den Autor, der eine der großen Frauengestalten des Alten Testaments beleidigt habe. – Die deutsche Erstaufführung findet 1952 statt.

Großbritannien

William Turner Walton
Fassade
(Façade)
Ballett in einem Akt
Das Ballett »Fassade« von William Walton wird am 26. April im Londoner Cambridge Theatre durch die Camargo Society uraufgeführt. Die Choreographie leitet Frederick Ashton, die Ausstattung besorgte John Armstrong. Walton komponierte die Musik für die Dichterin Edith Sitwell, die bei der Premiere melodramatische Verse vorträgt.

Ralph Vaughan Williams
Hiob
(Hiob)
Spiel für Tänzer in acht Szenen
Am 5. Juli bringt die Camargo Society im Londoner Cambridge Theatre das Ballett »Hiob« von Ralph Vaughan Williams zur Uraufführung. Das als Vorlage dienende Libretto schrieben Geoffrey Keynes und Gwendolyn Raverat. Die Choreographie leitet Ninette de Valois, die Ausstattung besorgte Gwendolyn Raverat.

Österreich

Ödön von Horváth
Geschichten aus dem Wiener Wald
Volksstück in drei Akten
Mit dem Kleistpreis ausgezeichnet wird Ödön von Horváth (1901–1938) für das sozialkritische Volksstück »Geschichten aus dem Wiener Wald«, das am 2. November am Deutschen Theater in Berlin uraufgeführt wird. Erzählt wird die Leidensgeschichte eines unerfahrenen Mädchens, Marianne, das vom Geliebten ein Kind bekommt, von den Eltern verstoßen wird und sozial immer tiefer sinkt, bis sie wegen Diebstahls im Gefängnis landet.

Ödön von Horváth
Italienische Nacht
Volksstück in sieben Bildern
Im Theater am Schiffbauerdamm in Berlin wird am 20. März das Volksstück »Italienische Nacht« von Ödön von Horváth (1901–1938) uraufgeführt. In dieser politischen Komödie nimmt der Autor das Augenverschließen einer verbürgerlichten Sozialistengeneration in der Auseinandersetzung mit der nationalsozialistischen Gefahr aufs Korn. Mitglieder eines republikanischen Schutzverbandes feiern ein Gartenfest, während sich der Faschismus bis an die Zähne bewaffnet, um diese Republik zu zerstören.

Franz Lehár
Schön ist die Welt
Operette in drei Akten
Am 21. Dezember wird die Operette »Schön ist die Welt« von Franz Lehár in Wien uraufgeführt. Das Werk ist eine Umarbeitung der Operette »Endlich allein« (1914). Das in den Tiroler Bergen spielende Stück enthält zahlreiche Tänze und Lieder und zeichnet sich durch stimmungsvolle Naturmalereien aus.

Ungarn

Paul Abraham
Die Blume von Hawaii
Operette in drei Akten
Seinen größten Erfolg erringt der ungarische Komponist Paul Abraham mit der Operette »Die Blume von Hawaii«, die am 24. Juli im Neuen Theater in Leipzig uraufgeführt wird. Der »vor einigen Jahrzehnten« in Honolulu und Monte Carlo spielende Schwank um Prinzessin Laya und Prinz Lilo-Taro zeichnet sich durch dramatische Passagen, wirkungsvollen Ensemblesatz, humoristische Intermezzi und lyrische Stimmungsmalerei aus. Besonders populär werden die Foxtrotts »Ich hab ein Diwanpüppchen genau wie du«, »Ich will Mädeln sehn« und »My little Baby«, der Marsch »Wo es Mädels gibt, Kameraden«, der Walzer »Du traumschöne Perle der Südsee«, der Slowfox »Blume von Hawaii« und das Lied »Ein Paradies am Meeresstrand«.

USA

Eugene O'Neill
Trauer muß Elektra tragen
(Mourning Becomes Electra)
Eine Trilogie
In der dreiteiligen Tragödie »Trauer muß Elektra tragen«, die am 26. Oktober im Guild Hall Theatre in New York uraufgeführt wird, überträgt Eugene O'Neill (1888–1953) den antiken Elektra-Mythos in die Zeit nach dem US-amerikanischen Sezessionskrieg (1865). Der Kriegsheimkehrer Ezra (Agamemnon) wird von seiner Frau Christine (Klytämnestra), die den Kapitän Brant (Aigisthos) liebt, vergiftet. Die Tochter Lavinia (Elektra) entdeckt den Mord und überredet ihren Bruder Orin (Orest), Brant zu ermorden. Die Mutter begeht Selbstmord. Eugene O'Neill will mit diesem Drama, das zu den bedeutendsten seiner frühen Schaffensperiode zählt, »modernes psychologisches Drama mit einer alten Sagenhandlung« verbinden.

Filme 1931

Die neuen Filme des Jahres 1931 sind entsprechend der Nationalität der Regisseure dem Länderalphabet zugeordnet und hier wiederum alphabetisch nach Regisseuren aufgeführt. Bei ausländischen Filmen steht unter dem deutschen Titel der Originaltitel (siehe auch Übersichtsartikel auf S. 108).

Deutsches Reich

Hans Behrendt
Danton
Auf den Kampf zwischen dem kalten Ideologen Robespierre (Gustaf Gründgens) und dem als nationalbewußten Pragmatiker gezeichneten Danton (Fritz Kortner) reduziert Hans Behrendt die Wirren während der Französischen Revolution. Danton unterliegt in diesem Kampf, doch um das Todesurteil gegen ihn durchsetzen zu können, muß Robespierre erst den Gerichtssaal räumen lassen: Das Volk jubelt nicht Robespierre, sondern Danton zu.

Erik Charell
Der Kongreß tanzt
Erik Charells Ausstattungsoperette »Der Kongreß tanzt« wird am 23. Oktober im Berliner Ufa-Palast am Zoo uraufgeführt. Der zur Zeit des Wiener Kongresses (1814) spielende Film wird im Deutschen Reich der erfolgreichste der Saison 1931/32. In den Hauptrollen verkörpern Willy Fritsch Zar Alexander von Rußland und Lilian Harvey die Handschuhmacherin Christel Weinzinger, die sich von dem Kongreß einen Aufschwung für ihr Geschäft erhofft. In weiteren Rollen spielen Conrad Veidt, Lil Dagover, Paul Hörbiger, Adele Sandrock, Carl-Heinz Schroth, Otto Wallburg u. a. Die Musik schrieb Werner Richard Heymann (u. a. »Das gibt's nur einmal, das kommt nicht wieder«).

Piel Jutzi
Berlin – Alexanderplatz
Die Geschichte Franz Biberkopfs
Heinrich George spielt die Titelrolle in dem Film »Berlin – Alexanderplatz. Die Geschichte Franz Biberkopfs« von Piel Jutzi. Die Verfilmung des Romans von Alfred Döblin hat am 8. Oktober in Berlin Uraufführung. Erzählt wird die Geschichte des Transportarbeiters Franz Biberkopf, der nach seiner Haftentlassung nur noch ehrlich sein Geld verdienen will, aber in der Großstadt Berlin bald von seinem Vorhaben abkommt.

Gerhard Lamprecht
Emil und die Detektive
Gerhard Lamprechts Kriminalkomödie »Emil und die Detektive«, uraufgeführt am 2. Dezember in Berlin, ist die Verfilmung des gleichnamigen Romans von Erich Kästner. Rolf Wenkhaus spielt den Jungen Emil Tischbein, der in Berlin einen Herrn Grundeis (Fritz Rasp) jagt, den er verdächtigt, ihm während einer Eisenbahnfahrt 120 Mark gestohlen zu haben.

Fritz Lang
M – Mörder unter uns
Mit großem Erfolg wird am 11. Mai in Berlin Fritz Langs psychologischer Kriminalfilm »M – Mörder unter uns« uraufgeführt. Peter Lorre spielt einen Geistesgestörten, der kleine Mädchen mißbraucht und tötet. Die Bevölkerung einer ganzen Stadt jagt den Mörder, der schließlich von Gangstern gefaßt und vor ein »Gericht« gestellt wird, das nur aus Verbrechern besteht. Neben Peter Lorre spielen Ellen Widmann, Inge Landgut, Gustaf Gründgens, Theo Lingen u. a. »M – Mörder unter uns« gilt als einer der bedeutendsten deutschen Filme in der ersten Hälfte des 20. Jahrhunderts.

Richard Oswald
Der Hauptmann von Köpenick
Am 5. März findet die Uraufführung von Carl Zuckmayers Bühnenstück »Der Hauptmann von Köpenick« statt, bereits am 22. Dezember ist die Verfilmung dieser erfolgreichen zeitsatirischen Komödie unter der Regie von Richard Oswald Premiere. Max Adalbert ist in der Titelrolle zu sehen als der strafentlassene Schuster Voigt, der in Hauptmannsuniform die Stadtkasse von Köpenick beschlagnahmt und sich dabei den allzu großen Respekt der Deutschen vor dem Militär zunutze macht.

G. W. Pabst
Die Dreigroschenoper
Eine der bedeutendsten Opernverfilmungen ist G(eorg) W(ilhelm) Pabsts »Die Dreigroschenoper« nach dem gleichnamigen Bühnenwerk von Bertolt Brecht (Text) und Kurt Weill (Musik). Am 19. Februar wird der Film, in dem Brecht eine »Zertrümmerung des Werkes, und zwar nach geschäftlichen Gesichtspunkten« sieht, in Berlin uraufgeführt. In den Hauptrollen spielen Rudolf Forster (Gangsterkönig Mackie Messer), Carola Neher (dessen Freundin Polly Peachum), Reinhold Schünzel (Tiger-Brown), Fritz Rasp (Peachum), Valeska Gert (Frau Peachum) und Lotte Lenya (Jenny).

G. W. Pabst
Kameradschaft
Mit fast dokumentarischem Realismus inszeniert G(eorg) W(ilhelm) Pabst den Katastrophenfilm »Kameradschaft«, der am 17. November uraufgeführt wird. Geschildert werden in diesem eindringlich für die Verständigung zwischen Deutschen und Franzosen plädierenden Film die Rettungsarbeiten nach dem Unglück in einem Bergwerk nahe der deutsch-französischen Grenze. Deutsche kommen den verunglückten Franzosen zu Hilfe. Im letzten Bild vereinigen sich die Hände eines sterbenden Franzosen und eines toten Deutschen.

Leontine Sagan
Mädchen in Uniform
Der kritische Zeitfilm »Mädchen in Uniform« von Leontine Sagan wird am 28. November in Berlin uraufgeführt. Thema ist die tyrannische Disziplin in einem preußischen Offizierstöchterinternat und die von der Gesellschaft als lesbische Liebe mißverstandene Freundschaft zwischen einer sensiblen Schülerin (Hertha Thiele) und einer Lehrerin (Dorothea Wieck). In weiteren Rollen: Ellen Schwanneke und Erika Mann.

Hanns Schwarz
Bomben auf Monte Carlo
Erfolgreichster Film der Saison 1931/32 neben »Der Kongreß tanzt« ist der musikalische Abenteuerfilm »Bomben auf Monte Carlo«, der am 31. August in Berlin uraufgeführt wird. Unter der Regie von Hanns Schwarz spielen Hans Albers, Anna Sten, Heinz Rühmann, Peter Lorre und Otto Wallburg die Hauptrollen. Der Film erhält das Prädikat »künstlerisch«.

Luis Trenker / Karl Hartl
Berge in Flammen
In Berlin wird am 28. September der Hochgebirgskriegsfilm »Berge in Flammen« uraufgeführt. Regie führten bei dieser deutsch-französischen Koproduktion, die in einem feinbesetzten Tiroler Bergdorf spielt, Karl Hartl und Luis Trenker. Trenker ist auch Hauptdarsteller und Drehbuchautor dieses realistischen und für Völkerverständigung werbenden Streifens, der mit dem Prädikat »künstlerisch« ausgezeichnet wird.

Victor Trivas
Niemandsland
»Niemandsland« von Victor Trivas zählt zu den bedeutendsten pazifistischen Filmen während der Weimarer Republik. In einem fiktiven Niemandsland an der Westfront treffen fünf Soldaten verschiedener Nationalität zusammen. Ihre Feindseligkeit verschwindet rasch, sie werden geeint durch den gemeinsamen Wunsch nach Frieden. Als die Ruine, in die sie Zuflucht gefunden haben, von Deutschen und Franzosen gemeinsam unter Beschuß genommen wird, arbeiten die fünf – darunter ein »unbekannter Soldat«, der durch einen Schock die Sprache verloren hat – gemeinsam an primitiven Schutzvorrichtungen.

Frankreich

René Clair
Die Million
(Le Million)
In dem Film »Die Million« setzt René Clair das Tonverfahren zur Gestaltung eines Filmmusicals ein, das großen Einfluß auf künftige Filme dieses Genres ausübt. Erzählt wird in diesem musikalischen Lustspiel die erfolgreiche Jagd nach einem verlorenen Lotterielos, das mit einem großen Geldgewinn verbunden ist. In den Hauptrollen spielen Annabella, René Lefèvre und Louis Allibert; die Musik komponierten Armand Bernard, Philippe Parès und Georges van Parys.

René Clair
Es lebe die Freiheit
(A nous la liberté)
Das Leben in der modernen Industriegesellschaft ist das Thema von René Clairs Film »Es lebe die Freiheit«, der am 12. Dezember in Paris uraufgeführt wird. Zwei Ex-Häftlinge (Raymond Cordy, Henri Marchand), von denen es der eine zum Fabrikbesitzer gebracht hat, geben ihr trotz Geld unerfülltes Leben auf, um als Vagabunden frei durch die Welt zu ziehen. Durch den Einsatz des Tons u. a. Elemente setzt Clair das Leben im Gefängnis dem Leben in der Fabrik gleich. In einigen Ländern – Ungarn, Portugal – wird der Film daher als »subversiv« verboten.

Jean Cocteau
Das Blut eines Dichters
(Le Sang d'un poète)
Jean Cocteaus erster Film, »Das Blut eines Dichters«, zählt zu den ausdrucksstärksten Werken des Surrealismus und gilt als besonders typisch für diese Stilrichtung. Cocteau bezeichnet ihn als »einen realistischen Dokumentarfilm über unwirkliche Ereignisse«. Symbolhaft wird geschildert, ohne daß eine Inhaltsangabe im eigentlichen Sinn möglich ist, das Leben eines Dichters (Enrique Rivero), der sich zuletzt auf der Bühne tötet, während das Publikum Beifall klatscht.

Jean Renoir
Die Hündin
(La Chienne)
Jean Renoirs erster Tonfilm, »Die Hündin«, ist eine bittere Analyse des Alltags und der Träume eines Kleinbürgers. Ein kleiner Angestellter (Michel Simon) verliebt sich in die Prostituierte (Jean Marèze), bei der er – anders als bei seiner Frau – Verständnis für sich und seine Liebe zur Malerei zu finden glaubt. Er tötet das Mädchen, als er erkennt, daß sie nur an seinem Geld interessiert ist, und wird Clochard, während der Zuhälter als Mörder verhaftet wird.

UdSSR

Nikolai Ekk
Der Weg ins Leben
(Putevka v zizn)
»Der Weg ins Leben« ist der erste Tonfilm des sowjetischen Regisseurs Nikolai Ekk. Technisch und dramatisch eindrucksvoll inszeniert Ekk das Leben jugendlicher Landstreicherbanden im nachrevolutionären Sowjetrußland.

Grigori M. Kosinzew /
Leonid S. Trauberg
Allein
(Odna)
»Allein« zählt zu den bedeutendsten Werken des Duos Grigori M. Kosinzew und Leonid S. Trauberg. Die eindrucksvolle psychologische Studie einer Lehrerin wurde als Stummfilm gedreht und anschließend mit Dialogfragmenten synchronisiert.

USA

Tod Browning
Dracula
(Dracula)
Ein großer Erfolg wird Tod Brownings Vampirfilm »Dracula« mit Bela Lugosi in der Rolle als »Untoter«, der nachts aus dem Grab steigt, um Blut zu saugen. Er bringt eine junge Frau (Helen Chandler) unter seinen Einfluß und entführt sie, wird jedoch verfolgt und überwältigt, als er beim Morgengrauen in sein Grab zurückkehren will. Der Film besticht vor allem durch die Atmosphäre des »Bösen«, die er verbreitet. Lugosi stellt Dracula nicht als unsympathische Figur dar, sondern als ein Wesen, das Mitleid erregt.

Charles Chaplin
Lichter der Großstadt
(City Lights)
»Lichter der Großstadt« ist der erste vertonte Film von und mit Charlie Chaplin,

Filme 1931

zunächst als Stummfilm gedreht, später mit Musik und Geräuscheffekten unterlegt, nicht jedoch mit Sprache. Erzählt wird die Geschichte eines Landstreichers (Chaplin), der einem blinden Mädchen (Virginia Cherrill) das Geld für eine Augenoperation verschafft. »Lichter der Großstadt« zählt zu den erfolgreichsten Chaplin-Filmen.

Rouben Mamoulian
Straßen der Großstadt
(City Streets)
»Straßen der Großstadt« von Rouben Mamoulian gilt als einer der ersten Gangsterfilme. Ein Mädchen (Sylvia Sidney) gesteht einen Mord, um seinen Vater zu decken. Das Hauptaugenmerk des Regisseurs liegt auf dem Einfluß des Gangstermilieus auf zwei junge Menschen. Berühmt wird die Szene, in der sich das inhaftierte Mädchen und der junge Kid (Gary Cooper) durch die Gitterstäbe hindurch zu umarmen versuchen.

The Marx Brothers
Monkey Business
Ihre anarchistische Komik stellen die Brüder Chico, Harpo, Groucho und Zeppo Marx in dem Film »Monkey Business« erneut unter Beweis. Der erste Paramount-Hollywood-Film der Marx Brothers hat allerdings nicht den Erfolg früherer Werke.

Lewis Milestone
Die Titelseite
(The Front Page)
Der von Lewis Milestone inszenierte Streifen »Die Titelseite« ist die Verfilmung des gleichnamigen Theaterstücks (1928) von Ben Hecht und Charles MacArthur. Eine Folge melodramatischer Ereignisse bildet den Aufhänger für einen Dokumentarbericht über den Journalismus: Skrupellosigkeit, Einsatzfreudigkeit und Humor kennzeichnen diesen oberflächlich realistischen Film, dessen Figuren und Handlungen gängigen Klischees entsprechen.

Friedrich Wilhelm Murnau
Tabu
(Tabu)
Nach einer Idee von Robert Flaherty drehte Friedrich Wilhelm Murnau bei Perlenfischern in der Südsee den Stummfilm »Tabu«, der auf Anhieb ein großer Publikumserfolg wird. Der Film erzählt die Geschichte eines jungen Mädchens, das den Göttern geweiht und für die Männer »tabu« erklärt wird. Als sie sich verliebt, ist das Tabu verletzt, und die beiden Liebenden müssen fliehen. Der Film wurde ausschließlich mit Eingeborenen aus der Südsee gedreht.

Wesley Ruggles
Pioniere des Wilden Westens
(Cimarron)
Das Ende der Pionierzeit in den USA im ausgehenden 19. Jahrhundert ist das Thema des Films »Pioniere des Wilden Westens« von Wesley Ruggles. Vancey Cravat (Richard Dix) zieht mit seiner Frau (Irene Dunne) in ein zur Besiedlung freigegebenes Gebiet, gründet eine Zeitung und hält mit dieser Zeitung und seinen Pistolen alle Gegner in Schach. Doch dieses Leben läßt ihn unausgefüllt; er verläßt seine Frau und zieht weiter, auf der Suche nach Abenteuern. Nach Jahren kehrt er zurück zu seiner Frau, die in der Zwischenzeit die Zeitung erfolgreich weitergeführt hat: Cravat hat erkannt, daß die Zeit für Abenteuer im Wilden Westen vorbei ist.

Josef von Sternberg
Eine amerikanische Tragödie
(An American Tragedy)
»Eine amerikanische Tragödie« von Josef von Sternberg ist die umstrittene Verfilmung des gleichnamigen Romans von Theodore Dreiser, der vergeblich ein gerichtliches Aufführungsverbot durchzusetzen versucht. Sternberg klammert alle sozialen Konflikte der literarischen Vorlage aus und inszeniert ein privates Drama ohne soziologischen Hintergrund. Der arme Clyde Griffith (Phillips Holmes) könnte durch die Heirat mit einer vermögenden Frau (Frances Dee) den ersehnten gesellschaftlichen Aufstieg schaffen und bereitet deshalb die Ermordung seiner Freundin (Sylvia Sidney) vor, die ein Kind von ihm erwartet. Das Mädchen kommt bei einem Unfall ums Leben; Clydes Tatvorbereitungen belasten ihn jedoch so schwer, daß er als Mörder verurteilt wird.

Josef von Sternberg
Entehrt
(Dishonored)
Ein Erfolg in den USA wird Josef von Sternbergs groteske Spionagegeschichte »Entehrt«. Marlene Dietrich spielt eine Prostituierte, die im Auftrag des österreichischen Geheimdienstes einen russischen Spion entlarvt, vor ein Kriegsgericht gestellt wird und ihre eigene Hinrichtung zu einer Art Apotheose ihrer selbst stilisiert.

King Vidor
Straßenszene
(Street Scene)
King Vidors »Straßenszene« ist die virtuose Verfilmung des gleichnamigen Schauspiels (1929) von Elmar Rice. Geschildert wird alltagsrealistisch ein Tag im Leben der Bewohner einer Mietskaserne in einem New Yorker Slum.

William A. Wellman
Der Staatsfeind
(The Public Enemy)
William A. Wellmans »Der Staatsfeind« zählt zu den berühmtesten US-amerikanischen Gangsterfilmen der 30er Jahre. Geschildert wird der Werdegang eines Gangsters (James Cagney) während der Prohibition von der armseligen Jugend in den Schluchten von Hinterhöfen, über die »Ausbildung« im Diebstahl und der Karriere zwischen Luxus und Gosse bis zu seiner Ermordung während eines Bandenkriegs.

James Whale
Frankenstein
(Frankenstein)
Eher auf die filmische Umsetzung der Atmosphäre des Unheimlichen als auf die realistische Darstellung grausamer Details konzentriert sich James Whale in dem Horrorfilm »Frankenstein«. Zurückhaltend und psychologisierend verkörpert Boris Karloff das Monster.

Sportereignisse und -rekorde des Jahres 1931

Die Aufstellung erfaßt Rekorde, Sieger und Meister in wichtigen Sportarten. Aufgenommen wurden nur solche Wettbewerbe, die in den vergangenen Jahren bereits regelmäßig ausgetragen worden sind und ab 1931 kontinuierlich zu den Sportprogrammen gehörten. Sportarten in alphabetischer Reihenfolge.

Automobilsport

Grand-Prix-Rennen

Großer Preis von (Datum) Kurs/Strecke (Länge)	Sieger (Land)	Marke	Ø km/h
Belgien	siehe Langstrecke		
ČSR (27. 9.) Brünn (495,414 km)	Louis Chiron (FRA)	Bugatti	117,903
Deutschland (19. 7.) Nürburgring (501,82 km)	Rudolf Caracciola (GER)	Mercedes-Benz	108,241
Berlin Avus (294,426 km)	Rudolf Caracciola (GER)	Mercedes-Benz	185,695
Eifel Nürburgring (312 km)	Rudolf Caracciola (GER)	Mercedes-Benz	108,890
Frankreich	siehe Langstrecke		
Italien	siehe Langstrecke		
Monza (6. 9.) (240,135 km)	Luigi Fagioli (ITA)	Maserati	155,500
Monaco (19. 4.) (318 km)	Louis Chiron (FRA)	Bugatti	87,062

Langstreckenrennen

Kurs/Dauer (Datum)	Sieger (Land)	Marke	Ø km/h
GP Belgien/10 h Spa/Francorchamps (12. 7.)	William CH. F. Grover-Williams (GBR)/Caberto Alberto Conelli (ITA)	Bugatti	133,200
GP Frankreich/10 h Montlhéry (21. 6.)	Louis Chiron (FRA)/ Achille Varzi (ITA)	Bugatti	125,882
Indianapolis/500 ms (30. 5.)	Tom Schneider (USA)	Stevens-Miller	155,508
GP Italien/10 h Monza (24. 5.)	Giuseppe Campari (ITA)/ Tazio Nuvolari (ITA)	Alfa Romeo	156,800
Le Mans/24 h (13./14. 6.)	Earl Howe (GBR)/ Henry Birkin (GBR)	Alfa Romeo	125,735
Mille Miglia/1635 km (11./12. 4.)	Rudolf Caracciola (GER)/ Wilhelm Sebastian (GER)	Mercedes-Benz	101,147
Spa/Francorchamps/24 h (4./5. 7.)	Geoffredo Zehender (RUM/FRA)/Dimitrij Djordjadze (RUS/GBR)	Mercedes-Benz	105,990
Targa Florio/ 584 km (10. 5.)	Tazio Nuvolari (ITA)	Alfa Romeo	64,834
Tourist Trophy/659,7 km Ard-Belfast (22. 8.)	Norman Black (GBR)	MG	109,280

Rallyes

Monte Carlo	Healey	Invicta	

Boxen/Schwergewicht

Ort (Datum)	Weltmeister	Gegner	Ergebnis
Cleveland (3. 7.)	Max Schmeling (GER)	William Young Stribling (USA)	k. o. 15. Runde

Eiskunstlauf

Turnier	Ort	Datum
Weltmeisterschaften	Berlin	28. 2. – 1. 3.
Europameisterschaften	Wien (Herren)	24./25. 1.
	St. Moritz (Damen/Paare)	29./30. 1.
Deutsche Meisterschaften	Schierke	

Einzel	Herren	Damen
Weltmeister	Karl Schäfer (AUT)	Sonja Henie (NOR)
Europameister	Karl Schäfer (AUT)	Sonja Henie (NOR)
Deutsche Meister	Leopold Maier-Labergo (München)	Else Flebbe (Berlin)

Turnier	Ort	Datum
Paarlauf		
Weltmeister	Emilie Rotter/Laszlo Szollas (UNG)	
Europameister	Olga Organista/Szandor Szalay (UNG)	
Deutsche Meister	Ilse Gaste/Ernst Gaste (Berlin)	

Fußball

Länderspiele	Ergebnis	Ort	Datum
Deutschland (+1, =3, −3)			
Frankreich – Deutschland	1:0	Paris	15. 3.
Holland – Deutschland	1:1	Amsterdam	26. 4.
Deutschland – Österreich	0:6	Berlin	24. 5.
Schweden – Deutschland	0:0	Stockholm	17. 6.
Norwegen – Deutschland	2:2	Oslo	21. 6.
Österreich – Deutschland	5:0	Wien	13. 9.
Deutschland – Dänemark	4:2	Hannover	27. 9.
Österreich (+5, =2, −1)			
Italien – Österreich	2:1	Mailand	22. 2.
Österreich – Tschechoslowakei	2:1	Wien	12. 4.
Österreich – Ungarn	0:0	Wien	3. 5.
Österreich – Schottland	5:0	Wien	16. 5.
Deutschland – Österreich	0:6	Berlin	24. 5.
Österreich – Deutschland	5:0	Wien	13. 9.
Ungarn – Österreich	2:2	Budapest	4. 10.
Schweiz – Österreich	1:8	Basel	29. 11.
Schweiz (+0, =1, −5)			
Schweiz – Italien	1:1	Bern	29. 3.
Ungarn – Schweiz	6:2	Budapest	12. 4.
Schweiz – Schottland	2:3	Genf	24. 5.
Tschechoslowakei – Schweiz	7:3	Prag	13. 6.
Schweiz – Österreich	1:8	Basel	29. 11.
Belgien – Schweiz	2:1	Brüssel	6. 12.

Landesmeister

Deutschland	Hertha BSC Berlin – TSV 1860 München 3:2 (14. 6., Köln)
Österreich	Vienna Wien
Schweiz	Grashoppers Zürich
Belgien	FC Antwerpen
Dänemark	Frem Kopenhagen
England	FC Arsenal London
Finnland	IFK Helsinki
Holland	Ajax Amsterdam
Italien	Juventus Turin
Jugoslawien	BSK Belgrad
Norwegen	Odd Skien
Polen	Cracovia Krakau
Schottland	Glasgow Rangers
Schweden	GAIS Göteborg
Spanien	AC Bilbao

Landespokal

Österreich	Wiener AC
Schweiz	FC Lugano
England	West Bromwich Albion – FC Birmingham 2:1
Frankreich	Club Française Paris – OS Montpellier 3:0
Holland	nicht ausgetragen
Schottland	Celtic Glasgow – FC Motherwell 4:2
Spanien	AC Bilbao – Betis Sevilla 3:1

Gewichtheben

Weltrekordhalter (Land)	Dreikampf	Drücken	Reißen	Stoßen
Saied Nosseir (EGY)	400,0 kg			165,5 kg
Rudolf Schilberg (AUT)		133,0 kg		
Charles Rigoulot (FRA)			126,5 kg	

Sport 1931

Leichtathletik

Deutsche Meisterschaften

Disziplin	Sieger (Ort)	Leistung
Männer (Berlin, 1./2. August)		
100 m	Arthur Jonath (Bochum)	10,8
200 m	Arthur Jonath (Bochum)	22,2
400 m	Adolf Metzner (Frankfurt)	48,4
800 m	Otto Peltzer (Stettin)	1:58,9
1500 m	Helmut Krause (Berlin)	3:57,6
5000 m	Friedrich Schaumburg (Oberhausen)	15:04,7
10 000 m	Otto Petri (Hannover)	31:59,2
Marathon	Paul de Bruyn (Berlin)	2:47:19,3
110 m Hürden	Ferdinand Betschetznik (Berlin)	15,0
400 m Hürden	Willi Schumann (Berlin)	56,1
4 × 100 m	Eintracht Frankfurt	41,6
4 × 400 m	Hamburger SV	3:20,6
3 × 1000 m 1)	SC Charlottenburg	7:48,1
4 × 1500 m 2)	SC Charlottenburg	16:30,6
Hochsprung	Fritz Köpke (Stettin)	1,86
Stabhochsprung	Gustav Wegner (Halle)	4,04
Weitsprung	Kurt Mölle (Köln)	7,47
Dreisprung	Willi Drechsel (Thalheim)	13,72
Kugelstoßen	Emil Hirschfeld (Ortelsberg)	15,56
Diskuswurf	Hans Hoffmeister (Münster)	45,48
Hammerwurf	Josef Mang (Regensburg)	43,86
Steinstoßen	Alfred Lingnau (Dortmund)	10,75
Schleuderballwurf	Fritz Wegener (Kiel)	68,53
Speerwurf	Bruno Maeser (Königsberg)	63,65
Zehnkampf	Hans-Heinrich Sievert (Hamburg)	7874,605
50 km Gehen 3)	Franz Reichel (München)	4:40:45,0
Mannschaft	SC Charlottenburg	
Frauen (Magdeburg, 1./2. August)		
100 m	Leni Thymm(-Junker) (Leipzig)	12,0
200 m	Marie Dollinger (Nürnberg)	25,2
800 m	Marie Dollinger (Nürnberg)	2:16,8
80 m Hürden	Gerda Pirch (Charlottenburg)	12,3
4 × 100 m	SC Eintracht Frankfurt	50,0
Hochsprung	Selma Grieme (Bremen)	1,50
Weitsprung	Felicitas Schlarp (Köln)	5,61
Kugelstoßen	Grete Heublein (Barmen)	12,70
Diskuswurf	Petra Mollenhauer (Hamburg)	39,61
Schlagballwurf	Hilde Uebler (Berlin)	70,00
Speerwurf	Ellen Braumüller (Berlin)	39,85
Fünfkampf	Ellen Braumüller (Berlin)	395

1) Bitterfeld, 20. 9.; 2) Braunschweig, 16. 8.; 3) München, 4. 10.

Weltrekorde (Stand: 31. 12. 1931)

Disziplin	Name (Land)	Leistung	Datum	Ort
Männer				
100 m	Percy Williams (CAN)	10,3	9. 8. 1930	Toronto
	Eddie Tolan (USA)*	10,2	1. 7. 1930	Vancouver
200 m (Gerade)	Roland Locke (USA)	20,6	1. 5. 1926	Lincoln
200 m (Kurve)	William Applegarth (GBR)	21,2 y	4. 7. 1914	London
	Helmut Körnig (GER)*	21,0	26. 8. 1929	Bochum
400 m	Emerson Spencer (USA)	47,0	12. 5. 1928	Palo Alto
	Ben Eastman (USA)	47,4 y	16. 5. 1931	Palo Alto
800 m	Seraphin Martin (FRA)	1:50,6	14. 7. 1928	Paris
1000 m	Jules Ladoumègue (FRA)	2:23,6	19. 10. 1930	Paris
1500 m	Jules Ladoumègue (FRA)	3:49,2	5. 10. 1930	Paris
Meile	Jules Ladoumègue (FRA)	4:09,2	19. 10. 1930	Paris
3000 m	Paavo Nurmi (FIN)	8:20,4	13. 7. 1926	Stockholm
5000 m	Paavo Nurmi (FIN)	14:28,2	19. 6. 1924	Helsinki
10 000 m	Paavo Nurmi (FIN)	30:06,2	31. 8. 1924	Kuopio
110 m Hürden	Erik Wennström (SWE)	14,4	25. 8. 1928	Stockholm
	Percy Beard USA)	14,2 y	4. 7. 1931	Lincoln
400 m Hürden	Morgan Taylor (USA)	52,0	4. 8. 1928	Philadelphia
3000 m Hindern.*	Toivo Loukola (FIN)	9:21,8	4. 8. 1928	Amsterdam
4 × 100 m	Deutschland	40,8	2. 9. 1928	Berlin
	Universität Südkalifornien (USA)	40,8 y	9. 5. 1931	Fresno
4 × 400 m	USA	3:14,2	5. 8. 1928	Amsterdam
	Stanford University (USA)	3:12,6 y	8. 5. 1931	Fresno
Hochsprung	Harold Osborn (USA)	2,03	27. 5. 1924	Urbana
Stabhochsprung	Lee Barnes (USA)	4,30	28. 4. 1928	Fresno
Weitsprung	Chuhei Nambu (JAP)	7,98	27. 10. 1931	Tokio
Dreisprung	Mikio Oda (JAP)	15,58	27. 10. 1931	Tokio
Kugelstoßen	Emil Hirschfeld (GER)	16,04	26. 8. 1928	Bochum
Diskuswurf	Paul Jessup (USA)	51,73	23. 8. 1930	Pittsburgh
Hammerwurf	Patrick Ryan (USA)	57,77	17. 8. 1913	New York
Speerwurf	Matti Järvinen (FIN)	72,93	14. 9. 1930	Viipuri
Zehnkampf	Akilles Järvinen (FIN)	8255,475	19./20. 7. 30	Viipuri
Frauen				
100 m	Myrtle Cook (CAN)	12,0	2. 7. 1928	Halifax
200 m	Kinue Hitomi (JAP)	24,7	19. 5. 1929	Tokio
400 m*	Nellie Halstead (GBR)	58,8 y	11. 7. 1931	London
800 m	Lina Batschauer-Radke (GER)	2:16,8	2. 8. 1928	Amsterdam
1500 m*	Anna Muschkina (URS)	5:18,2	29. 8. 1927	Moskau
80 m Hürden	Marjorie Clark (SFA)	11,8	2. 5. 1931	London
4 × 100 m	Kanada	48,4	5. 8. 1928	Amsterdam
Hochsprung	Carolina Gisolf (HOL)	1,60	18. 7. 1928	Maastricht
	Jean Shiley (USA)*	1,61	19. 4. 1930	Boston
Weitsprung	Kinue Hitomi (JAP)	5,98	20. 5. 1928	Osaka
Kugelstoßen	Grete Heublein (GER)	13,70	16. 8. 1931	Bielefeld
Diskuswurf	Halina Konopacka (POL)	39,62	31. 7. 1928	Amsterdam
Speerwurf	Ellen Braumüller (GER)	42,28	2. 8. 1931	Magdeburg
	Else Schumann (GER)*	42,32	8. 9. 1930	Prag
Fünfkampf*	Ellen Braumüller (GER)	3987	1./2. 8. 1931	Magdeburg

* inoffiziell, offiziell (auch später) nicht anerkannt
y = Yardstrecke

Deutsche Rekorde (Stand: 31. 12. 1931)

Disziplin	Name (Ort)	Leistung	Datum	Ort
Männer				
100 m	Helmut Körnig (Breslau)	10,4	8. 8. 1926	Leipzig
200 m	Helmut Körnig (Breslau)	20,9	19. 8. 1928	Berlin
400 m	Jochen Büchner (Magdeburg)	47,8	2. 9. 1928	Berlin
800 m	Otto Peltzer (Stettin)	1:51,6	3. 7. 1926	London
1000 m	Otto Peltzer (Stettin)	2:25,8	19. 9. 1927	Paris
1500 m	Otto Peltzer (Stettin)	3:51,0	11. 9. 1926	Berlin
3000 m	Willi Boltze (Hamburg)	8:35,3	11. 9. 1928	Düsseldorf
5000 m	Max Syring (Wittenberg)	14:49,6	1. 10. 1931	Berlin
10 000 m	Max Syring (Wittenberg)	31:26,0	13. 9. 1931	Berlin
110 m Hürden	Ferdinand Beschetznick (Berlin)	14,8	26. 7. 1931	Berlin
400 m Hürden	Otto Peltzer (Stettin)	54,8	17. 7. 1927	Berlin
4 × 100 m	Nationalstaffel	40,8	3. 6. 1928	Berlin
	SC Charlottenburg	40,8	22. 7. 1929	Breslau
4 × 400 m	Nationalstaffel	3:14,6	15. 7. 1928	Amsterdam
	SC Teutonia Berlin	3:17,2	7. 8. 1928	Köln
Hochsprung	Robert Pasemann (Berlin)	1,923	13. 8. 1911	Braunschweig
Stabhochspr.	Gustav Wegner (Halle)	4,12	28. 6. 1931	Amsterdam
Weitsprung	Rudolf Dobermann (Köln)	7,645	10. 6. 1928	Jena
Dreisprung	Arthur Holz (Berlin)	14,99	1. 7. 1922	Berlin
Kugelstoßen	Emil Hirschfeld (Allenstein)	16,04	26. 8. 1928	Bochum
Diskuswurf	Hans Hoffmeister (Münster)	48,77	22. 7. 1928	Gelsenkirchen
Hammerwurf	Josef Mang (Regensburg)	46,05	17. 6. 1928	Fürth
Speerwurf	Gottfried Weimann (Leipzig)	66,97	17. 8. 1930	Coburg
Zehnkampf	Hans-Heinrich Sievert (Halle)	7874,605	1./2. 8. 31	Berlin
Frauen				
100 m	Leny Thymm (Leipzig)	12,0	1. 8. 1931	Magdeburg
200 m	Marie Dollinger (Nürnberg)	25,2	2. 8. 1931	Magdeburg

Sport 1931

Disziplin	Name (Ort)	Leistung	Datum	Ort
800 m	Lina Batschauer-Radke (Karlsruhe)	2:16,8	2. 8. 1928	Amsterdam
1000 m	Wally Lingner (Berlin)	3:15,0	18. 7. 1926	Berlin
80 m Hürden	Gerda Pirch (Berlin)	12,3	2. 8. 1931	Magdeburg
4 × 100 m	Nationalstaffel	48,8	23. 8. 1931	Hannover
	TSV 1860 München	48,8	20. 7. 1930	Nürnberg
Hochsprung	Helma Notte (Düsseldorf)	1,58	14. 6. 1931	Krefeld
Weitsprung	Selma Grieme (Bremen)	5,91	23. 8. 1931	Hannover
Kugelstoßen	Grete Heublein (Barmen)	13,70	16. 8. 1931	Bielefeld
Diskuswurf	Paula Mollenhauer (Hamburg)	39,61	1. 8. 1931	Magdeburg
Speerwurf	Ellen Braumüller (Berlin)	42,28	2. 8. 1931	Magdeburg
Fünfkampf	Ellen Braumüller (Berlin)	395	1./2. 8. 1931	Magdeburg

Pferdesport

Disziplin/Turnier	Sieger (Land)	Pferd (Gestüt)	Datum
Galopprennen			
Deutsches Derby	E. Böhlke	Dionys (Graditz)	21. 6.
Trabrennen			
Deutsches Derby	J. Mills (IRL)	Cicero (Japke)	
Turniersport			
Springreiten			
Deutsches Derby	E. Hasse (GER)	Derby	

Radsport

Disziplin, Ort	Plazierung, Name (Land)	Zeit/Rückstand
Straßenweltmeisterschaft		
Profis (168 km) Kopenhagen	1. Learco Guerra (ITA) 2. Le Drogo 3. Buchi	
Amateure (172 km) Kopenhagen	1. Hansen (DAN) 2. Giuseppe Olmo (ITA) 3. Nielsen	
Rundfahrten (Etappen)		
Tour de France (24) Datum: 30. 6. – 26. 7. Länge: 5095 km 100 Starter, 59 im Ziel	1. Antonin Magne (FRA) 2. Joseph Demuysère (BEL) 3. Antonio Pesenti (ITA)	177:10:03 12:56 22:51
Giro d'Italia (12) Datum: 10. – 31. 5. Länge: 3010 km 109 Starter, 65 im Ziel	1. Francesco Camusso (ITA) 2. Luigi Giacoble (ITA) 3. Luigi Marchisio (ITA)	102:40:46 2:53 6:15
Deutschland-Rundfahrt (16) Datum: 3. – 24. 5. Länge: 4236 km	1. Erich Metze (GER) 2. Oskar Thierbach (GER) 3. Nicolas Frantz (LUX)	138:25:06

Schwimmen

Europameisterschaften (Paris, 23. – 30. August)		
Disziplin	Sieger (Land)	Leistung
Männer		
Freistil 100 m	Istvan Barany (UNG)	59,8
Freistil 400 m	Istvan Barany (UNG)	5:04,0
Freistil 1500 m	Oliver von Halassy (UNG)	20:49,0
Freistil 4 × 200 m	Ungarn	9:34,4
Brust 200 m	Tovi Rheingoldt (FIN)	2:52,2
Rücken 100 m	Gerhard Deutsch (GER)	1:14,8
Kunstspringen	Ewald Riebschläger (GER)	136,22
Turmspringen	Josef Staudinger (AUT)	111,82
Wasserball	Ungarn	
Frauen		
Freistil 100 m	Yvonne Godard (FRA)	1:10,0
Freistil 400 m	Maria Johanna Braun (HOL)	5:42,0
Freistil 4 × 100 m	Niederlande	4:57,4
Brust 200 m	Celia Wolstenholme (GBR)	3:16,2
Rücken 100 m	Maria Johanna Braun (HOL)	1:22,8
Kunstspringen	Olga Jordan (GER)	77,00
Turmspringen	Mädi Epply (AUT)	34,28

Deutsche Meisterschaften (Königsberg)		
Disziplin	Sieger (Ort)	Leistung
Männer		
Freistil 100 m	Karl Schubert (Breslau)	1:02,2
Freistil 200 m	Karl Schubert (Breslau)	2:21,7
Freistil 400 m	Raimond Deiters (Köln)	5:2034,6
Freistil 1500 m	Karl Bode (Hildesheim)	21:55,4
Freistil 4 × 100 m	Poseidon Köln	4:22,3
Freistil 4 × 200 m	Poseidon Köln	10:00,0
Brust 200 m	Karl Wittenberg (Berlin)	2:52,0
Brust 4 × 200 m	Hellas Magdeburg	12:12,2
400 m Lagenstaffel	Sparta Köln	5:12,6
Stromschwimmen (7500 m)	Joachim Rademacher (Magdeburg)	1:02:35,0
Meeresschwimmen (1500 m)	Artur Reglin (Spandau)	25:20,0
Mannschaft	Poseidon Leipzig	
Kunstspringen	Willi Neumann (Spandau)	142,74
Turmspringen	Ewald Riebschläger (Zeitz)	114,26
Mehrkampf	Leo Esser (Iserlohn)	
Wasserball	Hellas Magdeburg	
Frauen		
Freistil 100 m	Liesel Kotulla (Beuthen)	1:16,4
Freistil 3 × 100 m	1. Magdeburger Damen-SV	4:15,4
Brust 200 m	Gerda Suchardt (Charlottenburg)	3:14,1
Brust 3 × 200 m	Nixe Charlottenburg	10:08,5
Rücken 100 m	Friedel Strubel (Berlin)	1:31,6
400 m Lagenstaffel	Nixe Charlottenburg	6:04,2
Stromschwimmen (7500 m)	Liselotte Mehlitz (Weißensee)	1:08:34,0
Meeresschwimmen (2000 m)	Ruth Runzler (Berlin)	32:32,4
Mannschaft	Nixe Charlottenburg	
Kunstspringen	Olga Jordan (Nürnberg)	76,38

Weltrekorde (Stand: 31. 12. 1931)				
Disziplin	Name (Land)	Leistung	Datum	Ort
Männer				
Freistil 100 m	Johnny Weissmuller (USA)	57,4	17. 2. 1924	Miami
Freistil 200 m	Johnny Weissmuller (USA)	2:08,0	3. 4. 1927	Ann Arbor
Freistil 400 m	Jean Taris (FRA)	4:47,0	16. 4. 1931	Paris
Freistil 800 m	Shozo Makino (JAP)	10:16,6	30. 8. 1931	Osaka
Freistil 1500 m	Arne Borg (SWE)	19:07,2	2. 9. 1927	Bologna
Freistil 4 × 100 m	Deutschland	4:22,0	15. 7. 1928	Berlin
Freistil 4 × 200 m	Ungarn	9:34,0	30. 8. 1931	Paris
Brust 100 m	Walter Spence (USA)	1:14,0	28. 10. 1927	New York
Brust 200 m	Lionel Spence (USA)	2:44,6	2. 4. 1931	Chicago
Rücken 100 m	George Kojac (USA)	1:08,2	9. 8. 1928	Amsterdam
Rücken 200 m	George Kojac (USA)	2:32,2	16. 6. 1930	New Haven
Frauen				
Freistil 100 m	Helen Madison (USA)	1:06,6	20. 4. 1931	Boston
Freistil 200 m	Helen Madison (USA)	2:34,6	6. 3. 1931	Augustine
Freistil 400 m	Helen Madison (USA)	5:31,0	3. 2. 1931	Seattle
Freistil 800 m	Helen Madison (USA)	11:41,2	6. 7. 1930	Long Beach
Freistil 1500 m	Helen Madison (USA)	23:17,2	15. 7. 1931	New York
Freistil 4 × 100 m	USA	4:47,6	9. 8. 1928	Amsterdam
Brust 100 m	Lotte Mühe (GER)	1:26,3	9. 6. 1928	Magdeburg
Brust 200 m	Margerie Hinton (GBR)	3:10,6	20. 7. 1931	Manchester
Rücken 100 m	Phyllis Mealing (AUS)	1:20,6	27. 2. 1930	Sydney
Rücken 200 m	Eleanor Holm (USA)	2:58,2	1. 3. 1930	New York

Deutsche Rekorde (Stand: 31. 12. 1931)				
Disziplin	Name (Land)	Leistung	Datum	Ort
Männer				
Freistil 100 m	Karl Schubert (Breslau)	1:00,6	4. 11. 1928	Breslau
Freistil 200 m	Herbert Heinrich (Leipzig)	2:19,0	3. 3. 1927	Leipzig
Freistil 400 m	Raimund Deiters (Köln)	5:04,7	31. 10. 1931	Magdeburg
Freistil 800 m	Werner Neitzel (Göppingen)	11:18,0	21. 7. 1929	Göppingen
Freistil 1500 m	Walter Handschuhmacher (Dortmund)	21:39,7	15. 7. 1928	Berlin
Freistil 4 × 100 m	Magdeburg 1896	4:22,0	15. 7. 1928	Berlin

Sport / Abkürzungen 1931

Schwimmen (Deutsche Rekorde, Fortsetzung)

Disziplin	Name (Land)	Leistung	Datum	Ort
Freistil 4 × 200 m	Magdeburg 1896	10:00,0	1931	Königsberg
Brust 100 m	Karl Wittenberg (Berlin)	1:14,4	31. 10. 1931	Magdeburg
Brust 200 m	Karl Wittenberg (Berlin)	2:46,2	1. 11. 1931	Magdeburg
Rücken 100 m	Ernst Küppers (Viersen)	1:08,8	19. 11. 1929	Ruhrort
Rücken 200 m	Ernst Küppers (Viersen)	2:39,7	18. 1. 1931	Bremen
Frauen				
Freistil 100 m	Hilde Salbert (Gleiwitz)	1:13,0	6. 12. 1931	Breslau
Freistil 200 m	Reni Erkens (Oberhausen)	2:47,8	17. 1. 1928	Oberhausen
Freistil 400 m	Reni Erkens (Oberhausen)	6:08,0	26. 1. 1928	Duisburg
Freistil 800 m	Dora Schönemann (Dresden)	13:39,8	12. 8. 1931	Dresden
Freistil 1500 m	Dora Schönemann (Dresden)	26:35,2	15. 9. 1930	Dresden
Freistil 4 × 100 m	Hamburger Tb	6:16,5	1926	Köln
Brust 100 m	Lotte Mühe (Hildesheim)	1:26,3	9. 6. 1928	Magdeburg
Brust 200 m	Lotte Mühe (Hildesheim)	3:11,2	15. 7. 1928	Berlin
Rücken 100 m	Elfriede Sasserath (Rheydt)	1:26,2	9. 11. 1930	Duisburg
Rücken 200 m	Elfriede Sasserath (Rheydt)	3:09,8	6. 12. 1931	Düsseldorf

Ski alpin

Weltmeisterschaften (Mürren/Schweiz, 19. – 22. 2.)

	Herren	Damen
Abfahrt	Walter Prager (SUI) 1:56,2	E. M. Mackinnon (GBR) 3:05,6
Slalom	David Zogg (SUI) 54,6	E. M. Mackinnon (GBR) 158,0

Tennis

Meisterschaften	Ort	Datum
Wimbledon	London	22. 6.–4. 7.
French Open	Paris	18. 5. – 1. 6.
US Open	Forest Hills (Einzel, Damen-Doppel) Chestnut Hill (Herren-Doppel, Mixed)	5. 9. – 13. 9.
Australian Open	Melbourne	
Internationale Deutsche	Hamburg	2. – 7. 8.
Daviscup-Endspiel	Paris	24.–26. 7.

Turnier	Sieger (Land) – Finalgegner (Land)	Ergebnis
Herren		
Wimbledon	Sidney B. Wood (USA) – Frank Shields (USA)	kampflos
French Open	Jean Borotra (FRA) – Christian Boussus (FRA)	2:6, 6:4, 7:5, 6:4
US Open	Ellsworth Vines (USA) – George M. Lott (USA)	7:9, 6:3, 9:7, 7:5
Australian Open	Jack Crawford (AUS) – Harry Hopman (AUS)	6:4, 6:2, 2:6, 6:1
Int. Deutsche	Roderich Menzel (ČSR) – Gustav Jaenecke (GER)	6:2, 6:2, 6:1
Davis-Cup	Frankreich – Großbritannien	3:2
Damen		
Wimbledon	Cilly Aussem (GER) – Hilde Krahwinkel (GER)	6:2, 7:5
French Open	Cilly Aussem (GER) – Betty Nuthall (USA)	8:6, 6:1
US Open	Helen Wills-Moody (USA) – Eileen Fearnley-Whittingstall (GBR)	6:4, 6:1
Australian Open	Coral Buttsworth – Marjorie Crawford (AUS)	1:6, 6:3, 6:4
Int. Deutsche	Cilly Aussem (GER) – Irmgard Rost (GER)	6:1, 6:2
Herren-Doppel		
Wimbledon	George M. Lott (USA)/ John Van Ryn (USA) – Jacques Brugnon (FRA)/ Henri Cochet (FRA)	6:2, 10:8, 9:11, 3:6, 6:3
French Open	George M. Lott (USA)/ John Van Ryn (USA) – N. G. Farquharson (SFA)/ V. G. Kirby (SFA)	6:4, 6:3, 6:4
US Open	Wilmer Allison (USA)/ John Van Ryn (USA) – Bernelly Bell (USA)/ G. S. Mangin	6:4, 8:6, 6:3
Australian Open	C. Donohue (AUS)/ R. Dunlop – Jack Crawford (AUS)/ Harry Hopman (AUS)	8:6, 6:2, 5:7, 7:9, 6:4
Int. Deutsche	W. Dessart/E. Nourney	
Damen-Doppel		
Wimbledon	Dorothea Shepherd-Barron (GBR)/ Phyllis Mudford (GBR) – Doris Metaxa (FRA)/ J. Sigart (BEL)	3:6, 6:3, 6:4
French Open	Betty Nuthall (USA)/ Eileen Whittingstall (GBR) – Cilly Aussem (GER)/ Elizabeth Ryan (USA)	9:7, 6:2
US Open	Betty Nuthall (USA)/ Eileen Whittingstall (GBR) – Helen Jacobs (USA)/ Dorothy Round (USA)	6:2, 6:4
Australian Open	Louise Bickerton/ Daphne Akhurst-Cozens – N. Lloyd/ Lorna Utz	6:0, 6:4
Int. Deutsche	K. Godfree/N. Trentham	
Mixed		
Wimbledon	Georg M. Lott (USA)/ Virginia Harper (USA) – I. G. Collins/ J. C. Ridley	6:3, 1:6, 6:1
French Open	P. D. B. Spence (SFA)/ Betty Nuthall (GBR) – Henry Austin (GBR)/ Dorothea Shepherd-Barron (GBR)	6:3, 5:7, 6:3
US Open	George M. Lott (USA)/ Betty Nuthall (GBR) – Wilmer Allison (USA)/ Sylvia Harper (USA)	6:3, 6:3
Australian Open	Jack Crawford (AUS)/ Marjorie Crawford (AUS) – A. Willard/ Emily Westacott	
Int. Deutsche	H. C. Fischer/L. Payot	

Abkürzung zu den Sportseiten

AFG	Afghanistan	CUB	Kuba	IND	Indien	NEP	Nepal	SIN	Singapur
ARG	Argentinien	DAN	Dänemark	IRA	Iran	NIC	Nicaragua	SPA	Spanien
AUS	Australien	ECU	Ecuador	IRK	Irak	NOR	Norwegen	SUI	Schweiz
AUT	Österreich	EGY	Ägypten	IRL	Irland	NSE	Neuseeland	SWE	Schweden
BEL	Belgien	EST	Estland	ISL	Island	PAN	Panama	THA	Thailand
BOL	Bolivien	FIN	Finnland	ITA	Italien	PAR	Paraguay	TUN	Tunesien
BRA	Brasilien	FRA	Frankreich	JAP	Japan	PER	Peru	TUR	Türkei
BUL	Bulgarien	GBR	Großbritannien	LET	Lettland	PHI	Philippinen	UNG	Ungarn
CAN	Kanada	GER	Deutschland	LIE	Liechtenstein	POL	Polen	URS	Sowjetunion
CHI	Chile	GRE	Griechenland	LIT	Litauen	POR	Portugal	URU	Uruguay
CHN	China	GUA	Guatemala	LUX	Luxemburg	RUM	Rumänien	USA	Vereinigte Staaten von Amerika
COL	Kolumbien	HAI	Haiti	MCO	Monaco	SAF	Südafrika		
COS	Costa Rica	HOL	Holland	MEX	Mexiko	SAL	El Salvador	VEN	Venezuela
ČSR	Tschechoslowakei	HON	Honduras	MON	Mongolei	SAN	San Marino	YUG	Jugoslawien

Nekrolog 1931

Bekannte Persönlichkeiten aus allen Bereichen des gesellschaftlichen Lebens, die im Jahr 1931 gestorben sind, werden – alphabetisch geordnet – in Kurzbiographien vorgestellt.

Claude Anet
eigentlich Jean Schopfer, schweizerisch-französischer Schriftsteller (* 28. 5. 1868, Morges), stirbt am 9. Januar 1931 in Paris.
Anet wurde bekannt durch Reiseberichte über Persien (»La Perse en automobile«, 1906), Italien und Rußland. Darüber hinaus schrieb er Romane, die in Rußland spielen (»Ariane«, 1904) oder das französische Provinzleben schildern (»Kleinstadt«, 1901; »Les bergeries«, 1904).

David Belasco
US-amerikanischer Regisseur, Theaterproduzent und Dramatiker (* 25. 7. 1859, San Francisco), stirbt am 14. Mai 1931 in New York.
Belasco gründete 1906 in New York das Belasco-Theater, das durch seine naturalistischen Inszenierungen bekannt wurde. Von seinen rund 75 Theaterstücken wurde das von Giacomo Puccini vertonte Stück »Madame Butterfly« (1900) am bekanntesten.

Arnold Bennett

britischer Schriftsteller (* 27. 5. 1867, Shelton bei Hanley), stirbt am 27. März 1931 in London.
Bennett schilderte unter dem Einfluß des französischen Realismus in Romanen und Bühnenstücken den Kleinbürgeralltag im viktorianischen England (»Konstanze und Sophie«, 1908; »Die Familie Clayhanger«, 1910/11). Darüber hinaus schuf er Kolportageromane, die er als »Phantasien über moderne Themen« bezeichnete (»Das Grandhotel Babylon«, 1902).

Hjalmar Fredrik Elgérus Bergman
schwedischer Schriftsteller (* 19. 9. 1883, Örebro), stirbt am 1. Januar 1931 in Berlin.
Hauptthema des umfangreichen erzählerischen Werks von Bergman ist die Bedeutungslosigkeit und Grausamkeit des Daseins, wobei komische und tragische Elemente beieinanderstehen. Zu seinen bekanntesten Romanen zählen »Testament Sr. Gnaden« (1910), »Skandal in Wadköping« (1919) und »Der Eindringling« (1921). Großen Erfolg hatte er mit der Komödie »Der Nobelpreis« (1925).

Buddy Bolden
eigentlich Charles Bolden, US-amerikanischer Jazzmusiker (* um 1868, New Orleans), stirbt am 4. November 1931 in Jackson/Louisiana.
Der Kornettist Buddy (oder »King«) Bolden zählt zu den legendären Bandleadern des New-Orleans-Jazz. In den 90er Jahren gründete er Buddy Boldens' Ragtime Band, die erste klassische Jazzband.

Giovanni Boldini
italienischer Maler (* 30. 12. 1842, Ferrara), stirbt am 12. Januar 1931 in Paris.
Boldini zählte mit seinen impressionistischen Porträts zu den gesuchtesten Malern der eleganten Gesellschaft (»Giuseppe Verdi«, 1886). Außer in Italien war er auch in London und Paris tätig.

Lujo Brentano
deutscher Nationalökonom und Sozialpolitiker (* 18. 12. 1844, Aschaffenburg), stirbt am 9. September 1931 in München.
Der Bruder des Philosophen und Psychologen Franz Brentano war neben Gustav Schmoller, Werner Sombart und Adolph Wagner der bedeutendste Vertreter der sog. Kathedersozialisten, einer Gruppierung innerhalb der deutschen Nationalökonomie, die für sozialpolitische Maßnahmen zugunsten der Arbeiter eintrat. Brentano, Professor in Breslau, Straßburg, Wien, Leipzig und München, war Mitbegründer des Vereins für Socialpolitik (1872) und trat für Gewerkschaften und Freihandel ein. Seine Hauptwerke sind »Die Arbeitergilden der Gegenwart« (1871/72), »Die klassische Nationalökonomie« (1888) und »Der wirtschaftende Mensch in der Geschichte« (1923).

David Bruce
britischer Mikrobiologe australischer Herkunft (* 29. 8. 1855, Melbourne), stirbt am 27. November 1931 in London.
Bei der Erforschung der Tropenkrankheiten entdeckte Bruce 1887 den Erreger des Maltafiebers. Darüber hinaus gilt er als Mitentdecker des Erregers der Schlafkrankheit. Nach ihm sind die Brucella benannt, bestimmte Infektionskrankheiten verursachende Bakterien.

Walter Courvoisier
schweizerischer Komponist (* 7. 2. 1875, Riehen bei Basel), stirbt am 27. Dezember 1931 in Locarno.
Courvoisier, Schüler von Ludwig Tuille in München, schuf spätromantische Opern, Lieder und Chorwerke mit impressionistischer Färbung sowie Orchester- und Kammermusik.

Theo van Doesburg

eigentlich Christian Emil Marie Küppers, niederländischer Maler und Kunsttheoretiker (* 30. 8. 1883, Utrecht), stirbt am 7. März 1931 in Davos in der Schweiz.
Doesburg zählt zu den Begründern der abstrakten Kunst. 1916 schuf er seine ersten abstrakten Bilder, 1917 gründete er mit Piet Mondrian u. a. die Zeitschrift »De Stijl« und wurde Wortführer der gleichnamigen Malergruppe. Später wandte er sich dem Dadaismus zu. Seine Gemälde werden von rein geometrischen Formen beherrscht. Er prägte ferner den Begriff »konkrete Kunst« für eine Kunst, die für sich selbst steht und nicht symbolisch gemeint ist bzw. ein Naturabbild sein will; 1930 gründete er die Zeitschrift »Art Concret«. Doesburg lehrte u. a. am Bauhaus.

Ferdinand Ebner
österreichischer Philosoph (* 31. 1. 1882, Wiener Neustadt), stirbt am 17. Oktober 1931 in Wien.
Ebner vertrat eine katholische Existenzphilosophie, in deren Mittelpunkt die Ich-Du-Relation steht. Eine zentrale Stellung wies er dabei dem Wort als einer der Möglichkeiten der Einheit von Ich und Du zu. Hauptwerke: »Das Wort und die geistigen Realitäten« (1921), »Wort und Liebe« (postum 1935).

Thomas Alva Edison

US-amerikanischer Erfinder (* 11. 2. 1847, Milan/Ohio), stirbt am 18. Oktober 1931 in West Orange/New Jersey.
Edison meldete über 1000 seiner meist technischen Erfindungen als Patente an. Zu seinen bedeutenden Erfindungen zählen u. a. das Kohlekörnermikrofon (1877/78, Voraussetzung für die Entwicklung des Telefons), der Phonograph (1878, Vorläufer des Grammophons), die Kohlefadenglühlampe (1879, erste brauchbare Glühlampe) u. a. Darüber hinaus entdeckte er den glühelektrischen Effekt (1883), erfand die Dampfmaschine mit elektrischem Generator (Verbundmaschine), den Kinematographen (ein mit perforiertem Film arbeitendes Filmaufnahmegerät), das Betongießverfahren zur Herstellung von Fertighäusern aus Zement u. a.

Wilhelm Franz Exner
österreichischer Technologe (* 9. 4. 1840, Gänserndorf), stirbt am 29. Mai 1931 in Wien.
Exner gründete 1879 das Technologische Gewerbemuseum in Wien. Die Sammlungen dieses Museums gingen in das von Exner geförderte Technische Museum für Industrie und Gewerbe (1918 eröffnet) in Wien über. Darüber hinaus setzte sich Exner für die Gründung höherer technischer Lehranstalten ein.

Auguste Forel
schweizerischer Psychiater (* 1. 9. 1848, La Gracieuse bei Morges), stirbt am 27. Juli 1931 in Yvorne.
Forel leitete ab 1879 die Landesheilanstalt Burghölzli in Zürich und war zugleich Professor in Zürich. Er forschte u. a. auf den Gebieten der Gehirnanatomie, der Sexualwissenschaft, der Tierpsychologie und des Hypnotismus. Als Verfechter der Alkoholabstinenz führte er den Guttemplerorden in der Schweiz ein. Zahlreiche Auflagen erreichten die Werke »Der Hypnotismus« (1889), »Gehirn und Seele« (1894), »Über die Zurechnungsfähigkeit des normalen Menschen« (1901), »Die psychischen Fähigkeiten der Ameisen und einiger anderer Insekten« (1901), »Hygiene der Nerven und des Geistes« (1903), »Die sexuelle Frage« (1905), »Sexuelle Ethik« (1906).

Akseli Gallen-Kallela
finnischer Maler und Graphiker (* 26. 5. 1865, Pori), stirbt am 7. März 1931 in Stockholm.
Gallen-Kallela begann als realistischer Pleinair-Maler, lebte in den 80er Jahren in der Welt der internationalen Boheme von Paris, ging allmählich über zum nationalen Romantizismus und wurde in den 90er Jahren der radikalste Symbolist seines Landes. Das zentrale Thema seines Werkes ist das finnische Nationalepos »Kalevala«. Kräftige Umrisse, klare Flächen und ornamentale Muster verbinden sich mit einem mystischen Grundton und einer Stilisierung, die der heroischen Welt des »Kalevala« gerecht werden soll. Gallen-Kallelas dekoratives Werk, seine Entwürfe für Textilien, Möbel, Metallarbeiten, farbige Glasarbeiten wurden in seiner Heimat richtungweisend. Seine Holzschnitte waren die ersten in Finnland. Mit seinen »Kalevala«-Fresken für den finnischen Pavillon auf der Pariser Weltausstellung von 1900 entdeckte er auch für Finnland die monumentale Freskomalerei.

Friedrich Gundolf
eigentlich Friedrich Leopold Gundelfinger, deutscher Literarhistoriker (* 20. 6. 1880, Darmstadt), stirbt am 12. Juli 1931 in Heidelberg.
Gundolf, seit 1916 Professor in Heidelberg, übte großen Einfluß auf die deutsche Literaturwissenschaft aus mit seinen Darstellungen bedeutender Dichter, die er als Symbolgestalten ihrer Epoche interpretierte: »Shakespeare und der deutsche Geist« (1911), »Goethe« (1916), »George« (1920), »Shakespeare« (1928), »Romantiker« (1930/31).

Otto Haab

schweizerischer Augenarzt (* 19. 4. 1850, Wülflingen/Winterthur), stirbt am 17. Oktober 1931 in Zürich.
Haab war auf allen Gebieten der Augenheilkunde tätig. Er konstruierte den nach ihm benannten Haab-Augenspiegel und erfand die Methode, mit einem Riesenmagneten Eisensplitter aus dem Auge zu ziehen.

Walter Harich
deutscher Schriftsteller (* 30. 1. 1888, Mohrungen/Ostpreußen), stirbt am 14. Dezember 1931 in Wuthenow bei Neuruppin.
Harich verfaßte Biographien E. T. A. Hoffmanns (1921) und Jean Pauls (1925) und gab eine 15bändige Werkausgabe Hoffmanns heraus (1924). Darüber hinaus schrieb er die Romane »Die Pest in Tulemont« (1920), »Der Turmbau zu Babel« (1920), »Angst« (1927) und »Der Schatten der Susette« (1928) sowie die Novelle »Jean Paul in Heidelberg« (1929).

Felix Hollaender

deutscher Schriftsteller und Theaterkritiker (* 1. 11. 1867, Leobschütz/Oberschlesien), stirbt am 29. Mai 1931 in Berlin.
Hollaender war von 1908 bis 1913 Dramaturg am Deutschen Theater in Berlin, wurde an-

Nekrolog 1931

schließend Intendant am Schauspielhaus in Frankfurt am Main und 1920 Leiter des Großen Schauspielhauses Berlin. Ab 1924 machte er sich auch als Theaterkritiker einen Namen. Darüber hinaus verfaßte er zeitkritische Romane, darunter den Weltanschauungsroman »Der Weg des Thomas Truck« (1902), und später auch Unterhaltungsromane (»Das Schiff der Abenteuer«, 1929).

Vincent d'Indy
französischer Komponist (* 27. 3. 1851, Paris), stirbt am 2. Dezember 1931 in Paris.
Indy, Schüler von César Franck (1871), empfing prägende Anregungen und Eindrücke von Franz Liszt in Weimar (1873) und wurde 1887 Chordirektor der »Concerts Lamoureux« in Paris. 1896 gründete er in Paris die Sängerschule »Schola cantorum«. Er komponierte Orchesterwerke, Kammermusiken, Musikdramen (zumeist nach eigenen Texten), Chormusiken und Lieder. Darüber hinaus war er als Lehrer und Musikschriftsteller tätig.

Erik Axel Karlfeldt

schwedischer Dichter (* 20. 7. 1864, Folkärna/Kopparberg), stirbt am 8. April 1931 in Stockholm.
Karlfeldt bezog die Themen seiner neuromantischen Lyrik aus Brauchtum, Sage und Geschichte seiner Heimatprovinz Dalarne. Er zählt zu den Hauptvertretern der skandinavischen Lyrik-Renaissance der 90er Jahre, die als Reaktion auf den Symbolismus in Kontinentaleuropa entstanden war. Den Literaturnobelpreis für 1918 lehnte er ab. Der Literaturnobelpreis für 1931 wird ihm postum verliehen. Sein Hauptwerk ist die Gedichtsammlung »Fridolins Lieder« (1901).

Hermann Kutter
schweizerischer evangelischer Theologe (* 18. 9. 1863, Bern), stirbt am 22. März 1931 in Sankt Gallen.
Kutter zählt neben Leonhardt Ragaz und Christoph Blumhardt zu den Hauptvertretern des religiösen Sozialismus, der eine Versöhnung zwischen Christentum und Sozialdemokratie anstrebte. Hauptwerke: »Das Unmittelbare. Eine Menschheitsfrage« (1902), »Sie müssen. Ein offenes Wort an die christliche Gesellschaft« (1904), »Die Revolution des Christentums« (1908).

Nellie Melba

australische Sängerin, geborene Helen Mitchell, verheiratete Porter Armstrong (* 19. 5. 1861, Richmond bei Melbourne), stirbt am 23. Februar in Sydney.
Nellie Melba zählte seit ihrem ersten Auftreten in Brüssel (1887) zu den berühmtesten Vertreterinnen des Koloratursoprans. Sie sang bis zu ihrem Rückzug im Jahr 1926 in allen internationalen Musikmetropolen. Nach ihr ist das Fruchteis Pfirsich Melba benannt.

Gerold Meyer von Knonau
schweizerischer Historiker (* 5. 8. 1843, Zürich), stirbt am 16. März 1931 in Zürich. Meyer von Knonau gab die »Sankt Gallener Geschichtsquellen« (1870–1881) und die »Jahrbücher des Deutschen Reiches unter Heinrich IV. und Heinrich V.« (1890–1909) heraus.

Albert Abraham Michelson
US-amerikanischer Physiker, Physiknobelpreisträger 1907 (* 19. 12. 1852, Strelno/Bromberg), stirbt am 9. Mai 1931 in Pasadena in Kalifornien.
Der 1881 von Michelson durchgeführte Versuch zur Widerlegung der Theorien über die Existenz eines »Weltäthers« gab den Anstoß zur Behandlung der Probleme, die Albert Einstein zur Aufstellung der speziellen Relativitätstheorie (1905) führten. Darüber hinaus konstruierte Michelson das nach ihm benannte Interferometer, mit dem er wichtige spektroskopische und Längenmessungen durchführte, wobei er die Länge der Lichtwellen als Längeneinheit zugrunde legte. Für diese Arbeiten erhielt er 1907 den Nobelpreis für Physik. 1920/21 veröffentlichte er eine Methode zur Bestimmung des Durchmessers von Fixsternen.

Hermann Müller

deutscher SPD-Politiker (* 18. 5. 1876, Mannheim), stirbt am 20. März 1931 in Berlin.
Müller war von 1916 bis 1918 Mitglied des Reichstags, 1919/20 der Weimarer Nationalversammlung und ab 1920 erneut Mitglied des Reichstags. Von 1920 bis 1928 war er Vorsitzender der Reichstagsfraktion seiner Partei und von 1919 bis 1927 einer der SPD-Parteivorsitzenden. Als Reichsminister des Auswärtigen unter Gustav Bauer (SPD) unterzeichnete er 1919 den Versailler Friedensvertrag. Nach dem Kapp-Putsch war er von Ende März bis Juni 1920 Reichskanzler. 1928 bildete er auf der Grundlage der Großen Koalition sein zweites Kabinett (bis 1930).

Friedrich Wilhelm Murnau

eigentlich Friedrich Wilhelm Plumpe, deutscher Filmregisseur (* 28. 12. 1888, Bielefeld), kommt am 11. März 1931 in Santa Barbara in Kalifornien bei einem Autounfall ums Leben.
Murnau, ursprünglich Regieassistent bei Max Reinhardt, begann mit phantastischen Filmen wie »Satanas« (1919), »Der Januskopf« (1920) und »Schloß Vogelöd« (1921). Mit »Nosferatu – eine Symphonie des Grauens« (1922) schuf er das erste bedeutende Werk des Vampirfilms. Weitere bedeutende Filme waren »Der Gang in die Nacht« (1920), »Der letzte Mann« (1924), »Herr Tartüff« (1925), »Faust – eine deutsche Volkssage« (1926) und »Sonnenaufgang« (1927).

Anna Pawlowa

eigentlich Anna Pawlowa Matwejewa, russische Tänzerin (* 12. 2. 1881, Petersburg/Leningrad), stirbt am 23. Januar 1931 in Den Haag.
Anna Pawlowa trat bereits als 17jährige als Solotänzerin im Marginsky-Theater in Petersburg auf, wo sie 1906 zur Primaballerina avancierte. 1905 verkörperte sie erstmals Michail Fokins »Sterbenden Schwan« mit der Musik von Camille Saint-Saëns, ihr zeitlebens meistverlangtes Stück, mit dem sie zum Symbol für die Ballerina schlechthin wurde. Ab 1907 führten sie Tourneen durch Europa, Amerika und Asien. Die gefeierte Tänzerin bestach durch Disziplin und brillante Technik ebenso wie durch individuelle, expressive Ausdruckskraft.

Franz Schalk
österreichischer Dirigent (* 27. 5. 1863, Wien), stirbt am 3. September 1931 in Edlach in Niederösterreich.
Schalk leitete von 1918 bis 1929 die Wiener Staatsoper. Er war vor allem bekannt als Interpret Anton Bruckners.

Arthur Schnitzler

österreichischer Schriftsteller (* 15. 5. 1862, Wien), stirbt am 21. Oktober 1931 in Wien.
In Novellen, Einaktern und losen Szenenfolgen stellte Schnitzler am Beispiel der Beziehungen zwischen Menschen die morbide Gesamtstimmung seiner Zeit dar. Mit scheinbar absichtslosen, meisterhaft differenzierten Zwischentönen und dem erstmals verwendeten »inneren Monolog« entlarvte er die hohlen Ehrbegriffe einer korrupten Standeskultur und einer blasierten, scheinheiligen, innerlich unausgefüllten Gesellschaft. Zu seinen bekanntesten Novellen zählen »Leutnant Gustl« (1901), »Fräulein Else« (1924), »Traumnovelle« (1926) und »Spiel im Morgengrauen« (1927). Ein Skandalerfolg wurden die Dialogszenen seines »Reigen« (1903). Schnitzler schrieb auch das Drama »Der grüne Kakadu« (1899), die Komödie »Professor Bernhardi« (1912) sowie die Romane »Der Weg ins Freie« (1908) und »Therese« (1928).

Nathan Söderblom
schwedischer lutherischer Theologe und Religionswissenschaftler (* 15. 1. 1866, Trönö-Gävleborg), stirbt am 12. Juli 1931 in Uppsala.
Söderblom wurde 1914 Erzbischof von Uppsala. Nach dem Ersten Weltkrieg nahm er eine führende Stellung in der internationalen kirchlichen Einigungsbewegung ein. Sein Werk war u. a. die Einberufung der Stockholmer Weltkirchenkonferenz der Bewegung für praktisches Christentum (1925). 1930 erhielt er den Friedensnobelpreis.

Lesser Ury
deutscher Maler und Grafiker (* 7. 11. 1861, Birnbaum/Miedzychód), stirbt am 18. Oktober 1931 in Berlin.
Ury zählt zu den Wegbereitern des deutschen Impressionismus. Bekannt wurden vor allem seine Straßen- und Nachtbilder, aber auch Interieurs, Bildnisse und Stilleben.

Personenregister

Das Personenregister enthält alle in diesem Buch genannten Personen (nicht berücksichtigt sind mythologische Gestalten und fiktive Persönlichkeiten sowie Eintragungen im Anhang mit Ausnahme des Nekrologs). Herrscher und Angehörige regierender Häuser mit selben Namen sind alphabetisch nach den Ländern ihrer Herkunft geordnet. Kursive Zahlen verweisen auf Abbildungen.

Abegglen, Max 77
Abraham, Paul 40, 114, *133*
Abramowitsch, Rafael A. 52
Adalbert, Max 108
Addams, Jane *210*
Adelung, Bernhard 189, 198
Adenauer, Konrad 103
Ahlersmeyer, Mathieu 197
Albermann, Gertrud *74*
Albers, Hans 8, 136, *146*
Albornoz, Alvaro de 66
Alcalá Zamora y Torres, Niceto 60, *65*, *66*, 166, 198, *207*
Alexander I. Karadordević, König von Jugoslawien 148, 154
Alexander, Zar von Rußland 207
Alfaro, Ricardo 19
Alfons XII., König von Spanien 64, 67
Alfons XIII., König von Spanien 34, 60, *61*, 64, 66, *67*, 186, 193
Alibert, Louis *109*
Alsberg, Max 188
Amadeus, König von Spanien 64, 67
André, Etkar 49
Anet, Claude 231
Anikieff, Paul 44
Anlauf, Paul 134, 138
Anzilotti, Dionisio 156
Apfel, Alfred 188
Ardenne, Manfred Baron von 194, *195*
Arias, Harmodio 8, 19
Armhold, Adelheid 197
Arosemana, Florencio Harmodio 8, 19
Aufhäuser, Siegfried 174
August Wilhelm, Kronprinz von Preußen 84
Aussem, Cilly 96, *111*, 112, *113*, *131*, 147, 150
Austin, Henry Wilfred *132*
Ayres, Lew *26*
Azaña y Díaz, Manuel *66*, 166, 207
Aznar-Cabañas, Juan Bautista 30, *34*, 64, 66
Badoglio, Pietro 20
Baier, Ernst 58
Baillet-Latour, Henri de 94
Baird, John Logie *195*
Baker, Josephine *93*
Balázs, Béla 42
Balbo, Italo 11, 21
Baldwin, Stanley 121, *144*, *179*
Balfour, Arthur J. 207
Balser, Ewald *183*
Bard, Maria 182
Baring, Norah 46
Barker, Sale 58

Barr, Alfred H. 56
Barrymore, Lionel 184, 197
Barth, Lisa 71
Bartning, Otto 161
Bassermann, Albert 62
Bauer, Otto 141
Baum, Alfred 62
Baum, Vicky *164*, 182
Baumann, Edith 174
Bäumer, Gertrud *175*
Bauwens, Peco *209*
Bech, Joseph 96
Becker, Carl Heinrich 27
Beckmann, Max 56
Beethoven, Ludwig van 110
Beinhorn, Elly 8, 62, *75*
Belasco, David 231
Beneduce, Alberto *205*
Benn, Gottfried 55, *165*, 186, 197
Bennett, Arnold *231*
Béothy, Étienne 56
Berendt, Rachel 184
Berenguer y Fuste, Dámaso 28, *34*, 62
Bergius, Friedrich 198
Bergmann, Carl *116*
Bergmann, Hjalmar Fredrik Elgérus 231
Bergner, Elisabeth *183*
Bernhard, Otto Heinrich 11
Berthelot, Philippe *118*, *119*
Best, Werner 189
Bethlen von Bethlen, István Graf 28, 136, *144*
Biberti, Robert *25*
Biebrach, Rudolf 198
Biehl, Käthe 98, 110
Bier, August 124
Bildt, Paul *42*
Billinger, Richard 62, 166, 183
Bindschedler, Rudolf G. *205*
Birkin, Henry 96
Bjelossi, Nok 34, 166
Black, Willi 98, 107
Blake, George *130*
Blech, Leo 182, 186
Blechen, Karl 104
Blessing, Karl 120
Blum, Pepi *95*
Bockelmann, Rudolf 146
Böhmcker, Heinrich 184
Bolden, Buddy 231
Boldini, Giovanni 231
Bolito, Arrigo 110
Bonaglia, Michele 147
Borah, William Edgar 178
Boret, Victor 20
Borodin, Elfriede *42*
Borotra, Jean 77, 111, *132*
Borsig, Ernst von *157*

Bosch, Carl 198, *210*
Bosis, Lauro de 166, 178
Böß, Gustav 70, 186, *191*
Böttcher, Otto 8
Bourdet, Édouard 182
Boussus, Christian 111
Bracken, Bill 58
Brandes, Alwin 114, 122
Brandes, Ernst 188
Brandt, Josef *25*
Brauchitsch, Manfred von 96
Braumüller, Ellen 147
Braun, Alfred 11
Braun, Georg 95
Braun, Otto 78, 84, 134, 136, 138, 168
Bredow, Hans *24*, *142*
Bredt, Johann Victor 136
Breitscheid, Rudolf *102*
Brentano, Lujo 231
Breuer, Robert 186, 197
Breunig, Max *111*
Briand, Aristide 20, *48*, 62, 80, 87, 96, *101*, *118*, *119*, *120*, 157
Broch, Hermann 164
Bronsgeest, Cornelius 26, 184
Brouckère, Louis de 141
Bruce, David 231
Brugnon, Jacques 77, *132*
Brüning, Heinrich 8, *13*, 17, 26, 28, 31, *50*, 60, 70, 85, 96, 98, 100, 102, 114, *118*, *119*, *120*, 134, 136, *139*, 150, 166, 168, 172, *173*, 184, 188, 190, 198, *203*
Bucharin, Nikolai I. 35, 46
Bulla, Max 132
Bülow, Bernhard Wilhelm von *119*, *123*
Buresch, Karl 98, *104*
Burger, Fritzi 58
Bush, Vannevar 194
Butement, W. A. S. 194
Butler, Nicholas Murray 210
Cagney, James *109*
Calmette, Albert 181
Campari, Giuseppe 98
Campbell, Malcolm 28, 38
Camusso, Francesco 80
Capone, Al(phonse) 107, 168, *180*
Caracciola, Rudolf 60, *76*, 96, 114, *132*, 134, 165
Carlu, Jean 63
Carmona, António Óscar de Fragoso 69
Carnera, Primo 166
Carnot, Marie Francois Sadi 87
Casanova, Giacomo Girolamo 44
Casares Quiroga, Santiago 66
Casimir-Périer, Jean Paul Pierre 87
Cassebohm, Friedrich 98
Cebotari, Maria 133
Cermak, Anton J. 60, *68*
Chamberlain, Arthur Neville 68, 193
Chanel, Gabrielle 72
Chaplin, Charlie 28, *42*, 44, *54*, 108, *128*
Chapman, Herbert 77
Charell, Erik 168, 182
Cheng Chai-tong 62

Cherrill, Virginia *42*
Chevalier, Maurice *128*
Chiang Kai-shek 62, 80, *87*, 192, 198, *206*
Chiron, Louis 62, 98, 114, 132, 150, 165
Clair, René 60, 108, 198
Claß, Heinrich 170
Clurman, Harold 182
Clynes, John Robert 68
Cochet, Henri 77, *132*, 150
Cockcroft, John Douglas 194
Cohnbley, Louis 49
Colijn, Hendrik *205*
Collin, Erich Abraham *25*
Cook, Myrtle 147
Cooper, Gary 109
Cordy, Raymond 198
Cornelius, Peter 104
Costa, Silva 166
Courvoisier, Walter 231
Crispien, Arthur 102
Cuno, Wilhelm *188*
Curtius, Julius 11, 19, 28, 46, *48*, 60, 80, 96, 100, 114, *118*, *119*, 120, *123*, 136, *139*, *140*, 148, 156, 166, 168, 173, 211
Curzon-Mosley, Cynthia 52
Cykowski, Roman *25*
Dahlke, Paul 197
Daladier, Édouard 184
Däuber, Friedl 43
Dawes, Charles G. *100*, 101
Dean, William 209
Dehn, Günther Karl 184, *191*
Demuysère, Joseph 114, 132
Deschanel, Paul 87
Deutsch, Ernst 77
Deutsch, Gerhard 136
Dewitz, Hermann von 122
Deycke, Georg *181*
Diaghilew, Sergei 27
Diebold, Bernhard 57
Diestbach, Wilhelm 60
Dietrich, Hermann Robert 8, 15, 16, 26, *54*, *102*, 122, 134, 168, 170, *173*
Dietrich, Marlene 76
Dietrich, Otto 114, 157
Dingeldey, Eduard *102*, *123*
Diouric, Gavrilo 205
Dix, Otto *56*
Dix, Richard 197
Dmitrijewski, Sergei 35
Döblin, Alfred 27, *165*, 182
Doesburg, Theo van 56, *231*
Domgörgen, Hein 136, *147*
Domingo, Marcelino 66
Don, Kaye 112
Dorji, Nima 105
Dornier, Claude 147
Dorsch, Käthe 148
Doumer, Paul 78, *87*
Doumergue, Gaston 78, *87*
Doust, Stanley M. 131
Dreiser, Theodore 186
Dressler, Marie 184, 197
Drewitz, Hermann 62, 136

Personenregister 1931

Drews, Bertha 8
Dreyse, Friedrich Wilhelm 116
Duesterberg, Theodor 96, 170
Duisberg, Carl 60, 150
Dunlop, John Boyd 127
Dunne, Irene 197
Duschkin, Samuil 168
Ebert, Carl 41, 78
Eckener, Hugo 60, *126*
Eder, Gustav 147
Edge, Walter Evans *101, 119*, 178
Edison, Thomas Alva 168, *181, 231*
Eduard VIII., König von Großbritannien und Nordirland (→ Eduard, Prinz von Wales)
Eduard, Prinz von Wales 10, 44
Eggers, Wilhelm 159, 188
Einstein, Albert 80, *123*, 195
Ekk, Nikolai 108
Ellington, Duke 25
Elmendorff, Karl 146
Eloesser, Arthur 27
Elsas, Fritz 70
Emmels, Felix 133
Ena, Königin von Spanien *61*
Ender, Otto 98, 104
Engel, Max 8
Ernst, Friedrich 159, 191
Ernst, Karl 184
Etancelin, Philippe 148, 165
Exner, Wilhelm Franz 231
Eyck, Toni van 62
Fagioli, Luigi 148, 165
Falckenberg, Otto 166
Fallada, Hans 164
Fallières, Armand *87*
Faulkner, William *164*
Faure, Félix *87*
Fearnley-Whittingstall, Eileen 165
Feder, Gottfried 157, 207
Feindt, Cilly *26*
Ferber, Edna 197
Ferdinand II., der Katholische, König von Kastilien 67
Ferdinand VII., König von Spanien 67
Fessenden, Reginald Aubrey 24
Feuchtwanger, Lion 11, *26*, 164
Fey, Emil 11
Fidesser, Hans 186
Fillusch, Max 85
Fitzpatrick, Michael 179
Flandin, Pierre Étienne 20, 44, *101, 119*
Flegenheimer, Arthur »Dutch Schultz« 98, 107
Flex, Walter 8
Fokin, Michail M. 27
Földeak, Jean 166
Földes, Emmerich *133*
Forbat, Fred 161
Ford, Henry *103*
Forel, Auguste 231
Forster, Rudolf *42*
Fouilhoux, André 160
Franco, Ramon 98
François-Poncet, André 150

Francqui, Émile *205*
Frank, Bruno 183
Frank, Leonhard *165*
Frano, Ramos 64
Frantz, Nicolas 80, 94
Franzen, Anton 30, 31, 112, 114, 123, 148
Frederick Yenken, Alfred 186
Frick, Wilhelm 8, 26, 31, 60, *70, 102, 170, 171*
Friedell, Egon *164*, 182
Friedrich August III., König von Sachsen 84
Friedrich, Caspar David 104
Fritsch, Willy 168, *182*
Fröhlich, Gustav 148
Frommermann-Frohmann, Harry 25
Fuchs, Gottfried 59
Funk, Albert 8, 14
Funk, Walter 157
Furrer, Otto 43, 46
Fürstenberg, Carl 28
Furtwängler, Wilhelm 40, *41*, 184, 196
Gall, Karl 95
Gallen-Kallela, Akseli 231
Galsworthy, John *164*
Gamelin, Maurice 28
Gandhi, Mohandas Karamchand (Mahatma) 11, *18*, 44, *45*, 52, 136, 154, *155*, 200
Garbo, Greta 76
Gatty, Paul 112, *127*
Geelkerken, Cornelis von 198, 207
Gehlhaar, Paul 95
Gennat, Ernst 73
Georg V., König von Großbritannien und Nordirland 136, 184
George, Heinrich 166, *182, 183*
Gershwin, George 200
Gerstenmaier, Eugen 71
Ghisalberti, Mario 56, 133
Giacoble, Luigi 80
Gibson, Wynne *109*
Gide, André 112
Gigli, Beniamino *41*
Gilbert, Prentiss 168
Gilbert, Robert 25, 30
Gilbert, Seymour Parker 101
Gilles, Werner 197
Giraudoux, Jean *183*, 184
Goebbels, Joseph 28, 30, 31, 60, 62, *70*, 78, 84, 171
Goerdeler, Carl 198
Gold, Käthe *183*
Goldoni, Carlo 44, 56
Goldschmidt, Jacob *116*
Göring, Hermann 8, 78, 170, *171*, 172, 186, *204*
Gorki, Maxim *105*
Gounod, Charles 110
Graf, Herbert 12
Grafström, Gillis *58*
Granach, Alexander *42*
Grandi, Dino Graf *118, 120*, 168
Granowsky, Alexis 46

Graßmann, Peter 159
Gréville, Vanda 60
Grévy, Jules *87*
Grimm, Hans 134
Grimm, Robert 141
Grimme, Adolf 55, *71*, 134
Groener, Wilhelm 26, 168, *173*, 184, 190
Groenesteyn, Otto Freiherr von Ritter zu 78
Grofé, Ferdinand 186
Gropius, Walter 89, 161
Grosz, George 184
Gröttumsbraaten, Johan 43, 44
Gründgens, Gustaf 25, 60, 94, 182
Grünwald, Alfred *133*
Grzesinski, Albert 60, 70, 78, 85, 96, 98, 136, 141
Gschweidl, Fritz 95, 165
Guérard, Theodor von 173
Guerra, Jose Sánches 30, 34
Gülstorff, Max *57*
Gumbel, Emil Julius 13
Gundolf, Friedrich 231
Gustav Adolf, Kronprinz von Schweden *210*
Gustav I. Wasa, König von Schweden 58
Gustav V., König von Schweden 77, *210*
Gutmann, Herbert 114, 116
Guyer-Zeller, Adolf 21
Haab, Otto *231*
Haack, Käthe 198
Hába, Alois 40
Haber, Fritz 210
Häberlein, Heinrich 8
Hahn, Maria 74
Hale, George 200
Haller, Hermann 25
Halt, Karl Ritter von 136, 146
Hammerstein-Equord, Kurt Freiherr von 11
Hapgood, Edward 77
Harder, Otto 59
Harich, Walter 231
Häring, Hugo 161
Haringer, Sigmund 59
Harvey, Lilian 168, *182*
Hauptmann, Gerhart 98, *110, 128, 183*
Hax, Heinz *26*
Hayday, Arthur 148
Hayes, Stephen 179
Heartfield, John 27
Hecht, Ben 108
Heckel, Erich 56
Heckendorf, Franz 112, 133
Heckendorf, Walter 112, 133
Hedin, Sven *210*
Hegemann, Werner 55
Heilinger, Heinrich *183*
Heine, Wolfgang 80, 91
Heinz, Wolfgang *42*
Held, Heinrich 78
Helldorf, Wolf Graf 158, 184
Helm, Anny 146

Hemingway, Ernest 148
Henderson, Arthur 30, 44, 52, *118*, 119, *120, 123*, 144
Henie, Sonja 11, 44, *58*
Henning, Ernst 44, 46, 49
Henning, Paul Rudolf 161
Herberger, Joseph 8
Herbin, Auguste 56
Hergert, Heinrich 59
Herndon, Hugh 166
Herriot, Édouard Marie *13, 119*, 184
Hertzog, James Barry Munnick 136
Herzer, Ludwig 200
Heß, Rudolf 156, *170, 171*
Hesse, Hermann 27
Heublein, Grete 134
Heydrich, Reinhard 172
Heymann, Werner Richard 25, 146, 182
Hiden, Rudolf *95*, 165
Hikmet, Nazim 78, 86
Hilferding, Rudolf 190
Hill, Joseph 168
Hiller, Kurt *122*
Hilpert, Heinz 57, 148, 197
Himmler, Heinrich 172
Hindemith, Paul 40, 186, 197
Hindenburg, Paul von 8, *13, 17*, 30, *33*, 46, *49*, 62, 80, 96, 98, 101, 102, 114, 122, 123, 134, 136, 139, 148, 150, 159, 166, *172*, 173, 184, 186, 188, 198, 200, 203, 211
Hinz, Werner *183*
Hirsch, Hugo 26
Hirtsiefer, Heinrich 188
Hitchcock, Alfred 46, 49
Hitler, Adolf 8, 11, *12*, 13, 30, 33, 46, 49, 60, 70, 71, 78, *84*, 112, 114, 122, 148, 150, *156*, 157, 166, 168, *170, 171, 172*, 186, *190*, 198, *204*
Hitler, Alois 156
Hoesch, Leopold von *119*
Hoetger, Bernhard 160
Hoffmann, Josef 209
Höflich, Lucie *183*, 197
Hofmann, Ludwig 59
Hofmann, Richard 59, 95, 165
Hofmannsthal, Hugo von 133
Hofmeister, Henry 160
Hollaender, Felix 231
Hollaender, Friedrich 8, 25
Hollaender, Viktor 26
Holovsky, Hilde 58
Höltermann, Karl 184, *190*, 200, 203
Hood, Raymond Mathewson 160
Hoover, Herbert 11, 18, 30, 78, 82, 98, *100*, 101, 120, 143, 154, 166, *178*, 180, *181*, 198, 200, 203
Höpker-Aschoff, Hermann 134, 148, 184
Hörbiger, Paul 148, 197
Hörsing, Otto *12*, 30, 200, 203
Horváth, Ödön von 46, 56, 164, 168, 182, 183, 184, 197
Howe, Earl 96
Howells, John Mead 160
Huber, Sebastian 28

Personenregister 1931

Huberman, Bronislaw 196
Huch, Ricarda 11, 27, *55*, 136, *164*
Huesch, Gerhard 146, *171*
Hugenberg, Alfred 112, 114, 122, 134, 136, 139, 150, 170, 172, 184, *190*, 198
Hughes, Edward 194
Hülsmeyer, Christian 194
Hunter, Frank 43
Hylton, Jack 25
Hymans, Paul *118*, 119, *120*
Ibáñez del Campo, Carlos 114, 121
Ibn Saud, Abd Al Asis, König von Hedschas und Nadschd 60
Ihering, Herbert 8, 42, 57, 146, 182
Indy, Vincent d' 232
Inukai, Ki Tsujoschi 198
Iorga, Nicolae 96
Ismayr, Rudolf 166
Ivanowski, Boris 96
Jack, David 77
Jäckel, Willy 128
Jacobs, Helen 131
Jacobs, Monty 57
Jaenecke, Gustav 147
Jäger, Adolf 59
Jaime, Infant von Spanien 67
James, Alex 77
Jarres, Karl 85
Jasper, Henri 80
Jaspers, Karl 164
Joël, Kurt *173*
Joffre, Joseph Jacques Césaire 8, *20*
Johannsen, Christian 162
Johst, Hanns 134
Joos, Robert 192
Jordan, Olga 136
Joseph Bonaparte, König von Spanien 67
Joseph, Walther *25*
Juan Carlos, Infant von Spanien 67
Juch, Otto 86
Jules-Verne, Jean *162*
Junkers, Hugo 38
Jutzi, Piel 108, 166, 182
Juvet, Louis 184
Kaas, Ludwig 8
Kadmon, Stella 25, 184
Kahl, Wilhelm 17
Kalckreuth, Eberhard Graf von 170
Kami, Azis 34, 166
Karl I., König von Spanien 67
Karlfeldt, Erik Axel 210, *232*
Karloff, Boris 108
Karlstadt, Liesl 146
Károlyi, Julian Graf 136, *144*
Kästner, Erich 108, *122*, 164, 198
Katzenellenbogen, Ludwig 186, 205
Kaufmann, George S. 200
Käutner, Helmut *25*
Keilson, Max 149
Keimel, Hermann 137
Kemal Pascha, Mustafa 28, 62, 78, *86*
Kerr, Alfred 27
Key, Francis Scott 44
Kienle-Jacobowitz, Else 42
Kilian, Hans 28
Kingsley, C. H. *132*

Kinz, Franziska 110, *183*
Kipfer, Manfred 80, *91*
Kipp, Eugen 59
Kirdorf, Emil 12, 103, *157*, 190
Kirsei, Willi 111
Kläber, Kurt 197
Klagges, Dietrich 148, 168
Klee, Paul 56
Kleiber, Erich 76
Kleineibst, Richard 168
Klemperer, Otto 26, 62, 76, 186, 197
Klepper, Otto 184
Knappertsbusch, Hans 40, *196*
Knickerbocker, Hubert Renfro 71, 170
Knoll, Max 194
Knonau, Gerold Meyer von 232
Knöpfle, Georg 59, 165
Koch, Erich 28
Koch, Joseph Anton 104
Koch, Lauge 121
Koestler, Arthur 126
Kolbenheyer, Erwin Guido 27, 134
Kollontai, Alexandra M. *22*
Körnig, Helmut *26*
Kortner, Fritz 11
Kosinzew, Grigori M. 108
Koussewitzky, Serge 60
Kozeluh, Karel 30, 43
Krahwinkel, Hilde 112, *131*, 147, 150
Krauss, Werner 57, *183*
Kreiser, Walter 188
Kreisler, Fritz *40*
Kreß, Willibald 59, *165*
Kressmann, Willy 174
Kroll, Josef 55
Kronfeld, Robert 98, 111
Kruckenberg, Franz 78, 98, 107
Krupp von Bohlen und Halbach, Gustav 150, 186
Krupskaja, Nadeschda K. 46
Kubin, Alfred 166
Küchenthal, Werner 170
Kullmann, Charles 197
Künstler, Franz 148, 158
Kürten, Peter 62, *74*, 112
Kusmina, Jelena *109*
Kussewizki, Sergei A. 80
Kutter, Hermann 232
Kuzorra, Ernst *111*, 165
Lachner, Ludwig 59, 111
Ladendorff, Carl 191
Laemmle, Carl 148
Lagerlöf, Selma *128*
Lamb, William F. 82, 83
Lambert, Jacques 184
Lamprecht, Gerhard *108*, 198
Landau, Richard 108
Landowski, Paul 166, 180
Lang, Fritz 78, 94, 108, 109
Lange, Bruno 195
Lange, Friedrich 70
Langgässer, Elisabeth 98, 110
Lania, Leo 42
Lansbury, George 184
Lappe, Maria *74*
Largo Caballero, Francisco 66

Larsén-Todsen, Nanny 146
Lassally, Oswald 44, 49
Lautenbach, Wilhelm 16, 134
Laval, Josette *178*
Laval, Pierre 11, *20*, 44, *101, 118, 119, 120, 157*, 168, *178*, 186
Layton, Walter T. 140, *205*
Le Corbusier (eigtl. Charles Edouard Jeanneret-Gris) 160
Leander, Nils 76
Leander, Zarah *76*
Lederer, Emil 148
Lefèvre, René 60, *109*
Lehár, Franz 40, 41, 200
Lehmann, Bruno 111
Leinberger, Ludwig *59*
Leipart, Theodor 33, 159, 198
Lemmer, Ernst 134
Lenglen, Suzanne 131
Lenin, Wladimir I. 206
Lenk, Franz 134, 138
Lenya, Lotte 42
Lerroux y García, Alejandro 66, 207
Lersch, Heinrich 76
Leschnikow, Ari 25
Leuschner, Wilhelm 189
Ley, Robert 134, *140*
Libohova, Ekren 34
Liebermann, Max 44, *55*
Lincke, Paul 26
Lingen, Theo *42*
Linnemann, Felix 166
Lin Sen 206
Lion, Margo 60
Lipus, Rudolf 36
Ljungberg, Göta 186
Lloyd George, David 121, 179
Löbe, Paul 112, 140
Loewe, Sigmund 142, 194, 195
Löhner-Beda, Fritz *133*, 200
Lorre, Peter *42*, 78, *94, 183*, 197
Lott, George M. 148, 165
Loubet, Émile *87*
Lucon, Arturo 133
Ludendorff, Erich 38
Ludwig, Emil 206
Lukas, Paul *109*
Lunceford, Jimmie 25
Lunn, Arnold 43
Lüschen, Heinz 71
Luther, Hans *103*, 112, 119, 150, 190
Lyons, Joseph Alois 200
Lytton, Edward George 198
Mac-Mahon, Marie Edme Patrice Maurice Comte de *87*
MacArthur, Charles 108
MacBride, Sean 179
MacDonald, James Ramsey 11, 18, 28, 62, 105, 114, *120*, 121, *123*, 136, *144*, 148, 150, 168, *179*, 184, 193
MacGarrah, Gates W. 28, 80
Machado y Morales, Gerardo 136
Macia y Llusá, Francisco *66*, 80
Mackinnon, E. M. *43*
Madison, Helen 112
Magne, Antonin 114, 132
Maginot, André *20*

Mahner-Mons, Hans 196
Malinow, Alexandr 98
Mamoulian, Rouben 109
Mann, Heinrich 11, 27, 30, 46, *55*, 164, 211
Mann, Thomas 78, 96, 110, 112, 148
Mannerheim, Carl Gustaf Emil Freiherr von 44
Manowarda, Josef von 146
Mao Tse-tung 192
Marañón y Posadillo, Gregorio 64
March, Werner *94*, 112
Marchand, Henri 198
Marconi, Guglielmo Marchese *39*, 194
Marcus, Max 191
Marhisio, Luigi 80
Maria Cristina von Österreich 64
Markievicz, Constance Gräfin 179
Marraud, Alexandre 87
Marschler, Willy *70*
Marshall, Herbert 46
Martin, Karl Heinz 8
Martínez Barrio, Diego 66
Martins, Karl Heinz 133
Marx, Chico *108*
Marx, Groucho *108*
Marx, Harpo *108*
Marx, Zeppo *108*
Massenet, Jules 98, 110
Massiot, Georges *92*
Matuschka, Sylvester 181
Maura, Miguel 66
May, George 121
Mayr, Richard 133
McIntosh, Frank 31
Meisel, Will 26
Meisl, Hugo *95*
Meißner, Otto 98
Melba, Dame Nellie 232
Melchior, Carl *140*, 146, *205*
Mellon, Andrew W. 78, 98, *101*, 112, *119, 120*
Mendelssohn, Franz von 78
Menotti, Tatjana 186
Menuhin, Yehudi *41*
Menz, Constanze 27
Menzel, Roderich 147
Metze, Erich 80, *94*, 132
Meyer, Bror 58
Meyrowitz, Selmar 110
Michael, Heinrich von 198
Michelin, André 127
Michelin, Édouard 127
Michelson, Albert Abraham 232
Mierendorff, Carlo 28, 189, 203
Mies van der Rohe, Ludwig 161, 208
Miklas, Wilhelm 166, *179*
Milestone, Lewis 11, 26
Millerand, Alexandre *87*
Miltenberg, Weigand von 44
Minetti, Bernhard 166, 182
Molners, Franz 8
Molotow, Wjatscheslaw M. 8, 200, *206*
Mönke, Wilhelm 184

Personenregister 1931

Montero Rodríguez, José Estéban 114, 121
Montessori, Maria 8, *26*
Moran, George »Bugs« *180*
Morgen, Hans Joachim von 96, 134, 165
Mościcki, Ignacy 78
Moser, Hans *183*, 197
Mosley, Sir Oswald Ernald 44, 52
Motta, Giuseppe *52*, 200
Moulin, Jean 60, 69, 148
Mozart, Wolfgang Amadeus 11, 26, 112, 182
Mühsam, Erich *122*
Mulert, Oskar *140*
Müller, Hein 28, 136, 147
Müller, Hermann 46, *50*, 232
Müller, Maria 146
Münzenberg, Reinhold 59, 190
Münzenberg, Willi 168, 190
Murnau, Friedrich Wilhelm *232*
Mussert, Anton Adriaan 207
Mussolini, Benito 8, *13*, 69, *139*, 198
Mussorgski, Modest 110
Myers, Harry 42
Myers, Wallace 131, 150
Nahara, Daisuke *205*
Naidu, Sarojini *155*
Nambu, Chuhei 168
Nasser, Sefen 20
Nathan, Henry 114, 116
Neher, Carola *42*, *183*, 197
Neher, Caspar 28, 41, 182
Nehru, Jawaharlal 200
Neumann, Heinz 141, 148, 159
Neumeyer, Fritz 150, 159
Niekisch, Ernst 189
Nier, Willy 111
Nietzsche, Friedrich 55
Nijinska, Bronislava *40*
Nikolaus I., Zar von Rußland 207
Nobel, Alfred 210
Nobile, Umberto 126
Noli, Fan 34
Noske, Gustav 200
Nurmi, Paavo 166
Nuthall, Betty 96, 111
Nuvolari, Tazio 76
O'Donnell, Peadar 179
O'Neill, Eugene 168
Oberfohren, Ernst 170
Oda, Mikio 168
Odets, Clifford 182
Oeldenberger 111
Offenbach, Jacques 182, 183, 186
Ohliger, Rosa *74*
Olden, Rudolf 188
Oliveira, Domingos de Costa 69
Olsson, Hans 58
Onegin, Sigrid *41*
Opazo Letelier, Pedro 121
Organista, Olga 11, 58
Orsenligo, Cesare 8
Ortega y Gasset, José 64, 88
Ossietzky, Carl von 46, 186, *188*, 211
Ossietzky, Maud von *188*
Oswald, Richard 108, 200

Otto, Hans *183*
P'u I, Kaiser von China 184, *185*, 192
Pabst, Georg Wilhelm 30, 42, 108
Pacelli, Eugenio 78
Pagnol, Marcel 198
Pangborn, Clyde 166
Paulsen, Harald *133*
Pawlowa, Anna 11, *27*, *232*
Pechstein, Max 197
Pélíssíer, Charles 132
Pélíssíer, Francis 132
Pélíssíer, Henri 132
Penzoldt, Fritz 41
Péret, Raoul 114
Perez de Ayala, Ramón 64
Pernet, Heinz 38
Perry, Fred *132*, 165
Pesenti, Antonio 114
Pétain, Philippe 28
Petersen, Karl 157
Pfeffer von Salomon, Franz 12
Pferdmenges, Robert 188
Pfitzner, Hans 40, 184, 196
Pfrimer, Walter 78, *86*, 148, *156*, 200
Philipp II., König von Spanien *67*
Philipp III., König von Spanien *67*
Philipp V., König von Spanien *67*
Piccard, Auguste 80, *91*
Piétri, François *101*
Piscator, Erwin 11, 27, 28, 182
Pistulla, Ernst *26*
Pius XI., Papst 8, 28, *29*, *39*, 60, 78, 80, 87, 107, 134, *139*, 166, 178, 200, *207*
Platte, Rudolf *183*
Poelzig, Hans 24, 44
Poensgen, Ernst 157
Poggensee, Karl 44, 75, 194
Pohl, Friedrich-Franz 44, 49
Poincaré, Raymond *87*
Pol, Heinz 94
Pollard, P. E. 194
Ponsot, Henri 200
Porsche, Ferdinand *16*, 150, *159*, 176
Post, Wiley 112, *127*
Praetorius, Ernst 26
Prager, Walter 43
Prenn, Daniel *77*, 78
Prieto y Tuero, Indalecio 66
Primo de Rivera y Orbaneja, Miguel 34, 64, 66, 67
Prystor, Alexander 80
Pulitzer, Joseph 30, 34
Quidde, Ludwig 168
Radziwill, Franz 15
Ramek, Rudolf 26
Rasp, Fritz 42, *108*, 198
Rathenau, Walther 85
Raubal, Angela Maria 150, *156*
Reading, Rufus Daniel Isaas, 1. Marquess of 144
Reck-Malleczewen, Friedrich 146
Reger, Erik 60, 76, 164, 168, 189
Rehkämper, Heinrich 196
Reibnitz, Artur Freiherr von 103, 198
Reinhard, Andrew 160
Reinhard, Delia 196

Reinhardt, Max 133, 182, *183*, 186
Reinmar, Hans *41*
Reismann-Grone, Theodor 12, 122
Relander, Lauri 44
Remarque, Erich Maria 26, 112, 164
Rembrandt 30
Remmele, Hermann 136, 141
Renkin, Jules 80, *120*
Renn, Ludwig 122
Renner, Karl 179
Renoir, Jean 186
Reuter, Ernst 62
Reuter, Ida *74*
Rheinbaben, Werner von 8
Richardson, Walter G. 77
Richter, Ludwig 104
Riebschläger, Ewald 136
Riemke, Alf *111*
Riggenbach, Nikolaus 21
Ringelnatz, Joachim *165*
Ringer, Ferdinand 8, *23*
Rist, Charles 205
Ritscher, Samuel 114, 116
Rjazanov, David B. 30
Robertson, William 121
Robinson, Elizabeth 147
Rockefeller, John D. 160
Roebbeling, Karl 182
Rohlfs, Gerhard 20
Röhm, Ernst 8, *12*, 30, 62, 70, 98, 104, *171*
Rökk, Marika 44, *58*
Roland, Max *25*
Romanones, Alvaro de Figueroa y Torres, Graf von 28, *34*
Röntgen, Wilhelm Conrad 125
Roosevelt, Franklin D. 168
Roselius, Ludwig 16
Rosemeyer, Bernd 80
Rosenberg, Alfred 85, 198
Rosenfeld, Kurt 112, 148, 150, 174, 188
Ross, Rudolf 157
Rossini, Gioacchino 110, 133
Rost, Irmgard 147
Roth, Gustave 147
Rotter, Emilie 44, 58
Ruggles, Wesley 197
Rühmann, Heinz 136, *146*
Rumbold, Horace 30, 46, *54*, *123*
Runciman, Walter 186, 193
Runge, Philipp Otto 104
Ruska, Ernst 194
Ruud, Sigmund 30
Rydbeck, Oskar *205*
Rykow, Alexei I. 46
Ryskind, Morrie 200
Sachsenberg, Gotthard 170
Sackett, Frederic M. 78, 100
Sagan, Leontine 108, 186
Sahm, Heinrich 60, 70, 140
Saint-Saëns, Camille 27
Salazar, António de Oliveira 69
Salomon, Erich 119
Samoilowitsch, Rudolf L. *126*
Samuel, Herbert *144*, 179
Sankey, John 150
Saroyan, William 182

Sass, Erich 184
Sass, Franz 184
Saßmann, Hanns 182, 186
Sawall, Walter 136
Sawek, Salerius 80
Schacht, Hjalmar 116, 170, 171
Schaeffers, Willy 25
Schäfer, Karl 11, 44, *58*
Schäfer, Wilhelm 27, 186, 189
Schaljapin, Fjodor I. *41*, 98, *110*
Schalk, Franz 232
Schall, Toni *95*, 165
Scharoun, Hans 161
Schätzel, Georg *173*
Schaumburg, Friedrich 166
Scheringer, Richard 49
Schiele, Martin 23, 30, 62, 84, 114, *122*, *173*
Schiffer, Marcellus 25, 60
Schiller, Friedrich von 183
Schirach, Baldur von 112, 168
Schlageter, Albert Leo 85
Schlange-Schöningen, Hans 122, 184, *188*
Schlegel, Margarete 182
Schleicher, Kurt von 8, 172
Schlemmer, Oskar 56
Schmeling, Max 112, *113*, 130
Schmid, Franz 134, 145
Schmid, Toni 134, 145
Schmidt, Otto 168
Schmiedel, Friedrich 28
Schmoller, Ernst 11, 23
Schneider, Otto Erich 112, 131
Schneider, Willy 12
Schnitzler, Arthur *164*, 168, *232*
Schober, Johannes *48*, 78, 148, 156, 179
Scholtz, Arthur 70
Schönaich-Carolath, Hermine von 186
Schöne, Lotte 133
Schönrath, Hans 28, 147
Schramseis, Roman 95
Schreiber, Berthold 191
Schreiber, Christian 178
Schrödel, Hans 95
Schulte, Karl Joseph 49
Schulz, Paul 70
Schulz, Werner 197
Schulze, Walter 161
Schuurmann, Tollina 147
Schwarz, Hanns 136
Schwarz, Max 174
Schwerin von Korsigk, Johann Ludwig (Lutz) Graf *205*
Scullin, James Henry 200
Sebastian, Wilhelm 60, 76
Seeckt, Hans von 170
Seeger, Ernst 80, 91
Seeler, Erwin 131
Seelos, Toni 43
Seghers, Anna *122*, 197
Segrave, Henry O'Neal de Hane 38
Segura y Sáenz, Pedro 87, 88, 96
Seiffert, Willy 191
Seipel, Ignaz 98, 179

Seldte, Franz *12*, 84, 96, 114, *170*
Sender, Toni 30
Severing, Carl 112, 114, 134, 150, 166, 174, 184, 186
Seybold, Eugen 95
Seydewitz, Max 112, 148, 150, 174
Shakespeare, William 11
Sharkey, Jack 130, 166
Shaw, George Bernard 80, *133*
Shields, Frank 131
Sidney, Sylvia 108
Sievert, Hans-Heinrich 147
Silver, Rose 169
Sima, Oskar 56
Simon, John 98, 179, 193
Simon, Michel 186
Sindelar, Matthias *95*, 165
Sinowjew, Grigori J. 35
Sklarek, Leo 166, 186, 191
Sklarek, Max 191
Sklarek, Willy 166, 186, 191
Smetona, Antanas 60, 69
Smistik, Josef 95
Smith, John Stafford 44
Smythe, Frank S. 105
Snowden, Philip 28, 62, *68*, 121, 144, 148, 150
Sobek, Hans 95, 111
Söderblom, Nathan 232
Soot, Fritz 196
Spada, André 193
Spoliansky, Mischa 25, 60
Springorum, Fritz 157
Stähr, Wilhelm 174
Stalin, Josef W. 17, 28, *35*, 98, *105*, 133, 168, *206*
Stanislawski, Konstantin 182
Starace, Achille 198
Starhemberg, Ernst Rüdiger Graf von 11, 78, 86, *156*
Stedefeld, Kurt 98, 107
Steeg, Théodore 11, 20
Stegerwald, Adam 8, 14, 15, 30, 33, 125, 141, 158, *173*, 184
Steidle, Richard 86
Stein, Karl Reichsfreiherr von und zum 134
Steinbach, Leopold *147*
Steinberg, Ludwig 189
Sten, Anna 146
Stennes, Walther 60, 70, 84
Sternberg, Josef von 108
Steuri, Fritz 11, 43
Stewart, Walter *205*

Stimson, Henry L. 100, *118*, 119, *120*
Stoffel, Henri 96
Stöhr, Franz 31, 78
Stolper, Gustav 211
Stöpel, Kurt 132
Strasberg, Lee 182
Strasser, Otto 166
Strauß, Emil 27
Strauß, Johann 186
Strauss, Richard 96
Straußberg, Johann 74
Strawinski, Igor 40, 168
Stresemann, Gustav 112, 114, 123, 157
Stribling, William Young 112, *130*
Ströbel, Heinrich 174
Ström, Anders 44, 58
Stuck, Hans 165
Stuhlfauth, Heiner 59
Suchanow, Nikolai N. 52
Suhr, Otto 188
Sullivan, Louis Henry 83
Svinhufvud, Pehr Evind 44
Syring, Max 166
Szalay, Szandor 11, 58
Szollas, Laszlo 44, 58
Tardieu, André 20
Tarnow, Fritz 102
Tauber, Richard *41*
Tausend, Franz 28, 38
Taut, Bruno 161
Temesvary, Ladislav 192
Tessenow, Heinrich 96
Thälmann, Ernst 11, 17, *49*, 62, 69, 80, 85, 141, *149*, 186, 198, *204*
Thiele, Eugen 62
Thiele, Hertha 108, 186
Thierbach, Oskar 80, 94, 132
Thiers, Adolphe *87*
Thomas, Albert 150
Thompson, William Hale 60, 68
Thunberg, Clas 30
Thymm, Leny 147
Thyssen, Fritz 12, 157
Tibulski, Hennes *111*
Tietjen, Heinz 11, 76, 182
Tilden, William T. 30, *43*, 111
Tiling, Reinhold 60, 75, 194
Tonski, Michail P. 46
Topolai, Wilesh 34
Toscanini, Arturo 40, 78, 91, 96
Trauberg, Leonid 108
Trenker, Luis 108
Tretsch, Alberlin 209
Trevelyan, Charles 44

Treviranus, Gottfried Reinhold 50, *157*, 173
Trotzki, Leo D. 35
Tschachotin, Sergei 203
Tschang Hsüeh-liang *87*, 152
Tschang Tso-lin 152
Tschöng Ming-hsü 206
Tuchatschewski, Michail N. 96
Tucholsky, Kurt 164
Turner, Roger F. 58
Tyrell, Lord *119*
Tz'u Hsi, Kaiserinwitwe 192
Urban, Karl 23
Urban, Otto 174
Urey, Harold Clayton 194
Ury, Lesser 232
Vajda, Ladislao 42
Valentin, Karl 146
Valetti, Rosa *183*
Vandervelde, Émile 141
Vaněk, Karel 200
Vantongerloo, Georges 56
Varndal, Walter von 184
Varzi, Achille 98, 114, 132
Vas, Michael 11
Velde, Theodor Hendrik van de *22*
Verdi, Giuseppe 41
Vesper, Will 134
Vidor, King 108
Viktoria Eugenia *67*
Villumsen, Rasmus 90
Vines, Ellsworth 148, 165
Vogel, Adolf *95*
Vogel, Hans 98
Vögler, Albert *157*, 188, 190
Voldemaras, Augustin 136
Wagner, Elsa 56
Wagner, Greta 184
Wagner, Martin 161
Wagner, Richard 136, 146, 186
Wagner, Siegfried 11, 170
Wakatsuki, Reijiro Baron 198
Walker, James J. 134, *140*
Walter, Bruno 26, *133*
Walton, Ernest Thomas Sinton 194
Walton, Sir William Turner 40
Wangenheim, Gustav 182
Warburg, Otto 198, *210*
Warmbold, Hermann *173*
Wassermann, Oscar 116
Weber, Marianne 148
Wegener, Alfred 80, *90*
Weigel, Helene 42
Weill, Kurt 28, 42

Weinert, Erich 197
Weiß, Bernhard 60, *70*
Wellmann, William 109
Wels, Otto 52, 102, 168
Wenkhaus, Rudolf 198
Werfel, Franz *164*
Werner, Karl 189
Wernicke, Otto 94
Weygand, Maxime 28
Whale, James 108
Whitman, Paul 186
Whymper, Edward 145
Wieck, Dorothea 186
Wieprecht, Christoph 76
Wiggin, Albert H. 120, *140*
Wildgans, Anton 182
Wilhelm I., deutscher Kaiser 9, 17
Wilhelm II., deutscher Kaiser 186
Wilkins, Sir George Hubert 150, 162
Williams, Margaret L. 103
Wills-Moody, Helen 131, 150, 165
Wilson, Woodrow *100*
Winckler, Friedrich *71*
Winsloe, Christa 108, 186
Winter, Anna 156
Wirth, Joseph 44, 49, 60, 173
Wohlgemuth, Otto 76
Wolf, August 56
Wolf, Friedrich 11, 27, 30, 42, 182
Wolf-Ferrari, Ermanno 44, 56
Wood, Edward, Lord Irwin of Kirby Underdale 18, *35*, 44, 52
Wood, Sidney *131*
Woytinsky, Wladimir 16
Wright, Frank Lloyd 98
Yoshizawa, Kenkichi 119, 120
Young, Owen D. *101*
Zahn, Werner 28
Zahn-Harnack, Agnes von 166
Zamora, Ricardo *209*
Zanuck, Darryl F. 108
Ziehm, Ernst 8
Zindel, Ernst 38
Zischek, Karl 95
Živković, Petar 184
Zogg, David 30, *43*
Zogu I., König der Albaner 30, *34*
Zörgiebel, Karl 150
Zuckmayer, Carl 44, *57*, 148, 168, 182
Zulueta, Luis de 207
Zündorf, Jakob 95
Zweig, Arnold 164
Zweig, Stefan *164*
Zworykin, Wladimir K. *194*

Sachregister

Das Sachregister enthält Suchwörter zu den in den einzelnen Artikeln behandelten Ereignissen sowie Hinweise auf die im Anhang erfaßten Daten und Entwicklungen. Kalendariumseinträge sind nicht in das Register aufgenommen. Während politische Ereignisse im Ausland unter den betreffenden Ländernamen zu finden sind (Beispiel »Unterhauswahlen« unter »Großbritannien«), wird das politische Geschehen im Deutschen Reich unter den entsprechenden Schlagwörtern erfaßt. Begriffe zu herausragenden Ereignissen des Jahres sind ebenso direkt zu finden (Beispiel »Hoover-Moratorium« eben dort). Ereignisse und Begriffe, die einem großen Themenbereich (außer Politik) zuzuordnen sind, sind unter dem Oberbegriff aufgelistet (Beispiel: »Luftfahrt« unter »Verkehr«).

Abessinien (Äthiopien) 219
Abrüstungskongreß 192
Afghanistan 219
Ägypten 219
Albanien 34, 219
Algerien 219
Annam 219
Arbeit und Soziales 16 (Übersicht)
– Angestellte 174
– Arbeitsbeschaffung 15
– Arbeitslosigkeit 15, 51, 102, 202, 221
– Arbeitsdienst 141
– Arbeitszeit 159
– Gewerkschaften 13, 14, 33, 159, 174, 204
– Neusiedlerstellen 158
– Öffentlicher Dienst 157
– Renten 102
– Sozialversicherung 102
– Streik 14
– Wohlfahrtsausgaben 51, 140, 141
– Zwangsschlichtung 15
Arbeitersport (→ Sport)
Architektur 82, 83, 89, 160, 161 (Übersicht), 180
Argentinien 219
Aufrüstung (→ Militär)
Australien 76, 219
Auto 33, 103, 159, 176, 177 (Übersicht)
Automobilsport (→ Sport)
Ballett (→ Musik)
Belgien 192, 219
Bergsteigen (→ Sport)
Berliner Oberbürgermeisterwahl 70
Berliner Presseball 26
Bhutan 219
Bildungswesen 25, 36, 37 (Übersicht)
– Hochschulen 13, 36, 159, 191
– Lehrermangel 36, 37
– Oberschule 71
– Schulstreik 123
Birma 219
Bolivien 219
Boxen (→ Sport)
»Boxheimer Dokumente« 189
Brasilien 144, 180, 219
»Braunes Haus« 12, 170
Brotpreisverordnung 84
Bulgarien 219
Calmette-Prozeß 181
Chile 121, 219
China (auch → Mandschureikonflikt) 219
– Regierungswechsel 206
– Sowjetrepublik 192

– Überschwemmung 145
– Verfassungskonvent 87
Costa Rica 219
Dänemark 121, 219
Danzig 219
Deutsch-britische Beziehungen 123
Deutsch-französische Beziehungen 118, 157
Deutsch-italienische Beziehungen 139
Deutsch-österreichische Zollunion 48, 156, 221
Deutsches Reich 213, 214 (Statistik), 218
DNVP (Deutschnationale Volkspartei) 138, 170, 171
Dominikanische Republik 219
Ecuador 219
El Salvador 219
Eiserne Front 204
Eishockey (→ Sport)
Eiskunstlaufen (→ Sport)
Essen und Trinken/Ernährung 53 (Übersicht)
Estland 219
Fernsehen 142
Film 42, 54, 108 (Übersicht)
– Filmzensur 26, 91
– Oscar 197
– Werke
  »Allein« 108, 225
  »Eine amerikanische Tragödie« 226
  »Berge in Flammen« 108, 225
  »Berlin-Alexanderplatz« 108, 182, 225
  »Das Blut eines Dichters« 225
  »Bomben auf Monte Carlo« 108, 146, 225
  »Cimarron« 108, 197, 226
  »Danton« 225
  »Dracula« 225
  »Die Dreigroschenoper« 42, 108, 225
  »Emil und die Detektive« 108, 225
  »Entehrt« 108, 226
  »Frankenstein« 226
  »Der Hauptmann von Köpenick« 108, 225
  »Die Hündin« 225
  »Kameradschaft« 108, 225
  »Der Kongreß tanzt« 108, 182, 225
  »Es lebe die Freiheit« 225
  »Lichter der Großstadt« 42, 108, 225

»Mädchen in Uniform« 108, 225
»Die Million« 108, 225
»M – Mörder unter uns« 94, 108, 109, 225
»Monkey Business« 108, 226
»Niemandsland« 225
»Pioniere des Wilden Westens« 108, 197, 226
»Der Staatsfeind« 109, 226
»Straßen der Großstadt« 109, 226
»Straßenszene« 108, 226
»Tabu« 226
»Die Titelseite« 108, 226
»Der Weg ins Leben« 108, 225
Finnland 219
Frankreich 20, 219
– Beziehungen zum Deutschen Reich 118, 119, 157
– Haltung zu Hoover-Moratorium 101
– Kolonialausstellung 89
– Korsika-Banditen 193
– Laval in USA 178
– Präsidentenwahl 87
– UdSSR-Vertrag 144
– Regierungswechsel 144
Frauenbewegung 175
Fußball (→ Sport)
Gesellschaft 22, 140
Gesundheit 124, 125 (Übersicht), 181
Gewichtheben (→ Sport)
Griechenland 219
Großbritannien 219
– Ministerbesuch in Berlin 123
– Friedenskundgebung 121
– Goldstandard 154, 221
– Haushaltssanierung 68, 121
– Nationale Regierung 144
– Rechtspartei 52
– Sonntagsheiligung 68
– Unterhauswahlen 179
– Wahlrechtsreform 105
– Westminsterkonvention 207
– Zollerhöhung 193
Guatemala 219
Haiti 219
Harzburger Front 170, 171, 221
Honduras 219
Hoover-Moratorium 100, 101, 118, 119, 120, 178, 221
Hugenberg-Konzern 190
Indien 18, 35, 52, 219
Indien-Konferenzen 18, 154, 155, 206, 221
Indochinesische Union 219
Irak 219
Irland 179, 219
Island 219
Italien 219
– Antifaschistische Propaganda 69, 178
– Beziehungen zum Deutschen Reich 139
– Katholische Aktion 107
– Mailänder Bahnhof 127
– Toscanini-Skandal 91
– Überschwemmung Palermo 39

– Wüstenkrieg 20
Japan (auch → Mandschureikonflikt) 219
Jazz (→ Unterhaltung)
Jemen 219
Judendiskriminierung 140, 158
Jugoslawien 154, 219
Kabarett (→ Unterhaltung)
Kambodscha 220
Kanada 220
Kino (→ Film)
Kirche/Religion 49, 71
Kolumbien 220
Kommunistische Internationale 69
Kommunistische Partei Deutschlands (→ KPD)
Korea 220
KPD (Kommunistische Partei Deutschlands) 17, 49, 69, 85, 102, 138, 141, 158, 204
Kuba 220
Kunst 56 (Übersicht), 104, 133, 197
Kuwait 220
Landtagswahlen 189
Laos 220
Layton-Bericht 140
Leichtathletik (→ Sport)
Lettland 154, 220
Libanon 220
Liberia 220
Liechtenstein 220
Litauen 69, 220
Literatur 26, 27, 55, 76, 110, 133, 164 (Übersicht), 197
– Werke
  »Die Abenteuer eines jungen Herrn in Polen« 223
  »Der Arzt Gion« 222
  »Bauern, Bonzen und Bomben« 164, 222
  »Beim Bau der Chinesischen Mauer« 223
  »Bolwieser« 222
  »Etzel Andergast« 222
  »Fabian. Die Geschichte eines Moralisten« 164, 222
  »Die Freistatt« 223
  »Die geistige Situation der Zeit« 164, 222
  »Geist und Tat« 164, 222
  »Junge Frau von 1914« 164, 222
  »Die Letzte am Schafott« 222
  »Nachtflug« 223
  »Salka Valka« 223
  »Die Schlafwandler« 164, 223
  »Schloß Gripsholm« 164, 222
  »Silja, die Magd« 222
  »Ein Tag im Oktober« 223
  »Union der festen Hand« 164, 222
  »Der Weg zurück« 164, 222
  »Die Wellen« 223
Londoner Anleihekonferenz 119, 120
Luftfahrt (→ Verkehr)
Luxemburg 39, 220
Maifeiertag 85
Malerei (→ Kunst)

Sachregister 1931

Mandschureikonflikt 152, 153, 192, 221
Marokko 220
Mecklenburg-Strelitz 103
Memelgebiet 220
Mexiko 220
Militär 52, 140
Mode 72 (Übersicht)
Monaco 220
Mongolische Volksrepublik 220
Musik (auch → Unterhaltung) 26, 27, 40 (Übersicht), 76, 91, 110, 133, 146, 196, 197
– Werke
»Die Blume von Hawaii« 40, 133, 224
»Bostoner Sinfonie« 40
»Fassade« 40, 224
»Das Herz« 40, 194, 224
»Hiob« 224
»Hoffmanns Erzählungen« 183
»Macbeth« 41
»Die Mutter« 40
»Die schalkhafte Witwe« 56, 224
»Das Unaufhörliche« 40
»Schön ist die Welt« 40, 224
Nationalsozialistische Betriebszellen-Organisation (→ NSBO)
Nationalsozialistische Deutsche Arbeiterpartei (→ NSDAP)
Nepal 220
Neujahrsansprachen 13
Neuseeland 35, 200
Nicaragua 220
Niederlande 145, 207, 220
Nobelpreise 210
Nordirland 220
Norwegen 121, 220
Notverordnungen 49, 102, 122, 157, 172, 204
NSBO (Nationalsozialistische Betriebszellen-Organisation) 13
NSDAP (Nationalsozialistische Deutsche Arbeiterpartei) 12, 32, 33, 49, 70, 84, 85, 122, 138, 139, 140, 156, 157, 170, 171, 172, 189, 204
Olympische Spiele (→ Sport)
Österreich 214, 215 (Statistik), 218
– Creditanstalt 86, 104, 221
– Heimwehr 86, 156
– Präsidentenwahl 179
– Praterstadion Wien 131
– Regierungswechsel 104
– Zollunion 48, 156
Osthilfe 50, 122, 199
Palästina 220
Panama 19, 220
Panzerschiffbau 52, 85
Papst 220
– Enzykliken:
»Casti sonnubii« 22
»Lux veritatis« 207
»Nova impellent« 178
»Quadragesimo Anno« 87
– Katholische Aktion 107
– Radio Vatikan 39
Paraguay 220

Persien 220
Peru 220
Pferdesport (→ Sport)
Philippinen 220
Polen 19, 220
Politischer Mord 12, 49, 138, 174
Portugal 69, 220, 221
Preußen-Volksentscheid 84, 138
Radsport (→ Sport)
Reichsbanner Schwarz-Rot-Gold 12, 190, 204
Reichsgründungsfeier 17
Reichsreform 103
Reichsregierung 173
Reichstag 32, 173
Reichswirtschaftsrat 188
Reparationen 100, 101, 205
Revue (→ Unterhaltung)
RFB (Roter Frontkämpferbund) 12, 141
Rudern (→ Sport)
Ruhrkampf-Denkmal 85
Rumänien 220
Rundfunk 24, 39, 55, 142
SA (Sturmabteilung) 12, 70, 84, 104, 158, 172
SAI (Sozialistische Arbeiter-Internationale) 141
Sansibar 220
SAP (Sozialistische Arbeiterpartei Deutschlands) 174
Saudi-Arabien 220
Schiffahrt (→ Verkehr)
Schlager (→ Unterhaltung)
Schutzstaffel (→ SS)
Schweden 220
Schweiz 216, 217 (Statistik), 218
– Arbeitlosigkeit 203
– Nationalratswahlen 179
– Rundfunk 39
– Swissair 23
– Uhrenkartell 162
– Volksabstimmung 52
– Zürich-Eingemeindung 121
Schwimmen (→ Sport)
SD (Sicherheitsdienst) 172
Segelfliegen (→ Sport)
Selbstmord 126, 156
Sicherheitsdienst (→ SD)
Silvester 211
Ski (→ Sport)
Sklarek-Prozeß 191
Sozialdemokratische Partei Deutschlands (→ SPD)
Sozialistische Arbeiter-Internationale (→ SAI)
Sozialistische Arbeiterpartei Deutschlands (→ SAP)
Spanien 220
– Hochverratsurteil gegen Alfons XIII. 193
– Emigration Alfons XIII. 67
– Katalonien 66
– Kirchensturm 88
– Kommunalwahlen 64, 65

– Regierungswechsel 34
– Republikanische Regierung 66, 221
– Verfassung 207
SPD (Sozialdemokratische Partei Deutschlands) 50, 52, 102, 158, 204
Sport
– Arbeitersport 131
– Automobilsport 38, 76, 132, 165, 227
– Bergsteigen 105, 145
– Boxen 130, 147, 227
– Eishockey 43
– Eiskunstlauf 58, 227
– Fußball 58, 59, 77, 95, 111, 165, 209, 227
– Gewichtheben 227
– Leichtathletik 146, 147 227, 228
– Olympische Spiele 94
– Pferdesport 229
– Radsport 94, 132, 229
– Rudern 59
– Schwimmen 229
– Segelfliegen 111
– Ski 43, 58, 229
– Tennis 43, 77, 111, 131, 132, 147, 165, 229
SS (Schutzstaffel) 172
Stahlhelm, Bund der Frontsoldaten 12, 84, 138, 170, 171
Stillhalteabkommen 140
Stresemann-Denkmal 123
Sturmabteilung (→ SA)
Südafrikanische Union 220
Syrien 220
Tennis (→ Sport)
Thailand 220
Theater 26, 27, 42, 55, 76, 182, 183 (Übersicht)
– Werke
»Amphitryon 83«
»Aufstieg und Fall der Stadt Mahagonny« 182
»Geschichten aus dem Wiener Wald« 182, 183, 197, 224
»Der Hauptmann von Köpenick« 57, 182, 224
»Italienische Nacht« 56, 182, 224
»Judith« 224
»Mann ist Mann« 42, 182
»Die Ratten« 183
»Rauhnacht« 183
»Schöne Helena« 183
»Sturm im Wasserglas« 183
»Tai Yang erwacht« 27, 182, 224
»Trauer muß Elektra tragen« 224
»Wallenstein« 183
Thüringen 70
Tibet 220
Transjordanien 220
Tschechoslowakei 220
Tunis 220
Türkei 86, 220
UdSSR 220
– Frankreich-Vertrag 144
– Fünfjahresplan 35
– Kollektivierung 105

– Menschewistenprozeß 52
– Parteiführung 206
– Sowjetpalast 207
Ungarn 144, 192, 220
Unglücksfälle 35, 39, 76, 106, 145, 209
Unterhaltung (auch → Musik) 25 (Übersicht)
– Jazz 25
– Kabarett 25, 146
– Revue 25
– Schlager 25
– Varieté 58
Unternehmen (→ Wirtschaft)
Urlaub und Freizeit 128, 129 (Übersicht)
Uruguay 220
USA 220
– Arbeitslosigkeit 18, 203
– Chicago Bürgermeisterwahl 68
– Einwanderungsgesetz 18
– Farmerhilfe 18
– Gangster 107, 180
– Hudson-Brücke 180
– Ölförderung 144
– Laval-Besuch 178
– Lohnsenkung 154
– Presse 34
– Prohibition 18
– Waldorf-Astoria 180
Varieté (→ Unterhaltung)
Venezuela 220
Verbrechen 23, 38, 74, 133, 181
Verkehr 88 (Übersicht)
– Bahnverkehr 21, 88, 107, 127
– Luftfahrt 21, 23, 38, 75, 89, 91, 126, 127, 147, 162
– Kanäle 105
– Schiffahrt 39, 88, 106, 162, 163
– Straßenbau 88, 180
Vogelschutz 158
Weihnachten 211
»Weltbühne«-Urteil 188
Werbung 92, 93 (Übersicht)
Winterhilfe 174
Wirtschaft 142, 143 (Übersicht)
– Außenhandel 71
– Abwertung 190
– Bankenkrise 103, 116, 117, 140, 159, 221
– Bergbau 14, 39, 103, 175
– Einzelhandel 175
– Handwerk 50
– Insolvenzen 103, 116, 123, 175, 191, 205
– Landwirtschaft 23, 50, 84
– Preisbindung 23
– Reichsbank 103
– Zahlungskrise 100, 101, 116, 118, 119, 120 139, 140, 205
Wissenschaft/Technik 23, 75, 90, 91, 127, 181, 194 (Übersicht)
Wohnen und Design 123, 208 (Übersicht)
Zypern 178

Bildquellenverzeichnis 1931

Bildquellenverzeichnis
Akademie der Künste, Photo Arthur Köster, Sammlung Baukunst, Berlin (1); Allgemeiner Deutscher Nachrichtendienst, Berlin (1); Archiv der Salzburger Festspiele, Salzburg (1); Bauhaus Archiv, Berlin (1); Daimler Benz AG, Stuttgart (1); Deutsches Museum, München (1); Deutsches Rundfunkarchiv, Frankfurt am Main (2); Archiv Gerstenberg, Wietze (5); Harenberg Kommunikation, Dortmund (540); Hochalpine Forschungsstation Jungfraujoch (1); Institut für Marxismus und Leninismus beim ZK der SED, Berlin (3); Institut für Theater-, Film- und Fernsehwissenschaft, Universität zu Köln (1); Keystone-Pressedienst, Hamburg (15); Adam Opel AG, Rüsselsheim (1); Dr. Ing. h. c. F. Porsche AG, Stuttgart (1); Postmuseum, Berlin (2); Ringier Dokumentationszentrum, Zürich (1); Christian Schütt, Hamburg (1); Schwaneberger-Verlag, München (5); Staatsarchiv Bremen (2); Staatsarchiv Hamburg (2); Süddeutscher Verlag, München (12); Swissair, Schweizerische Luftverkehrs AG, Zürich (1); Kuratorium »Gedenkstätte Ernst Thälmann« e. V. (1); Tukan, Berlin (1); United Kingdom Atomic Energy Authority (1); Wallraf-Richartz-Museum, Köln (1); Westfälisches Landesmuseum für Kunst und Kulturgeschichte, Münster (1)

© für die Abbildungen:
Max Beckmann: »Gesellschaft Paris«, VG Bild-Kunst, Bonn 1989
Otto Dix: »Selbstbildnis 1931«, Otto-Dix-Stiftung, Vaduz 1989
Franz Radziwill: »Der Streik«, VG Bild-Kunst, Bonn 1989

© für die Karten und Grafiken:
Bertelsmann Lexikon Verlag GmbH, Gütersloh/München (17)